本书出版得到浙江大学文学院和汉语史研究中心研究经费资助

祝鸿熹汉语论集

祝鸿熹　著

祝鸿熹文集（一）

浙江大学出版社
ZHEJIANG UNIVERSITY PRESS
·
杭
州

目 录

续 编

章炳麟:现代汉语言文字学的开山大师

——从《语言缘起说》谈起

章炳麟《国故论衡》(上)收入的《语言缘起说》一文可以看作是现代汉语言文字学开始的显著标志。

我国学者对语言文字学的研究早在先秦时代就开始了。先秦诸子对名实问题的争论,如孔子的"正名"说、公孙龙子的《名实论》、荀子的《正名篇》,包含着语言理论研究的萌芽。距今二千多年前的荀子,科学地论述了语言与思维的关系,辩证地阐明了词与概念的关系,进而指出了语言的社会本质。汉代出现了一系列语言文字学的经典著作,如《尔雅》、《方言》(扬雄)、《说文解字》(许慎)、《释名》(刘熙)等。中古以后又出现了《切韵》(陆法言)、《广韵》(陈彭年等)、《中原音韵》(周德清)等音韵学著作。到了清代,乾嘉学派把汉语文字、音韵、训诂学的研究推向了辉煌的高峰。西方某些学者及其门徒断言中国古代没有语言学甚至没有对语言的研究,是完全没有根据的。

我国古老的传统语言文字之学一向被称为"小学"。汉代因儿童必先学习文字,故称文字学为"小学"。"小学"的范围在隋唐以后,明确扩大为文字学、音韵学和训诂学的总称。由于记录汉语的书面形式汉字的特点,决定了我国语言研究与文字密切不可分;同时,由于历史的原因,语言文字的研究与经学也是密切不可分的。古人对语言文字的研究常常是为了识字、明经、致用。这给语言学的研究带来了消极的影响——缺乏系统的纯语言的研究。故而不少学者称十九世纪以前的中国语言学为语文学。"小学"的局限通常被概括说成是沦为经学的附庸。这样说,实际上并不完全正确。因为古人摆脱汉字形体的束缚和经学内容的羁绊进行纯语言的或语音的研究是客观存在的事实。由于引进印度佛经注音方法,早在东汉就产生用反切法分析汉语音节的科学注音方法。中古以后出现的细密分析汉语声韵调的韵书及声韵调相配合的等韵图,很难说是经学的附庸。尽管它们可以有助于解经,但它们都应属独立的音韵学研究成果。总之,不能拿西方现代语言学的标准即所谓洋框框来衡量我国古代的语言文字之学。

学术是没有国界的。语言文字之学的研究不可能闭关自守。"五四"以来国外现代语言学的理论和方法不能不影响我国传统的语言文字之学。

首先提出改"小学"的名称为"语言文字之学"的学者正是章炳麟。他在 1906 年《国粹学报》上发表《论语言文字之学》一文。这不仅仅是名称术语的改变,而且反映了我国学者对语言文字之学的现代化的卓识。章氏因而被公认为现代汉语言文字学的开山大师。

下面我们从《语言缘起说》的论点探讨这一卓识的具体表现。该文一开始就明确指出:

> 语言者不冯(凭)虚起,呼马而马,呼牛而牛,此必非恣意妄称也。

章氏在日本接触到西方普通语言学学说,吸收了西方语言学中关于语言起源于摹声和语言起源于感叹等论点。他首先举有形之物为例:

> 何以言雀,谓其音即足也。何以言鹊,谓其音错错也。何以言雅(鸦),谓其音亚亚也。何以言雁,谓其音岸岸也。何以言驾鹅,谓其音加我也。何以言鹡鸰,谓其音磔格钩辀也。此皆以音为表者也。

这是语言中名称起源于摹声说结合汉语实际的具体论述，已明显是从理论上探讨纯语言的问题。

　　章氏不但吸收西方语言学的理论，同时也吸收东方文明古国印度的学说。如印度哲学里的一个派别——胜论派，音译为卫世师迦派。该派创始人为羯那陀，著有《胜论十句义论》《胜论经》，有唐玄奘的汉译本。该派将事物分为实、德、业三方面，指的是实体、性状和作用。章氏在《语言缘起说》中说：

> 以印度胜论之说仪之，实、德、业三，各不相离。人云马云，是其实也；仁云武云，是其德也。金云火云，是其实也；禁云毁云，是其业也。一实之名，必与其德若与其业相丽，故物名必有由起。

仪是表仪、标准之意。文中将胜论派所说的实、德、业作为区分事物命名的标准。用仁释人，用武释马，这种声训是以德释实。用禁释金，用毁释火，这种声训是以业释实。章氏对传统训诂学中的声训从名称缘起的角度进行解说。声训用同音词解释名物得名之由，难免有主观随意性和牵强附会之嫌。如《释名》云："土，吐也。能吐生万物也。"（《释地》）"姊，积也。犹日始出，积时多而明也。妹，昧也。犹日始入，历时少尚昧也。"（《释亲属》）"宋，送也。地接淮泗而东南倾，以为殷后，若云渟秽所在，送使随流东入海也。"（《释州国》）本来，马克思主义认为："物的名称对于物的性质完全是外在的。"（马克思《资本论》中译本第 107 页）事物的名称与性质并无必然的联系，企图找出这必然联系者，无不陷入唯心主义的泥坑。但声训揭示音义联系，启发人们思考名物与名称之间相对的音义关联还是有积极意义和参考价值的。

　　音义确有相对关联的声训，如：

> 被，被也。所以被覆人也。（《释衣服》）
> 观，观也。于上观望也。（《释宫室》）

宿,宿也。星各止宿其处也。(《释天》)

仆,踣也。顿踣而前也。(《释姿容》)

负,背也。置项背也。(《释姿容》)

威,畏也。可畏惧也。(《释言语》)

要之,"声训"对于探索语源、词族是有启发意义的。后人取其精华,吸收其合理的内核,认识到"义存乎声,声近义通",这是语言学上的一大进步。章氏从古音韵部同部或同类、声母相同或相近列举"天之言颠"、"火之言毁"等说明以德、业命名的由来,正是基于音义关联的认识。

《荀子·正名》云:

然则何缘而以同异? 曰:缘天官。凡同类同情者,其天官之意物也同,故比方之疑似而通。是所以共其约名以相期也。

这里所说的天官指人的感觉器官,即耳、目、鼻、口、身。人的感觉器官对客观事物的感知、印象的异同与命名区分往往有相对的关联。这一唯物主义的观点为章氏所继承。《语言缘起说》指出:

物之得名,大都由于触受。触受之霾异者,动荡视听,眩惑荧魄,则必与之特异之名。其无所霾异者,不与特名,以发声之语命之。……语言之分,由触受顺违而起也。……语言之初,当先缘天官。

这里所说的触受指刺激和感受,即指天官之感知。发声之语指没有实义的句首语气词。如自称曰我、旹(咱)、朕、台及阿阳的阿和称谓前所加的阿,对称曰尔、曰乃、曰若,"此皆发声词也"。可见,同义诸称谓之词,往往音同音近:或声类相同相近,或韵部相同相转。章氏在探求语源方面有十分深刻的见解:

是故同一声类,其义往往相似。如阮元说从古声者有枯槁、苦窳、沽薄诸义,此已发其端矣。……如立禺字以为根,禺亦母猴也。猴喜模效人举止,故引申之凡模拟者称禺。……其后木禺之字又变为偶。……偶非真物,而物形寄焉,故引申为寄义,其字则变作寓。凡寄寓者非能常在,顾适然逢会耳,故引申为逢义,其字则变作遇。凡相遇者必有对待,故引申为对待义,其字则变作耦矣。

这里把禺、偶、寓、遇、耦作为语族,是一组同源字,同从禺得声,声近义通。这是吸取了宋代王子韶"右文说"的合理内核加以有理有据的推阐。本文还指出,早在《说文解字》中已经对形声字声中有义有所觉察。章氏指出:

《说文》句部有拘、鉤,臤部有紧、坚,已发斯例。

所有这些都启发人们了解不少形声字声旁兼表义的重要现象。章氏所说的根,就是《国故论衡·转注假借说》所说的语基。《语言缘起说》中又称之为声首:

最初声首未有递衍之文,则以声首兼该馀义。自今日言,既有递衍者,还观古人之用声首,则谓之本无其字,依声托事。

这里,揭示了作为古字属本无其字、依声托事的假借字,原来是后起形声字的母字。如禺是偶、寓、遇、耦的母字,章氏称之为声首。后代派生的形声字最初往往以母字兼任,如辟在上古文献中兼表譬、避、僻、壁、闢等义。明乎此,有助于解读古籍,并理解文字源流演变。

章氏探求语源的重要著作《文始》,根据声韵转变的规律,上探语源,下明流变。丰富多彩、复杂多变的汉语字词经章氏梳理、辨析,不再是一盘散沙,而是互有关系、可以串联、有源有族的一组组词语。如《语言缘起说》中分析从辡引申各义及派生各字云:

如立辡字以为根,辡者罪人相与讼也。引申则为治讼者,字变作辩。治讼务能言,引申则为辩论、辩析。由辩析义引申

则为以刀判物,于是字变作辨。由刀判义引申,则有文理可以
分析者亦得是名,其字则变作辩(斑)。由刀判义引申,则瓜实
可分者亦得是名,其字则变作瓣矣。

其中辨字中间形体由篆文刀演变而成。辩、辨、辫、瓣等字均为由辡
追加形符分化孳乳而成的后起形声字。可谓言之凿凿,井井有条。
《文始》不拘泥于形体,将辡及辡属诸字进一步与八、采、番、播、遍、
班诸声母相同相近、韵部相同相转之字相系联。比其声韵,析其义
类,自成体系,为后代学者以现代语言学方法进一步研究语源、语族
问题和同源词问题打下了坚实的基础。

章氏在音韵学研究方面的成就是很突出的。他对清代学者王
念孙、江有诰的古韵分部进行了修正(见《国故论衡·二十三部音
准》),对后人进一步研究确定上古音韵部有重要参考价值。他不同
于以前学者"考古功多,审音功少",而在分部、拟音两方面均有贡
献。他是用汉字描写韵部音值的第一人,为现代语音学用音标构拟
音值开了先河。他对古声母的研究也有重要发明。他通过谐声偏
旁、声训、异文等材料证明中古娘、日二纽上古归泥纽(见《国故论
衡·古音娘日二纽归泥说》)。他还对上古声母进行系统的整理,得
出喉、牙、舌、齿、唇五音二十一纽(注意:章氏所称喉、牙音与通行说
法正相反,以见、溪、群、疑为喉音,以晓、匣、影为牙音)。他又创制
了"成均(韵)图"(见《国故论衡·成均图》),进一步倡阴阳对转、韵
部旁转之说。借此解释文字的引申、假借及孳乳现象,把汉字的形
音义联系起来。《语言缘起说》中多处运用对转、旁转等解说字词音
义关联,是有成效的。

章氏运用音韵学研究方言词语的重要著作《新方言》,可视为传
统方言学的终结,是传统方言学与现代方言学之间的承前启后之
作。该书汇集汉语方言词语八百馀条,探求其本字和语源。吸收传
统训诂学研究成果,运用声韵演变规律,以对转、旁转理论来考查字
音发展,以期达到"以古语证今语,以今语通古语"的目的,使古籍中

一部分难字、僻字与现代方言词语相印证,变得亲切易解。黄侃评述该书"已陈之语,绝而复苏;难谕之词,视而可识",指出了精粹所在。但是,企图为今之方言词语都找到古本字是不可能的。章氏所强调的"今之殊语,不违姬汉",也不符合语言发展客观实际。当然,章氏重视方言研究,重视活的口语词的研究,拓展了现代汉语言文字学的研究范围。《新方言》中所附《岭外三州语》一篇收方言词语六十馀条,记录惠州、嘉应州、潮州客家语,也用《尔雅》、《方言》、《说文》等书印证,从而考释其来源,对现代方言学研究有重要启示。

　　从传统音韵学过渡到现代语音学,必须摆脱汉字形体的束缚。章氏一方面继承传统,紧紧抓住汉字形音义的关联。在以汉字拟音的同时,也已开始摆脱汉字形体的迷惑。如本文中长言、短言的论述,考证蛮、闽二字本由髳转。指出:

　　　长言为马流(原注:唐以前史籍皆作马流,或作马留,今作马来),短言为髳。……髳云髦云,即马流合音耳。稍变则曰蛮,又稍变则曰闽,非必是虫类也。

这里所说的长言、短言,实即缓读、急读。缓读时把一音拉长为两音,急读时把两音切成一音。《春秋公羊传》何休注也有长言、短言的说法,两者含义有别,后者与声调有关。马流、马留、马来以及髳、髦、蛮、闽等已不能从字形求索字义,须从字音求之,即上文提及的"义存乎声,声近义通"。这在汉语言文字研究中确是一大进步。

　　章氏在学术上的一大失误是过于信奉《说文》而怀疑、排斥古文字,特别是甲骨卜辞。他在《国故论衡·理惑论》中抨击甲金文不可靠,斥之为"奉矫诬之器,信荒忽之文","宁可与道古邪"!这就影响到章氏对汉字本义古义的推求。如沿袭《说文》之误,确认爲(为)字本义为母猴,不明甲文爲字乃役象以助劳之象形,故《语言缘起说》一文中"立爲字以为根"的种种引申、演变,终成曲说。

　　据章氏弟子南京师大徐复教授回忆,章氏对古文字的态度晚年已有转变，对甲文已不加责难。在《语言缘起说》中也引用了金文材料。如云：

> 发声之维，古彝器皆作隹。

隹即章氏所称初文、声首。由此递衍，后起形声字有维、惟、唯等。汉语言文字学为取得突破性进展，必要的前提之一，是充分运用古文字研究成果，修正传统文字学包括说文学、音韵学、训诂学由于忽视古文字所造成的失误。

　　总之，章炳麟是总结传统"小学"并开拓现代汉语言文字学的国学大师。他的关于语言文字学的一系列论著是一份宝贵的遗产，值得后人整理继承，发扬光大。

（原载《先哲精神：章太炎先生逝世六十周年纪念文集》，杭州出版社 1996 年版）

王力先生对训诂学的新贡献

　　早在 40 年代,王力先生在《开明书店二十周年纪念文集》中发表了《新训诂学》①一文,60 年代初,又在《中国语文》杂志上发表了《训诂学上的一些问题》②一文。从 40 年代到 80 年代,王先生还在有关辞书编纂、古籍注解、古代汉语学习和教学以及语言学科的继承和发展等一系列论著中涉及训诂学问题。

　　在《新训诂学》一文中,王先生对传统的旧训诂学作了实事求是的总结,既肯定了传统训诂学的功绩,又指出了它的局限:传统训诂学的纂集派对古代经籍故训有收集、保存之功,注释派对古代经籍故训有补正、引证之功,发明派冲破古代训诂拘于字形疏于音韵的局限,开辟"义存乎声,声近义通"的新路,创获良多。这些都是值得肯定的。可是,纂集派有杂引故训之弊,注释派有拘守故训之弊,发明派则有滥用"一声之转"之弊。不论哪一派,旧训诂学的立足点都是"小学为经学的附庸"这一旧观念。各派最大的局限是尊经崇古,材料的范围局限于先秦两汉,治学的目的局限于明经或明古,汉代以后的特别是后代新起的字义、词义、语义不屑于论及。总之,缺乏历史的发展的观念。

　　王先生深刻地指出:"从历史上去观察语义的变迁,然后训诂学才有新的价值","等到训诂脱离了经学而归入了史的领域之后,新的训诂学才算成立。到了那时节,训诂学已经不复带有古是今非的教训意味,而是纯粹观察、比较和解释的一种学问了。"③王先生为新训诂学的创立和发展开辟了途径,奠定了基础。

新中国成立以来,王先生努力学习马克思主义,他是我们的前辈学者中自觉运用历史唯物主义和辩证唯物主义批判继承传统语言学遗产以求古为今用并引进西方现代语言学理论以求洋为中用的杰出代表和光辉典范。

为新训诂学的建立和健康发展,王先生特别强调两个十分重要的观点:历史观点和语言的社会性观点。

所谓历史观点,就是要把语言现象放到历史中去考察,对于每个词义都应该去研究它在什么时候产生,什么时候死亡。要"把语言的历史的每一个时代看作有同等的价值。汉以前的古义固然值得研究,千百年后新起的意义也同样地值得研究。无论怎样'俗'的一个字,只要它在社会上占了势力,也值得我们追求它的历史"④。新中国成立以后俗语词研究和近代汉语研究的蓬勃兴起正是遵循这一正确观点所取得的进展。王先生十分注意古今词义演变的"微殊"(细微差别),这是较之"迥异"更难觉察更易忽略的。他说:"从历史上观察语义的变迁,我们首先应该有明锐的眼光,任何细微的变化都不能忽略过去。"⑤他经常用大量浅显的实例为初学古汉语的青年讲解古今词义演变的这类现象。

王先生无论在训诂理论还是在训诂实践中一贯坚持历史观点,是卓有成就有目共睹的。奇怪的是几年前浙江大学出版社出版的《〈古代汉语·常用词〉订正》一书批评王先生主编的《古代汉语》教材"常用词"部分"断定词的历史时代往往不符合汉语的历史事实"⑥,声称"断定历史时代的常用词""错的占了 80％以上"⑦,这是怎么回事呢? 在这里有必要附带澄清一下。原来该书所认定的两大前提是极大的误解,因而"违反历史事实"、"断错了时代"、"缩短汉语光辉历史"等一连串指责显得"无的放矢"。该书首先认定《古代汉语》教材"常用词"各义项的第一个例证必是最早的书证,然后举出早于此例证的先秦书证来加以驳斥诘难,根本不顾教材凡例中早已申明的"常用词举例尽可能举文选中已经读过的或将来会读到的"⑧。其二,该书认定教材所称的"后起义"必是汉以后才出现的,先秦或距先秦不远的均不算后起义,然后举出先秦两汉的书证来加以驳斥诘难,无视对本义而言的后起义,完全可能在先秦两汉已与本义同时存在。其实,《订正》一书所理解的"后起义",教材称"晚起义",一般指时代较晚,先秦尚未见到的。至于晚至何时起,所举选自教材的书证并非起点标志。如教材第四册常用词"遍"的第二义项"周而复始为一遍,一次",注明为"晚起义",举了该册文选李清照《凤凰台上忆吹箫》词为例。⑨《〈古代汉语·常用词〉订正》一书竟据此断言教材"坚持动量词'遍'是宋朝才产生的晚起义"⑩。这样的逻辑推理,实在令人惊讶和难以接受。

所谓语言的社会性观点,就是指语言属于社会现象,"语言是社会的产物,词的意义是被社会所制约着的"⑪。《训诂学上的一些问题》一文,紧密联系古书注解、辞书编纂和古汉语教学实际,就正确运用训诂学原理、方法和防止其流弊提出了一系列原则性问题,其中核心的问题即语言的社会性这一原则问题。王先生据语言的社会性原则批评了前人和现代学者在训诂学工作中出现的偏差和失误。其中最大的流弊莫过于古音通假的误解和滥用。清代乾嘉学派的训诂学家们不墨守传统训诂学的成规,能摆脱汉字形体的束缚,重视音义联系,广泛运用古音通假的办法对古籍进行研究,取得了突破性的成就。但是到了乾嘉学派的末流,滥用通假,甚至把古音通假的范围扩大到一切双声叠韵。王先生指出:"真理走过了半步就是错误。善用通假,就能作出很大成绩;滥用通假,那就错了。"⑫俞樾解释《诗·魏风·伐檀》中"不稼不穑,胡取禾三百廛兮"、"不稼不穑,胡取禾三百亿兮"、"不稼不穑,胡取禾三百囷兮",以为"廛"同"缠","亿"同"繶","囷"同"稇",都是"束"的意思。⑬王先生指出:"《诗经》里一共有六个地方用了'亿'字,其馀五个地方的'亿'字都不当'束'讲,《伐檀》的'亿'字偏要当'束'讲,语言的社会性何在呢?何况'亿'字用来形容禾黍之多,是《诗经》的习惯用法,……

'廛'之通'缠','困'之通'梱',也没有什么证据。"⑭又如俞樾解释
《庄子·养生主》"技经肯綮之未尝,而况大軱乎"以为"技疑枝字之
误"⑮。王先生说:"那篇文章就有几个'技'字,为什么那些个'技'字
不改呢?而这个地方偏要改为'枝'字呢?……本来好懂的,你偏要
用'通假'的说法,倒反难懂了,并且也讲不通。"⑯王先生坚持重证
据、重材料、重语言事实的唯物主义态度,批判继承清代乾嘉学派的
训诂学遗产,对他们在"声近义通"说的运用上"求之过甚"和"以意
逆之"等不迷信,不盲从。鉴于现当代学者在古书注解、辞书编纂和
古文教学等方面在如何批判继承清代训诂学遗产问题上依然左右
摇摆,甚至发展上述流弊,王先生一再敲起警钟:"作为一个原则,注
释家不会反对语言的社会性。但是在实践的过程中,注释家往往忽
略了这个重要的原则。"⑰例如学术界一度流行的追求新颖可喜的见
解,采用"并存"、"亦通"的说法,都是不可取的。王先生指出:"如果
不能切合语言事实,只是追求新颖可喜的见解,那就缺乏科学性,
'新颖'不但不可喜,而且是值得批评的了。"⑱"我们如果要求知道古
人实际上说了什么,那就必须从两种不同的解释当中作出选择,或
者是从训诂学观点另作解释,决不能模棱两可,再说什么'并存'和
'亦通'了。"⑲近人和今人易犯的"望文生义"的毛病也是背离了语言
的社会性原则,因文定义应严格区别于望文生义。前者根据上下文
来确定一个多义词的词义,比较有客观标准;后者则各逞臆说,言人
人殊,莫衷一是。王先生主张审慎地对待故训,不轻易否定,不轻易
做翻案文章,那种实用主义地对待故训,以故训来牵合己意,偷换概
念,曲从僻义或歪曲古书语言使之为自己的观点服务,都是反科学
的态度。

　　王先生运用历史观点和语言的社会性观点对训诂学的理论和
实践作了科学的总结,为我们正确认识传统训诂学,建立和发展新
训诂学指明了方向。

　　王先生在近半个世纪的训诂理论的研究和训诂工作的实践中,

十分重视字典辞书的编纂工作。在他有关辞书编纂的论文和他所编写的字典中始终坚持历史观点和语言的社会性观点,既重视语言实际,又有理论的深度和高度。早在 40 年代初,王先生就在清华大学三十周年纪念演讲会上发表了《理想的字典》①一文,对前代和近代的辞书作了分析、总结,指出了它们的成就和不足,并提出编写理想字典的三原则:(一)明字义孳乳;(二)分时代先后;(三)尽量以多字释一字。接着,他又以现代语言学理论为指导,结合语源的探究,写成了《了一小字典初稿》②。发表于 80 年代的《同源字典》②则正是为了新训诂学的目的而编写的一部力作。该字典据音义皆近或音近义同或义近音同的原则来考求汉字的同源关系,然后对每组同源字在形音义上的历史演变作出可考可靠的论证。全书大量引证故训材料,避免个人臆断,并在语音规律上严加限制,收字宁缺毋滥,态度十分审慎。此外,王先生晚年从事《古汉语字典》的编写工作,直至逝世,尚未完稿。相信由王先生的高足续成出版后,必将在新的科学的训诂学发展史上具有重要的学术地位和价值。

随着经济和文化的发展,为适应批判继承历史文化遗产以建设社会主义新文化的需要,训诂学的作用越来越明显、越来越重要。无论是古籍整理与研究、辞书编纂、古汉语教学,处处需要训诂学,训诂学也要在上述理论与实践工作中不断发展。王先生谆谆教导我们,要“根据语言学的原理来处理汉语研究的问题”②,“要发展中国的语言学,最重要的是要讲究科学方法。我们从马克思主义经典著作中学习科学方法,将是一生受用不尽的”②。我们应以王先生为榜样,努力实现王先生的遗愿,让王先生开创的新训诂学沿着科学的道路健康发展。

---

① 《龙虫并雕斋文集》第一册,315—327 页。
② 《中国语文》1962 年第 1 期。

③同 1，327 页。

④同 1，321 页。

⑤同 1，325 页。

⑥《〈古代汉语·常用词〉订正》"说明"部分。

⑦同上，"代序"1 页。

⑧《古代汉语》（修订本）第一册"凡例"二二，10 页。

⑨《古代汉语》（修订本）第四册，1625 页。

⑩同 6，189 页。

⑪同 1，322 页。

⑫《龙虫并雕斋文集》第三册，429—430 页。

⑬俞樾《群经平议》卷九。

⑭同 1，340 页。

⑮俞樾《诸子平议》卷十七。

⑯同 1，433 页。

⑰同 1，333 页。

⑱同 1，329 页。

⑲同 1，332 页。

⑳同 1，345—378 页。

㉑同 1，379—406 页。

㉒《同源字典》，商务印书馆 1982 年 10 月出版。

㉓同 1，494 页。

㉔同 1，495—496 页。

（原载《纪念王力先生九十诞辰文集》，山东教育出版社 1991 年版）

徐复先生对《广雅》研究的卓越贡献

　　三国魏张揖所撰《广雅》是研究汉魏以前词汇训诂的重要著作。该书"集百家之训诂","采八方之殊语"以增广《尔雅》。但自唐至明,未见有专门整理、研究《广雅》者,不像《尔雅》那样列为儒家经典备受重视。以至《广雅》向无善本,传抄、旧刻中讹文、脱漏极多。幸有清一代小学大盛,卢文弨、王念孙、钱大昭诸大家精心研治《广雅》,并与《尔雅》、《说文》、《方言》等的研究汇成洪流,将传统语言学研究推向高潮。其中尤以王氏《广雅疏证》成就卓著,学者誉称"比诸郦道元之注《水经》,注优于经"云。

　　徐复先生主编《广雅诂林》是20世纪80—90年代历时八年完成的集大成之作,精审校勘《广雅》正文及《博雅音》,于每条下详尽列举王氏父子的疏证及补正,卢氏注,钱氏兄弟的校注及疏义,并将清代以来直至新中国成立以前所有有关《广雅》及《广雅疏证》的研究成果悉萃于篇。连未曾刊行的如扬州张洪义先生的遗稿也设法访求辑录,功莫大焉。我们期待着荟萃新中国成立以后研究成果的《广雅诂林续编》早日问世。

　　徐复先生在担任中国训诂学研究会会长期间,与研究会其他领导共同倡议主编《王氏四种》。徐先生亲自为第一种《广雅疏证》和第四种《经传释词》作序。由于王氏《广雅疏证》一书订正《广雅》旧本讹误阙漏堪称精审,且由古音以求古义,创获极丰。经整理出版,嘉惠学林。徐先生所撰《重印〈广雅疏证〉弁言》详尽抽绎王氏此书条例,为学习研究者提供了深入全面的导读。文末列举清代以来迄今"咸有专书专文，弼成王义"的十馀人："俞樾、王树枏、刘岳云、朱师辙、陈邦福、张洪义、裴学海、殷孟伦、周祖谟、蒋礼鸿、赵振铎、祝鸿熹诸氏"，我也忝列其中，实感汗颜。其实，既深入发掘张揖《广雅》古义又广泛弼成王氏《广雅疏证》训释并创获丰硕、贡献卓著的当首推徐复先生本人。徐先生无论是考证文字语词、校理古籍、诠释方言俗语还是探究词源词族的论著，多处注意吸收《广雅》及《广雅疏证》的成果，既融会贯通又不囿于成说，创见迭出，精彩纷呈。兹就这几方面略举数例。

一、考字义

《盐铁论·周秦篇》："虽有庆忌之健，贲育之勇。"张敦仁曰："健当作捷。司马相如《谏猎赋》亦云'捷言庆忌'。"徐先生据《广雅·释诂》："捷，健也。"又引疏证："《大雅·烝民篇》云：'征夫捷捷。'《汉书·东方朔传》：'捷若庆忌。'皆健之义也。捷与捷通。"从而明确健非误字，不烦改字。

陶渊明《停云诗》："竞用新好，以怡余情。"曾本、苏本、焦本并云："一作'竞朋亲好'。"一般读者难明"竞朋"之义，徐先生据《广雅·释诂四》："竞，高也。"陶氏《祭从弟敬远文》亦云"乐胜朋高"。指出"竞朋，犹言高朋"。

《訄书·学变第八》："故魏世议者言：凡人天性多不善，不当待以善意，更堕其调中。""堕其调中"其义难明。徐先生据《广雅·释诂二》："调，欺也。"又《广雅·释言》："调，诫也。"疏证："《说文》：'诫，诞也。'谓相欺诞也。"指出："堕其调中，犹言堕其术中。…术谓权术、手段，引申则有欺诞义矣。"

二、明假借

《新书·淮难篇》："故挟匕首以衝仇人之胸，固为要俱麾而已耳。"徐先生据《广雅·释诂一》："撞，刺也。"《战国策·楚策》："臣请为君劓其胸杀之。"指出："衝,撞之假借。""亦作劓。"

《论衡·谢短篇》:"名籍墨将,何指?"黄晖云:"墨将,未闻。"北京大学历史系《论衡注释》改"墨将"为"墨状",云:"状,文书的一种,把名字记入墨笔写的功劳簿上。"徐先生据《广雅·释器》:"籍,籯也。"及《说文》:"剖竹未去节谓之籍。"从而推定将为籍之省假,并指出:"墨将与名籍对文,皆用以记事之竹简。"

《后汉书·列女传》:"蔡琰作《悲愤诗》云:'要当以亭刃,我曹不活汝。'"王先谦集解引沈钦韩曰:"亭盖事之误,《前书·蒯通传》:'事刃于公之腹。'作亭止解,不可通。"徐先生据《广雅·释诂一》:"搄,刺也。"指出:"亭非误字,为搄字之省假。……沈氏改为事刃,无据。"

三、校字勘误

《文选·杨雄〈解嘲〉》:"今子乃以鸱枭而笑凤凰,执蝘蜓而嘲龟龙,不亦病乎?"李善注引孙卿《云赋》曰:"以龟龙为蝘蜓,鸱枭为凤凰。"徐先生据《广雅·释鱼》:"有角曰蚖龙,无角曰矤龙。"王念孙疏证谓《说文》"有角者虯",蚖与虯同;"无角曰螭",矤与螭同。指出:"后人不识蚖字,因误作龟龙矣。《荀子》作螭龙,不云虯龙,取同类字相代,唯与龟字则截然无涉耳。刘师培校《荀子》,反据李善注改螭龙为龟龙,以牵合《解嘲》误文,失其旨矣。"

《尪书·别录乙第六十二》:"裔介恃齐给,而斌诈谖饰俭,至于光地外淫,何宋明诸儒行谊之修,而今若是沽薄也?"徐先生据《广雅·释诂一》:"沽,褊也。"指出"褊与薄通。沽薄之说,当本于此"。并引《汉书·窦婴传》:"魏其,沾沾自喜耳,多易。"颜师古注:"沾沾,轻薄也。或音他兼反。今俗言薄沾沾。"详审文义,可知"沽薄"为"沾薄"形近之误。

以上诸例,均采自徐先生《后读书杂志》一书。

四、诠释方言俗语

《广雅·释诂》:"挶,击也。"王念孙无说。胡文英《吴下方言考》谓"挶,音萱,掌人颊也。吴中凡掌人颊曰挶。"徐先生指出:"今俗作揎,即挶字也。古从宣、从旬之字多通用。《说文》:'珣,一曰玉器。读若宣。'可以为比。"

《说文》:"瘱,卧惊也。火滑切。"段玉裁注:"《广雅》曰:'瘱,觉也。'义相近。今江苏俗语曰睡一瘱。"徐先生指出:"《广韵》入声十一没:'瘱,睡一觉。呼骨切。'与忽同音,俗因加旁作睧字。"

《广雅·释言》:"圻,垢也。"徐先生指出:"抗战时余在巴县界石场闻积垢之语正作圻圻。此正魏晋语言之遗留。"

《广雅·释器》:"潲,潘也。"王念孙疏证:"《玉篇》:'潲,臭汁也。潘也。'《集韵》云:'汛潘以食豕也。'"徐先生指出:"蜀中谓厨中污水用以饲豕者称箾水。按其音义,以作潲为是。"

《说文》:"傗,引为贾也。於建切。"《广雅·释诂三》:"赝,当也。"王念孙疏证云:"引为贾谓引此物以为彼物之值,即相当之意也。""傗与赝同。"徐先生据此进一步指出:"今蜀人谓物价低廉为相因。相承以因字为之,其本字当以作傗或赝字为正。谓之相因者,谓物价与货物相当,两无亏损,故云。赝声转则为因矣。"

以上诸例采自《徐复语言文字学丛稿·方言溯源》一文。

五、探究词源、词族

徐先生《重印〈广雅疏证〉弁言》云:"王氏论叠韵,又创为正转、变转、语转之说,示人以研究之矩范。如:……《释诂三》'碒,磨也'下云:'《广韵》:"碒,碒磨也。"'又云:"鉏,平木器名。"《释名》云:"鉏,斯弥也。斤有高下之迹,以此斯弥其上而名之也。"鉏与碒同义,斯弥、斯磨,语之转耳。'复前撰《变音叠韵词纂例》一文,即由斯磨、斯弥之理悟出。《广韵》入声二十三锡'寂寥'读从'寂历',为下字变韵从上字之例；颜师古《汉书·元帝纪》注'幼眇'读曰'要眇'，又为上字变韵从下字之例。"徐先生搜集这种变音叠韵词七十五例，其中就有不少取材于《广雅》和《广雅疏证》的。除上引"斯磨"、"斯弥"例外，又如：

《广雅·释言》"搵抐"，上字搵由本读乌困切变音为乌没切，与下字奴没切之抐叠韵。

《广雅·释器》"簅簅"上字受下字影响，使洪音簅变为细音苦典切（牵上声）。

《广雅·释虫》"蛼蝼"王引之疏证："蠸蝼、蛼蝼，亦声之转耳。"蠸变音为蛼，与下字叠韵。

《广雅·释虫》："螮蟧，蛁蟧也。"王引之疏证："蜺蟬与螮蟧同，蛁蟧之转声也。今扬州人谓此蝉为都蟧，亦蛁蟧之转声也。"蜺、螮、都声转为蛁，与蟧叠韵。

以上为上字变韵从下字之例。

《广雅·释器》："属鹿，剑也。"《左传·哀公十一年》："使赐之属镂以死。"杜预注："属镂，剑名。"《荀子·成相》："刭而独鹿弃之江。"杨倞注："本亦或作属镂。"镂变音为鹿与上字叠韵。

《广雅·释虫》："蛙、蛤，蒲卢也。"《国语·吴语》作"蒲嬴"，嬴同骡，变音为卢，与上字叠韵。

《广雅·释训》："偃蹇，夭撟也。"《荀子·非相》作"偃却"，杨倞注："偃却，犹偃仰，即偃蹇也。"却变音为蹇，与上字叠韵。《广雅·释器》："輨輄，车也。"王念孙疏证："《玉篇》：'輨辁，兵车也。'輄亦作辁。《墨子·备城门篇》有輨辁车。"輄变音为辁，与上字叠韵。

以上为下字变韵从上字之例。

以上诸例采自《徐复语言文字学丛稿·变音叠韵词纂例》一文。

徐先生研究《广雅》及《广雅疏证》始终以声音贯通训诂，娴熟运用因声求义的方法。在探究古音通转原理的同时，十分注重文献语言的印证。他所著探讨音义联系的力作《章氏〈成均图〉疏证》在这方面为学者作出了示范。该文屡引《广雅》和《广雅疏证》之训释证明古音韵部通转。如引《广雅·释言》:"将,请也。"及疏证引《诗》毛传、郑笺并云:"将,请也。"以证阳转为青。又如引《广雅·释训》:"偃蹇,夭挢也。"证寒转为宵。再如引《广雅·释言》:"曼,无也。"《广雅·释训》"魁岸"疏证:"魁岸犹魁梧,语之转耳。"以证寒鱼相转等等。

　　总之,徐先生将《广雅》及《广雅疏证》的成果发扬光大并在其基础上发展创新,从理论到实践为《广雅》研究作出了卓越的贡献。

《说文》所称"古文"中的假借字

　　《说文解字》（以下简称《说文》）一般先列小篆，即正篆，然后列举所谓古文、籀文，是为重文。《说文》中所称古文，大多为六国文字，也有一部分为汉时甄丰等整理改定的文字，《说文解字叙》所举古文来源有四个方面：

　　（一）"鲁恭王坏孔子宅而得《礼记》、《尚书》、《春秋》、《论语》、《孝经》"（即所谓"壁中书"）；

　　（二）"北平侯张仓献《春秋左氏传》"；

　　（三）"郡国亦往往于山川得鼎彝，其铭即前代之古文"；

　　（四）"及亡新居摄，使大司空甄丰等校文书之部，自以为应制作，颇改定古文"。

　　这些古文字虽然并非殷周时的古文字，但大多距周代较近，可据以上推甲骨文、金文特别是两周金文。文字学家释读古文字，辨别文字本义和假借义，《说文》所称古文不失为一种重要凭借。值得注意的是，《说文》所称古文有一些实际上是假借字。它们与正篆本是意义各不相同的两个字，不能混为同一字。进行古文字形体研究，必须严格把《说文》所称古文中的假借字区分出来。清代学者段玉裁阐明了许慎说解行文的一条通例，从而明确地区分出一部分假借字。他在"中"字下注云："凡云'古文以为某'者，此明六书之假借。以，用也。本非某字，古文用之为某字也。"（商务印书馆"万有文库"本《说文解字注》连读作"此明六书之假借以用也"，误读。舒连景《说文古文疏证》亦误读。）

　　应当指出,《说文》所称古文中标明"古文以为某字"者,凡十餘见,其中大部分确为音同音近的假借字,但亦有一些并非假借字者。本文第一部分将加以辨析。

　　还有,《说文》所称古文中还有大量假借字并不标明"古文以为某字",而与一般音义相同而形体不同的古文(即与正篆为同一字者)混在一起,概称"古文某"。本文第二部分着重辨析这一类散见于全书的假借字。

一　"古文以为某字"辨析

　　(一)本非某字,由于音同音近而用之为某字,是为真正的假借。例如:

　　　　洒——"古文以为'灑扫'字。"

"洒"字本义为"洗涤",六国古文借用为"灑扫"的"灑"。《论语·子张》:"子夏之门人小子,当洒扫应对进退,则可矣,抑末也。"

　　属这一类的还有:

　　　　完——"古文以为'宽'字。"

　　　　疋——"古文以为《诗》'大雅'字。"

　　　　㫃(旅)——"古文以为'鲁卫'之'鲁'。"

　　这种由于音同音近而通用的本字与借字,有时具有同一声符。例如:

　　　　诐——"古文以为'颇'字。"

　　"诐"字的本义为"辩论";"颇"字的本义为"头偏",引申为"偏颇"。古书常借"诐"为"颇"。《孟子·公孙丑上》:"诐辞知其所蔽。"《楚辞·九叹》:"不从俗而诐行兮。"王逸注:"诐,犹倾也。"

　　有时借字与本字(后出本字)的关系为声符与后起形声字的关系。例如:

　　臤——"古文以为'賢'字。"

　　叒——"古文以为'顯'字。"

　　丂——"古文以为'巧'字。"

　　哥——"古文以为'謌'字。"

（二）本非某字，古文用之为某字，实为形误。例如：

　　臭——"古文以为'澤'字。"

"澤"为"皋"之误。隶书"皋"作"臯"，与"睪"形近，故误为"澤"。"臭"为"皋"的省形。又如：

　　汓——"古或以'汓'为'没'。"

舒连景《说文古文疏证》云："'汓'、'没'无通假之理。古文'子'作'𢀖'，'殳'作'𣪊'，于形最近。疑许君误'汓'为'没'，非六国古文假'汓'为'没'也。"

　　丂——"古文以为'亏'字。"

"丂"与"亏"亦无通假之理，疑许君所见壁中书"亏"字上画或漫灭而成"丂"字，故著之《说文》，实则只是"亏"字。王国维、舒连景等均持此说。

　　𥇛——"古文以为'醜'字。"

徐锴《说文解字系传》作"古文以为'睍'"。按'𥇛'读若"卷"，与"睍"同韵，"𥇛"借为"睍"，"睍"与"醜"形近而误作"醜"。

　　俕（侁）——"古文以为'训'字。"

段玉裁《说文解字注》云："'训'与'侁'音部既相距甚远，字形又不相似，……今按'训'当作'扬'，由'扬'讹'詠'，由'詠'复讹'训'，始则声误，终则字误耳。《檀弓》'杜蒉洗而扬觯'注云：'举爵于君也。'《礼》'扬'作'媵'，扬，举也；媵，送也。'扬'近得之。据此知《礼经》作'媵'，《记》作'扬'，'媵'为古文'扬'字。《燕礼》'媵觚于宾'注云："

'读或为"扬"。'盖礼家旧读'朕'为'扬'。许亦用礼家旧读说也。"

(三)本即某字,非假借字,惟形体略变。例如:

　　中——"古文以为'艸'字。"

"中"、"艸"本为同一字。"中"为"艸"之省形。《汉书》仍有以"中"为"艸"者。《礼乐志》"中木零落"颜师古注:"中,古'草'字。"故"古文以为某字"者,不能一概归之为"六书之假借"。

　　疋——"古文以为'足'字。"

"疋"、"足"古本一字,正始石经"楚"字古文及古金文、陶文皆从"足",是其证(据王国维《魏石经古文考》)。此条亦不能归之为"明六书之假借"。

二　"古文某"中的假借字辨析

所谓"古文以为某字"者,不全是假借字;而许氏径标为"古文某"的那些古文,也不全是同一字的古今不同变体,其中杂有不少假借字。这往往易为人忽视。下面,我们就按《说文》顺序,将全书所称"古文某"中的假借字一一列出,加以辨析。所录古文字形,依大徐本。

　　1. 祮——"古文禜,从隋省。"(一篇上,示部)

依许说,"祮"字从"示","隋"省声。按:"左、右"是"佐、佑"的本字,"𠂇、又"是"左、右"的初文。高田忠周说:"'𠂇、𢁉',为'左、右',左手右手,可以相助也,不从'工'、'口'而义自显矣。"(《古籀篇》五十六)其说是。"左、右"与"𠂇、又"义同。甲金文中,从"𠂇"与从"又"亦义通。"祮"乃是从"示"、从"左"(即从"又")、从"肉"会意,即"祭"字。"祭"字,金文有"𥙽"(《史喜鼎》)、"𥚱"(《鄘侯簋》)、"𥛬"(《陈侯午敦》)等形,末字与"祮"字更近似。"祮"当为"祭"的或体。六国古文借"祮"(祭)为"禜"。

2.䈞——“古文毒，从刀、䈞”(从段注。一篇下，屮部)

“䈞”字俗讹为“𦽌”，锴本及《汗简》、《古文四声韵》上从“竹”不误，下亦讹从“副”。当依段注从“刀”，“簹”声，义以“簹”为训。亯部：“簹，厚也，从亯，竹声，读若笃。”与“毒”训同。《说文》“簹、笃、毒、䈞”诸字盖声近义通。然究“笃”字本义，当非“厚”义，更无后来的“毒害”之意。字从“屮”，“屮”即“艸”，许说解为“厚也，害人之艸，往往而生”，杂糅不辞，但“害人之艸”云云，亦隐约与草有关。征之典籍，当为一种苦草，即是“薄”，亦作“蓴”，又名“萹苋”、“萹蓄”(见李时珍《本草纲目・草部》)，为一年生平卧草本，味苦。引申有“苦”义。《周礼・天官・医师》“聚毒药”郑玄注：“毒药，药之辛苦者。”又引申为“苦恶之物”(《易・噬嗑》疏)，进而才生发“恶毒、毒害”义。此系诸义，与“厚”义了不相涉。故毒字“厚”义分明是因通“䈞”(或“簹”)而得的假借义。然则古文“䈞”与“毒”审为两字。就“厚”义言通假关系，古文“䈞”是本字，正篆“毒”反而是假借字。

3.𤖼——“古文莊。”(一篇下，艸部)

“𤖼”字，或读曰“壮”，曰“庸”，曰“葬”，皆未安。金文“莊”不从“草”，作“”(《毛公鼎》)、“”(《虢季子伯盘》)、“《宋超亥鼎》)，都有“”这一基本形。郭沫若以“”为“缶”，“”为“皿”，隶定为“䍃”(后世作“酱”)字(见《两周金文辞大系考释》第一八四页)。郭说是。古“缶”作“”(《蔡侯缶》)、“”(《邛君壶》)，与“莊”所从“”同；“皿”或中空作“、”不乏其例。“缶、酉”皆为容器，用作形符，义同。然则金文“莊”已借“䍃(酱)”为之。《说文》“莊”古文所从“”又讹变为“”，遂使人不知其真。是许氏收录若此抑或后人窜改，不可知矣。

4.𠂀——“古文釆。”(二篇上，釆部)

“釆”，许云：“辨别也，象兽指爪分别也。……读若辨。”是以

"采、辨"为古今字。典籍中，"平"、"辨"二字亦相通用。《书·尧典》"平章百姓"，《尚书大传》作"辨章"，《史记》作"便章"，司马贞《索隐》："'便章'，《古文尚书》作'平'，今文作'辨'。""平"字，《说文》古文作"釆"，金文作"釆"（《孝成鼎》）、"釆"（《都公鼎》）；"采"的古文"釆"，与之形近，显为"平"字的讹变。六国古文借"平"为"采"。

5. 悉——"古文悉。"（二篇上，采部）

"悉"字从"心"、从"采"，会意。"悤"字，一般也以为会意，从"心"，从"囱（囱）"，取"通明"义。但《说文》篆、古若皆会意字，其一体同、一体异者，相异之体义必相近，如"復"与"遷"，所从"彳"、"辵"同义，"僕"与"蹼"所从"亻"、"臣"同义。而"囱"与"采"义不同。"囱"形分明不是表示"窗牖丽廔闿明"之"囱"字。按，许书"目"字多讹为"囱"，如"目、省、睦"诸字的古文。"目"字与"自"字（"鼻"的初文）又形近。故"囱"当是"自"的讹变，"悉"的古文乃从"心"，"自"声。六国古文借"息"为"悉"。《周易音义》"窒"下引徐邈音得悉反，宋本等作"悉"，闽监本、雅雨堂本作"息"，亦可作"息"、"悉"相通之一证（参见黄焯《经典释文汇校》）。

6. 啺——"古文唐，从口、易。"（二篇上，口部）

《说文》"唐"字从"口"，"庚"声。但"庚"不训"大"，而是有耳可摇动的乐器钲的象形（详见郭沫若《甲骨文字研究·释干支》），则唐亦无由得"大言也"之训。《太平御览》卷八十二、九百十二引《归藏》曰："昔者桀筮伐唐。"《博古图》载齐侯镈钟铭曰："虩虩成唐，有严在帝所，尃受天命。""唐"即"汤"，谓唯"汤"方配受天命。《铁云藏龟》中"唐"与"大丁"、"大甲"连文，且居其首，亦即称"汤"。"唐"盖是示殷首君"成汤"的专字，"汤"是假借字（说见王国维《观堂集林》卷九）。勿部："易，开也。一曰飞扬，一曰长也，一曰强者众兒。"故从"易"声之字多有"大"义："簜，大竹筩也。""簜，大竹也。""蘯，宽大意。""啺"既是"从口、易'会意，则当据说解"大言也"之义。然则古文"喝"为本字,正篆"唐"为假借字,其通假关系同"蘦、毒"字。

　　7.容——"古文谷。"(二篇上,口部)

　　谷部"容",从"肻"、"谷"。"容"少一画,盖从"肻"省,当与容同。六国古文借"容"为"谷"。

　　8.警——"古文速,从敕、从言。"(二篇下,辵部)

　　小篆作"速",籀文作"遬"。《汉书·曹参传》:"逊遬"、《匈奴传》"呼遬累"等凡七处,颜师古皆注:"'遬'古'速'字。"《左传·襄公二十六年》释文:"速,本亦作'遬'。"《吕氏春秋·辨士》高诱注:"遬,疾也。""速"又有"召"义。《易·需卦》上六"不速之客"释文引马融曰:"速,召也。"《诗·召南·行露》"何以速我狱",《左传·闵公二年》"与其危身以速罪也",皆此。可见原为一组分别文:从"辵"为"速"义,从"言"为"召"义。小篆省而兼此二义;六国古文或以"警"为"速",则是通假矣。

　　9.屡——"古文徙。"(二篇下,辵部)

　　"徙"、"屡"古通用。《诗·大雅·板》:"民之方殿屎。""屎"借为"徙"。"屎"即"屡"省文。六国古文借"屡"为"徙"。

　　10.抴——"古文遷,从手、西。"(二篇下,辵部)

　　"遷"训"登也",异部"卑"(或体作"罨")训"升高也",义同,后人遂误以"罨"、"遷"为一字。"逻"训"迁徙","遁"训"遷",许实以"遷"为"迁徙"义。"抴",所从"手"作另一手形"爪"(𠬞),即为"卑",或体作"罨",六国古文借为"迁徙"字。然则"罨"、"遷"为特殊古今字:古字为假借字,今字是以假借字为初文的后起形声字。盖"遷"常通摄"罨"义,故许径以假借义为训,而本义旁见。

11.🔣——"古文爲,象两母猴相对形。"(三篇下,爪部)

"爲"字原形,罗振玉谓从"爪"从"象",示役象助劳,已是定论。"爲"非"母猴",何能有"母猴相对"之"🔣"！按:"🔣"疑是"奥"字("黄"初文)。金文所从之"奥",中间直笔可省,如"遣"作"🔣"(《大保簋》),趞作"🔣"(《遣小子簋》)。"黄、爲"同属微部。古文借"奥"("黄")为"爲"。

12.🔣——"古文殺。"(三篇下,殺部)

徐铉曰:"《说文》无'杀'字,相传云音'察',未知所出。"按,许氏谓"殺"从"殳","杀"声,非是。甲文"🔣"(《后》下六),正象人被殳戮血淋漓之状(参见朱芳圃《甲骨学文字编》)。其古文,郭沫若谓是"🔣",借为"蔡"(见《两周金文辞大系》)。其实就是"蔡"字。《说文》:"蔡,艸丰也。"(从段注补"丰"字。)"丰,艸蔡也,象艸生之散乱也。""蔡、丰"二字相转注。"丰"即"芥"。"蔡、丰、芥"三字声义同,实为一字。"蔡"字,古文字作"🔣"(《戬》三三,九)、"🔣"(《蔡侯鼎》)、"🔣"(《蔡侯戈》),皆象艸散乱之形。典籍中"蔡、殺"二字常可通假。《书·禹贡》"二百里蔡"郑玄注:"'蔡'之言'殺',减殺其赋也。"《左传·昭公元年》"周公杀管叔而蔡蔡叔"杜预注:"蔡,放也。"陆德明释文:"上'蔡'字音素葛反。《说文》作'🔣',音同,字从'殺'下'米',云:'糳🔣,散之也。'会杜义。"《孟子·万章上》"殺三苗于三危",乃是"殺"借作"🔣"。可知古文"蔡、丰"可借为"殺"(或"🔣")。《说文》"殺"字出古文"🔣",徐铉谓"相传云音'察'",正是"蔡、丰"字可借作"殺"的又一旁证。

13.徹——"古文徹。"(三篇下,支部)

"徹"字,甲文作"🔣"(《续》二,九,九)、"🔣"(《前》六,三五,一),金文作"🔣"(《厲羌钟》),象食毕而撤去,见"卒食"之义。徐灏说:"'🔣'疑自为字,从'支'、从'鬲',屏去釜鬲撤馔之义。'鬲'讹为'育'。'徹',从彳,本言道路之通徹,故凡通徹者皆曰'徹'。"(《说文解字注笺》)徐说是。"敠"本义为"卒食撤馔","徹"为其后出形声字;"徹"是仿构以示"通徹"义的专字。"徹"训"通",六国古文或借"卒食而去"义之"敠"示"通徹"义。而后"徹"亡"徹"存,其义概由"徹"兼之,遂不知原为二字矣。

14.米——"古文旅。"(四篇上,白部)

许云:"者,别事词也,从'白'米'声。米,古文'旅'。"此说非是。"旅"下出古文"𣃔"无"米"。按:"黍",甲文作"𥝋"(《簠岁》一四)、"米"(《前》三,二九,六),又作"𥞤"(《林》二,二五),叶玉森说:"此字从'黍'从'日',疑'者'即古文'诸',由'黍'得声,金文作'𥝖'(《诸女觥》)、'𥝖'(《尤簋》),或省'日'作'米'(《方尊》),并从'黍'之讹变。(《说契》)然则,"米"即是"黍"字。"黍"、"旅"同属鱼部,"黍"假借为"旅"。

15.𣪘——"亦古文叀。"(古文之二。四篇下,叀部)

"叀"即"惠",而古文非"叀",乃是"簋、𣪘"字,盖"簋"从"竹"从"皿"从"皀","皀"亦声,读为"轨";"𣪘"亦从"皀"得声,读如"九",古音都在幽部。"𣪘"、"簋"古同字。"𣪘"字,甲文作"𣪘"(《菁》一〇,一五)、"𣪘"(《甲》一九七一),金文作"𣪘"形(《令簋》)、"𣪘"(《沈子簋》),又可省为独体,如"𣪘"(《戚姬簋》、《大丰簋》)(参见陈介祺《簠斋金石文考释》)。"簋"则累增一形符"皿"。"叀"的古文𣪘中的"𣪘"正是"簋"字的正体,"𣪘"即"殳"之讹变。故"𣪘"为"簋、𣪘"字。正篆"叀"字,甲金文作"𢔁"(《后》下,七,七)、"𢔁"(《后》上,五,九),金文作"𢔁"(《录伯簋》)、"𢔁"(《卫盉》)、"𢔁"(《邿太宰臣》);或谓纺專的象形,或谓动词"專"(转)之省文,实乃"惠"字。"惠"、"簋"声近,六国古文盖借"簋"(𣪘)为"惠"字。

16.佢——"古文刚如此。"(四篇下,刀部)

《集韵》引作"佢"。《古文四声韵》同。金文多类此,亦或作"信"

(《保侃母富》)、"偘"(《兮仲钟》)。杨树达谓"偘"下之三画即"川"横写,"偘"即"侃","㐁"是省简。然则"偘""刚"为两字,六国古文借"侃"为"刚"。

17.鞈——"古文鼖,从革。"(五篇上,鼓部)

"鞈"是鼓声,许于革部本篆训"防汗也"(按,应作"扞",《玉篇》作"捍")。《史记·司马相如列传》"铿鎗铛鞈",《汉书》《文选》作"镗鞳";《淮南子·兵略训》"若镗之与鞈","鞈"皆借作"鼖"。古文借"鞈"为"鼖"。

18.恁——"亦古文饪。"(古文之二。五篇下,食部)

"饪"训"大孰(熟)",心部"恁"训"下齌"。二字迥异。六国古文盖借"恁"为"饪"。

19.敉——"古文养。"(五篇下,食部)

甲文"牧"字或从"牛",或从"羊"。罗振玉说:"或从'牛',或从'羊',牧人以养牲为职,不限以牛、羊也。"(《殷虚书契文字考释》)后不少学者非罗说,以从"牛"者为"牧",从"羊"者为"养"。然细味卜辞诸文句,作"养"或作"牧"者都可有,罗说尚不可废。盖畜牧时代牛羊习见:"日之夕矣,羊牛下来。"故"牧"字以"羊"、"牛"示畜。古文左作"羊",右"父",即"攴"(攵)字,与"彻"古文右旁同。"敉"即"牧"。"敉(牧)"与"养"同从羊,前字遂借用为后字。

20.同——"古文冂,从口,象国邑。"(五篇下,冂部)

诸家说"冂"、"同"字,多未洽。按:"冂"作"",左右两直画象门左右柱,横长画象门外闭之关,为"扃"的初文(参见杨树达《积微居小学述林·释"同"》)。但"同"不是"冂"的累增字,而是从"口"、"冂"声的形声字。"口"即今"围"字。"口,回也,象回帀之形。"许云"同"之"口","象国邑",不误。国邑者,以戈戍卫的地域,而同者广而远伸的方域。二者义别,但其皆有界域则一,故"冋"、"国"皆有"囗"(围)字。此"冋远"字当是"迥"、"坰"的初文。后复以"冋"为声符,增形旁"户",累增成"扃"字。"冂"、"扃"构成一组古今字。"冂—冋—扃",犹如先有表示草器之"臾",以为声旁成"贵"字;复以"贵"为声符,孳乳成"蒉","臾"、"蒉"同义,为古今字,"贵"则与二字之义了不相涉。许昧于此,说解未得"冂"的本义,又误将"冋"、"冂"作为古今异体。其实是六国古文"冋远"字借作"冂关"字。

21. 杍——"古文李。"(六篇上,木部)

"杍"不是"李"字,而是"梓"的古文。《书·梓材》释文引马融曰:"'梓'古作'杍'。"《尚书大传》:"南山之阴有木焉,名曰杍。"《说苑》、《论衡》皆作"梓"。《集韵》:"'杍'同'梓'。"盖六国古文"杍"(梓)亦借为"李"字。

22. 穷——"古文贫,从宀、分。"(六篇下,贝部)

古文当为"賓"字。"賓",甲金文作"▨"(《乙》三二七四)、"▨"(《戬》三,八)、"▨"(《颂簋》)、"▨"(《於赐钟》)。亦可省,如"▨"(《虘钟》)。古文字"賓"的基本形即是"宀"(屋宇)下"人"侧身的形象。金文中,"刀"与"人"往往相混,如《於赐钟》。今"穷"字中,"宀"下之"人"亦讹为声符"分",许遂误作会意,并与"贫"作一字观。

23. 佰——"古文夙。佤,古文夙。"(七篇上,夕部)

"夙",即"舛",甲文作"▨"(《存》下,五二〇),象人跪于月下,示披星戴月劳作之意。金文诸形与甲文体式相类。《说文》之古文"佰、佤"大异于"舛",所从"囝"、"丙"乃"▨"的讹变。"▨"即席的象形。甲文"宿"字作"▨"(《铁》二二九)、"▨"(《后》下,二,五),又作"▨"(《乙》二七〇),象人在席旁或在席上休止。此即"宿"字初文。"宿"字甲金文亦作"▨"(《粹》二九九)、"▨"(《宁沪》一,三八四)、"▨"(《宿父尊》)。"宿"(▨、▨同)假借作"夙"(舛),典籍习见,《左传》季武子名"宿"，《国语》、《礼记·檀弓》作"夙"，即其例。

24.匰——"古文帷。"（七篇下，巾部）

《玉篇·匚部》："匰，呼韦切，亦古'幬'字。"《说文》"帷"为"帐幕"义，"幬"训"襜"，二字义殊。"隹"、"韦"同属微部，音近，故"幬"（匰）、"帷"常可通借。征之典籍，《诗·卫风·氓》"渐车帷裳"，《仪礼·士昏礼》贾公彦疏引作"幬裳"；《文选·七发》"帷盖之张"李注："'帷'或为'幬'。"

25.㡲——"古文席，从石省。"（七篇下，巾部）

"席"字，甲文作"㡩、㡩"形，为席的象形。此古文似为"㡲"（即"宿"字，详23）之讹变。言其行为则是"宿"，言其行为所依凭则是"席"。然则六国古文"㡲"（宿）既可假借为"夙"（夙），亦可假借为"席"。

26.忎——"古文仁，从千、心。"（八篇上，人部）

古文当为"忍"字。古钵有"㣺"字，吴大澂谓"㣺"即"㣺"之反文，字当从"刃"、从"心"。舒连景谓"千"（千）与"㣺"形近，亦疑为"刃"（吴、舒说见舒氏《〈说文〉古文疏证》）。按，舒说有理。"人、仁、刃"声近义通。王念孙说："'仁'与'人'同义，故古书以二字通用。"（《广雅疏证》卷四上）二字又通"刃"。《释名·释言语》："仁，忍也。"《睡虎地秦墓竹简》："根（垦）田人邑。"注释谓"人"即"仞"字（见该书第286页）。其实亦通为"充牣"之"牣"。故"忍"假借为"仁"，亦从可知。

27.汆——"古文饮，从今、水。"（八篇下，饮部）

水部"淦"字有或体"汵"，"汆"即"汵"。"淦、饮"同为侵部字，古文"汵（汆）"假借为"饮"。

28.悝——"古文狂，从心。"（十篇上，犬部）

"狂"与"怟（悝）"应为二字。"狂"与"狋"转注互训，专指一种狂犬,为名词。而"怔"谓人之心理变态,乃作形容词。《韩非子·解老》:"心不能审得失之地谓之狂。"《老子》:"驰骋田猎令人心发狂。"皆表"怔"义。朱骏声《说文通训定声》"狂"字注:"移以言人乃制'怔'字。"诚确。今"狂"存而"怔"废,"怔"之义为"狂"借而据有,遂使人误认为一字。《说文》中与"狂"互训的"狾"字,本指狂犬,移于人而别制"瘈"(或作"瘛、瘲")字,指小儿惊癫病。"瘈"、"狾"二字亦通,《左传·襄公十七年》"瘈狗",《说文》引作"狾犬"。识于"狾"、"瘈"之通与别,亦易晓"狂"、"怔"为二字矣。此与"警"、"徽"字同例。

29.沿——"古文沇。"(十一篇上,水部)

"允"、"㕣"皆喻母,义别而声近。六国古文借"沿"(衍水旁)为"沇",作水名。

30.🏛——"古文握。"(十二篇上,手部)

尸部"屋"字列古文为"🏛"(段氏以为"浅人所加",无据),至部"臺"字篆作"🏛"。许氏说:"臺,观四方而高者,从'至'、从'之'、从'高'省,与'室'、'屋'同意。"古文"屋"与"臺",字形差近,征之古文字,《汗简》"屋"的古文与《说文》同;太田孝太郎《枫圜集古印谱》"屋"字作"🏛"。"黳"字(见于《广韵》,墨刑名)《俟㔯》作"🏛",上形亦近。故此古文当为"室、屋"字。古文借"屋"为"握"。

31.迋——"古文抚,从辵、亡。"(十二篇上,手部)

"迋"、"抚"不同字。梅膺祚《字汇》:"迋,逃去也。"其字古文字罕见,但中山王𦤶器铭文却两见:大鼎"而迋其邦",方壶"邦迋身死",都读为"亡"。"抚"是"安抚"义。"亡"、"无"古音同属鱼部,常可通假。古文借"迋"为"抚"。

32.愳——"古文姦,从心,旱声。"(十二篇下,女部)

"愳"不是"悍",《说文》形声字部位有时固定,许氏正因别于左形右声之"悍"，才取下形上声之"悬"（俞樾《儿笘录》说）。但"悬"字似不可晓。按："旱"、"干"作声符可互通，"旱"亦"干"声。二者相较，《说文》中古文以"旱"声者居多，如："珲，古文'玕'，从'玉'、'旱'"；支部"敤"，今作扞，即"干戈"字，"戦"，经传皆作"干"；……相反之例未有。故可知"悬"是"忓"（许训"极也"）的古文，假借作"姦"字。

33. 稟——"古文直。"（十二篇下，乚部）

许书"目"或讹作"囧"（说见 5）。此当为"植"的古文。六国古文假借为"直"。

34. 𧖅——"古文蠢，从戈。"（十三篇下，蚰部）

"蠢"，虫动，引申为物之动。《尔雅·释诂》："蠢，动也。""𧖅"，即"截"（《正始石经》"春秋僖公三十年春"之"春"字所从亦类"𣆃"），从"戈"从"春"，"春"亦声。"戈"从"才"声见义，"才"是"艸木之初"。"春"，许训"推也，草春时生也"。《尚书大传》："春，出也，物之出也。"《广雅·释诂一》："截，出。"《考工记·梓人》"春以动"郑玄注："春，读为'蠢'。蠢，作也，出也。"郑实读为"截"。"出、作"义当为"截"的形声合义。"蠢"、"截"义各有当，判为二字。说解隐括《书·大诰》文"我有截于西"（今本作："有大艰于西土，西土人亦不静，越兹蠢。"）正示"截"借作"蠢"，取"动"义。故古文乃假借"出、作"义之"截"为"蠢动"字。

35. 𠂤——"古文终字。"（十一篇下，夂部）𠂤——"古文终。"（十三篇上，糸部），𦱚——"古文冬，从日。"（十一篇下，夂部）

此三条，许说正误杂糅，而俗说不解古文古意，反更误。今略抉其微义梳剔之，以祛众惑。

许氏"终"训"絿丝也"（"絿"字不烦改）。"絿"通"述"，"述"，"敛聚也"。《诗·大雅·民劳》传："述，合也。"笺："合聚也。"故束丝聚合谓之终（高田忠周说）。"终"，甲金文作"△"、"𢎘"诸形，正象束丝拧合、两端束结之状。𠂤显为将两结延接而生讹变，故许以"𠂤"为

"终"之古文,至确(此亦可正关于甲金文中"𝐀"字本义的歧说)。"冬",许将古、篆二体皆作会意(古文从"日",作"𝐀";篆体从"仌",作"舟"),非是。"冬"当是"𝐀"作声符,从"仌"或从"日"的形声字。从"仌",为冬季的物候特征;从"日",我国古代人民尤重视观察太阳的周日和周年视运动,以日南至(冬至)为一年之终,下年之始。以"𝐀"为"舟"之古文,殆是。《正始石经》"冬"古文作"𝐀",今古文中连成直画,稍讹。"冬"者,"四时尽",本义即为今"终"义,由此而得"极、穷、竟"一系列引申义。此一系列义与"绿丝"义了不相涉。故"冬"断非"𝐀"的后起字。"终"才是"𝐀"的真正后起形声字,却以"冬"为声符。"𝐀—冬—终",犹"冂—同—𦉰"演变之例。许于彼误将"同"义训"冂",在此却将"𝐀"、"冬"区别,识"𝐀"、"终"为古今字。然犹未善。甲金文中"𝐀"一般都表"终极"义,如"终夕"(《菁》二,一)、"帝无终命"(《井侯簋》),而非"𝐀丝"义,故按许释古文的通例,当对"𝐀"字补"古文以为'冬'",即"𝐀"假借作"终极"义的"冬"字。

36. 𐋀——"古文申。"(十四篇下,申部)

古文字"申"形都相近,如孔"𐋀"(《前》七,三五,一)、"𐋀"(《申鼎》),皆象电光旋飞形。许书"电"字下所出古文,"虹"字下所出籀文,都将"申"作为"电"解,其形也与甲金文合。此"𐋀"当是电形"申"字的讹变。而"申"又借作"神",古人对闪电惊雷由惧慑而崇拜,以为神明。许云:"申,神也。"此当依"巳,巳也"例,改"神"为"申"(参段说)。许意上"申"字借作干支字,下"申"字为"神明"字,说解即诠"神明"义,而"申"本义见于古、籀文(按:许于地支字全以声训,不拘本义)。故古文"申电"字假借为地支"申"字与"神明"字。

37. 丣——"古文酉,从丣"(十四篇下,酉部)

许说解"丣为秋门"云云,以谶纬说字,误甚。按:"酉"字甲、金、篆大致相合,象盛酒之尊,亦可指酉中物,故"酉"亦指酒。古文字"丣"、"卯"二字形、声相近,每每相通。而"卯"本义,吴其昌谓双刀并立形(《金文名象疏证》),刘字从"丣"声,实即"卯",故"刘"训"杀"。盖六国古文借"丣杀"字为"酉"字。

综上所述,《说文》所称古文,有近四十条虽未标明"古文以为某字"而径称"古文某",然亦属假借字,即古文为别一字,假借作正篆字用。但个别条目所称古文与正篆的通假关系是相反的,即从说解看,古文倒是表示本义的,而正篆反而是假借字,如"薊,古文'毒'"、"喝,古文'唐'"之类。另外,假借字也包含各种类型,如本无其字的假借,本有其字的假借,还有本无其字后有专字(后出本字)的假借,本有其字后换专字的假借等等。本文的目的是从《说文》所称古文中区分出假借字,对假借字各种类型的分析就不赘述了。

(本文与黄金贵教授合作,原载《语言研究》1982 年第 2 辑)

王国维对古文献所称"古文"的卓识

　　王国维治学,在史学、美学、文学、文字学等许多领域都有重大建树,而且多有惊世骇俗之说,前与古人一心相印,后遗来者黄钟大吕。这就是他的大师风范。他对古文献所称"古文"的考辨、论说,也是他不同凡响的卓识之一。

一、两汉文献所称的"古文"

　　两汉文献,"古文"称名屡见。兹录其要者:
(一)《史记》(据中华书局标点本。"古文"二字下着重号为笔者所加;下同)

　　　　1.《五帝本纪》:孔子所传宰予问《五帝德》及《帝系姓》(笔者按,王国维氏《史记所谓古文说》所引"孔子"之"子"为"氏",无"问"字),儒者或不传。余尝西至空桐(按,王氏引作"崆峒"),北过涿鹿,东渐于海,南浮江淮矣,至长老皆各往往称黄帝、尧、舜之处(按,王氏所引作"各各",无"往往"二字),风教固殊焉,总之不离古文者近是。
　　　　2.《三代世表》:余读谍记,黄帝以来皆有年数,稽其历谱谍终始五德之传,古文咸(按王氏引作"悉")不同,乖异。
　　　　3.《十二诸侯年表》:儒者断其义,驰说者骋其辞,不务综其终始,历人取其年月,数家隆于神运,谱谍独记世谥,其辞略,欲一观诸要难。于是谱十二诸侯,自共和讫孔子(按,王氏所引"讫"前有"始"字),表见《春秋》、《国语》,学者所讥盛衰大指著于篇,为成学治古文者要删焉。

4.《吴太伯世家》:余读《春秋》古文,乃知中国之虞与荆蛮句吴兄弟也。

5.《仲尼弟子列传》(按,王氏引作"七十二弟子列传"):学者多称七十子之徒,誉者或过其实,毁者或损其真,钧之未睹厥容貌,则论言弟子籍,出孔氏古文近是。

6.《太史公自序》:迁……年十岁则诵古文。

又:周道废,秦拨去古文,焚灭《诗》、《书》,故明堂石室金匮玉版图籍散乱。

(二)《汉书》(据中华书局标点本)

1.《郊祀志》:是时美阳得鼎,……张敞好古文字,案鼎铭勒而上议曰:"……臣愚不足以迹古文。"

2.《地理志》右扶风汧县下云:吴山在西,古文以为汧山。

又武功县下云:太壹山,古文以为终南;垂山,古文以为敦物,皆在县东。

又颍川郡崇高县下云:古文以崇高为外方山也(按,王氏《汉书所谓古文说》所引无"也"字)。

又江夏郡竟陵县下云:章山在东北(按,王氏所引无"北"字),古文以为内方山。

又安陆县下云:横尾山在东北,古文以为陪尾山。

又东海郡下邳县下云:葛峄山在西(按,王氏所引无"在西"二字),古文以为峄阳。

又会稽郡吴县下云:具区泽在西,扬州薮,古文以为震泽。

又豫章郡历陵县下云:傅易山、傅易川在南,古文以为傅(按,王氏所引作"敷")浅原。

又武威郡武威县下云:休屠泽在东北,古文以为猪野泽。

又张掖郡居延县下云:居延在东北,古文以为流沙。

3.《艺文志》六艺略《易》类云:刘向以中古文《易》经校施、

孟、梁丘经,或脱去"无咎"、"悔亡",唯费氏经与古文同。

又《书》类云:《尚书》古文经四十六卷。

又云:古文《尚书》者,出孔子壁中。武帝末,鲁共王坏孔子宅,欲以广其宫,而得古文《尚书》及《礼记》、《论语》、《孝经》凡数十篇,皆古字也。……刘向以中古文校欧阳、大小夏侯三家经文,《酒诰》脱简一,《召诰》脱简二。……古文读应《尔雅》,故解古今语而可知也。

又《孝经》类云:汉兴,长孙氏、博士江翁、少府后仓、谏大夫翼奉、安昌侯张禹传之,各自名家。经文皆同,唯孔氏壁中古文为异。"父母生之,续莫大焉","故亲生之膝下",诸家说不安处,古文字读皆异。

又小学类云:六体者,古文、奇字、篆书、隶书、缪篆、虫书。……《史籀篇》者,周时史官教学童书也,与孔氏壁中古文异体。

4.《儒林传》孔安国传云:孔氏有古文《尚书》,孔安国以今文字读之,因以起其家,逸《书》得十余篇,盖《尚书》兹多于是矣。……安国为谏大夫,授都尉朝,而司马迁亦从安国问故,迁书载《尧典》、《禹贡》、《洪范》、《微子》、《金縢》诸篇,多古文说。

(三)《说文解字》(据中华书局影印本)

《说文解字》说解中称"古文"者不计其数,而《叙》中凡十见:

1.及宣王(按,王氏《说文所谓古文说》所引作"周宣王")太史籀著大篆十五篇,与古文或异。

2.至孔子书六经,左丘(按,王氏所引作"邱")明述《春秋传》(按,王氏所引无"传"字),皆以古文,厥意可得而说。

3.是时秦烧灭经书,涤除旧典,……而古文由此绝矣。

4.及亡新居摄,……颇改定古文,时有六书:一曰古文(按,王氏所引此后有"者"字),孔壁中书也;二曰奇字,即古文而异者也;……

5.郡国亦往往于山川得鼎彝,其铭即前代之古文。

6.若此者甚众,皆不合孔氏古文。

7.今叙篆文,合以古、籀。

8.其称《易》孟氏、《书》孔氏、《诗》毛氏、《礼》、《周官》、《春秋》左氏、《论语》、《孝经》,皆古文也。

二、以往学者的昧惑

以上《史记》、《汉书》、《说文》等两汉文献所称之"古文",一名而数实,但是直到清代,历经千百年,学者或昧而不觉,没有意识到其涵义的丰富复杂性,或虽有疑问,而不能作出解释,即便是乾嘉巨子,也未能最终辨白"古文"的真相。

比如《史记》三家注及其所引众家之说,只有司马贞《索隐》就《五帝本纪》的"古文"说了一句"谓《帝德》、《帝系》二书也",亦未触及根本,更未论及其他各处。

再如《汉书》颜师古注,所引征者自汉季至唐凡二十三家。但于"古文"皆无论述。可见学者们,包括颜氏本人,根本没有意识到"古文"还有特殊的涵义需要阐释。这是昧而不觉。

又如唐代另一位学者孔颖达。他似乎认为有必要对"古文"进行解释。他的解说见于他对《尚书·序》"科斗书废已久,时人无能知者"一句的疏中:科斗书,古文也,所谓苍颉本体,周所用之,以今所不识,是古人所为,故名'古文'。形多头粗尾细,状腹团圆,似水虫之科斗,故曰'科斗'也。……古文者,苍颉旧体,周世所用之文字。案班固《汉志》及许氏《说文》,书本有六体,一曰指事,……此造字之本也。自苍颉以至今,字体虽变,此本皆同,古今不易也。自苍颉以至周室,皆苍颉之体,未闻其异。宣王纪其史籀始有大篆十五篇,号曰'篆籀'。惟篆与苍颉二体而已。……是孔子壁内古文即苍颉之体。故郑玄云:'《书》初出屋壁,皆周时象形文字,今所谓科斗书,以形言之为科斗,指体即周之古文。'郑玄知者,若于周时秦世所

有,至汉犹当识之,不得云'无能知者'。……或以古文即大篆,非
也。何者?八体、六书(笔者按,指秦八体、新莽六书),自大篆与古
文不同。又秦有大篆,若大篆是古文,不得云'古文遂绝',以此知大
篆非古文也。六书古文与虫书本别,则虫书非科斗书也。郑玄云
'周之象形文字'者,总指六书象科斗之形,不谓六书之内'一曰象
形'也。"孔氏这些解释与《史记》、《汉书》的"古文"无关,但是就字体
的"古文"而言,他也只是依据许慎、郑玄、卫恒等人并不正确的成
说,所以没有能够解决问题。

　　清代学术可谓盛矣,而攻《说文》者不下数十百家,其中段玉裁
的成就最大。那么,关于"古文"字体,段氏是否解决了什么问题呢?
段氏《说文注》论及"古文"多处,下面摘录其重要的几处,看看究竟
如何:

　　　　于"古文一"下注云:"凡言古文者,谓苍颉所作古文也。"

　　　　又于"祟"字下注云:"凡汉人云古文《尚书》者,犹言古本
《尚书》,以别于夏侯、欧阳《尚书》,非其字皆苍颉古文也。"

　　　　于《叙》"……与古文或异"下注云:"孟康云:'史籀所作十
五篇,古文书也。'此古文二字当易为大篆,大篆与苍颉古文或
异,见于许书十四篇中者备矣。凡云'籀文作某'者是也。'或'
之云者,不必尽异也。盖多不改古文者矣。……大篆之名,上
别乎古文、下别乎小篆而为言。"

　　　　又于《叙》"皆以古文"下注云:"《吕氏春秋》云:'苍颉造大
篆。'是古文亦可称大篆之证。"

　　　　又于《叙》"其铭即前代之古文"下注云:"郡国所得秦以上
鼎彝,其铭即三代古文。"

　　　　又于《叙》"皆不合孔氏古文"下注云:"文字以苍颉、史籀
为正,故必兼举之。不曰苍颉古文而曰孔氏古文者,汉时惟孔
子壁中书为苍颉古文也。"

上录的段氏这些注语,也有一些精审的见解,比如他说汉人云

古文《尚书》犹云古本《尚书》。但是他认为《说文》所称"古文"就是苍颉所造的上古三代之文,对许氏之说深信不疑,因此段氏在根本上还是错了。

综上所述,自汉至清,无论是《史记》、《汉书》所称"古文",还是《说文》所称"古文",学者们都不明真相,也没有能将这些"古文"联系起来考察。直到清末光绪年间,吴大澂在《说文古籀补·叙》中,才对《说文》所据"壁中书"是否即"孔子六经之旧简"表示怀疑,指出壁中经的古文"皆战国时诡更变乱之字"。不过吴氏所论仅此而已,而且没有能够把《史记》、《汉书》的"古文"联系起来。

三、王氏的卓识

于是王国维作《史籀篇疏证序》、《桐乡徐氏印谱序》、《战国时秦用籀文六国用古文说》、《史记所谓古文说》、《汉书所谓古文说》、《说文所谓古文说》、《说文今叙篆文合以古籀说》等一系列文章(按,均收在《观堂集林》中,笔者所据为中华书局影印商务本 1959 年版)。以他的卓识,破除昧惑,终于揭示出湮没近两千年的"古文"真实内涵。

在《史记所谓古文说》中,王氏指出,汉初,古文、籀文之书未尝绝,秦石室、金匮之书到武帝时未尝亡,司马迁修《史记》时所据的古书,如《五帝德》、《帝系姓》、谍记、春秋历谱谍、《国语》、《春秋左氏传》、孔氏弟子籍等,凡先秦六国遗书非汉时写本者,《史记》都叫作"古文"。这就是说,《史记》所谓"古文",是指用古文、籀文书写的自先秦遗存至汉初的古籍原本,而不是指孔宅壁中古文经。王氏还进一步指出,这些先秦遗书的文字在汉初虽已废止不用,但当时去先秦不远,所以还不是难以识读,而《论衡·正说篇》、《尚书》伪孔序和卫恒《四体书势》等所云汉初已无人读懂这种文字的观点,都是疏略而不符事实的。

在《汉书所谓古文说》一文中,王氏指出:"后汉之初,所谓'古文'者,专指孔子壁中书。……然中秘古文之书,固不止此。……盖诸经之冠以'古'字者,所以别其家数,非徒以文字也。六艺于书籍中为最尊,而古文于六艺中又自为一派,于是'古文'二字,遂由书体之名而变为学派之名。"因此,本文前面所录《汉书》称"古文"者,可分别为:(1)《地理志》的"古文"指学派而言;(2)《艺文志》的"古文"多指壁中书,也有几处指学派而言,而小学类中提到的两处"古文",则指文字而言;(3)《郊祀志》的"古文"指文字而言;(4)《儒林传》言"古文"凡二,一指文字而言,一指学派而言。(按,"古文"在《汉书》中似乎还有一义,即段玉裁氏所谓"古本",内容与壁中书同而文字不同,但是尚不以学派言。)

在《说文所谓古文说》一文中,王氏直指许氏之误,指出:"许叔重《说文解字叙》言'古文'者凡十,……其一曰……,此'古文'似指苍颉以来迄五帝三王之世改易殊体之文字,即余前所谓殷周古文,以别于战国古文者。实则不然。叔重但见战国古文,未尝多见殷周古文。……以其所见《史籀篇》为周宣王时书,所见壁中古文为殷周古文,乃许君一时之疏失也。其二曰……,此亦谓殷周古文。然无论壁中所出与张苍所献,未必为孔子及邱明手书,许君既以壁中书为孔子所书,又以为即用殷周古文,盖两失之。"

那么"古文"究竟是一种什么文字呢?

在《战国时秦用籀文六国用古文说》一文中,王氏指出了"古文"作为一种文字的真正面貌:"六艺之书行于齐鲁,爰及赵魏,而罕流布于秦,其书皆以东方文字书之。汉人以其用以书六艺,谓之古文。而秦人所罢之文与所焚之书,皆此种文字。是六国文字即'古文'也。……凡六国文字之存于古籍者,已焚烧划灭,而民间日用文字,又非秦文不得行用,……故自秦灭六国以至楚汉之际,十馀年间,六国文字遂遏而不行。汉人以六艺之书皆用此种文字,又其文字为当日所已废,故谓之'古文'。此语承用既久,遂若六国之古文即殷周古文,而籀篆在其后,如许叔重《说文序》所云者,盖循名而失其实矣。"

至此,古文献所称"古文"的涵义水落而石出,以字体而言,"古文"并非两千年一贯认为的殷周文字,而是战国时东方六国文字;六艺之书以此种字体写就,遗存至汉初者,即《史记》所谓"古文";孔壁中书亦以此种字体写就,故自前汉末开始,亦以"古文"称壁中书;壁中书内容与当时流传的经籍内容有出入,则又将以当时行用字体抄写的壁中书抄本称为"古文",即段氏所谓"古本";经籍既有今文、古文之别,于是又分学派之古今,"古文"又有了学派之义,《汉书·地理志》等所称"古文"属此义。

四、王氏的治学方法

王氏揭橥的古文献所称"古文"诸项涵义中,"六国文字"是属于文字演变史的,"先秦遗书原本"是属于书籍史的,"孔壁中书"和"古文学派"是属于经学史的,性质各有附属,但是这些涵义又是紧密相关的,而最根本的在于"六国文字"这一解释。如果不能破除许慎"古文"即苍颉文字的说法,确认"古文"即六国文字,那么对《史记》的"古文"的解释就不能成立,司马迁自谓"十岁则诵古文"就是杜撰;同样,壁中书若是以苍颉文字即殷周甲骨金文书写,那么汉儒倒是真的无人能识读古文经了,孔安国也不可能"起其家",形成古文经学派。《汉书》"古文"的学派涵义自然就不会产生。(当然,在甲骨文出土近一个世纪后的今天,但凡稍有文字学常识的人就不会认为古文献所谓"古文"就是甲金文字。)此外,王氏的学说还揭示了这样一个事实,即司马迁之时,经籍有三种面貌:一是先秦直接遗存下来的,一是今文经,一是壁中书即古文经。而其中先秦遗书和壁中书可能相当接近,但又不能说没有异同出入。王氏并无追究这一事实的本意,但是这一事实的揭示是有价值的。讲经学史的,通常只讲古文、今文两派,是否还有过两派以外的经与经学家呢? 如果只有两派,那么先秦遗书又是怎么亡佚的呢? 秦统一之后焚书,儒学经籍是主要对象,但至汉初仍有存者,想来是因为儒学盛在东方,秦统一后也还是有些鞭长莫及，对东方各国儒学经籍搜灭得不能彻底。连儒学经籍都有幸存，那么其他诸子百家是否有更丰富的遗书呢？总之，王氏的研究能引起我们更广泛的深思。所以，王氏这一组文章应该作为一个整体去读，而从根本上说，这组文章的性质是属于以文字治历史的。由此，我们可以领略一番王氏治学的方法。

王氏这组文章的论断是建立在确凿的证据之上的。一方面，证据就是文献中的"古文"载述本身（这恰恰是两千年来的学者所熟视无睹或疑而无解的）。如《汉书·地理志》的"古文"，王氏是这样得出结论的："凡汧山、终南、敦物、外方、内方、陪尾诸名，欧阳、大小夏侯（笔者按，此三者为今文家）三家经文用字或异，而名称皆同。而《地理志》独云'古文以为'者，盖古文尚书家如王璜、桑钦、杜林等说《禹贡》，以右扶风汧县之吴山为《禹贡》之汧山，以武功之太壹、垂山为《禹贡》之终南、敦物，是《地理志》所谓古文，非以文字言，以学派言也。"再如《说文叙》"至孔子书六经、左丘明述《春秋传》，皆以古文"，这话本身就表明了许氏以为六经是孔子手写、《春秋传》是左氏手写，王氏以此为凭，才推断出许氏之误。由于王氏的卓识，把这些文献资料经过缜密的抽绎之后，成为证据，从而作出了振聋发聩而又令人信服的论断。但是另一方面，王氏并不以此为满足，他又提出了更为可靠的铁证，即他在《桐乡徐氏印谱序》一文中大量列举的六国兵器、陶器、玺印、货币文字。前面已说过，王氏这组文章对古文献中"古文"名称诸涵义的解释，根本的基点是要确证《说文》"古文"即六国文字这一论点，而《桐乡徐氏印谱序》一文列举了多达约五十字，将《说文》古文与三体石经跟六国兵器、陶器、玺印、货币文字形体结构上作比较，得出结论说："以上举诸例，类不合殷周古文及小篆，而与六国遗器文字则血脉相通。汉人传写之文，与今日出土之器，斠若剖符之复合，谓非当日通行此种文字，其谁信之？"这样运用文献资料和出土材料来推论的方法，正是王氏开创的"二重证据法"。这本是王氏用来研究史学的，而在这里，一方面，我们可以说王氏将他的"二重证据法"也用到了这一组文章上,没有二重证据,这组文章就不会如此有力;而另一方面,我们可以将这组文章也看作更广泛意义上的史学文章,在王氏的二重证据法面前,恐怕没有谁不叹服他的惊世之论了。

除了他的方法,这组文章还表现出另一同样宝贵的东西,那就是王氏的胆识,用时兴的话说,就是解放思想。《说文》是历来小学家所尊崇不疑的,"古文"即殷周文字,这里许氏的看法,也是两千年来学者的共同看法,是"不易之论"。这本来无可厚非,因为历来的学者没有看到过真正的殷周文字即甲骨文和金文。但是也并非看到了甲骨文便能破除《说文》的"古文"说的,就以孙诒让为例,这位封建时代的最后一位朴学大师,也是最早考释甲骨文的甲骨学开山者,并不能破除对《说文》的迷信。再如清代的王筠,他在《说文释例》一书中表现出相当的胆识,但总让人感到迫于传统的压力,不得不言不由衷地使用"苍颉造字"这样的字眼,可见解放思想是多么难能可贵!王氏做到了这一点。在偶像与科学之间,他选择了科学,选择了事实,选择了铁一般的出土证据。他在《史籀篇疏证序》一文中说:"凡既有文字之国,未有能以一人之力创造一体(笔者按,指字体)者。"这话是破除"史籀造籀文"的迷信,又何尝不是破除"苍颉造字"、"程邈造隶书"的迷信呢?只有如此解放思想,不迷信成说,王氏才有可能推翻许氏的"古文"说。当然,王氏之所以能如此解放思想,是与他特殊的学术路程分不开的。他学过自然科学,又曾主攻西学,于西方哲学、文学很精通,因此在逻辑性与想象力上,独步纯专于旧学的学者群中。从这一点而言,王氏的成就是中西新旧之学奇妙结合的产物,也是到了这个时代,中国的发展在学术上的反映(世人多谓王氏晚年思想保守,其实那只是他在政治上的态度,而在学术上并非如此)。

两千年来,学者无不说"古文",而又无一真正理解了"古文"。王氏这组文章解决了学术史上的一个大问题,而在我们文字、训诂学者,王氏的确证《说文》"古文"为六国文字,其价值尤其巨大,从文字学而言,六国文字的面貌相当清晰了,而且汉字演变的脉络也因此更加通畅了;从《说文》研究而言,许氏以"古文"为殷周文字这一重大疏失及其深远影响,终于廓清,后来的学者可以以全新的目光去重新考察那些古文。(比如,段氏改《说文》古文"上"当作"二",颇有学者称誉之,说甲骨文"上"正作"二",将"古文"、"殷周文字"、甲骨文三者等同起来。从实际来看,许氏根本没看到过甲骨文,而六国文字与甲骨文的关系反而不如秦系文字与甲骨文的关系近密,因此,《说文》是《说文》,甲骨是甲骨,二者不必为一,段氏之说未必正确。新中国成立后出土的中山王壶,其铭文有"上"字,亦不作"二",而作"上",这是一个反证。)

　　王国维写这组文章距今已有半个多世纪了,裘锡圭教授在《文字学概要》一书中说:"近几十年来出土的大量六国文字资料,给王氏的说法增添了很多新的证据。"王氏对古文献中所称"古文"的科学卓识经得起时间的考验,值得后人珍惜、重视。

　　(本文与叶斌博士合作,原载《杭州大学学报》哲社版 1995 年第 6 期)

论"半边字"的作用和价值

"秀才识字认半边。"这句话是讥讽秀才识字粗枝大叶、主观臆测的。占汉字绝大多数的形声字，其声旁（音符）本来是用来表音的。由于时代、地域的变迁，原来表音的半边字的读音起了变化，它不可能一成不变，一以贯之。例如从"者"得声的形声字除了"锗"、"赭"今读成 zhe，与"者"同音以外，大多与"者"不同音："堵"、"睹"、"赌"、"都"今读 du，"屠"今读 tu，"渚"、"著"、"猪"、"煮"、"诸"、"箸"、"翥"、"橥"今读 zhu，"楮"、"储"、"躇"今读 chu，"暑"、"署"、"书（書）"、"薯"、"曙"今读 shu，"奢"、"阇"今读 she。其中音同者又含声调不同的。不分青红皂白一刀切，一概认半边读作"者"，难免会闹笑话。

"识字认半边"如此靠不住，那么"半边字"是否已经完全丧失作用，不再有价值可言了呢？

否！"半边字"包括表音的偏旁、表义乃至兼表音义的偏旁是一大宝库。无论从文字学、音韵学、训诂学任何方面看，"半边字"不但没有丧失作用，而且具有十分可贵的价值。因为"半边字"大多是汉字的源头，大量形声字是从它孳乳发展而来的。识字虽不能简单轻率地认半边，但也不能撇开、无视这"半边字"。相反，必须认真识透这"半边字"，从而有助于解读古文、古字，探究古文字形音义及其源流演变。

文字学上所说的"古今字"、"分化字"、"区别字"、"累增字"的源头，即它们所从出的字（母字）往往正是有关的"半边字"。

　　"半边字"作为"母字",它本身可以是独体的象形、指事字(通常称之为初文),也可以是合体的会意、形声字。例如《易·系辞下》:"结绳而为罔罟,以佃以渔。"其中"罔"的半边字是"网",是个象形字,后起通用的形声字"網",则以"罔"为"半边字","罔"本身是个从网亡声的形声字。今天的简化字采用古已有之的"网"。从网到罔到網,犹同从厶到厷到肱,开始以初文为"半边字",增添声旁或形旁,然后又以此后起形声字为"半边字",再增添偏旁又成新的后起形声字。是为文字学上的"古今字"、"累增字"。

　　"半边字"作为"母字",它本身分化出的后起形声字情况多种多样,宜详加深入细致的辨析,以利于解读古文古字:

　　1."半边字"属于古本字,加注音符(声旁)而成后起形声字。如上面举到的"罔"是"网"加注音符"亡"。又如"鼻"是古本字"自"加注音符"畀"(《说文·自部》:"自,鼻也,象鼻形。"甲骨文中有"自"用于本义的辞例)。再如"齿"是古本字""加注音符"止","曐"(后省写为"星")是古本字"晶"加注音符"生"……

　　2."半边字"属于古本字,加注义符(形旁)而成后起形声字,形声字中的大多数是从"母字"加注义符而成的,不过"母字"不限于"古本字",详下。

　　在属于古本字的"半边字"上加注义符的例子如:止－趾、包－胞、厶－厷、须－鬚、州－洲、云－雲、要－腰、主－炷……

　　以上半边字均为独体的初文。

　　3."半边字"为表示本义的合体字,再加注义符成为后起形声字,同样也表示本义的如:罔－網、新－薪、厷－肱、责－债、队－坠、坐－座、縣－懸、莫－暮、益－溢、臭－嗅、然－燃、虚－墟、暴－曝、垂－陲……

　　以上三种情况,"半边字"与"后起形声字"都表示本义。古文献中直接用"半边字"表本义的常见。如:

　　　　当劓者,笞三百;当斩左止(趾)者,笞五百。(《汉书·刑法志》)

百姓斩木艾新(薪)而各取富焉。(《马王堆汉墓帛书·称》)

若火之始然(燃),泉之始达。(《孟子·公孙丑上》)

雍水暴益(溢),荆人不知,循表而夜涉。(《吕氏春秋·察今》)

先生不羞,乃有意欲为收责(债)于薛乎?(《战国策·齐策四》)

探渊者知千仞之深,县(悬)绳之数也。(《商君书·禁使》)

不能辰夜,不夙则莫(暮)。(《诗·齐风·东方未明》)

上天之载,无声无臭(嗅)。(《诗·大雅·文王》)

边境之臣处,则边垂(陲)不丧。(《荀子·臣道》)

升彼虚(墟)矣,以望楚矣。(《诗·鄘风·定之方中》)

夫星之队(坠),木之鸣,是天地之变,阴阳之化,物之罕至者也。(《荀子·天论》)

量要(腰)而带之。(《荀子·礼论》)

虽有天下易生之物也,一日暴(曝)之,十日寒之,未有能生者也。(《孟子·告子上》)

以上三种情况,不论半边字是独体字还是合体字,均可即形求义。这是文字学上推求本义的重要途径,在训诂学上则属形训。当然,参照古文字形体,形义联系就更明显。如:独体的"止",古文字作"Ψ",是脚趾形;合体的"新",古文字作"𣂍",是砍伐柴薪之形;合体字"益",古文字作"𥁋",是水从器皿中溢出之形。所以,识透这类"半边字",确实很有助于理解文义、字义。至于后起形声字为什么又追加偏旁(主要是义符)呢?简言之,使表义更明确。"止"加足,"要"加肉,就是明确表示足趾和肌体部分。某些叠床架屋式的加注义符看来有些多馀、累赘,其实也无非是由于"半边字"除表本义外另有别的用途,追加义符使之成为专为本义而造的后出本字,既使表义更明确,又起区别(区别于"半边字"的别义)作用。如:半边字"罔"、"莫"常借作否定词用,为了区别并更明确地表本义,另造后出本字"網"、"暮"。又如半边字"然"下面已有"火",为什么叠床架屋地再加"火"成了"燃"这个后出本字呢?显然,这与"然"兼作指示代词、形容词词尾等有关,加注义符是为了区别借义并更明确地表示本义。以上作为后出本字的后起形声字既与母字"半边字"是古今字的关系,又都是区别字。

此外,还有为引申义而造的后出本字。如:取－娶、竟－境、解－懈……这已涉及同源词。

4."半边字"作为"母字",它本身原是假借字,由它孳乳产生的后起形声字多为后出本字。如:表眼瞳的"眸"原借表牛鸣的"牟"表示,后加"目"旁成为后出本字,如舍弃义的舍本借房舍义的"舍"表示,后起形声字加提手旁是专为舍弃义而造的后出本字。又如借本义为鸟的"佳"作为发语词,后出本字是"唯",作为绳索或拴系义的后出本字是"维",作为思惟义的后出本字是"惟"。另如象声词"乌－呜"、语气词"与－欤"等,都是在半边字是借字的基础上孳乳分化出后起形声字作为后出本字的。当然,它们也是区别于原借义的区别字。总之,古文献中直接用"半边字"表借义的也常见。如:

子谓子夏曰:"女(汝)为君子儒,无为小人儒。"(《论语·雍也》)
管仲、晏子,犹不足为与(欤)?(《孟子·公孙丑上》)
其耆(嗜)欲深者,其天机浅。"(《庄子·大宗师》)
伯夷辟(避)纣,居北海之滨。(《孟子·离娄上》)
君子之道,辟(譬)如行远必自迩,辟(譬)如登高必自卑。(《礼记·中庸》)
故君子在车则闻鸾和之声,行则鸣佩玉,是以非辟(僻,邪僻)之心无自入也。(《礼记·玉藻》)
安能邑邑(悒悒)待数十百年以成帝王乎!(《史记·商君列传》)

古文献中特别是先秦文献,用"半边字"表借义者屡见,如本义为法的"辟"字,不但借用为避、譬、僻,还常借用为开辟、偏僻以及壁、襞等。以"辟"为半边字孳乳后出的避、譬……诸字也正是为区别于本义而专为借义所造的后起形声字即后出本字,这也是一种区别字。

从音韵学的角度看,半边字是探寻古音的重要线索。清代学者段玉裁等发明:同谐声之字必同韵部。可见造字时形声字谐声偏旁相同则上古音相近。段氏云:"考周秦有韵之文,某声必在某部,至赜而不可乱。故视其偏旁以何字为声,而知其音在某部,易简而天下之理得也。……要其始则同谐声者必同部也。"① 可以毫不夸张地说,"半边字"的价值不下于甚至超过韵脚字,因后者只限于语句之末而前者随处可见,而且韵脚字也不乏半边字。不但求古韵用得着"半边字",就是推寻古声母也同样用得着"半边字"。正是那些今天看来"识字认半边"闹笑话的,原来表音的半边字古今音变才导致闹笑话。上古时半边字与整个字是音同音近的,而古今音变往往有规律可循。如轻重唇音的分化,舌头舌上的分化,见系声母分化为舌根塞音和腭化音等等,无不可从古今南北读音中找到可靠的线索。如前举从"者"得声的形声字有一系读音为 du,这正可说明古声母舌上归舌头。即使今已读舌上音 zh、ch 的一系,不少方音仍保留舌头音 d、t,而从"者"得声的所有形声字仍万变不离其宗——全属舌音字,古韵部为鱼部。

许慎《说文解字》以"六书说"分析文字形体构造,其中有"亦声"的说法。表述为:"从某从某,某亦声"或"从某某,某亦声。"如"栅"下云:"从木从册,册亦声。"② "珥"下云:"从玉耳,耳亦声。"③ 实际上就是会意兼形声字。这个兼表音义的"半边字"也是后起形声字孳乳、分化的源头。训诂学上成为探究同源词的重要凭借。兼表音义的"半边字",古人早有觉察。《说文解字》中不乏以声符为部首的。如句部(统率拘、笱、钩等字)④、半部(统率胖、叛等字)⑤、丩部(统率㚽、纠等字)⑥……透露了许慎对汉字声中有义的"半边字"的卓识。宋代学者王子韶提出"右文说",强调形声字声旁表义的重要功能,虽然它有明显的片面性和绝对化的弊端,但在形声字探究中是有突破的,特别是有启发意义的,值得后人批判地加以继承。后代学者吸取"右文说"的合理内核，在训诂学上加以推阐，取得了可观的成果。如清代学者段玉裁不但据"半边字"的谐声偏旁探求古音，也明确"以声定义"，揭示出"声中有义"，指出"凡从某声之字多训某义"多处。如"凡从句者皆训曲"（见"翑"字注）⑦，"凡农声字皆训厚"（"浓"字注）⑧，"凡从兀声之字多取孤高之意"（"兀"字注）⑨等。朱骏声《说文通训定声》则以声韵为线索重新编排《说文》，抓住"半边字"论证文字形体辗转孳生的过程，为人们通过"半边字"研究文字本义、引申义（朱氏称引申为转注）和假借义以及语源探索提供了足资参考的资料。现代著名文字训诂学家杨树达在《积微居小学金石论丛》中有专文论及兼明音义的"半边字"⑩，有理有据，发人深省。

　　著名古文字学家郭沫若、于省吾等解读甲骨金文常从"半边字"入手，找到相应的后起字。如古文字中的发语词"隹（唯）"，动词"易（赐）"，名词"且（祖）"、"立（位）"、"屯（纯）"、"黄（璜）"、"章（璋）"，代词"女（汝）"等。于省吾《尚书新证》、《诗经新证》、《诸子新证》等"新证"系列论著以地下资料为主，以文献资料为辅，通过古文字以与先秦文献相证发，较之拘泥于《说文》以训释先秦典籍更为直接，创获良多。于氏在解读先秦典籍的训诂实践中极为重要的途径之一是辨析、识透古文字中的"半边字"。如《诸子新证·墨子新证》中就清代学者王念孙在《读书杂志》举出《墨子》古字的基础上又发现古字不少，其中大多是"半边字"。如：以"者"为"诸"（《尚贤》中）、以"乍"为"作"（《兼爱》中）、以"重"为"熏"（《节用》中）、以"己"为"纪"（《节葬》下）、以"隹"为"唯"、以"乎"为"呼"（《明鬼》下）、以"吾"为"圄"（《公孟》）、以"又"为"右"（《杂守》）、以"寱"为"寝"（《经说》下）⑪……不明察、不识透半边字，就无法明其古字古义。在古借字面前，正如王引之所说"学者改本字读之，则怡然理顺；依借字解之，则以文害辞"⑫。这里所谓"依借字解之"指拘泥于借字的字形，所谓"改本字读之"指的是找到相应的本字包括并非先于借字存在而是在"半边字"的基础上所造的后起形声字即后出本字。

①段玉裁《说文解字注·六书音韵表·古十七部谐声表》,上海古籍出版社 1988 年版,818 页。

②许慎《说文解字》,中华书局 1963 年版,121 页。

③同上,11 页。

④同上,50 页。

⑤同上,28 页。

⑥同上,50 页。

⑦段玉裁《说文解字注》,上海古籍出版社 1988 年版,139 页。

⑧同上,559 页。

⑨同上,405 页。

⑩杨树达《积微居小学金石论丛》(增订本),科学出版社 1955 年版,38—52 页。

⑪于省吾《双剑誃诸子新证·墨子新证序》,中华书局 1962 年版,97—98 页。

⑫王引之《经义述闻·通说下·经文假借》,江苏古籍出版社 1985 年版,756 页。

(原载《杭州大学学报》哲社版 1998 年第 3 期,中国人民大学《复印报刊资料·语言文字学》月刊 1998 年第 10 期全文转载)

论汉字异体字的确认

　　王力先生主编《古代汉语》教材(以下简称"教材")因其权威地位和深远影响,所论汉字异体字的确认为人们广泛接受、普遍认同。表面看来,学术界对汉字异体字的界限、范围、定义的认知似乎大体一致。所谓汉字异体字,应指同一汉字之异体,即字的形体写法有差异而音义相同者。但在具体分析和实际指称时,异体字的确认显得很不一致。如教材第二单元"古汉语通论(六)"中明确指出"有三种情况不能认为是异体字",而一、二两种情况所举例字"真"和"置"、"寔"和"实"、"彫"和"雕"、"凋"、"遊"和"游"、"脩"和"修",恰好全部都是《第一批异体字整理表》(以下简称"一异表")确认的异体字(其中"凋"据《现代汉语通用字表》已不再作为淘汰的异体字)。又如《汉语大字典》末卷附录《异体字表》所确认的异体字包括简化字、古今字、全同异体字和非全同异体字,共收 11900 组,较之"一异表"的 810 组多出 1 万多组。确认与否如此不一致,范围大小如此悬殊,这些该如何解释呢?除上述"一异表"确认为异体字而教材确认为非异体字的 5 组例字外,教材还指出"原来是异体字,后来不是异体字了"的情况,举"谕"和"喻"为例。可见,时代不同、古今不同,异体字的确认也不是一成不变的。除了自古迄今一直是异体字关系的如"涙"和"泪"、"灾"和"災"、"覩"和"睹"、"寶"和"宝"、"線"和"线"、"鵝"和"鵝""鵞"等以外,异体字的确认随着时代的变化而变化,而且是错综复杂的变化。这从异体字与古今字、繁简字、通假字、通用字的关系可见一斑。它们属各不相同的术语,应有各自的范围,但要划清它们的界限谈何容易！教材说:"异体字跟古今字的分别是,两个(或两个以上的)字的意义完全相同,在任何情况下都可以互相代替。"其实,有一部分古今字由于"今字的产生不涉及汉字孳乳分化,古今字属同字异形,是异体字的一类",如"凷"与"块"、"灋"与"法"、"壄"与"野"、"歓"与"饮"等。①值得注意的还有古体字楷化与通行的楷书既是古今字的关系,又是异体字关系。如"㠯"和"以"、"卆"和"卒"、"仌"和"冰"、"旾"和"春"、"椉"和"乘"、"挰"和"括"。这说明异体字与古今字既有区别又有交叉。同样,异体字与繁简字也有交叉。如教材指出"有些简化字是可以从古书中找出根据来的",其中就包括古书中的异体字,如"礼"和"禮"、"粮"和"糧"等。《简化字总表》的附录列举从"一异表"摘录出来的习惯被看作简化字的 39 个字。如"布(佈)"、"痴(癡)"、"床(牀)"、"唇(脣)"、"挂(掛)"、"泪(淚)"、"厘(釐)"、"麻(蔴)"、"脉(脈)"、"猫(貓)"、"弃(棄)"、"绣(繡)"、"岩(巖)"、"岳(嶽)"、"韵(韻)"、"灾(災)"等。也说明两者的界限难解难分。至于通假字或通用字一般指二字字义不相同,只是在一定的条件下在某个意义上可相通换用,属教材所称"不能认为是异体字"的第三种情况,如"亡"和"无"、"沽"和"酤"等。可是,异体字与它们的界限也并非壁垒分明,就是说其间也有交叉的情况,如"一异表"中音义部分相同的异体字,其中就有一些音义部分相同的通假字或通用字。如"雕"和"彫""琱"(前者通作后者,下同)、"宴"和"醼""讌"、"趟"和"蹚""踢"、"闲"和"閒"、"飐"和"帆"、"豆"和"荳"、"苏"和"甦"等。前一字通作后面的专用字,属通假字或通用字,如果后面的专用字是后起字,则前一字原为本无其字的假借字。如"豆"本义为古盛器,假借作植物的"豆",后来造了专用字"荳","一异表"淘汰了"荳",以"豆"为植物豆的正字。这种将标准的(或称典型的、纯粹的、狭义的)异体字(即音义全同而形体不同者)与假借字(含通假字)、通用字纠缠在一起的情况早在《说文解字》所称"重文"中就产生了。沈兼士指出:"许书重文包括形体变易、同音通借、义通换读三种性质，非仅如往者所谓音义悉同形体变易是为重文。"② 能否快刀斩乱麻，把异体字的确认严格限定在"音义悉同形体变易"的狭义异体字范围之内？这在理论上和实践上存在两方面的问题：一、音义相同而形体有差异不能完全排除一部分古今字、简化字，已于前述。二、从局部角度看，音义部分相同的异体字在特定的范围内，如某义项、某读音音义相同，包括有的学者所称的"包孕异体字"和"交叉异体字"，前者如"豆（荳）"、"背（揹）"，后者如"绸（紬）"。③ 只要明确特定范围，把它们看作异体字是有实用价值的。对它们的认识、分析和整理较之音义全同的标准异体字困难要大一些，但在汉字的学习和使用中，在古今书面语阅读中，对它们的认识、分析、整理显得更为重要、更为迫切。这也许是某些辞书和"一异表"始终不把它们排除在异体字之外的原因吧。

　　1986 年重新发表《简化字总表》确认"䜣、谳、晔、詟、诃、鳍、绌、刬、鲙、诓、雠"11 个类推简化字为规范字，不再作为淘汰的异体字。1988 年发布《现代汉语通用字表》，确认《印刷通用汉字字形表》收入的"勠、邱、於、澹、骼、彷、菰、涠、徼、熏、黏、桉、愣、晖、凋"15 个字为规范字，不再作为淘汰的异体字。有关说明语焉不详，在什么情况下是规范字，什么情况下仍属相应的某字的异体字？辞书编纂者颇费斟酌。《现代汉语规范字典》后记中说："仅就如何处理 1955 年被《第一批异体字整理表》停止使用，以后又陆续确认为规范字的 26 个字来说，就反复改变过四次处理方案。"《中华字典》专就这些字作了重点提示辨析。这两部字典和《辞海》等都明确采取下列处理办法：一、不同读音涉及异体字确认的，如"诓"和"绌"读阴平时为规范字，读阳平时则分别为"诳"和"绸"的异体字；又如"彷"读 páng 时是"彷徨"的"彷"的规范字，读 fǎng 时则为"仿佛"的"仿"的异体字。二、不同意义涉及异体字确认的，如"䜣"、"邱"、"勠"只有作姓氏用时为规范字，在其他用法时仍分别为"欣"、"丘"、"剪"的异体字；

"诃"作为音译字时为规范字,作为斥责的意义用时则为"呵"的异体字。

---

①《中国大百科全书·语言文字卷》,中国大百科全书出版社 1988 年版,97 页。

②《沈兼士学术论文集》,中华书局.1986 年版,239 页。

③高更生《谈异体字整理》,载《语文建设》1991 年 10 期,23 页。

从古今字看汉字形体演变
与本义的推求

汉字本义的推求,必须依据早期古文字形体,同时参照古文献例证。这几乎已成为长期以来人们的共识。

实际上,汉字形体自古以来在不断演变,即使是早期古文字如甲文、金文,也有多变的异体。异体字的出现,不论是否有早晚先后,不同的构形多可据以推求本义。如"明"字,甲文、金文和《说文》中都有从日从月和从囧从月的异体。"灾"字甲文和《说文》中有从宀从火、从火才声、从水才声、从火从巛、从火戈声等异体。再如"牝"、"牡",在甲文中还有从羊、从鹿、从犬、从虎的异体。不同的异体多可据以推求本义,不必寻求最早期的形体。汉字形体演变中明确可分早晚先后的则是古今字。古今字的形成和发展可以从理论上和实践上说明以早期古文字作为推求本义在汉字形体方面的唯一依据是不合理、不恰当的。

从理论上说,汉字本义所指乃造字时的本义。它既不同于原始汉语中词的原始义,又不能局限于早期古文字造字时的本义。古今字中的古字和今字包括早期古文字和后起字同样均属造字。很明显,造字时的本义应包括古字和今字造字时的本义在内。从今字(含各个时期的后起字)形体推求本义(当然也须参照古文献例证),在理论上和实践上都是合理可行的。下列几种情况,今字较之古字更能明确有效地推求本义。

一、古字原为借字,今字增添表示义类的形符成为后起形声字。

如作为象声词的"乌"借乌鸦的"乌"表示,今字加与发声有关的形符"口"成为后起形声字"呜",是为发声词"乌"的后出本字。"呜"较之"乌"更能表示象声词这一本义。又如作为语气词的"与"借给予义的"与"表示,今字加与语气有关的形符"欠"成为后起形声字"欤",是为语气词"与"的后出本字。"欤"较之"与"更能表示语气词这一本义。属于这类的例子还有(前为古字,后为今字):

辟—避　辟—譬　辟—僻　辟—劈　辟—闢　隹—唯
隹—维　隹—惟　解—廨　解—蟹　解—邂　解—獬
解—嶰　解—澥　邑—悒　耆—嗜　牟—眸　舍—捨
曾—層　介—芥　夏—厦

"辟"的本义是法;"隹"的本义是鸟;"解"的本义是剖分;"邑"的本义是地邑;"耆"的本义是老;"牟"的本义是牛鸣;"舍"的本义是房舍;"曾"的本义是甑;"介"的本义是铠甲;"夏"的本义是中原之人。它们的借义是无法从古字字形推求的,而今字在古借字上添加形符后,实际上是各借义的后出本字。这些后起字较之古借字更有资格成为表示各个借义的专字,因而更可作为通过字形推求本义的依据。

二、古字原为象形字,今字增添声符成为后起形声字。由于象形字主要采用勾勒轮廓或描摹特征的手法造字,不可能像工笔画那样逼真,因而与类似名物极易混淆。如"凤"、"鸡"的古字是纯象形字,易与其他禽鸟混淆,今字加注声符"凡"、"奚",则符合区别性原则,所指名物更明确。类似的例子还有:

𪚥—齿　自—鼻　晶—星　网—罔　永—羕

三、古字原为表本义的独体的象形字、指事字或合体的会意字,今字增添形符成为后起形声字。这类以声符为古字,加形符的后起形声字为今字的古今字为数最多。因而刘师培说:"造字之初,先有右旁之声,后有左旁之形。"(《小学发微》)这类后起形声字不但提供表义类的形符,而且提供兼表音义的声符。因此更能明确地据以推求本义。如：

甲、止－趾　包－胞　须－鬚　州－洲　云－雲　主－炷

　　要－腰　冉－髯　牟－哞

乙、罔－網　新－薪　责－债　队－坠　縣－懸　莫－暮

　　益－溢　臭－嗅　然－燃　虚－墟　暴－曝　垂－陲

　　坐－座　梁－樑　厷－肱

甲组古字为独体的象形字或指事字，后者如"要"、"牟"。在古字的基础上添加形符成为后起形声字。加"肉（月）"表与肌体有关；加"水（氵）"表与水有关；加"髟"表与毛发有关；加"口"表与发声有关；等等。乙组在合体的会意字基础上再增形符，有时同一形符重复出现，唐兰称之为"緟益字"。如"莫"、"暴"已有形符"日"，再加"日"成为后起形声字"暮"、"曝"，表本义日暮、曝晒。又如"益"上本即水的象形，加水旁成后起形声字"溢"。这些看似多馀重复，实际上仍起区别作用，因古本字另有别义或假借义。如"莫"常借作否定词，"益"多用为增益、利益等义，今字实际上是再为本义新造的后起字。不论甲组还是乙组，均使本义表示得更为明确，从而推求本义自然也是合理可行，行之有效的。

　　四、今字（后起形声字）有时是为古字的引申义而造的专字，它成了表该义项的后出本字。因而古字的引申义在这里已是今字的本义。推求这类本义在字形方面的依据则非今字莫属。如：

解－懈　竟－境　取－娶　介－界　毌－贯

"解"由本义解剖、剖分引申为分开、分散，再引申为松懈；"竟"由本义乐章终了引申为领土尽头、边境之意；"取"由本义捕取引申为古俗抢亲的娶女；"介"由本义铠甲引申为间隔，再引申为界限、边界；"毌"由本义贯穿引申为钱贯。后起形声字添加相关的形符明确表示这类引申义。就今字本身而言，是为古字的引申义造了专字即后出本字。今字的本义即古字的引申义。这类古今字也形成了同源字。

以上古今字的形成和演变发展情况充分证明，不但古字（含古异体字）可据以推求本义，今字同样可据以推求本义，甚至更有效更明确地推求本义。一、四两种情况通过字形推求本义则更需要依据今字。因古字原为假借字或用其引申义，唯今字才是该义的专字或后出本字。二、三两种情况中，古字原为古本字，可直接据形推求本义；而今字添加了相关的形符，则提供了表义类的形符外，又提供了兼表音义的声符，更能明确而准确地据以推求本义。

有一部分古今字是由古字讹变而形成的。一般说，今字既是古字的讹变，就失去了据形推求本义的线索。讹变了的形体成为无理据可言的笔划。如"奔"，金文作𢍺，上像人挥动双臂跑动状，下三止表足的动作多次，从而推求出本义为快跑。今字止讹变为中或十，已无理据可言。又如"春"，篆文以前的古文字从艸从日屯声，隶变以后艸、屯讹变为夫，全无理据可言。这类讹变成的今字不可据其字形推求本义。类似的例子还有："为"由古文字役象之形讹变为猴形；"得"由古文字从贝讹变为从见或从日；"长"由古文字像人长发之形讹变为从儿从匕亡声；"乘"由古文字像人乘木上讹变为从人桀；等等。

然而，也有一部分古今字虽由古字讹变而成，但今字在新的历史文化背景下具有新的理据，即被赋予新的意念或作用。相当于重新造的后起字。这种有理据的讹变，实为变而不讹，仍可作为从字形方面推求本义的依据。例如：

𣂟—折　由古文字从斤断草之形讹变为今字从手持斤，手由断草形讹变而来，然而以手持斤断物也是言之成理的。在新的字形与本义之间建立了新的理据。

𠑳—元　由古文字人首形讹变为今字从人二（上），二（上）表人之上部仍有理据。

秂—秊（年）　由古文字从人负禾（人兼表声）讹变为小篆从人千声，千由人讹变而来，但据当时的读音赋予新的声符，变人为千，更准确地标明变化了的读音，也在字形与本义之间建立了新的理据。

伐—伐　由古文字砍伐人首之形讹变为今字从人持戈，乃为其引申义征伐所造之后起字，即征伐之伐的专字、本字。

何—何　由古文字象人担荷物讹变为今字从人可声，今字为形声字，仍有理据。

行—彳（行）　由古文字道路形讹变为小篆人的两腿形，今字专为人之步趋、行走这一引申义而造，也仍有理据，不必据古字的形体否定今字的形体和说解。

古文字与古文字的研究

　　古文字是一个含义广泛的名称，世界各族文字都有它们的古文字，埃及的圣书字、美索不达米亚地区的楔形文字则是老牌的古文字，产生于四五千年以前。尽管它们产生最早，但比起汉字来，它们还不是历史最悠久的文字，因为它们的使用时间并不长，早已废止灭亡。唯独汉字，不仅产生得早，而且一直使用至今，至少已有四千年的寿命，堪称世界上历史最悠久的文字。汉字为我们民族、我们国家也为全人类记录保存了光辉灿烂的文化，有着伟大的功勋。四千多年的汉字虽属同一体系，一脉相承，但古汉字究竟不同于近代和现代的汉字，研究历史、考古的学者必须研究古汉字，为深入学习研究古汉语，也有必要学习、研究古汉字。

古文字学的范围

　　秦始皇统一汉字所推行的小篆，以及小篆以前包括秦系文字、六国文字、两周金文和商甲骨文等属于汉字的古文字范畴。

　　感谢东汉学者许慎，他系统整理、分析并说解了近万个小篆，他所著《说文解字》一书流传下来，为我们学习和掌握这一部分古文字提供了极大的方便。

　　古文字学习和研究的重点是至今尚待系统整理、详尽考释的甲文、金文和战国文字。

　　早在汉代和晋代，就已有发掘古文字的盛举。《汉书·艺文志》载："武帝末，鲁恭王坏孔子宅，欲以广其宫，而得古文《尚书》及《礼记》《论语》《孝经》凡数十篇，皆古字也。"孔子八世孙在秦始皇焚书时藏入宅壁的这些写本古经，字形不同于小篆，又与汉代通行的隶书不同，汉人误以为是上古文字，其实那是用战国时通行于鲁国的文字书写的。

晋武帝太康年间，汲郡人名叫不準的盗发魏襄王墓，得竹书数十车，皆科斗字（书体头粗尾细形似科斗），称为"汲冢古文"（据《晋书》，这种科斗篆是战国时魏国文字）。

《说文解字》于正篆下所收"古文"大都根据壁中书（约收五百多字）。《说文序》虽提及"郡国亦往往于山川得鼎彝，其铭即前代之古文"，古代贵族在祭祖、丧葬、朝聘、征伐、宴享等活动中举行礼仪所使用的器皿（多为青铜器），其上铭文的时代大多属于两周，可惜许慎连一个金文也没有引录解析，他可能压根儿未见到这些鼎彝。

宋代，金石学兴起，把商周以来金石古器物作为研究对象。北宋时就有了《考古图》《宣和博古图》等书，除描绘古器图形，记录古器容量、出土地点及收藏者外，也考释器物上铭刻的文字。但是，当时和此后相当长的时期内，人们主要注重古董的鉴赏，而系统整理研究古文字的风气是很不够的。

到清一代，传统的"小学"（语言文字学）盛极一时，乾嘉学派的考据学高度发展，有力地推动了古文字的研究工作。"说文学"达到鼎盛时期，段玉裁的《说文解字注》，王筠的《说文释例》《说文句读》，桂馥的《说文解字义证》和朱骏声的《说文通训定声》，从形、音、义各个方面深入研究汉字，成为影响深远的"《说文》四大家"。

传统的古汉语文字学，一直从《说文》一书着手，以《说文》所阐明的六书条例为中心，可是，这部我国分析汉字形体探究汉字本义的首创之作，所根据的字形远远不是最古老的。用它来作为研究古文字的起点和桥梁是可以的，作为终点以取代古文字学则是不科学的。清代学者吴大澂《说文古籀补》一书是据金文和战国文字以订正《说文》的首创著作。

甲文的发现和研究概况

上个世纪末年,在地下沉睡了三千多年的殷商甲骨文被发现,这一划时代的举世瞩目的大事件震动了整个学术界,传统的文字学、《说文》学受到了巨大冲击。

甲骨文首先大量出土于殷商王朝都城的遗址,在今河南省安阳县小屯村,殷商王室崇尚迷信,凡祭祀、征伐、田猎、出入、年成、风雨、疾病等均常用龟甲兽骨占卜吉凶,并在其上铭刻占卜时日、占卜事物、占卜结果及占卜者名字等,所以甲骨文又叫卜辞、契文(契即栔,刻的意思)、殷墟书契、殷墟卜辞。这是迄今为止已成体系的可识的最古汉字,也是哲学、社会科学、自然科学最古最可靠的文献记录,这些地下出土未经任何篡改的文献记录,其学术价值超出辗转传抄颇多失真的地上文献。

甲骨文的最早发现人是王懿荣,最早著录甲文的书是刘鹗的《铁云藏龟》,最早考释甲文的著作是孙诒让的《契文举例》,收藏著录最多、考释文字也最多的是罗振玉,他有《殷虚书契前编》、《殷虚书契后编》、《殷虚书契菁华》、《殷虚书契考释》等著作。最早运用甲文研究古代史成就卓著的是王国维。他的代表作有《殷卜辞中所见先公先王考》及《续考》。他曾通过甲骨片的缀合研究订正了《史记》有关商代世次排列的错误。最早以马克思主义阶级观点研究甲文的是郭沫若。他有《古代社会研究》、《甲骨文字研究》、《卜辞通纂》、《殷契萃编》等重要著作(后两部书是卜辞通读的必备参考书和入门书)。最早由贞人的发现对甲文进行断代研究的是董作宾,他也是最早参加官方组织的科学发掘甲骨的学者。

新中国建立以来,考古工作迅猛发展,除殷墟继续出土甲骨外,又在其他地点发现殷商甲骨,还在山西、陕西等地发现前所未见的周代甲骨,扩大了甲文研究范围。一部集大成的甲骨文著录——《甲骨文合集》(郭沫若主编,胡厚宣为总编辑)已经陆续出版。

甲骨文字数约有五千左右,而大半至今未能释读。已识的又为多数学者公认的约千馀字中,罗振玉一人独识五百多字,这并不说明后人反而愚笨退步,因为容易考释的总是先识,剩下的愈往后愈是难。著名的老一辈学者唐兰、杨树达、于省吾、商承祚、张政烺和后起的中年学者裘锡圭、李学勤等在甲文考释方面都获得可喜的成绩。于省吾的《甲骨文字释林》和由他主编的《甲骨文考释类编》,在研究的深度和广度上都超过了前人,在集甲文考释之大成的《甲骨文考释类编》出版之前,一般利用李孝定的《甲骨文字集释》。甲文字汇有孙海波的《甲骨文编》和日本学者邦岛男的《殷虚卜辞综类》,后者按甲文形体编排并附辞例,较为方便实用。

金文与战国文字研究简况

随着甲骨的出土,古文字研究日益受到人们的重视,金文、六国文字和秦系文字的研究本世纪以来取得了显著的成绩。金文又叫钟鼎文,因上古贵族举行礼仪所使用的乐器以钟为主,礼器以鼎为主。商周有铭文的铜器已出土的约四千多件,绝大多数为两周的铜器,铭文最长的是西周毛公鼎,有497字。金文字形与甲文结构相近,有的甚至更接近于图画,如商代族徽文字。据容庚《金文编》所收三千多件铜器约三千多字中,已有二千字考释出来。近年香港出版周法高主编的《金文诂林》,收集资料较为丰富。

战国文字最可靠的资料是新中国成立以后出土的战国文物。战国时代主要的书写工具是竹简和缯帛,故称简书、缯书和帛书,合称简帛文字。还有,出土的战国兵器、印玺、陶器、货币上的文字称战国金文、玺印文字、陶文、货币文字,字数远较简帛文字少。战国时代由于社会大变动,周天子统治权名存实亡,诸侯各自为政,文字异形的现象十分严重,简化字、异体字也大量产生。

秦系文字指春秋战国至秦汉之间秦国和秦王朝推行使用的文字。一般认为,春秋战国时秦国应用的文字叫大篆,秦统一天下后应用的文字叫小篆。《说文解字》里所引用的籀文实际上正是大篆。保存至今的秦系文字还有石鼓文和诅楚文。石鼓文指唐代初年在陕西出土的十个石碣上的文字,石碣形似鼓,故称石鼓。石鼓文是我国现存最早的刻石文字,用大篆分刻十首为一组的四言诗,记述秦国君游猎情况,所以又称"猎碣"。现其中一石字已磨灭,九石的字也有残缺,共存三百多字(原约六百多字),最好的拓本存 491 字。石鼓现保存在首都故宫博物院。诅楚文于宋代出土,共发现三石,各刻三百多字。以所祀神名名之,分别叫巫咸文、大沉久湫文和亚驼文,内容为秦国祈求天神制克楚国、诅咒楚人。现原石已不存,仅能见到摹刻本。

研究古文字学的几部著作

查对甲文、金文、战国文字(简书及其他刻辞)的较方便的工具书是高明的《古文字类编》。

唐兰的《中国文字学》和《古文字学导论》是比较系统的古文字理论著作。

目前广泛流行康殷《文字源流浅说》一书,初学者争相购阅,但古文字学界对该书出版一直保持沉默。《中国语文》1981 年 5 期有专文评论,在参考康书的时候不妨先读一读。

从古汉语学科看古文字学的意义

学习和研究古文字不是为了猎奇,更不应为了炫耀卖弄。古文字是打开上古文化宝库的钥匙,对于先秦历史的研究离不开古文字。甲文的发现、金文和战国文字的深入研究都为古史研究开辟了新的途径,以出土的先秦文字资料和实物资料为主研究先秦史大大突破了原先局限于地上文献研究的成绩。这方面,各报刊时有专文论述。《百科知识》1983 年第七期《于省吾谈中国古文字研究》一文"古文字学的意义"一节就是完全从古史研究的角度谈的。下面我们试从古汉语学习和研究的角度谈谈古文字学习和研究的重要意义。

首先,汉字本义的探索必须根据古文字形体。《说文解字》由于根据晚期的古文字分析字形推求古义,不免时有谬误。例如《说文》释"止"为"草木出有址",其实,在甲金文中,"止"很明显是人的脚趾的象形,凡有"止"作部件的字都同脚或脚的行动有关,明白了这一点,可以解决一系列字的本义和引申义的问题。又如"臣"字,《说文》误以为"象屈服之形",郭沫若考释"臣"是眼睛的象形(竖写),凡有"臣"这个部件构成的字都与眼或眼的动作相关,如临、望、监、卧、览等字原来都有"臣"这个偏旁,都与眼睛及其动作有关。又如"行"在甲文中是十字路的象形,本义是道路,凡从"行"的字如街、衢、衝、衙、衕等词义都与路有关,"行"有走路的意思是后起的引申义,《说文》把它搞颠倒了,误以为"行"是两条腿的象形。我们读先秦作品遇到一些同今义差别很大的古文字,如果稍有一些古文字常识,就能掌握和理解得更好些。如《诗经》里"塞向墐户"的"向"指朝北的窗子,"九月叔苴"的"叔"指拾取,"不夙则莫"的"莫"指日暮等。汉字的各种结构以及汉字使用中引申、假借现象在甲文、金文中都已具备,汉字的学习和研究确实不能离开古文字。同样,古汉语词汇研究,如同义词的辨析、构词法、词义演变等的研究都离不开古文字。

古文字的语法研究,比较集中的论著有陈梦家的《殷虚卜辞综述》的"文法"章和管燮初的《殷虚甲骨刻辞的语法研究》和《两周金文语法研究》。离开古文字来研究古汉语语法是舍本逐末的研究,往往难明源流究竟。如把古汉语常见的词类活用中"使动用法"、"意动用法"归结为完整的递系式"使……怎么样"、"以……为……"等使令句和意谓句的紧缩,就是违反古汉语实际的分析,因为早在甲文金文中就多次出现使动用法和意动用法的辞例了。另外关于各类虚字的语法作用,古文字同样是学习和研究的宝库。

总之,古文字这块尚待开垦的处女地极为辽阔,研究工作方兴未艾,研究工作队伍正在扩大,古文字学界将以优异的成绩迎接甲骨文发现一百周年。

(原载《语文导报》1985 年第 1 期)

甲文緟益字简述

文字学领域里讨论汉字的孳生发展，分析形声字的构造等，都要涉及緟益字。

为较早的文字增添声符或形符，即在原字基础上增添或累增偏旁，仍与原字为同一字，仍表原字含义，这就叫緟益字。

典型的例子如：

図（网）增添声符"亡"作図（罔），又增添形符"糸"作図（網）。

ƍ（厶）增添形符"又"作ƍ（厷），又增添形符"肉"作ƍ（肱）。

这里的"罔、網"、"厷、肱"就是緟益字。

既与原字为同一字，仍表原字含义，那么，緟益岂非纯属不需要的重复，不合理的增益？

诚然，单纯从即形表义的角度看，"不需要"、"不合理"的指责（见唐兰《中国文字学》100 页）似亦言之成理，但从文字的历史发展的观点分析，从文字记录有声语言这一本质特点衡量，则緟益与其说是"不需要、"不合理"，毋宁说是"更适应"、"更完善"。

緟益字适应文字发展的需要，在复杂的文字孳生过程中，特别是在汉字由象形、表意趋向于表音的过程中，緟益字不见淘汰，反而显示出强大的生命力，归结为"不需要"、"不合理"，岂不是很难想象、很难理解的吗？

试从人们熟知的较为后起的緟益字具体分析一下被斥为"不需要"、"不合理"的现象：

　　　　　梁—樑　莫—暮　暴—曝　景—影　益—溢
　　　　　然—燃　奈—燎　采—採

　　原字已有从木、日、火、手(爪)表示义类,又叠床架屋地增添相同或相类的形符,从表面看,孤立地看,确乎是"不需要的重复"、"不合理的增益"。然而,这决不至于是无谓的、无事生非的繁化。客观的文字发展和使用的实际表明,原字已在发展使用中由多义性分化为若干同形字,为了在形体上加以区别,途径方法之一就是采用缢益字。原字被借、被某义所专用而促使创造缢益字等后起字。可见,缢益的主要目的是为适应于区别多义性,使文字记录语言的功能力趋完善。如原为日暮义的"莫"借作用途广泛的否定词,为了区别于这一借义,另为日暮义创造缢益字"暮",原为燃烧义的"然",后多专用为指示代词、词尾等,另为原义创造缢益字"燃"。字形上尽管显得臃肿、累赘,但在文字使用实际中,"暮"、"燃"等缢益字的积极作用连同它们本身都是无法抹去的。

　　也有增添偏旁后并不直接起到区别多义性的作用者,即原字并未被借用成为它义所专用,如前举冈与网、厶、厷与肱,指的对象同一(冈则因借为否定词而另增形符"纟"作網以区别之)。但缢益字由于增添明确的形符有助于避免与别的字混淆,有助于更明确地即形求义,则是显而易见的。

　　此外,缢益字由于增添明确的声符,在区别多义性的同时有助于更明确地表音。如网增加声符"亡"作罔,为数虽较少,但在象形、表意趋向于表音的文字发展过程中,则是值得充分重视的重要现象,在表意基础上发展表音功能,其积极作用也是不应抹煞的。

　　让我们从早期的汉字——甲文中看看缢益字的情况。由于甲文提供了汉字发展中最早而可靠的资料,从甲文不但可以探索汉字的产生,而且可以探索汉字的发展。甲文中缢益字的形成及不同类型的分析,对于认清缢益字的性质、功能和作用是有帮助的。

　　甲文中的缢益字可分为两大类型来分析:

一、原字增添声符

→（雞[鸡]）增添声符奚

→（鳳[凤]）增添声符凡

川 →（巛[灾]）增添声符才

→（曐[星]）增添声符生

　　原字为象形字，在象形字上添加声符而成为形声字，这类縄益字虽为数较少，但反映了汉字发展的一个重大转移——由象形、表意趋向于表音，文字与语音紧相配合。

　　按理，既已有"画成其物，随体诘诎"的象形字，则不难即形求义，添加声符是否多馀、累赘？有人认为这添加的声符是"额外的附加物"，"可有可无"，进而否定这类縄益字归属形声字的资格（见康殷《古文字学新论》149页）。其实，文字发展中产生这类縄益字不可能是可有可无的。唐兰先生正确地指出："如古人画了一个有冠有羽的鸡形，后来文字变成简单了，怕人不认识，就加上了一个'奚'字的声符。"（见《中国文字学》101页）由象形字的图象化发展为象征化的形体，"画成其物"已大打折扣，添加声符以帮助识别就不是无谓的画蛇添足了。添加以后成为新字的有机组成部分，怎可斥之为"额外的"、"可有可无"的附加物呢？"鳳"字的原形易与别的鸟类相混，"星"的原形亦难以明确地即形见义。"巛"的原形虽然后来没有简化，但容易同"水"形相混，添加声符同样有助于辨识。至于为一些省形字添加声符，就更有必要了。

二、原字增添形符

　　历代产生的縄益字以增添或累增形符的占多数，甲文中亦不例外，大致可分下列两种情况：

　　1.原字为借字，添加形符以明确标志义类。如：

 → 祁(祀)增添形符示

 → ᵀA(祖)增添形符示

 → 唯(唯)增添形符口

 甲文中假借字大量存在，广泛使用，文字的多义性所带来的矛盾、局限是不可否认的。对此，有必要加以节制。适当减少同形字，克服由于文字多义性带来的矛盾，緟益字的产生，在借字上增添形符以促进文字的稳定性，不能不说是一种进步的现象。本义为鸟类的"佳"，经常借作语气词"唯"，添加"口"这一形符，既适应了文字分工、表义稳定的需要，也显得十分合理。后起的"惟"由原来借用"佳"进而增添形符"心"以表日趋常用的与心理活动有关的"惟"，同样是需要和合理的緟益。形声字的孳生、发展，这是一条广阔的途径，没有理由把这类緟益字排斥在所谓"真正的形声字"(《古文字新论》的新提法)之外。

 2.原字为古本字，累增形符以使表义更为明确、精密。

 → (祭)增添形符示

 → (春)增添形符木

 → (其)增添形符

 → (歙[饮])增添形符舌

 → (望[望])增添形符壬

 → (遘)增添形符止、辵

 → (从)增添形符彳

 → (各)增添形符彳

 → (武)增添形符彳

 → (得)增添形符彳

 → (牧)增添形符彳

 → (逐)增添形符行

凷→𡗉𡗉（出）增添形符彳、行

𡕀→𡗉𡗉（步）增添形符彳、行

　　甲文中异体繁多，形符增添与否，增添多少均为构成异体字的重要因素，后代统一异体字有所归并、淘汰，使更趋合理、稳定。但在统一以前，有明确义类标志的緟益字似不能一概斥之为"不需要"、"不合理"，必须历史地看待它们。

　　甲文中于原字增添彳、辵、行等形符仍为同一字，颇为多见。此大多为依緟益方法累增之异体字，不烦分列为数字，虽原字有借作它用成为某义专用者，仍不宜视为互不相关的异字，这正表明緟益以示区别的必要。如正作为动词，緟益为征、为证、为衒，实为一字之异体。

　　正因为文字发展要求稳定、合理、完善，故緟益字产生以后会有继续省变者。如

𩵋→𩼈（渔）增添形符网

　　金文中反而省网形，可见先有緟益后有省变，緟益字非皆后起，它对初文来说固然是后起的，但对更后起的省变字来说则是先产生的。另如：

寶→寶（寶）后者省贝

　　金文中既有繁化的寶，又有省变的寶（省玉、贝形）。

　　大量早期的、上古造字时的形声字正是在独体文的基础上增添声符而构成。一般说，增了声符，原字就成了形符；增了形符，原字就成为声符。它们应该是纯粹的形声字，既有表义类的形符，又有表音的声符，这就是合格的标准的形声字，拘泥于先有表义类的形符，再添上表音的声符才算真正的形声字，实际上是把后起的形声字，近代、现代新创制的形声字视为形声构造的唯一标准模式，这是不恰当的。至于把緟益字、亦声字大量排斥于形声字之外，则在理

论上、实践上均难以得到公认,且难免有旁生枝节、标新立异之嫌。

　　总之,甲文中的縺益字具备后起縺益字的各种类型。通过甲文縺益字的简析,可以看到,其区别义类、标注字音等积极作用不应抹煞。在形体上,虽从即形表义的角度看,不免臃肿累赘,但为了区别同形字的多义性,为了标注字音,在原字基础上增添形符或声符,实为必要,合乎情理。形声字的产生发展,縺益方法为不可忽视的重要途径,不应予以否定和排斥。

(原载《绍兴师专学报》1990 年第 1 期)

《墨子间诂》校字述例

　　《墨子》多古言古字，历来被公认为难读之书。《墨子间诂》"谨依《尔雅》、《说文》正其训故，古文、篆、隶校其文字"，成就是突出的。据我们所作的粗略统计，书中校正形讹之字多达六百四十馀处，而其中有证有据独家发明首创的"校正文字"，即有六十馀处。如此重视文字，又取得如此实绩，实在是以往的校书注书家所少有的。这固然是因为《墨子》一书客观上存在着文字难题，但是反过来又充分说明了孙诒让在文字学上的深厚功力。"校其文字"，是《墨子间诂》的一大成就，也是此书非常鲜明的一大特点，很值得认真总结研究。

　　在此，我们想通过述例来对《墨子间诂》的"校其文字"作一个初步的探讨。

　　经爬罗梳理，我们发现，孙氏自谓的古文、篆、隶，实际上包括了除当时尚未发现的甲骨文之外汉字古今演变过程中的所有形体：金文、古文、籀文、篆文、隶书、草书等。兹分别举例于下：

　　1.据金文之例

　　　　故昔也三代之圣王尧、舜、禹、汤、文、武之兼爱天下也，从而利之，移其百姓之意焉，率以敬上帝、山川、鬼神，天以为从其所爱而爱之，从其所利而利之，于是加其赏焉，使之处上位，立为天子以法也，名之曰圣人。（卷七《天志下篇》）

　　孙按：以下文校之，此处脱文甚多，"以法也"三字，乃其残字之仅存者。……今以此下文及《尚贤中篇》补之，疑当作"以为民父母，是以天下之庶民属而誉之，业万世子孙继嗣，誉之者不之废也"。此

"法也",即"废也"之误。《钟鼎款识》皆以瀍为废。

又如卷十四《备穴篇》:

> 用掃若松为穴户,……

孙疑掃当为枱,云:钟鼎古文从台者,或兼从司省,今所见《彝器款识》公姆敦,始字作巺,是其例也。此掃字亦当从木。《说文·木部》:"枱,耒耑也"。此疑假为梓字。《说文》:"梓,楸也。从木宰(省)声。"与枱古音同部,得相通借。墨书多古文,此亦其一也。

2.据古文之例

> 且夫繁饰礼乐以淫人,久丧伪哀以谩亲,立命缓贫而高浩居,倍本弃事而安怠傲,贪于饮食,惰于作务,陷于饥寒,危于冻馁,无以违之。是若人氣,鼺鼠藏,而羝羊视,贲彘起。君子笑之。(卷九《非儒下篇》)

孙云:"人氣"疑当作"乞人"。此蒙上饥寒冻馁而言,氣与乞通,古乞作气,即云气字,下文云"夏乞禾麦"是其证。

再如卷十《经说下篇》:

> 子智是,有智是吾所先举,重。

又同篇:

> 若易五之一,以楹之抟也见之,其于意也不易,先智意相也。

上两例中"先"字,孙谓并"无"字之讹,云:《说文》:"旡,古文奇字"。"旡"与"先"形近而误。

又如卷十四《备城门篇》:

> 五十二者十步而二。

孙谓"者"前之"二"当作"上",云:"上"字古文作"二",与"二"形近而讹。

3. 据籀文之例

　　　是使翁难雉乙卜于白若之龟。（卷十一《耕柱篇》）

旧本无雉字，孙氏据《玉海》增。旧校皆以翁难乙为人名。孙云：翁
当作𦦈，《说文·口部》嗌，籀文作𦦈，经典或假为益字。《汉书·百官
公卿表》"秦作朕虞"是也。𦦈与翁形近，《节葬下篇》"哭泣不秩声
嗌"，嗌亦误作翁，是其证。难当为斯，《备穴篇》"剚以金为斯"，斯今
本亦讹难。又《经说上篇》"斯指斯脯"，斯并作雊，皆形近讹易。
……斯雉犹言斯雉，即谓杀雉也。《史记·龟策传》说宋元王得神龟
云："乃刑白胜及与骊羊，以血灌龟于坛中央。"盖以雉羊之血衅龟
也。乙当作已，已与以同，言启使伯益杀雉以衅龟而卜也。《玉海》
所引雉字尚未讹，今本又脱雉字，遂以翁难乙为人姓名，真郢书燕
说，不可究诘矣。

　　又卷十四《备穴篇》：

　　　即熏，以自临醢上，及以泏目。

孙云：泏当为洒。《说文·水部》云："洒，涤也。"《西部》籀文西作卤，
故讹作田形。

4. 据篆文之例

　　　禹既已克有三苗，焉磨为山川，别物上下，卿制大极，而神
　　民不违，天下乃静。（卷五《非攻下篇》）

孙氏以"卿制大极"当为"鄉制四极"，谓鄉与卿形近，鄉即饗之省云
云。又曰：四，篆文作𦉞，与大篆文亦近，故互讹。又曰：《尔雅·释
地》云："东至于泰远，西至于邠国，南至于濮铅，北至于祝栗，谓之四
极。"郭注云："皆四方极远之国。"

　　再如卷八《明鬼下篇》：

　　　……袾子杖揖出与言曰……

孙谓揖当作杸，云：篆文形近而误。《说文·殳部》云："杸，军中士所

持殳也。"与殳音义同。《淮南子·齐俗训》云"揎笏杖殳",许慎注云:"殳,木杖也。"

又如同篇:

> 是以赏于祖而僇于社。赏于祖者何也? 言分命之均也。僇于社者何也? 言听狱之事也。

孙云:事疑当为衷,篆文二字形近,中衷通。

又如卷十《经上篇》:

> 忠,以为利而强低也。

孙云:低疑当为君。君与氏篆书相似,因而致误,氏复误为低耳。忠为利君,与下文孝为利亲,文义正相对。

又如同卷《经说上篇》:

> 剑尤早,死生也。

孙谓剑尤早当作剑戈甲,云:戈、尤形近而讹,篆文早作甼从甲,故甲讹作早。言剑戈以杀人求其死,甲以卫人求其生,故下云"死生也"。

又如卷十四《备城门篇》:

> 灵丁,三丈一,火耳施之。

孙云:火耳疑当作犬牙。牙篆文作𤘈,耳篆文作𦔮,形近而误。后文说狗走云"犬耳施之",耳亦牙之误。犬牙施之,言错互施之,令相衔接也。

又如同篇:

> 五步积狗尸五百枚,狗尸长三尺,衰以弟,瓮亓端,坚约弋。

孙云:弟当为茅,茅、弟篆文形近,因而致误。

又如同篇:

> 城上十人一什长,属一吏士,一帛尉。

孙云:疑帛或当作亭,篆文二字形近。

又如同卷《备水篇》：

城地中偏下，令耳亓内，及下地，地深穿之令漏泉。

孙云：耳疑当为巨，篆文相近，即渠之省。

5.据隶书之例

《太誓》之道之曰……（卷七《天志中篇》）

誓字道藏本、吴抄本并作明。孙云：此文《非命》上、中二篇并作大誓，明确为讹字，盖誓省为折，明即隶古折字之讹。颜师古《匡谬正俗》引《书·汤誓》，誓作斱。山井鼎《七经孟子考文》载古文《甘誓》，誓字作斱。盖皆新、斩二字传写讹舛，与明形略相类。

又如同卷《天志下篇》：

其邻国之君亦不知此为不仁义也，又具其皮币，发其緫處，使人儈贺焉。

孙云：疑"緫處"当作"徒遽"。徒，正字作赱，隶变或作徒，彳与糸相似，止与心相似，遂讹作緫耳。遽、處亦形近而误。

又如卷十《经下篇》：

岙而不可擔，说在抟。

孙云：擔当作搖。《周礼·矢人》"夹而摇之"，《释文》云"摇本又作搖"。搖即摇之变体。汉隶凡从䍃之字，或变从䏦。《汉书·天文志》亦云"元光中天星尽搖"。搖与擔形近而误。《史记·建元以来王子侯表》"千钟侯刘摇"，《汉书·王子侯表》作刘搖，是其证。

又如同卷《经说下篇》：

重其前，弦其前。载弦其前，载弦其轱，而县重于其前。

孙谓三个弦字并当作引，云：隶书弦、引形近，《隶释·汉陈球碑》引作弜。《广韵》十六轸云"引、弜同"，并其证。

又如卷十一《耕柱篇》：

今有一人于此，羊牛犓豢，维人但割而和之，食之不可胜食也。

孙云：雍、维形近而误。《仪礼·公食大夫礼》、《少牢馈食礼》并有雍人。雍，雕之隶变，即饔之省。

又如卷十四《备城门篇》：

适人为穴而来，我亟使穴师选本，迎而穴之，为之且内弩以应之。

孙云：本、卒隶书形近，后文"城下楼卒，率一步一人"，卒今本讹本，可证。

又如卷十五《旗帜篇》：

守城之法，木为苍旗，火为赤旗，薪樵为黄旗，石为白旗，水为黑旗，食为菌旗，死士为仓英之旗，竟士为雩旗，多卒为双兔之旗，五尺童子为童旗，女子为梯末之旗，弩为狗旗，戟为荏旗，剑盾为羽旗，车为龙旗，骑为鸟旗。

孙云：荏，疑即旌字。《月令》"季秋载旌旐"，《淮南子·时则训》旌作荏。荏、荏，皆旌之讹。隶书旌或作挂，形相近。

又如同卷《杂守篇》：

寇至，诸门户令皆凿而类窾之，各为二类，一凿而属绳，绳长四尺，大如指。

孙按：此类当作幁，盖幁隶书形近颣，因又误作类也。

6.据草书之例

是以使百姓皆攸心解体，沮以为善，垂其股肱之力而不相劳来也。（卷二《尚贤下篇》）

孙云：垂义不可通，字当作舍，草书二字形近而误。《尚同中篇》云："至乎舍馀力不以相劳，隐匿良道不以相教，腐朽馀财不以相分。"与此文意正同。《节葬下篇》亦云："无敢舍馀力，隐谋遗利，而不为亲为之者矣。"此以下六句，即舍力遗利隐谋之事。

又如卷八《明鬼下篇》：

> 昔者郑穆公，当昼日中处乎庙，有神入门而左，鸟身，素服三绝，面状正方。

孙云：三绝无义，疑当作玄纯。玄与三，纯与绝，草书并相近，因而致误。

又如卷十《经说上篇》：

> 仗者，两而勿偏。

孙云：以经文推之，疑仗当作权，草书形近而讹。

又如同卷《经说下篇》：

> 为麋同名……

孙云：为疑当为如，草书相似而误。

又同上篇：

> 右校交绳，无加焉而挠，极不胜重也。

孙云：校疑权之讹，草书相近。交绳，疑谓系权之绳与他绳相交絓。

又如卷十四《备城门篇》：

> 城上五十步一道陞，高二尺五寸，长十步。城上五十步一楼扤，扤勇勇必重。

孙云：扤，疑当为撕，草书相近而讹。上文云楼撕掃，即此。

又如同卷《备水篇》：

> 并船以为十临，临三十人，人擅弩计四有方。

孙谓"人擅弩计四有方"当作"人擅弩什四酋矛"，云：《备蛾傅篇》云"令一人操二丈四矛"，矛误作方，则此方亦矛之误。有，疑当为酋，音近而误。《韩非子·八说篇》云"搢笏干戚,不适有方铁铦",有方亦酋矛之误,与此正同。……什、计,草书相近而误。

上举数十例,散见于全书注文之中,表面上似乎并没有什么联系,其实,它们构成了一个密不可分的整体,那就是黄绍箕在《墨子间诂》跋中所指出的"篆、籀、隶、楷之迁变",也就是汉字古今的演变。

我们知道,《墨子》成书于东周,而直至魏晋才有玄学家重新研究。这期间,《墨子》的文字必然经历了一个讹舛、递变的过程;而同时,汉字也经历了一个由金文演至楷书的过程。这样,两个过程就有了密切的内在联系了。因而,治《墨子》文字,必须从汉字古今之变这个整体出发,若是仅仅着眼于古字或今字的某一形体,那是肯定解决不了什么问题的。孙氏显然深知此,他的"校正文字"所依据的正是汉字古今之变。

更能说明孙氏历史观点的是,《墨子间诂》中,有不少同时依据几种形体来校正文字的例子。如卷五《非攻下篇》:

> 高阳乃命玄宫,禹亲把天之瑞令,以征有苗,四电诱祇,有神人面鸟身,若瑾以侍,搤矢有苗之祥,苗师大乱,后乃遂几。

孙云:"若瑾以侍"义不可通。若瑾疑奉珪之误。若钟鼎古文作𦍽,奉篆文作𥛜,二形相似。珪、瑾亦形之误。《仪礼·觐礼》记方明六玉云"东方圭",《白虎通义·文质篇》云"珪位在东方",是珪于方位属东,句芒亦东方之神,故奉珪犹《国语·晋语》说"西方之神蓐收执钺"矣。

此例同时依据金文、篆文两种形体校一若字。再如卷八《非乐上篇》:

> 乃言曰:"呜乎! 舞佯佯,黄言孔章。上帝弗常,九有以亡。上帝不顺,降之百殄,其家必坏丧。"

孙云:黄,疑当作其。其篆文作𠀠,黄古文作𡕛,二字形近。《非命下篇》引《太誓》云"其行甚章"，与此语意略同。下文"上帝弗常"四句，彼引《太誓》亦有之。

此例以古文、篆文同校一黄字。又如卷九《非儒下篇》：

> 儒者迎妻，妻之奉祭祀，子将守宗庙，故重之。

孙云：吴抄本妻不重，疑当作"迎妻与之奉祭祀"。《说文·舁部》"與，古文作𢌿"，与妻篆文形近，又涉上而误。

这一例也是同时依据古文、篆文校一妻字。

不唯如此。汉字演变发展到楷书，虽已基本定形，但却出现了不少俗写字，即非规范的变体，魏晋之后到清代千馀年的时间里，楷书俗字必会影响《墨子》的文字。因此，《墨子间诂》里又有不少根据俗书校字的例子。如卷十《经说上篇》：

> 动，偏祭从者，户枢免瑟。

孙云：窃疑免瑟当作它蚕，它即蛇正字。《说文·它部》云："它，虫也。上古草居患它，故相问无它乎。或作蛇，从虫。"《干禄字书》："蚕，俗作蝅。"它蝅与免瑟形近而讹。

再如卷十一《大取篇》：

> 渔大之舞大，非也。

孙谓："渔大之舞大"五字当作"杀犬之无犬"，云：《经下》云"狗，犬也。而杀狗非杀犬也，可。"即此义。杀俗作煞，释慧苑《华严经音义》云"渔，《声类》作魰"，二形相近而讹。

又如同篇：

> 圣人有爱而无利，倪日之言也，乃客之言也。

孙谓"倪日之言"当为"儒者之言"，云：儒，俗作傌，与倪相似而误。

又如卷十一《耕柱篇》：

> 楚四竟之田，旷芜而不可胜辟，評灵数千。

孙以評灵二字当作呼虚，呼即墟之假字，云：虚、灵俗书形近而误。墟虚即谓空旷之地也。

又如卷十四《备城门篇》：

城上之备：渠谵、藉车、行栈、行楼、到、頡皋、连梃、长斧、长椎、长兹、距、飞冲、县口、批屈。

孙云：到，非守械，疑当为斲，俗书或从刀，故《耕柱篇》误作劉，后《备穴篇》又作劍，与到形并相似。

综上所述，孙诒让"校其文字"的关键就是推汉字古今之变，于此足见孙氏不仅具有深厚的文字学功力，而且还具有科学的历史眼光。

《墨子间诂》校正讹文的另一个关键是，不但重视了汉字古今演变的历史，而且还非常注意各个历史时期字形结构的内部。比如前面举到过的㩺(枒)、洫(洒)、低(君)、早(甲)、到(斲)等字，除了依据各种形体外，还结合了结构分析才得以校正的。

《墨子间诂》的字形结构分析，大致上有以下几类：

1. 偏旁部首类　如洫、低、早等字，均从偏旁部首着眼。再如卷五《非攻中篇》：

今尝计军上，竹箭羽旄幄幕，甲盾拨劫，往而靡弊腑冷不反者，不可胜数。

孙云：劫疑当作刦，古书从缶从去之字多互讹。《备蛾傅篇》法讹作浥，此刦讹作劫，可以互证。《说文·刀部》云"刦，刀把也。"即《礼记·少仪》之拊也。刀把或以木为之，故有靡敝腐烂之患。

此例的着眼处是"从去从缶之字多互讹"。又如卷十四《备城门篇》：

百步为幽膭，广三尺高四尺者，千。

孙按：膭当为隤之误。《说文·阜部》云："隤，通沟以防水者也。"与窦声义并相近。凡从皁从肉字,隶变形近易讹。《备蛾傅篇》以脾为脽,可与此互证。《考工记·匠人》"窦,其崇三尺",郑注云"宫中水道"。幽隙犹言暗沟也。

此例的出发点是"凡从皁从肉字,隶变形近易讹"。又如同卷《备梯篇》:

> 子墨子其哀之,乃管酒块脯,寄于太山,昧荠坐之,以樵禽子。

孙云:古书矛字,或混作柔。宋本《淮南子·氾论训》云"槽柔无击",《说苑·说丛篇》云"言人之恶,痛于柔戟",并以柔为矛,故此茅字亦作荠矣。

这一例亦是分析偏旁部首。

2.省文类 省文是指某个字省去了部首偏旁之后,仍算作规范字。然而,有时候一个字省去部首之后,就会与另一字相近或相同,导致古书中字形的混讹;而反过来看,这又可能为校正文字提供线索。《墨子间诂》中不乏以省文为线索来校字的例子。比如揪字,孙氏正是根据"钟鼎古文从台者,或兼从司省"这一线索打开思路的。再如卷五《非攻下篇》"卿制大极"之卿字,孙谓当作鄉,又以鄉为饗之省文。又如卷十四《备水篇》"令耳其内"之耳字,孙校为巨,言即渠之省文。又如卷七《天志中篇》"太明"(道藏本、吴抄本如此)之明字当为誓字,孙氏论证谓"盖誓省为折,明即古隶折字之讹"。又如卷十一《耕柱篇》"维人"之维,孙校作雍,言"雍,雝之隶变,即饔之省"。

3.剖析类 所谓剖析,就是将一个字剖为或左右或上下两半来分析。如卷十四《备城门篇》:

> 救车火,为烟矢射火城门上,凿扇上为栈,涂之,持水麻斗、革盆救之。

孙云:此车火疑当作熏火,熏与车篆文上半相近而误。

这一例是析上半字。又如卷十《经说下篇》:

麋与霍孰高？

孙云：霍，吴抄本作藿，此字篇中四见，此与麋同举，下文又与狗同举，则必为兽名。以字形校之，疑当作虎，俗书虎、霍二字，上半形相近。《旗帜篇》虎旗讹作雺旗，可以互证。

此例亦析上半字。析下半字者如卷十《经说上篇》：

行，所为不善名。行也，所为善名。巧也，若为盗。

孙云：巧，疑当为竊，竊俗书作窃，下半与巧相似，故讹。《大戴礼记·文王官人篇》"规谏而不类，道行而不平，曰巧名者也"，《逸周书》巧作竊，是其证。

此外，还有两个半字均析者。如卷十四《备穴篇》：

令陶者为罌，容四十斗以上，固顺之以薄鞈革……

孙云：顺，当作帻，冥、页、巾、川，隶书相近而误。

这一例将顺、帻二字皆析为左右两半，两两相对照，得出"隶书相近而误"的结论。

《墨子间诂》对字形结构的分析，虽然可以分为以上三类，但是从实质上看，都属于偏旁部首的分析。

在讨论孙氏分析字形结构的方法时，我们应该注意到，这一方法在许多情况下是与"推汉字古今之变"的历史考证方法结合运用的。这也就是说，孙氏研治《墨子》文字，已经注意到了汉字纵向的历史演变与横向的字形结构这两方面的不可分割性。单从文字的历时性或共时性一方面出发，那是平面的研究，而像孙氏这样将汉字的历时性与共时性结合起来，那就是立体多维的研究了。《墨子间诂》校字的成就，在某种角度上说，是孙氏先进的研究方法的成功。

《墨子间诂》很珍视前人时贤的研究成果，尤其对王氏的《墨子杂志》，几乎尽收。但是孙氏并非不加择剔地一概盲目收取，而是像《俞序》所说的"凡诸家之说，是者从之，非者正之"。更有是者补证之，纷者抉择之。如卷十一《耕柱篇》：

鼎成三足而方。

二王并以书证校三为四,孙氏然之,更补证之曰:"此书多古字,旧本盖作三足,故讹为三。后文'楚四竟之田',四今本亦讹三,可证。《铜剑赞》亦讹作三足。"二王之说,经孙氏补之以字形之证,更为赅备。

又如卷八《明鬼下篇》:

　　诸侯传而语之曰:"请品先不以其请者,鬼神之诛,至若此其憯遫也。"

"请品先不以其请者"一句,讹舛难通,毕沅、王引之、俞樾诸说纷纭,其中王氏乃孙诒让最为推崇的,他曾说:"乾嘉大师,唯王氏父子郅为精博,凡举一字,皆确凿不刊。"(《札迻》)但是在这里,孙氏按曰:俞说是也。

在前人已有校注的情况下,若有新的见解,孙氏辄下己意。如卷五《非攻下篇》:

　　今若有能以义名立于天下,以德求诸侯者,天下之服可立而待也。夫天下处攻伐久矣,譬若傅子之为马然。

王氏已先有校注,谓傅仍僮字之误,洪颐煊则以为乃侲字之误,孙氏乃以己意言曰:傅,或当为孺,孺俗作㝃,与傅形近。孺子、僮子义同。

王说与孙、洪二说义归一致,但孙说之孺字,有俗书为证,较之为优。

孙诒让这种实事求是的态度,应该说也是《墨子间诂》取得成就的原因之一。

研究文字,并非一门孤立的学问,形、音、义三者结合研究,早已被古代学者所注重了,孙氏作为一位朴学大师,当然是深明于此的。在《墨子间诂》中,孙氏于通假尤为注意。如卷七《天志下篇》之法字,孙校为废,其依据便是金文的法、废通假现象。再如卷十一《耕柱篇》:

　　　　　曰："舍余食。"

毕、苏皆以为取舍字,孙云:舍,予之借字,古赐予字或作舍。

　　又如卷一《亲士篇》:

　　　　君必有弗弗之臣……

孙氏读弗为咈,云:《说文·口部》云:"咈,违也。"如此通假一明,无烦改字之劳,而有校字之功。

　　以上,我们举例论述了孙氏《墨子间诂》"校其文字"的成就、方法、态度等,仅是粗浅的看法,还不够深入,不够全面,(比如孙氏运用历史考证法,我们只谈了推汉字古今之变这一面,其实,历史考证远不止这一点内容,譬如孙氏谙熟《周礼》而用之于校正墨书讹误,这也是历史考证法的运用,我们就没有加以论述。)仅是抛砖引玉,以俟来者。

　　当然,我们也无庸讳言,《墨子间诂》并非完美无缺。孙氏自己在《后序》中也说:"此书甫成,已有旋觉其误者,则其不自觉而待补正于后,殆必有倍蓰于是者。"此语虽有自谦之意,但书中缺误确是有的。比如前所举"卿制大极"一例,孙氏校卿为乡,又以乡为饗之省。其实,在甲骨文、金文及六国文字中,此三字乃为一字,本无须改字。这是因为孙氏没有能够看到更多的古文字资料。当时,材料既欠充备,理论、方法又未成系统,孙氏作为一位开创者,筚路蓝缕,不可能不受到历史条件的拘限。孙氏之后,不少学者纷继补正《墨子间诂》的缺失,如曹镜初、刘师培、张仲如、李笠等,孙氏泉下有知,当觉欣慰。

　　　　(本文与叶斌博士合作,原载《孙诒让纪念论文集》,《温州师范学院学报》1988年增刊)

《古代汉语》教材中的"本"和"通"

　　王力先生在《辞书研究》1980 年第 1 辑上发表《"本"和"通"》一文，就《古代汉语》教材中古今字、假借字等问题答复读者。文章指出：

> 　　所谓"本字"指本来有的字。人们不写本来已有的字，而写一个同音字，那是假借字。如果作者所处的时代这个字还没有产生，那就无从"通"起。作者当时认为这个字本来是这样写的，他并不是假借。后人说他假借，是冤枉他。

把假借字严格限定在本有其字而借用同音字的范围之内，把本无其字而后有专字或本有其字而后换专字的统统排斥在假借范围之外，这样立说，似乎便于把古今字与假借字截然分开。

　　但是，这同传统的说法，同至今通行的认识都有较大的矛盾，给阅读古书注解和古文教学、古汉语文字教学带来了困难。

　　首先，在《古代汉语》教材本身就出现了明显的矛盾。例如："辟"与"避、闢、僻、躄、譬"，在古汉语通论（六）中作为古今字首条例子，"避、闢、僻、躄、譬"都不是"本来有的字"；但在古汉语通论（十六）中又作为古音通假典型例子的首条，"辟"被说成是"避、闢、僻、躄、譬"的通假字。《古代汉语》修订本则一面强调"不能说'辟假借为避'等"，一面又在指出假借字产生的第二种情况即"本无其字，从一开始就借用一个同音字来表示"时举出"躲避"、"开辟"、"邪僻"等意义借用本义是"法"的"辟"来表示作为实例（修订本 542 页）。又如：

"说"与"悦",在古汉语通论(六)以及《"本"和"通"》一文中,反对"说"是假借字、"悦"是本字的说法。在古汉语通论(十七)中又指出:"读为"、"读曰"这两个术语是"用本字来说明假借字"。并于本章结尾十分肯定地强调说:"'读为'、'读曰'……必然是用本字破假借字。"(按:"必然"是"无例外地")为先秦经书或先秦两汉古书所作的注解中对于表示喜悦义的"说"字多注为"说读为悦"或"说读曰悦"①。照上述条例,则必定得承认:这里是用"悦"这个本字来破"说"这个假借字。再如:

"舍"与"捨",古汉语通论(六)认为:"'舍'才是本字,'捨'显然是后起字。"(154 页,修订本 170 页)使"本字"等同于"古今字"的"古字",与"后起字"相对。而在同章中又承认:"所谓'本字'实际上有许多都是后起字。"(155 页,修订本 170 页)

《古代汉语》正确地指出:"事实上很可能是另一种情况,即最初只有一个辟字,后来才分化为僻、嬖、闢、避等。"(505 页)修订本则明确指出:"避、闢、僻"等字都是后起的区别字。(修订本 542 页)"以为先有一个'悦'作为本字,只是经常写一个'说'字来代替它。这是一种误解。"(154 页,修订本 170 页)毋庸置疑,本无其字而后有专字者,这专字是后起的,即后起字,不是先有的。现在的问题是,在后起专字产生以前所通用的字(例如作为僻、嬖、闢、避义的"辟"字和作为喜悦义的"说"字)是否可称为假借字,后起的专字(如"僻"、"嬖"、"闢"、"避"、"悦"等字)是否可称为本字? 这两者之间除了是古今字关系外是否可以同时视为通假关系? 本字与古今字的关系如何? 这一系列问题,在《古代汉语》教材中没有明确解答,或者解答得前后矛盾。而这些也正是实际教学中无法回避的问题。

东汉学者许慎在《说文解字叙》中说:"假借者,本无其字,依声托事,令长是也。"尽管所下定义不够完善,所举实例不够典型,但他指出了假借产生的重要原因——为适应记录语言的需要,也透露了文字落后于语言发展的事实。所谓"本无其字,依声托事",正是指语言中有这个词而本来没有这个词的文字形式，于是就找上个同音字来代替，寄托那个尚无文字形式的词的意义。清代学者朱骏声改假借的定义为"本无其意，依声托字"，进一步指明假借的实质是同音借用，借来代替的字本来并无其意。（如"辟"本义为法，本来并无僻、擘、闢、避等意义；"说"本义为谈说，本来并无喜悦义。②）清代学者王引之则比较全面地论述了假借。他既指出了本无其字的假借，又指出了本有其字的假借。③人们习惯称前者为造字时的假借，称后者为用字时的假借。

由此可见，把假借严格限定在"不写本来已有的字，而写一个同音字"的范围之内，断言"作者所处的时代这个字还没有产生，那就无从'通'起"，"说他假借，是冤枉他"，恐怕并不符合语言文字发展和运用的实际。较早的文字，往往正是由于本无其字才需要假借的。如甲骨文、金文中有大量假借字，并非"不写本来已有的字，而写一个同音字"。如发语词"惟（唯）"借鸟类"隹"表示，动词"锡（赐）"借蜥蜴的"易"表示，尽管当时"惟"、"赐"等字还没有产生，"唯"、"赐"等字本来是写成"隹"、"易"的，但是，"隹"、"易"实在本来并无"唯"、"赐"之意，只是与语言中"唯"、"赐"等词同音而借用作"唯"、"赐"。怎么能否认他们是假借字呢？

王力先生可能主要是反对把古字同后起字放在同一个历史平面说他们"通"，这不是没有理由的。确实，作为僻、擘、闢、避等义的"辟"字，作为喜悦义的"说"字，作为舍弃义的"舍"字，作为发语词的"隹"字，作为赐予义的"易"字，从文字历史发展的角度着眼，他们同后起字"僻"、"擘"、"闢"、"避"、"悦"、"捨"、"唯"、"赐"等字之间，即字与字之间，可以说"无从'通'起"，因为当时还没有这些后起字。但是，他们却通用作语言中早已存在的"僻"、"擘"、"闢"、"避"、"悦"、"捨"、"唯"、"赐"等词，这些语言中已有的词尚无文字形式，就按照同音通假的原则，借本无其意的"辟"、"说"、"舍"、"隹"、"易"等字来表示，怎么能否认"辟"、"说"、"舍"、"隹"、"易"等字作为假借字的资格呢？

　　前人对于这类假借字的释读、注解常常使用"借字"、"本字"的术语。如认为上述"辟"、"说"、"舍"、"隹"、"易"等字是借字，"僻"、"嬖"、"闢"、"避"、"悦"、"捨"、"唯"、"赐"等字是本字。王力先生认为这是违反汉字发展的事实的，《"本"和"通"》一文说："'说'是'悦'的本字，我们不能反过来说：'悦'是'说'的本字。"

　　看来，王先生所说的"本字"同传统所说的"本字"含义是很不相同的。王先生只承认"本来有的字"是本字，实际上这就把"本字"与"古今字"的"古字"完全混为一谈，以致对传统的说法处处感到其为颠倒、冤枉。其实，传统所说的"本字"并不等同于也不局限于"古字"，那些并不表示某义（本无其意）的"本来有的字"往往被认为并非本字而是假借字。关于"本字"的定义，《辞海》1979 年版说："表示本义的字，与借字相对。"这是符合传统的传注训诂术语原义的。《古代汉语》也看到："所谓'本字'，实际上有许多都是后起字。"（155页，修订本 170 页）明白了"本字"既可能是先出现的表示某义的"本来有的字"，也可能是后起的专为表示某义而制的字，那就不会处处感到扞格难通了。

　　"说读为悦"、"说通悦"之类的表述同"悦，说本字"的表述一样，并没有断言"悦"字出现在"说"字之先。诚然，这类术语的表述不及文字学讲义那样精密、详尽，而且确有引起错觉或误解的可能。面对这种情况，要求现行教材和大型辞书尽可能说得透彻一些，是完全必要的、合理的。但是另一方面，也要对传统的、至今通行的术语有准确如实的理解，不宜用新的概念、定义去套，以免简单化地苛求、排斥、摈弃它。

　　总之，本无其字而后有专字者，在后起专字产生以前所通用的字应当承认其为假借字，它与后起字之间除了是古今字的关系外可以同时视为通假关系。虽则古字与今字无从"通"起，但是假借字与后起字所表示的意义不能不说是相通的，假借字与语言中原有的相当于后起专字的词更不能不说是相通的。只要不是误将今字说成早于古字，从侧重于释义的角度看，使用"悦，说本字"、"说读曰悦"、"说通悦"之类表述是无可厚非的。这类表述既说明了"说"是假借字，与语言中同音的词"yuè"或喜悦的意义相通，又可说明一旦后起字"悦"出现以后，"说"和"悦"照样是通用的情况。

下面讨论本有其字后换专字的情况。

先谈谈古今字与后起分别文（或称区别字）的关系。例如：

"坐"原来兼有名词、动词二义，后来为名词义换了个专用字"座"以别于动词"坐"；"禽"原来兼有名词、动词二义，后来为动词换了个专用字"擒"，以别于名词"禽"。"坐"与"座"、"禽"与"擒"既是古今字关系，"座"、"擒"又是本有其字的后起分别文（或称区别字）。作为名词义，"坐"是古本字，"座"是后出本字。作为动词义，"禽"是古本字，"擒"是后出本字。从文字历史发展的角度看，这里确实没有假借字。"坐"与"座"、"禽"与"擒"可以说无从"通"起。同类的例子还有，"反"与"返"、"竟"与"境"、"取"与"娶"等，"反"原为表示正反兼表往返义的古字，后起形声字"返"专表往返义以区别于正反的"反"，"竟"原为表示终竟兼表边境义的古字，后起形声字"境"专表边境义以区别于终竟的"竟"，"取"原为表示获取义兼表婚娶义的古字，后起形声字"娶"专表婚娶义以区别于获取的"取"。在后起的分别文（区别字）出现以前，古字都不是假借字。

本有其字后换专字还有下列两种情况：

一、古本字被借而且久借不归，后来索性让给借义专用而另造后起的专字（后出本字），例如"莫"是日暮的暮的古本字，因被借作否定词久借不归，后来为日暮义另造一个专字"暮"，"莫"与"暮"这一对古今字，实际上都是表示日暮义的本字，即表示日暮这一本义的专字。同类的例子还有"队"与"坠"、"止"与"趾"、"暴"与"曝"、"西"与"栖"、"然"与"燃"等等。后出本字都加添了有关的形旁，形成后起形声字。

　　二、古本字被借而久借不归,后来索性让给借义专用而另借一个同音字作为专字(即正字,但非表示本义的本字,而是假借字),例如"何"是负荷的荷字的古本字,因被借作疑问代词久借不归,后来表示负荷义另借一个荷花的"荷"作为专字,这个假借字成了负荷义的专用字。同类的例子还有"内"与"纳"、"乡"与"向"、"耦"与"偶"、"谊"与"义"、"烝"与"蒸"等等。"内"是纳入义的古本字,"乡"是相向义的古本字,"耦"是成双对偶义的古本字,"谊"是仁义的义的古本字,"烝"是火气上升义的古本字,后来由于这些都被借义所专用,自己另借了丝潮湿义的"纳"、窗户义的"向"、偶象义的"偶"、礼仪义的"义"、麻干义的"蒸"来作为后起的专字(正字)。

　　以上本有其字后换专字的几种情况,可以从中清楚地看到,古本字从他们产生时起直至后起专字产生以前,都不能说他们是假借字,因为他们都是表示本义或表与本义相关的引申义的字。但是当后起专用字(正字)产生以后,情况就比较复杂了。原来的古本字本义或引申义渐晦,借义却占有了该字;后起的专字不论是后出本字还是假借字,都取得正字的资格。在后起专字产生以后,遇到上古典籍中的古本字,怎样去释读呢? 理想的释读方式是一一指出某为某的古本字。如"坐"为"座"的古本字,"莫"为"暮"的古本字,"何"为"荷"的古本字等等。这样比较符合汉字发展的事实,指明了汉字发展的历史线索。但是,古本字与后起专字并用的现象是存在的,古本字在本义及引申义已晦乃至已废的情况下,即在后起专字出现以后还继续按本义及引申义使用的情况也是存在的。这时,怎样去释读呢? 如不是从纵的历史角度去分析,而是从横的文字运用的角度出发,这样的古字未始不可视为后起字即正字的通用字或通假字。因为在后起专字出现以后,古今字已经作了分工。从文字实际运用的常见义出发,"坐"通"座"、"莫"通"暮"、"何"通"荷"之类的表述有利于释义。虽然从文字发展的角度看确有"倒果为因"之嫌,但也不能抹杀其简截、明了、通俗、实用、方便的长处。"某"通"某",前

一字为通用字,后一字为正字。在具体的古书古文中,有时很难一一考其历史,确定孰先孰后。例如:

《淮南子·修务训》:"蹀躞足以破卢陷匈。"

"卢"、"匈"这类通用字很可能在先,属于古字或古本字,而"颅"、"胸"这类形声字很可能在后,属于后起专字即正字、后出本字。但是在《淮南子》写作的时代,可能已经有了"颅"、"胸"这样的形声字,而写时只取其声旁成为"卢"、"匈"这样的"省形存声字"。因此,如不一一考其历史,在实际阅读注解中,简捷地称"卢"通"颅"、"匈"通"胸"实在也是通俗、实用、方便的表述,恐难一概斥之为"倒果为因",特别是"卢"通"颅"。

实际上《古代汉语》教材也常这样处理。如:第二单元解释常用词"属"时指出作为"请托、委托"义的"属"通"嘱"(修订本 133 页)。第五单元解释常用字"参"时指出作为"骖乘"义的"参"通"骖"(修订本 433 页)。第七单元解释常用词"式"时指出作为"车轼"义的"式"通"轼"(修订本 596 页)。虽然,"嘱"、"骖"、"轼"并不是"本来有的字"而是"后起字"。

较早的文字例如甲骨文、金文中有大量古字正好是后起形声字的声符,例如:勹(旬)、队(坠)、乍(作)、易(锡、赐)、丝(兹)、白(伯)、隹(惟、唯、维)、冬(终)、且(祖)、酉(酒)、妥(绥)、彊(疆)、加(嘉)、各(格)等等。其中有的古字本来就是借字,即不表本义或是引申义,是"本无其意"的借字,如易(锡、赐)、隹(惟、唯)、丝(兹)"等,他们在后起形声字出现以前是假借字。那么在后起形声字出现以后,当然也仍然是假借字(古已有之的假借字)。有的古字随着古文字研究工作的深入,日益被释读清楚,知道本来就是表示本义或引申义的字,即古本字。例如"队"甲金文作 𠂤 或 𠂤 表示人或豕由山崖坠跌下来,后起形声字叠床架屋地再加个"土"旁成为"坠"字,这是为了区别于为借义(队伍)所占据的"队"字而专为坠落义造的后出本宇。这与"莫"为借义否定词占用而造后出本字"暮"的情况是相同的。

值得深思的是,人们对"莫"、"暮"这一对古今字看得较为清楚,就只许说"莫"是"暮"的本字而不同意说"莫"通"暮",但是对"队"、"坠"这一对古今字由于释读不那么清楚,即一时看不出"队"实即表示坠落义的古本字,就宽容地承认"队"可以通作"坠"。④而在古文字中,这类声旁字究竟是否后起形声字的古本字尚未一一考明,或者学者们说法不一,莫衷一是。在这种情况下,如果我们不着重于溯源,而是侧重于纯释义的角度,那么声旁字与后起形声字之间相通的说法应当说还是可以成立的。张世禄先生所著《古代汉语》的"假借字的规律"一节中就是把"'声旁字'和'形声字'可以相替代"作为首条规律的。上海教育学院编《古代汉语》亦把"借字为本字的声符"列为"通假用法的几种常见情况"的首条。这样的表述有利于释义,可以避开溯源问题从文字的横断面进行说解,所以就能摆脱一些纠缠不清的术语、定义之争,快刀斩乱麻地解决实际阅读中的问题。

　　一些同声旁的形声字常常通用而一时也无法象"说"、"悦"那样分清孰先孰后,至于同音通用字之间则更难分清孰先孰后。在不着重于纵的历时的角度即溯源的角度分析时,是应当允许从横的文字运用的角度即释义的角度进行处理的。因此,对"本"与"通"的问题,适当放宽范围是必要的,切实可行的。这样的处理既能与传统的说法相衔接,又与至今通行的认识相一致,并且有利于通俗、实用、方便地说明字义。简言之,古今字与通假、通用是有交叉现象的,没有必要把他们截然分家。传统的"读为"、"读曰"、"通用"、"通"以及辞书和古书注解中"某通某"之类的表述还是不要彻底推倒为好。当然,在使用这些术语时,教材对不同情况结合文字历史发展的事实进行分析说明,则是完全必要的。但旧说并未把"本"与"通"说成先后关系,以为"本"必先出而这个"本"与传统所称的"本"或"本字"并不一致。这恐怕是《古代汉语》教材中"本"和"通"产生混乱、矛盾的主要原因吧。

---

①《大戴礼记·曾子制言中》:"有说我则愿也。"卢辨注:"说读为悦字。"《荀子·
王制》:"诸侯说之矣。"杨倞注:"说读为悦。"《汉书》颜师古注"说读曰悦"凡一
百八十馀见。按:《古代汉语》介绍先秦经书注解术语时谈到了"读为"、"读
曰"。该章内容实际采纳蒋礼鸿先生《传注训诂例述略》(《中国语文》1960 年
5 月号)的成果,蒋先生从先秦两汉古书注解中归纳出常见传注训诂例。又先
秦两汉古书注解术语仍沿用先秦经书注解术语,故本文上引例证不限于先秦
经书注解,而兼及先秦两汉古书注解。

②《辞书研究》1980 年第二辑《论假借》一文认为"说"的本义是喜悦,别义才是谈
说。照搬《说文》说解,与该文反对迷信《说文》的主张似相抵触。

③见《经义述闻·通说下·经文假借》。

④见《词典研究丛刊》1980 年第一辑《汉字假借义试探》一文。

(原载《语言学年刊》,《杭州大学学报》1982 年增刊)

章黄关于汉字"变易"、"孳乳"的论述

　　"变易"和"孳乳"是章太炎、黄侃两位国学大师论述汉字发展演变和汉字内部有机联系的两个重要术语。章在《文始》中说："刺取《说文》独体，命以初文。其诸省变及合体象形指事，与声具而形残，若同体复重者，谓之准初文，都五百十字，集为四百五十七条。讨其类物，比其声均。音义相雠，谓之变易。义自音衍，谓之孳乳。比而次之，得五六千名。"《文始》全书各条，均以"变易"、"孳乳"为线索，从而探求汉语语源。黄则进一步归纳"变易"、"孳乳"的条例。他在《说文略说·论变易孳乳二大例》中指出："《说文序》曰：'以迄五帝、三王之世，改易殊体。'此变易之明文也。变易之例，约分为三：一曰字形小变；二曰字形大变，而犹知其为同；三曰字形既变，或同声，或声转，然皆两字，骤视之不知为同。"又云："《说文序》曰：'其后形声相益，即谓之字。字者，言孳乳而寖多也。'是孳乳之明文。然此中有三类：一曰所孳之字声与本字同，或形由本字得，一见而可识者也；二曰所孳之字虽声形皆变，然由训诂展转寻求，尚可得其径路者也；三曰后出诸文必为孳乳，然其词言之柢难于寻求者也。"黄于《说文笺识四种》之《说文同文》、《字通》、《说文段注小笺》、《说文新附考原》诸篇及《文字声韵训诂笔记》有关篇章，实包含"变易"、"孳乳"论述之理论与实践。

　　章、黄所称"变易"指"音义相雠"或音义相同、相通而字形不同者，那么，"变易"是否即指异体字？是否即指《说文》所称"重文"？答曰：不完全是。虽然异体字和《说文》"重文"属于"变易"的范畴之

内,但是,我们不能反过来说:"变易"就指它们或等同于它们。实际上"变易"的范围比它们大。因为,异体字的前提是音义全同(至少是某一局部音义全同),而"变易"可以涵盖"或同声"、"或声转",属于"变易"范畴之内的"重文",其范围就比异体字广。沈兼士说:"许书重文包括形体变易、同音通借、义通换读三种性质,非仅如往者所谓音义悉同形体变易是为重文。"(见《沈兼士学术论文集》)除了"音义悉同形体变易"的狭义异体字以外,同音通借、义通换读也在"变易"范畴之内,不仅如此,"变易"有不少在《说文》"重文"之外。如:"囟、颠、顶、题,皆天之变易字也,而《说文》不言其同,吾侪骤视之亦莫悟其同。"(见黄侃《说文略说・论变易孳乳二大例上》)这就是说,"变易"是在异体字和重文的基础上进一步扩大了范围。

　　"变易"有明显的时代性,后世分化为不同的字的不妨碍开始时属变易字。如:"求",原为象形字,篆文作"求",皮袄的象形(古代皮袄毛露在外面)。变易字"裘"是后起形声字。后代"求"、"裘"分化为二字,"求"另有别义寻求、要求、请求,它的古本义反而隐晦了。再如"云(云)"与后起形声字"雲",虽后代分化为二字,并不妨碍当初"雲"为"云"的变易字,二字均指天上的云,而原借作动词"子曰诗云"、"人云亦云"的"云"不能写作"雲"。

　　汉字字数繁多的主要原因正是包含异体字和重文在内的变易字大量存在。黄氏在《说文略说・论俗书滋多之故》一文中指出:"字书屡出,字数递增,要其大半,皆为变易。"其侄黄焯在整理《说文笺识四种・说文同文》的弁言中也说:"若更取《字林》所多之字与《说文》对勘,则知其多出之字大半赘疣。至《集韵》字数达五万馀,则孳乳少而变易益多矣。"《汉语大字典》附录《异体字表》所列扩大了的异体字多达 11900 组,较之五十年代公布的《第一批异体字整理表》所列异体字多出一万多组,主要是因为《汉语大字典》把古今字、繁简字、全同异体字和非全同异体字都包括在异体字之内,这与变易字在异体字和重文的基础上进一步扩大的情况相似。不过这种扩大不是无限制的,"音义相雠"、"音义相同"或"音义相通",正是变易字界定、确认的原则。

如果说"变易"含义宽泛,它较之异体字和重文,较之《说文叙》所谓"以迄五帝、三王之世,改易殊体"的"改易殊体"范围要大得多;那么,与此相反的是,章黄所称的"孳乳"较之《说文叙》所谓"字者,言孳乳而寖多也"的"孳乳"范围要小得多。《说文叙》云:"仓颉之初作书,盖依类象形,其后形声相益,即谓之字。文者,物象之本也,字者,言孳乳而寖多也。"汉字由独体的"文"增添形符或声符,产生大量合体的"字",犹如生物繁殖,生生不已。在"初文"或"准初文"的基础上产生一切合体字均属"孳乳",而章黄特指汉字发展中"义自音衍"者为"孳乳"。

章氏在《小学答问》前言中说:"说文列字九千三百五十有三,然或自一义引申,累十名而同条贯,诸家多未能昭察也。……不睹比物丑类之则,苟为离析者多矣。"章氏首创全面、系统研究汉语语根、词族的问题。由语根衍变,以音为纲,滋生新词。在《文始》中,按韵部通转现象把同一族的词派列在各语根下面,从而使汉字不再是一盘散沙,而是可以贯穿起来,互有联系的。正如黄氏所说:"令诸夏之文,少则九千,多则数万,皆可绳穿条贯得其统纪。(原注:除名词之字,尚有少数难知。)"(见《声韵略说》)如《文始》卷一首条以跨、过的古字(初文)"亐"为语根,在歌部孳乳为骑、徛,骑又孳乳为驾、罬。对转寒变易为遮,引申为过失,孳乳为辛、愆。鱼部之跨对转阳孳乳为迒,迒又孳乳为横。歌泰相近,同居互转,变易为越,又孳乳为蹶、阔,蹶又孳乳为趣、娀、适、跋等。

黄氏则细分"孳乳"条例,指出明显的"孳乳"("一见而可识者也")有:①所孳之字声与本字同者。如:人—仁,马—武,水—準,雷—类。用作声训的后一字即从前一字孳乳,后者本于前者。②所孳之字形由本字得者。如:句—鉤、笱,𢐤—紧、坚,丩—䌏、纠,𠬶—蚤、搔、骚、璪、慅,壬—廷、挺、庭、莛、梃、筳、珽、頲、侹、呈、逞、俇、徑、桱、莖、经、径、颈、劲、稵、胫、娙。这里,所孳之字不但"声与本字同",而且"形亦受之,未尝改易偏旁也"。"形由本字得"的"形"指的是"声中有义"的声符(表音偏旁)的字形。这种声符亦属"初文"、"语根"。《说文》中有以兼表音义的声符立为部首的,如句部、半部、丩部、劦部等。这些部首字所统率的字不再按义符(形旁)归部,如句部下的"鉤"、"笱"、"拘"不归入金、竹、手部。这说明许慎对声符字声中有义的卓识。声符字可以是"初文"或"准初文",也可以是在"初文"或"准初文"的基础上孳乳的合体字。如初文"壬"所孳之字中有以"巠"为声符的一组字。"巠"的下面是"壬"字之省,古文不省(见《说文·川部》)。由"壬"孳乳的"巠"再孳乳"经"、"径"、"颈"、"胫"、"茎"等字。黄氏指出:"文字孳乳,大氏义有小变,为制一文。……在上曰颈,在下曰胫,形同也,而因处异,造二文。"(《说文略说·论俗书滋多之故》)

张世禄先生在《黄侃论学杂著》前言中说:"凡'孳乳'之字,其间'语原'的关系,有容易识别的,也有难以识别的。"容易识别的已如上述;难以识别的,黄氏举"谆之语由臺来也"、"皮之语当由米来也"、"安之语由燕来也"、"容之语由谷来也"等为例,所孳之字,声形俱变,然由训诂展转寻求,尚可得其径路。

章黄又指出难以识别的还有名物诸文。章氏云:"《尔雅》释草以下六篇名义,不能备说;都邑山水复难理其本原。"(见《文始叙例》)黄氏云:"名物诸文,如《说文》玉部、艸部中字,《尔雅·释草》以下诸篇,不明其得名之由,则从何孳乳不可说。……惟名词之字,不易推得本原。亦由名物之孳乳,自来解者甚少耳。"(见《说文略说·论变易孳乳二大例下》)值得注意的是,章氏的《语言缘起说》引进西方语言学中关于语言起源于摹声和语言起源于感叹等观点。他举禽鸟类名物为例:"语言者,不冯(凭)虚起。呼马而马,呼牛而牛,此必非恣意妄称也。……何以言雀,谓其音即足也。何以言鹊,谓其音错错也。何以言雅(鸦),谓其音亚亚也。何以言雁,谓其音岸岸也。何以言駕鵝,谓其音加我也。何以言鹡鴒,谓其音礫格钩輖也。此皆以音为表者也。"通过语音探究语原,同样适用于难以推得本原的名物字。章氏这一尝试其影响不容低估,这是从理论上研究纯语言的问题。

　　章黄所论述的"变易"、"孳乳"两个术语源于《说文》,却高于《说文》,无论在理论上还是在实践上,通过这两个术语深入探究了汉字产生、发展、演变的过程和汉字内部的有机联系,有关的论述有力地推动了汉字学、词义学、语源学的研究。

参考文献:

章太炎:《国故论衡》、《文始》、《小学答问》(浙江图书馆校刊本)

黄侃:《黄侃论学杂著》、《说文笺识四种》、《文字声韵训诂笔记》(上海古籍出版社出版)

沈兼士:《沈兼士学术论文集》(中华书局出版)

略谈《广雅疏证》的词义训释

　　清代著名音韵训诂学家王念孙暨其子引之所撰的《广雅疏证》，是整理、阐述《广雅》（三国时魏太和年间博士张揖编纂）的著作。《广雅》向无善本，历经误抄、妄改、散佚，讹文脱字甚多。王念孙辛勤认真地旁考诸书，广集书证，为之订正讹误，弥补缺漏，使《广雅》一书达到可解可读，使训释更加正确可信。同时，王念孙借疏证《广雅》提出了他对训诂学原理的见解，并就训诂方法的运用作出了示范。

一、"义存于声"、"声近义同"

　　大体上说，《广雅疏证》突出的一个贡献是反复论证了训诂学上"义存于声"、"声近义同"的重要原理。

　　我们的汉字，在造字原则上从表形、表意发展到形声，始终没有发展为直接表示语音或单纯表示语音的文字。因此，文字形体的作用显得特别突出。人们在探究字义特别是文字本义时，常常借助字形，"即形求义"成为自古以来训诂学上的重要方法。但是，随着社会的发展和思想交流的日益频繁，文字愈来愈倾向于摆脱形体的束缚，冲破"即形求义"的藩篱，形声字的出现就是重要标志。形声字的形旁虽然仍然起着表义的作用，但其声旁形义联系多被丢弃不顾，仅仅起着表音作用而已。较之形声字更进一步摆脱形体束缚的是假借字。假借字借用与语言中的词音同或音近的字，"本无其字，依声托事"，或本有其字，另有专字而借用音同音近字使用，都侧重于"以音表义"，与被借字的原形所表的原义无关，只取其音，以表与之音同或音近的另一义。例如"面"、"偭"二字，《广雅·释诂四》"面，向也。"《广雅·释诂二》："偭，借也。"前者是以面相向，后者是以背相向。在古籍中有时表示以背相向时却不用"偭"这个专字而借用音同的"面"。如《左传·僖公六年》："许男面缚衔璧。""面缚"即反背而缚。历代注释家常惑于字形，曲为之说。如杜预注"面缚"为"但见其面"；司马贞索隐云："面缚者，缚手于背而面向前也。"王念孙在《广雅疏证》中明确指出"面与偭通"。这种本有其字或另有专字而借用同音字者，"学者改本字读之，则怡然理顺，依借字解之，则以文害辞"（王引之《经义述闻·通说·经文假借》）。《广雅疏证》一书屡屡指出"解者失之"，多属此类。被借字有时不止一个，王氏就以"声近义同"这一说法把它们贯串起来。例如《广雅·释诂一》"疾也"条下，《疏证》指出：徇、睿、潏、迅、均、骏均与侚声近义同。

"声近义同"在《广雅·释训》的疏证里对一些双声叠韵的连语释义的考辨中更得到了详尽的论证。在《广雅·释训》"踌躇，犹豫也"条下，《疏证》指出："犹豫字或作犹与"，"转之则曰夷犹、曰容与"，力辨犹不是兽名，也不是犬子，并从理论上加以归结："夫双声之字本因声以见义，不求诸声而求诸字，固宜其说之多凿也。"

另如在《广雅·释训》"逍遥，襀徉也"条下，《疏证》指出这是"叠韵之转也"，并列举"消摇、消搖、须臾、招摇"以及"相羊、相佯、襄羊、儴佯、尚羊、徜徉"，认为这些都与"逍遥"、"襀徉"字异而义同。

王念孙依据"义存于声"、"声近义同（通）"论证了古字通假、连语转变等情况以后，又进一步追索同源字。

王念孙在探求同源字时用了"凡言某者皆某之义也"或"凡与某同声者皆有某义"的方式。一群同源字，具有共同的中心概念，它们在语音上往往是相同或相近的，而在具体使用时，又各各有其特殊内容，所以同源字在字形上常有一定的差别，以分别表示相关或相近的几个不同的概念。

《广雅·释诂四》"幾、尾、緫、纱、糸、紒、緬、麼、撇，微也"条下，《疏证》三处涉及同源字:"凡言幾者皆微之义也。""凡言眇者皆微之义也。""凡言蔑者皆微之义也。"例如:

[幾]少、微小。如:幾希。

[噮]小食。司马相如《大人赋》:"咀嚼芝英兮噮琼华。"

[璣]小珠。如:珠璣。

[鑯]小钩，钩逆鉎也。《淮南子·说林训》:"无鑯之钩不可以得鱼。"

[饑]精详。见《说文》。

《广雅·释诂三》"刲、剖，屠也"条下《疏证》列举刲、剖、挎、揎、奎、胯、辜、枯等音近义近字后归结说:"是凡与刲、剖二字声相近者皆空中之意也。"《广雅·释言》"胯，奎也"条下《疏证》云:"跨与胯、跬与奎声相近，皆中空之意也。""空中"或"中空"是诸同源字的共同概念，以此为中心，分别表示各相近、相关概念的，如:

[奎]两股之间。《庄子·徐无鬼》:"奎蹄曲隈。"

[揎]以手抠物。

[挎]同上。

[胯]两股之间。

[跨]同上，又渡也。

[跬]半步，亦跨也。

[刲]刺也。《易》:"士刲羊。"

[剖]判也。《易·系辞传》:"剖木为舟。"《墨子·明鬼》:"昔者殷王纣刳剔孕妇。"

[辜]磔也。《周官·掌戮》:"杀王之亲者辜之。"

[枯]同"辜"。《荀子·正论》:"斩断枯磔。"

以上以手抠，以刀剖，两股跨，均有中空之意。

王念孙在《广雅疏证叙》中指出:

> 窃以诂训之旨本于声音，故有声同字异，声近义同，虽或类聚群分，实亦同条共贯，譬如振裘必提其领，举网必挈其纲。

……今则就古音以求古义，引伸触类，不限形体。

王氏正是掌握了"义存于声"、"声近义通"，拨开了汉字形体纷繁的迷雾，据此"发明前训"，"其或张君（指张揖）误采，博考以证其失；先儒误说，参酌而寤其非"，从而在训诂学上取得了度越前人的成果。东汉刘熙《释名》、宋王子韶的"右文说"，虽亦注重汉字音义联系，但它们在训诂学上的价值并不大，就是因为把音训和形声字声旁表义作用完全绝对化，以致穿凿附会、粗疏谬误。王氏则十分审慎地"抓纲带目"，如谓"不限形体"，就是既不受文字形体迷惑，又不完全撇开字形表义的作用。段玉裁称赞王氏能以形音义互求，"尤能以古音得经义，盖天下一人而已矣"（《广雅疏证序》），这在当时确是并不过分的评价。

二、词义训释的一些方法

王念孙在以音义联系为纲、形音义互求的过程中，精审地"博考""参酌"，运用了各种训诂方法，这里举其要者于下：

一　对文证字义　古文相同句式中，相对成文之字，其义亦往往相同、相类或相对。《广雅·释诂一》"始也"条下《疏证》证"作"为"始也"就是用了对文证义的方法，引用《尚书》两个例句作为书证：

《皋陶谟》："烝民乃粒，万邦作乂。"

《禹贡》："沱潜既道，云梦土作乂。"

王氏指出："作与乃相对成文，言烝民乃粒，万邦始乂也。""作与既相对成文，言沱潜之水既道，云梦之土始乂也。"

《广雅·释训》"从容，举动也"条下，《疏证》为证这一字书、韵书皆不载之义，也依据对文的材料，如：

《韩诗外传》："动作中道，从容得礼。"

《汉书·董仲舒传》："动作应礼，从容中道。"

王氏指出"此皆以'从容''动作'相对成文",又引《大戴礼记·文王官人》"言行亟变,从容谬易,好恶无常,行身不类",谓"从容"与"言行"亦"相对成文",皆昔人谓举动为从容之证。

二　连文证字义　古文同义字常复用,紧相连属之字往往义亦相同、相类。《广雅·释诂一》"大也"条下,《疏证》为证"粗"、"麤"同义,列举了大量连文的例证。如:

> 《管子·水地》:"非特知于麤粗也,察于微妙。"
>
> 《春秋繁露·俞序》:"始于麤粗,终于精微。"

连文亦有不止二字者,如《广雅·释诂三》"屠也"条下,《疏证》,引《荀子·正论》"斩断枯磔"指出四字"义并相近"。

三　异文证字义　同一语句出现在不同的古书中常有异文,此相异之文字往往有同义关系。《广雅·释诂一》"善也"条下,《疏证》为证"说"与"昌"均有"善"义,举出了《尚书》、《孟子》的异文:

《孟子·公孙丑篇》"禹闻善言则拜"赵岐注引《皋陶谟》"禹拜说言",今本作"昌言"。

四　互文证字义　互文谓二字意义互相包含,常分别处于相对待之语句中。《广雅·释言》"收,振也"条下《疏证》引《周官·职币》:"掌式法以敛官府都鄙与凡用邦财者之币,振掌事者之馀财。"指出:"敛、振皆收也。"这里,"敛某者之币"与"振某者之财"语句相对,"敛币"与"振财"互文,敛、振义相包含,币、财义相包含,互文以见义,是训诂学上常用的释义方法。

五　上下文字异义同例　在古文尤其是古韵文中上下文往往是同一意义而为避用字重复换了不同的字,其实字异义同。《广雅·释诂二》"曝也"条下《疏证》引《诗·王风·中谷有蓷》:

> 中谷有蓷,暵其乾矣;
>
> 中谷有蓷,暵其脩矣;
>
> 中谷有蓷,暵其湿矣。

其中"濕"字蒙蔽了古代许多传注训诂学家。毛传、郑笺都误以为是水濕之濕,王念孙引其子引之的论述:"案濕当读为㬗,㬗亦且乾也。㬗与濕声近故通。'暵其乾矣''暵其脩矣''暵其湿矣'三章同义。草乾谓之脩,亦谓之濕,犹肉乾谓之脩,亦谓之㬗。"所谓"三章同义"就是运用了训诂学上"上下文字异义同例",这可以视为对文或连文证字义的一种推广的方法。

以上,从对文、连文、异文、互文、上下文以求证字义的方法,都是从具体的语言环境中探求字义的重要途径。

六　古人名字义相应以证字义　古人的名与字义多相应,即字义相同、相类、相对,可据以考证字义。例如《广雅·释兽》"於䖘、李耳,虎也"条下,《疏证》云:"宣四年《左传》云:'楚人谓虎於菟。'《释文》:'菟音徒。'案於䖘,虎文貌。《说文》'淦,黄皮虎文,读若涂。'䖘、淦声义并同。虎有文谓之於䖘,故牛有虎文谓之淦。《春秋传》楚鬭縠於菟字子文,是其证也。"《广雅·释诂四》"藏也"条下,《疏证》云:"〔韬〕字亦作縚,南宫縚字容,是其义也。"

七　引今语证字义　古文字义有不少还保留在今语之中,尤其是今之方言俗语之中。这种纵的继承的关系,值得训诂学者充分注意。《广雅·释诂二》"力也"条下,《疏证》力辩《诗·小雅·北山》、《诗·大雅·桑柔》、《书·秦誓》、《国语·周语》等篇中的"旅力"义并与"膂"同,"膂、力一声之转"。王氏指出:"今人犹呼力为膂力,是古之遗语也。旧训旅为众,皆失之。"

《广雅·释诂二》"盝也"条下《疏证》连续引用了三条俗语以证古训:

> "滰之言竟,谓漉干之也。今俗语犹谓漉干渍米为滰干矣。"

> "渳之言逼,谓逼取其汁也。……今俗语犹云渳米汤矣。"

> "笮者,压笮出其汁也。……今俗语犹云笮酒笮油矣。"

八　字义相反相因例　对于反训的界说,王氏较之历代训诂学家更进一步,提出了相反相因的见解。

《广雅·释言》"毓,长也"条下,《疏证》云:"此下八条(指"毓,长也"、"毓,稚也"、"曩,久也"、"曩,乡也"、"陶,喜也"、"陶、忧也"、"泞,清也"、"泞,泥也")皆一字两训,而其义相反。郭璞《尔雅注》云:'以徂为存,以乱为治,以曩为曏,以故为今,此皆诂训义有反覆旁通,美恶不嫌同名。'是也。"郭璞对反训的界说似较笼统、简单,王念孙进一步加以说明。

《广雅·释诂二》'郁、悠,思也"条下《疏证》解释"郁陶"有忧、喜二义时指出:"喜意未畅谓之郁陶","忧思愤盈亦谓之郁陶","暑气蕴隆亦谓之郁陶","事虽不同,而同为郁积之义,故命名亦同。"

可见,一字二训相反为义是有其共同的基础的。抓住反训义相反实相因的本质,较之泛言"美恶不嫌同名"更有助于探索词义转变的线索,把握词义引申的关系。

九　同义二字语转义亦相因例　义同、义近的两个字各各语转为音近义同的两组字,其义亦相因。《广雅疏证》一书列出这类同义词的例子极多。例如:《广雅·释诂一》"大也"条下,《疏证》云:"善犹大也,故善谓之佳,亦谓之介;大谓之介,亦谓之佳。佳、介语之转耳。"同条释"般"、"凯"有大义后云:"凡人忧则气敛,乐则气舒。故乐谓之般,亦谓之凯;大谓之凯,亦谓之般。义相因也。"又"远也"条下《疏证》云:"凡远与大同义。远谓之荒,犹大谓之荒也;远谓之遐,犹大谓之假也;远谓之迂,犹大谓之訏也。"

这种以演绎方法从音义上推论出的一串义相因的语转各词,往往一气呵成,没有同时列出充分的书证,其实书证不是没有,而是散见于有关各条之《疏证》,或已见于《尔雅》、《方言》等辞书之中。

十　对文则异、散文则通例　训诂学注意词义的泛指(通称)和特指(专称)的区别。在有意识地把几个义类相对或相近的词进行对比、辨析而放在一起时,即在"对文"中着重几个词的"别""异",叫作"对文有别"或"析言有别"。这是"特指"。几个义类相对或相近的词分散使用,不着重于它们的"别""异",即在"散文"中几个词相通,叫作"散文则通"或"统言无别"、"浑言无别"。这是"泛指"。王念孙用"对文则异、散文则通"概括这类现象。例如:《广雅·释诂三》"磨也"条下《疏证》云:"《卫风·淇奥》篇:'如切如磋,如琢如磨。'《尔雅》云:'骨谓之切,象谓之磋,玉谓之琢,石谓之磨。'郑注《学记》云:'摩,相切磋也。'盖切、磋、磨三字对文则别、散文则通矣。"

十一　字同义异例　《广雅》各篇每条均以"某也"释义。此"某也"之"某"有时不止一义。发明此"字同义异"之例不仅对于读《广雅》有帮助,即对一切古文字义训释亦有启发。例如:《广雅·释诂一》:"仁、儱、或、员、虞、方、云、抚,有也。"《疏证》云:"儱、或、员、方、云为有无之有;仁、虞、抚为相亲有之有。"可见,同一"有"字,即包含"有无"之"有"与"亲有"之"有"二义。又:"诙、嗣、諴、话、諴、譺、奠、周,调也。"《疏证》云:"诙、嗣、諴为调戏之调;諴、话、譺为调欺之调;周为调和之调。"则用同一"调"字为训,兼该"调戏"、"调欺"、"调和"三义。

字同义异,即一串被释之字用同一个字来训释,实则这一串被释之字中包含几组不同的意义,因而用来训释的那一个字是一个"多义单字"。在《尔雅》中已不乏此例。如《尔雅·释诂》的"台、朕、赉、畀、卜、阳,予也",郝懿行的《尔雅义疏》说:"台、朕、阳为予我之予,赉、畀、卜为赐予之予,一字(予)兼包二义。"

有了王念孙、郝懿行的诠解,可以在读古代训诂之书时不至混淆不清,这不可不说是一个贡献。

《广雅疏证》由于时代、材料等局限,所用术语有时不够科学精确,所据材料有时还嫌不够充分。前者如言及"义同"、"声近义同"、"某与某同义"等)界说有时含混不清,实际上在不同场合分别指意义相同、相近、相通、相关或相对应等等。后者如沿用汉人旧注未加辨析,以至仍不脱"疏不破注"旧风习,不能不说是一个缺憾。但是,只要我们深入研习此书，明其要旨，正确理解、运用王氏成功运用的训诂原理、方法，则此书对于今天从事语言文字工作特别是从事辞书工作的人，确乎不失为一部有参考、借鉴价值的训诂学重要著作。

（原载《辞书研究》1979 年第 2 辑）

《广雅疏证补正》略说

　　治古代汉语尤其是治训诂学，不可不读王念孙的《广雅疏证》，读《广雅疏证》，不可不知王氏为《广雅疏证》所作的补正。

　　《广雅疏证》于十八世纪九十年代刊行后，王氏即陆续为之补正约五百条。绝大部分细书刊本上，小部分则别签夹入书中（包括五十馀条墨签，个别条目为墨签附朱书或朱签夹入）。补正字数约两万，比《广雅疏证》篇幅小得多，但仍超出《广雅》正文字数。更重要的是，它在《广雅疏证》的基础上精益求精，发扬光大。可以说，《广雅疏证》及其补正的质量、价值远远超过《广雅》原书。

　　可惜的是，这部由王氏亲自手校的补正本（其中，间有其子引之的手笔）在王氏父子生前一直未能照此改刊重版。这个手校补正本先后收藏于淮安黄海长（惠伯）、上虞罗振玉（叔言）家。1900 年，即王氏父子先后去世六十多年以后，才由黄氏写出为一卷刊于淮阴，仅印行二十部，为世所罕知，世所罕见。幸而海宁王国维（静安）以黄刊本与原补正本相校重刊，于 1917 年由仓圣明智大学刊行，收在《广仓学宭丛书》甲类第二集。后罗振玉又重加校补，于 1928 年由东方学会印行，收在《殷礼在斯堂丛书》中。

　　然而，一般书目介绍很少提及这个补正本，各种版本的《广雅疏证》亦多未附印此本，以致时至今日，《广雅疏证补正》仍未得到应有的重视，甚至不少人还不知道它。要继承发扬传统语言学和训诂学成就，这一现状亟需改变，这就是本文撰写的主要目的。

　　以十年之功写成的《广雅疏证》刊行后，王氏陆续细加补正，所化费的岁月已难确知,但所延续的时间可能长达三十年左右(从十八世纪末到十九世纪三十年代王氏父子先后去世止)。《广雅疏证》及其补正实为王氏毕生心血的结晶。

《补正》篇幅最大的是释诂部分,释乐、释木两部分均未加补正。现将《广雅疏证》各卷补正条目数列出如下:

释诂→	卷一上→	74	(内别签5)
	一下	38	3
	二上	20	2
	二下	25	0
	三上	48	6
	三下	39	3
	四上	31	3
	四下	24	3
	以上共计299		25
释言	卷五上	27	3
	五下	26	1
	以上共计58		4
释训	卷六上	21	0
	六下	3	0
	以上共计24		0
释宫	卷七上	10	4
释器	七下	31	7
	八上	9	8
	以上共计40		15
释天	九上	5	5
释地	九下	4	4
释丘	九下	5	5
释水	九下	3	3

释草	十上	12	10
释虫	十下	12	5
释鱼	十下	4	2
释鸟	十下	13	6
释兽	十下	7	2
释畜	十下	6	2

自叙及张揖上《广雅》表疏证补正各 2 条

全书补正总计　501(内别签 92)

下面,试将《广雅疏证补正》的主要内容分条略说如下:

一、校正《广雅》讹文

《广雅疏证》的一大功绩是使向无善本、历经误抄、妄改、散佚而讹误甚多的《广雅》得到尽可能详尽的校订,从而使《广雅》一书可解可读。但校订工作犹如打扫尘埃,很难达到彻底干净,仍须不断打扫。《补正》为这一无止境的校刊工作又大大向前推进了一步。

这项校订工作主要校正了一些形近而讹的《广雅》正文。如:

"免,隤也"(五下)条下原疏证云"未详"。

《补正》指出:诸书无训免为隤者,免当为臽(古陷字)。隶书下半"白"中加一直,与免字上半相似,因讹而为免。接着举《说文》、《玉篇》、《广韵》诸字书训臽、陷为隤及韦昭注《国语·周语》训臽为坠,《淮南子·原道训》"隤"、"陷"同义连文为证。还《广雅》该条以本来面目,恰然理顺,确凿可信。

类此的又如:"笺,云也"(五下),"云"为"志"字之误(草书形近而误)。"仁,有也"(一上),"仁"为"俚"字之误。"枚,收也"(三下),"枚"为"救"字之误。"攻,伏也"(三上),"攻"为"敀"字之误。"豭,豕也"(十下),"豭"为"豛"字之误。等等。

有的在《疏证》里已经指出形近而讹并加以订正,《补正》则进一步指明所以致误的原因并提供旁证。如"疔,病也"(一上)条下,《疏证》已将原字校正。《补正》指出:凡隶书从寸之字或书作木,又讹为禾,又举《汉卫尉衡方碑》"遵尹铎之导","导"字下作"木",《广雅·释言篇》"疔,切也",寸旁作木。从中发明条例,启发人们举一反三,解决文字训诂中疑难问题。

时贤或有校正《广雅》讹文者,《疏证》或有忽略未引,《补正》进一步加以吸收采纳。如:"疎,迹也"(三下),"束"旁为"朿"之误,采段玉裁说(见《说文段注》二下"迹"字注)。"酌,漱也"(五下),"勺"旁为"匀"之误,采钱大昭《广雅疏义》说。"究,窟也"(七上),"九"旁为"元"之误,亦采钱大昭说,并引《玉篇》为证。

另有《疏证》所校《广雅》讹文其实不讹者,《补正》重加校正。如"咨,问也"(二上)条下,《疏证》云:"咨,各本讹作资,今订正。"《补正》云:"资即咨字也。《表记》:'事君先资其言。'郑注云:'资,谋也。'《周语》:'事莫若咨。'贾子《礼容语篇》作'资',是咨、资古通用。"又如"白马朱鬣駁"(十下)条下,《疏证》从段玉裁说以为駮各本作骆系讹文。《补正》墨签云:"《尔雅·释畜》释文引《广雅》曰'白马朱鬣曰骆',与今本同。盖三家诗说,不必改駮。《续汉书·礼仪志》:'立秋之日,乘舆御戎骆。''白马朱鬣'即《月令》之'乘白骆'也。"又如"廪,治也"(五上),《疏证》以为"治盖给字之讹"。《补正》删乙该条全注,引桓十四年《公羊传》注云:"廪者释治谷名。"原无讹文。

二、补正《广雅》脱文、衍文

校订《广雅》讹文的同时,《疏证》已校补订正了不少脱文,《补正》继续这项工作。如:"有鳞曰蛟龙"(十下)四句下脱"未升天曰蟠龙"一句。《补正》据《白帖》九十五引《广雅》文校补。又如:"圻,分也"(一上),《疏证》以为"圻"为"折"字之讹。《补正》细加辨正:"圻"、"折"经典均释为分。如改"圻"为"折",则另有脱文"圻"宜补,《经典释文》、《众经音义》引《广雅》"圻,分也",是为证。

三、校正《广雅》误采之失

《广雅》正文有难以解读、难以成立者,有些并非出于讹文、脱文、衍文,而是由于"张君误采",《补正》继《疏证》进一步"博考以证其失"。如:"贰,然也"(五下)条下,《疏证》云"未详"。《补正》指出张揖误解《春秋公羊传》文意。《公羊传·庄公二十三年》云:"桓之盟不日,此何以日? 危之也。何危尔? 我贰也。"何休注云:"庄公有污贰之行。"是贰训为污也。下文云:"鲁子曰:'我贰者,非彼然,我然也'。"注云:"非齐恶我也,我行污贰,动作有危,故日之也。"据此则传云"非彼然我然也"者,犹言"非彼实使然,乃我实使然耳",非训贰为然也。张揖误读"我贰"为"我然",乃释"贰"为"然",盖误解传意,将训污之贰误作训然矣。

四、原缺疏证酌予补加

《疏证》王氏自叙云:"义或易晓,略而不论;于所不知,盖阙如也。后有好学深思之士,匡所不及,企而望之。"

《广雅》所列各词,除"义或易晓,略而不论"者外,义实难晓应予疏证而漏略者尚多,远未一一论列,逐字疏证。于原缺疏证各词下,《补正》酌情补加注疏,补列义证。"匡所不及",不待后人,而己先为之。①

如"诵、精,论也"(二下)条下,《疏证》仅注"诵"未注"精"。其实,"诵"义易晓,而"精"训论义难明,后者不可不注。《补正》云:"精者,微之论也。凡约言大要谓之粗略,讨论秘旨谓之精微。汉小黄门谯敏碑云:'深明典隩谶录图纬,能精微天意。'精微即讲论之意。故汉人讲学处谓之精舍。《后汉书·党锢传》'刘淑隐居,立精舍讲授诸生'是也。"补加了原缺疏证的注文,十分有助于对词义的深入理解。又如"旅,养也"(一上)、"既,失也"(二下)、"为,施也"(三上)、"盖,党也"(五上)均缺疏证,《补正》酌予补注,补加字书、旧注有关注释及有关书证。

　　此类补注有时举声近义同的通用字加以疏证,较之原缺疏证大有助益,尤能启发读者触类旁通。如"抇,裂也"(二上),《补正》引《荀子·议兵篇》云:"君臣上下之间滑然有离德。"指出:"滑与抇通。"又如"撅,投也"(三上),《补正》引《方言》郭璞注证"撅"有投义,又引《大荒东经》"橛以雷兽之骨。"郭注云:"犹击也。"指出"橛与撅通"。

五、补加例证

　　《疏证》的又一大功绩是为《广雅》这部简略的词典充实了大量例证,使之有血有肉。法国《小拉鲁斯词典》卷首云:"一本没有例句的词典是一堆枯骨。"这话是有一定道理的。清代文字训诂学家早就十分重视例句书证,王氏在《疏证》中搜集例证十分丰富,但《广雅》补《尔雅》所未备之词近二万,一一为之补例,补不胜补。仍有不少并非"义或易晓"亟需以例证助释义者,《补正》为之补加例证,功莫大焉。

　　《疏证》原引字书如《尔雅》、《方言》、《说文》、《释名》、《玉篇》等的简单释文多为"某,某也"之类,缺乏古书例证,对于研究和教学均为不便:无从深入比照、揣摩,无法从实际语言环境领悟其确切含义、用法。补加例证弥补了这一缺憾。如"倚,因也"(四下),原《疏证》只引《说文》"倚,依也"证倚、因同义。《补正》补加《老子》书证:"祸兮福之所倚"及河上公注"倚,因也",则"倚"之含义、用法具体易解,避免简略含混。又如"恀,忧也"(一上)条下,原《疏证》只引《说文》说解为证。《补正》补加《贾子·容经篇》例证"丧纪之恀然慑然若不还",可知"恀"为忧愁貌,作形容修饰性状语,并非动词。《广雅》体例每条多以"也"煞句,非通过实际例证难以捉摸词的用法、特点。

　　有时《广雅》所举之字古书无征或一时难觅例证,则以相通用之声近义同字代之,所起作用仍相同。如"恒,索也"(七下)条下,原

《疏证》只引《说文》,无例证。《补正》引《魏书·王昶传》"两岸引竹
絚为桥",指出"絚与恒同"。

有时《疏证》引字书旧注或古书旧注释义,其简略单薄与引字书
释文类似。《补正》予以补加例证。如"瓵,瓶也"(七下)条下,原《疏
证》引《方言》注:"今江东通呼大瓮为瓵。"《补正》引晋书·五行
志》:"建兴中江南谣歌曰:'訇如白坑破,合集持作瓴。扬州破换败,
吴兴覆瓵甄。'坑与瓶同。"又如"碗,盂也"(七下)条下,原《疏证》引
《急就篇》颜师古注。《补正》补加例证:《贾子·时变篇》云:"母取瓢
碗箕帚。"与《广雅》正文所举字相同,较之颜注所用异体字,更为
切合。

原疏证缺例证需补加外,又有已有例证又补加例证者,多因原
引例证于释义尚不够明白充分,补加例证则进一步有助于释义或使
释义更有据。如"怒,健也"(二上)条下,原《疏证》引《庄子》"怒而
飞"、"怒其臂"等例证。《补正》补加《史记·虞卿传》云:"天下将因
秦之强怒,乘赵之弊。"于义更为切合。又如"宗,众也"(三下)条下,
原《疏证》引《周易》同人六二:"同人于宗。"于义未显,且"宗"有歧义
(有释宗为庙者),《补正》补加《逸周书·程典解》:"商王用宗谗。"于
义吻合贴切。

六、改换例证

有了例证,可使释义充实有据,但使用有关字、词的例证须精心
挑选,力求贴切而紧扣释义。《补正》于《疏证》所引例证不足以说明
问题时往往改换例证。如"目,视也"(一下)条下,《疏证》原引《史
记·项羽本纪》例证:"范增数目项王。"此例"目"字虽已活用为动
词,但仍与"视"义有别,实为"以目示意"之意。《补正》改换例证,引
《左传·宣十二年》"目于眢井而拯之",于义方能切合。又同条"诊,
视也"原引"诊脉"之"诊"证其有视义,其实"诊脉"之"诊"已由视义
引申为诊断、诊察义。《补正》改引《楚辞·九怀》"乃自诊兮在兹",

王逸注云："徐自省视在此处也。"义始切合。又如"莹,磨也"(三上)条下,原《疏证》引左思《招隐诗》"聊可莹心神",《补正》改换《尔雅·释鸟》注"膏中莹刀"释文云:"莹,磨莹也。"所换例证直接证字义,既不必辗转引申,又不烦以声近义同之借字引渡。再如"龙,君也"(一上)条下,原《疏证》引《贾子·容经篇》云:"龙也者,人主之譬也。"譬喻义终非正式释义,《补正》改引《吕氏春秋·介立篇》注云:"龙,君也。"用以证字义始贴切合宜。

又有改间接转引例证为直接引例者,一般只在直接引例有困难不得已的情况下才用间接转引法,能直接引例就不必绕弯。如"金喙"(十下)条下,《疏证》原引《开元占经·马占》转引应劭《汉书注》以充例证,《补正》改为直接引用《汉书·武帝纪》及应劭注原文,更为直截显豁。

七、对文、连文、异文证字义

无论补加例证或改换例证,《补正》均充分利用对文、连文、异文材料。是为《疏证》及《补正》常用的词义训释方法。②

(一)对文证字义

古文相同句式中,相对成文之字,其义亦往往相同、相类、相对或相反。《补正》常借以证字义。如"窾,空也"(三下)条下补《管子·国蓄篇》云:"大国内款,小国用尽。"款与窾通,"款"、"尽"对文同义。又如"峻、峭,急也"(一下)条下换例引《韩诗外传》云:"故吴起峭刑而车裂,商鞅峻法而支解。""峭刑"与"峻法"对文同义。"於、落,居也"(二上)条下换例引《列女传·贤明传》云:"一年成落,三年成聚。""落"、"聚"对文同义。亦有对文义反者。如"休,善也"(一下)条下补引之云:《吕刑》云:"虽畏勿畏,虽休勿休。"下句"谓虽喜勿喜也","休"与"畏"对文义反。

(二)连文证字义

古文同义字多复用,紧相连属之字往往亦相同相类。如"废、鈺,置也"(四上)条下补《荀子·荣辱篇》云:"则君子注错之当而小人注错之过也。"杨倞注云:"注错与措置义同,注亦鈺也,错亦措也。""注"、"错"同义连文。又如"石,掷也"(四上)条下补《史记·王翦传》云:"方投石超距。"《汉书·甘延寿传》云:"投石拔距,绝于等伦。""投石超距"与"投石拔距"皆四字并列,同义连文。旧注以"投石"为以石投人,"拔距"为以手相案拔引之,皆非是。

(三)异文证字义

同一语句出现于不同古书或同一古书不同版本中常有异文,此相异之文字往往相同或相类。如"方,大也"(一上)条下补《楚策》云:"方船积粟。"《史记·张仪传》"方"作"大",是"方"与"大"同义。《史记》、《汉书》异文尤为多见。"与,如也"(五上)条下补《史记·匈奴传》云:"单于自度战不能如汉矣。"《汉书》"如"作"与"。(案:如、与皆训为当。)

八、以古人名字证字义

古人名与字多相应,其义或相同,或相对,或相反,可据以证字义。如"寻,长也"(二上)条下"凡物长谓之寻"下《补正》云:"汉李寻字子长。""必,敕也"(四下)条下《补正》云:"字通作宓,蜀李宓字子勑,勑与敕通。"可知古人名字相应多用借义。

又,古人名字异文材料亦得到《补正》的注意和运用。如"冯,怒也"(二上)条下云:"朋与冯通。"《补正》云:《史记·田完世家》之"韩冯",《韩策》作"韩朋"。异文材料可证相通假之字,而古人名字多有相通假之异文。

九、引方言俗语证字义

古今方言俗语为语言学、训诂学一大宝库。为证文字古义,包括本义、引申义和假借义,《疏证》引用了大量方言俗语材料,《补正》继续广泛运用了这类材料,这对明字之古义大有裨益。如"赊,税也"(二下)条下补《晋书·李特载记》云:"巴人呼赋为賨。"是为古方言俗语材料。又如"疲,懒也"(二下)条下补"今俗语所谓疲玩也"。"蟏蛸也"(十下)条下补"有斧虫,故一名斫父,江东呼为石蜋,石、斫声相近,今高邮人或谓之斫蜋"。是为今方言俗语材料。高邮系王氏故乡,高邮方言俗语为王氏最熟悉的语言材料。

十、补声近义通词语

《疏证》最杰出的贡献和学术成就是令人信服地反复论证了训诂学上"义存于声"、"声近义同(通)"的重要原理,为训诂学开辟康庄大道作出开创性成绩。"即形求义"与"即音求义"的互相配合,"形音义互相求"的科学方法,其核心是"音"。文字记录语言从本质上说正是记录语音,大量字异而义同的古字通假和謰语(联绵字)转变现象,必须"求诸其声",才能避免望文生训,得到正确的解释,也只有在此基础上方能探索同源词。

《补正》在《疏证》的基础上精益求精也突出体现在补充引证了大量"声近义同(通)"的通假字和字异而义同的同一謰语的不同变形。

《补正》补充的通假字如:"駊,强也"(一下)条下补《说文》:"忮,恨也。"《庄子·齐物论》:"大勇不忮。"指出:"忮与駊亦声近义同。"又如"㰏,本也"(三下)条下补《后汉书·南蛮传》"鸡羽三十鏃",指出"㰏与鏃通,李贤注以为鏃矢,失之。"求义辨误,令人信服。

原《疏证》举出字异而义同之字未能明确贯彻因声求义原则者,《补正》加以修改。如:"臆,满也"(一上)条下,原《疏证》举"亿"为同义之字,引《说文》:"十万曰亿"指出"亿亦盈数之名也。"说解含混,且仍拘于数名,望文生训。《补正》删正之,改引《小雅·楚茨》篇:"我仓既盈,我庾维亿。"指出:"此亿字但取盈满之义而非纪其数,与万亿及秭之亿不同。传以万万为亿,笺以十万为亿,皆失之。"

关于声义并相近之謰语,如"无虑,都凡也"(六上)条下原《疏证》云:"莫络、孟浪、无虑皆一声之转。《补正》补"勿虑、摹略"二謰语,亦属"无虑"之转,同时驳卢辩释《大戴礼记》之"勿虑存"为"不忘危",指出"其失也凿矣",宜作"大较已存乎此"解。"无虑"条补正完整之材料、立说及辨误已一并收入王引之《经义述闻·通说·无虑》。

又有补充声近义同之重言词者。如"晰晰,明也"(六上)条下,《疏证》已举声近义同之"晢晢",《补正》又补"逝逝"。又如"勮也"(六上)条下补"汲汲、伋伋、狂狂"并引《庄子》、贾子例证,指出诸重言词"并字异而义同"。

此外,《补正》改正了原《疏证》不少误字,包括引例证中篇名讹误,引文讹误、古书注解人误植乃至统计数字之误等等。博闻强记如王氏,不免亦有疏忽之处。对此,王氏所取实事求是、一丝不苟的态度是我们读《补正》时可以处处感受到的,从中可以得到深刻教益和启发。

学术无止境。《补正》同《疏证》一样,未可视为已达完美无缺之境,仍可继续予以再补正。

《补正》中还有一些讹文、脱文,包括传抄之讹、刻本之讹,是为明显应予校正补改的。如"福,盈也"(一下)条"福"字示旁系衣旁之讹,"跌,差也"(四下)引《荀子·王霸》篇"此夫过举跬步而跌千里者夫","跌"上脱"觉"字。

《补正》补加例证有与释义不符者。如:"稣,寤也"(五上)条下《补正》补加例证:《楚辞·九章》:"苏世独立。"王逸注云:"苏,寤也。"按《九章》之"苏"乃抵忤义,非觉悟、苏醒义。王氏误从王逸注。章炳麟《小学答问》云:"《孙卿子·议兵》云:'以故顺刃者生,苏刃者死。'苏借为忤。《说文》:'忤,逆也。'与顺对文。""苏世"、"苏刃"之"苏"义同。

《补正》语焉不详无从明其所以然,有待进一步补述。如"鹝雀,怪鸟属也"(十下)条《补正》墨签云:"《玉篇》、《广韵》之'鴶'即《广雅》之'鹝雀'。"未指明二字之间关系。蒋礼鸿《广雅疏证补义》指出：俗书巫字与巠形近，《广雅》之鹪实乃讹文。

《补正》中若干条目已指出原条须改，虽列出所据材料，但未正式写定。如"绕领、帔，裙也"（七下）条下《补正》墨签云："段注《说文》七下说'绕领、帔'之义甚是，当据改。"

大量原缺疏证各条，除"义或易晓，略而不论"者外，义实难明而未予补加疏证者仍有不少，兹不赘述。

另有同条异义当析而未析者，对于字书解读、古书注解均增添障碍。如"爽、晓、牟、腾、轶、渡、赢、迺、径、历、更，过也"（三下）条实包含"经过"、"过失（差失）"诸义，当析而未析。

此外，王氏《补正》又有求之过甚者。"义存于声"、"声近义通"要防止偏激地走向极端，又要避免粗疏地失之穿凿，方能作为纲领性的训诂学原理得到正确恰当的运用。要力求恰到好处，恰如其分，不宜求之过甚。如异文可证字义相同、相近，是为"义通"，但不一定皆"声近"。"抮、抱、转，戾也"（六上）条下《补正》引《说苑·敬慎》篇："曾子有疾，曾元抱首。"《大戴礼·曾子疾病》篇"抱首"作"抑首"。王氏断言"抱"、"抑"声相近，此说未喻，该条原《疏证》云："凡字从包声者，多转入职、德、缉、合诸韵。"《补正》删去"缉合诸"三字，可见异位相转过于宽泛，音已相隔较远。以为凡义同者必同声，求之过甚之弊也。

然而，瑕不掩瑜。《广雅疏证》和《广雅疏证补正》仍不失为极有价值的训诂学重要著作，值得充分重视，从中汲取启示和教益。

---

①后人补正《疏证》的著作有：王士濂《广雅疏证拾遗》、俞樾《广雅释诂疏证拾遗》、王树楠《广雅补疏》、蒋礼鸿《广雅疏证补义》（《文献》杂志 1981 年 6—8 期）等。

②参阅《辞书研究》1979 年第 2 辑拙作《略谈〈广雅疏证〉的词义训释》。

（原载《语言学年刊》，《杭州大学学报》1986 年增刊）

现代语文辞书呼唤训诂学

在我国古代,辞书编纂同古书注解一样,本身就属训诂工作。古代辞书以及近现代所出古代汉语辞书的编纂,离不开汉字形、音、义的辨析,涉及单字和语词的立目,义项的设立和安排,古书例证的引用等等。所有这些,都同训诂与训诂学的理论和实践密不可分。

在今天,为适应新时代、新世纪的需要而编纂的现代汉语语文辞书,包括现代汉语的字典、词典、俗语词典、熟语词典乃至语文类百科词典等,是否同训诂与训诂学失去了联系,彼此互不相干了呢?

回答是否定的。现代汉语语文辞书编纂涉及语词中包含的古汉语语素或语言成分的训释,古代语词构造方式、释文内容乃至有关语法修辞、历史文化等方面的揭示,这一切都离不开训诂与训诂学,经常需要借助、参照、继承、发展训诂学研究成果,而决非互不相干,各行其道。

下面,试以现代汉语语文辞书的杰出代表《现代汉语词典》(1996年修订本,以下作《现汉》)为例,切实、具体地探讨现代语文辞书与训诂学的关系。

众所周知,现代汉语是从古代汉语发展、演变而来的,两者之间有着千丝万缕的联系,无法割断。《现汉》"前言"和"凡例"明确指出所收词语包括"现代书面上还常用的文言词语",还收了一些字词的"古代的用法",并收了一些"现代不很常用的字"。这些古汉语字、词、语为数虽不少,但并不妨碍《现汉》仍然是一部现代汉语词典,因为它们大多已经融入了现代汉语,成为现代汉语有机组成部分。这种"融入"的明显标志是大量现代汉语成语来源于古汉语,它们不但常见于现代书面语,而且在现代口语中也经常使用。更重要的"融入"是不少现代汉语语词包含了古汉语语素和古汉语语言成分。以解释古代字义、词义、语义为己任的训诂学自然在这些字、词、语的解释中大有用武之地。

著名语言学家吕叔湘、丁声树、李荣等先后任《现汉》主编。在他们的领导下,中国社会科学院语言研究所一批专业工作者历时30年编纂了这部代表国家水平的词典。编纂者的训诂学素养随处可见。不少含有古汉语语素或语言成分的现代汉语语词得到精确的训释,使读者不是笼统、囫囵地了解词语含义,而是知其然又知其所以然,透彻而准确地掌握词语含义和用法。例如:

寻常　平常(古代八尺为"寻",倍寻为"常",寻和常都是平常的长度)。(注音略,下同。)

不速之客　指没有邀请而自己来的客人(速:邀请)。

生死攸关　关系到人的生存和死亡(攸:所)。

杀人越货　杀害人的性命,抢夺人的财物(越:抢夺)。指盗匪的行为。

含辛茹苦　经受艰辛困苦(茹:吃)。

训释古汉语语素或语言成分不一定都加括号另行解释,在对词语的解释、译释或串讲中显示古语素或古语言成分的含义使读者一目了然的可不必另加括号注解。如:

招贤　招纳有才德的人。

揖让　〈书〉作揖和谦让,是古代宾主相见的礼节。

交迫　(不同事物)同时逼迫:饥寒～|贫病～。

一鼓作气　《左传》庄公十年:"夫战,勇气也。一鼓作气,再而衰,三而竭。"意思是打仗靠勇气,擂一通鼓,勇气振作起来了,两通鼓,勇气就衰了,三通鼓,勇气就完了。后来用来比喻趁劲头大的时候一下子把事情完成。

以上解释、译释或串讲中,古汉语语素或语言成分均能一一"对号入座"。

不论加括号另作解释还是在释文中显示古汉语语素或语言成分含义,古义均得到训释。从而有助于举一反三,解决一系列疑难问题。如对古汉语语素"攸"、"茹"的训释,对理解含该语素的词语如"责有攸归"、"利害攸关"、"茹素"、"茹毛饮血"等词语均有切实帮助。又如"交"所保留的不同于"交叉"、"交互"义的"同时"、"一齐"的古义,同样保留在"雨雪交加"、"内外交困"、"百感交集"、"交口称誉"等成语中。说明着意解释古义决非多馀之举。"一鼓作气"引用古书出处并作译解串讲,从而对语词的语法作用也交代清楚(如"一"作状语,"鼓"活用作动词等)。

《现汉》对不少含古汉语语素或语言成分的词语在释文中既不加括号另训古义也不在解释、译释或串讲中显示古义或古用法,但可在相关的单字、复词或词组下查检释疑。例如:

穷兵黩武　　使用全部兵力,任意发动侵略战争。

该成语每字均为古语素或古语言成分,如释文中不能确切找到解释,可在相关的单字、复词下找到有关古语素及古语言成分的含义。如单字"穷"有一义项为"用尽,费尽",即举此成语为例。又如"黩"有"轻率,轻举妄动"的训释,举"黩武"为例。再如复词"黩武"条,释文为"滥用武力",也举此成语为例。

登峰造极　　比喻到达顶峰。

古语素"造"、"极"可分别在这两个单字的释义中找到。"造"有"前往,到"义,"极"有"顶点,尽头"义,且均举此成语为例。

空空如也　　空空的什么也没有(见于《论语·子罕》)。

古语素"如"的含义不明,查单字"如3",释文为:"古汉语形容词后缀,表示状态:空空～也｜侃侃～也。"

对于包含特定历史文化内容的古语词,《现汉》一般均能交代出处或来源,并对原义和后起义分别加以解释说明。例如:

　　桑梓　〈书〉《诗经·小雅·小弁》:"维桑与梓,必恭敬止。"是说家乡的桑树和梓树是父母种的,对它要表示敬意。后人用来比喻故乡。

　　杀青　古人著书写在竹简上,为了便于书写和防止虫蛀,先把青竹简用火烤干水分,叫做杀青。后来泛指写定著作。(另一义略)

　　三姑六婆　三姑指尼姑、道姑、卦姑(占卦的),六婆指牙婆(以介绍人口买卖为业的妇女)、媒婆、师婆(女巫)、虔婆(鸨母)、药婆(给人治病的妇女)、稳婆(接生婆)(见于元陶宗仪《辍耕录》卷十)。旧社会里三姑六婆往往借着这类身分干坏事,因此通常用"三姑六婆"比喻不务正业的妇女。

　　图穷匕首见　战国时,荆轲奉燕国太子之命去刺秦王,以献燕国督亢的地图为名,预先把匕首卷在图里。到了秦王座前,慢慢地把图展开,最后露出匕首(见于《战国策·燕策》)。比喻事情发展到最后,真相或本意露出来了。也说图穷匕见。

以上从正面说明训诂在现代汉语语文辞书的编纂中不是可有可无,而是既有必要也有可能充分运用的。如果对现代汉语语词中包含的古汉语语素或语言成分,对古词语的结构、用法乃至历史文化内容等未加训释说明,因此影响对有关语词的理解和使用,甚至导致误解或误用,则从反面说明现代语文辞书有必要借助、参照、继承、发展训诂学研究成果,切实需要呼唤训诂学。毋庸讳言,《现汉》确实存在这样有待于进一步完善的反面例子,提出来商榷,应当有助于各种现代语文辞书的编纂。下面试举例说明之:

　　弱冠　古代男子二十岁行冠礼,表示已经成人,因为还没有达到壮年,叫做弱冠,后来泛指男子二十左右的年纪:年方~。

期颐 〈书〉指人百岁的年纪:寿登~。

这两个词语作为某一年龄段的代称是有来历的,可惜《现汉》没有引出处。出处原文是《礼记·曲礼上》:"人生十年曰幼,学。二十曰弱,冠。三十曰壮,有室。四十曰强,而仕。五十曰艾,服官政。六十曰耆,指使。七十曰老,而传。八十、九十曰耄,……百年曰期,颐。"这里讲述人生历年的名称和在每一阶段内生活或行事的情况。二十岁叫做"弱",要行冠礼。一百岁叫做"期",受侍养。弱与冠、期与颐,原来是不连读的。后来连起来作为二十岁和一百岁的代称,犹同三十岁也称"而立"(语出《论语·为政》:"三十而立。")一样,是文言中特有的语言现象,不能反过来作为原来称名的缘由,也不能按照后来的用法去解读原来的语句。《现汉》说的"因为还没有达到壮年,叫做弱冠",实为混淆古今,举后起用法以律古。二十岁原称名只叫"弱",不叫"弱冠",百岁的年纪原叫"期",也不叫"期颐"。

深恶痛绝 厌恶、痛恨到极点。

按照释文,读者很容易会把"痛"理解为"痛恨",把"绝"解释为"极点",这就完全错了。再查相应的单字,也难得到确诂。对照该成语出处《孟子·尽心下》"斯可谓之乡愿矣"朱熹注:"深恶而痛绝之也。"从而可知"痛绝"与"深恶"都是以动词为中心的词组,再对照"绝"的异文"疾"、"嫉",可以推知"恶"与"绝"是同义词,均有厌恶、憎恨义。至于"痛"则与"深"同为程度副词,同现代常用的"痛恨"、"痛感"、"痛改"、"痛骂"、"痛饮"的"痛"一样,是所谓"甚极之辞"。《现汉》释文笼统,对理解古语素古词义产生了误导。

同仇敌忾 全体一致地仇恨敌人。

按照释文,读者很自然地会把"敌"释为"敌人","仇"释为"仇恨",这也完全错了。查"忾"字。虽有相应的解释"愤恨",也举此成语为例,但仍难据此疏通语义。再查复词"敌忾",释文为"对敌人的愤怒",仍无助于讲通该成语沿用的古义,且将"敌"解释为"敌人",仍属误训。要疏通该成语所沿用的古义,必须查考出处。按"同仇"语出《诗·秦风·无衣》:"修我戈矛,与子同仇。""同仇"为动宾词组,谓共同对付仇敌。"敌忾"语出《左传·文公四年》:"诸侯敌王所忾而献其功。"杜预注:"敌,当也;忾,恨怒也。"可知"敌忾"也是动宾词组,共同抵当"所忾"即所愤恨的敌人。《现汉》的释文又一次误导。人们有理由为此呼唤训诂学。

摧枯拉朽　　枯指枯草,朽指烂了的木头。比喻腐朽势力很容易打垮。

这里只解释了"枯"、"朽"两个词,而"拉"这一古词的训释却被忽略了。相关的单字"拉"的义项中查找不到相应的解释,读者很可能按照"拉"的现代常用义"拉扯"的"拉"来理解。这显然是不确切的。"拉"的古义是摧折。如《汉书·邹阳传》:"范雎拉胁折齿于魏。"左思《吴都赋》:"莫不衄锐挫芒,拉捭(脾)摧藏(脏)。"《晋书·刘元海载记》:"今见众十馀万,皆一当晋十,鼓行而摧乱晋,犹拉枯耳!"成语"摧枯拉朽"的"拉"保留并沿用了这一古义。忽视而不加训释是令人遗憾的。

土崩瓦解　　比喻彻底崩溃。
瓦解　　①比喻崩溃或分裂:土崩～。②使对方的力量崩溃:～敌人。

《现汉》这两条词语都只解释了比喻义。这比喻义从何而来,读者仍不知其所以然。名词"土"、"瓦"在这里的语法作用也无从确知。古时制瓦,先把陶土制成圆筒形,分解为四即成瓦,比喻分裂、离散。同表示完全破败的"土崩"合在一起,则比喻崩溃分裂,不可收拾。"土"、"瓦"均为名词用作状语,现代读者一般不了解古时制瓦过程,应作适当交代。

　　金城汤池　金属造的城,滚水的护城河,形容坚固不易攻破的城池。

这里把"汤"、"池"的古义都交代清楚了,可惜"城"的古义被忽略了。读者很可能会把"城"理解为一座城市或城镇。其实这个"城"沿用古本义,指城墙。《现汉》释义少一"墙"字,应予补正。

　　高屋建瓴　在房顶上用瓶子往下倒水(建:倾倒;瓴:盛水的瓶子),形容居高临下的形势(见于《史记·高祖本纪》)。

这里用括号专门注解了"建"和"瓴"两个古词,又注明了成语出处,似乎已无可挑剔。但是,"建"何以有"倾倒"义,单字"建"下并无此义项。读者仍不知其所以然。查《史记》裴骃集解引如淳曰:"建音蹇。"用难字为"建"注音,似无必要。其实这是兼明字义的注音,训诂学上大多用"读为"、"读曰"一类术语标明。而"蹇"又是"湕"的古借字。现代语文辞书如《汉语成语词典》(修订本,上海教育出版社)注明"建"通"湕",看来是有必要的。

　　载歌载舞　又唱歌,又跳舞。形容尽情欢乐。
　　言归于好　彼此重新和好。

"载"和"言",是古汉语中常见的既无实在的词汇意义又无明显的语法意义的虚字。传统称之为语助或语助词,现代学者也有称之为词缀或词头的。总之,是个凑足音节、舒缓语气的"不为义"的虚字。《现汉》解释"言归于好"很确切,没有硬扣"言"字,不局限于指言语活动的和好即不吵嘴之类。应该说编纂者是明白这个"言"的性质、特点的。可是认真的读者想探明究竟,到单字"言"下找相应的用法,不免要失望。如能像对"空空如也"的"如"那样对"言"也有个交代就很理想。"载歌载舞"的释义表面看也没有问题,但在单字"载"下释义为"又,且",并举此成语为例,则显然认为"载"有实义,这就很可商榷了。《诗经》中有"载驰载驱"(《鄘风·载驰》)、"载笑载言"(《卫风·氓》),结构格式与"载歌载舞"完全相同,似乎也可用"又,且"解释，但《诗经》中还有"睍睆黄鸟，载好其音"（《邶风·凯风》）等，很难用"又，且"讲通。《诗经》中类似的语助词（词头）还有"于"、"言"、"薄"、"薄言"、"其"、"诞"、"式"等，均不能硬加实义释之。现代汉语语文辞书遇到这一类语助词适当点明其"不为义"是必要的，至于硬加上实义曲为之说，则是不可取的。

　　时不我待　时间不等人，指要抓紧时间。
　　人莫予毒　目空一切，认为没有人能伤害我（毒：伤害）。
　　尔虞我诈　彼此猜疑，互相欺骗。也说尔诈我虞。

这几个成语中，代词宾语"予"、"尔"、"我"都前置于动词，这种古汉语特殊语法现象从《现汉》的释文中约略能够猜测推知，但有时不明出处不一定能领会到。如"尔虞我诈"，查单字"虞"、"诈"，读者很可能把"尔虞"、"我诈"都理解成主谓词组，这就不贴切了。查该成语出处，《左传·宣公十五年》："我无尔诈，尔无我虞。"原意是我不要欺骗你，你也不要欺骗我。从中节取"尔诈"、"我虞"两个动宾词组，才有互相欺骗的意思。"人莫予毒"除了"毒"是个有必要注解的古词以外，"莫"也是个难点，它不是否定副词，而是否定性无定代词，相当于"没有谁"，这个含义虽可从单字"莫"下查到，可惜所举的例子是"莫不欣喜"、"莫名其妙"，后者就是紧接着出现的词条，释文也有所交代，如能换成"人莫予毒"这个例子就理想多了。

　　不能自已　不能控制自己的感情。

这里的释文没有明确注解古汉语成分"已"，很多人误将此成语说成"不能自己"，可能同一般现代语文辞书的无意中的误导有关。读者在单字"已"下虽能查到"停止"义，不一定会联想到"控制"这一引申义。因为这不是直接的引申义，而是由停止引申为抑止、抑制，再引申为控制的间接引申义。释文中"的感情"三字似亦可删。

　　有口皆碑　比喻人人称赞。

"碑"虽为古今常用的一个词,但其历史文化内容读者未必明了。单字"碑"只解释其"碑石"义,无从了解其何以有称赞的意思。只有查检复词"口碑"才能明白究竟:"比喻群众口头上的称颂(称颂的文字有很多是刻在碑上的)。"而读者一般是不会带着对"碑"的疑问去查"口碑"这一词条的。因此,"有口皆碑"的"碑"仍有必要加以注释。

师心自用　固执己见,自以为是。

"师心"原谓循着心领神会而行事,不拘泥成法。语出《关尹子·五鉴》:"善弓者师弓不师羿,善舟者师舟不师奡,善心者师心不师圣。"后同"自用"连用才有固执己见之意。《现汉》笼统地以讲解后代用法为满足,则不利于读者透彻了解"师心"原义,"师"的动词用法也无从得知。

言人人殊　每人说的话各不相同,指对同一事物各人有各人的见解。

这里两个"人"的语法作用是不同的。"言人"指"说话的人"。这个"人"是偏正词组的中心语。而"人殊"的"人"则表示"每人"、"人人",犹同"人手一册"、"人所共知"、"人自为战"、"人尽其才"等词语中的"人"一样。现代语文辞书当然没有必要像古汉语教材或古汉语语法书那样进行分析、讲解,但在释文中应尽可能显示这种不同用法。可惜《现汉》没有紧扣原文进行训释、译解,读者无从理解两个"人"的不同用法。释文如改为先直译后概括训释可能对读者更有帮助:"说话的人每人所说各不相同,指对同一事物各人有各人的见解。"前面举到的"杀人越货"的释文正是这样做的。

求全责备　苛责别人,要求完美无缺。

这个成语中的古语言成分"责备",意义同"求全"一样,是"要求完备"的意思。从《现汉》的释文中难以明确此古义。在复词"责备"条也只释"批评指摘"。单字"备"下虽有"完全"这一义项,但仅限于作状语的副词义,所举例子是"艰苦备尝"、"关怀备至"、"备受欢迎",读者未必能由此理解"责备"的"备"的确切含义。由于"责备"的现代义放在这个成语中似乎也可讲通,故而更有必要交代其古义。

综上所述,现代汉语语文辞书无论是单字、复词还是词组,都有可能涉及训诂问题。辞书编纂者和使用者在各条目有关古字义、词义、语义的训释中,有关沿用古词语结构、用法以及所蕴含的古代历史文化内容中需要接触并呼唤训诂学。训诂学的研究成果有助于辞书编纂者正确、准确、透彻、明确地释义,有助于辞书避免笼统、囫囵而更趋完善。辞书编纂者有责任在提高自身训诂学素养的同时,运用多种多样的方式吸收训诂学研究成果。实践证明,提高现代汉语语文辞书的质量,训诂学起着不可或缺、不可替代的重要作用。

(原载《辞书研究》1998 年第 6 期,中国人民大学《复印报刊资料·语言文字学》月刊 1999 年第 2 期全文转载)

成语教学与训诂学

　　成语教学是语文教学特别是中学语文教学的重要组成部分。众所周知,中学语文教学中的古文教学与训诂学有着密切的关系。汉语中的成语,作为习用、定型而形式简洁、含义深刻的固定词组,大多浓缩为四字格式,尽管形式多样,来源不一,理解时一般不能停留在字面的意义上。为了准确、透彻地理解成语的含义,借助训诂学的原理、方法和知识,是完全必要的。大量来自古汉语(包括典故和古书语句)的成语尤其离不开训诂学。即使是近现代新产生的成语,为了浓缩字数,也常仿照文言格式或选用文言语词,因而理解和使用时也需要借助训诂学。《中国大百科全书·语言文字卷》"成语"条指出:"成语有很大一部分是从古代相承沿用下来的,在用词方面往往不同于现代汉语。其中有古书上的成句,也有从古人文章中压缩而成的词组,还有来自人民口里常说的习用语。有些意义从字面上可以理解,有些从字面上就不易理解,特别是典故性的。"

　　涉及典故的如:

　　才高八斗　比喻才华横溢,富有才华。语出五代李翰《蒙求》:"谢灵运尝云:'天下才共有一石,子建独得八斗,我得一斗,自古及今同用一斗。'"(宋无名氏《释常谈·八斗之才》亦有同样记载)由于不明"八斗才"的典故,将这一成语误写作"才高北斗"者有之,简单地从字面解释"八斗"为容积、容量大者有之,均属讹误。

　　未雨绸缪　《现代汉语词典》(修订本)(商务印书馆 1996 年版)的释文为:"趁着天没下雨,先修缮房屋门窗。比喻事先做好准备。"

其实"绸缪"本身应训释为"紧密缠缚",并无"修缮房屋门窗"之意。这个意思从出典来:《诗·豳风·鸱鸮》:"迨天之未阴雨,彻彼桑土,绸缪牖户。"原谓雨前剥开桑树根的皮紧密缠缚门窗。成语加以紧缩,单看字面不联系出典就难以理解了。

对古人文章中的语句加以紧缩或截取的如:

好整以暇　语出《左传·成公十六年》:"日臣之使于楚也,子重问晋国之勇,臣对曰:'好以众整。'曰:'又何如?'臣对曰:'好以暇。'"原形容既严整又从容,后指在繁忙中显得从容不迫。

举一反三　谓举出一事就可类推其他许多同类事理。语出《论语·述而》:"举一隅不以三隅反,则不复也。"

一暴十寒　语出《孟子·告子上》:"虽有天下易生之物也,一日暴之,十日寒之,未有能生者也。"曝晒一天,冷冻十天。比喻学习或工作没有恒心,常常间断。

汗牛充栋　语出唐柳宗元《陆文通先生墓表》:"其为书,处则充栋宇,出则汗牛马。"这里"充栋宇"谓书籍堆满屋子,高及栋梁;"汗牛马"谓牛马运书时累得出汗。后因以此成语形容书籍很多。

也有拼合不同古籍或不同诗文的语句加以紧缩、截取的,如:

尸位素餐　谓居位食禄而不尽职。"尸位"语出《尚书·五子之歌》:"太康尸位,以逸豫灭厥德。""素餐"语出《诗经·魏风·伐檀》:"彼君子兮,不素餐兮。"

鱼沉雁杳　谓书信断绝。鱼指书信,出典于古乐府《饮马长城窟行》:"呼儿烹鲤鱼,中有尺素书。"雁指书信,出典于《汉书·苏武传》:"教使者谓单于,言天子射上林中,得雁,足有帛书。"

雪窗萤几　比喻身处贫穷而勤学苦读。"雪窗"出典于《宋齐语》(《初学记》卷二引):"孙康家贫,常映雪读书。""萤几"出典于《晋书·车胤传》:"家贫不常得油,夏月则练囊盛数十萤火以照书。"

大量成语是对某一寓言或历史故事的概括。前者如:井底之蛙(见《庄子·秋水》)、朝三暮四(见《庄子·齐物论》)、守株待兔(见

《韩非子·五蠹》)、自相矛盾(见《韩非子·难一》)、杞人忧天(见《列子·天瑞》)、画蛇添足(见《战国策·齐策二》)、狐假虎威(见《战国策·楚策一》)、鹬蚌相争(见《战国策·燕策二》)、叶公好龙(见刘向《新序·杂事五》)。后者如:图穷匕见(见《战国策·燕策三》)、破釜沉舟(见《史记·项羽本纪》)、完璧归赵(见《史记·廉颇蔺相如列传》)、三令五申(见《史记·孙子吴起列传》)、三顾茅庐(见诸葛亮《出师表》)、风声鹤唳(见《晋书·谢玄传》)、草木皆兵(见《晋书·苻坚载记》)。

所有上述成语要正确而准确地理解和使用,首先必须对有关古语素进行准确的训释,这本身就是训诂工作。为透彻了解成语的深刻含义,必须通过大量训诂材料掌握有关历史文化背景。当然,查阅成语词典或大中型语文辞书可以解决成语理解和使用中遇到的问题。因为这类辞书大多汇集了有关训诂材料。但辞书限于篇幅,往往语焉不详。有时释文虽无误,但未必说明所以然。至于误训误导,更须予以匡正。

下面以常见的训诂方法为武器,谈谈成语教学和研究中的若干值得注意的问题:

一、破假借　成语中不乏假借字,由于成语的构成是固定的,不能随意改字,即不能把成语中的假借字径改为本字。因此合理解释和使用这类成语时必须破假借。清代学者王引之在《经义述闻·通说·经文假借》中指出:"往往本字见存而古本则不用本字而用同声之字,学者改本字读之,则怡然理顺,依借字解之,则以文害辞。"

含假借字的成语如:

跳梁小丑　《中国成语大辞典》(上海辞书出版社 1987 年版)、《中国成语分类大词典》(修订本)(新世界出版社 1996 年版)解释"跳梁"为腾跃跳动或跳跳蹦蹦,但为什么"梁"有跳的意思? 读者不知其所以然。《汉语成语小词典》(第四次修订本)(商务印书馆 1981 年版)正确地指出:"跳梁:即'跳踉(liáng)',跳来跳去形容捣乱的样子。""梁"是"踉"的借字，不明乎此，以为跳到栋梁上，就大错了。

信口开河　《中国成语分类大词典》的释文是"没有任何根据，随口乱说一气"。虽然指出了也作"信口开喝"、"顺口开河"，读者仍然不明白"河流"的"河"作何解释。原来"河"是"合"的假借字。《辞海》（上海辞书出版社1999年版）、《汉语成语小词典》等都指出该成语又作"信口开合"。

一壶千金　《中国成语大辞典》交代了出典，并引《鹖冠子》陆佃注："壶，匏也。佩之可以济涉，南人谓之腰舟。"可惜没有把"壶"的本字"瓠"指出。《中国成语分类大词典》指出"壶：瓠，葫芦瓢。"起到了破假借的作用。

高屋建瓴　《中国成语大辞典》解释说："建：倾倒。瓴：水瓶。把瓶水从高屋脊上向下倾倒。比喻居高临下，其势不可阻挡。"为什么"建"训倾倒，读者不知其所以然。《中国成语分类大词典》、《汉语成语词典》（增订本）（上海教育出版补1986年版）等都明确指出"建"是"瀽"的假借字。

二、审文例　成语字数虽少，但结构整齐。训诂学上比证语句以考定词义的方法同样适用于成语。如通过连文、对文、异文、俪偶、上下文等考定词义的方法均可在理解、鉴赏、解释成语时运用或综合运用。试以两两对称即前二字与后二字并列的成语为例：

1、由两个相对称的状动（偏正）结构组成的成语如：

深恶痛绝　《中国成语分类大词典》解释说："痛：恨。绝：极，顶点。"《汉语成语小词典》解释说："痛绝：极其痛恨。"多数成语词典不单独解释"痛"、"绝"，只解释整个成语："厌恶、痛恨到极点。"读者无从了解"痛"、"绝"的确切含义。

汉语四字成语大多两两对称，前二字的结构常与后二字的结构相同。如深思熟虑、深谋远虑，前后都是状动结构。深、熟、远修饰动词思、虑、谋。相对成文者词义亦相同或相近。这几个形容词意义相近，这几个动词意义也相近。我们再参照异文，可以确定"深恶

痛绝"的"痛"与"深"同义,"绝"与"恶"同义。鲁迅在《伪自由书·
"以夷制夷"》中使用该成语时写作,"深恶痛嫉",在《藤野先生》中写
作"深恶痛疾",朱自清在《历史在战斗中》中也写作"深恶痛疾"。郭
沫若在《沸羹集·今旧新文字运动所应取的路向》中写作"深恶痛
诋",巴金在《谈〈春〉》中写作"深恶痛恨"。"嫉(疾)"为"嫉(疾)恶如
仇"的"嫉(疾)","诋"则有辱骂之意,它们与"绝"同为痛恨的意思,
而"痛"与"深"同为程度副词,对照至今沿用的"痛恨"、"痛感"、"痛
改"、"痛骂"、"痛饮"、"痛言"等语词,"痛"属于程度副词即前人所谓
"甚极之辞"就十分明显了。在"深恶痛绝"这一成语中,"痛"并不是
《中国成语分类大词典》所解释的"恨"的意思,而是与"深"同义的
"甚极之辞"。

　　2、由两个相对称的定中(偏正)结构组成的成语如:

　　旷夫怨女　各种辞书大多笼统地解释为"大龄而未嫁娶的男
女",均未落实"旷"、"怨"的训释。郭在贻先生据该成语的出处《孟
子·梁惠王下》以及刘向《新序》、《楚辞·九叹·愍命》等"旷"与
"怨"、"旷"与"幽"、"怨"与"隐"等对文证明"旷"、"怨"均训"幽独"
(见郭著《训诂学》94页,湖南人民出版社1986年版)。

　　3、由两个相对称的动宾结构组成的成语如:

　　求全责备　《现代汉语词典》解释为"苛责别人,要求完美无
缺"。"责"、"备"的含义不够明确。再查该词典"责备"条,释文为
"批评指摘"。无助于解决这一成语中"责备"的训释。其实这也是
一个两两对称的四字成语,前二字与后二字同为动宾结构,相对应
的词或语素意义相同。与"文过饰非"、"含辛茹苦"、"振聋发聩"一
样,动词与动词同义,宾语与宾语同义。"责"就是"求","备"就是
"全"。

　　摧枯拉朽　《现代汉语词典》的释文为:"枯指枯草,朽指烂了的
木头。比喻腐朽势力很容易打垮。"这里只解释"枯"、"朽"两个词,
却放过了古语素"拉",这就会误导读者按今义来理解它,以为就是

推拉、拉扯的拉。其实这里"拉"与"摧"对文同义,是摧折、折断的意思。《汉书·邹阳传》:"范雎拉胁折齿于魏。"颜师古注:"拉,摧也。""拉"、"折"对文同义。

登峰造极　《古汉语大词典》(上海辞书出版社 2000 年版)解释说:"比喻修养、造诣达到最高的境地。……后亦比喻干坏事猖狂到极点。"没有解释古语素"造"、"极"。这里"登"、"造"对文同义,"峰"、"极"对文同义。《汉语成语小词典》专门解释了这两个古语素:"造:到达。极:最高点。"很有必要。

4、由两个相对称的主谓结构组成的成语如:

势均力敌　《古汉语大词典》解释说:"双方力量相等。"虽然没有讹误,但不利于读者特别是初学者对古语素"敌"的理解。这也是一个两两对称的四字成语,前二字与后二字同为主谓结构,相对应的词或语素意义相同。与"家给人足"、"心甘情愿"、"根深蒂固"一样,主语与主语同义,谓语与谓语同义。"敌"就是"均"的意思。许多词典专门解释了"敌":匹敌,相当,相等。这确是有必要的。

家喻户晓　《中国成语大辞典》解释说:"家家户户都知道。"没有落实古语素"喻"的释义。《汉语成语小词典》专门解释了"喻":"明白,了解。"有助于成语教学。

三、通语法　前引《中国大百科全书》指出的"从古代相承沿用下来"的成语"在用词方面往往不同于现代汉语",自然,在语法上也多承袭古汉语。因此,通语法成为正确而准确地训释成语的重要方法。如:

何去何从　《中国成语分类大词典》解释说:"往哪里去?跟什么人走?形容心中惶惑,无所适从。"疑问代词前置于动词谓语是古汉语特殊语法规律之一。这里"何"是"去"、"从"的宾语,"何去"是"离开哪儿"的意思(注意:"去"的古义是离开,而不是来去的去);"何从"是"走向(跟从)哪儿"的意思。不懂成语中的语法关系就会曲解成语。

言人人殊　几乎所有的成语词典和语文辞书都笼统地解释为："各人(每人)所言不同。"其实这里有两个"人",后一个"人"才是"各人(每人)"的意思,在古汉语语法上属于逐指用法。与"人手一册"、"人所共知"、"人尽其才"、"人自为战"的"人"一样。而"言人"即说话的人,这个"人"属一般名词,与现代用法一样。辞书编者不妨先直译后概括语义,可能对读者了解成语中古语素的特殊语法作用更有帮助。

唯利是图、唯命是从(听)　为强调突出宾语而前置,用指示代词复指宾语,这也是古汉语特殊语法规律之一。除了《汉语成语小词典》专门解释了"是"以外,各种辞书大都笼统释义,似乎不利于掌握成语中的语法关系。

言归于好　《现代汉语词典》的释文是:"彼此重新和好。"没有对古汉语句首语助词"言"加以解释。该词典相关单字"言"下也未作交代。读者会把"言"理解为"言语",则该成语指言语行为和好,含义大大缩小了。

空空如也　《中国成语大辞典》的释文是:"空空:虚心貌。形容虚心。"与大多数成语词典一样,对"如"不加解释。

成语中这类虚词或虚字屡见,其中既无实在的词汇意义,又无明显的语法意义的语助(也称语助词、语助字或语气词)最易误解。如"羌无故实"的"羌"、"下车伊始"的"伊"、"语焉不详"的"焉"、"成也萧何,败也萧何"的"也"等。

这里的"言"与《诗经》中的"载"、"于"、"言"、"薄言"等一样,属动词前缀,是没有实义的。这里的"如"与"突如其来"的"如"以及"率尔而对""卓尔不群"的"尔"、"铤而走险"的"而"等一样,相当于"然",属古汉语形容词后缀,也是没有实义的。

目前,在成语的使用中出现不少活用和改动成语的现象,值得注意。如何正确对待这种现象,正确引导这种现象,是成语教学和研究中不可回避的问题。鉴于成语生命力强、表现力丰富、流传广、

印象深等特点,现实生活中特别是广告中出现了大量活用和改动成
语的现象。例如:

全世界人民要有勇气,敢于战斗,不怕困难,前赴后继。(毛泽
东《支持刚果(利)人民反对美国侵略的声明》)

〔白求恩〕受加拿大共产党和美国共产党的派遣,不远万里,来
到中国。(毛泽东《纪念白求恩》)

成语"前仆后继"、"不远千里"被改动后,赋予新的含义。读者
很快习惯,并乐于接受。然而在毛泽东著作中这类改动极为罕见,
这说明成语具有稳固性、完整性、纯洁性和规范性。现实生活中随
意或大量地改动乃至肢解成语是不可取的。例如(括弧内为原成语
用字):

快治(脍炙)人口——某治口疮消炎药的广告词

咳(刻)不容缓——某止咳药的广告词

口蜜腹健(剑)——某口服液的广告词

无胃(微)不治(至)——某胃药的广告词

专心治痔(致志)——某痔疮药的广告词

痔(志)在必得——同上

肠(长)治久安——某肠道药品的广告词

物以硒(稀)为贵——某补硒药品广告词

鸡(机)不可失——某菜馆的广告词

望眼欲餐(穿)——某餐厅的广告词

食(十)全食(十)美——某食品厂的广告词

天尝(长)地酒(久)——某酒厂的广告词

饮(引)以为荣——某名酒的广告词

有杯(备)无患——某磁化杯的广告词

有口皆杯(碑)——某保温杯的广告词

衣(依)衣(依)不舍——某服装厂的广告词

百闻不如一件(见)——同上

开门见衫(山)——同上

无锁(所)不有——某锁厂的广告词

*默默无蚊(闻)——某蚊香的广告词

无鞋(懈)可及(击)——某鞋厂的广告词

无与轮(伦)比——某轮胎厂的广告词

随心所浴(欲)——某浴室的广告词

百衣(依)百顺——某电熨斗的广告词

爱不湿(释)手——某洗衣机的广告词

步步领鲜(先)——某电冰箱的广告词

得芯(心)应手——某芯片厂的广告词

无网(往)不胜——某软件厂的广告词

e(一)箭双雕、e(一)见钟情——某电讯技术(IT)广告

*骑(其)乐无穷——某摩托车的广告词

骑(旗)开得胜——同上

此外,也有文字不变而利用一字多义改变成语用字的含义的,例如:

*望眼欲穿——某服装的广告词,望一眼想要穿,几乎每一用字含义均变。

*一毛不拔——某牙刷的广告词,改变原来的吝啬义,用字面义。

一触即发——某蓄电池的广告词

*从头开始——某洗发液的广告词

一拍即合——某婚纱摄影楼的广告词,由拍击合于乐曲节奏改为拍摄结婚照新人好合。

真相大白——某增白美容霜的广告词,"白"由原明白、清楚义改为洁白、白嫩。

一表人才、一见钟情——某钟表店的广告词,"表"、"钟"利用简化字改变成语用字原义。

以上成语的活用和改动在广告中大量涌现,大有铺天盖地、欲罢不能之势。但是,活用得巧妙,改动得恰当,在修辞上既贴切又生

动,既自然又幽默,既有新意又不破坏规范,既新奇醒目又耐人寻味的实在并不多。上面加星号的成语利用谐音双关或意义双关改动成语原意,并无肢解或曲解成语之嫌,也不致误导读者写错别字,运用得比较成功。

很多仿造的成语本身就不通,如有关服装的广告词衣衣(依依)不舍"是说每一件衣服舍不得放下还是买下?"百闻不如一件(见)"中"闻"与"件"没有对立关系。至于"开门见衫(山)"就显得更勉强了,"衣衫"开门见到毫无宣传作用和广告效应。又如"痔(志)在必得"中"得"的含义不知所云。"步步领鲜(先)"中"领"与"鲜"连文含义不明。"天尝(长)地酒(久)"中"天地"与"尝酒"何干?"无与轮(伦)比"则字面上就难通。

有些成语改动后字面上虽通,但语意不恰当。如"无胃(微)不治(至)"、"无鞋(懈)可及(击)"、"无锁(所)不有"都显得不实事求是,也违反了广告法。

有些成语利用谐音双关改字,字音并不谐。如"望眼欲餐(穿)","餐"、"穿"不同音;"有杯(备)无患","杯"、"备"不同调。利用意义双关改变成语原意犹如古诗词中借对的义借(或称音形双关),一个语句关涉两件事。如"世外仙姝寂寞林"(《红楼梦》第五回),其中"林"关涉树林和林黛玉。(其对句"山中高士晶莹雪",其中"雪"关涉白雪和薛宝钗,属谐音双关。)前举"一表人才"其中"表"关涉仪表和钟表,"一见钟情"中的"钟"关涉钟爱和钟表,但注入新意的成语显得欠通畅,含义不明朗。

总之,无论从语言文字的规范化还是词义训释的准确性看,广告成语大多存在一些问题,不能以创新为由随意改动成语。

参考文献:

《中国大百科全书·语言文字卷》,中国大百科全书出版社 1988 年版

《现代汉语词典（修订本）》，商务印书馆 1996 年版
《辞海》（1999 年版），上海辞书出版社 1999 年版
《中华成语大辞典》，吉林文史出版社 1986 年版
《中国成语大辞典》，上海辞书出版社 1987 年版
《中国成语分类大词典（修订本）》，新世界出版社 1996 年版
《汉语成语词典（增订本）》，上海教育出版社 1986 年版
《汉语成语小词典（第四次修订本）》，商务印书馆 1981 年版
《古汉语大辞典》，上海辞书出版社 2000 年版
郭在贻《训诂学》，湖南人民出版社 1986 年版
祝鸿熹《论成语中的古语素》，福州大学学报（哲社版）1999 年第 3 期

（原载《姜亮夫、蒋礼鸿、郭在贻先生纪念文集》，上海教育出版社 2003 年版）

论成语中的古语素

　　古今汉语一脉相承，现代汉语是从古汉语发展演变而来的，两者之间有千丝万缕的联系，无法割断。现代汉语语词中含有大量古语素，这些古语素融入现代汉语成为现代汉语有机组成部分。这种融入的明显标志集中体现在含古语素的现代沿用及常用的成语之中。通过成语中古语素的分析、解释，有助于引导古代汉语的初学者、自学者和爱好者破除对古汉语的神秘感和畏惧心理，从日常接触的语言现象特别是成语中学习古汉语知识，使他们在学习中倍感亲切，从而逐步在普及的基础上提高，由近及远，由浅入深，进一步理解、掌握规律性的东西。下面结合语文类辞书主要是《现代汉语词典》和各种成语辞典对成语中古语素的解释，揭示其必要性和重要性，探索古语素解释的方法途径、经验教训和规律。

一、同义复叠

　　成语大多是音节整齐、节奏和谐、结构两两对称的四字格式。其中同义复叠的格式最为常见。如：势均力敌、家喻户晓、心甘情愿、根深柢固（以上由两个主谓结构的词组构成），登峰造极、文过饰非、含辛茹苦、振聋发聩（以上由两个动宾结构的词组构成），妖魔鬼怪、矫揉造作、荣华富贵（以上由两个联合结构的词组构成），深思熟虑、穷凶极恶、和颜悦色、穷途末路（以上由两个偏正结构的词组构成）。所有这些成语的前两字和后两字又都是联合（或称并列）关系。这种关系产生了两两对称的对文。其中的古语素可以从相对应的词(即对文)了解其含义。如古语素"敌"不同于"敌人"的"敌",而与对文"均"义同义近,是匹敌、相当的意思。又如古语素"造"和"极"分别与对文"登"和"峰"义同义近。"造"是到达的意思,"极"是顶点、高处的意思。此外,如古语素"柢"义同"根"、"喻"义同"晓"、"文"义同"饰"、"聩"义同"聋"、"穷"义同"极"或"末"……无不可从相对应的词中了解其含义。未能掌握好同义复叠式成语中的内部关系而在成语解释中误解、误导的现象存在于辞书释文之中〔下列各例除注明书名者外均采自商务印书馆《现代汉语词典》(修订本),以下简称《现汉》,注音从略〕。

摧枯拉朽 枯指枯草,朽指烂了的木头。比喻腐朽势力很容易打垮。

这是两个动宾词组的同义复叠。释文着重训释"枯"、"朽"两个词,却放过了古语素"拉",这就会误导读者按今义来解"拉"。其实这里"拉"与对文"摧"同义,古书中不乏例证。《汉书·邹阳传》:"范雎拉胁折齿于魏。"颜师古注:"拉,摧也。"

深恶痛绝 厌恶痛恨到极点。

这是两个偏正词组的同义复叠,"深"、"痛"同义,"恶"、"绝"同义。但是按照释文,古语素"痛"很可能被理解为痛恨,古语素"绝"很可能被理解为极点,这就完全错了。"痛"与"深"都是修饰动词的程度副词。"痛"是痛恨、痛感、痛改、痛骂、痛饮的"痛",即所谓"甚极之辞"。《汉语成语小词典》(修订本,商务)在解释该成语时指出"深恶:非常厌恶。痛绝:极其痛恨"是正确的。"绝"有厌恶、痛恨义还可从"绝"的异文证明。鲁迅《伪自由书〈以夷制夷〉》使用该成语写作"深恶痛嫉",朱自清《历史在战斗中》使用该成语写作"深恶痛疾"。"疾(嫉)"义为痛恨,是"疾(嫉)恶如仇"的"疾(嫉)"。

求全责备 苛责别人,要求完美无缺。

这是两个动宾词组的同义复叠,古语素"责"义同"求"、"备"义同"全"。释文交代不明确。且"苛责"这一语词,有可能误导读者把"责备"与今义混同。《现汉》"苛责"条的释文为"过严地责备",一般读者不大可能了解"苛责"就是苛求。

休养生息　　指在国家大动荡或大变革以后减轻人民负担,安定生活,发展生产,恢复元气。

这是两个联合(并列)词组的同义复叠,但并非前一词组与后一词组同义复叠,而是两个词组内各自同义复叠。"休"义同"养","生"义同"息"。(有的联合式词组构成的成语四字同义复叠,如:切磋琢磨。)古语素"息"与现代常用义差异较大,最需注解明白。上引释文够详尽的了,可惜没有落实"息"的确切含义,从串讲中实在难以对上号。与"生"同义的"息"正是常用古义,是滋生、增长、生长的意思,如"消息"指消减增长,"息耗"指增长和亏损,"蕃息"指孳生增多。"利息"的"息"也有增长的意思。"生息"是增殖人口的意思。"休养"则指保养民力,由休息调养义引申来。

二、特殊的意义切分

人们习惯于对四字格式语作二二切分,诵读时二字一顿几成惯例。殊不知复杂丰富的语言现象最忌"一刀切"、一概而论。笔者曾对《汉语成语小词典》作过调查,其中8%—9%的四字格式成语从意义上分析,不作二二切分。如"成人之美"、"一衣带水"等虽然诵读时可作二二切分,但意义上前者应作一三切分,后者应作三一切分。成语"成人之美"语出《论语·颜渊》:"君子成人之美,不成人之恶。""成人之美"与"成人之恶"相对,意义上作二二切分("成人/之美")就曲解了原意。"一衣带水"意义也不能切分为"一衣/带水",而应切分为"一衣带/水",指像一条衣带那样窄的水流,比喻邻近。

意义上不作二二切分的四字格式成语,绝大部分在意义上作一三切分。拙作《汉语四字成语的意义切分》（载《语文建设》1992 年第 8 期）归纳四字成语在意义上作一三切分的规律，关键在于成语的第二个字。1. 第二字为否定词，如：手不释卷、人非草木、居无求安、死不瞑目、爱莫能助等。2. 第二字为动词"如"、"若"、"犹"。如：了如指掌、固若金汤、过犹不及等。3. 第二字为辅助性代词"所"。如：为所欲为、畅所欲言、己所不欲等。4. 第二字为带宾语或补语的动词。如：如获至宝、好为人师、狐假虎威、喜形于色、名落孙山、鹤立鸡群等。5. 第二字为作定语的名词或代词。如：扣人心弦、出人头地、出其不意、贾余馀勇等。

不了解这类特殊意义切分势必影响对成语的使用和理解，对有关古语素的含义也会产生误解。

居大不易　　居住在大城市生活不容易。（《中国成语大辞典》，上海辞书出版社）

据《唐摭言·知己》载："白乐天（居易）初举，名未振。以歌诗谒顾况。况谑之曰：'长安百物贵，居大不易。'"原是生性恢谐的顾况拿白居易的名字开玩笑。针对"居易"而说"居大不易"，这四个字后演变为成语，意义应作一三切分（居/大不易）。按照上述辞书释文，很可能误导读者作二二切分（居大/不易），其实"居大"不成义，更不能把"居大"曲解为"居住在大城市"。

人莫予毒　　目空一切，认为没有人能伤害我（毒：伤害）。

该成语语出《左传·僖公二十八年》："晋侯闻之（指楚将子玉死）而后喜可知也，曰：'莫余毒也已。'""莫余毒"也写作"莫予毒"，在否定性无定代词"莫"（没有谁）出现的语句中，动词"毒"的代词宾语"余（予）"前置，成语于这一三字格式前加"人"指出范围。上述辞书释文虽注解了"毒"，但古语素"予"作动词"毒"的前置代词宾语以及整个成语的意义切分仍难明了。《汉语成语小词典》正确地注解了"予"和"毒"，但把"莫"注解为"没有"则是不确切的。

三、关于用作语助的古语素

成语中文言虚词(字)屡见,其中既无实在的词汇意义,又无明显的语法意义的语助(或称语助词、语助字)最易误解。如"羌无故实"的"羌"、"下车伊始"的"伊"、"语焉不详"的"焉"、"成也萧何,败也萧何"的"也"等等,辞书释文如果略而不注,则读者往往以今义附会,辞书释文如果刻意落实,则往往误解或误导。

言归于好   彼此重新和好。

"言"作为句首语助词,没有实义,由于释文略而不注,在《现汉》的相关单字"言"下又未作交代,读者很容易把"言"落实为言语。则该成语仅指言语行为和好,即不吵嘴之类,含义被大大缩小了。

铤而走险   指因无路可走而采取冒险行动。

这里的释文没有落实"铤而"的确切含义。各种成语辞典多专门解释了"铤":"快跑的样子"。但对"铤而"的"而"则一概不加注解。其实这个"而"也是"不为义"的语助,相当于"尔"、"然"之类的词缀(后缀)。犹同"忽而"、"顾而"、"爰(薆)而"的"而"一样。不同于"挺身而出"的"而",后者属连词,连接状语和动词谓语。明白"而"的性质和作用也将有助于理解"铤而走险"这个成语的确切含义,并避免误写作"挺而走险"。

载歌载舞   又唱歌,又跳舞。形容尽情欢乐。

由于《现汉》在单字"载"下列出"又,且"这一义项,可见编者认为"载"有实义。语出《诗经》的"载笑载言"、"载驰载驱"、"载沉载浮"等与"载歌载舞"的格式一样。"载"应属"不为义"的语助,《诗经》中动词前加载、言、于、薄言等均为语助,或曰前缀。随文生训地释以"又,且"是不够妥当的。

另外如"突如其来"、"空空如也"的"如","卓尔不群"、"率尔而对"的"尔"等都属语助,相当于后缀"然"。

四、关于古语素的语法作用

古语素的语法作用如何揭示、分析是辞书解释成语中的一大难点,因为辞书不可能也不必要像古汉语教材或古汉语语法书那样详析有关宾语前置等语序现象,使动意动用法等词类活用现象以及双宾语等等。但应有意识地在解释或串讲中体现语法作用。如"管窥蠡测",《现汉》的释文是:"从竹管里看天,用瓢来量海水,比喻眼光狭窄,见识短浅。"通过串讲体现古语素"管"、"蠡"用作状语的语法作用。又如"欲加之罪,何患无辞"中"加之罪"是动词带双宾语,而不是偏正词组,不能释为"强加的罪名",《现汉》串讲为"给人加上罪名",应当说已经体现出这里古语素间的语法关系,如能像《汉语成语小词典》那样再给"之"注明"代词",就更有助于读者的理解了。

降龙伏虎　比喻战胜强大的敌人。

古语素"降"、"伏"是动词的使动用法,使驯服的意思。《中华成语大辞典》(吉林文史出版社)对该成语的释文是:"降、伏:使驯服,使恶龙归降,使猛虎驯服。……"较能正确体现古语素的语法作用。

穴居野处　指人类没有房屋以前的生活状态。

古语素"穴"、"野"是名词用作状语,表示处所。上述释文无从了解这里的语法关系。《中国成语大辞典》的释文是"穴,洞。居住洞中,生活在荒野。形容原始人类的生活。"串讲似可改为"在洞中居住,在荒野生活",以便更确切地体现古语素的语法作用。

言人人殊　每人说的话各不相同,指对同一事物各人有各人的看法。

这个成语中的两个"人"的语法作用是不同的,"言人"指说话的人。"人殊"的"人"则属古汉语逐指用法的名词,犹同人手一册、人自为战、人尽其才、人所共知的"人"一样,表示每人、人人的意思。释文如改为先直译后概括语义可能对读者了解古语素特殊语法作用更有帮助。

> **惟命是听** 让做什么就做什么,绝对服从。
>
> **惟利是图** 只贪图财利,别的什么都不顾。
>
> **时不我待** 时间不等人,指要抓紧时间。
>
> **何去何从** 指在重大问题上采取什么态度,决定做不做或
> 怎么做。

这几个成语都沿用古汉语中常见的宾语前置的格式。"惟……是……"格式生命力很强,今天还说"惟你是问"等。其中的语素"是"不同于是不是的"是",而是复指前置宾语"命"、"利"等的代词。以上释文大多概括大意,稍嫌笼统。尤其是"何去何从",一般读者不了解"何"所处的语法位置,更不了解"去"的古义。《汉语成语小词典》、《中国成语大辞典》、《中华成语大辞典》等都注意到这一情况,释文为"去:离开;从:跟从。离开哪儿,走向哪儿。指……"注解串讲中体现有关古语素的语法作用,都较《现汉》更有利于读者正确、准确地理解该成语的含义。

五、古语素与典故

大量成语包含有古代故事或有来历出处的语词,这就是所谓"典故",不少成语必须了解典故方能理解有关古语素,从而正确理解、使用相关成语。如终南捷径、煮豆燃萁、图穷匕见、夜郎自大、叶公好龙、揠苗助长、青出于蓝、四面楚歌、曲突徙薪、黔驴技穷、运斤成风等等,不交代出典就难以理解成语含义及有关古语素的含义。辞书对于包含典故的成语撇开出典迳解大意的现象是存在的。

> **未雨绸缪** 趁着天没下雨,先修缮房屋门窗。比喻事先做
> 好准备。

"绸缪"本身是缠缚的意思,并无"修缮房屋门窗"之意,这个意思从

出典来:《诗·豳风·鸱鸮》:"迨天之未阴雨,彻彼桑土,绸缪牖户。"原谓雨前剥开桑树根的皮缠缚门窗。成语加以紧缩,单看字面不联系出典就难以理解了。

纸醉金迷 形容叫人沉迷的奢侈繁华的环境。

从字面看,"纸"与"醉"、与"奢侈繁华的环境"均无法联系上,因此,这类成语必须引述出典方能令读者知其所以然。各种成语辞典多引用或引述陶谷《清异录》所载唐人孟斧用金纸装饰房间的故事,是有必要的。

再接再厉 一次又一次地继续努力。

该成语语出韩愈、孟郊《斗鸡联句》:"一喷一醒然,再接再砺乃。"原谓公鸡相斗,每次接战交锋前磨砺利嘴。古语素"接"指接战,"厉"是"砺"的本字。上述辞书释文笼统的解释使读者无从确切理解古语素含义。无怪乎最近武汉测试该成语时不少人误写为"再接再励"。他们可能把末一字理解为勉励努力之意。

折冲樽俎 在酒席宴会间制敌取胜,指进行外交谈判(樽俎:古时盛酒食的器具)。

释文对"樽俎"的含义作了明确的交代。但古语素"折"、"冲"未予注解,只笼统概括为"制敌取胜",《汉语成语小词典》也只笼统地解释"折冲"为"指抵御敌人",读者仍会感到迷惑。查出典,《战国策·齐策五》:"千丈之城,拔之尊俎之间;百尺之冲,折之衽席之上。"原来古语素"冲"本作"衝",是一种古战车,用来冲击敌阵或敌城。古语素"折"是折还、使撤退之意。

推心置腹 比喻真心待人。

理解这个成语的难点在于"置腹",表面看,"置腹"和"推心"都是动宾词组,似乎两者是联合(并列)关系,其实不然,这是个递系结构的词组:推心置于他人腹中。对照古书出处就一目了然了。《后汉书·光武帝纪》:"降者更相语曰:'萧王推赤心置人腹中,安得不投死乎!'"浓缩为四字格式,如不满足笼统讲解大意,进一步深究各语素含义时,切忌望文生训。

同仇敌忾　全体一致地仇恨敌人。

按照释文,读者很自然地会把"敌"解释成敌人,"仇"解释成仇恨。这也完全错了。查《现汉》"敌忾"条,释文为"对敌人的愤怒",显然将"敌"理解为敌人,仍属误训。要确切理解该成语各语素沿用的古义,必须查考出典。按"同仇"语出《诗·秦风·无衣》:"修我戈矛,与子同仇。""同仇"为动宾词组,谓共同对付仇敌。"敌说"语出《左传·文公四年》:"诸侯敌王所忾而献其功。"杜预注:"敌,当也;忾,恨怒也。"由此可知,"敌忾"即"敌所忾",也是动宾词组,与"同仇"同义复叠,谓共同抵当所愤恨的、敌人。《汉语成语小词典》把"同仇"解释为"共同仇恨",把"敌忾"解释为"对敌人的愤恨"。对照出典,两部辞书的释义都是不够贴切的。

小家碧玉　指小户人家的年轻美貌的女子。

释文虽然没有错误,但容易误导读者以为用玉石比喻年轻美女。其实碧玉是人名。古乐府《碧玉歌》:"碧玉小家女,不敢攀贵德。"总之,有出典的成语其中的一字一词都不能停留在表面的理解上。

六、深究古语素含义的所以然

不但有出典的成语不能满足于字面即表面的疏通和笼统概括的大意串讲,其他成语中难解易混淆的古语素也有必要深究、落实其确切训释,力求知其所以然。如成语"蒸蒸日上",《现汉》的释文是"比喻事业天天发展"。古语素"蒸蒸"的确切含义不明,读者无从透彻理解其所以然。有必要像《汉语成语小词典》那样专门解释:"蒸蒸:热气上升的样子。"

追奔逐北　追击败逃的敌军。也说追亡逐北。

《中国成语大辞典》、《中华成语大辞典》和《辞海》都专门解释了"亡"和"北":"指败逃的敌人。"但"北"何以指败逃的敌人,读者未必明其所以然。《现汉》"败北"条的释文专门指出:"'北'本来是二人相背的意思,因此军队打败仗背向敌人逃跑叫败北。"这才是对"北"的进一步深究落实。大型辞书或形义分析类辞书不妨引出古文字字形更能使读者进一步了解所以然。

不能自已　不能控制自己的感情。

释文没有明确落实"已"的训释,不少人常常将此成语误作"不能自己",这与辞书释文无意中的误导有关,古语素"已"是由停止义间接引申的控制义。释文中"的感情"三字似亦可删。

跳梁小丑　指上窜下跳、兴风作浪的卑劣小人。
信口开河　随口乱说一气。"河"也作合。

跳梁同跳踉,开河即开合。如果不明白"梁"是"踉"的同音假借字、"河"是"合"的同音假借字,读者很可能以为跳到屋梁上、开到江河里。可见落实古语素的假借义也是不容忽视的。

首鼠两端　迟疑不决或动摇不定(见《史记·魏其武安侯列传》)。

所谓深究、落实决不是牵强附会或钻牛角尖。"首鼠"的含义正如《现汉》释文所指出的,但为什么"首鼠"有此训释?为探求所以然,不能求之过甚,在老鼠身上打主意,像古人陆佃那样,他在《埤雅》中说:"鼠性疑,出穴多不果,故持两端者谓之首鼠。"其实,首鼠是个不可分拆解释的联绵词,也写作首施。刘大白在《辞通序》中指出:"首鼠、首施、游豫、游移都是踌躇的转变字。"深究至此,足以明白所以然,这就够了。

(原载《福州大学学报》哲社版 2000 年第 3 期)

汉语四字成语的意义切分

汉语四字成语绝大多数诵读节奏是两字一顿。从意义角度看，也多两两相对或两两相应，所谓两两相对，指前两字同后两字是并列的关系。所谓两两相应，指前两字同后两字之间有相承应的关联：或述说，或支配，或修饰，或补充。总之，不论并列与否，前两字同后两字各为相对独立、完整的词语，所以都可作"二二"切分。

前两字同后两字为并列关系的四字成语有下列六种主要类型：

1. 前后均为并列结构的词语。如：

　　生死存亡　　妖魔鬼怪　　生杀予夺

2. 前后均为偏正结构的词语。如：

　　万水千山　　赤胆忠心　　奴颜媚骨

3. 前后均为动宾结构的词语。如：

　　破釜沉舟　　兴风作浪　　披星戴月

4. 前后均为主谓结构的词语。如：

　　人杰地灵　　山明水秀　　家破人亡

5. 前后均为联绵词。如：

　　颠沛流离　　斑驳陆离　　鲁莽灭裂

6. 前后均为重叠词语（重言）。如：

　　鬼鬼祟祟　　三三两两　　熙熙攘攘

前两字同后两字非并列关系的四字成语主要有下列五种类型：

1. 前为主语，后为谓语。如：

　　人言可畏　　蚍蜉撼树　　星火燎原

2. 前为定语，后为名词性中心语。如：

　　窈窕淑女　　似水流年　　铁石心肠

3.前为状语,后为谓语。如:

信手拈来　跃跃欲试　姗姗来迟

4.前为动词性词语,后为宾语。如:

煞费苦心　曾经沧海　草菅人命

5.前为动词性词语,后为补语。如:

逍遥法外　运筹帷幄　饱食终日

此外,有的四字成语中有连词"而"、"则"或助词"之"。这类虚词既起关联作用,又有凑足偶数音节的作用,连读时属上属下较为灵活。如:华而不实、鱼贯而行、穷则思变、兼听则明、人之常情、莫逆之交。不论"而"、"则"、"之"处在四字成语中的第二还是第三个字的位置上,整个成语均可作"二二"切分。

商务印书馆出版的《汉语成语小词典》(修订本),所收近三千个四字成语中,有二千六百多个均可作"二二"切分,但有二百五十多个(占8%—9%)从意义分析不能作"二二"切分。如"一衣带水"这类出自古书典故的四字成语,只能作"三一"切分("一衣带/水"),意思是像一条衣带那样狭窄的水流,比喻邻近。

不作"二二"切分的四字成语80%以上意义上应作"一三"切分,它们的诵读节奏同意义切分大多是不一致的,即诵读时按绝大多数成语的诵读习惯仍作"二二"切分,但意义上必须作"一三"切分。例如"成人之美"尽管诵读时可作"二二"切分,但意义上须作"一三"切分,割裂为"成人/之美"就会曲解原义。又如"居大不易",原为顾况拿白居易的名字开玩笑,针对"居易"而说"居/大不易"。上海辞书出版社出版的《中国成语大辞典》释为"居住在大城市生活不容易",这会令人误以为此成语意义可作"二二"切分,其实"居大"单独切分出是不成义的。

意义应作"一三"切分的四字成语主要有下列几种类型:

1.四字成语的第二字如果是否定词(包括否定副词"不"、"非"、"毋(无)",否定性动词"无"、无定代词"莫"等)时,意义须作"一三"

切分。这又有六种情况：

(1)名词领起带否定副词"不"。如：

　　手不释卷　　情不自禁　　朝不保夕　　夜不闭户　　道不拾遗
　　身不由己

(2)名词领起带其他否定词。如：

　　人非草木　　人莫予毒　　史无前例　　手无寸铁　　目无全牛
　　体无完肤

(3)形容词领起带否定副词"不"。如：

　　弱不禁风　　深不可测　　牢不可破　　恬不知耻　　锐不可当
　　臭不可闻

(4)形容词领起带否定性动词"无"。如：

　　惨无人道　　暗无天日

(5)动词领起带否定副词"不"。如：

　　爱不释手　　赞不绝口　　死不瞑目　　乐不可支　　乐不思蜀
　　供不应求　　泣不成声　　溃不成军　　饥不择食

(6)动词领起带其他否定词。如：

　　爱莫能助　　学非所用　　居无求安

2.动词"如"、"若"、"犹"等出现在四字成语的第二字,意义须作"一三"切分。如：

　　易如反掌　　势如破竹　　了如指掌　　固若金汤　　口若悬河
　　过犹不及

3.动词或名词领起的四字成语,如果后三字为动宾词组,意义须作"一三"切分。这又有三种情况：

(1)"如"、"若"领起带动宾词组的。如：

　　如出一辙　　如堕烟海　　如获至宝　　若无其事　　若有所失
　　若有所思

(2)一般动词领起带动宾词组的。如：

　　好为人师　　死有馀辜　　死得其所

(3)名词领起带动宾词组的。如：

人尽其才　物尽其用　身临其境　狐假虎威　气吞山河
气贯长虹

4.动词"如"领起的四字成语,如果后三字为主谓词组,意义须作"一三"切分。如：

如牛负重　如鱼得水　如鸟兽散　如日方中　如雷贯耳
如火燎原　如影随形　如梦初醒　如芒刺背

5.动词领起的四字成语,如果后三字为名词性词组,则意义须作"一三"切分,常见约有下列两种情况：

(1)后三字为以"人"作定语的名词性词组。如：

成人之美　急人之难　乘人之危　寄人篱下　掩人耳目
感人肺腑　出人头地　步人后尘　扣人心弦

(2)后三字为以"其"作定语的名词性词组。如：

出其不意　乘其不备　投其所好

6.名词领起的四字成语,如果后三字为动补词组,则意义须作"一三"切分。如：

业精于勤　行成于思　喜形于色　名落孙山　鹤立鸡群
马放南山

7.四字成语后三字为"所"字结构时,则意义须作"一三"切分。如：

为所欲为　闻所未闻　畅所欲言　己所不欲　有所不言
无所不知

综上所述,辨识四字成语在意义上"一三"切分的关键是看第二个字。如果第二字是否定词、动词"如"("若"、"犹")、辅助性代词"所"、带宾语或补语的动词、作定语的名词或代词等,意义上须作"一三"切分。

(原载《语文建设》1992 年第 8 期)

古诗文中无句读标志的句内语词的切分

　　古诗文的阅读、教学与研究，历来重视句读。两千年前，古人即已提出"离经辨志"（《礼记·学记》），历代语文学家均将"习句读"、"通句读"视为读书求学的基础。目前，随着古籍整理与研究工作的广泛深入开展，有关古诗文中句读、标点问题的研讨更是经常而大量的，这方面的文章、论著可谓汗牛充栋。

　　诚然，要正确而准确地理解古诗文，必须首先明句读。然而，明句读往往未必就能确切地理解古诗文。必须在明句读的同时，搞清古诗文中无句读标志的句内语词的切分。既无句读标志又无法用新式标点符号作标志的句内语词的切分，其重要性和难度决不下于句读、标点。这是比较更易忽视、更易出差错因而显得更有必要深入研讨的重要课题。

　　古诗文文辞简省，句内语词的切分尤其值得细辨。先秦有关"夔一足"的歧义是著名的例证。《吕氏春秋·察传》："鲁哀公问于孔子曰：'乐正夔一足，信乎？'孔子曰：'昔者舜欲以乐传教于天下，乃令重黎举夔于草莽之中而进之，舜以为乐正。夔于是正六律、和五声，以通八风，而天下大服。重黎又欲益求人，舜曰：'……若夔者一而足矣。'故曰'夔一足'，非'一足'也。"这则故事用来说明"传言不可不察"，而"传言"之所以致误，关键是对语词的意义切分："夔一／足"（夔一个已足够），不能理解为"夔／一足"（夔只有一足）。

　　诗词曲赋之类的韵文，句读较为明显。传统所谓"声律句读"更为简易了然：五言诗五字一句，七言诗七字一句，词曲等按有关格律句读有定,且均有韵脚为依凭,所以难度并不大。而其句内语词的切分则显得困难得多,也重要得多。

早在六十年代,著名学者吴小如、吕叔湘两先生先后撰文提出白居易《问刘十九》诗中"绿蚁新醅酒,红泥小火炉"的"小火炉"并非一般人所理解的作"小/火炉"那样的切分,而应作"小火/炉"这样的切分。①因为这首诗里的"炉"是专供暖酒用的,必须是小火、文火,且"小火/炉"与上句"新醅/酒"对仗工稳。读作"小/火炉"不但破坏了对仗,也破坏了原诗优美的意境。遗憾的是,八十年代出版的《唐诗鉴赏辞典》还是将此句译为"泥炉既小巧又朴素"②。显然仍沿袭"小/火炉"的错误切分,曲解了原诗。吴小如先生还指出,王维《九月九日忆山东兄弟》:"遥知兄弟登高处,遍插茱萸少一人。"其中"登高处"应读作"登高/处"即登高的地方,不应读作"登/高处"即登上高地。因为诗人"遥知"的是弟兄们往年登高的地方,他曾同他们一起去过,而今登高之处虽记得,而登高之人却少了一个。说成"登上高处"就没有意味了。前辈学者反复涵咏玩味,细致体会语词内部切分的一丝不苟精神值得我们效法。

杜甫《羌村三首》之二:"娇儿不离膝,畏我复却去。"按声律句读,五言诗的句式一般为上二下三的节奏,但下三还可细分为一二和二一两种切分。《杜甫诗选》注解该句说:"描摹小孩对父亲又亲热又害怕的情景。'却去',退去、躲开。"③显然取"复/却去"的切分。《诗词曲语辞汇释》解此句为"言娇儿防我之还家而仍复去家也",认为"却,犹还也,仍也"。④取"复却/去"的切分,"却"、"复"同义连文。至于"复却去"的主语是谁,又涉及意义句读(逻辑句读)。声律句读与意义句读在诗词曲赋中既可以是一致的,也可以是不一致的。如果"复却去"的主语是"我(杜甫)",则意义句读应作上一下四切分(畏/我复却去);如果"复却去"的主语是"娇儿",则意义句读与声律句读一致,作上二下三的切分(畏我/复却去)。中国社会科学院文学研究所编的《唐诗选》指出"两说皆可通"之后说:"但从杜甫对子女的一贯慈爱,从杜甫去年回家居留的暂短(六月至七月),以及娇儿的一般心理(下面《北征》"问事竞挽须"可参看)等来揣摩,前说(熹按:指"复却去"的主语是"我")或许更符原意,与下面'忆昔'句也似更连贯。"⑤可见无句读标志的句内语词的切分大有文章可做,决不能等闲视之。

"两说皆可通"允许句内语词作互不相同的两种切分,这从训诂学的角度或从是否符合作家作品原意的角度看,都是不足取的。注释家由于对原意持不同理解,又各持一定的理由一时无法统一的情况下,暂以"两说皆可通"表示可以继续探索、争鸣,但最终结论必有一说是错误的。

目前常见的情况是,由于草率粗心,随意切分造成讹误,那就不是甚么"可通",而是明显错误,必须纠谬。试举诗、词、曲、赋各一例为证:

王思诚《过郇城》诗:"膴膴重华甸,茫茫大禹都。""重华"是舜的名号,诗中与"大禹"为专名相对成文,两句均可切分为二二一的句式(声律句读与意义句读相一致),应该是没有疑问的。奇怪的是《历代名人咏晋诗选》竟将"华甸"单独切分出,注解为"即畿甸,古代京都五百里以内的地方"⑥,成了"膴膴/重/华甸"的切分,实在令人难以接受。

辛弃疾《贺新郎·碧海成桑野》词:"须进酒,为陶写。"其中"陶写"指陶冶性情、排遣忧闷。语出《世说新语·言语》:"王(羲之)曰:'年在桑榆,自然至此,正赖丝竹陶写。恒恐儿辈觉,损欣乐之趣。'"《辛弃疾词选读》一书硬把这里的并列结构动词性语词"陶写"拆开,切分为"为陶/写",即以介词结构("为陶")来修饰动词谓语("写"),译成"为陶渊明书写"⑦,实在令人惊讶。

元杂剧《百花亭》第二折《红绣鞋》曲:"一个似摘了心的禽兽,一个似颠了弹的斑鸠,这的是前人田土后人收。"其中"颠了弹"即"跌了蛋",宋元作品中"弹"指"蛋"屡见,此外与"摘了心"对文,均为动宾结构的词组作名词的修饰语。《元杂剧选注》误以为"弹"即"弹丸",注"颠了弹"为"中弹跌落"⑧,使本来清楚整齐的词语切分变得混乱,不知所云。

陶潜《归去来兮辞》:"策扶老以流憩,时矫首而遐观。"其中"策/扶老"谓扶着拐杖。"策"是动词,"扶老"是动宾结构的名词性词语,已凝固为双音词。天津古籍书店新版《古文观止》将"扶老"拆开作一般动词与宾语关系理解,又将"策"当作名词"拐杖",译作"手中的拐杖扶着年老的人……"⑨,显然不符合这篇辞赋的原意。

古代散文以及一切非韵语的古籍语句较之韵文更难确定句读标点,探讨古文句读标点及纠正失误的文章不断发表,而专门探讨古文句内语词切分及纠正有关失误的文章却很少见到。其实,句读标点的失误及其种种起因和审辨的种种方法同样适用于分析句内语词切分的失误。如由于不明语词古义引起属读之误同样屡见于无句读标志的句内语词的切分之中。

例如:《世说新语·政事》:"后正会,值积雪始晴,听事前除雪后犹湿。"其中"除"的古代常用义"台阶"如被误解作"扫除",则必将导致句内语词切分之误。将"听事前除/雪后犹湿"误切分为"听事前/除雪后/犹湿",背离了古文原意。

又如:《史记·淮阴侯列传》:"能千里而袭我,亦已罢极怨望。""百姓罢极怨望,容容无所倚。"又《屈原列传》:"劳苦倦极,未尝不呼天也;疾痛惨怛,未尝不呼父母也。"其中"极"的古代常用义与"罢(疲)"、"倦"同义。《屈原列传》中"劳苦倦极"与"疾痛惨怛"均为并列结构的同义词连用,不宜切分出一个形容词加程度副词补语的语词来。《古文观止译注》将此句译为"到了极其劳苦疲倦的时候,没有不喊天的……"⑩,正是误解了"极"的意义用法而作上述错误切分导致的误译。

《史记·游侠列传》:"今游侠,其行虽不轨于正义,然其言必信,其行必果,已诺必诚,不爱其躯,赴士之厄困。"其中"已诺"是意义相对相反的两个词并列。《史记选》释为"既已答应了"⑪。《中华活页文选》释为"已经答应的事情"⑫,都切分为时间副词"已"修饰动词"诺"。下列古书例证及古注可以有力地证明"已诺"的结构应作并列的切分而不应作偏正的切分:《礼记·表记》:"口惠而实不至,怨菑及其身,是故君子与其有诺责也,宁有已怨。"郑玄注:"已,谓不许也。言诺而不与,其怨大于不许。"《荀子·王霸》:"刑赏已诺信乎天下。"杨倞注:"诺,许也;已,不许也。"

以上由于不明语词古义导致古文句内语词切分讹误,类似的例子不胜枚举。下面再举两个由于不明俗语词词义而导致切分错误的例子:

《世说新语·捷悟》:"〔魏武〕乃叹曰:'我才不及卿,乃觉三十里。'""觉"有相差之意,是中古以来常见的俗语词。如《晋书·傅玄传》:"古以步百为亩,今以二百四十步为亩,所觉过倍。"有的选本误以"觉"为"觉悟",注解说:"乃觉三十里,即三十里乃觉,走了三十里方始觉悟过来。"⑬强为之解导致强为之倒序切分,而古文并无此句法。

《太平广记》卷二三九"诙佞类":"但贵欲张名目,以惑上听。"《太平广记选》注云:"但贵欲张名目:只是注重要建立各种名称、项目。"⑭其实"贵欲"是唐代习见的俗语词,贵欲同义连文,可视为同义复词,不应强行切分出一个动词"贵",望文生训地释为"注重"。

古人姓氏名字称号极为复杂多样,一不小心切分错误就会张冠李戴,指称混乱。如《世说新语》不少古今版本均在卷首署以"宋临川王义庆撰,梁刘孝标注",因而误以作者为王义庆者不乏其人。刘义庆是南朝宋武帝刘裕的仲弟之子,出嗣给临川烈王,袭封临川王。既为刘宋王室后裔而又封王,必为刘姓,不言自明。"临川王/义庆"读作"临川/王义庆",切分不当,造成改姓的笑话。

《战国策·赵策四》:"左师触詟愿见太后。"吉林人民出版社《古代汉语》的编者吸取清人王念孙关于"触詟"是"触龙言"三字误合的说法，并以 1973 年长沙马王堆三号汉墓出土帛书为证。遗憾的是编者没有看清《读书杂志》原文，误以"触龙言"为人名，文选竟以"触龙言说赵太后"为题⑮。将"触龙言"切分为一个整体，使有关语句反而较校改前更难读通了。

其他专名如国名、地名、山河名等等因误解而切分错误的也很常见，兹不赘述。

古文中两个相关的单音节词连用有时与现代常见的双音节词同形，而实际上两者结构、意义均不相同，因无句读标点的标志，常易混淆。如"衣裳"、"消息"、"交通"、"睡觉"、"妻子"、"指示"等，古文中多应切分为两个词。类似的例子如：

《国策·齐策一》："齐地方千里，百二十城。"这里的"地方"不是今双音词"地方"，实为两个单音词："地"——土地，"方"——表述面积之词。"方千里"谓千里见方，纵横各一千里之意。天津古籍书店《古文观止》译为"地方有一千里大"⑯，显然混淆了古今语词。

《后汉书·烈女传》："今若断斯织也，则捐失成功，稽废时日。"这里的"成功"是已成之功的意思。中学语文课本注"捐失成功"为"意思是失去成功的机会"⑰，也是该切分而误合，当作与"失败"反义的双音节词"成功"来理解，并增字为训，不可取。

古文句内语词切分常因不明语法导致失误。不明语法主要表现为词性和用法的理解有误。试举二例如下：

《论语·季氏》："丘也闻有国有家者……"，这里的"也"是表示停顿的句中语气词。《常用文言实词讲解》将此句译作"我（指孔丘）也听说有国有家的人……"⑱，"也"被误解作副词"亦"用来修饰限制动词"闻"，"也"应属上表停顿变为属下表修饰（作状语），句意就走了样。

王羲之《兰亭集序》："固知一死生为虚诞，齐彭殇为妄作。"其中"一死生"和"齐彭殇"的语法结构相同，"一"已活用作动词。天津古籍书店《古文观止》译"一死生"为"做人的一回死去和生出来"⑲，仍视"一"为数词,把"动宾"结构的"一死生"切分为"偏正"结构,背离了原意。

此外,因不明古代名物、制度、民俗、宗法等古文化史知识也必将妨碍古文句内语词的正确切分。试举一例:

《国语·越语》:"凡我父兄、昆弟及国子姓,有能助寡人谋而退吴者,吾与之共知越国之政。"其中"国子姓"宜切分为"国子/姓","国子"古指公卿大夫之子弟,"姓"指与越王同宗同姓者,实际上,"国子姓"指国君同姓的贵族子弟,并不包括老百姓。吉林人民出版社《古代汉语》却切分出"子姓"作为词条加注"子姓,如同子民,指百姓"[20];《国语故事选译》注解"国子姓"为"国中的同姓,即百姓",并语译为"众百姓"[21]。这些误切、误译均因不明古代"国子"和"姓"的特定含义所致。

古诗文句内语词切分的讹误常常与对古诗文中字词语句的理解不当互为因果。理解得不深不透不扎实,必然导致切分错乱。反之,即使句读标点无误而句内语词切分不明确或不正确,必然妨碍对古诗文中字词语句乃至整个篇章的理解。虽无明显的外部形式标志,句内语词切分是否得当仍然会在注释、串讲和翻译中反映出来。要之,古诗文句内语词的切分是无法回避也不允许含含糊糊地蒙混过去的。

目前在古诗文注解译释中因未能正确切分句内语词而产生的讹误大多不能自成一家之说,不能自圆其说。尤其突出的是,大多由于草率马虎不负责任所致。如果细细揣摩古诗文相关的语句、篇章,认真比较对照,勤于查阅有关古注及有关工具书,切分的错乱本可避免。可见,主观臆测,强不知以为知,实为古籍整理与研究工作的大忌。

---

①《北京晚报》1961 年 12 月 13 日吴小如文;《语文常谈》,生活·读书·新知三

联书店 1981 年版,第 48—49 页。

②《唐诗鉴赏辞典》,上海辞书出版社 1983 年版,第 901 页。

③《杜甫诗选》,人民文学出版社 1956 年版,第 55 页。

④《诗词曲语辞汇释》,中华书局 1953 年版,第 68 页"却"(六)。

⑤《唐诗选》,人民文学出版社 1978 年版,上册第 251 页。

⑥☆《历代名人咏晋诗选》,中国社会科学出版社 1980 年版,第 205 页。

⑦☆《辛弃疾词选读》,黑龙江人民出版社 1982 年版,第 144 页。

⑧☆《元杂剧选注》,北京出版社 1980 年版,第 62 页。

⑨☆《古文观止》,天津古籍书店 1981 年版,第 569 页。

⑩《古文观止译注》,吉林人民出版社 1981 年版,第 360 页。

⑪《史记选》,人民文学出版社 1961 年版,第 489 页注 17。

⑫《中华活页文选》第 70 号,中华书局 1962 年版,第 4 页注 6。

⑬转引自郭在贻《训诂学》,湖南人民出版社 1986 年版,第 153 页。

⑭《太平广记选》,齐鲁书社 1983 年版,第 353 页注 16。

⑮☆《古代汉语》,吉林人民出版社 1984 年版,第 326 页。

⑯☆《古文观止》,天津古籍书店 1981 年版,第 254 页。

⑰☆《初中语文课本》,人民教育出版社 1987 年版,第 232 页注 4。

⑱☆《常用文言实词讲解》,重庆出版社 1982 年版,第 255 页。

⑲☆《古文观止》,天津古籍书店 1981 年版,第 566 页。

⑳☆《古代汉语》,吉林人民出版社 1984 年版,第 333 页。

㉑《国语故事选译》,上海古籍出版社 1985 年版,第 126 页、第 131 页。

　　按:有☆各条讹误实例,采自国务院古籍整理出版规划小组编《古籍点校疑误汇录》。

(原载《'94 语言论丛》,杭州大学出版社 1994 年版)

偏义对举词的使用

——读《水浒传》札记

对举词是由两个意义相对应的单音词构成的一种复合词。《水浒传》里有许多生动、活泼的对举词，如好歹、利害、是非、旦夕、来往、出没、生死、虚实等。有的对举词使用较为特殊，例加"好歹"的意思是"歹"，"利害"的意思是"害"等。我们把这种对举词叫偏义对举词。

构成偏义对举词的相对应的两个单音词，大致有两种情况：一是两个单音词意义相反，一是两个单音词意义有语言习惯上的对应关系。

让我们举几个例子看看：

此殿开不得，恐惹利害，有伤于人。（人民文学出版社《水浒全传》第一回）——利害，义偏害。

明日便取了我女家去并锦儿，不拣怎得三年五载养赡他，又不叫他出人，高衙内便要见，也不能勾。（第七回）——出入，义偏出。

惹起是非来，如何解救！（第四十六回）——是非，义偏非。

这三村结下生死誓愿，同心共意，但有吉凶，递相救应。（第四十七回）——吉凶，义偏凶。

……若孩儿有些好歹，老身性命也便休了。（第五十一回）——好歹，义偏歹。

我手下这许多人马，都似你这般无礼，不乱了法度！……

（第七十一回）——人马，义偏人。

　　说开星月无光彩，道破江山水倒流。（第二十二回）——江山，义偏江。

　　……所赐之物，乞请纳回。贫道决无用处。盘中果木，小道可留。（第八十五回）——果木，义偏果。

利害、出入、是非、吉凶、好歹等对举词在上面这些例句中偏义使用，所以是偏义对举词，它们都由两个意义相反的单音词构成，义偏一端，另一端作为反衬。

人马、江山、果木等对举词是由意义相关联的单音词构成的，两个单音词并无必然的对应关系，只是由于习惯和联想而紧密联系着。当它们作为偏义对举词使用时，义偏一端，另一端作为陪衬。属于这类偏义对举词的还有如田地、国家、人物、财物、物事、衣饭等，大体都是相关联的名物对举。

好歹、利害、吉凶、缓急、祸福、兴亡、生死这一类偏义对举词使用的时候，意义常常偏于不利的一端，这在民间口语中是常见的。有时候，人们说到不利的事，为了忌避直言，常常用较为隐晦、曲折、含糊的说法。偏义对举词恰好也能满足这种需要。例如：

　　……我只是挑一担柴进去卖便了。身边藏了暗器。有些缓急，扁担也用得着。（第四十七回）——缓急，义偏急。

　　二人禀说前番招安，皆为去人不布朝廷德意，用心抚恤，不用嘉言，专说利害，以此不能成事。（第七十九回）——利害，义偏害。

　　……生死人之分定，何故痛伤？（第六十回）——生死，义偏死。

　　兴亡如脆柳，身世类败舟。（第一回）——兴亡，义偏亡。

这些反衬，在修辞上有缓冲、调和的作用。

大小、长短、多少、深浅、厚薄、高低、轻重这一类由表量度的形

容词构成的对举词作为偏义对举词使用时,义偏何端,并无一定。例如:

> 鲁达再入一步,踏住胸脯,提起那醋钵儿大小拳头,……(第三回)——大小,义偏大。
>
> 量你是个遭死的军人,相公可怜,抬举你做个提辖,比得草芥子大小官职,直得恁地逞能。(第十六回)——大小,义偏小。
>
> 高衙内听的,便道:"自见了多少好女娘,不知怎的只爱他……"(第七回)——多少,义偏多。

这类对举词往往由单音词原义引申为表量度意义的复合词,指长度、深度、重量、面积、体积等,并且在它前面往往有数词和量词。如"八尺长短"、"万丈深浅"等,这就不能说是偏义对举词了。

偏义对举词除了在意义上有反衬、陪衬的作用外,还有一个显著的作用,就是求得音节上的和谐。从意义上讲,本来举出一个单音词已经够了,但为了求得这种和谐,就必须使它变成双音节词,偏义对举词正好也能满足这种需要。例如单音节词"人"往往说成"人物","财"说成"财物","物"说成"物事",这种黏合很多,举不胜举。

也有的偏义对举词结合并不紧密,只为临时的运用而构成,如云雷、衣饭、果木等在一般场合并不常用。

> 你两个是山东人氏,如何到此间讨得衣饭吃?(第八十六回)——衣饭,义偏饭。

这个例句比较特殊,我们说"衣饭"义偏"饭",是因为讨吃的是饭而不能是"衣"。但如果说这里是省略了"穿"字,也是言之成理的。犹如"大张旗鼓"究竟是省略了"敲"字还是多举了"鼓"字难以确定一样。揣测这些似乎没有必要,但是有一点是可以肯定的,就是其目的在求得音节上的和谐或构成双音节词。

明白了对举词的偏义使用就不会误解词义,纠缠在字面上迷惑不清。细细追寻,偏义对举词中也有的被有意地作了改动,这就是将非偏义的一端以同音字代替,并使两个单音词的意义不相排斥,最明显的例子就是"利害"写成"厉害"。不明究竟的人反倒以为"利害"的"利"是别字。然而这种改动终究是极有限的,绝对无法一一如此照办。只有充分掌握、正确了解偏义对举词的使用现象和规律,才能不受迷惑。

(原载《语文知识》1957 年第 3 期)

《水浒传》对举词特殊用例

　　我在学生时代写过一篇论文,题为《偏义对举词的使用——读〈水浒传〉札记》。所谓"偏义对举词"就是现在流行称作"偏义复词"者。我至今认为"对举词"的名称比较贴切、准确。作为汉语构词的一大特点是用两个相对仗的词素构成双音节词。"相对仗"指词性相同,词义相类(包括相同、相近、相关、相反)。通常所说的"同义连文"、"同义复词"实际上就是同义或近义的两个相对仗的词素的组合,如:村坊、周遭、欺诳、抛撇、吹嘘、仍复等。词义相关的两个相对仗的词素的组合,如:衣饭、茶饭、头面、门户、田地、风火、囊箧等。反义的两个相对仗的词素的组合,如:好歹、多少、长短、轻重、上下、大小、老小、早晚、良贱等。既然两个词素相对仗,称之为"对举词"顺理成章。而"复词"或"复合词"含义宽泛、笼统,可以包括除了重言词、连绵词以外的一切双音节乃至多音节。讲究节奏、音律的汉语诗词曲赋等韵文乃至散文随处可见对仗,而对仗在构词中也屡见不鲜。"对举词"的提法确有必要,它同"复词"、"复合词"的概念并不等同。

　　至于"特殊用例"则是对"一般用例"而言的。"一般用例"指对举词仍保留相对仗的两个词素的原义,即在对举词中词素原义尚未起变化。大量由同义、近义词素构成的对举词,即通常所说的"同义复词"、"同义连文",除前面所举的以外,另如:妨碍、管顾、处置、欲要、却再等,都属词素原义不变的一般用法。如果词素原义不再保留或不完全保留即已经起变化,则属于"特殊用例"。例如"买下几亩田地"、"赶上几里田地"、"到了这步田地",第一例"田地"指可耕种的田和地，词素原义未变，属一般用例；第二例"田地"属义偏地（指路程）的偏义对举词，第三例"田地"已引申虚化指处境、地步，后二例属特殊用例。

本文将讨论一般用例以外的种种特殊用例。《水浒传》里这类特殊用法的对举词极为丰富，选取若干有代表性的特殊用例，分析其产生途径及其源流演变有助于近代汉语词汇研究的深入，也可从一个侧面说明汉语之所以不断发展丰富、优美多彩、富于生命力和表现力的缘由。

《水浒传》里对举词的特殊用例主要有以下几类：

一、偏义对举词大多由两个反义词素构成。义偏一端，另一端作为反衬。例如：

宋太公卧病在床，不能动止，早晚临危。（第二十二回）——动止，义偏动。

明日便取了我女儿去并锦儿，不拣怎得三年五载养赡他，又不叫他出入，高衙内便要见，也不能勾。（第七回）——出入，义偏出。

以上是由两个反义的动词词素构成的偏义对举词。

此殿开不得，恐惹利害，有伤于人。（第一回）——利害，义偏害。

这三村结下生死誓愿，同心共意，但有吉凶，递相救应。（第四十七回）——吉凶，义偏凶。

惹起是非来，如何解救？（第四十六回）——是非，义偏非。

石秀道："我在蓟州，原曾卖柴。我只是挑一担柴进去卖便了。身边藏了暗器。有些缓急，扁担也用得着。"（第四十七回）——缓急，义偏急。

若这个小衙内有些好歹，知府相公的性命也便休了。（第五十一回）——好歹，义偏歹。

以上是由两个反义的形容词词素构成的偏义对举词，在使用时意义常偏于消极、不利的一端。这在民间口语中是常见的。人们说到消极、不利的事物时，为了忌避直言，常用较为隐晦、曲折、含糊的说法，用积极、有利的字眼缓冲、调和一下。偏义对举词恰好能满足这种需要。

众人看了，尽皆吃惊。都道："两臂没水牛大小气力，怎使得动！（第七回）——大小，义偏大。

量你是个遭死的军人，相公可怜，抬举你做个提辖，比得草芥子大小的官职，值得恁地逞能！（第十六回）——大小，义偏小。

众人只得把石板一齐打起，看时，石板底下却是一个万丈深浅地穴。（第一回）——深浅，义偏深。

以上由表量度义的两个反义的形容词词素构成的对举词，作为偏义对举词使用时，义偏何端，并无一定。它们更常见的用法则是表度量衡，无偏义，指长度、面积、体积、容积、重量等，详下第二节。

少数偏义对举词由义相关联的两个词素构成。义偏一端，另一端作为陪衬。如：

阮家三弟兄见晁盖人物轩昂，语言洒落。（第十五回）——人物，义偏人。

我手下这许多人马，都似你这般无礼，不乱了法度？（第七十一回）——人马，义偏人。

只见那一个军官模样的人，去伴当怀里取出一帕子物事，递与管营和差拨。（第十回）——物事，义偏物。

小人两个是上泰安州刻石镌文的，又没一分财赋，止有几件衣服。（第三十九回）——财赋，义偏财。

所赐之物，乞请纳回，贫道决无用处。盘中果木，小道可留。（第八十五回）——果木，义偏果。

此外如国家、财物、江山等都常用作偏义对举词，义偏国、财、江等，但也有不作偏义使用的。如江山指整个国家，属引申扩大，详下第三节。

偏义对举词不表义的陪衬或反衬的一端有时会改变字形，改用与表义的一端音义相同或相近的词素，这时，偏义对举词已演变为同义对举词。如利害变为厉害。

二、表量度义的两个反义词词素构成的对举词，不作偏义使用。
如"长短"、"深浅"、"大小"、"轻重"、"方圆"等分别表长度、容量、面积、体积、重量等。如：

杨志看那人时，身材七尺以上长短，面圆耳大，唇阔口方，腮边一部落腮胡须，威风凛凛，相貌堂堂。（第十三回）——长短，表长度。

冬月天道，溪水正涸，虽是只有一二尺深浅的水，却寒冷得当不得。（第三十二回）——深浅，表深度。

武松把左手紧紧地揪住顶花皮，偷出右手来，提起铁锤般大小拳头，尽平生之力，只顾打。（第二十三回）——大小，表体积。

是山东济州管下一个水乡，地名梁山泊，方圆八百馀里，中间是宛子城、蓼儿洼。（第十一回）——方圆，表面积。

三、对举词词义已由词素原义引申。

1、扩大。如：

实慕员外威德，如饥如渴，万望不弃鄙处，为山寨之主，早晚共听严命。（第六十二回）——早晚，指从早到晚，整天。

当时两个换了结束，带将金银，径投太平桥来。（第八十二回）——结束，由捆扎绳索义引申指衣着打扮。

2、缩小。如：

原来阮家弟兄三个，只有阮小二有老小，阮小五、阮小七都不曾婚娶。（第十六回）——老小，由家眷义引申指妻子。

要五件事俱全方才行得。第一件，潘安的貌；第二件，驴的大行货……（第二十五回）——行货，由货物义引申指雄性生殖器。

3、转移（代称）。如：

朱仝囊箧又有，只要本官见喜，小衙内面上尽自倍费。（第五十一回）——囊箧，代称财产。

叙礼已毕，请入后殿，大设华筵，水陆俱备。（第八十九回）——

水陆,代称山珍海味。

　　洪教头先脱了衣裳,拽扎起裙子,掣条棒,使个旗鼓,喝道:"来,来,来!"(第九回)——旗鼓,代称武术使棍棒的架势或招数。

　　4、抽象(虚化)。如:

　　只今便行,好歹定要和他同来,切勿有误。(第六十五回)——好歹,用为表归结义的副词,犹不管怎样或务必。

　　燕青想道:"左右是死,索性说了,教他捉去,和主人阴魂做一处!"(第六十二回)——左右,用为表归结义的副词,犹反正、大不了。

　　当初我弟兄两个,只在扬子江边做一件依本分的道路。(第三十七回)——道路,指行业、职业。

　　那官船里人急钻出来,早被挠钩搭住,三个五个,做一串儿缚了。及至跳得下水的,都被挠钩搭上船来。(一百十三回)——及至,由等到义引申用作假设连词,犹如果、假使。

　　5、概括。如:

　　老汉原是屠户出身,只因年老做不得了,只有这个女婿,他又自一身入官府差遣,因此撇下这行衣饭。(第四十四回)——衣饭,指生计。

　　小人原是中山府人氏,祖传三代,相扑为生。却才手脚,父子相传,不教徒弟。(第六十七回)——手脚,指拳术。

　　宋江着人引朱仝直到宋太公歇所,见了一家老小,并一应细软行李。(第五十二回)——老小,指家属、家眷。

　　最后,谈谈《水浒传》对举词与有关语词特殊搭配的用例。请看下面几个例句:

　　你两个是山东人氏,如何到此间讨得衣饭吃?(第八十六回)

　　教授不知,在先这梁山泊是我弟兄们的衣饭碗,如今绝不敢去。(第十五回)

　　却才冈子上乱树林边,正撞见那大虫,被我一顿拳脚打死了。(第二十三回)

　　众军汉道:"恭人可怜见我们,只对相公说:我们打夺得恭人回

来,权救我众人这顿打。"(第三十二回)

"讨吃"的是"饭"而不是"衣"。"衣饭碗"的"衣"同"碗"难以搭配。用拳打,用脚踢,"拳脚"与"打"的搭配值得注意。同样,"夺得恭人回来"虽然通过"打",但"打"和"夺"共有宾语"恭人"也值得探讨。按传统说法,"衣饭"是由"饭"连类而及"衣","拳脚"是由"拳"连类而及"脚","打夺"是由"夺"连类而及"打",似乎难以令人满意。改说"讨得衣饭吃穿"、"衣柜饭碗"、"拳脚打踢死"也显得累赘。"打夺"的"打"恐不同于动词"打",可能属动词前缀①。我们还联想到今天还常用的"大张旗鼓",不能认为"张"的只能是"旗"不能是"鼓",因而加上"敲"或去掉"鼓",这都是不恰当的。"衣饭"、"衣饭碗"、"拳脚"是所谓"常语",有特定的概括义。讨论语词搭配时不能过于机械、拘泥。

参考文献：

《水浒全传》,施耐庵、罗贯中著,人民文学出版社 1954 年版

《水浒词典》,胡竹安编著,汉语大词典出版社 1989 年版

《水浒语词词典》,李法白、刘镜芙编著,上海辞书出版社 1989 年版

《水浒词汇研究(虚词部分)》,(日)香坂顺一著,(日)植田均译,李思明校,艾津出版社 1992 年版

《白话语汇研究》,(日)香坂顺一著,江蓝生、白维国译,中华书局 1997 年版

《偏义对举词的使用——读〈水浒传〉札记》,祝鸿熹撰,《语文知识》1957 年第 3 期

---

① 《水浒传》中类似这样"打＋动词"的格式不少。如:打拴——"打拴行李"(第十七回)、打叠——"闲话都打叠起"(第二十一回)"打叠衣箱"(第八十二回)、打捉——"我自帮你打捉"(第二十五回)、打缚——"打缚在包里面"(第四十三回)、打趓——"新来打趓的行院"(第五十回)、打哄——"打哄赏灯"(第六十六回)、打探——"打探得备细消息"(第七十八回)、打挟——"打挟了一笼子金珠细软之物"(第八十一回)、打担——"打担了御酒"(第八十二回)、打撺——"搬演杂剧,装孤打撺"(第八十二回)、打换——"正好与他打换"(第八十八回)等。这类复词已由对举词发展演变为带前缀的动词。拟另行撰文探讨。

否定词的误用

读小说《苦菜花》,发现有几处使用否定词不够恰当。例如:

1."她真后悔不该叫女儿去了,自己为什么不拉住她呢?"(28 页)

2."这样浅显的道理,未必你还不懂吗?"(50 页)

3."渐渐地她埋怨父母不该把她嫁给这样的富人家,她仇恨这个有钱少爷的无情。"(52 页)

类似的语病在一般人的写作中也容易犯。表示否定的意思,使用一个否定词,看来并没有多大困难。但是,在同反面语词连用时,一不小心,就容易搞糊涂。反面语词如"后悔、未必、埋怨、难免、否认、缺乏"等等,本身含有否定的意思,当它们同否定词"不"连用时,就产生了双重否定的作用。人们往往容易忽略这种作用,以致把意思说反了。

上引第一个例句中,"后悔"的是"叫女儿去"这件事,"不该叫女儿去"虽是"后悔"的内容,但是不能当作"后悔"的宾语。"不该"同"后悔"连用,有双重否定的作用,结果说的同原意完全相反。

第三个例句也犯了同样的毛病。"埋怨"的是父母"把她嫁给这样的富人家",不该插进个"不该"。

第二个例句情况有些不同,这是一个反诘句,就是有疑问的形式而不要求回答的句子。如果把它改为直陈句"这样浅显的道理未必你还不懂",那就完全通顺。可是在反诘句中,使用否定词要多加小心。因为反诘句是用问句的形式表示肯定或否定的。形式上肯定的反诘句实际上表示否定的意思；形式上否定的反诘句实际上表示肯定的意思。同样结构的直陈句和反诘句，使用同样的否定词，所表示的意思恰恰相反。例如：

"太阳会从西边出来吗？——意思是不会从西边出来。

"你好意思吗？——意思是不好意思。

"你怎么不认识我呢？"——意思是应当认识我。

"你不是说过了吗？"——意思是你说过了。

忽略了反诘句的上述特点，就会在使用否定句时产生混乱，第二个例句如果说"这样浅显的道理你还不懂吗？"形式上否定，实际上肯定，意思是你懂的。再加上一个有否定意思的"未必"，就把意思完全说反了。

（原载《语文知识》1960 年第 3 期）

关于"人奴"

　　《辞海·语词增补本》编写时,曾以"人"字起首的诸语词条目试写稿进行讨论。记得在讨论"人奴"这一条目时,对该条所引例句有异议。例句如下:

　　　　《史记·卫将军骠骑列传》:"人奴之生,得无笞骂即足矣,安得封侯事乎?"

　　持异议者同意"人奴"作为奴仆义可列为词条,但认为例句标点有问题。宋费衮《梁溪漫志》卷五有专条论及。如下:

　　　　西汉极有好语,患在读者乱其句读。如《卫青传》云"人奴之生得无笞骂即足矣安得封侯事乎","人奴之"为一句,"生得无笞骂即足矣"为一句。"生"读如"生乃与哙等为伍"之"生"。谓人方奴我,平生得无笞骂已足矣,安敢望封侯事。则语有意味而句法雄健。今人或以"人奴之生"为一句,只移一字在上句,便凡近矣。

　　当时大家同意费衮的说法,分工编写该条的作者同意换例。但增补本出版时,原例照旧。可能有下列原因:

　　一、《辞源》修订本"人奴"条亦引此例,亦以"人奴之生"连读。

　　二、明高启诗《太白三章》:"新丰主人莫相忽,人奴亦有封侯骨。"明显从《卫青传》文意化出,可作为原例"人奴"连读之证。

　　三、一时找不到别的适当的例句。

　　按,细加揣摩,费衮对《卫青传》那句话的标点是可取的。他已经指出"患在读者乱其句读"。既然宋代已存在误读情况,当然明代的高启、现代的《辞源》修订本都有可能重蹈。他们可能没有看到费衮的论述,也没有较费衮更合理的根据,似不能作为今天编写《语词增补本》选例的依据。

退一步说,编写人或决审人也可以不同意费衮的说法。但既有争议,似乎换一个无争议的例句更好。这里试举两例,供以后修订这一条目时参考:

《史记·季布栾布列传赞》:"然至被刑戮,为人奴而不死,何其下也!"

刘子翚《游朱勔家园》诗:"曹邻予何讥,此曹真人奴。"

（原载《辞海通讯》1983 年第 4 期）

论《诗经》中的"之"

　　"之"在《诗经》中共出现 1039 次,是《诗经》中使用频繁、位置灵活、词性多样、用法复杂的词。它既是一个实词,可充当句子成分,又是一个虚词,表达多种语法意义。同时,"之"还在《诗经》语言的修辞方面,显示出独特的功能。研究《诗经》中的"之"字,对阅读《诗经》有着重要的意义。《诗经》又是汉语书面语较早的源头,《诗经》中"之"的各种用法在后代典籍特别是先秦文献中大多沿用,因而确有必要对《诗经》中的"之"加以研究。

　　本文试图对《诗经》中的"之"的作用,作多方面的探索。

一　动词"之"与介词"之"

　　《诗经》中动词"之",其基本意义是"往",《尔雅·释诂》:"之,往也。"如:《鄘风·载驰》:"百尔所思,不如我所之。"《卫风·伯兮》:"自伯之东,首如飞蓬。"《小雅·白华》:"之子之远,俾我独兮。"《大雅·桑柔》:"既之阴女,反予来赫。"《桑柔》郑笺:"之,往也。"动词"之"在句中的语法作用,主要是充当谓语。

　　"之",甲骨文作𝘂,金文作𝘂,从屮(止)在一上,象人足于地上有所往。"往"盖"之"之本义。但"之"的这一动词用法,在《诗经》中仅四见,《诗经》之后的文言文中则不乏用例。如:《孟子·滕文公上》:"滕文公为世子,将之楚,过宋而见孟子。"《史记·商君列传》:"商君欲之他国。"

　　介词"之"是由动词"之"虚化而来的。《诗经》中介词"之"的基本意义是"到"。这时的"之"，并不表示具体的动作，一般认为它已经虚化为介词。杨树达《词诠》就把这个"之"归为介词。介词"之"在《诗经》中仅二见：《鄘风·柏舟》："之死矢靡它。"又："之死矢靡慝。"毛传："之，至也。至已之死信无它心。"介词"之"的作用是组成介宾结构，作句子的状语。

二　语气词"之"

《诗经》中的语气词"之"，用法主要有四种。一是用于反问句中，加强反问语气；二是充当句中语气词，起舒缓语气作用；三是在"亦孔＋之＋形"结构中，起加强语气作用；四是用于句尾，表示某种语气。

1."之"用于反问句中。"之"用于反问句中，加强反问语气，《诗经》中仅一见：《魏风·硕鼠》："逝将去女，适彼乐郊。乐郊乐郊，谁之永号。""之"字，郑笺曰："往也。"《经义述闻》曰："之，其也。《魏风·硕鼠》曰：'乐郊乐郊，谁之永号。'言乐郊之民，谁其悲叹而长号者，明皆喜乐也。而解者训'之'为'往'，失之矣。"[1]王引之的观点已为后人接受。马瑞辰曰："之，其也。'谁之永号'，犹云'谁其永号'。笺训之为往，失之。"[2]

"之"与"其"通用的现象，在文言虚词中大量存在。王引之《经传释词》、杨树达《古书疑义举例续补·之其通用例》、裴学海《古书虚字集释》论之已详。但多是表示领属关系时，"之"与"其"通用。"之"用在反问句中，加强反问语气，《诗经》之前、之后，都难觅用例。《诗经》之前、之后的文献中，加强反问语气，多用"其"，不用"之"。如：《周易·系辞下》："若火之燎于原，不可乡迩，其犹可扑灭？"《尚书·酒诰》："我其可不大监抚于时？"又《多士》："我其敢求位？"《左

---

[1] 见王引之《经义述闻》卷三十二《语词误解实义》。
[2] 本文所引马瑞辰说，均见《毛诗传笺通释》。

传·僖公五年》:"一之谓甚,其可再乎?"《庄子·齐物论》:"人之生也,固若是芒乎? 其我独芒而人亦不芒者乎?"

2."之"在句中起舒缓语气作用。"之"在句中起到舒缓语气的作用,这样的例子,《诗经》中很多。如"主+之+谓"结构中的"之",或多或少地起到了舒缓语气作用。"之"仅仅起舒缓语气作用、充当句中语气词的,《诗经》中仅一见:《小雅·蓼莪》:"鲜民之生,不如死之久矣。"这句中的"之",完全可以不用,它在句中没有任何语法意义可言,只起到了舒缓语气的作用。它的作用是,读到"死"字时略作停顿,让读者有更多的时间去思考上下文的内容。

3."之"用于"亦孔+之+形"结构中。"之"用于"亦孔+之+形"结构中起加强语气作用,《诗经》中共十三见:《豳风·破斧》:"哀我人斯,亦孔之将!"又:"哀我人斯,亦孔之嘉!"又:"哀我人斯,亦孔之休!"《小雅·天保》:"天保定尔,亦孔之固。"《小雅·正月》:"民之讹言,亦孔之将!"又:"潜虽伏矣,亦孔之炤。"《小雅·十月之交》:"日有食之,亦孔之丑。"又:"今此下民,亦孔之哀。"又:"悠悠我里,亦孔之痗。"《小雅·小旻》:"我视谋犹,亦孔之邛。"又:"潝潝訿訿,亦孔之哀。"《大雅·卷阿》:"尔土宇昄章,亦孔之厚矣。"《大雅·桑柔》:"如彼遡风,亦孔之僾。"

《诗经》中形容词谓语前面可以直接加表程度的修饰语"孔",形成"孔+形"结构。如:《周南·汝坟》:"虽则如燬,父母孔迩。"《郑风·羔裘》:"羔裘豹饰,孔武有力。"《秦风·驷驖》:"驷驖孔阜。"又:"奉时辰牡,辰牡孔硕。"《豳风·七月》:"我朱孔阳,为公子裳。"《豳风·东山》:"其新孔嘉,其旧如之何?"《小雅·鹿鸣》:"我有嘉宾,德音孔昭。"《小雅·常棣》:"死丧之威,兄弟孔怀。"将以上两组例子加以对比,我们觉得"亦孔+之+形"结构在语气上要比"孔+形"结构来得强烈。因此,"之"在"亦孔+之+形"结构中的作用是加强语气。

4."之"用于句尾。"之"用于句尾,充当语末语气词。如:《秦风·驷驖》:"公曰左之,舍拔则获。"郑笺:"左之者,从禽之左射之也。""左"独立成句,"之"用于句尾,表示肯定、祈使或咏叹语气。又如《小雅·小明》:"神之听之,式谷以女。"何乐士先生等《古代汉语虚词通释》认为,二"之"字均是语气词。我们则认为"神之"的"之"是带"之"字的主谓结构中的助词,详下文第五节。

　　"之"作语气词用,在文献中是不多见的。何乐士先生说《左传》中的语气词"之"仅三例,见《昭公二十五年》"童谣有之曰:"鸜之鹆之,公出辱之。"①《词诠》引《孟子》中的语末助词"之",也仅"七八月之间旱,则苗槁矣;天油然作云,沛然下雨,则苗勃然兴之矣"一例。②《诗经》中语气词"之"的用例很少,正反映了这一特点。

三　连词"之"

　　《诗经》中连词"之"用于连接两个部分,表示顺连,这两部分之间有并列或递进关系。如《桧风·隰有苌楚》:"隰有苌楚,猗傩其枝。夭之沃沃,乐子之无知。"毛传:"夭,少也。沃沃,壮佼也。"孔疏:"言其少壮而佼好也。""夭"与"沃沃"是两个形容词,"之"介于其间,起连接作用,可译为"而"。

　　这种用法的"之",在《诗经》中仅一例,其他文献中与此用法相同的"之"也不多见。《古书虚字集释》"之犹而也"条有两例与此同:《老子》一章:"玄之又玄,众妙之门。"《战国策·赵策》:"臣主之权均之能美,未之有也。"此用法的"之"连接形容词或动词性谓语,与连接名词性的"与类连词"不同。后者如《尚书·立政》:"文王罔攸兼于庶言庶狱庶慎,惟有司之牧夫。"《周礼·考工记·梓人》:"必得其爪,出其目,作其鳞之而。"这样的用法,《诗经》中没有出现。

---

①见何乐士《左传虚词研究》,商务印书馆 1989 年版。
②见《孟子·梁惠王上》。

四　代词"之"

《诗经》中代词"之"的用例几占"之"全部用例之半。其用法主要有两大类：指示代词和他称代词。

"之"作指示代词，一般是近指或中指，少数用为远指。[①]　如：《周南·桃夭》："之子于归，宜其室家。"《周南·汉广》："之子于归，言秣其马。"《召南·鹊巢》："之子于归，百两御之。"《邶风·日月》："乃如之人兮。"《鄘风·君子偕老》："展如之人兮，邦之媛也。"《鄘风·蝃蝀》："乃如之人也，怀昏姻也。"《豳风·伐柯》："我觏之子，笾豆有践。"《小雅·蓼莪》："欲报之德，昊天罔极。"《伐柯》诗写一小伙子希望有媒人来帮他介绍那位姑娘，"之子"就指那位姑娘，显为远指。以上"之子"、"之人"的"之"可译为"这个"或"那个"，"之德"的"之"可译为"这样的"。"之"与名词组成一个指示词组，作主语或宾语。

指示代词的"之"，有时也被误解成句首助词。如：《小雅·桑扈》："之屏之翰，百辟为宪。"《大雅·假乐》："之纲之纪，燕及朋友。"这四个"之"，《助字辨略》称为"语助辞"，《经传释词》说它同"惟"，实际上也是认定它为句首助词。《词诠》说："句首助词，无义。"

我们认为，这里的"之"仍然是指示代词，这从"之"与上文的联系中可以看出来。《桑扈》第二、第三章曰："交交桑扈，有莺其领。君子乐胥，万邦之屏。之屏之翰，百辟为宪。不戢不难，受福不那。"《假乐》第三、第四章曰："威仪抑抑，德音秩秩。无怨无恶，率由群匹。受福无疆，四方之纲。之纲之纪，燕及朋友。百辟卿士，媚于天子。不解于位，民之攸塈。"从上下文中看，"之屏之翰"、"之纲之纪"承上文"万邦之屏"、"四方之纲"而来，"之屏"等于"万邦之屏"却不等于"屏"。所以我们认为，"之"是指示代词，而不是句首助词，可译为"这样的"。"之屏"、"之纲"音节不足，故又加上"之翰"、"之纪"等

---

①《诗经》中远指一般用"彼"。

义类相同的词语以补足音节。

裴学海《古书虚字集释》曰:"亦有'之'字,似为语助而实非语助者。如《诗·桑扈》篇:'……万邦之屏。之屏之翰,……'下句是蒙上省去'万邦'二字,言万邦之屏之翰也。(《论语》'如有周公之才之美',文法同此。)《假乐》篇:'……四方之纲。之纲之纪,……'下句亦蒙上句省去'四方'二字。"我们认为,这样处理也是不合理的。"万邦之屏"、"四方之纲"均是比喻手法,把人比喻成"屏翰",比喻成"纲纪"。按《集释》的说法,《桑扈》尚可通,而《假乐》"四方之纲之纪"做"燕及朋友"的主语就讲不通了。因为,"四方之纲之纪"既不同于"四方之纲",又另起一章,为一章之首,很难看出它仍是比喻,这样必然会给理解带来困难。再说,为此二诗者为何要省略"万邦"、"四方"二字,又加上"之翰"、"之纪"二字,就无法解释了。

《诗经》中指示代词"之"还在"彼其(记、己、居)+之+子"结构中使用。这样的结构共十四见:《王风·扬之水》:"彼其之子,不与我戍申。"又:"彼其之子,不与我戍甫。"又:"彼其之子,不与我戍许。"《郑风·羔裘》:"彼其之子,舍命不渝。"又:"彼其之子,邦之司直。"又:"彼其之子,邦之彦兮。"《魏风·汾沮洳》:"彼其之子,美无度。"又:"彼其之子,美如英。"又:"彼其之子,美如玉。"《唐风·椒聊》:"彼其之子,硕大无朋。"又:"彼其之子,硕大且笃。"《曹风·候人》:"彼其之子,三百赤芾。"又:"彼其之子,不称其服。"又:"彼其之子,不遂其媾。""之子"二字,诗笺均释为"是子也"。唯"彼其"之"其",有不同的写法。《王风·扬之水》笺曰:"其可作记,或作己。"束皙《亡诗补》又作"居"。马瑞辰曰:"彼对己之称;其,语词。"①任铭善、蒋礼鸿先生《古汉语通论》称"其(己、居)"为代词后缀。②

"彼其之子"中的"子"似不在说话人与听话人之前。《扬之水》

---

①详《毛诗传笺通释》《王风·扬之水》下。
②浙江教育出版社 1984 年版,154 页。

中指"不与我戍申"的人，《羔裘》中所指为朝中官员，《汾沮洳》赞美那采菜女，《椒聊》称颂那女子孩子多，《候人》诗开头即称"彼候人兮"，说明所指的对象不在眼前。所以"之"可能是与"彼其"同义的远指代词，"彼其之子"即现代汉语中所说的"那个人"。

"彼其之子"的"之"是表领属或修饰关系的助词还是与"彼其"同义连用的远指代词，值得研究。

作他称代词的"之"，在《诗经》中用法较复杂。概括起来，有四类用法：一是用于复指宾语，使宾语前置；二是作宾语；三是作兼语；四是用于特指。

1. "之"用于复指前置的宾语。如：《邶风·燕燕》："先君之思，以勖寡人。"《邶风·简兮》："云谁之思，西方美人。"《邶风·新台》："燕婉之求，籧篨不鲜。"《魏风·园有桃》："园有桃，其实之殽。"《秦风·车邻》："未见君子，寺人之令。"《小雅·吉日》："吉日庚午，即差我马。兽之所同，麀鹿麌麌。漆沮之从，天子之所。"《大雅·大明》："乃及王季，维德之行。"《商颂·那》："顾予烝尝，汤孙之将。"从《诗经》宾语前置用例中看，前置的宾语主要是名词，也可以是个形容词。如"燕婉"，安静和顺的样子，是个形容词（当然，这个形容词所形容的是它所形容的人的主要特征之一，所以，这个形容词在这里实际上相当于一个"的"字结构，也是名词性的）。带宾语的词，主要为一般动词，也可以是个活用的词。"其实之殽"，笺谓"殽"一作"肴"。《小雅·宾之初筵》"殽核维旅"传："殽，豆实也。"《礼记·曲礼上》："凡进食之礼，左殽右胾。"孔疏："熟肉带骨而脔曰殽。"朱熹《诗集传》曰："殽，食也。"知殽为名词，此活用为动词。"顾予烝尝，汤孙之将"笺："顾犹念也。将犹扶助也。"汤孙之义，戴震《诗经考》谓"盖商人庙中之通辞"。[①] 马瑞辰曰："盖泛言汤之子孙耳。"诗意

---

①此书为戴震早年所著的未刊稿，今藏于北京图书馆。现经《戴震全集》编委会整理，由清华大学出版社 1995 年 4 月出版。

谓:顾念我们的祭祀,扶助我们汤之子孙。汤孙当为前置宾语。

　　2."之"作宾语。"之"作宾语,这是他称代词最主要的用法之一。从《诗经》中看,"之"可以作一般动词的宾语,可以作双宾语句的第一宾语(近宾语);也可以作活用的词的宾语,作为动动词宾语、意动动词宾语、使动动词宾语的都有;还可以作介词的宾语。

　　"之"作一般动词的宾语。如:《周南·樛木》:"南有樛木,葛藟累之。"《周南·芣苢》:"采采芣苢,薄言采之。"《召南·鹊巢》:"维鹊有巢,维鸠居之。"《召南·摽有梅》:"摽有梅,顷筐塈之。"《大雅·抑》:"荏染柔木,言缗之丝。"《鄘风·载驰》:"许人尤之,众稚且狂。"《周颂·我将》:"我将我享,维牛维羊,维天其右之。"《周颂·敬之》:"敬之敬之,天维显思,命不易哉。"《抑》毛传:"缗,被也。"郑笺曰:"木荏染然,人则被之弦以为弓。""之"为近宾语。从以上用例中看,作宾语的"之"主要是代物,也可以作反身代词,指代我自己。"尤之"即指责我。"右之"即护佑我。"之"所代之物,也可以在下文中出现。"敬之"的"之"即指代下文的"天"。

　　"之"作活用动词的宾语。如:《桧风·匪风》:"谁能亨鱼? 溉之釜鬵。谁将西归? 怀之好音。"《小雅·宾之初筵》:"既立之监,或佐之史。"《小雅·采绿》:"之子于狩,言韔其弓。之子于钓,言纶之绳。"《大雅·行苇》:"或肆之筵,或授之几。"《大雅·棫朴》:"芃芃棫朴,薪之槱之。"《大雅·崧高》:"亹亹申伯,王缵之事。"《周颂·时迈》:"时迈其邦,昊天其子之。""溉之釜鬵"即"为他洗涤釜鬵","怀之好音"即"为他(她)带去平安的消息"。"既立之监,或佐之史",毛传曰:"立酒之监,佐酒之史。"笺曰:"有醉者,有不醉者,立监使视之,又助以史使督酒,欲令皆醉也。"为饮酒者立监佐史。"言纶其绳"郑笺曰:"其往钓与,我当从之,为之绳缴。"《大雅·行苇》笺曰:"年稚者为设筵而已,老者加之以几。"以上四首诗中的"之"均是为动动词的宾语。《经传释词》认为"之"相当于"其",其义为"他的"。在部分用例中,"之"解释为"其"是解释得通的,如《匪风》、《采绿》中的"之",但《宾之初筵》、《行苇》中的"之"就不能解释为"其"。所以我们认为以上四首诗中的"之",均作为动动词的宾语。

"薪"、"樵"均名词活用为动词,"之"作其宾语。

《崧高》郑笺曰:"又欲使继其故诸侯之事。"则"缵"为使动词。《时迈》郑笺曰:"天其子爱之。""子"为意动词。

"之"作介词的宾语,《诗经》中仅一见。《小雅·都人士》:"彼君子女,卷发如虿。我不见兮,言从之迈。"郑笺:"迈,行也。我今不见士女此饰,心思之,欲从之行。""从之"为介宾词组,在句中作状语。

代词"之"还在"如之何"固定结构中,作动词"如"的宾语,整个结构的意思是"怎么样"或"怎么办"。如《鄘风·君子偕老》:"子之不淑,云如之何。"《王风·君子于役》:"君子于役,如之何勿思。"《豳风·东山》:"其新孔嘉,其旧如之何。"《陈风·泽陂》:"有美一人,伤如之何。"《齐风·南山》:"取妻如之何,必告父母。"

从语义上看,动词与宾语"之"之间的关系也较为繁杂,除了常见的支配与被支配关系外,"之"与动词的关系至少还有两种:表示凭借或范围。《邶风·谷风》:"就其深矣,方之舟之。就其浅矣,泳之游之。""方之舟之"即在水上撑筏使舟。"泳之游之"即在水上又泳又游。"之"是"方"、"舟"、"泳"、"游"所凭借的对象。

又《鄘风·定之方中》:"揆之以日,作于楚室。树之榛栗,椅桐梓漆。"我们把这几句诗与《孟子·梁惠王上》"五亩之宅,树之以桑,五十者可以衣帛矣"句作对比,我们认为,"之"是"树"的宾语,表示动作的范围。

汉语中的动宾关系是相当复杂的,《诗经》中已显示出了动宾关系的多样性。

3."之"作兼语。代词"之"作兼语的用法出现较早,甲骨文中就有这样的用例。如:《甲骨文合集》14951:"贞:王曰之舌。""曰"为命令之义,"舌"是祭名,此作动词用,"之"作兼语。"之"作兼语,《诗经》中最明确的用例是:《小雅·绵蛮》:"命彼后车,谓之载之。"郑笺:"命后车载之。"《周南·兔罝》:"肃肃兔罝,椓之丁丁。"这样的"之",我们也认为是兼语,"椓"的对象是"之",而"丁丁"之声的发出者也是"之"。其他如《大雅·绵》"捄之陾陾,度之薨薨,筑之登登"之"之"亦当作如是观。

4."之"用为特指。代词"之"所指代的对象应该是明确的,否则就会影响对语义的理解。所以,《诗经》中"之"所指代的对象一般都能在上下文中找到。但也有少量"之"所指代的对象在上下文中不出现。不过,"之"所指代的对象在整个语境中仍是明确的,我们姑称这样的指代为特指。《周颂·昊天有成命》:"於缉熙,单厥心,肆其靖之。"《周颂·赉》:"文王既勤止,我应受之。"《周颂·桓》:"于以四方,克定厥家。於昭于天,皇以间之。""靖之"即使国家民众都和乐平安。"受之",郑笺曰:"文王既劳心于政事,以有天下之业,我当而受之。"戴震《诗经考》曰:"'我应受之',谓应天受命也。""间之",毛传:"间,代也。"间之,即代商而有天上。"之"所代对象"国与民"、"天下"、"商"等,在上下文中均未出现。

五 助词"之"

《诗经》中助词"之"出现频率也很高。有的用于定语与中心语之间,表示领属、修饰等关系;也有的引出后置修饰语;有的用于主、谓之间,确定动作的施行者;有的用于谓语与补语之间,帮助说明程度、情况等;有的用于主、谓之间,组成"主+之+谓"结构(当称"带'之'字的主谓结构"),充当句子成分或独立成句。

1."之"用于定语与中心语之间。"之"用于定语与中心语之间,表领属、修饰关系的如:《郑风·狡童》:"维子之故,使我不能息兮。"《齐风·鸡鸣》:"匪鸡则鸣,苍蝇之声。"《邶风·击鼓》:"执子之手,与子偕老。"《小雅·采薇》:"彼路斯何?君子之车。"以上各例,"之"表领属关系。

《王风·兔爰》:"我生之初,尚无为。我生之后,逢此百罹。"《齐风·还》："子之还兮,遭我乎猈之间兮。"《秦风·黄鸟》："维此奄息,百夫之特。"《小雅·北山》："溥天之下,莫非王土。率士之滨,莫非王臣。"以上各例的"之"置于说明范围的修饰语与中心语之间。

《鄘风·君子偕老》："玉之瑱也,象之揥也。"《邶风·旄丘》："旄丘之葛兮,何诞之节兮。"《郑风·扬之水》："扬之水,不流束薪。"《小雅·渐渐之石》："渐渐之石,维其高矣。"《小雅·常棣》："傧尔笾豆,饮酒之饫。"《周颂·载芟》："有椒其馨,胡考之宁。"《周颂·丝衣》："不吴不敖,胡考之休。""玉之瑱"即用玉石做的瑱,"象之揥"即用象牙做的揥,"何诞之节"即多么大的节,"扬之水"即缓缓的流水,①"渐渐之石"即高耸的山石。"饮酒之饫",毛传:"饫,私也。不脱屦而升堂谓之饫。"段玉裁考《常棣》之"饫"当作"醧",饫之礼大于醧,饫主敬,醧则主饮酒以亲亲。②醧是一种礼节,饮酒是说明醧的。"胡考之宁",笺云:"宁,安也。以芬香之酒醴祭于祖妣,则多得其福右。""胡考之休",笺曰:"得寿考之休征。""胡考"是说明"宁"、"休"的。以上各例,"之"置于表示性状的修饰语与中心语之间。

《鄘风·桑中》："爰采麦矣,沬之北矣。"《唐风·采苓》："采苦采苦,首阳之下。"《召南·殷其雷》："殷其雷,在南山之阳。"又:"殷其雷,在南山之侧。"又:"殷其雷,在南山之下。"《邶风·击鼓》："于以求之? 于林之下。"以上各例的"之"均置于名词性修饰语与表示方位的中心语之间。

《唐风·葛生》："夏之日,冬之夜,百岁之后,归于其居。"《豳风·七月》："一之日觱发,二之日栗烈。"《小雅·十月之交》："十月之交。"以上各例的"之"置于表示时间的修饰语与中心语之间。

2."之"引出后置修饰语。《郑风·缁衣》："缁衣之宜兮,敝,予又改为兮。"又:"缁衣之好兮,敝,予又改造兮。"又:"缁衣之蓆兮,

---

① 朱熹《诗集传》于《王风·扬之水》下曰:"扬,悠扬也,水缓流之貌。"
② 详《说文解字注》"醧"字下注。

敝，予又改作兮。"《周颂·维天之命》："於乎不显，文王之德之纯。"《缁衣》中的三例均形容词作修饰语放在被修饰语的后面，用"之"连接。[①]"文王之德之纯"，毛传："纯，大也。"戴震《诗经考》曰："文王纯德。"因此，以上各例，"之"均引出后置修饰语。

3．"之"用于主谓之间。"之"用于主谓之间，确定动作的施行者，这样的用例，《诗经》中仅一见：《邶风·静女》："匪女之为美，美人之贻。"这个"之"不能理解为表领属关系的助词"的"，全句补全了是：匪女之为美，美人之贻为美。"之"理解为"的"，则"美人之贻"为一个动作，与谓语"为美"不能相配。"之"确定动作施行者，相当于"所"。"美人之贻"，即美人所贻（的东西）。《史记·赵世家》："狂夫之乐，智者哀焉；愚者所笑，贤者察焉。"这里"之"、"所"对文，更能显示出"之"相当于"所"。这个"之"同样不能理解为"的"。若理解为"的"，则智者所哀的对象是狂夫的乐，而不是文章本意所要表达的让狂夫感到快乐的事。《赵世家》的用例可与《静女》相参证。

这种用法的"之"，金文中已出现了。《陈骍壶》："子墜（陈）骍内（入）伐匽囗邦之隻（获）。"《蔡公子果戈》："蔡公子果之用。"

4．"之"用于谓语与补语之间。"之"用于谓语与补语之间，帮助说明程度、情况等。如：《卫风·竹竿》："巧笑之瑳，佩玉之傩。"《小雅·宾之初筵》："侧弁之俄，屡舞傞傞。"《大雅·荡》："颠沛之揭，枝叶未有害，本实先拔。"《竹竿》毛传："瑳，巧笑貌。傩，行有节度。"朱熹《诗集传》曰："瑳，鲜白色。笑而见齿，其色瑳然。"严粲曰："傩，柔缓也。腰身袅傩也。"[②]可见，"之"用于连接补语，说明"巧笑"、"佩玉"的程度与结果。《宾之初筵》笺云："侧，顷也。俄，倾貌。"疏曰："倾侧其弁使之俄然。"《荡》毛传曰："颠，仆；沛，拔也；揭，见根貌。"戴震《诗经考》："沛，亦作迹。《说文》：'前顿也。'"颠沛就是仆倒，揭

---

①毛传曰："蓆，大也。"
②严粲说见孔颖达疏所引。

说明仆倒的程度。

　　5．"之"用于"主＋之＋谓"结构中。"主＋之＋谓"结构中的"之"，流行的说法是取消句子独立性或是使主谓结构变成名词性的偏正结构，充任分句或句子成分。事实上，古代汉语中，主谓结构和"主＋之＋谓"结构充任句子成分或独立成句都是存在的。如《孟子·梁惠王下》："民望之，若大旱之望云霓也。"同样的话，《孟子·滕文公下》却表达为："民之望之，若大旱之望雨也。"如果我们说"民之望之"的"之"是取消句子独立性，那么我们就无法解释"民望之"没有取消独立性，却为什么又不能独立成句。也没有办法解释"之"字既然已经取消了句子的独立性，为什么这个被取消了独立性的结构又能独立成句。这样的例子，我们在《诗经》中找到了两例：《郑风·褰裳》："狂童之狂也且！"《小雅·祈父》："胡转予于恤，有母之尸饔。"传："尸，陈也。熟食曰饔。"笺云："云己从军，而母为父陈馈饮食之具。"所以，我们认为，"主＋之＋谓"结构中的"之"只是一种标志，我们把这种"主＋之＋谓"的结构称为"带'之'字的主谓结构"。这样称，较之流行的说法更合适，能够说明这个结构为什么既能独立成句，又能充任句子成分。因为它是个主谓结构。至于这种结构与没有"之"字的主谓结构的区别，只在于带"之"字的主谓结构以"之"为标志，其语气更舒缓一些而已。在语法功能上，二者没有区别。

　　《诗经》中带"之"字的主谓结构的作用有三种。一是独立成句，二是充当复句中的分句，三是充当宾语。

　　带"之"字的主谓结构独立成句，已见上文。其充当分句的用例，如《周南·葛覃》："葛之覃兮，施于中谷。"《周南·桃夭》："桃之夭夭，灼灼其华。"《周南·汉广》："汉之广矣，不可泳思。江之永矣，不可方思。"《卫风·氓》："氓之蚩蚩，抱布贸丝。"《小雅·伐木》："神之听之，终和且平。"

　　带"之"字的主谓结构作宾语，如《郑风·女曰鸡鸣》："知子之好之,杂佩以报之。"《小雅·天保》:"如川之方至,以莫不增。"《豳风·鸱鸮》:"迨天之未阴雨,彻彼桑土,绸缪牖户。"《王风·中谷有蓷》:"条其啸矣,遇人之不淑矣。"

六　"之"的修辞作用

"之"在《诗经》中,除了充当句子成分,发挥较多的语法作用外,还对《诗经》的语言起着较为突出的修辞作用。

我们之所以说"之"所起的是修辞作用,是因为这样的"之"并不是语法上必需的。也就是说,把这样的"之"从句子中抽出,并不影响原句的语义,也不影响原句的语法结构或词与词之间的结构关系。

"之"在《诗经》中起修辞作用,主要表现为三种情况:

1. 作衬字。如:《邶风·燕燕》:"燕燕于飞,颉之颃之。"《鄘风·干旄》:"孑孑干旄,在浚之郊。素丝纰之,良马四之。"《小雅·裳裳者华》:"左之左之,君子宜之。右之右之,君子有之。"《小雅·十月之交》:"日有食之,亦孔之丑。"以上几例中的"之",用于动词之后,不表示任何指代作用,不做动词的宾语,也不表示词与词之间的任何语法关系。用于名词之后,也不与它发生结构关系。这些"之"一般被看成是"不为义"的语助或语气词,其作用实际上是衬字。作衬字的"之"与作语助或语气词"之"的区别在于,衬字"之"可以去掉,不影响句意和语气。而语助或语气词的"之"则不能去掉。

《诗经》中为什么要加衬字?我们觉得,《诗经》的句子以四个音节为常,音节不足,故加"之"以足之。

至于"之"为什么多加在动词之后,我们认为,动词为句子的中心,句意到动词这里已经完整,而音节不足,故加"之"以补足。有的加在名词之后,这个名词也独立成句,同样也加"之"以补足音节。但在加"之"补足音节时,又注意了音节的对称美,这样就出现了"颉之颃之"、"左之左之"等结构。

2.为压韵。"之"在《诗经》韵律呼应上有较大作用。根据王力先生《诗经韵读》研究,[①]"之"的压韵作用主要有两类:一是与另外一个韵字组成"富韵"。[②] 如《周南·关雎》:"参差荇菜,左右流之。窈窕淑女,寤寐求之。……参差荇菜,左右采之。窈窕淑女,琴瑟友之。……参差荇菜,左右芼之。窈窕淑女,钟鼓乐之。"再就是"之"字直接充当韵脚字。如《小雅·巷伯》:"杨园之道,猗于亩丘。寺人孟子,作为此诗。凡百君子,敬而听之。"

3."之"修辞作用之三,就是足音节和韵律呼应兼而有之。如《小雅·小弁》:"相彼投兔,尚或先之。行有死人,尚或墐之。君子秉心,维其忍之。心之忧矣,涕既陨之。""先之"、"墐之"的"之"为代词,而"忍之"、"陨之"的"之"既起补足音节作用,又兼有韵律呼应的作用。

　　〔附记〕据于省吾《〈诗经〉中"止"字的辨释》(见《泽螺居诗经新证》卷下,中华书局 1982 年版,177—192 页)考证:《诗经》中的"止"有六十三字实即"之"字。其中有用于句首的指示代词"之",如《公刘》"止基乃理"、"止旅乃密";有用于句末的指示代词"之",如《草虫》"亦既见止,亦既觏止";有用于语末的助词"之",如《采薇》"薇亦作止"、"岁亦莫止"(按:于氏所称"助词"即语气词)。于氏从古文字足趾初文"止"与足趾在地上行动的"之"二字发生、发展和变化的源流辨识,言之有征可信,特附注于此。

　　(本文与陆忠发博士合作,原载《古典文献与文化论丛》,中华书局 1997 年版)

---

① 见该书页 42—48 页。
② 即两字韵脚。

古代汉语"倒文以成句"质疑

　　俞樾《古书疑义举例》有"倒句例",谓"古人多有以倒句成文者,顺读之则失其解矣"。刘师培《古书疑义举例补》、杨树达《古书疑义举例续补》、姚维锐《古书疑义举例增补》均称之为"倒文成句之例"。马叙伦《古书疑义举例校录》则认为俞氏所举"倒句"实为"倒字"。术语有异而所指大致相同,即古诗文语句被认为词序颠倒者。陈望道《修辞学发凡》、王力《古代汉语》迳称之为"倒装"、"倒置"。

　　既然是"倒",就有可能还原为"顺",在理解语句原意时必须把颠倒了的词序重新颠倒回来。否则,按照"倒文"的顺序读(理解),就会导致"失其解矣"。

　　上引各书在近代现代都有较大影响,所举"倒文以成句"的例证在语文教学、研究中常被引用,在古诗文注解、译释中亦常被作为根据。现从语法、修辞两方面就"倒文"之"倒"及按照"倒文""顺读之则失其解",质疑如下:

一、从语法角度看

　　不少句子,从现代汉语语法的角度看,似乎是词序颠倒的"倒文",但在古汉语中,这是正常的结构,常见的格式,即常式,是"顺"的,无所谓"倒"。以今例古是不正确的。

　　王力《古代汉语》在论述有否定词"不"、"毋"、"未"、"莫"的否定句中代词宾语置于动词前时指出:"有人把上面所举的这类句子叫做倒装句,那是不对的。在上古汉语里,这是最正常的结构,而不是

'倒装'。"

　　这里涉及到划分"倒装"与"顺装"的标准问题。一般地说,以一种语言的核心句式即陈述句的正常词序为常式,与之相对的变式即使是正常的、常见的也可称为"倒装"。如英语疑问句主语置系词或助动词之后虽则是正常的结构、常见的句式,也称为"倒装句",因为它与陈述句的正常词序不同。

　　汉语陈述句的正常词序一般为"主—谓"或"主—动—宾",因而在否定句或疑问句中出现的宾语前置现象称之为"倒装"是无可非议的。问题在于同样是陈述句或与陈述句的正常词序一致时出现不同的词序安排,究竟何者为顺,何者为倒,这就需要结合考察该结构是否属正常的、常见的,在这方面切不可"以今例古",即不能把与现代汉语常式有异的古汉语句式一概称为变式,视为"倒装"。

　　下面列举几种古代汉语习见的句式,它们都同汉语陈述句的正常词序一致,只是谓语的附加语或修饰成分的位置同今语不同,把它们称为"倒文以成句"或"倒装"是不恰当的。

　　1、介词"以"组成的介宾词组,在词序上比较灵活,既可以置于动词前面,又可以置于动词(及其宾语)的后面。(如《孟子·梁惠王上》中"以羊易之"也说成"易之以羊"。)两者都是常式,无所谓"顺""倒"。

　　姚维锐《增补》十二《补倒文成句例》引《论语·为政》:"道之以政,齐之以刑,民免而无耻。"姚云:"'道之以政,齐之以刑',犹言设为政令以化导之,设为刑罚以整齐之也。此亦倒文成句之例。下文接云'道之以德,齐之以礼',与此同。"虽则以今语解释常把介宾词组置于动词前,说成类似"以政道之"、"以刑齐之"等句式,但决不能以今例古,认为"道之以政"、"齐之以礼"等是词序颠倒的"倒文"。

　　2、介词"于"组成的介宾词组,在词序上也较灵活,既可以置于动词前面,又可以置于动词后面。(前者如《论语·述而》:"子于是日哭,则不歌。"《孟子·梁惠王上》:"夫子言之,于我心有戚戚焉。"

后者如《论语·宪问》："子路宿于石门。"《荀子·天论》："繁启蕃长于春夏，蓄积收藏于秋冬。"）两者亦无所谓"顺""倒"，后者在上古汉语中反而更为常见，更不能说成"倒文以成句"。

刘师培《补》八《倒文以成句之例》云："《书·酒诰》曰：'人无于水监，当于民监。'犹言无监于水，当监于民。"

姚维锐《增补》十三《补倒文成句例》云："《书·盘庚》：'各设中于乃心。'王引之云：'各设中于乃心者，各于汝心求合中正之道也。'此亦倒文成句也。"

二例在以今语解释时改变介宾词组的词序则可，据此断言原文为"倒"，则失之。

3、表时间、处所的附加语（关系语）不用介词"于"，可直接置动词谓语前作状语或置动词谓语后作补语，两者均为古汉语中的常式，无所谓"顺""倒"。李商隐《安定城楼》诗："永忆江湖归白发，欲回天地入扁舟。"王力《古代汉语》《诗律》章认为上句应为"永忆白发归江湖"，称之为"句法上的倒装"。其实，作为时间附加语的"白发"（白发时）置动词谓语"归"之后是常式，作为处所附加语的"江湖"置动词谓语前（相当于"于江湖"）也是常式。为适应声律的要求调整词序可以在各种常见格式中选择一种，不一定分出"顺""倒"。

同样，钱起《谷口书斋寄杨补阙》诗："竹怜新雨后，山爱夕阳时。"其中时间附加语"新雨后"、"夕阳时"置谓语后作补语也不应视为倒装，详下。

此外，大体相同的意思可以选用不同的句式，即造句方式可以灵活。同一个词，在句中的作用也可以有变化，只要是属于古汉语中正常的格式，就无所谓"顺""倒"。

刘师培《补》八《倒文以成句之例》所列例句大多属于此类，现略引数例并加简述如下：

《汉书·终军传》："此言与实反者非。"刘氏云："犹言此非言与实反也。"以此解释句意则可，据此断言原句为"倒文"则非。因"非"

在句中既可直接修饰整个谓语,亦可单独作谓语。

《孟子》:"晋国,天下莫强焉。"刘氏云:"当作'天下莫强于晋国'。"按原句以"晋国"为主语,后句以"晋国"为介词"于"的宾语,引出比较的对象,古汉语中两种句式均习见,出于着眼点不同而选用不同的造句方式,这里并无"顺""倒"之分。(这里还牵涉到表达格式不同的问题,详下。)

《汉书·郑吉传》颜师古注:"中西域者,言最处诸国之中。"刘氏云"犹言处诸国之最中也"。同一"最"字在句中既可修饰动词,又可修饰形容词,两者均为古汉语中习见者,不能因为今语"最"修饰形容词较常见而断言"最处……"之"最"为"倒文"。

"顺""倒"的问题,称不称为"倒装",并不是单纯的名称术语之争。这关系到对语句文义的理解,关系到是否"失其解"。这在牵涉到表达格式特别是牵涉到修辞手法时,是否按原句的词语顺序理解,是否要颠倒原句的词语顺序理解,就显得更有明辨的必要。

二、从修辞角度看

不少句子,表面上看似乎是词序颠倒的"倒文",但按照这所谓"倒文"的原句"顺读之"却并不"失其解"。这正是修辞手段的积极运用,不是什么"倒文"。

1、不应以机械的事理或逻辑推论的眼光对待修辞,尤其是文学作品的修辞。如萧统《文选序》:"心游目想。"江淹《别赋》:"心折骨惊。"又《恨赋》:"孤臣危涕,孽子坠心。"

王力《古代汉语》认为"心游目想"应理解为"目游心想","心折骨惊"应理解为"骨折心惊",把这类句式归入古汉语的修辞中"倒置"一类,称之为"词序颠倒的句子"。陈望道《修辞学发凡》认为"心折骨惊"实为"心惊骨折",把这类句子归入"积极修辞"中"可算是倒装的一体"。王若虚《滹南遗老集》称之为"旋造"。《文选》李善注则称"互文"。李善在江淹《恨赋》下注云:"然心当云危,涕当云坠。江氏爱奇,故互文以见义。"在《别赋》"心折骨惊"下云:"亦互文也。"这里的所谓"旋造"、"互文"含义与"倒文"、"倒装"相同。

看来历来注解上述语句者多认为:心只能想而不能游,目则只能游不能想;心不能折只能惊,骨则只能折不能惊。用这样的眼光来鉴赏文学作品未免过于呆板了。文学作品既然要用形象思维,讲究修辞手法,往往并不拘泥于机械的事理或逻辑推论。在文学家笔下,心不但可以游,还可以飞呢;不但可以折,还可以碎呢。目不但可以想,还可以说话呢。骨是无知之物,也不妨说惊。为了描述超乎常态的悲痛、惊惶,"心折骨惊"较之"骨折心惊"是更深一层、更加一倍的刻画,完全没有必要说是"心惊骨折"的倒装,要承认作家、诗人在运用、搭配词语时是允许同伤科医师的术语不完全一致的。"坠心"谓连心也掉落下去了,形容被摒弃的孽子悲伤痛苦如同失去了心一般;"危"则喻指欲落未落的悬挂着的东西,"危涕"正是极言眼泪一直悬挂着不间断,如改为"坠涕",则眼泪反而是有间断止歇了。可见"心游目想"、"心折骨惊"、"坠心危涕"并不是颠倒词序的"倒文",按原句"顺读之"不但不"失其解",反而是更生动、更深刻的描述。

2、传统所称的"互文"有与李善所称的"互文"不同者,指前后相对称的语句虽然语词成素各不相同,但可交错起来,相互包含、互相补充。如就单独一个语句看往往内容单薄甚或窒碍难通,必须"参互以见义"。这类互文也不宜视为颠倒词序的"倒文"、"倒装"。

欧阳修《醉翁亭记》:"泉香而酒洌。"王力《古代汉语》认为应理解为"泉洌而酒香。"陈望道《修辞学发凡》引王若虚《滹南遗老集》所谓"旋造"的实例作"泉甘而酒洌",也说"实为泉洌而酒甘"。都当作"倒装"的语句。其实应理解为参互以见义的"互文",即泉、酒都甘美芳香而冷洌。不能拘泥地认为形容泉水不能说甘、香,只能说冷洌;形容酒不能说冷洌,只能说甘、香。韩愈《醉赠张密书》诗"酒味既冷洌"可作旁证。

3、构思的着眼点不同、表达的格式不同,不能硬说某一种表达格式是"倒文"而必须改换为另一种表达格式才是"顺文"。

俞樾《举例》引《史记·乐毅传》:"蓟丘之植,植于汶篁。"俞云:"此亦倒句,若顺言之,当云'汶篁之植,植于蓟丘'耳。"《中华文史论丛增刊·语言文字研究专辑上》周斌武《〈古书疑义举例〉札记上》一文已指出:"按表达格式来解释,句子的意思是:蓟丘那个地方种植的,不是燕地的产物,而是把齐王汶上的竹竿种植在那儿。'植于汶篁'相当于'植(之)以汶篁'——把齐王汶上的竹竿种植(在那儿),而不是'植于蓟丘。'"

著名的例子如杜甫《秋兴》诗:"香稻啄馀鹦鹉粒,碧梧栖老凤凰枝。"宋以来历代注家大多以为两句是"鹦鹉啄馀香稻粒,凤凰栖老碧梧枝"的倒装。王力《古代汉语》称之为"句法上的倒装",并指出这是"为了适应声律的要求"。其实,"鹦鹉"同"香稻","凤凰"同"碧梧",声律上并无不同,前者均为"平仄"声,后者均为"仄平"声,谈不上什么"为了适应声律的要求"。那么,是否属于"倒装"呢?周振甫《诗词例话·侧重一》认为应理解为"香稻——鹦鹉啄馀粒,碧梧——凤凰栖老枝",采用描写句,把重点放在香稻和碧梧上,是侧重的写法。"指出诗中"鹦鹉啄馀"、"凤凰栖老"因平仄关系倒装为"啄馀鹦鹉"、"栖老凤凰",但"香稻"与"鹦鹉"、"碧梧"与"凤凰"并无倒装,"要是改成'鹦鹉啄馀香稻粒,凤凰栖老碧梧枝',便成为叙述句,叙述鹦鹉凤凰的动作,重点就完全不同了"。其实,《秋兴》诗以"香稻"、"碧梧"为构思时着眼点、出发点,从而侧重表达当初环境优裕,连禽鸟也能很好地生活:这里的香稻曾经是用来喂鹦鹉的,这里的梧桐曾经栖宿过凤凰。(描写的环境正是汉时上林苑的故址。)即景抒情,从见了香稻,然后想到当年有被啄食有馀的(足够的)鹦鹉的粮粒,从见了碧梧,然后想到当年有可供栖息到老的凤凰的枝条。可见完全按诗的原句"顺读"并不失其解,而表达效果更为突出。如果改换成"鹦鹉啄馀香稻粒,凤凰栖老碧梧枝",则构思的着眼点、出发点变成以"鹦鹉"、"凤凰"为主,叙述禽鸟的动作。那么,着重表现环境优裕的意思就不突出了。总之,不同的着眼点,不同的表达方式可以有不同的词序,这里不存在什么"倒句"、"倒装"。

　　根据以上理由,传统或流行的说法中的"倒文以成句"或"倒装"不少并不"倒"。王力《古代汉语》第四册《古汉语的修辞》和《诗律》中所举"倒置""倒装"的全部例句都可重新认识,即都应看作是"顺"的,顺读之并不失其解。当然,古代汉语中"倒文以成句"的例句还是有的,如古诗词为适应声律要求而倒装的句法确是存在的。杜甫《月下赋绝句》:"久拚野鹤如双鬓,遮莫邻鸡下五更。"其中,"野鹤如双鬓"确是"双鬓如野鹤"之倒。上句第三、四字需用仄声以与下句的第三、四字"邻鸡"相对,结构也两两相对("野鹤"对"邻鸡","双鬓"对"五更")。因本文旨在质疑,对确系"倒文以成句"、"倒装"的句式及其优劣得失就不赘述了。

（原载《语文研究》1984 年第 3 期）

文言虚词语法作用的内部联系

常用文言虚词远比常用文言实词少,各种古代汉语教材重点讲析的文言虚词不过几十个。吕叔湘先生《文言虚字》一书为初学者详加辨析的虚字只有 26 个。但是,我们不能因其字数有限而忽视它们,因为它们在古诗文中出现频率很高,几乎每段乃至每句往往免不了要用虚词。更突出的是,文言虚词的语法作用复杂多样,初学者往往感到眼花缭乱,茫无头绪。因而在学习、理解、掌握文言虚词时困难多,效率低,严重妨碍古诗文阅读和理解。努力辨识文言虚词语法作用的内部联系有助于克服上述困难,提高学习效率,加深对文言虚词形、音、义诸方面的理解,从而大大有利于古书阅读能力的培养和提高。

文言虚词语法作用的内部联系可以从两个方面来认识:

一、同类文言虚词的内部联系

语法作用相类的文言虚词尽管书写形式多种多样,往往可以从音系上找到内部联系的线索。

例如在语法作用上归为否定副词一类的“不”、“弗”、“勿”、“未”、“毋(无)”、“非”、“否”等,音系上均属唇音字,追溯其古音,实均为重唇音,后来有的演变为轻唇音,有的演变为喉音。

又如在语法作用上表限制的范围副词一类的“但”、“特”、“第”、“独”、“徒”古均为舌音定母字,同类的“直”、“只”、“止”古属舌音章母字,古音相近。

传统或习惯上将代词归在文言虚词里。代词按语法作用归类，同样可有明显的音系上的联系线索。例如第一人称代词"我"、"吾"、"卬"古均为牙音疑母字，"予"、"余"、"台"古音均为喻母四等字，与同类的"朕"（古定母字）音近。又如第二人称代词"女（汝）"、"尔"、"若"、"而"、"乃"古均为舌音日母字。再如近指指示代词"此"、"兹"、"斯"古均属齿音字，与同类的"是"（禅母支韵）声韵俱近。远指指示代词"彼"、"夫"古均属重唇音。

古代汉语中用作形容词词尾的"然"及其变形"尔"、"如"、"若"（如"铿尔"、"率尔"、"晏如"、"恂恂如"、"沃若"、"超若"）古均属舌音日母字。还有"焉"用作形容词词尾，语法作用同"然"（如"忽焉自有"、"潸焉出涕"），二者均为古元韵字。

二、同一虚词不同语法作用的内部联系

文言虚词很少是单纯的一词一义或一词一用，同一虚词往往有纷繁复杂多种多样的语法作用，抓住其内部联系，可以理清头绪，避免杂乱散漫，从而以简驭繁，提纲挈领。

同一虚词的不同语法作用，应找出一个最基本的核心用法，其他种种用法往往是从这一基本的核心的用法直接或间接引申发展而来的。

例如介词"以"，在它所构成的介词结构中，其基本的核心的语法作用是表示凭借的事物。以此语法作用为中心、为纲，可以把多种语法作用贯穿联系起来，联系的线索即引申的途径往往是从具体到抽象。现将"以"字结构表示动作、行为所凭借的事物从具体到抽象分述如下：

1.表示凭借的工具、材料。"以"相当于"拿"、"用"。如"以肱击之"、"杀人以梃与刃"、"以羽为巢，而编之以发"。

2.表示凭借的身分、职位。"以"相当于"凭着"。如"广以良家子从军击胡"、"骞以郎应募使月氏"。

3.表示凭借的力量。"以"可译为"率领"。如"项梁乃以八千人渡江而西"、"宫之奇以其族行"。

4.表示凭借的方法、手段。"以"相当于"按"、"用"。如"能以足音辨人"、"儒以文乱法，侠以武犯禁"。

5.表示凭借的事理。"以"相当于"按照"、"依照"。如"斧斤以时入山林"、"馀船以次俱进"。

6.表示凭借的原因。"以"相当于"由于"、"因为"。如"赵王岂以一璧之故欺秦邪"、"吾以捕蛇独存"。

介词"为"，在它所构成的介词结构中，其基本的核心的语法作用是引进动作、行为对象。从引进具体的对象到引进抽象的事理，分述如下：

1.引进动作、行为服务的对象。"为"相当于"给"、"替"。如"为河伯娶妇"、"君为我呼入"。

2.引进动作、行为涉及的对象。"为"相当于"对"、"向"。如"淮阴人为余言"、"不足为外人道也"。

3.引进动作、行为的施动者。"为"相当于"被"。如"为天下笑"、"为我禽"。

4.引进动作、行为的目的。"为"相当于"为了"。如"文章合为时而著，歌诗合为事而作"。

5.引进动作、行为的原因。"为"相当于"因为"、"由于"。如"天不为人之恶寒也辍冬，地不为人之恶辽远也辍广"。

介词"因"由动词"因"直接演变而来，其基本的核心的语法作用是表示依凭、根据。如："因势利导"、"因地制宜"、"因材施教"、"因陋就简"。稍稍引申，有"趁着"、"通过"的意思。如：

"因其无备，卒然击之。"（《三国志·魏书·郭嘉传》）

"廉颇闻之，肉袒负荆，因宾客至蔺相如门谢罪。"（《史记·廉颇蔺相如列传》）

再引申抽象化，表示依凭的原因。"因"相当于"由于"。如：

　　"因前使绝国功，封骞博望侯。"（《史记·卫将军骠骑列传》）

　　"蒙恬因家世得为秦将。"（《史记·蒙恬列传》）

连词"因"可能从省略宾语的介词"因"演变而来，经常用于复句的后一分句的前头，"因"相当于"于是"、"遂"、"乃"。如：

　　"单父人吕公善沛令，辟仇从之客，因家焉。"（《汉书·高帝纪》）

　　"宅边有五柳树，因以为号焉。"（陶潜《五柳先生传》）

介词"于（於）"所构成的介词结构，其核心的语法作用是表示处所或时间。常见的十来种主要用法都与这一核心的语法作用有关联。从下表可以清楚地看出其内部联系的线索。

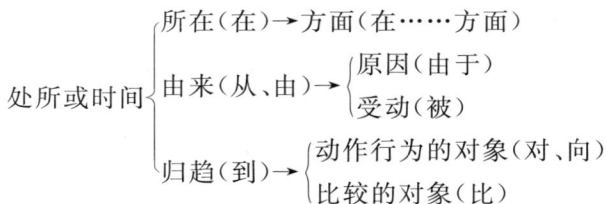

$$
处所或时间
\begin{cases}
所在（在）\rightarrow 方面（在……方面）\\
由来（从、由）\rightarrow
\begin{cases}
原因（由于）\\
受动（被）
\end{cases}\\
归趋（到）\rightarrow
\begin{cases}
动作行为的对象（对、向）\\
比较的对象（比）
\end{cases}
\end{cases}
$$

所在、由来、归趋的处所或时间比较具体，根据介词结构所修饰的动词的不同语法作用可分别译为现代汉语的"在"、"从"、"到"等。如：

　　"公与之乘，战于长勺。"（《左传·庄公十年》）

　　"子于是日哭，则不歌。"（《论语·述而》）——"于"相当于"在"。

　　"千里之行，始于足下。"（《老子》）——"于"相当于"从"。

　　"海运则将徙于南冥。"（《庄子·逍遥游》）

　　"自吾氏三世居是乡，积于今六十岁矣。"（柳宗元《捕蛇者说》）——"于"相当于"到"。

从所在的时、地引申抽象化可表所在的方面。如：

"民怯于私斗而勇于公战。"（《史记·范雎蔡泽列传》）——意为在私斗方面懦怯而在公战方面勇敢。

"乐天，深于诗而多于情者也。"（陈鸿《长恨歌传》）——意为在诗歌方面造诣深而在感情方面很丰富。

从"由来"引申抽象化可表示所由的原因。如：

"然后知生于忧患而死于安乐也。"（《孟子·告子下》）——由于忧患而得生，由于安乐而身亡。

"业精于勤而荒于嬉。"（韩愈《进学解》）——学业由于勤奋而精通，由于嬉戏而荒废。

从"由来"也可引申表受动，即引出动作行为所由的施动者。如：

"兵破于陈涉，地夺于刘氏。"（《汉书·贾山传》）——军队被陈涉攻破，土地被刘邦夺取。

从归趋的时地可引申指动作行为的对象。如：

"当仁不让于师。"（《论语·卫灵公》）——"不让于师"谓对老师不谦让。

"四境之内，莫不有求于王。"（《战国策·齐策》）——"有求于王"即对王有所求。

从归趋也可引申指比较的对象。如：

"苛政猛于虎也。"（《礼记·檀弓下》）"猛于虎"即比虎凶猛。

"人固有一死，或重于泰山，或轻于鸿毛。"（司马迁《报任安书》）——"重于泰山"即比泰山重，"轻于鸿毛"即比鸿毛轻。

连词"而"、"测"的基本的核心的语法作用均为承接，包括顺接和逆接。其各种语法作用从顺接到逆接，从具体到抽象贯穿联系如下表：

而：

承接
- 顺接
  - 并列　如："寿而康"、"黑质而白章"
  - 连贯　如："学而时习之"、"图穷而匕首见"
  - 相因　如："玉在山而木润"、"令尹诛而楚奸不上闻"
- 相对　如："夫寒者利短褐而饥者甘糟糠"
- 逆接
  - 相反(转折)　如："来而不往"、"出淤泥而不染"
  - 假设　如："人而无仪,不死何为"

则：

承接
- 顺接
  - 时间紧接　如："到则披草而坐,倾壶而醉,醉则更相枕以卧"
  - 事理相因　如："诸儿见家人泣,则随之泣"
  - 推论
    - 假设的结果　如："王如知此,则无望民之多于邻国也"
    - 条件的结果　如："凡事豫则立,不豫则废"
- 列举、对比　如："贾人夏则资皮,冬则资绨,旱则资舟,水则资车"
- 逆接(转折)
  - 相反　如："欲速则不达"、"见小利则大事不成"
  - 推溯　如："使子路往见之,至,则行矣"
  - 让步　如："善则善矣,未可以战也"

相对、对比的语法作用是从顺接到逆接的枢纽。从相对发展到相反(转折),联系是显而易见的。至于假设或让步的语法作用,其实也是从相反(转折)发展引申而来的,试看：

"相鼠有皮,人而无仪。人而无仪,不死何为!"(《诗·鄘风·相鼠》)

第二句的"而"表转折,第三句的"而"有假设的意味,其实两句字面完全一样,可见两种语法作用是相通的。前者译为"人却没有礼仪",后一句可译为"人却没有礼仪的话"或"人如果没有礼仪"。

"则"的推溯用法出现于复句的后一分句,而后一分句发生的事先于前一分句,"则"可译为"原来"、"已经",表示发现已发生之事。"则"的让步用法出现于复句的前一分句,包括承认事实的让步和假设让步。前者如："其室则迩,其人甚远。"(《诗·郑风·东门之墠》)

后者如："时则不至，而控于地而已矣。"(《庄子·逍遥游》)这几种用法均与转折的语法作用相联系。

最后，再举一个连词"以"，它不同于可以构成介词结构的介词"以"。其基本的核心的语法作用为承接、连接，略同于连词"而"，不过"以"一般不用于逆接。

1.连接两个形容词，表示两种性状的并列。如：

"夫夷以近，则游者众；险以远，则至者少。"(王安石《游褒禅山记》)

2.连接两项动作、行为。

①时间上先后相承。如：

"余折以御。"(《左传·成公二年》)

"酌贪泉而觉爽，处涸辙以犹欢。"(王勃《滕王阁序》)

②后一行为是前一行为的目的或结果。如：

"志士仁人，无求生以害仁，有杀身以成仁。"(《论语·卫灵公》)——"害仁"是"求生"的结果，"成仁"是"杀身"的目的。

3.连接状语和动词这一语法作用较前几种抽象，但也是一种承接、连接。如：

"愿夫子辅吾志，明以教我。"(《孟子·梁惠王上》)

"木欣欣以向荣，泉涓涓而始流。"(陶潜《归去来兮辞》)

(原题《辨析文言虚字的若干方法》，载《语文导报》1986 年第 5 期，中国人民大学《复印报刊资料·语言文字学》月刊 1986 年第 6 期全文转载。修订后改为现题，载《'98 语言论丛》，杭州大学出版社1999 年版)

古人名、字相应述例

　　古人自幼命"名"；成年之后，一般在二十岁时，由长者加"字"。《礼记·曲礼》："男子二十冠，而字。"冠是加冠之礼，表示已成人。成人自称或称子弟后辈用名，称人用字。加字，常常有意识地与名相互配搭、关联。后来虽不再行冠礼，但仍据名命字。名、字相应主要表现在字义方面，也关涉到字音和字形。研读古籍、批判继承古代文化遗产，不能不经常接触古人的名字。古人名、字之制及其间相应关系是必须掌握的文化常识。掌握这方面的常识也有助于探讨古汉语文字、音韵、训诂等各部门的现象、条例。许慎在《说文解字》中就一再引用古人名、字相应的实例，以之发明古义（参见"悭"、"眅"、"破"等字说解）。班固《白虎通义》第二卷"姓名"章说："或旁（傍，依傍）名为之字者，闻名即知其字，闻字即知其名。若名赐字子贡，名鲤字子鱼。"王引之的《经义述闻·春秋名字解故》搜集了数百条古人名字相应的实例，在训诂方面作了详细的引证和解析。王氏在叙中指出："名字者，自昔相承之诂言也。"可见，名字相应的现象是训诂学、词义学的一宗矿藏，值得深入发掘开采。

　　名字相应现象提供了极其丰富的同义词资料。例如颜回字子渊，宰予字子我，郑公子蛮字子蟜等等。回与渊（《说文》："渊，回水也。"）予与我，蛮与蟜（《说文》："蠚（蛮），毒虫也。""蟜，虫也。"）都是同义词。

　　由于名字同训，数人同名异字，则各不相同的字往往正好是一组同义词。例如卫卜商字子夏，楚秦商字子丕，汉许商字伯长，汉张商字伯玮。与同一个名（商，古通章，盛大的意思）相应的字夏、丕、长、玮，都有大的意思。

同样，数人同字而异名，则各不相同的名也往往正好是一组同义词。例如郑公孙碫、郑印段、宋褚孙段、楚公孙龙均字子石。段通碫、龙通砻，都是石名。

还有一人数名或数字，会产生意义相近的一连串名字，亦属同义词。例如鲁南宫括字子容，一名韬或绹。囊括的括、包容的容、隐藏的韬（《说文》："韬，剑衣也。"《广雅·释器》："韬，弓藏也。"《玉篇》："韬，藏也，宽也。"）都属同义词，绹是韬的古异体字。又如郑公孙侨字子产，一字子美。侨、产、美古均有大义（《尔雅·释乐》："大磬谓之馨。""大管谓之篞。""大籥谓之产。"《说文》："侨，高也。"又，《说文》："美……从大。"），也都是同义词。

但须注意，数人同名而异字，数人同字而异名，以及一人数名或数字所产生的一系列名字，并非都是同义词，因为名字相应除同训而外，还有其他多种相应关系，详下。

名字相应又包括名字反训的现象。例如漆雕哆字子敛、曾点字皙、阎没字明、庆奊字绳等。哆和敛、点和皙（《说文》："点，小黑也。""皙，人色白也。"）、奊和绳（《说文》："奊，头邪也。""觟，奊态也。"《广雅》："绳，直也。"）都是义相反对的词。

此外，有许多既非同训又非反训的名字相应现象。这种相应是名和字在意义上有一定的关联。例如楚公子启字子闾、齐步叔乘字子车、朱张字子弓等。启、乘、张等表示动作的词，分别与闾、车、弓等表示名物的词相关。又如齐公孙捷字子车、郑然丹字子革等。表形状的捷、丹分别与表名物的车、革相关（古时革多以丹染之）。再如孔丘字仲尼，尼是鲁国的丘名；屈平字原，《尔雅·释地》："广平曰原。"原是邍的假借字。此外如以干支名称取名字的亦属广义的相应。例如郑石癸字甲父、秦白丙字乙、楚公子壬夫字子辛、卫夏戊字丁等。古时以天干记日，甲、丙、戊、庚、壬等单日均属刚日，乙、丁、己、辛、癸等双日则属柔日，取名字时取刚柔相济之意。亦有干支字互配的，如楚公子午字庚、鲁颜辛字子柳（古文酉作丣，柳为酉的假借字）等。

名字还有种类关系相应的，这正是训诂学上以大类名（共名）来解释小类名（别名）的例子。例如卫史鳅字子鱼、卫祝鮀字子鱼、梁鳣字叔鱼、鲁孔鲤字伯鱼等。

又有同类相关联的，如楚成熊字虎、晋郤豹字叔虎、羊舌虎字罴。这也是广义的相应。

名字间有一定关联的广义相应是不胜枚举的，只要在意义上略有联系即属相应。王引之在《春秋名字解诂》的序中所举的五体中连类、指实、辨物诸体其实都是义相关联的广义相应。

名字之中有时插入意义无所配应的字眼，这主要是一些表示排行、美称的字眼和纯属无义的语助词。《仪礼·士冠礼》载命字的仪式说："曰伯某甫，仲叔季，唯其所当。"称人的字，加上伯仲叔季的排行，表示区别。加"甫"或"父"，表示尊敬，属美称。有时不用"伯仲叔季"，一般就用"子"。如仲由字路，称子路或季路。甫、父、子都是男子的美称，金文中多作父，典籍中或作父，或作甫。其实"甫"与"父"古音相同，可以通假。

有时名或字中插入毫无实义的语助词。如鲁公子奚斯字子鱼，奚（通鲑）与鱼义相应，斯则是个语助词。又如楚文之无畏字子舟，畏通桹（舟上柱），与舟义相应，之、无都是语助词。另如庾公之斯、尹公之它、施之常、宓不齐、任不齐等，之、不也都是语助词。在对子弟后辈或自称时，名字后加"也"字，如《论语·先进》中的"由也、回也、赤也、点也"，也都是因为便于称呼和表示提顿而加上的语助词，一般也称之为句中语气词。

不论是义相类同、义相反对还是义相关联的名和字，要探索其意义，往往必须突破字形而即音求义。因为古人名字相应多用假借义，与所用的文字的本义往往无关。《春秋名字解诂》叙说："夫诂训之要在声音不在文字,声之相同相近者,义每不甚相远,故名字相沿,不必皆其本字。"例如宋公子说字好文,说通悦,与爱好的好同义,又如鲁季公弥字鉏、齐犁弥字且。弥通玺,且通鉏,玺、鉏都是古代用以除草的农具。

　　古人名字所用的假借义,是指当时古音假借之义。不明古音,就无从了解假借(特别是与今音相差甚大的古音假借),也无从知道名字之间的意义相应。反之,了解古音假借在名字相应中的运用,也有助于探索、证明古音现象。例如楚鬬般字子扬,般与播古字通,古音元部与戈部韵部相通转。又如齐公孙竈(灶)字子雅,雅与寤古字通。(《玉篇》引《仓颉篇》:"楚人呼竈曰寤。")又如《说文》銵字条云:"牛膝下骨也。……《春秋传》曰:'宋司马銵字牛。'"《史记·仲尼弟子列传》有宋司马耕字子牛者,耕与牛义不相应,因为上古耕田以人耦不用牛力,所以这个耕不是耕田的耕,而是銵的假借。

　　古有数人同名而其义不相应者,这可能是因为作为名的同一文字在不同场合取各不相同的假借义之故。例如赵公孙龙字子秉,楚公孙龙字子石。名同为龙,字则各为义不相关的秉与石,原来前一人名的龙是穲字之借(《广雅·释诂》:"穲,穧也。"《说文》:"穧,获刈也。"),后一人名的龙为砻字之借。

　　名字相应还有纯属字音关系而无关乎字义的,这就是急读、缓读现象。例如楚鬬成然字子旗,成然与旗义不相应,原来成然是旃的缓读,旃是纯赤色的曲柄旗。宋元公太子栾一名头曼,范子计然一名研,晋寺人勃鞮字伯楚,一名披。急读为栾、研、披,缓读为头曼、计然、勃鞮。急读恰为缓读的合音,缓读犹如急读的反切上下字。今人王力又名了一,唐兰字立厂(庵),亦属此类相应,是为纯属字音关系的相应。

　　古人名字辗转流传,由于年代久远,书写条件的限制,不免时有字形之讹或异文出现。参照名字相应的道理,可以有助于判别异文的得失,纠正字形的讹误。例如《史记·仲尼弟子列传》有颜高字子骄的记载。《史记·孔子世家》、《汉书·古今人表》均作颜刻。高与克形似（克篆文为𠄏），《论语·宪问》："克伐怨欲。"马注："克，好胜人也。"克、骄义相近，高为克之讹，刻为克的同音通假字。又如鲁公皙衰字季次，《仲尼弟子列传》作公皙哀，《淮南子·氾论篇》高注作公皙襄，《孔子家语》又作公皙克。衰即等衰的衰（音 cuī），等衰即等差，等第级次之意，义与次相应。哀、襄均为与衰形近而讹的错字；克则是与哀形近而讹的错字。

后来的名和字，如杜甫字子美，甫是男子的美称，甫、美都有大的意思。欧阳修字永叔，修、永都有长的意思。韩愈字退之，愈有进的意思，与退义反。秦观字少游，游观往往连言。李商隐字义山，商是山名。皮日休字逸少，《书·周官》："作德心逸日休。"王安石字介甫，《易·豫》："介于石。"都是名和字相应的。不过也有些由于名字屡改，或别号专行，或其他原因而无从推究关系的，就不必详举了。

夏瞿禅先生在《唐宋词人年谱》中指出：南唐词人冯延己的己是与巳形似而讹的错字，就是根据古人名字相应的道理而发现的。因为冯氏字正中，夏先生引焦竑《笔乘·释氏六·时》："可中时，巳也；正中时，午也。"延巳时即午时，午即正中时也，延巳与正中义相应。这个说法还有一个很有力的根据：冯氏一名延嗣，嗣与巳同声通用，己为巳之误可说是确定无疑的了。又如《聊斋志异》三会本（中华书局上海编辑所 1962 年版）卷 12《褚遂良》引吕注："字善登。"此字与名不相应，遂良属动宾结构，疑善登为登善之讹误。查《新唐书》卷105，正作登善，三会本误。这些都是名字相应的道理以及汉字形音义互相求的方法成功运用的显例。

（原载《语文进修》1964 年第 2 期）

周广业笔记四种校点本前言

　　浙江古籍出版社正在编辑出版两浙作家善本丛书,决定将清代著名学者周广业的笔记四种汇集在一起,校点出版。这四种笔记共十五卷:《三馀撦录》三卷,《过夏杂录》六卷,《过夏续录》一卷,《循陔纂闻》五卷。

　　周广业,字勤补,号耕崖,浙江海宁盐官人。生于清雍正八年(1730),卒于嘉庆三年(1798),曾为乾隆举人。他一生著述十分丰富。已刊行出版的有《蓬庐诗文集》三十四卷(文集八卷,诗集二十六卷)、《孟子四考》四卷(《孟子古注考》、《孟子逸文考》、《孟子异文考》、《孟子出处时地考》)、《冬集纪程》、《四部寓眼录》、《四部寓眼录补遗》等。经周广业注、校、辑、补的前人著作有唐马总《意林》(补注、校正、辑佚)、唐赵蕤《长短经》(注)、南唐刘崇远《金华子杂编》(校注)等。尚未刊行的著作多达十多种,除这里汇编的几种笔记外,还有:《读相台五经随笔》、《读易纂略》、《季汉官爵考》、《经史避名汇考》、《两浙地名录》、《宁志馀闻》、《客皖录》、《动植小志》、《目治偶钞》等。未刊行的手稿,大多属于笔记。而涉及面最广、内容最为丰富多彩并具有代表性的笔记则是这里汇编的四种笔记。

　　这四部笔记集子的题名值得探讨,通过对"三馀"、"过夏"、"循陔"等语词含义的解释可以有助于了解作者著述的缘起和主旨。

　　三馀　据《三国志·魏书·王肃传》裴松之注引《魏略》云:魏人董遇教导学生读书当以"三馀",即抓紧利用"三馀"时间勤奋学习。董遇曰:"冬者岁之馀,夜者日之馀,阴雨者时之馀也。"后乃以"三馀"泛指空闲时间。周广业正是充分利用一切可以利用的空闲时间抓紧著述的。点滴积累,持之以恒,历时六年(辛巳至丙戌,即1761—1766年),得以成《三馀摭录》三卷(摭,音 zhí,摘取之意)。

过夏 唐代李肇《国史补》(下)载:"(进士)籍而入选,谓之春闱;不捷而醉饱,谓之打毷氉;……退而肄业,谓之过夏。"周广业的宗叔周春在《过夏杂录·序》中谈到:"兹《过夏杂录》六卷乃癸卯计谐下第后所录。"癸卯年(乾隆四十八年,即 1782 年)周广业以举人身分赴会试(即所谓"计谐"),落第后,并未抛弃学业,于甲辰至丙午两年内陆续随笔记录所见所闻所学所思,成《过夏杂录》六卷,后又补撰《过夏续录》一卷。篇幅大,字数多,足见其勤奋有恒。

循陔 《诗·小雅·南陔》原诗已佚,毛传曰:"南陔,孝子相戒以养也。"晋代束皙按毛传之意作《补亡诗·南陔》云:"循彼南陔,言采其兰。"此后诗文多借"循陔"指奉养父母。清代学者赵翼有《陔馀丛考》一书,书名由来见赵翼所撰写的小引:"余自黔西乞养归,问视之暇,仍理故业,日夕惟手一编,有所得辄札记于别纸,积久遂得四十馀卷,以其为循陔时所辑,故名曰《陔馀丛考》。"在家奉养父母的同时不忘学业,有所见闻或学有所得即纂录之,这正是周广业《循陔纂闻》这部笔记题名的用意吧。

这些笔记所录内容极为庞杂,涉及面十分广泛。笔记条目总数达一千则以上。其中《过夏杂录》和《过夏续录》每则有小标题。另两种笔记,则以首字高出一格为标志,不列小标题。

这些笔记所录内容无所不包。有天文、地理、历法、风俗、民情、典章制度、时事掌故、经义剖析、史实考订、奇闻逸事、传记故事、名物缘起、称谓名号、博戏娱乐、服饰器用、农艺畜牧、医药卫生、烹饪食品、文字训诂、音韵诗律、诗文赏析、佳句摘抄……有直接从经史子集及历代笔记中摘抄的材料,也有个人心得体会、独到见解的记述。总之,这些笔记提供了大量有关经学、哲学、史学、文献学、民俗学、语言文字学、文学、美学以及自然科学等各个领域多方面多层次的有价值的参考材料。

周广业曾引用梁代刘缓语："不须衣食，不用身后之誉，惟重目前知见。"（见《过夏》卷末作者识语）又引后魏李琰之语："吾好读书，非求身后之名，但广见闻耳。心之所愿，足以孜孜搜讨，欲罢不能。岂为声名劳七尺也？"（见《循陔》卷二）这正是周广业一生勤奋著述的真实写照。他不重个人功名富贵，一心看重的、感兴趣的就是知识、见闻。他执着地孜孜探讨学问，积累知识，不倦地广泛采录记述。无怪乎人们赞誉他的笔记足以同晋代张华、梁代颜协、宋代洪迈以及清代王士禛等的笔记媲美，甚至"骎骎乎欲突过前人矣"（见赵怀玉《循陔纂闻·序》）。

各则笔记篇幅长短不一，最长的有近万字的。如"辟雍"一则（《过夏》卷四），详考"辟雍"名义、制度并引述周文王、周武王、周成王、西汉、东汉历代辟雍的有关记载。又如宋代会稽六陵考一则（《循陔》卷三），广泛搜集有关六陵的文献资料。除作者考证文字外，又附录涉及六陵事之专文及祠祭书共七篇。末后识语云："今而后欲知六陵事者，余所纪庶得其大略矣。"篇幅短小的笔记只有十字左右。如《循陔》卷四一则云："秦桧墓碑无字，在建康。"同卷又一则云："三韩，马韩、辰韩、弁韩也。今辽东地。"《过夏》卷三"小生"一则云："杜牧之投知己书自称小生。"从这些篇幅小、数量多、内容丰富的笔记中可以发现，作者无论读书、处事、生活，处处留心、用心而专心，不放过点滴知识见闻的搜集。在《循陔》卷五中有一则云："吾邱衍曰：'《尚书》无"也"字，三坟有之。'按《论语》无'此'字，《易》有'于'字，《孟子》有'惟'、'悦'等字。虽小事亦宜留意。"这类为作者所留意的"小事"往往一般人粗心忽略或熟视无睹，甚至是闻所未闻发人深省的。像这则笔记所指出的"小事"，实际上是研究汉语史、词汇史、文献学、校勘学等有价值的资料。另如《大戴礼》连用十六个"然"字的绝奇文法（见《过夏》卷一）、传说中的太阳生日（见《过续》）、《四库全书》字数（同上）、鼋古称"硬雨"（见《循陔》卷二）等等，均为生动有趣而有意义的值得留意的"小事"。

大量笔记不论篇幅长短,均不停留在资料的堆砌罗列上,而是有分析、有评论、有推论、有见解的。如《三馀》卷一关于集句诗一则,举出了最早的集句诗和历代有影响的集句诗及其作者。既溯其源(晋傅咸集《诗经》大小雅八篇各一句成诗),又述其流变发展,然后作出公允的有见地的评价。又如《过缕》"诗换字有深浅"一则引谢枋得《诗经注疏》说《风雨》篇云:"'凄凄'则风微雨细,但见其寒凉;'潇潇'则风劲雨大,潇潇然有声;'如晦'则风狂雨骤,天昏地黑。一节紧一节。'夷'则心平气和;'瘳'则心病顿愈;'喜'则欢乐之心,不止于瘳也。"周广业进一步指出:"其说《草虫》、《甘棠》、《北风》诸诗亦然。余尝推此以读诸诗,大率如此。叠山可谓深于诗矣。"另如《三馀》卷一就古人行文立宾主之法悟出"宾为主而主为宾"的脱化之法。即如枚乘《七发》之客与太子,曹植《七启》之元微、镜机,张协《七命》之冲漠、殉华,均不同于宋玉始造对问及《文选》中《两都》、《两京》、《三都》、《上林》、《子虚》等赋的"宾为宾而主为主"之法。

尤其值得推崇的是,作者于所见所闻、所学所思所经历中善于发疑、解惑。即于平日工作、读书、生活、游历中就一般人不得其解之疑点广为考索,多经博览群书而得以解惑而知其所以然。如所举厅事旧颜(指堂上楣题字处)曰"浍和"曰"清澂",少有知出处者。阅《旧唐书·褚遂良传》知"浍和"语出褚上疏语("浍和染教,皆为善良"),"清澂"语出《楚辞·九章·惜往日》("君含怒以待臣兮,不清澂其然否")(见《循陔》卷二)。又如见族祖诗有"韵到八叉天匠事,文成三唾鬼工心"之句。"三唾"出处人多不知。阅《云仙杂记》:"有人谒李贺,见其久而不言,唾地者三,俄而文成三篇。(《文笔嗫嚅》)。"又宋景帝尝言"太白仙才,长吉鬼才",诗义乃明(见《三馀》卷三)。又如族叔小名宝爻,不得其解,阅京房《易传》"天地为义爻,福德为宝爻"陆绩注:"天地即父母也,福德即子孙也。"乃知其说(见《三馀》卷三)。又如读嵇康《养生论》"齿居晋而黄",不得其解,后阅彭乘《墨客挥犀》载："太原人善食枣，无贵贱老少皆置枣于怀袖间，等闲探食之，则人之齿皆黄，缘食枣故。"乃验叔夜之说（见《三馀》卷二）。另如西湖十景"柳浪闻莺"中"柳浪"出处（见《三馀》卷二），镊工何以被尊称为"待诏"、"大夫"（见《三馀》卷一），古书对话中"哑"的含义（见《过夏》卷二）等均为一般人轻易忽略放过，一经质疑必瞠目结舌不明所以然者，作者均一一深入而广泛地考察查阅而得其解。

在《过夏》卷二"韩信"一则中，作者明确提出不应"以后世之见揣测古人"，这是极有见地的。历来词语误释曲解多源于"以今律古"。该则笔记引谢在杭《史测》云："王孙犹今言公子，盖美称也。"谢斥《史记》、《汉书》注"谓魏其字王孙，（暴）胜之字公子，何异痴人前说梦耶？"周广业列举史籍所载以王孙、公子为字之实例，驳正谢说。除《汉书·窦婴传》明言"窦婴字王孙"外，列传有卓王孙、杨王孙，《儒林传》有周王孙、田王孙，皆为字。疏广兄子受字公子，《游侠传》赵他羽字公子……俱炳在史策，不得以后世用为美称来曲解古之以王孙、公子为名为字者。同卷"孙叔敖"一则引《古今姓氏辨证》曰："楚蔿敖字孙叔，一名艾猎。古人先字后名。"后世误以孙为姓氏，叔敖为字或名，同样犯了"以今律古"的毛病。又如《三馀》卷一有一则指出"臣之称圣"，古已有之。《天禄识馀》批评李义山《韩碑诗》"帝得圣相相四度"推颂太过，有夸谀之弊。这也是以今律古的显例。周广业指出"圣相"二字本之《晏子春秋》"仲尼，圣相也"，非义山创为此语。又列举《书·汤誓》、《荀子·臣道篇》、《吴越春秋》等称臣为"元圣"、"圣臣"的语句，不得拘泥于"颂君曰圣，颂相曰贤"的所谓"立言之体"。

古代学者特别是清代学者重视小学即语言文字之学，精研文字、音韵、训诂之学，以为读书稽古的必要基础和辅助。周广业虽早于清代小学大家、朴学大师段玉裁、王念孙诸人，但他也已十分重视精研文字学、训诂学和音韵学。在这几种笔记中对汉字形、音、义有十分可贵的记录资料和独到见解。

　　文字方面，笔记中注意记录一般字书不载的异体字、俗字，并注意文字形音义有异说者，或加辨正，或存疑待考。如据汉石刻、《资暇录》（李济翁）及《别雅》等考定汉代四皓角里先生之"角"字实为"角"字之误。"角"本有禄音，后人不知而妄改为"甪"（见《三馀》卷三）。又如同卷将作"卷"字用的"弓"字形体来历及确切音读的各种异说一一列出存疑。有些笔记每则仅记一字音义。如《过夏》卷二"弟蘼"、"俞俞"、"丄"等则，同卷"乾坤二字"一则批评《龙龛手鉴》"大抵收字之滥，此书为最。释藏杜撰之字，皆麗其中。世徒夸其浩博，不深究耳。"但对流行俗字则颇重视，往往从古籍或古字书中寻求用例或探索本字。如"箳泥"字（见《过夏》卷三）、"臡卧"字（见《过续》）。还对唐人将习用俗字入诗详加引录，如"窠"、"遮莫"、"耐可"、"作箇"、"斗"、"底事"、"隔是"……（见《三馀》卷二）。这些俗字、俗语词的搜集整理为一般治经籍的学者所忽视。周广业既注意古籍古注、古字书材料，又结合对照今方言俗语，实开后来研究俗语词之先河。如《过夏》卷二"齓"、卷三"泥窗"、卷六"方言"及《过续》"害少"诸则，兼引古诗文、古字书及今方言俗语，左右逢源，有本有据，义训确凿可信。

　　清代学者在训诂学上的一个重大突破是发明并纯熟运用"声近义通"的条例。"就古音以求古义，引伸触类，不限形体。"（见王念孙《广雅疏证序》）深得训诂学的奥秘和精髓，从而纠正了大量前人望文生训的错误。周广业的这几种笔记中也屡有这一成绩的反映。如《三馀》卷二云："诸所谓姑姑、罟姑、顾姑、罟罛、罟罟、固姑，实一物也。"卷三云：龙钟、陇种、躘踵、儱偅、笼东，"字虽不同，其义一也"。同卷引《席上腐谈》云："王昭君琵琶坏，使胡人造而其形小。昭君笑曰'浑不似'，今讹为'胡拨四'。"周广业指出："火不思"乃"胡拨四"之转语，又证"琥珀词"、"虎拨思"亦"火不思"之转语也。同卷又证"舆䚦、邪许、嘘嚏、邪蔿、邪虎"音近义通。又如"赤子"历来注家望文生训,以初生儿色赤为解。《循陔》卷一引虞兆漋《天香楼偶得》云:"《尚书》'若保赤子'谓始生小儿,仅长一尺也。古人以尺数论长幼,如'三尺之童'、'五尺之童'。俗谚亦云'六尺之躯'、'七尺之躯'。又成人曰'丈夫'。《曲礼》'服衣若干尺'是也。"周广业又引《孟子》"赤子匍匐将入井"驳正"赤子"为初生儿色赤之解。这也是以"声近义通"原理证明"尺古通作赤"之说的例子。古诗文中屡见不鲜的通假现象必须不限形体,从音义联系上加以辨正识别。周氏笔记中注意及此,是既有理论意义又有实用价值的。

音韵学作为小学乃至朴学的根柢之学一直受到清代学者的高度重视。但音韵学论著常为初学者视为畏途,望而却步。周广业这几种笔记中有关音韵的记述则往往有较强的可读性,熔学术性、通俗性、知识性与趣味性于一炉。如《三馀》卷一有一则云:"先高祖晦如公尝与同里陆射山先生谈及声韵。先生曰:'南音绝少上声。'公徐应曰:'岂有此理!'先生折服。"用四个上声字"岂有此理"作答,驳正"南音绝少上声"之说,具体而生动。不少有关汉字音读的记述引用古诗文或今方俗语为证,读来亲切有味。如《三馀》卷一云:"兄,江南人呼为况。"又引《释名》、《白虎通》、《广雅》及《汉书》颜注为证。又如同卷关于"中兴"之"中"的读音一则云:历来"中"字读音有二说,两说各以杜诗"新数中兴年"与马戴《赠边将诗》"勤苦事中兴"相诘难。又引《艺苑雌黄》、《渔隐丛话》等书所引杜诗、李贺诗、苏轼诗及吕居仁诗有"中兴"字之句,"中"既有作平声用者,又有作去声用者。最后得出结论:"知此字本有二声也。"《三馀》卷二说"蠽"字读音引今吴谚"春冷冻杀蠽"。又说杭州语音自坝子门内半用官字,与汴音相似,城外则不然。亦引有关杭州旧音使用的趣闻。同卷论及诗家双声体亦以具体诗句为例,通俗易懂。该则云:"留连千里宾,独待一年春",此头双声句也;"我出崎岖岭,君行磅硐山",此腹双声句也;"野外风萧索,云里日朦胧",此尾双声句也。在《循陔》卷五中还指出:"有习见之字相沿讹读而不知所本者。"举五经之《尚书》及官名之"六部尚书"为例。其中"尚"字按秦音本作平声读如"常"。所有这些有关声韵的笔记，均与实际用例紧密联系，互相印证，读来丝毫没有枯燥乏味之感。

明文字、训诂、音韵之学为读书破文字关奠定坚实的基础，在此基础上，进一步提高古诗文欣赏能力是为欣赏关，这是更高的境界。这几种笔记不乏这方面的探索研讨。周广业大量摘抄古诗文名言佳句，并加简要评点。尤对炼字、比喻等修辞手法细加剖析，使读者不停留在识字辨词明文字的形音义上，于古诗文宝藏中尽量发掘珍品。如《过夏》卷二"古人贵玉"一则云："古人贵玉，以之比德，因之四肢百体皆取喻焉。"该则引古诗文以玉取喻之语词多达十馀条：玉趾、玉面、玉体、玉貌、玉颜、玉躬、玉肤、玉腕、玉肱、玉臂、玉音、玉声、玉色、玉衣、玉食。《循陔》卷三引佛经比喻精确实例：《楞严经》曰："色如热金丸，执之则烧。声如荼毒鼓，闻之则死。香如憋龙气，嗅之则病。味如沸蜜汤，吞之则烂；又如涂蜜刀，舐之则伤。触如卧狮子，近之则啮。"比喻释氏所谓色、声、香、味、触"五欲"不可犯。又卷五引刘子《新论·贵农篇》："值水旱之岁，琼粒之年，则璧不可以御寒而珠不可以充饥也。"评曰："琼粒二字甚新。"此就炼字而言。《过夏》卷三"抒山集"一则赞皎然《抒山集》"诗致清逸，美不胜收"。其末卷联句戏为大言、小言、乐语、馋语、滑语、醉语、远意、暗思、乐意、恨意诸篇，一一引录以飨读者，并探诸语之源：宋玉之大小言、东方朔之隐语、郭舍人之谐语、顾恺之与殷仲堪、桓灵宝共作了语、危语等（均引录典型诗句）"实诸语之滥觞也"。周广业摘引各诗文名言佳句既注意艺术价值，也重视思想内容。如《过夏》卷三"废周卿诗"一则，引度正《赠张袁州隐斋》诗三首及《笼鸡》诗云："读前三诗令人恻隐之心满腔活泼，读后诗令人利禄之心化为冰雪。"又同卷"赠富室诗"一则引杜清献以葱虀麦饭接待一富室致使其人怒而去，乃贻诗曰："葱疗丹田麦疗饥，葱虀麦饭两相宜。请君试上城头望，多少人家午未炊。"类此忧国忧民讽喻世俗时事的内容在笔记中屡见。如《过夏》卷三"於菟夜儿传"一则引元卢陵《於菟夜儿传》故事，讽刺世之畏威俯伏宁齑粉其身而不思除其奸者，该则末了作者评曰："嗟夫！予取其言有合泰山妇人所云，故从《麟原集》录之。见元季吏治堕败如此！"此外，在鉴赏古诗文时作者对文人过为缘饰之体取批评态度。如《过夏》卷三"铣溪虬户"一则云："唐徐彦伯为文多变易求新，以凤阁为鹦阁，龙门为虬户，金谷为铣溪，后进效之，谓之涩体（即《东观馀论》所称"铣溪虬户体"）。此风至宋不绝，如所云'迅霆不及塞聪'之类。"

学无止境，知识见闻无边无涯，这几部笔记也难免有疏漏。作者对己所不知者抱阙疑态度。如《过夏》卷三"伏突"一则引颜鲁公《神道碑》："每临阵尝贮伏突于靴中，义不受辱。"加按语云："伏突不知何物。"其实对照《旧唐书·李光弼传》所载颜真卿为李光弼撰碑铭事有语云："凡是击贼常纳短刀于靴中，有决死之志。"再对照《周书·异域传·突厥》："兵器有弓矢鸣镝，甲矟刀剑，其佩饰则兼有伏突。"可确知"伏突"为短刀之类兵器。笔记中沿袭前人误训处亦时而不免。如《循陔》卷四云："《老子》'与兮若冬涉川，犹兮若畏四邻。'与、犹两兽。"这是沿袭郦道元《水经注》、颜之推《颜氏家训》、孔颖达《礼记正义》、颜师古《汉书注》、李善《文选注》及司马贞《史记索隐》旧说。其实"犹与"是一个不可分拆的双声联绵词，亦作犹豫、容与、尤豫、由与、夷犹、游移，《老子》灵活分用。清代学者王念孙《广雅疏证》、王引之《经义述闻》、朱骏声《说文通训定声》以及早于周广业的黄生《义府》均有详尽而科学的辨析。此外，这几种笔记显得内容庞杂散乱，未能以类相从，适当归类。不过，作者已另有明确归类的笔记如《孟子四考》、《动植小志》、《经史避名汇考》等。《过夏》卷三"魏徵"一则云："余于古今避名事每见必录，丛稿数十卷。"这就是指《经史避名汇考》一书。作者于归类编集的笔记以外写成的这几部笔记就难免散而杂了。还必须指出的是，这几种笔记在记述历代异闻佚事中不免羼杂一些封建迷信、唯心宿命的内容。读者在辨识并加剔除外,不妨从古代习俗及文化史角度加以审察扬弃。如《三馀》卷三关于人死有冥役摄之,始死必置磬尸体旁,谓击以引路等,似可从而了解古代民情风俗,并考知击磬钟招魂习俗之由来。至于有关各种咒语(以治病咒语居多)之应验、各种预兆之灵验以及迎佛设坛祈雨之类迷信说法,只能姑妄听之。其实作者在记述中有时自己亦持怀疑态度。如《循陔》卷一云"雷为天鼓,人有罪恶多者,霹雳而死"一则,一面神其事,一面又承认"有偶然者"即"雷击者亦不尽由罪恶而然",并推崇王充《论衡》从自然科学角度的说明,"是说最有理"。

由于这几种笔记内容杂而多,以上简介难免挂一漏万,只希望帮助读者窥其一斑,大体了解一个梗概。相信有兴趣浏览全书的读者一定会有所得益的。

(原载《杭州大学学报》1988 年增刊)

《大字典论稿》序

随着历史的发展,时代的前进,语言文字的演变,科技的进步,思想观念的更新以及种种主客观条件的变化,大型辞书编纂出版相对稳定一段时间以后,总是需要进行修订的。这是世界各国特别是文化发达国家辞书学界的共识。新中国成立以后,从五十年代末开始,对新中国成立前影响大、流行广的《辞源》、《辞海》进行了修订。我有幸参加了《辞海》的历次修订工作,40年间不下5次修订,最近刚刚完成1999年版的修订任务。在实践中,我深深感到辞书编纂特别是大型辞书的编纂不可能毕其功于一役,不可能一劳永逸。为了适应社会的需要,提高辞书的质量,匡谬补缺,修改增删是不可回避的,十分必要的。而做好修订工作的基础,除了修订者自身素质和水平必须提高以外,很重要的一个方面,就是要有一批热心的有识之士对辞书的方方面面进行认真的调查研究并提出质疑、批评和建议。《辞海》每次修订时,编辑部都广泛搜集来自读者、专家的商榷意见,特别是经过深入研究提出的学术上有价值的意见,供修订者参考,收到了很好的效果。可惜的是,这项有助于现行辞书的正确使用,有利于辞书进一步提高质量的工作,有时得不到应有的重视和理解。有人认为提意见就是对某部辞书过不去,有损于辞书编纂者和出版者的面子。据闻,某辞书修订本第一分册出版后,吸收出版社内外的意见,及时而负责地印发勘误表,却遭到了令人啼笑皆非的阻力,以至于另外几个分册无法再搞勘误表。有的杂志包括全国性杂志不欢迎批评辞书的论文,不是因为论文质量不高,而是怕得罪辞书的编纂者和出版者。有鉴于此,我趁这部《大字典论稿》出版之机,为这项有利于辞书、有功于社会的工作呐喊助威,希望得到全社会的关注和支持。

　　我的学生周志锋早在研究生学习阶段即已确定"《汉语大字典》商补"为硕士学位论文选题。我基于上述认识,结合对他的基础、能力的了解,决定予以支持和鼓励。他的学位论文送审和答辩时,得到了校内外专家的热情肯定和高度评价。专家们希望他将这项有意义的工作继续深入、扩大,坚持下去。现在他这样做了,《大字典论稿》一书正是他积十年心血的可贵成果。应当说,取得了不容低估的成绩。简言之,有下列数端:

　　首先,有关评议、订正《汉语大字典》的论文发表已有数十篇,但作为系列论文结集出书的这是第一部,而且涉及方方面面,广泛而深入。所论不是汇集成说,而是出自作者研究的心得。所以本书是有侧重有特色的学术论著。第二,近代以来,已出版的大型辞书大多忽略近代汉语的语词及其含义,作者在近代汉语语词研究方面颇有心得,本书的主要内容正是抉发近代汉语语词含义的。第三,作者对汉字中的俗字、僻字的研究用力甚勤,本书搜集了数百例俗字、僻字,考释了一些疑难字,有开拓之功。第四,对《汉语大字典》标明"音义未详"的字进行了有理有据令人信服的考释,有发明之功。第五,作者对方言特别是吴方言语词研究有素,本书对不少方言语词作了溯源工作,找到了古代书证,难能可贵。第六,本书不但对《汉语大字典》作了大量的订补,为该辞书更臻完善作出了贡献,对其他大型字典、词典的编纂、修订乃至古籍整理均有裨益,从而对辞书学、汉字学、汉语词汇史等的研究提供了足资参考的见解和资料。

　　学术是无止境的,对现有大型辞书进行商榷订补工作仍然是大有可为的。本书可以说是较大规模的商榷订补工作的开始,完全有必要继续深入、扩大。希望热心的有识之士参加到这项有意义的工作中来。当然,《大字典论稿》本身也可以继续商榷、订正、充实、提高,希望作者今后在这方面有更多的新成果发表。

　　　　　　　　　　(原载《大字典论稿》,浙江教育出版社 1998 年版)

读《訄书详注》

　　作为革命家,思想家、学问家的章太炎先生,他的论著的突出特点是内容上的博大精深和表述上的古奥。这种特点在《訄书》中表现得尤为显著、集中,可谓淋漓尽致。一般读者接触《訄书》时往往望而生畏、望而却步。首先会被书名吓倒,笔者也不例外。这古奥的"訄"字究竟是什么意思呢,虽然章氏三言两语的《叙》是理解书名涵义的最好注解,但要读懂它却谈何容易! 现在徐复先生的《訄书详注》出版了,为"深入深出"的章著提供了深入浅出的详尽注解。(顺便说一句,目前不乏"浅入深出"的论著,热衷于急功近利而故作深奥,读起来最为痛苦。)

　　《訄书》表述上的古奥主要包括用字和行文的古奥。无论是用字还是行文,章氏的古奥都是有来历、有根据的。作为国学大师的章太炎先生对古代典籍包括经、史、子、集,可谓烂熟于胸。用字、遣词、造句,信手拈来,信笔称引,加以内容涉及哲学、宗教、史学、社会学、文艺学、语言文字学等极为广泛的领域,要在读懂并深刻理解《訄书》的基础上注解《訄书》,需要有学贯古今的广博的学识和深厚的学术根底,并且全面而深入地了解和理解章太炎先生。目前还健在的少数几位章黄弟子之一、著名语言文字学家、古典文献学家徐复先生正是这样一位最佳人选。

　　章氏为《訄书》所作的精炼的《叙》,短短的三句话:"幼慕独行,壮丁患难。吾行却曲,废不中权。述鞠迫言,劣自完於皇汉。"第一句除"幼"、"慕"易解不注外,徐先生逐字作了详注:"独行,节操高尚的人。《后汉书》有《独行传》。壮丁患难，章先生时年三十三，故云壮。《尔雅·释诂》：'丁，当也。'患难，谓国家处于危难的境地。指八国联军侵占北京城。"第二句徐先生在注解词义时着重交代了行文的出处或根据："却曲，屈曲。《庄子·人间世》：'吾行却曲，无伤吾足。'陆德明释文：'却曲，去逆反。字书作迟。'《广雅》云：'迟，曲也。'废，废弃。谓身废不用。中权，合于权变。《论语·微子》：'谓虞仲夷逸，隐居放言，身中清，废中权。'何晏集解引马融曰：'清，纯洁也。遭世乱，自废弃以免患，合于权也。'"与书名直接有关的第三句徐先生着重注解了"遽鞠"："穷迫。鞠同鞠。《尔雅·释训》：'速速蹙蹙，惟遽鞠也。'遽，通馗。《说文》：'馗，迫也。读又若丘。'音皆相近。"至此，"馗"指著书时的处境（包括背景、环境和心情）困窘迫蹙就由徐先生和盘托出了。

《馗书》行文中用字、遣词的古奥，毋庸多举例。在行文中纯熟运用典籍中句式、句法，徐先生详加注明，大大有助于联系对照，细审文例，深入理解文意。例如：

《订文》："东西之有书契莫骼是者，故足以表西海。"徐先生注："表西海，显名于西海。西海指欧洲。《左传·襄公十四年》'昔伯舅大公，右我先王，股肱周室，师保万民，世胙大师，以表东海。'杜预注：'表，显也。谓显封东海，以报大师之功。'此效其句法。"

又："《墨子·非乐》引武观曰：'启乃淫溢康乐，野于饮食。'即'饮食于野'也。"章氏自注："此与'室于怒、市于色'一例，最易憭。"徐先生注引俞樾《古书疑义举例·倒句例》"野于饮食，即下文所谓'饮食于野'也。与《左传》'室于怒，市于色'，句法正同。"

《序种姓上》："其言部酋之富，亡于土地，视牛羊繁殖耳。"徐先生注："亡于土地，亡同无。言不在土地。与前《订孔》'咎亡于孔氏'句法同。"（徐先生注"咎亡于孔氏"为"谓咎不在孔氏。亡，通无。"

《解辫发》："乌虖！余惟支那四百兆人，而振刷是耻者，亿不盈一。钦念哉！"徐先生注："《汉书·司马迁传》：'於戏！余维先人尝掌斯事,显于唐虞,至于周复典之,故司马氏世主天官,至于余乎!
钦念哉!'此文用其句法。"徐先生《后读书杂志·读訄书杂志》据颜
师古注释"钦"为敬,《訄书详注》删之。比照相同句法的《汉书》,钦、
念同义连文,释"钦"为忧思貌,犹"忧心钦钦"(《诗·秦风·晨风》)
之"钦",似较妥贴。

　好的注解不满足于就事论事地随文释义。读者不但能从注解
了解原著文义,并能举一反三,解决原著以外的问题。试举二例:

　《客帝匡谬》:"繇是言之,满洲弗逐,欲士之爱国,民之敌忾,不
可得也。"徐先生注:"敌忾,亦作敌愾。抵抗所恨怒的敌人。《左
传·文公四年》:'诸侯敌王师所忾,而献其功。'杜顶注:'敌,犹当
也。忾,恨怒也。'""敌忾"这一动宾词组的确切解释有助于正确理
解成语"同仇敌忾"。多数辞书的解释均误导读者把"敌"作敌人解。
如《现代汉语词典》(商务印书馆,1996 年修订第三版)的释文为:"全
体一致地仇恨敌人。"《新华字典》(商务印书馆,1998 年修订本)的释
文为:"大家一致痛恨敌人。"《汉语成语词典》(上海教育出版社,
1986 年增订本)单独解释"敌忾"为"对敌人的愤恨"。据徐先生此
注,"敌"、"忾"均有理有据地从源头上正确落实释义,流行的讹误可
以得到纠正。

　《别录甲》:"且所为攘除异族者,为同种自主也,政法固次之。
均之异族,则政法昏明何择?"徐先生注:"何择,有何别异。《吕氏春
秋·情欲》:'耳不乐声,目不乐色,口不甘味,与死无择。'高诱注:
'择,别也。'""择"的区别义在古籍中屡见。《孟子·梁惠王上》:"王
若隐其无罪而就死地,则牛羊何择焉?"不少注译者把"择"当作挑
选、选择解。王力先生主编《古代汉语》(中华书局,1982 年修订本)
注解该句说:"牛和羊挑选什么呢? 孟子是说牛和羊没有什么可挑
选的,都是无罪而就死地,同样要杀的。"读了徐注或类似的正确解
释,"择"的区别义应是无疑的。郭锡良等编的《古代汉语》(天津教
育出版社,1991 年修订本)上是释"牛羊何择"的"择"为区别的。

今人为从上古直到近代各种古籍作注解，可谓汗牛充栋。各种注解如简注、选注、译注、校注、详注等，似乎不仅仅是为原著疏通文义，好的注解能使读者知其然并能知其所以然，而且能以金针度人，既导读原著，又传授治学经验和方法。清代学者段玉裁的《说文解字注》、王念孙的《广雅疏证》就是范例。徐复先生的《訄书详注》确实为治汉语言文字学尤其是训诂学的学子提供了极为丰富多彩、美不胜收的教材。我校已故郭在贻教授在年轻时精读《说文》段注和王念孙的《读书杂志》，为他的成才打下了坚实的基础。前辈学者为汉语史专业训诂学方向的研究生开列必读基础书少不了段注和《读书杂志》。如果需要补充书目，我愿郑重推荐徐复先生的《后读书杂志》（内含《读訄书杂志》、《读訄书续志》和《訄书详注》。

（原载《南京师范大学文学院学报》2002 年第 3 期）

介词"把"使用不当

　　它的形式和来源,的确特殊,应该把它同我们语言中其他的固定词组如成语、谚语等有所区别……（中国语文 1959 年 7 期,349 页）

　　"把"字句中,"把"的宾语在意念上要受后面动词的支配,否则就站不住。这里"把……有所区别"就站不住。1)"有"同"是、象、在"等一样,虽是动词,但在意念上不能支配"把"字后面的宾语;2)"区别"前面加上了"有所"二字,已经名物化了,不能再带宾语。改法:或者将"把"改为"使";或者将"有所区别"改为"区别开来"。

　　　　　　　　　　　　　　（原载《中国语文》1960 年 3 期）

契诃夫读作契 kē 夫吗?

　　许多人(也许包括有些专门研究俄国文学的人在内)都习以为常地把契诃夫叫作契 kē 夫,正确地读作契 hē 夫的反而是罕见的。

　　十九世纪俄国著名作家安东·巴甫洛维奇·契诃夫(Антон Павлович Чехов)汉译一般略去全名中的名字(安东)和父称(巴甫洛维奇),只简称姓氏(契诃夫)。这个由俄文 Чехов 音译的姓,曾经出现过柴霍夫、拆和甫和契诃夫等不同的汉译,新中国成立后已统一采用契诃夫这一译名。俄文 Чехов 中的 хо 这个音译为"霍"、"和"、"诃"基本上是准确的,这三个汉字的发声都是 h(汉语拼音字母 h 相当于俄语中的 x)。可惜,方块汉字作为音译的符号是笨拙的,方块汉字字形的迷惑作用阻碍了译音的准确表达。

　　"诃"是个形声字,"言"是形旁,表示意义类属;"可"是声旁,表示读音。可是,文字创制至今,已经历了几千年(新造的字除外,如某些化学元素名称等),用来表音的声旁字字音不可能是一成不变的。如被古代第一部分析字形并探求本义的字典《说文解字》作为形声字的典型代表"河"字,虽然是"从水可声",今天读起来已经变样了,即"识字读半边"已经不灵了。从"可"得声的字今天读起来虽然大多与"可"一样发 k 声,如"坷、柯、珂、苛、岢、轲"等,但也有一些发 h 声,如"河、何、呵、诃"等,还有少数则发 g 声,如"哥、舸"等。形声字已无绝对规律可循,只能找寻相对的规律,从而为识字和正字教学服务。

(原载《语文报》1981 年 10 月 5 日)

后 记

　　上个世纪 50 年代初，由于《人民日报》发表《正确地使用祖国的语言，为语言的纯洁和健康而斗争》的社论，同时连载吕叔湘、朱德熙二先生的《语法修辞讲话》，在全社会掀起了学习、研究汉语的热潮。当时我正在念高中，为这一热潮深深吸引，对语文学习产生了浓厚的兴趣。更重要的影响是促使我考入了浙江大学文学院中文系。院系调整后，我进入浙江师范学院中文系学习。薛声震教授的现代汉语课和姜亮夫教授的古代汉语课是我最感兴趣的两门课。从大学二年级起，我在杭州市设有"语文知识"专栏的《当代日报》上发表了第一批汉语学习的心得文章。本科毕业后，我考入本校古汉语研究生班，导师姜亮夫、任铭善教授引导我走上了汉语史学术研究的道路。这期间，我在上海《语文知识》杂志开始发表论文。毕业留校任教后，为配合教学，面向函授学员和中学语文教师撰写了大量汉语学习的辅导文章。工作需要和个人兴趣促使我的写作长期围绕熔学术性、知识性、通俗性、趣味性于一炉的辅导文章的撰写之中。政治运动、上山下乡、文化革命等客观因素致使我未能在学术道路上更深广地有所长进。直至粉碎"四人帮"以后，因为参加省语言学会、中国语言学会、中国古文字研究会、中国训诂学研究会、中国文字学研究会、全国古汉语研究会以及前辈学者纪念会等全省、全国或国际学术会议，才开始较多地撰写正式的学术论文。因此，收在这本论集中的绝大多数论文是 70 年代末以后发表的。为了全面展示我在学术领域的经历和踪迹，某些属于普及性的学术文章也酌收若干篇(包括作为补白的短文)于此。

　　出版这本论集的原因有二:一、去年我受延聘结束,正式退休。恰逢我年届古稀,从事汉语教学研究半个世纪。出文集作为纪念似乎较之聚餐之类更有意义。二、我的同事、学生向我反映,他们看到蒋礼鸿、徐复先生等前辈学者在论著中不止一处提及我的论文,而有的论文不易见到,甚至无法查找。如 1964 年发表于《语文进修》(《杭大函授》改版,《语文战线》、《语文导报》前身)上的《古人名字相应述例》一文,找遍各图书馆、资料室均不得见,后来在我的书柜底找到了当年编辑部寄我的初校清样,才得以重新整理出来。

　　当前学术论著出版难是不言而喻的。为使出版单位避免亏损,浙大人文学院中文系汉语言研究所在经费上全力支持,所长方一新博士、副所长俞忠鑫博士、池昌海博士大力促成本书出版。一贯支持学术事业的中华书局慨然应允出版本书。姚永铭博士为我在电脑文字处理上大力协助。以上单位和个人都应接受我诚挚的谢意。

祝鸿熹
2003 年春于杭州道古桥

续编

进修读书的几点体会

我是一个学识很浅、基础很差的青年助教，我学的专业是古代汉语。在这里我只能谈谈我在进修方面准备怎样入门，谈谈有关这方面的点滴体会。

打基础和工具书

我进修的当务之急是打基础。学习古代汉语，必须从实际的古代语言材料出发。深入、踏实地阅读古代文学、历史、哲学方面的重要代表作品，乃是我练好基本功的主要方面。离开了实际作品，语言科学的条例、规律和一切理论都将失去，成为架空的没有血肉的东西。

这里就产生了矛盾，要读的书太多，已读的书太少。心里常常发急，拿了这本又想读那本，看了个开头就想赶紧读完，结果好多书好多文章都似曾相识，但都模模糊糊，印象不深。由于没有札札实实地读透，都得返工重读，真是愈急愈慢。后来索性不急，逐字逐句，一本一本认真耐心地读下去，结果反而比以前读得快，而且更有实效。

由于基础差，知识面狭窄，在进修中会不断产生疑难问题，如果要等到系统、坚实地打好基础以后再来解决这些疑难那就太迟了。及时解决这些疑难的方便而有效的办法就是充分利用工具书。工具书提供给我们以多方面的线索、大量的材料。但是应该注意的是，使用工具书不能依赖工具书，依靠工具书不能全靠工具书。工具书只能是工具而不是终极的目的物。如果对此认识不足、注意不够，那么，给人方便的工具书反而会给人麻烦、叫人上当。

去年在上海参加《辞海》修订工作，有机会接触到许多工具书，在实际运用工具书的过程中，我学会了利用工具书；同时，使我得益较大的是，我深深体验到工具书的局限。参加修订工作的许多老先生在运用数据、引证数据时从不以工具书为依据，只以工具书为线索，从而追索可靠的原始资料，他们总是亲自审慎地核对资料，表现了一丝不苟的精神，这给我以很大教育。事实证明，这种精神是完全必要的。例如徐幹《中论》的《考伪》篇："夫名之系于实也，犹物之系于时也。物者，春也吐华，夏也布叶，秋也凋零，冬也成实。斯无为而自成者也。若强为之，则伤其性矣。"由于原书没有标点，《辞海》修订二稿就误引作"物者春也，吐华夏也，布叶秋也，凋零冬也"。我查了《辞源》和日本《大汉和辞典》，错误同二稿完全一样，再查《佩文韵府》，也在"冬也"断句。它们都不了解"也"是个语间助词，误当作语末助词。《辞海》修订二稿很可能正是上了这些工具书的当。又如旧《辞海》介绍《急就篇》时，指出该书"无一复字"，其实这是《四库全书总目提要》的错误说法，清人俞正燮《癸巳存稿》中早有考订。类似这样辗转抄引工具书的现成材料不加审核的地方，是不胜枚举的。这大大损害了科学性和实用价值。现有的工具书在数量、质量上都还远远未臻完善，万不可一味信从，更不可用来代替原书和第一手材料，我们利用工具书可以帮助打基础，但不能认为能用工具书就有了基础。

重点和全面

打基础会接触到丰富浩瀚的古籍，阅读基础书，要选择重点，最好请老教师指导，从实际出发开列书目。每读一本书，也要注意重点，一开始就过广过泛、狂吞狂咽是有害的。前几年我读《论语正义》，把著者刘宝楠所搜集的材料逐一仔细地读下去，并把有关语言学各部门诸如文字、音韵、训诂、语法、修辞等材料详细摘录下来，写成卡片。但是头绪太繁，这样平均使用力量，事倍功半，很难得出明显有效的成绩，而且常为教学任务和其他工作所打断。效果不好，影响了学习的积极性，读到后来就读不下去了。此后我读书总要在开始时或读了一部分以后大致确定重点，有意识地深入某一方面或某一点。如我读《诗经》，分别从不同的角度读过几遍：或着重注意用韵，或着重注意自称代词，或着重注意语助词。这样读下去较易深入，不会乱了手脚，也能引起兴趣，使自己乐于钻研下去，而且也会自然地扩大学习面，不致于犯狭窄的毛病。如注意《诗经》语助词，自然会旁及到有关专著如《助字辨略》、《经传释词》、《古书疑义举例》、《毛诗传笺通释》、《词诠》等。这样，也有条件总结出心得体会，写出札记或论文来。读《水浒全传》时，我觉得它的语言运用研究起来十分繁杂，就试图专从偏义对举词着手，后来写出了《偏义对举词的使用——读〈水浒传〉札记》一文，但是写心得文章并不就是为了在刊物上发表，对于一个初学者来说，写，乃是一种十分重要的基础训练，进修读书，不应当到读懂、读熟为止，必须直到写出来，化为自己的东西。写的过程是更深入地理解和思考的过程。这是进一步的学习和钻研。最近我正在读《广雅疏证》，我的重点摆在王念孙父子如何发现并纠正前人误训这一方面。我觉得在这一方面很可以归纳出一些有用的科学方法和条例来，但这又不能不牵涉到全书的方法、条例。突破一点可以带动全面，问题在于自己怎样从实际出发，不急于求成，不贪多贪大、一下子就面面俱到。

联想和活用

进修读书要下苦功，读书确有艰苦的一面。但是，一味皱起眉头把进修书当作苦差事，视为枯燥乏味、可憎可怕的负担，却是有害的。确定专业，就好比择定了终身伴侣，必须深深地热爱它。要有随时随地、时时刻刻想念它的一股子"傻"劲。善于联想和活用，可以推动进修,培养对专业的深厚感情,激发深入钻研的热情。记得初进古汉语研究班时,几位同班的研究生原来都对这一专业感到头痛的,后来在姜亮夫先生的指引诱导下,通过一些实际练习,我们学会了联想和活用,渐渐对专业产生了浓厚的兴趣。毕业后都愉快地走上工作岗位,以自己所从事的专业而感到自豪。

　　除了学科内部可以进行联想和活用以外,在现实生活的各个方面都可以联想、思念到自己的专业。在吟诵古典诗词、阅读古代作品时,在观赏古典戏曲时,在游览名胜古迹时,在接触各地方言口语时,……无处不可联系和思念到自己的专业。这是引人入胜、饶有趣味的联想,而且也是联系实际、有利于加深理解启发思考的活用。我爱这种联想。如读巴尔扎克《欧也妮·葛朗台》的中译本,看到了这么一句:"他远远里看到三年以后的八百万家私,他在一片黄金的海上载沉载浮。"这使我联想到《诗经》里的"载沉载浮"以及结构相同的"载驰载驱"、"载笑载言"、"载饥载渴"等,联想到古代许多看似古怪突兀的语助词,再联想一下今天还普遍沿用的"载歌载舞",这个"不为义"的语助词"载"就显得十分亲切易于了解了。又如听到有的方言把唇齿音的字念作双唇音(如"防"、"粪"发 b 声),把舌面音的字念作舌尖音(如"中"、"竹"、"猪"发 d 声,"日"、"热"发 n 声),可以联想到"古无轻唇音"、"古无舌上音"、"娘日二纽归泥"等古声母学说。这些似乎神秘奥妙的古音学说原来可以在活的方言口语中找到大量例证。谁能说古音学是天书呢! 谁能说古汉语是难以捉摸的呢! 我们常常可以从活的现代口语中学习它。古今汉语本来就不是截然分割互不相关的,语音方面有联系,词汇、语法方面也有联系,许多有生命的古语成分更是大量地被继承吸收在现代语中。当置身于西湖各处胜景的时候,则更可以浮想联翩,九溪十八涧、三潭印月的九曲桥,使我联想到古汉语中常见的虚数运用,虎跑泉使我联想到古今词义的差异,并从而联想到许多同现代语词字面相同而含义不同的、容易合人疏忽上当的古语词如"跑"、"走"、

"兵"、"点"等(它们并不就是奔跑、行走、士兵、指点的意思),还有到处都有的对联、题词和古文字,无一不可从而联想到古汉语,这不只是为了游览助兴,这实在是继承鉴赏祖国文化遗产的很具体的一个方面,也是考验、检查自己有关古文化、古汉语知识的时候。古汉语学科的古为今用有着十分广阔的天地,它并不是死气沉沉的故纸堆。当读着毛主席著作、人民日报社论等发现创造性吸收、运用古语的时候,我更加联想到学习古代语言的重大意义。

(原载《治学偶得》,浙江人民出版社 1963 年版)

《古文分类导读》序

　　自南朝梁萧统编《文选》(《昭明文选》)以来,历代按文体编选诗文辞赋的集子相继问世。著名的如《文苑英华》(宋李昉、扈蒙、徐铉等编,苏易简、王祐等续修)、《唐文粹》(宋姚铉编)、《宋文鉴》(宋吕祖谦编)、《元文类》(元苏天爵编)、《明文衡》(明程敏政编)、《古文辞类纂》(清姚鼐编)等等。这些选本将古代文体分门别类,少则十馀类,多则六十馀类,有的还在各类文体下再细分义类,虽亦难免琐碎,但确为读者掌握各类文体的特点、作法并按义类细目寻检鉴赏提供了方便,也为读者深入广泛地学习、领会、比较、借鉴古诗文提供了参考。

　　现代人编的古文选本大多按时代为序编排,如《古代散文选》(人民教育出版社)、《历代文选》(中国青年出版社)等。王力主编的《古代汉语》教材"文选"部分的次序安排,大致是既按时代,又按文体。

　　这本《古文分类导读》吸取了古今学者分类编选古文的经验,尝试纯按文体分类,将诗词曲以外的古文分为十二大类,力避琐碎,删繁就简。在每类文体中再按时代先后精选五篇有代表性的名篇佳作,总共六十篇,详加注译,并进行提示分析。各类选文前集中介绍该类文体的源流、特点和类型,使读者结合选文切实了解各类文体的概况。

　　本书编写者全都已从事语文教学与研究工作数十年,积累了丰富的古文教学经验,因而编写中注意到古文阅读中如何掌握要点和特点,如何解决疑点和难点,确能使"导读"名副其实:循循善诱地、认真细致地引导、辅导、指导广大青年和古文爱好者以正确的观点、态度准确地理解、鉴赏历代古文名篇佳作,从而提高古文修养和文化素质。希望读者通过本书的阅读进一步从丰富多采的古文遗产中吸取精华,获得更多的营养和教益。

（原载《古文分类导读》,浙江古籍出版社 1990 年版）

汉语字词本义研究的误区

祝鸿熹　　芮东莉

本义是汉语词义系统之源,研究、探求本义对于正确理解词义、把握词义引申脉络都具有重要意义。因此,任何从事古汉语、汉语史特别是汉语词汇史教学和研究的学者无不重视词语本义,以此为纲,从而提纲挈领、纲举目张地掌握词义引申系统。

上个世纪 1986 年—1990 年陆续出版的大型语文辞书《汉语大字典》广泛吸收前人研究成果,在对汉语词汇本义的探求上竭尽其力,规模空前,纠正了以往词语本义考释的大量失误,是包含大量词语本义训释的一部重要工具书。但是随着古汉语知识的大力普及以及古汉语研究持久深入发展,汉语词汇本义研究包括语文辞书对汉语字词本义的训释中暴露的问题也越来越多,这就有必要对其中出现的问题做一个系统清理,揭示出以往和当前本义研究中的种种误区。

一、误将《说文解字》的造意与本义相混淆

文字造意与词语本义是属于两个不同范畴的概念,前者属于文字学范畴,后者则是词汇学和汉语词汇史所讨论的对象。文字造意是根据文字形体来解释文字构造的意图,有时通过文字造意能够对字词本义起到一定的提示作用,但多数情况下造意都不等于本义,也绝不能认为造意就是本义。本义是词义的一个类别,与所有词义一样,它也是客观对象通过人脑认知在人们意识中的概括反映,也就是说,本义具有概括性,而这是文字造意所不具备的。例如,

"牢",从文字构造上看,"牢"字从宀从牛,造意是关牛的栏圈,但"牢"这个词的本义却不能理解得这么狭窄,其本义实际上是概括的,是关各种牲畜的栏圈。又如"逐",造意是追赶"豕",但"逐"的本义却应该概括地解释为"追赶",而不论追赶的对象是"豕"抑或其他动物。

《说文解字》是一部以分析文字形体为主要目的的字书,虽然客观上它对大批上古汉语字词本义做出了正确解释,但仍然可以看出,这部书中字义的阐释依然是为许慎所要阐发的"六书"理论服务的,因此在对部分汉字进行解释时,《说文解字》选取的释义是文字的造意而非具有概括性质的字词本义,这时我们就绝不能将其中文字的造意误作本义。例如,《鹿部》:"麤(塵),鹿行扬土也","鹿行扬土"是"塵"的造意而非本义,其本义当为"尘土,灰尘"。但当前有些古汉语工作者仍误以为《说文解字》所释的造意应是对字词本义的阐释,这是不正确的。如荆贵生主编的《古代汉语》(修订本)中说:"许慎认为'麤'的本义是群鹿疾驰扬起的细土。但在文献中,'麤'只作细土讲,没有一例特指鹿扬起的细土,所以它的本义是'细土'。许慎过于强调释义与字形的贴切联系,忽视了古人造字常用具体事物表示抽象意义的方法,从而造成了失误。"[1][p256]其实许慎在《说文解字》中指出"麤,鹿行扬土也",正是就其造意而言,"古人造字常用具体事物表示抽象意义的方法"正是许慎解说文字造意的重要方法之一。指责许慎"拘泥于字形",实际上是自己没有透彻地读懂《说文》。又如《犬部》:"臭,禽走臭而知其迹者,犬也。"这是分析说明造字时之所以从犬的用意,"臭"的本义为"嗅"而非仅限于犬嗅。所以,在利用《说文解字》考释词语本义时,分辨其中说解的是文字的造意还是字词的本义是相当重要的,否则就会误以造意为本义,出现像《汉语大字典》那样归纳本义的众多失误。以下是《汉语大字典》误将《说文解字》分析汉字造意作为字词本义的例子:

1.交:脚胫相交。2.齐:禾麦吐穗上平整。3.突:犬从穴中突然而出。4.血:古代作祭品用的牲畜的血。

　　"交"、"齐"、"突"、"血"等词语的产生,都是客观事物的存在状态,或具有相同性质的同类事物在人们头脑中的概括反映。"交"本义概括的是所有事物的相交,而不单指人腿相交;"齐"本义是平整、齐平,对象也不只限于禾麦的穗;"突"是对所有猝然状态的概括,而绝不只是用以形容犬;"血"的古文字象器皿中盛血之形,描绘的是祭祀时用作祭品的牲畜的血,但"血"的本义却不能理解得如此狭窄,它实际上概括的是所有动物和人的血。而且从文献用例来看,这些词语在早期文献当中广泛运用于表示同状态或同类型的各种事物,而不限于文字形体表现出来的具体某一种事物。以下是《汉语大字典》把字词本义理解得狭窄的例子:

　　1.蠢:虫动。2.骍:赤色的马。3.驾:把车套在马身上。4.灾:原指自然发生的火灾。5.狂:疯狗。也指狗发疯。6.贯:古时穿钱贝的绳索。7.牲:古代供祭祀用的全牛。

　　以上这些词语,在古文字中都有多种写法:"蠢",《说文解字》古文从戋不从虫;"骍"在甲骨文中是由"羊"、"牛"构成的会意字,石鼓文"骍"从"牛"不从"马";"驾",《说文解字》籀文从牛不从马;"灾"在甲骨文中或从水,或从戈,或从火;"狂",《说文解字》古文从心不从犬;"贯"的古文字作"毌",贯穿的对象不限于钱贝;"牲"在甲骨文中也有从羊不从牛的写法。如果按照以造意为本义的做法,这些词语就势必存在两个以上的本义,例如,"骍"的本义如果按以"牛"为形符的写法,就当解释为"赤色的牛";"灾"按以"水"为形符的写法,本义就当为"水灾",等等。显而易见,这种误以造意为本义的做法必定会导致词语表意的混乱。实际上,本义是造字之初同类事物或状态在人们意识中的概括反映,因此,"蠢"的本义就是动,而不限于虫动;"骍"泛指赤色的牲畜;"驾"是把车套在马、牛等牲口身上;"灾"的本义即灾祸;"狂"本义是疯狂,对象不限于犬;"贯"的本义是贯穿;"牲"的本义则泛指供祭祀和食用的家畜。

　　事实上,不加分辨地误以造意为本义,有时不只是把本义解释得过于狭窄,还可能造成本义训释上的完全错误。这主要是因为《说文解字》依据的文字形体有时已不能正确反映文字最初的造意,当《说文解字》误释字形时,如果仍旧照搬它的说解就必定造成本义解释的完全错误。以下是《汉语大字典》误以《说文解字》错误分析出的造意作为本义的例子:

　　1.散:杂肉。2.穆:禾名。3.至:鸟从高处飞到地上。4.丈:量词。长度单位,十尺为丈。5.献:古代对作为祭品的犬的专称。6.力:人和动物筋肉收缩或扩张所产生的效能。

　　"散",林义光《文源》指出,其古文字"从月,不从肉。月即夕字,象物形。"本义即分散之散,与文字讹变后的"肉"无关。"穆",甲骨文最早的形体表示向日葵的风采,本义是和美,《说文解字》释为"禾也"是受字体讹变的影响。"至"古文字象矢远来降至地面之形,与鸟无关,本义为到、到达。"丈",《说文解字》分析字形是"从又持十",实际上,"丈"是"杖"的古字,合体象杖形,本义即扶、倚,与"十"、"十尺"无关。"献"古文字从虎从鬲,或从虎从鼎,后字形讹变从犬,实与犬无关,本义是进献。"力",《说文解字》根据小篆形体误以为象人筋之形,通过其古文字的考察发现,"力"本象耒形,本义就是力量,不必牵涉到人和动物的筋肉。

二、一味求古,排斥后出本字作为推求本义的形体依据

　　字词本义的推求,必须依据早期古文字形体,同时参照古文献例证,这几乎已成为长期以来的共识。实际上,汉字形体自古以来在不断演变,即使是早期古文字如甲骨文、金文,也有多变的异体。异体字的出现,不论是否有早晚先后,不同的构形多可据以推求本义。如"明"字,甲骨文、金文和《说文》中都有从日从月和从囧从月的异体;"牝"字、"牡"字,在甲骨文中还有从羊、从鹿、从犬、从虎的异体。不同的异体多可据以推求本义,不必寻求最早期的形体。汉

字形体演变中明确可分早晚先后的则是古今字。古今字的形成和发展可以从理论上和实践上说明以早期古文字作为推求本义在汉字形体方面的唯一依据是不合理、不恰当的。

从理论上说，汉字本义所指乃造字时的本义。它既不同于原始汉语中词的原始义，又不能局限于早期古文字造字时的本义。古今字中的古字和今字，即包括早期古文字和后起字同样均属造字，因此，造字时的本义应包括古字和今字造字时的本义在内。从今字（含各个时期的后起字）形体推求本义（当然也须参照古文献例证），在理论上和实践上都是合理可行的。下列几种情况，今字较之古字更能明确有效地推求本义。

（一）古字原为借字，今字增添表示义类的形符成为后起形声字。如作为象声词的"乌"借乌鸦的"乌"表示，今字加与发声有关的形符"口"成为后起形声字"呜"，是为发声词"呜"的后出本字。"呜"较之"乌"更能表示象声词这一本义。

（二）古字原为表本义的象形字，今字增添声符成为后起形声字。由于象形字主要采用勾勒轮廓或描摹特征的手法造字，不可能象工笔画那样逼真，因而与类似名物极易混淆。如"鳳"、"鷄"的古字是纯象形字，易与其他禽鸟混淆，今字加注声符"凡"、"奚"，则符合区别性原则，所指名物更明确。

（三）古字原为表本义的独体象形字、指事字或合体会意字，今字增添形符成为后起形声字。这类以声符为古字，加形符的后起形声字为今字的古今字为数最多，因而刘师培说："造字之初，先有右旁之声，后有左旁之形。"（《小学发微》）这类后起形声字不但提供表义类的形符，而且提供兼表音义的声符，因此更能明确地据以推求本义。如：

甲、止—趾　包—胞　须—鬚　州—洲　云—雲　主—炷
要—腰　冉—髯　牟—哞

乙、罔—網　新—薪　责—债　队—坠　县—悬　莫—暮

益—溢　　臭—嗅　　然—燃

甲组古字为独体的象形字或指事字，象形字如"止"、"云"，指事字如"要"、"牟"，在古字的基础上添加形符成为后起形声字。加"肉（月）"表与肌体有关；加"水（氵）"表与水有关；加"髟"表与毛发有关；加"口"表与发声有关；等等。乙组在合体的会意字基础上再增形符，有时同一形符重复出现，唐兰称之为"繁益字"。如"莫"、"暴"已有形符"日"，再加"日"成为后起形声字"暮"、"曝"，表本义日暮、曝晒。又如"益"的上部本即水的象形，加水旁成为后起形声字"溢"。这些形符的增益看似多馀重复，实际上仍起区别作用，因为古本字另有别义或假借义，如"莫"常借作否定词，"益"多用为增益、利益等义，今字增加形符就可以把古字的本义和他义相区别，今字实际上是再为本义新造的后起字。不论甲组还是乙组，今字均使本义表示得更为明确，从而推求本义也自然是合理可行，行之有效的。

（四）古字原为表本义的象形字、指事字或形声字，今字改变形体成为后起形声字。由于古字载义过多，且文字隶定后表义特征不够明显，就改变古字形体为本义另造后起形声字。这类后出本字既为本义提供表义类的形符又为本义提供表音的声符，它们不但能够有效区分字义，而且更能作为通过字形推求本义的依据。如：

吕—膂　　亦—腋　　饰—拭

象形字"吕"的本义是脊骨，借用作国名、姓氏字后，另造形声字"膂"表本义"脊骨"。"吕"字隶定后文字的造义很难从字形上直接看出，而"膂"以表示与肌体有关的"肉（月）"为形符，再配以声符"旅"，这个后出本字就较之古字"吕"更能表示本义"脊骨"。指事字"亦"本是腋下义的本字，但借用作副词"又"后，另造后出本字"腋"。"腋"从"肉（月）"、"夜"声，"肉（月）"表示与肌体有关，这个今字较之古字更有别义的作用，尤其较之隶定后的"亦"字形体，更能作为推求本义的有效依据。形声字"饰"的本义是刷拭，从巾从人食声。"饰"的引申义很多，有"修饰"、"饰品"等意义，为区分本义和他义，另造"拭"字专表刷拭义。"拭"从手式声,形符"扌(手)"与行为有关,"拭"较之古形声字"饰"作为推求本义的依据就更为直接和有效。

(五)今字(后起形声字)有时是为古字的引申义而造的专字,它成了表该义项的后出本字,因而古字的引申义在这里已是今字的本义,推求这类本义在字形方面的依据则非今字莫属。如:

甲、解—懈　竟—境　取—娶　介—界　毌—贯　昏—婚

乙、没—殁　结—髻　寤—悟　佩—珮　缺—决　缺—玦

甲组是在古字形体上添加形符成为后起形声字。"解"由本义解剖、剖分引申为分开、分散,再引申为松懈;"竟"由本义乐章终了引申为领土尽头、边境之意;"取"由本义捕取引申为古俗抢亲的娶女;"介"由本义铠甲引申为间隔,再引申为界限、边界;"毌"由本义贯穿引申为钱贯;"昏"由本义日暮引申为日暮时的婚娶。后起形声字添加相关的形符明确表示这类引申义,就今字本身而言,是为古字的引申义造的专字即后出本字,今字的本义即古字的引申义,推求这类本义就必须依据这些后起的形声字。乙组是改换原形声字的形符成为后起形声字。"没"由沉没引申为死亡;"结"由结绳引申为发髻;"寤"由梦中醒寤引申为心里醒悟;"佩"由佩戴引申为佩戴的玉器;"缺"由器物的缺破引申为水决和有缺口状的玉玦。后起形声字通过改换古字的形符明确表示这类引申义,今字实际上是为古字引申义造的专字,这些古字的引申义其实就是今字的本义,因此今字成为推求这类本义的必然依据。

以上古今字的形成和演变发展情况充分证明,不但古字(含古异体字)可据以推求本义,今字同样可据以推求本义,甚至更有效更明确地推求本义。①

---

①限于篇幅,该节有较多删节,详见本书《从古今字看汉字形体演变与本义的推求》一文。

三、误将声训等实、德、业互释视为本义

传统小学词义训释的一个明显特点在于,词义的解释往往不是从理性的角度出发对其进行概括和归纳,而是以词语的一两个相关语义为训,形成实、德、业互释的现象。所谓"实、德、业互释"是指,以名物本身、名物性状或名物作用进行相互训释,或是以动作本身、动作状态或动作结果进行的相互训释,这种训释方式与本义释义具有不同的作用,实、德、业互释重在从事物具有的某个或某些具体特点来完成对词语语义的揭示,尤其是在声训中的实、德、业的互释,则兼备提示语义和揭示语源的作用,而本义释义则重在对词语在文献中最初的意义进行理性概括,因此传统小学中以实、德、业互释的方式并不是对词语本义的直接解释,我们在进行字词本义的研究当中就不能照搬古人的这种释义,以下是当前本义研究中误以实、德、业互释为本义的两种情况:

(一)误以《说文解字》中名物词实、德、业的互释为字词本义

《说文解字》是传统小学一部重要的字书,其中对字义的训释采取了多种方法,除上文我们提到的对文字造意的解释外,它还大量采用了声训和非声训的实、德、业的互释。例如,声训类的实、德、业互释有:

日,实也。(《日部》)　月,阙也。(《月部》)

帐,张也。(《巾部》)　衣,依也。(《衣部》)

"实"、"阙"、"张"分别与"日"、"月"、"帐"的读音相同或相近,而且这些词语能够对"日"、"月"和"帐"的某一方面特点进行说明,这种声训的释义就起到了提示词义和揭示语源的作用。例如,"帐"的本义并不是"张",张开只是"帐"所具备的一个特点,而这一特点恰是"帐"的得名之由,因此古代小学家用"张"来训"帐"。"帐"的本义当是床帐。"日,实也"、"月,阙也",也是同样的情况,都是通过声训以德训实。"衣,依也","依"则说明"衣"的作用,同时以"依"训"衣"

也是对"衣"的语源进行揭示,这是声训中的以业训实。

《说文解字》中也存在着大量非声训类以实、德、业互释的现象,如:

樵,散也。(《木部》)   精,择也。(《米部》)
瓢,蠡也。(《瓠部》)   疥,搔也。(《疒部》)
帚,粪也。(《巾部》)   斫,斫木也。斧,斫也。(《斤部》)
弓,以近穷远。(《弓部》)

"樵"本义是薪柴,薪柴的特点是散碎而不宜用于制作器物,"散"说明的只是"樵"所具有的性质状态;"精"的本义是优质纯净的米,"择"也只是对"精"的特点进行说明;一瓠劙为二称为"瓢","蠡"是"瓢"的性状;"疥"痒令人欲搔,"搔"与疥疮的性质有关。这些都是《说文解字》采用的以德训实的释义方式。"粪"、"斫木"、"斫"、"以近穷远"则明显是对"帚"、"斤"、"斧"和"弓"作用的说明,即以业训实,而非对词语本义的概括和归纳。

然而在目前本义研究中,尤其是大型语文性辞书的编纂中仍然可以看到不少误以《说文解字》中的实、德、业互释为本义的现象,例如:

1. 凉:薄。[2][p1809] 2. 酸:醋。[3][p1497] 3. 鞣:柔软。[3][p1328] 4. 呈:平。[4][p248] 5. 丛:聚集。[4][p169] 6. 尸:陈;陈列。[4][p405] 7. 腹:厚。[4][p879] 8. 窔:深;幽深。[4][p1140]

"凉"的本义是淡酒,《说文·水部》"凉,薄也",以"薄"释"凉"说明的是淡酒的特点,而《辞源》(修订本)照搬《说文解字》的训释,则误把德、实相训作为词语的本义;"酸"本义指醋的味道,《说文·酉部》"酸,酢也","酢"是"醋"的古字,以"醋"释"酸"是用实训德,即以醋来说明醋的味道,其说解并不是"酸"的本义;又"鞣"的本义是熟皮,熟皮有柔软的特点,故《说文·革部》"鞣,奭也",说明的是"鞣"所具有的柔软的性质,也不是对"鞣"本义的解释,但《古代汉语词典》却照搬《说文解字》,以"醋"释"酸",以"柔软"释"鞣",则是把《说文解字》的德、实互释误以为词语本义；"呈"是"程"的古字,本义为标准、法式,《说文·口部》"呈,平也","平"说明的是"呈"的特点；"丛"本义为密集生长的草木,《说文·丵部》"丛,聚也","聚"只是"丛"的性状"尸",本义指古代祭祀时代表死者受祭的活人,《说文·尸部》:"尸,陈也","陈"是"尸"的状态；"腹"本义即肚腹,《说文·肉部》"腹,厚","厚"是"腹"的性状；"窔"本义指室中东南角,《说文·穴部》"窔,宦窔,深也","深"说明的是"窔"的特点。因此《汉语大字典》照搬《说文解字》的训释来对这些词语本义进行解释,显然都是把《说文解字》中实、德的互释误作字词本义。

（二）误以《说文解字》中行为词实、德、业的互释为字词本义

行为词的实、德、业相当于动作本身、动作状态和动作结果,《说文解字》中有不少以行为词实、德、业互释的情况,如:

趣,疾也。（《走部》）　愉,薄也。（《心部》）　按,下也。（《手部》）　剂,齐也。（《刀部》）　缩,乱也。（《糸部》）　狱,确也。（《狱部》）

"趣"的本义是快走、疾走,"疾"说明的是"趣"的情态；心理动词"愉"的本义是浅乐、淡淡地欢喜,"薄"说明的是"愉"的程度和状态,这都是行为词德、实相训的情况。"按"的本义是抑、按下,"下"是"按"的结果；"剂"的本义是剪断、剪齐,以"齐"训"剂"是采用声训说明"剂"之得名缘由,"齐"是"剂"的结果；"缩"的本义是以绳子捆扎、约束,段注引《通俗文》"物不申曰缩,不申则乱,故曰乱","乱"是动词"缩"的结果；"狱",本义是争讼,"确"是争讼的结果,这都是行为词业、实相训的情况。

行为词实、德、业的互释也只是对词语语义某些方面的说明,或以声训的方式来进行推源,其目的不在于理性地概括和归纳字词本义,因此同样不能照搬这种实、德、业的互释作为本义。但目前不少辞书编纂中仍然存在此类问题,例如:

1. 缏:止。[4][p1431] 2. 备:慎。[4][p84] 3. 趣:急,赶快。[5][p420]

"缏"本义是缝、用针线连缀,《说文·糸部》"缏,止也","止"说明的是针线连缀之后的结果，"繶，止也"是以业训实；"备"，甲骨文、金文"备"为"箙"的象形字，是盛矢之器，文献中"备"最早用为"防备、防御"之义，《说文·人部》"备，慎也"，"慎"说明的是防备的状态，《汉语大字典》照搬《说文解字》，把"止"、"慎"分别作为"繶"和"备"的本义，这是误将实、德、业的互释作为了字词本义。"趣"，本义是疾走，《说文·走部》"趣，疾也"，以德训实，说明的是动词"趣"的状态，然而《新编新华字典》误把《说文解字》对于"趣"的说解当作了"趣"的本义，因此出现了"趣"本义为"急，赶快"的解释，这也是误以德训实作为字词本义的例子。

四、以今律古，误将后起引申义、假借义作为字词本义

汉语是世界上最为古老的语言之一，在长达几千年的使用时间里，汉语词汇从本义出发不断引申发展出新的词义，构成汉语纷繁复杂的词义系统。同时，基于汉语字、词的特殊关系，当现有汉字不够记录口头中日益丰富的词语的时候，就出现了假借文字记词的现象，从字义上来看，文字就不仅具有本义、引申义，还具有了假借义。

由于本义是词语在文献当中使用得最早的意义，随着时间的延续，那些引申义或假借义在后世得以广泛使用而本义相对较少使用的词语，其本义就可能逐渐被人们忘却，或是被当作一个后起偏僻的义项遭到忽视和冷落，这样就最终导致了人们探求本义的失误和归纳词义系统的失败。古今汉语常用词是汉语基础词汇的核心，这部分词语由于使用频率高、历时长久，较之非常用词它们往往具有更为繁杂的词义系统，其本义也就更为隐晦而不易探求。因此，在对这部分词语的本义进行探究时，我们切不可以今律古，想当然地把词语使用得最为普遍的意义误作词语本义。而事实上，由于人们不可避免地会受到生活时代的局限以及语言习惯的影响，以今律古便成为本义探求当中最为普遍多见的现象。

(一)误以引申义为字词本义

"今"和"古"在汉语词汇史研究当中是一个相对概念,因此东汉许慎的《说文解字》在对上古造字之时文字的本义进行分析时,也有不少以今律古,误以引申义为本义的情况:

1.干,犯也。(《干部》)2.元,始也。(《一部》)3.徹,通也。(《支部》)4.臧,善也。(《臣部》)5.物,万物也。(《牛部》)6.各,异辞也。(《口部》)7.禽,走兽总名。(《内部》)8.图,画计难也。(《口部》)9.履,足所依也。(《履部》)10.行,人之步趋也。(《行部》)

以上十例,《说文解字》都误把词语的后起引申义当作了字词本义。"干"本义是"干戈"之"干",由武器名引申有干犯之义;"元",古文字字形像人头,本义即人头,引申为初始;"徹"本义是撤除、撤销,"通"是"徹"的后起义;"臧"本义是臧获,战败者被获为奴,故引申有"善"义;"物"本义是杂色牛,"万物"是"物"的引申义;"各"是"格"的古字,本义是至、止,词义虚化为对每一个个体的指称,即"异辞也";"禽"是"擒"的本字,本义是捕获,走兽总名为引申义;"图"本义是版图、地图,词义辗转引申为图谋、谋划之义;"履"本义是践踏,引申为足所著之鞋;"行"是一个象形字,古文字像道路之形,本义即道路,步行是"行"的引申义。

不独古代字书、辞书在本义研究当中存在大量以今律古的现象,我国近年来编纂的《汉语大字典》在对众多汉语常用词本义的解释上,也往往误以引申义为本义,将其编排作为词语的第一义项。如:

1.皇:大。2.享:献。3.告:上报。4.曲:蚕箔。5.承:受;蒙受。6.印:公章;私章。7.契:券证;文卷。8.具:准备;备办。9.奉:承受;接受。10.困:艰难;窘迫。11.作:产生;兴起。12.登:升;自下而上。13.树:木本植物的总称。14.位:朝廷中群臣的位列。15.沈:山岭上凹处的积水。16.决:开凿壅塞,疏通水道。17.共:共同;共同具有或承受。18.祖:祖庙;奉祀祖先的宗庙。

以上十八例,《汉语大字典》均误以引申义为本义。"皇"是"煌"的本字,本义是辉煌;"享"与"烹"古同字,本义即烹;"告"是"窖"的本字,本义是掩埋;"曲",古文字像弯曲的器形,本义是弯曲;"承"的本义是捧、托,"蒙受"是引申义;"印"本义是按、抑;"契"本义是契刻;"具"本义是备办饭食;"奉"是"捧"的本字,本义是恭敬地捧着;"困"是"梱"的本字,本义是门橛;"作"的古本字是"乍",像制衣形,本义即制作;"登"古文字像双手捧豆进献之形,本义是进献;"树"本义是树立;"位"是"立"的分化字,本义是所处的位置;"沈"本义是沉、没入水中;"决"与"缺"、"玦"等词同源,本义是大水决堤;"共"是"供"的古字,本义即供给;"祖"古文字作"且",像男根,本义是祖先。

(二)误以假借义为字词本义

口语词汇的数量要远远大于文字总量,远在甲骨文时期人们就已通过文字的假借来解决书面语言中字词数量不足的问题。被用来假借记词的文字,在后起分化字产生之前,同时用以记录本义和假借义等多种意义,例如:"然"字早期既用来记录"然"的本义"燃烧",又用来记录假借义"如此、这样";"与"字既用来记录本义"给予",又用以记录表示语气词的假借义"欤"。这种本义和假借义共用一字的现象在古代汉语中大量存在,但是应该注意的是,汉字本义和假借义的产生有明显的历史先后顺序,因此在进行大型历史性语文辞书编纂的时候,我们就应该充分尊重语言发展的历史事实,区分汉字的本义与假借义,而不能以今律古,误以后出假借义为汉字本义。《汉语大字典》中不乏此类误以假借义为本义的例子,如:

1. 丁:天干的第四位,与地支相配,用以纪年、月、日。

2. 我:代词。表示第一人称。

3. 五:数词。四加一的和。

"丁"是"钉"的本字,甲骨文象钉形,本义即钉子,《晋书·陶侃传》:"及桓温伐蜀,又以侃所贮竹头作丁装船"中的"丁"即用作本义"钉"。"天干第四位"则是"丁"字的后起假借义,《汉语大字典》将干支义作为其第一义项这是误把"丁"的假借义当作了它的本义。"我",古文字象武器形,本义当为武器,表示第一人称的代词则是"我"字的假借义,《汉语大字典》也是误以"我"的假借义为本义。"五",古文字象交错形,本义即交错,数词"四加一的和"则是"五"的假借义,这里也是犯了以今律古,误以假借义为本义的错误。

《辞源》(修订本)对旧《辞源》做了大量的修订工作,多义词的解释"一般以本义、引申、通假为先后"(见《辞源修订本体例》),且编纂目的"重在溯源"(见《辞源》"出版说明")。但是通过对修订版的《辞源》进行考察分析,仍然可以看到其中存在大量误以汉字假借义为本义的现象,例如:

1. 所:处所。2. 久:时间久。3. 各:指示代词。4. 酉:十二地支之十。5. 或:代词。有人,有的。6. 其:代词。回指上文的事或人。7. 权:秤锤。测定物体重量的器具。8. 旧:陈旧;过时。与"新"相对。

"所"字以"斤"为形符,本义与"斤"相关,指伐木声。《说文·斤部》:"所,伐木声也。……《诗》曰:'伐木所所。'"所引《诗经》的句中用"所"的本义。今本《诗·小雅·伐木》"所所"作"许许"用的是假借字;"久",古文字像以物灼体之形,是"灸"的古字,本义即针灸,"时间久"为假借义;"各"是"格"的古字,本义是"至、止",这一字形后来假借用以表示指示代词"各";"酉",甲骨文像酒器形,本义是酒器,后字形借为地支字;"或"是"国"的本字,从口从戈,会以戈守城之义,本义即邦国;"其"是"箕"的本字,像簸箕形,本义即簸箕,代词是"其"的假借义;"权",本义是黄华木,秤锤是假借义;"旧"繁体字作"舊",本义即鸺鹠,也就是猫头鹰,"陈旧"义是"旧"字的假借义。

汉字的本义和假借义,从词的角度来看,实际上是同形词的关系。由于不同的词采用同一字形记录的早晚先后各不相同,因此通过对汉字本义和假借义的区分就可以明显地将一个词与另一个词相区别,而不是把所有同形词相混同。

　　汉语字词本义研究的目的,在于通过探源、理清字词意义的发展脉络,从而为汉语词汇史研究打下扎实基础。以上四个误区在本义研究当中最为常见、危害也最大,因此就有必要对其进行详细剖析,从而引导本义研究早日走出误区,推动汉语词汇史向科学和健康的方向发展。

参考文献:

[1]荆贵生.古代汉语(修订本)(上册)[M].山东济南:黄河出版社,1997.

[2]广东、广西、湖南、河南辞源修订组.辞源(修订本)[Z].北京:商务印书馆,1983.

[3]古代汉语词典编写组.古代汉语词典[Z].北京:商务印书馆,1998.

[4]汉语大字典编辑委员会.汉语大字典(缩印本)[Z].湖北武汉:湖北辞书出版社,四川成都:四川辞书出版社,1992.

[5]王同亿.新编新华字典[Z].海南海口:海南出版社,1993.

(原载《古汉语研究》2003 年第 3 期)

古代汉语字词本义研究与《说文》解读

　　通过字词、语句的解释来帮助人们读懂古代文献是训诂学的首要功用，而了解和掌握每一个字词的含义又离不开古代汉语词汇的研究。近年来，随着古汉语词汇研究的深入发展，越来越多的上古、中古、近代汉语文献资料得到了更为确切的解释，为汉语史研究作出了重要贡献。词义相对于词的语音和书写形式而言，是词的内容和核心部分，离开词义进行词汇史的研究，如同对一具没有灵魂的躯壳做简单的外观描写，因此词汇研究的首要任务就是对词的意义进行深入细致的研究。我们在进行词义研究时发现，词的本义在词的所有意义中占有极为重要的地位，它不但是我们从文献资料中可以追寻到的词的最早意义，而且是词的引申义、比喻义等其他意义的源头和基础。因此，从源头上研究古代汉语词汇的本义是十分重要和必要的。

　　然而，由于时间的久远，汉字产生以前词的本义即真正意义上的古代汉语词汇的源头已不可考，我们只能在汉字记载的文献资料中追寻汉语词的最早意义，也就是通常所说的本义。古汉语特别是上古汉语以单音节词占绝对优势，一个汉字往往就是一个独立的词，汉字形体所反映出来的字本义就相当于词的本义，这就使得研究古代汉语词的本义无法与字的本义分离开来，因此我们将其通称为"古代汉语字词本义"。

　　古代汉语字词本义研究涉及文字学、训诂学的方方面面，本文侧重探讨这一研究与我国古代文字训诂学经典著作《说文解字》的关系。尽管《说文》从总体上讲是一部以分析文字形体结构、阐释汉字造字方法为目的的专著，但上古汉语时期汉字是以表意字为主的文字体系，文字造意与所记录的词的本义有着十分密切的联系，因此许慎对于汉字形体的分析客观上抉发出众多古代汉语字词的本义。正是由于这个原因，《说文》一书通常被认为是我国第一部分析字形、考究本义的经典性字书，成为研究本义的必备参考。然而这种参考必须建立在正确解读《说文》对汉字训释的基础上。由于《说文》的本质是一部字书，它对文字形体的说解就与我们所进行的本义研究存在一定的差距，又由于它成书的时代决定了它采用声训、形训等方法进行释义，这就和今天的辞书和古书注解中的字词释义有很大差别，因此在参考《说文》时必须仔细甄别，不能误以声训、形训为字词的本义。同时《说文》采用义训对字词本义进行的解释也由于时代的局限性存在众多讹误，我们在参考《说文》时也不能原样照搬它的说解。以下三点是我们研究字词本义参考《说文》时必须注意的：

一、《说文》声训中的实、德、业互释不等于字词的本义

传统小学词义训释的一个明显特点在于，词义的解释往往不是从理性的角度出发对其进行概括和归纳，而是以词的一两个相关语义为训，形成实、德、业互释的现象。所谓"实、德、业互释"是指以名物本身、名物性状或名物作用进行相互训释，或是以动作本身、动作状态或动作结果进行的相互训释。这种训释方式与本义释义具有不同的作用，它们是从事物具有的某个或某些具体特点来完成对词义的揭示，尤其是在声训中的实、德、业的互释，则不仅具有提示语义还兼备揭示语源的作用。例如《说文》对"马"、"日"、"月"的释义："马，怒也，武也"，"日，实也"，"月，阙也"，这些训释都不是对其本义的解释，而是利用一个语音相同或相近的词来说明事物得名的缘由。《说文》中存在大量采用声训方法，或是通过名物的性状、作用

来解释名物本身,或是通过动作状态或动作结果来说明动作本身的条目,这些释义都不能直接作为字词的本义。例如:

帐,张也。(《巾部》)→木,冒也。(《木部》)

丑,纽也。(《丑部》)→酉,就也。(《酉部》)

亥,荄也。(《亥部》)→鞣,奻也。(《革部》)

爻,交也。(《爻部》)→衣,依也。(《衣部》)

趣,疾也。(《走部》)→剂,齐也。(《刀部》)

"帐"与"张"音近,但"张"并不是"帐"的本义,张开只是"帐"所具备的一个特点,《说文》以"张"训"帐"这是以事物的性质特点来说明事物本身,即以德训实。"木"的本义是木本植物的通称,由于古代小学家认为"冒地而生"是"木"的得名之由,故冒地而生只是"木"所具备的一个特点。"丑",《说文·丑部》:"丑,纽也。十二月,万物动,用事。"段玉裁《说文解字注》:"《糸部》曰:'纽,系也。一曰结而可解。'十二月阴气之固结已渐解,故曰纽也。"可见《说文》中"丑"的词义指的是"十二月","纽"只是古人对这一时节所呈现出的某种特征的说明,"丑,纽也"是声训中的以德训实。"酉",《说文·酉部》:"酉,就也。八月黍成,可为酎酒。"徐锴《说文解字系传》:"就,成熟也。""就"、"酉"上古音近,"就"说明的是八月谷物成熟的特征,因此《说文》以"就"释"酉"解释的并不是"酉"的词义,而是用声训的方式说明"酉"所纪月的特征。"亥",《说文·亥部》:"亥,荄也。十月微阳起,接盛阴。"段玉裁《说文解字注》:"荄,根也。阳气根于下也。十月于卦为坤,微阳从地中起接盛阴。"以"荄"释"亥"是用声训方式说明"亥"所纪十月的一个特点,也同样是以德训实。"鞣"字从革柔声,本义是熟皮,熟皮有柔软的特点,故《说文·革部》"鞣,奻也","奻"说明的是"鞣"所具有的柔软特性,这是声训中的实、德相训。"爻"的本义是构成《易》卦的长短横道,《说文·爻部》:"爻,交也","交"即交错之义,是说明阴阳爻的状态特点,因此《说文》以"交"训"爻"是用声训来以德训实,同样解释的不是字的本义。以上都是以名物词的德、实相训。

"衣,依也","依"说明的是"衣"的作用,同时以"依"训"衣"也是对"衣"的语源进行揭示,这是声训中的以业训实。

"趣"的本义是疾走,《说文·走部》:"趣,疾也",是用声训说明动词"趣"的状态,并不是本义,这是动作行为词的以德训实。

"剂"的本义是剪断、剪齐,以"齐"训"剂"是采用声训的方法说明"剂"之得名缘由,"齐"是"剂"的结果,这是行为词的以业训实。

然而在《古代汉语词典》、《新编新华字典》等众多现代语文辞书当中,仍有误将《说文》声训中的实、德、业互释作为字词本义的现象。如商务印书馆的《古代汉语词典》把"鞣"的本义解释为"柔软",王同亿的《新编新华字典》把"趣"的本义解释为"急,赶快"等等,都是照搬《说文》的声训为本义的现象。

二、《说文》形训中的文字造意不等于字词本义

文字造意与字词本义是两个不同的概念。文字造意是根据文字形体来解释文字构造的意图,例如:"逐"的文字形体从辵,豕声,这一字形所反映出的文字造意就是"追逐猪";"牧"的字形从牛从攵,文字造意就是"放牧牛"。然而我们知道"逐"和"牧"的本义并不应当理解得那么狭窄,"逐"的本义当为追逐一切走兽,而不限于猪;"牧"的本义当为放牧牲畜,而不限于牛。因此我们可以看到文字的造意虽然对字词本义有一定的提示作用,但多数情况下文字造意都不等于字词本义,也绝不能认为造意就是本义。字词本义是人脑对客观事物认知、归纳之后所形成的一种抽象、概括的字词意义,也就是说,本义具有概括性,而这是文字造意所不具备的。例如,"尘(塵)"字,小篆写作"麤",这个文字所记录的字词本义就是"尘土",但由于尘土的形象用图形难以描画,因此造字者就采用三只鹿奔跑扬起尘土的具体意象进行表达,《说文·麤部》:"麤,鹿行扬土也。""鹿行扬土"正是对"尘"字造意的阐释,这时就不能误以"鹿行扬土"

为常用词"尘"的本义。又如"牢",从文字构造上看,"牢"字从宀从牛,造意是关牛的栏圈,但"牢"这个词的本义却不能理解得这么狭窄,其本义实际上概括的是关各种牲畜的栏圈。

《说文》是一部以分析文字形体为主要目的的字书,虽然客观上它对大批古代汉语字词本义作出了正确解释,但仍然可以看出,这部书中字词意义的阐释依然是为许慎所要阐发的"六书"理论服务的,因此在对部分汉字进行解释时,《说文》选取的释义是文字的造意而非具有概括性质的字词本义,这时我们就绝不能将其中文字的造意误作本义。例如《麤部》"麤(尘),鹿行扬土也","鹿行扬土"是"尘"的造意而非本义,其本义当为"尘土,灰尘"。但当前有些古汉语工作者仍误以为《说文》所释的造意应是对词本义的阐释,这是不正确的。如有一部古代汉语教材说:"许慎认为,'麤'的本义是群鹿疾驰扬起的细土。但在文献中,'麤'只作细土讲,没有一例特指鹿扬起的细土,所以它的本义是'细土'。许慎过于强调释义与字形的贴切联系,忽视了古人造字常用具体事物表示抽象意义的方法,从而造成了失误。"其实许慎在《说文》中指出"麤(尘),鹿行扬土也"正是就其造意而言,"古人造字常用具体事物表示抽象意义的方法"正是许慎解说文字造意的重要方法之一。指责许慎"拘泥于字形",实际上是自己没有透彻地读懂《说文》。又如《犬部》"臭,禽走臭而知其迹者,犬也",这是分析说明造字时之所以从犬的用意,"臭"的本义为"嗅"而非仅限于犬嗅。所以,在利用《说文》考释古代汉语字词本义的时候,分辨其中说解的是文字造意还是字词本义是相当重要的,否则就会误以造意为本义。同样下面这些对文字造意的说解我们也不能将其照搬为字词本义:

奪,手持隹失之也。(《奞部》)　厚,山陵之厚也。(《𣆪部》)

交,交胫也。(《交部》)　突,犬从穴中暂出也。(《穴部》)

齐,禾麦吐穗上平也。(《齐部》)　　血,祭所荐牲血也。(《血部》)

　　"夺"、"厚"、"交"、"突"、"齐"、"血"等词的产生,都是客观事物的存在状态,或具有相同性质的同类事物在人们头脑中的概括反映。"夺"本义是丧失,可以用来指称一切事物的丧失,而不只是隹(鸟)从手中失去。"厚"本义指一切事物之厚,而不仅限于山陵。"交"本义概括的是所有事物的相交,而不单指人腿相交。"突"是对所有猝然状态的概括,而绝不只是用以形容犬。"齐"本义是平整、齐平,对象也不只限于禾麦的穗。"血"的古文字象器皿中盛血之形,描绘的是祭祀时用作祭品的牲畜的血,但"血"的本义却不能解释得如此狭窄,它实际上概括的是所有动物和人的血。从文献用例来看,这些词在早期文献当中也广泛运用于表示同状态或同类型的各种事物,而不限于文字形体表现出来的具体某一种事物。因此参考《说文》的时候就不能误将这些文字造意照搬为字词本义。

　　但是在实际操作中《汉语大字典》等大型语文辞书仍有照搬文字造意为本义的现象,如上例的"交"、"突"、"齐"、"血"等词,《汉语大字典》就将其本义分别解释为"脚胫相交"、"犬从穴中突然而出"、"禾麦吐穗上平整"、"古代作祭品用的牲畜的血"等,这无疑就将本义解释得过于狭窄了。

三、《说文》义训中误释的"本义"不能作为字词的真正本义

　　尽管《说文》当中包含了相当数量的义训,但由于许慎受到的时代局限,他不可能看到更多的古文字或文献材料,因此《说文》对部分字词本义的考释就是错误的,我们今天在利用《说文》研究本义时就必须对些错误的"本义"进行甄别。

　　首先,《说文》中存在由于字形分析错误而将本义完全解释错误的现象,这时就不能照抄《说文》释义为字词本义。例如《屮部》:

"若,择菜也。"由于许慎未能看到"若"的早期甲骨文字形,因此根据小篆形体误以为该字"从艸、右",将其本义释为"择菜"。事实上"若"的古文字作一人跪坐梳理长发之形,本义就当是"顺",而绝不是"择菜"。又如,"穆"的本义,《禾部》释为:"穆,禾也。"而"穆"的甲骨文最早形体实际上表示的是向日葵的风采,本义就是"和美"。由于许慎未能看到这一古文字形体,他根据小篆讹变后的形体就把"穆"本义误释为"禾"。再如"力",许慎根据小篆形体误以为像人筋之形,在《力部》将其本义释为"筋也"。而通过古文字的考察发现,"力"本像耒形,本义就是力量。因此在参考《说文》的时候必须分辨这类误释的本义。

其次,《说文》中存在大量以今律古,误以引申义为本义的情况,如:

> 干,犯也。(《干部》)→图,画计难也。(《口部》)
>
> 元,始也。(《一部》)→履,足所依也。(《履部》)
>
> 徹,通也。(《支部》)→行,人之步趋也。(《行部》)
>
> 物,万物也。(《牛部》)→树,生植之总名。(《木部》)
>
> 作,起也。(《人部》)→祖,始庙也。(《示部》)

"干"本义是"干戈"之"干",由武器名引申有干犯之义;"图"本义是版图、地图,词义辗转引申为图谋、谋划之义;"元",古文字字形象人头,本义即人头,引申为初始;"履"本义是践踏,引申为足所着之鞋;"徹"本义是撤除、撤销,"通"是"徹"的后起义;"行"是一个象形字,古文字象道路之形,本义即道路,步行是"行"的引申义;"物"本义是杂色牛,"万物"是"物"的引申义;"树"本义是种植,引申为木本植物的总称;"作"的古本字是"乍",象制衣形,本义即制作;"祖"古文字作"且",象男根,本义是祖先。以上十例,《说文》都误把字词的后起引申义当作了本义,此时我们同样不能误将这些意义当作本义。

然而在现代语文辞书中往往存在误以《说文》中这类引申义为

本义的现象,如《汉语大字典》在对某些字词本义进行解释的时候,就直接照搬了《说文》的解释。如《汉语大字典》对"树"、"作"、"祖"等词的解释就是其例,将"木本植物的总称"作为"树"的本义,释"作"的本义为"产生;兴起",照抄《说文》的释义把"祖"的本义直接解释为"祖庙;奉祀祖先的宗庙"等等。

　　因此,尽管《说文》对于古代汉语字词本义的研究有着十分重要的参考意义,但是必须看到《说文》中的释义并不都是对字词本义的说解,而且即使解释的是本义也不一定准确,这就要求我们把正确解读《说文》作为本义研究的一个重要环节。

语文小议

——发疑与切分

　　山西省二十多年来拥有各种类型面向全国发行的语文报刊。有学术性的《语文研究》；有普及性的语文报；还有介乎前两种之间的《语文教学通讯》。我有幸在八十年代为前两种报刊写过不少稿子。最近，《语文教学通讯》向我约稿，言明作为开篇的"名家视点"用。这使我深感不安，因为已发的开篇大多是名家们站得高，看得远，视野广阔，见解独到的宏论、高论。我则长期习惯于从小处着眼，局限于微观。对编辑部的盛情却之不恭，姑且就从语文和语文教学中人们习以为常不产生疑问的小问题议论一番吧。

　　引导学生对学习产生兴趣并能深入下去的重要一环是善于发疑。宋代思想家张载云："于不疑处有疑，方是进矣。"能在一般人习以为常不产生疑问的地方提出疑问，学习、研究才能有发展、进步。英国科学家牛顿年轻时在苹果树下发疑：为什么苹果成熟了往地下掉而不往天上掉？后来他发现了地心引力和万有引力，建立了经典力学的基本体系。语文课乃至古今中外诗文中都有大量"不疑处"值得发疑。例如李白的《静夜思》诗："床前明月光，疑是地上霜。"其中"床"和"疑"都值得发疑。人们对"床"一直有争论：有说是卧床的，有说是井栏的，有说是几案的。但对"疑"的怀疑、疑心之意似乎习以为常，丝毫不加怀疑。其实这个"疑"和陆游《游山西村》的诗句"山重水复疑无路"的"疑"一样，是"似、好像"的意思。又如宋代名画《清明上河图》的"清明"，人们习以为常地认为指清明节，也是可以发疑的。因为画里的人大多光着膀子，清明时天气不可能热到这种程度。再如"上河"是否同"上海"又称"海上"一样指"河上"？再如成语"跳梁小丑"、"信口开河"同屋梁、江河有没有关系？俄罗斯东部地区为什么叫西伯利亚？……

下面我们专就语文和语文教学中人们习以为常的不疑处——切分问题小议一番吧。

语文和语文教学中最小的问题是什么呢？一个语句，一个标点符号，不可谓不小。但我这里要议的似乎比这还要小：在一个语句中没有也无法出现标点符号时语词间的意义切分问题。

早在先秦时代就有关于"夔一足"歧义的著名例证。《吕氏春秋·察传》载：鲁哀公问于孔子曰："乐正夔一足，信乎？"孔子曰："昔者舜欲以乐传教于天下，乃令重黎举夔于草莽之中而进之，舜以为乐正。夔于是正六律，和五声，以通八风，而天下大服。重黎欲益求人，舜曰：'……若夔者一而足矣。'故曰夔一足，非一足也。"意义切分为"夔一/足"（夔一个已足够），不能理解为"夔/一足"（夔只有一条腿）。

现代较早注意到语句内意义切分问题的是吴小如、吕叔湘两位大学者。上个世纪六十年代初，两位先生先后撰文谈到白居易《问刘十九》诗（"绿蚁新醅酒，红泥小火炉。晚来天欲雪，能饮一杯无？"），其中的"小火炉"，一般人都误以为指小的火炉，切分为"小/火炉"。殊不知这里指的是温酒用的文火即小火的炉子，应切分为"小火/炉"。"小火/炉"与上句的"新醅/酒"对仗工稳，读作"小/火炉"不但破坏了对仗，也破坏了原诗优美的意境。

南北朝时期著名笔记小说集《世说新语》的作者刘义庆。国外有一个译本说是王义庆。这是语词切分不当惹的祸。原来各种版本的《世说新语》卷首多标明"宋临川王义庆撰，梁刘孝标注"。南朝宋的皇帝姓刘，刘义庆属宗室成员，袭封临川王。既标明"宋临川王"，必然姓刘。"临川王/义庆"误切分为"临川/王义庆"，导致改姓。

四言诗句和四字成语诵读时多作二二切分,但其意义切分则不尽然。有作一三切分的,如"在/河之洲"、"成/人之美"、"居/大不易";有作三一切分的,如"一衣带/水"、"空空如/也"。

杜甫《羌村三首》之二:"娇儿不离膝,畏我复却去。"后一句有两种意义切分法:一种是上一下四句式("畏/我复却去"),意谓娇儿害怕我还要离开。另一种是上二下三句式("畏我/复却去"),意谓娇儿由于怕我而吓得离开。中国社会科学院文学研究所编的《唐诗选》指出"两说皆可通"之后说:"但从杜甫对子女一贯慈爱,从杜甫去年回家居留暂短(六月至七月),以及娇儿的一般心理(下面《北征》'问事竞挽须'可参看)等来揣摩,前说(笔者按:指上一下四句式)或许更符原意,与下面'忆昔'句也似更连贯。"

可见,语句内无标点符号出现时语词间的意义切分的问题虽小,却大有讲究。在诗文阅读、语文教学中关系重大,决不能等闲视之。

(原载《语文教学通讯》第 27 期[2004 年])

《说文》解读与辞书释义

东汉许慎的《说文解字》是我国历史上第一部系统研究汉字形体结构的字书。该书在分析汉字造字规律的同时,客观上揭示出不少字词的本义。例如:《水部》:"汤,热水也。"《竹部》:"策,马箠也。""热水"、"马箠"分别解释的就是"汤"和"策"的本义,这些释义是后世辞书编纂的基础和依据,因此辞书释义特别是语文性辞书的单字释义参考古代经典性辞书《说文解字》是完全必要的。

但是现代语文辞书对《说文》的这种参考必须建立在正确解读《说文》的基础之上。因为《说文》对汉字训释的方式是多元的,除了一般的义训之外,《说文》还广泛采用声训和形训的方式说解汉字。声训是我国古代辞书当中常用的一种训诂方式,这种训释方式的特点是被释词和训释词之间语音相同或相近,训释词以说明被释词的得名之由为主要目的。例如《言部》:"诗,志也。""诗"和"志"古音相近,"志"并不是对"诗"字词意义的直接解释,而是说明"诗"的得名之由,即认为"诗"是由其作用"抒发情志"来进行命名的。形训也不是一种以直接解释字词意义为目的的训释方式,它分析和说明的是汉字的形体结构和造字方法,在《说文》当中的不少形训交代的是文字的造字意图,这种造意客观上虽然有提示字词意义的作用,但其实际目的仍然是为分析汉字形体结构服务的。例如《犬部》:"臭,禽走臭而知其迹者,犬也。"这一训释说明的是"臭"这个汉字造字时之所以从犬的用意,而并不是认为"臭"的词义就是"犬嗅"。现代语文辞书与我国古代辞书训释方式的一个明显区别在于,现代语文辞书为了满足人们快速、便捷掌握字词意义的需求,往往不将声训和形训这两种间接提示字词含义的训释方式作为它的释义方式。然而一些现代语文辞书在参考《说文》的时候并不对其中的训释进行认真分析,误以《说文》的声训、形训为义训而直接照搬、照抄,这就产生了释义上的错误。

一、误以声训中的实、德、业互释为字词释义

所谓"实、德、业互释"是指:以名物本身、名物性状或名物作用进行相互训释,或是以动作本身、动作状态或动作结果进行的相互训释。声训中实、德、业的互释,其主要目的是通过对事物语源的揭示来起到一定的提示语义的作用。例如东汉时期刘熙的《释名》就是一部以声训著称的专著,其中"人,仁也"、"金,禁也"、"火,毁也"的训释,以及《说文解字》对"马"的解释"马,怒也,武也",这些训释都不是对字词意义的直接解释,正如近代学者章太炎在《国故论衡·语言缘起说》中指出的:"人云、马云,是其实也;仁云、武云,是其德也;金云、火云,是其实也;禁云、毁云是其业也。"这里"实"是指事物的本身,"德"是事物的性状,"业"则是事物的作用。在这四个例子当中,《释名》和《说文解字》用事物的性状和作用来解释事物本身,形成了"实"、"德"、"业"互释的现象。章太炎的阐释正说明了声训中实、德、业的互释并不是对字词意义的直接解释,而是对词命名缘由的推求。现代语文辞书在参考《说文》时,对一些明显属于实、德、业互释的声训认识较为清楚,没有直接照搬、照抄的现象,如"日,实也"、"月,阙也"、"马,怒也,武也"、"衣,依也"等训释,一般都不会作为对字词的释义直接出现在现代语文辞书当中。但《说文》中有的声训并不那么明显,它们就往往被当作义训纳入一些现代语文辞书的释义之中。如:

单:大。[1][P125]　　　　丑:纽。[1][P6]

酉:就、成熟。[1][P1487]　　亥:草根。[1][P119]

鞣：柔软。[2][P1328]　　　　　　趣：急，赶快。[3][P420]

爻：交叉，交错。[3][P594]

《汉语大字典》对"单"、"丑"、"酉"、"亥"等词的解释就是直接照搬《说文》的声训，误以实、德、业的互释为词义训释。"单"，《说文·叩部》："单，大也。"丁山《说文阙义笺》："窃疑古谓之单，后世谓之干，单、干盖古今字也。""单"的本义当是远古先民用于狩猎、作战的原始工具，"大"可能是"单"的形体特征之一，上古音"单"、"大"音近，以"大"训"单"当是声训中的实、德相释，因此《汉语大字典》以"大"释"单"就误将《说文》声训当作了对词义的解释。"丑"，《说文·丑部》："丑，纽也。十二月，万物动，用事。"段玉裁《说文解字注》："《糸部》曰：'纽，系也。一曰结而可解。'十二月阴气之固结已渐解，故曰纽也。"可见《说文》中"丑"的词义指的是"十二月"，"纽"只是古人对这一时节所呈现出的某种特征的说明，"丑，纽也"是声训中的以德训实，然而《汉语大字典》对这一训释并未进行仔细分析，在"丑"的第三个义项中列出"纽"这一义项，显然是误以声训为词义训释。"酉"，《说文·酉部》："酉，就也。八月黍成，可为酎酒。"徐锴《说文解字系传》："就，成熟也。""就"、"酉"上古音近，"就"说明的是八月谷物成熟的特征，因此《说文》以"就"释"酉"解释的并不是"酉"的词义，而是用声训的方式说明"酉"所纪月的特征，《汉语大字典》就不当照搬这一德、实相训的声训为词义训释。《汉语大字典》以"草根"释"亥"也同样如此，"亥"，《说文·亥部》："亥，荄也。十月微阳起，接盛阴。"段玉裁《说文解字注》："荄，根也。阳气根于下也。十月于卦为坤，微阳从地中起接盛阴。"以"荄"释"亥"是用声训方式说明"亥"所纪十月的一个特点，也同样是以德训实，《汉语大字典》照搬这一训释就犯了和上述几例同样的错误。

《古代汉语词典》以"柔软"释"鞣"，同样是把《说文》的声训误作了词义训释。"鞣"字从革柔声，本义是熟皮，熟皮有柔软的特点，故《说文·革部》："鞣，爽也。""爽"说明的是"鞣"所具有的柔软特性，这是声训中的实、德相训,因此现代语文辞书就不当照搬这一训释为词义训释。

王同亿的《新编新华字典》把"趣"的本义解释为"急,赶快",将"交叉,交错"义作为"爻"的字义,也都是照搬《说文》声训误释字义的现象。"趣"的本义是疾走,《说文·走部》:"趣,疾也。"是用声训说明动词"趣"的状态,是以德训实,解释的并不是"趣"的本义,《新编新华字典》在不对这一传统训释进行仔细分析的情况下,就将"趣"的本义解释为"急,赶快",显然是直接照搬《说文》声训为字义的结果。"爻"的本义是构成《易》卦的长短横道,《说文·爻部》:"爻,交也。""交"即交错之义,是说明阴阳爻的状态特点,因此《说文》以"交"训"爻"是用声训来以德训实,同样解释的不是字义,也不应为现代语文辞书直接援用,《新编新华字典》对"爻"的这一释义就是错误的。

二、误以形训中的文字造意为字词本义

《说文》中的形训有的是对文字结构、造字方法的直接阐述,如《又部》:"及,逮也。从又,从人。""从又,从人"分析的就是文字的结构,这种形训由于表述上与义训存在着很大差别,因此不易与义训相混淆,但形训当中有一种对于文字造意的阐述却常常被误作义训纳入到现代语文辞书的释义当中。《说文》对于文字造意的阐释单从形式看与义训十分相近,如《麤部》"麤(尘),鹿行扬土也","鹿行扬土"揭示的是"尘"字的文字造意而非本义,其本义是"尘土,灰尘"。由于这一文字造意是用一个类似于义训的判断句进行表述的,因此当前一些古汉语工作者就误以为《说文》阐释的这一文字造意为字词本义:如荆贵生主编的《古代汉语》(修订本)上册中说:"许慎认为,'麤'的本义是群鹿疾驰扬起的细土。但在文献中,'麤'只作细土讲,没有一例特指鹿扬起的细土,所以它的本义是'细土'。许慎过于强调释义与字形的贴切联系,忽视了古人造字常用具体事

物表示抽象意义的方法,从而造成了失误。"其实许慎在《说文》中指出"麤(尘),鹿行扬土也"正是就其造意而言,"古人造字常用具体事物表示抽象意义的方法"正是许慎解说文字造意的重要方法之一。指责许慎"拘泥于字形",实际上是自己没有透彻地读懂《说文》。所以现代语文辞书在参考《说文》的时候就不能照搬其说解,误以形训中的文字造意为字词本义。然而现代语文辞书中这样的错误仍比比皆是,以下是《汉语大字典》误将《说文解字》分析汉字造意作为常用词本义的例子:

> 交:脚胫相交[1][P119]
> 突:犬从穴中突然而出。[1][P1137]
> 齐:禾麦吐穗上平整[1][P1984]
> 血:古代作祭品用的牲畜的血。[1][P1271]

"交"、"齐"、"突"、"血"等词的产生,都是客观事物的存在状态,或具有相同性质的同类事物在人们头脑中的概括反映。"交"本义概括的是所有事物的相交,而不单指人腿相交;"突"是对所有猝然状态的概括,而绝不只是用以形容犬;"齐"本义是平整、齐平,对象也不只限于禾麦的穗;"血"的古文字象器皿中盛血之形,描绘的是祭祀时用作祭品的牲畜的血,但"血"的本义却不能理解得如此狭窄,它实际上概括的是所有动物和人的血。而且从文献用例来看,这些词在早期文献当中广泛运用于表示同状态或同类型的各种事物,而不限于文字形体表现出来的具体某一种事物。以下是《汉语大字典》把词本义理解得狭窄的例子:

> 贯:古时穿钱贝的绳索。[1][P1510]
> 灾:原指自然发生的火灾。[1][P917]
> 驾:把车套在马身上。[1][P1891]
> 牲:古代供祭祀用的全牛。[1][P759]

以上这些词,在古文字中都有多种写法:"贯"的古文字作"毌",

贯穿的对象不限于钱贝；"驾"，《说文解字》古文从牛不从马；"灾"在甲骨文中或从水，或从戈，或从火；"牲"在甲骨文中也有从羊不从牛的写法。如果按照以造意为本义的做法，这些词就势必存在两个以上的本义。例如，"驾"的本义如果按以"牛"为形符的写法，就当解释为"把车套在牛身上"；"灾"按以"水"为形符的写法，本义就当为"水灾"，等等。

　　显而易见，这种误以造意为本义的做法必定会导致词表意的混乱。实际上，本义是造字之初同类事物或状态在人们意识中的概括反映，因此，"贯"的本义是贯穿；"驾"的本义是把车套在马、牛等牲口身上；"灾"的本义即灾祸；"牲"的本义则泛指供祭祀和食用的家畜。

　　事实上，不加分辨地误以造意为常用词本义，有时不只是把本义解释得过于狭窄，还可能造成本义训释上的完全错误。这主要是因为《说文解字》依据的文字形体有时已不能正确反映文字最初的造意，当《说文解字》误释字形时，如果仍旧照搬它的说解就必定造成本义解释的完全错误。以下是《汉语大字典》误以《说文解字》错误分析出的造意作为常用词本义的例子：

　　　　散：杂肉。[1][P616]
　　　　献：古代对作为祭品的犬的专称。[1][P579]
　　　　美：味道可口。[1][P1302]
　　　　至：鸟从高处飞到地上。[1][P1174]
　　　　力：人和动物筋肉收缩或扩张所产生的效能。[1][P153]

　　"散"，《汉语大字典》引林义光《文源》指出，其古文字"从月，不从肉。月即夕字，象物形"[1][P616]。本义即分散之散，与文字讹变后的"肉"无关。"美"，甲骨文象人头上装饰羊首之形，本义当是形貌好看、美丽，而与羊的味道无关。《说文解字》释为"甘也"是受字形演变的影响，把原本是象形字的"美"当作了会意字来解释，故其认为"美"，"从羊，从大"，羊大则味美；"至"古文字象矢远来降至地面之形,与鸟无关,本义为到、到达。"献"古文字从虎从鬲,或从虎从鼎,后字形讹变从犬,实与犬无关,本义是进献。"力",《说文解字》根据小篆形体误以为象人筋之形,通过其古文字的考察发现,"力"本象耒形,本义就是力量,不必牵涉到人和动物的筋肉。

此外,《说文》义训中还有以后起引申义为本义的释文。如《一部》:"元,始也。""元"古文字象人头,本义即人头,引申为初始。又如《行部》:"行,人之步趋也。""行"古文字象道路形,本义即道路,行路义是"行"的引申义。《说文》中的这种义训就不应当被现代语文辞书搬抄为字词本义。然而即使是像《汉语大字典》这类质量较高的语文辞书也普遍存在照搬《说文》所释引申义为本义的现象,如:

皇:大。	树:木本植物的总称。
享:献。	位:朝廷中群臣的位列。
曲:蚕箔。	沉:山岭上凹处的积水。
具:准备,备办。	决:开凿壅塞,疏通水道。
奉:承受;接受。	共:共同;共同具有或承受。
作:产生;兴起。	祖:祖庙;奉祀祖先的宗庙。

以上十二例,《汉语大字典》均照搬《说文》所释的引申义为本义。"皇",《说文·王部》:"皇,大也。""皇"其实是"煌"的本字,本义是辉煌,"大"为引申义。"享",《说文·亯部》:"亯(享),献也。""享"与"烹"实是古同字,本义即烹,"献"为引申义。"曲",《说文·曲部》:"曲,象器曲受物之形。或说,曲,蚕薄也。""蚕薄"解释的是"曲"的后起义,"曲"古文字象弯曲的器形,本义是弯曲。"具"本义是备办饭食,《说文·廾部》:"共置也。"解释的是"具"的引申义,这里《汉语大字典》照搬《说文》释文为本义。"奉"是"捧"的本字,本义是恭敬地捧着,《说文·廾部》:"承也。"解释的是"奉"的后起引申义。"作"的古本字是"乍",象制衣形,本义即制作,《说文·人部》:"作,起也。"解释的是词的引申义而非本义。"树"本义是种植,《汉语大字典》照搬《说文·木部》"树"的释文"生植之总名"为本义,也

是误以引申义为本义。"位"是"立"的分化字,本义是所处的位置,《说文·人部》:"列中庭之左右谓之位。"解释的是"位"的引申义。"沉"本义是沉、没入水中。《汉语大字典》对其本义的解释是照搬《说文·水部》"沈(沉),陵上滴水也"这一释义,实际上是误以词的引申义为本义。"决"与"缺"、"玦"等词同源,本义是大水决堤,《说文·水部》:"行流也。"解释的是"决"的引申义。"共",《说文·共部》:"共,同也。""共"是"拱"的古字,其本义当为"众星拱月"的"拱",共同义实为"共"(合举)的引申义。"祖"古文字作"且",象男根,本义是祖先,《说文·示部》:"祖,始庙也。"解释的是"祖"的引申义。

　　以上三种情况是现代语文辞书参考《说文》时经常出现的问题,声训和形训由于都不是对字词意义的直接训释,因此现代语文辞书在参考《说文》以及其他传统小学著作时就必须对这两种特殊的训诂方式予以仔细分析,不能将其与义训相混淆。《说文》尽管客观上诠释了大量汉语字词的本义,但《说文》的作者由于受种种条件的限制,《说文》中的义训解释的就不一定都是字词本义,而是字词的引申义。因此我们今天在编纂语文辞书时就不能误以《说文》解释的字词引申义为本义。

参考文献:

[1]汉语大字典编辑委员会,汉语大字典(缩印本)[Z].湖北武汉:湖北辞书出版社,四川成都:四川辞书出版社,1992.

[2]古代汉语词典编写组.古代汉语词典[Z].北京:商务印书馆,1998.

[3]王同亿.新编新华字典[Z].海南海口:海南出版社,1993.

　　　　　　　　(第二届中国文字学国际学术研讨会论文[2004 年])

《学生古汉语导学辞典》序

　　王福庆先生将《学生古汉语导学辞典》一书的部分清样寄我，我粗略地翻阅之后，觉得这是一部主要为中小学古文教学提供丰富资料和多方面信息的实用工具书，本书对于大专学生和社会上古文自学者和古文爱好者也大有裨益。

　　王福庆等先生长期从事语文教学，有丰富的实践经验和深厚的理论基础，编纂本书紧密结合教学实际，关注有关古文教学中涉及古汉语文字、音韵、训诂、语法、修辞等的学术研究成果和新动态，为提高古文教学质量从而进一步提高语文素质教育的水平竭尽全力，令人钦佩。

　　目前辞书的数量很多，令人目不暇接，但针对特定的对象，明确特定的需要，主要为中小学师生在古文教学中解疑释难而编纂的这部辞书应当说是有特色有价值的。

　　本书值得称道的一大特色是在普及性的辞书中架设一座引导广大师生了解掌握古汉语学术研究成果的桥梁，这种导学，融普及性、通俗性、知识性和学术性于一炉，确为十分有益的尝试。

　　早在上个世纪八十年代初，浙江省语言学会名誉会长姜亮夫、蒋礼鸿等著名语言学家号召并亲自带头在普及性语文报刊上发表通俗的学术性文章。记得当时同事郭在贻先生和我分别在《中学语文报》(浙江)和《语文报》(山西)上专就《史记·屈原列传》中"劳苦倦极，未尝不呼天也"句里的"极"的词义进行探讨。后来我在《识字辨词漫笔》(浙江教育出版社 1985 年版)、郭在《训诂学》(湖南人民出版社 1986 年版）中均提到这个"极"的词义。不少古文译注误将"极"释为极点，语文课本的编者则忽略不加注解。无论是误释还是不释，对读者都是一种误导。其实这个"极"与"倦"同义，古辞书和古书注解早有明确的训释。本辞书着意吸收了这一类训释并详加辨析，对从事古文教学的老师提供根本性的帮助，即不限于知其然还引导知其所以然，从而在教学中举一反三。普及与提高紧密结合，是学术研究的生命力所在。浙江省语言学会主办的普及性小报《中学语文报》创办二十多年来，从未间断出版，常盛不衰，就是一个明证。因此我对本辞书的这一特色极为赞赏。当然，有些过于专门的资料不一定适宜于中小学生阅读，那是供老师们参考的。

学术无止境。随着学术研究广泛深入，不少词又会有新的发现。例如李白《静夜思》诗"床前明月光，疑是地上霜"和陆游《游山西村》诗"山重水复疑无路"的"疑"并非一般人认为的怀疑之意，而是似、好象的意思。在诗文中常以"疑"、"似"对文，如"月皎疑非夜，林疏似更秋"（庾肩吾《奉和春夜应令》诗），"云疑作赋客，月似听琴人"（卢照邻《相如琴台》诗），"貌疑花瘦，身似柳垂"（《好逑传》十八回）。更有力的证据是《汉书·司马相如传》："过虞舜于九疑"颜师古注："疑，似也。山有九峰，其形相似，故曰九疑。"今写作九嶷山，其实嶷字原无山旁。另如杜甫诗名句"尔曹身与名俱灭，不废江河万古流。"其中"不废"并非不废弃之意，而是不妨的意思。希望本辞书今后修订时不断吸收这一类新发现的常用词词义。

本辞书的详细情况和其他特色编者已在《编者的话》中作了说明，这里就不多说了。

（原载《学生古汉语导学辞典》，汉语大词典出版社 2006 年版）

《〈释名〉语源疏证》序

汉末刘熙的《释名》是一部集声训之大成,通过音义联系探求事物得名缘由,具有语源学性质的划时代著作。

在科学的语源学产生以前,远在 1700 多年前,刘熙全面运用声训来解释事物得名的缘由。他大大突破了以往依声立说,任意牵合词的语音上的联系来迎合或适应政治需要的声训。应当说,他正确地提出了问题。但是,在语言研究还没有发展到较高阶段,要解决问题,不免会有不确切、不恰当之处。

按照语言学原理,词的语音形式同它所表示的意义之间没有必然的联系。正如马克思所说:"物的名称,对于物的性质,全然是外在的。"(《资本论》第 1 卷 87 页,人民文学出版社 1953 年版)各个不同民族选用不同的语音形式来给事物命名,确实是约定俗成的。但是每个民族在本民族语言历史发展的进程中可以根据事物之间的关系和联系给事物命名,即事物和名称之间存在相对的音义联系。《释名》通过声训揭示了事物与名称之间的音义联系,这对于探索语源、词族确有启发意义。后人取其精华,吸收其合理内核,认识到"义存乎声,声近义通"。这是语言学上的一大进步。

清代学者毕沅、江声、王先谦等对《释名》进行过逐条校勘与疏证,但他们没有注意到《释名》的特殊性质,停留在校雠和贯通字义上,对于音义联系缺乏系统说明。近代和现代不少学者试图以新的视角对《释名》重新进行疏证。如丁山《释名释》、易云秋《释名新疏》、周祖谟《释名广义》、徐复《释名补疏》等。可惜他们只做了一小部分的工作,只涉及若干条目。

　　有鉴于此,王国珍博士针对《释名》声训特点,从语源学的角度对《释名》作了全面的疏证。《〈释名〉语源疏证》一书的开拓、创新意义不言而喻。该书还有下列特点和优点:

　　一、尽量利用考古成果考释名物词,并在此基础上准确探求其得名之由。如《释车》篇"胁驱"、"游环"、"阴"、"靷"等条。

　　二、运用音转、义衍的规律验证同族词。如《释天》篇"蝃蝀"条运用音转系列证明见、匣组和端组的音转,从而进一步证实"蝀"是"虹"的音转词。又如《释形体》"咽"、"嗌"条运用"工具——动作"和"人体部位——山体部位或山形"的义衍同族词系列证明"隘"是由"嗌"派生的同源词。

　　三、运用词义引申系统证明同源词。如《释亲属》篇"配"条运用"配"、"匹"和"媲"之间的词义系统的平行证明三词的同源关系。又如《释亲属》篇"章"条通过对"舅"和"公"词义系统的分析否定了"舅"和"公"的同源关系。

　　四、在衍音联绵词分析中引入词义分析以确定其主音节。如《释天》篇"蝃蝀"条和《释宫室》篇"棳儒"条。

　　总之,《〈释名〉语源疏证》一书有助于我们更准确更深入地了解《释名》一书的价值,并更准确更深入地了解声训和语源的关系。

(原载《〈释名〉语源疏证》,上海辞书出版社 2009 年版)

"人弃我取"的伟大精神

——追思沈文倬先生的学术贡献

　　沈文倬先生谈起他的学术生涯时常说"人弃我取"。这话使我感触很深,感慨良多。所谓"人弃"即指一般人不愿或不屑干,实际上是没有能耐干。所谓"我取"是指从事甘于寂寞、敢冒风险、勇于牺牲的填补空白、抢救遗产的工作。沈先生的礼学研究正是这样的"人弃我取"的工作。在阶级斗争、厚今薄古、破除四旧的狂潮中反潮流而动搞什么三礼研究,往往没有好下场。南大的洪诚先生、杭大的任铭善先生都有不幸的遭遇。沉迷于三礼研究的洪先生常说"我怕犯政治错误"。任先生三礼研究的成果由于右派的身份无法发表,经周予同先生的力争,才在《中华文史论丛》上发了一篇短文。三礼中《周礼》、《礼记》成果较多,唯独《仪礼》难度最大。沈先生就把研究重点放在《仪礼》上,这就是学术勇气。最能体现甘于寂寞、勇于牺牲精神的莫过于《中国丛书综录》一书。此书功德无量,凡接触古文献者均离不开它。沈先生是编纂该书的编辑组组长却很少有人知道。这就是默默无闻、默默奉献的伟大精神。当前有些专著急功近利,造成写书的多于看书的,经不起时间考验,很快被淘汰,被遗忘。必须发扬沈先生对待学术的严谨作风和负责态度,"实实在在的学术贡献与学术影响",改变学术界赶浪头、逐功利的浮躁现象。

(2009 年沈文倬先生追思会发言)

我与《辞海》

口述 祝鸿熹 整理 潘宁

28岁那年,我"下海"了。

这片海水,叫《辞海》,汪洋渊深。

从此没有"上岸"过,一生与《辞海》结下不解之缘。

毛泽东对《辞海》第一任主编舒新城说:人手不够的话,你把右派拿来用。 舒新城吓坏了。

1961年,我28岁,到上海浦江饭店报到。修订《辞海》这样的大事情,应该是老学究们干的活,怎么会轮到我这个毛头小伙子呢?听我慢慢说来。

《辞海》第一版出版于1936年,文言文,很多东西是站在旧社会的立场上,新中国成立后大量条目需要重新修订。

1957年,毛泽东亲自提出,修订《辞源》和《辞海》。

领袖一号召,各高校行动迅速。当时正逢"大跃进",稿子集中到上海《辞海》编辑部。编辑部一看这阵势,相当于搞群众运动的修订方式,当然不行,这批稿子,其实是不能用的,必须抽调专家集中修订。

1961年春天,杭州大学接到编辑部的商调函,分管文科的林淡秋副校长指示中文系派出几位专家教授前往上海。中文系的领导提出一个要求:专家教授照派,但要搭配一名青年助教随同前往,以便得到培养锻炼。上海方面同意这一要求。这名青年助教就是我。

今天想来，编《辞海》这桩事，也许是我人生中最对路的一种选择。以我的条件、资质、性格，适宜做笨功夫。当年考大学，普遍重理轻文，我选择了文，考研究生呢，风气是重文学轻语言，我又选择了语言。

人弃我取。我素来不喜欢赶浪头、凑热闹。

后来，南京师范学院也学杭大的样，搭配了青年助教郁贤皓。1996 年《辞海》分科主编会议上，两位当年的"搭配者"同住一室，当时的小青年，如今都变成老头子了，分别成了杭大和南师大的教授兼博导。我们一致认为，是当年的"搭配"培养了我们。

我们被集中在上海的浦江饭店，专家们大多是我仰慕、崇敬的偶像。我参加的是语词组，组里就有陈望道、傅东华、徐震堮、蒋礼鸿、洪诚、徐复、张斌、葛毅卿、刘锐、包玉珂、胡士莹、张㧑之、周颂棣、刘范猷……

还有毛主席特许起用的所谓右派分子：许杰、徐中玉、李毓珍（余振）、任铭善……

毛泽东当时找过《辞海》的第一任主编舒新城谈话。舒新城向主席汇报，我们现在人力很缺。毛主席说，给你一个"二百五"政策，一百个干部、一百万块钱，再给五年时间。

毛主席又说，人手不够的话，你把右派拿来用。

舒新城吓坏了。主席说，没问题，我来担责任。

1958 年，我们国家的气氛还是很左的，但到了六十年代初期，学术气氛开始慢慢浓了起来。我们集中后，当时上海的市委宣传部部长石西民给大家做动员，安抚知识分子，让大家发挥作用，放下包袱。这一下子，气氛变得轻松起来，要知道，原本这些知识分子是胆战心惊的。

三年困难时期，外面的老百姓生浮肿病。"《辞海》优先"，我因为伙食太好而长胖了。

1961年，第一次《辞海》的修订工作在上海开始，国家给知识分子的待遇奇高，寄予的希望也是非常大的。

苏步青这样的数学家，专门给《辞海》的内刊写诗，"群贤毕至，洛阳纸贵"，表达他对新的《辞海》的展望。

复旦大学的教授刘大杰，当时拄着拐杖，代表专家发言，他说，修订《辞海》就像"女人怀孕一样"，一旦分娩是很愉快的，"但过程是无比痛苦的"。

浦江饭店正好对着外白渡桥，过了桥，是很小的黄埔公园，免门票的，每天早上大家总要去桥上和公园里散散步。

浦江饭店对面，是苏联领事馆，西面是上海大厦——那个时候，凡是遇到聚餐，我们都是去上海大厦的。看电视也去上海大厦，图像很模糊。

当时的上海市政府对我们《辞海》大开绿灯，我们那时候的伙食，和吃不上肉的普通老百姓比起来，不知道要好多少倍。

还有像"大前门"这样的好烟，还有香蕉。

我记得当时在杭州官巷口，有一家杭州数一数二的食品店，但那里的玻璃柜台都空空如也，连一粒饼干屑都找不到。

而我们的伙食实在太好了，每天饭桌上都有鱼肉、羊肉，一桌一桌，每顿都像宴会一样，丰盛得很，我都吃胖了。我们学校的总支书记出差到上海，我招待他们吃饭，他们很羡慕啊，外面的老百姓营养不良，都得浮肿病了。

上海市政府对《辞海》人十分厚待，谁的身体稍有不适，饭菜就送到房间里来了。我是个乡下人，当时不适应房间里的热空调，腋下长疮疖，眼睛里长"偷针"（麦粒肿），去上海的医院看病，也是一路绿灯，挂号、排队候诊一律免了。

当时，整个上海的口号就是"《辞海》优先"。

还能看到司汤达的《红与黑》、莫泊桑的《漂亮朋友》这样的法国电影。后来，这些"内部电影"都成了禁片。

"文革"来了以后,我们这伙人就被批判了,"腐蚀知识分子"、"黑辞海",从生活到编纂内容,都对我们进行全面彻底的批判。

这些大学问家、右派分子,在《辞海》编辑部过得无忧无虑,《辞海》成了他们的世外桃源。

《辞海》编辑部专家云集,一个个都是大学问家,但为人都非常谦和低调,就是对二十多岁的我,也以"先生"称呼,让我诚惶诚恐啊。

现在回想起来,这些学问家的年纪其实都不老,顶多是盛年的光景。像蒋礼鸿,职称是讲师,但从学问上来说,早就堪称教授了。

1961年同时编《辞海》的,也有一些文艺界的领导和名人。直到后来才我知道,熊佛西当时是电影分科主编,贺绿汀是音乐分科的主编。其他领域,像戏曲界,有俞振飞、周信芳等艺术名伶担任把关。

郭沫若是中科院的第一任院长,他虽然不是《辞海》的人,但对《辞海》的修订相当关注。当时,《辞海》要对"乾嘉学派"进行修订,搞国学的人都很推崇"乾嘉学派","乾嘉学派"具有严谨的训诂、考据精神,但比较逃避现实、钻故纸堆。郭沫若当时就为"乾嘉学派"讲了不少公道话。

我对面坐着北大外语系主任,是个右派。笔名余振,真名叫李毓珍,从事外国文学翻译,国学功底也相当了得。

在当时《辞海》的编辑队伍里面,杭州大学的力量是很强大的。

杭大当时派出了任铭善,还有蒋礼鸿。

任铭善当时是浙江最大的右派、浙江民进的负责人,他为知识分子请命,发言尖锐,堪称汉语权威。学校领导想保他,当时有个省委领导责问他,"你是要汉语?还是要社会主义?"

在《辞海》编辑部,任铭善和蒋礼鸿写的条目又快又好,被誉为

"《辞海》编写的两把刀子"。后来,任铭善虽然被摘掉了右派的帽子,但一直受冲击,在"文革"中去世,死得很惨,无声无息。1965、1979 年版的《辞海》都不具任铭善的名字,一直到 1989 版才具名,但那时距离他去世,已经有 20 年了。

特别辛苦的是负责审查的人。当时的总负责是上海教育局局长杭苇,还有出版局局长、后来任《汉语大词典》主编的罗竹风,他们当时都是陈望道手下的副主编,白天和大家一起工作,晚上把大家做的条目带回去抽查。

下班的时候,我们总能看见领导们的腋下,一个个总是夹着一笼小抽屉的。

这些大学问家,在 60 年代初期的《辞海》编辑部过得无忧无虑,《辞海》成了他们的世外桃源。

《辞海》再次修订,"文革"还在进行中,组织了"三结合"的编撰班子,请来了工农兵。

再次奉调是 1974 年。大家被集中到上海打浦桥(瑞金二路),组织起"三结合"的编撰班子,真的请来了很多工人、农民,还有部队的。每个修订小组,都由工农兵和知识分子组成。

有个军代表,姓"缪",很左,总是很神气的样子。奉调《辞海》编辑部的新民晚报创始人赵超构,有时候会与他发生摩擦,私下里叫这个军代表"缪克斯"。

与我同组的解放军同志孙书安,文化程度只有高小,比较文弱,和我住一个通铺。参与《辞海》的编辑,让他的后半生发生了彻底的改变,复员后,孙书安独立编著了《中国博物别名大辞典》(北京出版社 2000 年 4 月出版)。

浙江古籍出版社的编辑蒋金德,原来是一位铁路工人,由于迷上了辞书工作,自愿放弃有优厚待遇的工作,通过旁听进修,自学成才,加人到辞书编纂队伍。

本来上级的意图,是由工农兵把关,监督改造知识分子。但实际上,还是由知识分子执笔,工农兵实际上成了配角。而且大家相处得蛮和谐,成了好朋友。

和第一次修订《辞海》的待遇比,这一次要艰苦一点,大家住在上海古籍出版社里面,自己打开水,睡觉都在办公室,每天自己搭铺。

到了1978年,又一次去上海集中修订。这次,住衡山饭店,经常会在电梯里碰见赵丹、黄宗英。那个年代,我们也很喜欢电影明星的,只不过比较内敛,不像今天的"粉丝"那么狂热,每次遇到他们,也不敢上前打招呼,倒是开电梯的小工很幸运,赵丹和黄宗英从电梯里进进出出,都会热情地招呼他们一下。

《辞海》的决策层有远见,有勇气,舍得一身剐,也要为后人留下一部正确的工具书。

"文革"结束以后,为了向新中国成立30周年献礼,突击修订出版了《辞海》1979年版。这也是新中国正式出版的第一部新《辞海》。

曲折而漫长的修订工作,终于迎来了胜利的一天。

而这一天的到来,也实在是折腾得太久了。

在这之前出的,是平装试行本和平装排印本。排印本干脆连封面都没有。试行本分册很大的开本,纸张质量很差,"辞"、"海"两个字,是鲁迅写的,但字是搜集起来的。1965年版的《辞海》未定稿本,由陈望道题字,很珍贵。

此前全中国正式出版的工具书只有一本《新华字典》,所以,1979年《辞海》合订本出版,极度热销,成了中国人追捧的精神食粮,当时市面上一书难求,有人甚至出书价几倍的黑市价抢购,在上海,干脆出台新婚夫妇凭结婚证购买的政策。

同时《辞海》人也用切身的感受体会到，作为大型工具书的辞书，若干年后必须要修订一次，否则就会慢慢失去生命力。

1981年，由夏征农主持的《辞海》主编扩大会议上，正式确定，《辞海》"十年一修"。

十一届三中全会批判了"两个凡是"，高度评价了关于"实践是检验真理的唯一标准"的大讨论。今天大家都记忆犹新吧。

但在当时，对"文革"以及二三十年来"以阶级斗争为纲"的是非得失，还没有明确的认识。阶级斗争怎么写？领袖人物怎么写？孔子、海瑞等人物怎么写？当时的主编夏征农派常务副主编罗竹风去北京寻求有关意见，在北京折腾了二十多天，毫无结果。

在1979年版的《辞海》中，关于毛泽东，就拿掉了"伟大的导师，伟大的领袖，伟大的统帅，伟大的舵手"等定语。这在当时，是需要绝对的勇气的。《辞海》的负责人有一种中国知识分子的气节，他们是在效仿古人，舍得一身剐，也要为后人留下一部正确的工具书。

台湾方面，也十分看重《辞海》的修订工作，但他们看了大陆修订的《辞海》，觉得没有必要再另起炉灶了，于是，他们拿了1989版的《辞海》，改成繁体，里面出现的"解放前"、"解放后"等字眼，一律改成"1949年前"、"1949年后"。

谈判是在香港进行的，《辞海》负责人与台湾中华书局谈判，允许台湾把大陆的修订版在台湾印行。

刚读大学，父亲就送我《辞海》，1936年版的，伴随至今。我这一辈子，注定要和《辞海》结缘。

我是1951年从衢州中学肄业提前考大学的，那时人们都在热火朝天地干革命，顾不上语言的规范使用，比如"美帝"之类，属不规范的省略语。

于是人民日报发表社论《正确使用祖国的语言，为语言的纯洁和健康而斗争》,发表的同时,连载吕叔湘和朱德熙的《语法修辞讲话》,这个社论和连载,让我受到很深的影响。

高考发榜那会,录取名单是登载在文汇报、人民日报上的,我考上了浙江大学文学院中文系,招了15名学生,毕业时只剩了10名,有的生病,有的转学,有的变成了"反革命"。

进大学后,第二年转型,仿效苏联分科分专业,农学院、医学院独立,文科和部分理科归浙江师范学院,后改为杭州大学,校舍在六和塔。

我最感兴趣的是两门课,一个是薛声震的现代汉语,一个是姜亮夫的古代汉语。后来,很多人遇到我,总要问我,成为一个语言工作者,有没有受到家庭的影响? 我说有,也没有。

父亲是银行职员,自学成才,当年读的是商务印书馆的函授班,他自己虽然很穷,但有一本1936年版的辞海。1936年版的《辞海》是黎锦熙作序的,翻开最后一页,上面有父亲用毛笔写的小楷:"民国三十七年春天,国币壹佰二十柒元,约合白米八斗"。

等我考上大学,经济条件也不好,买不起工具书,父亲就把这本价值"白米八斗"的《辞海》,给我从老家寄来了,我一直放在手边,好像冥冥中,注定我这一辈子,要和《辞海》紧密联系在一起。

父亲的文化程度是小学毕业,但新中国成立前的小学生,含金量很大,他的书法和文笔都很好,培养出了我们三兄弟,在整个衢州市,我们三兄弟都是比较令人瞩目的。

哥哥是杂货店学徒,家里供不起他上学,读的是"简易师范",相当于初中毕业,不用交学费。他毕业以后当小学老师,供我读书。上世纪60年代初,哥哥到杭大来读函授,我竟然是他的授课老师。哥哥本科毕业后,调到金华六中教语文,直到退休。评上过模范教师。

弟弟也读中文,他的研究生导师就是蒋礼鸿教授。

父亲母亲是同学,自由恋爱,母亲叫潘爱春,父亲叫祝感秋,也许是天生的缘分,他们的名字居然像一副对子,对得这么贴切。

我也会写诗,当助教时,去萧山下放劳动,写了一首自由体的诗歌,浙江省委《求是》杂志曾转载我这首诗:

"妈妈爱我,把我养在温室里;老师爱我,把我关在书斋里;党爱我,把我放在劳动的熔炉里,人民的海洋里。妈妈爱我是溺爱,老师爱我是偏爱,党爱我是真爱。"

后来编辑把"真爱"改成了"伟大的爱"。

诗歌写归写,但我很早也意识到,我在形象思维的文艺创作上,是没有什么前途的。

读大学二三年级时,我在《当代日报》副刊上发表了不少"豆腐干"文章。

编辑会把剪报寄给我,但我就像那些喜欢发表作品的人一样,有那么一点点自恋,觉得看剪报不过瘾,就走到钱江大桥那里,乘公交车到湖滨,去城里买报纸。

从学校到湖滨的车票钱是 2 角 3 分,从钱江大桥那里上车,只要 1 角 8 分,我是一个穷学生,为了省 5 分钱,我每次都步行两站路。

原杭大中文系的名教授夏承焘先生讲过一个故事:

清代著名学者阮元任浙江巡抚时,在杭州设立诂经精舍。其中聪明的学生会写文章,后来辑成了好几集《诂经精舍文集》。比较笨的学生,花笨功夫编辑辞书,他们抄辑经书、子书、史书,一条条老老实实地分类粘贴,编成一部《经籍纂诂》。这部工具书学术价值超过了《康熙字典》,至今仍很有用,印过许多种版本。而《诂经精舍文集》早被人们忘却了。

当时我作为听众中的一名青年助教,暗暗地下决心要做这样的笨学生。我的理想就是参与经得起时间考验的功在社会、利在后代的辞书编纂工作。

西方有一位词典学家曾说过:"十恶不赦的罪犯既不

应处决，也不应判强制劳动，而应判去编词典，因为这种工作包含了一切折磨和痛苦。"

编《辞海》，是坐冷板凳，是需要一点殉道者的精神的。

我认识的一些很有才气的修订者，一度要求退出《辞海》修订工作。因为，上世纪 80 年代以后，科研工作提到议事日程上，评职称、评科研工作量和成果奖，都是不重视辞书工作的。

好在原杭大的古汉语教研组全体成员，在组长蒋礼鸿教授带领下，一直无怨无悔地坚持修订工作。

从全国来说，经历过新中国历次修订，从上世纪 50 年代开始到 2009 年版，健在的老人也没有几个了。2009 年，中国辞书协会和浙江大学在杭州的金溪山庄主办中国辞书高层论坛，82 岁的常务副总编巢峰看见我，打趣说，"你比我资格还老"。

巢峰是 1979 年加入《辞海》修订工作的，完整参加《辞海》五次修订的，如今只剩下我一个了。新版《辞海》的主编，一位是 2008 年去世的 104 岁高龄的夏征农，他主持 1979 年版及以后各版的修订，另一位是新近上任的陈至立，算是《辞海》编委会的新人。

与我同龄的曹方人，也是个"老辞海"。他是华东师大中文系毕业后，调到上海《辞海》编辑部的，我们两人在同一个团支部。后来他调到杭大工作，和我同在一个修订组，可惜 2009 年版《辞海》出版，稿费寄出来之前，他就去世了。

还有洪波，参加了 1989 年版、1999 年版和 2009 年版的《辞海》修订，他眼下也病倒了，住在同德医院。我把稿费送到医院，他在做血透，自己也很苦恼，因为"要花国家的钱"。（稿件编排中，洪波也去世了。）

说到稿费，也能反映出《辞海》专家们的心胸。

虽然编辑部在"文革"前后都曾给大家寄过稿费，但专家们从来不闻不问。寄到杭州大学的，听说当时都冻结在学校或基层领导那里,领导们十分天真地认为,修订《辞海》的专家们既然在单位领工资,就不应该再拿稿酬。当然领导们也没有中饱私囊,而是将稿费充公,买了《辞海》(合订本),全系干部、教师人手一部。

1989年版《辞海》出版后,编辑部直接把稿费寄到专家的家里,以免再发生"充公"的现象。

但那个时候,专家们真的是不计名利,稿费被充公,虽然心里有一点点激动,但都慨然对待。难怪有一位我国当代资深的辞书编纂者说:"编辞书不是人干的。"但他紧接着又说:"是圣人干的。"

《辞海》每十年修订一次。下一个十年,就是2019年,我和我的一些老伙计们怕是做不成"圣人"了。

(原载《杭州日报》2010年7月13日倾听人生专栏)

我与辞书

　　大约半个世纪以前，原杭州大学中文系名教授夏承焘先生为青年师生介绍治学经验时讲了一个故事：

　　话说清代著名学者阮元任浙江巡抚时，在杭州设立诂经书院。其中聪明的学生会写文章，后来辑成了好几集《诂经精舍文集》。比较笨的学生花笨功夫编辑辞书，他们抄辑经书、子书、史书，一条条老老实实地分类粘贴，编成一部《经籍籑诂》。这部工具书学术价值超过了《康熙字典》，至今仍很有用，印过许多种版本。而《诂经精舍文集》早被人们忘却了。

　　我作为听众中的一名青年助教，暗暗地下决心要做这样的笨学生。因为我的条件、资质、性格适宜做笨功夫。记得考大学时在重理轻文的背景下我选择了文，考研究生时在重文学轻语言的背景下我选择了语言。人弃我取，我素来不喜欢赶浪头、凑热闹。我虽然在报刊上发表过诗歌、散文，但我在形象思维的文艺创作上并无发展前途。我热衷于语言文字搜辑、积累工作。我曾发动学生搜集全省各报的病句制成卡片作为教学档案，又曾组织学生编写《毛泽东选集成语解释》。我最向往的是有机会参与经得起时间考验的功在社会、利在后代的辞书编纂工作。

　　机会来了。

　　上个世纪五十年代后期，毛泽东接见《辞海》主编舒新城，提出修订《辞海》。因为是毛主席号召，各高校迅速行动起来。当时正逢"大跃进"，以群众运动的方式修订《辞海》，稿子集中到上海《辞海》

编辑部。编辑部清醒地认识到,这批稿子其实不能用。必须抽调专家集中修订。1961年春天,杭州大学接到编辑部的商调函,分管文科的林淡秋副校长指示中文系派出几位专家教授前往上海。中文系的领导提出一个要求:专家教授照派,但要搭配一名青年助教随同前往,以便得到培养锻炼。上海方面同意这一要求。这名青年助教就是我。(这一搭配举措得到兄弟院校的赞赏和仿效。后来,南京师范学院也搭配了青年助教郁贤皓。1996年召开《辞海》分科主编会议时,两位"搭配者"同住一室,分别是杭州大学和南京师范大学的教授兼博导。两人一致认为当年的搭配培养了他们。)

集中在上海浦江饭店修订《辞海》的专家大多是我仰慕、崇敬的偶像。仅我参与的语词组就有陈望道、傅东华、徐震堮、蒋礼鸿、洪诚、徐复、张斌、葛毅卿、刘锐、包玉珂、胡士莹、张㧑之、周颂棣、刘范猷……,还有毛主席特许起用的有学问的所谓右派分子:许杰、徐中玉、李毓珍(余振)、任铭善……。我与他们朝夕相处,同吃、同住、同劳动,学到了不少为人、为学的宝贵品质。特别是他们对待学术的严谨、认真的态度和精神。这就是江泽民同志祝贺《辞海》1989年版出版的题词所概括的"一丝不苟、字斟句酌、作风严谨的辞海精神"。

专家们在引用书证时总是要审核原始资料,他们虽然满腹经纶,熟读古诗文,却从不仅凭记忆,也不以工具书为依据。而是以记忆和工具书为线索,从而追索可靠的原始资料认真审核。实践证明,这样一丝不苟的认真精神是完全必要的。例如徐幹《中论·考伪》云:"夫名之系于实也,犹物之系于时也。物者,春也吐华,夏也布叶,秋也凋零,冬也成实。斯无为而自成者也。若强为之,则伤其性矣。"由于原书没有标点,《辞海》修订原稿误引作"物者春也,吐华夏也,布叶秋也,凋零冬也。"我查了旧《辞源》和日本《大汉和辞典》,错误同上。《佩文韵府》虽无标点,但引文至"冬也"切断。统统把句中的"也"(语间助词)误作句末的"也"(语末助词)。

同专家们相处还有几件事我终生难忘:首先是专家们大多谦虚

有礼,相互尊重。就是对二十多岁的我也以"先生"称呼,这使我联想到居里夫人对学生也以"先生"称呼。当然,比较熟悉的专家也亲切地以"小祝"或"鸿熹"相称。在小组或大组里相互请教成风,被请教者往往放下手头的工作,热情解答,耐心细致,诲人不倦。有的专家还应邀在业馀时间义务为年轻同志讲课,听课者大多为编辑部的青年工作人员。平时与专家们闲谈、聊天,常感获益匪浅。如南京大学洪诚先生建议我精读王念孙的《广雅疏证》,泛读(放在案头随时翻阅)顾炎武的《日知录》。这对于从事古汉语教学和研究的人确实是至理名言。其次,不少专家总是早到迟退,自觉加班加点。此外,专家们大多不计名利,好像当时从没有提起署名和稿酬的事。如任铭善先生在去世二十多年后才被署名。虽然编辑部"文革"前后都曾寄过稿酬,专家们对此从来不闻不问。寄到杭大的听说都冻结在学校或基层领导处。领导们十分天真地认为,专家们既然在单位领工资,就不该再拿稿酬。当然领导们也没有中饱私囊,而是将稿酬充公,买了《辞海》(合订本)发给全系干部、教师。《辞海》1989年版出书以后,编辑部都把稿酬直接寄专家家中,以避免充公。

　　浦江饭店集中修订产生了《辞海》试用本、《辞海》排印本和《辞海》未定稿本。我的姓名出现在未定稿本的主要编写人名单中,受到许多参加修订工作而未列名的"有问题者"和"搭配者"的羡慕和关注。

　　1974年,我又一次奉调到上海参加《辞海》修订工作。这之前,杭州大学已经成立了《辞海》修订小组,在未定稿的基础上进行修订。当时"文革"正在进行中,常因形势变化而改变修订方针,在评法批儒的浪潮中集中到上海打浦桥(瑞金二路),每个修订小组都由工农兵和知识分子(各高校教师和编辑部成员)组成。上级意图是由工农兵把关,监督改造知识分子。记得当时修订工作还是由知识分子执笔,工农兵实际上成了配角。而且大家相处得十分和谐,不少工农兵在实践中增长了知识和能力,知识分子也乐于帮助他们。

个别军代表与赵超构先生产生摩擦,可能是赵先生看不惯"左"的作风。这一次的修订稿用了不少法家的例句,无法回避的儒家例句一概加上大批判语句,折腾了大半年,最终自然是搞成一大堆废纸。值得一提的是,有的工农兵在工作中对辞书工作产生了极大的兴趣,与我同组的一位解放军孙书安同志复员后勤奋努力,独立编著了《中国博物别名大辞典》(北京出版社 2000 年 4 月出版)。又如浙江古籍出版社的编辑蒋金德同志,原来是一位铁路工人,由于迷上了辞书工作,自愿放弃当时待遇不薄的工作,通过旁听进修,自学成才,加入了辞书编纂队伍。那段时间,我与兄弟院校的师友也处得非常喻快,每天清晨一起锻炼身体,打太极拳等。因无电脑电视,每晚聚在一起切磋聊天,获益匪浅。

"文革"结束以后,为了向新中国成立 30 周年献礼,突击修订出版了《辞海》1979 年版。这也是新中国正式出版的第一部新《辞海》。曲折而漫长的修订工作终于迎来了胜利的一天。该版出书前,我和蒋礼鸿先生等又赴上海参加定稿工作和增补工作。

本文开头的故事直到今天还在延续。有些有才气的修订者一度要求退出《辞海》修订工作。上世纪 80 年代以后,科研工作提到议事日程上,评职称、评科研工作量和成果奖均不重视辞书工作。好在古汉语教研组全体成员在组长蒋礼鸿教授带领下一直无怨无悔地坚持修订工作。郭在贻先生由于身体等原因退出过,所以 1982 年出版的《辞海·语词增补本》没有他的列名。其他教研组的老师有退出的,从此与《辞海》断绝关系。

"文革"结束以后我写的第一篇学术论文是发表在《辞书研究》1979 年第二辑的《略谈〈广雅疏证〉的词义训释》。此文是我晋升副教授的送审论文,也是徐复先生在为中国训诂学研究会主编的《高邮王氏四种》之一《广雅疏证》所撰的《弁言》列举清代以来十来位"成有专书专文,弼成王义"诸氏时提及我的依据。此文的发表,我应感谢已故洪诚教授在浦江饭店时建议我精读王念孙的《广雅疏证》的教诲。

　　1998 年中国训诂学研究会昆明学术年会上，我作为刚受聘的学术指导委员会委员在大会上作主题发言。我将刚刚发表在《辞书研究》1998 年第 6 期上的《现代语文辞书呼唤训诂学》一文在会上宣读。新世纪，《浙江大学中文系教师学术论文选》出版，每位教师选一篇代表作，我就将这篇论文选上，因为我这一辈子与辞书有不解之缘。除了《辞海》，我还主编了《古代汉语词典》（四川辞书出版社）、《文言文辞典》（台湾王南图书出版公司）、《文史工具书词典》（浙江古籍出版社）、《繁简字、异体字、正体字举例对照辨析手册》（西泠印社）、《大辞海·语词分册》（上海辞书出版社）、《古代汉语常用词词典》（商务国际公司）等。参编了《简明古今汉语词典》（杭州出版社）、《古汉语大词典》（上海辞书出版社）。

　　原杭州大学被聘为《辞海》编委和分科主编的共有五人，其中四人已经去世，只有我还活着。修订 2009 年版《辞海》时编辑部仍找到我，而原杭州编写组成员均已是七老八十的退休教师，大家勉为其难地完成了修订任务。在职的年轻教师由于众所周知的原因，不可能参与这一工作，我也不忍心强求他们参与不算业绩点、没有科研经费、耗时费力、个人无功无利的集体项目。西方有一位词典学家曾说过："十恶不赦的罪犯既不应处决，也不应判强制劳动，而应判去编词典，因为这种工作包含了一切折磨和痛苦。"有一位我国当代资深的辞书编纂者也说过："编辞书不是人干的！"但他紧接着又说："是圣人干的！"按照惯例，《辞海》每十年修订一次。下一个十年即 2019 年，我和我的一些老伙计们恐怕做不成"圣人"了。我们连同原杭州编写组将退出《辞海》这一历史舞台。自然规律和人事规律都是不可抗拒的。

　　（原载《当代语言学者论治学》，华中师范大学出版社 2011 年版）

邍·原·源

　　浙北著名风景名胜、避暑胜地莫干山,相传春秋时莫邪、干将夫妇在此为吴王阖闾铸剑。该山阜溪上游剑池飞瀑处有一石碑,上书四个大字:阜溪之邍。这个"邍"字,其实是一个错别字。解读这个字并了解相关古本字、后出本字和借字,有必要求助于一千多年前五代宋时的徐锴。其所著《说文解字系传》于"原"字下云:"此水原字,原隰字古作邍也。"①于"邍"字许慎语"高平之野,人所登"下云:"水所出为原,故即《尔雅》'广平曰邍'②,今《周礼》有'邍师'③,犹此'邍'字。《尔雅》则变为'原'也。"④段玉裁《说文解字注》于"原"字下注云:"后人以'原'代'高平曰邍'之'邍',而别制'源'字为本原之原。"⑤于"邍"字下注云:"'邍'字后人以水泉本之'原'代之,惟见《周礼》。"⑥《周礼·地官·大司徒》:"辨其山林、川泽、丘陵、坟衍、原隰之名物。"⑦《周礼·夏官·邍师》:"邍师掌四方之地名,辨其丘陵、坟

---

①徐锴《说文解字系传》,中华书局 1987 年版,第 227 页。

②《尔雅·释地》:"广平曰原。"

③《周礼·夏官·序官》:"邍师中士四人,下士八人,府四人,史八人,胥八人,徒八十人。"郑玄注:"邍,地之广平者。"

④徐锴《说文解字系传》,第 35 页。黄公绍、熊忠《古今韵会举要》引作"此即'高平曰邍',《周礼》有'邍师',犹此'邍'字,《尔雅》则变为'原'也",见《古今韵会举要》,中华书局 2000 年,第 109 页。

⑤段玉裁《说文解字注》,上海古籍出版社 1981 年版,第 569 页。

⑥段玉裁《说文解字注》,第 75 页。

⑦陆德明《经典释文》:"原,本又作邍。"见黄焯《经典释文汇校》,中华书局 2006 年版,第 254 页。

衍、遵隰之名。"）

这个"遵"字，还见于《石鼓文》："以隋于遵"、"遵淖阴阳"、"猷乍遵乍□"，这些是原野、平原、高原的原的古本字，很早就借"原"代之。而水原、原泉、原流之原从泉，篆文含泉字（🔣），或含三个泉字（🔣）。至于"源"字，则是水原、原泉、原流的原的后出本字。

可见，"阜溪之遵"的"遵"应作"原"或"源"，因为这里指水原、原泉、原流，不是指原野、高原或平原。

明辨古今字、假借字，避免张冠李戴、指鹿为马，在徐锴的《说文解字系传》中多有涉及。如"縣"是悬挂的悬的古本字，借作郡县的县字。"懸"是悬挂的悬的后出本字。不能把郡县的县写作"懸"或"悬"。又如"颠"是颠顶的颠的本字，借作蹎倒的蹎。不能把颠顶的颠写作"蹎"。

类似的错别字至今屡见不鲜。如：干戈的干原为武器的象形字，它本身没有繁体字，电脑转换为"乾"、"幹"或"幹"，都是错别字。又如：皇后的后转换为先后的后的繁体字"後"，也是错别字。再如：人云亦云、子曰诗云的云转换为天上的云的后出本字"雲"，理发的发转换为发射的发的繁体字"發"，邻里、千里的里转换为里外的里的繁体字"裏"，姓氏的沈转换为沈阳的沈的繁体字"瀋"，也都是错别字。更有甚者，上海南翔小笼包子的包装袋上把包子的包写作"饱"，令人忍俊不禁。

这些错别字同"阜溪之遵"的"遵"一样，不用表水原、原泉、原流的"原"、"源"这样的古本字或后出本字，却张冠李戴地用表原野、平原、高原的"原"的古本字"遵"。"遵"后来借用"原"表原野、平原或高原，但源流的源却不能反过来用"遵"表示。

（纪念徐铉、徐锴暨第六届中国文字学国际学术研讨会论文［2012 年］；浙江省语言学会第 16 届年会论文［2012 年］）

怀念老友玲璞兄

　　我与玲璞兄是上世纪 80 年代初在太原举行的中国古文字研究会国际学术研讨会上认识的。记得他背了一个大包袱到会,包袱内装了几十本他的著作《甲骨文选读》,他把著作分送给与会的友人,我也荣幸地得到一本。无独有隅,几年后,他应邀来杭州讲学,他又背了个大包袱,也带来了几十本《甲骨文选读》。他考虑到听课的研究生和进修教师一时买不到此书,就不辞辛劳亲自送书上门。他完全没有前来讲学的大学教授的架子,倒像是个搬运工。后来我从华东师大出版社采购新版《甲骨文选读》作为教材,玲璞兄亲自为我打包,并把五六十本书提着送我上火车,当时没想到寄快递或寄包裹,他又一次肩扛手提充当了搬运工。玲璞兄的朴实、诚恳、热心的作风深深吸引、感动了我。我们一见如故,历届古文字研究会学术研讨会我俩常同住一室。有一年在张家界开会,我们在同一列车相邻卧铺数十小时共度,一路长谈,真是有缘。

　　玲璞兄长期担任全国高等教育自学考试中文专业指导委员会工作,他除了主编《古代汉语》教材、创办《中文自学指导》杂志以外,还主持了《古代汉语》自学考试大纲的制定、修订、审定工作。承蒙他的信任,我多次被吸收参与此事,我曾两次随他赴甘肃制定大纲并参加命题工作。来自教育部自考办和全国各高校的专家学者,都在他的领导和协调下认真、愉快地工作。在告别的茶话会上,华东师大的一位老师即兴赋诗献给东道主,委托擅长书法的詹鄞鑫同志书写,詹落笔时发现该诗欠完善,个别地方不符诗律,要玲璞兄和我修改、润色。我们就在等待火车票的间隙,花了大半天琢磨、讨论,总算完成任务。

1985 年,我和郭在贻兄招收的首届研究生毕业,聘请许嘉璐兄和玲璞兄任论文评阅人兼答辩委员。这期间,我们在玉泉茶室喝茶、聊天。两位嘉宾对杭大古汉语专业老中青整齐、和谐的团队十分赞赏,嘉璐兄开玩笑说愿加盟杭大,我说这事得请示领导。在贻兄说他平生从未当过官,连小组长也没当过。两位嘉宾打趣说:老祝官最大,是教研室主任。当时谁也没想到,在座有人日后成为国家领导人。到了新世纪,嘉璐兄终于圆了加盟梦,新浙大聘请他为兼职教授。此后,玲璞兄经常应邀来杭参加博士生、硕士生论文答辩。玲璞兄为培养年轻学子不遗余力。记得他曾和裘锡圭、许嘉璐两先生一起在云南举办古文字讲习班,全国各高校青年教师纷纷报名参加,杭大青年教师任平、周晓康也参加了。三位在古文字学界是顶尖专家,他们也应邀在原杭大和新浙大多次讲学,反映极好。

玲璞兄一生献身学术、献身教学,著作丰硕、桃李满天下。我们永远怀念他!

(原载《李玲璞先生八十诞辰纪念文集》,语文出版社 2013 年版)

忆心叔师

一、初识

1951 年,高等院校院系调整在全国开展。浙江大学中文系将与之江大学中文系合并,成为浙江师范学院中文系。浙大中文系的新老同学都不认识之江大学中文系的同学,幸好正在之江大学执教的任铭善先生原在浙江大学为中文系老同学上过课。这样,任先生就成为两所大学中文系联系的桥梁。记得两所大学中文系全体同学在之江大学钟楼举行见面会、座谈会时,任先生也参加了。这是我第一次见到任先生。当时他还不到 40 岁,已经是带过研究生的教授了。不久,我们在 1952 年春入学时,发现任先生和王承绪先生同在一个办公室,同为浙江师范学院教务长。全院举行的重要会议,无论是政治性、学术性还是业务工作性的大会,党委书记常邀请他主持或与他一起主持。

二、学识广博、古今贯通

在 20 世纪 50 年代初、中期和 60 年代初期,任先生活跃在学术界、教育界,全国性的有关汉语语法问题的学术讨论中,他的论文代表了一个学术高度。教育部委托浙江师范学院拟订师范院校本,专科《古汉语》的教学大纲主要由姜亮夫先生和任先生执笔。在中文系,任先生承担的课特别多。当时各高校还很少开设的《语言学理论》、《汉语方言学》、《汉语史》等均由任先生开设。校外有很多人来

听任先生的课。任先生为浙江省方言调查人才的培养作出了不可
磨灭的贡献。此外,他为研究生开设的有关经学、儒学、音韵学的课
受到了听课师生的高度好评。我还听说,任先生曾为全校开设过
《马列主义理论》课。尤其难能可贵的是,任先生百忙中为汉语知识
的普及做了大量工作,如撰写《小学语言教学基本知识讲话》、《小学
语法讲话》等,发行极广,影响深远。他还经常为中学语文教学举办
讲座。中学语文教学界为他在政治上遭受批判鸣不平而受株连者
不止一人。此是后话。

三、重视科研,培养研究型人才

任先生一方面为古汉语研究生指导毕业论文,一方面又为本科
高年级爱好语言学科的学生作指导。后者还出了一本论文集。记
得出力较多、成绩突出的是一位女生,叫徐云。当时本科生很少写
学年论文或毕业论文,任先生颇具远见卓识地开了个好头。我们古
汉语研究班八位同学的毕业论文,有四位归任先生指导,我也荣幸
地由任先生指导,他叮嘱我们可随时找他。任先生为我确定了题
目:《文始》例略。可惜论文还没有定稿,任先生就被打倒了。任先
生个人研究"三礼",成果突出。当时研究"三礼"的学者极少,除任
先生外,还有南大的洪诚先生、复旦的周予同先生。他们过从甚密。
上海交大有一位他们的崇拜者(大概是吴光禄先生)常在假日到当
时修订《辞海》的宾馆来请教任、洪二位先生。

四、关心政治,大祸临头

任先生作为浙江省民主促进会的负责人,在1957年春响应党
的号召助党整风,提出了不少中肯、尖锐的意见。其中涉及文物保
护的意见批评了某些基层领导干部。有的座谈会在任先生宿舍举
行。他关于党的知识分子政策的意见在《浙江日报》发表。平心而
论,即使情绪有些偏激,但绝对没有反党、反社会主义。可是,欲加

之罪,何患无辞。任先生终于难逃厄运。他作为全省极右分子的典型遭到铺天盖地的批判。连他的爱徒也在《浙江日报》上发文章与他划清界限。浙江师范学院党委书记焦梦晓同志原来很想保他,省委书记林乎加同志责问道:"你们要社会主义,还是要汉语?"结果可想而知。学术上,论著、文章不得发表,连已公布的约稿《汉语知识丛书》之一的《主语和宾语》也换了作者。女儿任珠,高考录取于南京师范学院,也被株连而取消入学资格。生活上,被勒令立即搬出教授宿舍,工资停发,每月只发15元生活费。工作上,不得上课,改到系资料室搞杂务。即使在这样的境况下,任先生还是带病含冤编写了《党的语言政策》一书。此书在与各高校交流中获得的好评如潮。他写的文章有的以夏承焘先生的名义发表,夏先生则将稿费交任先生补贴家用。

五、两把刀子,誉满沪上

1961年春,《辞海》编辑部抽调京、宁、沪、杭等地高校和科研单位的专家、教授到上海集中修订。杭州大学应邀派出了胡士莹、任铭善、蒋礼鸿几位,我作为陪同的青年教师也一同前往。当时,经毛主席特许,不少知名的"右派"(已摘帽,未平反)如许杰、徐中玉、余振(李毓珍)、徐铸成等也前来参加修订工作。任、蒋二位编写条目质量高、速度快,被编辑部和参加修订工作的专家们誉为"两把刀子"。他们还在业馀时间为青年编辑和青年教师讲课,赢得了不少崇拜者(今天叫"粉丝")。如南京师范学院的郁贤皓、编辑部的卢润祥、曹方人等,当时都是小青年,后来一直念念不忘任先生。任、蒋二位每天晚间还编写《古汉语通论》教材,以便回校开课时立即把教材发给学生。任先生还在上班前和下班后为胡士莹先生正在撰写的《吟风阁杂剧校注》看稿,提出不少修改意见。那时,任先生精力充沛,心情舒畅,有使不完的劲。任先生为《辞海》1961年的试行本、1962年的排印本和1965年的未定稿本(即《辞海》第二版)出了大力,可是直到他逝世20多年后,1989年出版的《辞海》第四版才在已逝世的主要编写人名单中将他列名。

六、亲和力的一面及其他

任先生给人们的印象是一个"严"字:严肃、严格、严谨、严正甚至严厉。他是学生们的严师。但是他也有亲和的一面。在生活上他很关心他人。我们古汉语研究班的全体同学应邀到他家(六和塔附近,今浙大之江校区)吃饭,他表扬我们吃得干净。他为了与中文系师生联系方便,平时就住在中文系所在的体育场路校区集体宿舍的一个单间里。他的房间向所有师生敞开大门,住在附近的一些领导同志如校党委的洪涛同志、中文系党总支的孔成九同志,也常与任先生一起聊天,内容涉及传统文化各个方面。洪涛同志受任先生影响买了许多古书,"文革"时被红卫兵当着他的面烧毁,这使他极其痛苦。在上海修订《辞海》时,杭大的教师同住一室。我因不适应宾馆的暖气而病倒,任先生半夜起来用手摸我的额头测热度。1964年春评功摆好运动中任先生受到全系不少教师的表彰。除了教研室同事们的口头表彰外,还有贴大字报表彰的。记得胡士莹先生表彰任先生"多才多艺,乐于助人",盛静霞女士表彰任先生"有硬骨头精神"。后者被前来检查的省委同志指出"有政治错误"。1963年起,我常随任先生到宁波、温州、台州等市为函授学员面授。有一次取道上海乘轮船到温州,遇台风受阻,函授科发电报请任先生一人改乘火车赴温州授课。实际上由他一人承担原由三、四人分工上的课。任先生乐于挑重担是出了名的。在授课的间隙,他常给我们讲幽默故事,如姜亮夫先生和陶秋英女士的爱情故事。1964年秋,任先生参加社教运动,工作积极,生活俭朴。1965年秋,我儿子诞生,他的取名是请教了任先生才确定的。儿子取名怀新,出自陶渊明《癸卯岁始春怀古田舍》诗:"先师有遗训,忧道不忧贫。……平畴交远风,良苗亦怀新。"1966年春,我父亲去世,任先生主动借钱给我。

不久"文革"爆发,我是进牛棚还钱的。1967年,任先生患肝癌悄然去世。他的追悼会是1979年补开的,悼词由我起草,江希明副校长宣读。

(原载《文心梅韵——任铭善先生纪念文集》,杭州出版社2014年版)

蒋礼鸿先生在辞书领域的辉煌
成就和卓越贡献

蒋礼鸿先生在业务上的深厚、扎实的功底和学术上的开拓、创新精神，决定了他在辞书领域，无论是编纂、修订、审定还是考订，都作出了辉煌成就和卓越贡献。

一、辞书编纂、修订的经历

早在 20 世纪 50 年代末和 60 年代初，我国最有影响、代表国家水平的两部辞书《现代汉语词典》、《辞海》正在着手编纂和修订。《现代汉语词典》于 1959 年完成初稿，1960 年印出"试印本"征求意见。杭州大学中文系语言教研室收到了这个"试印本"。教研室主任蒋礼鸿先生立即组织全体同仁认真、深入地讨论，并将讨论意见反馈给当时的中国科学院语言研究所。

与此同时，修订《辞海》的工作也在语言教研室为中心的全系师生中夜以继日地广泛开展。《辞海》的修订是在毛泽东主席接见《辞海》主编舒新城先生时提出的。时逢 1958 年"大跃进"，各地以群众运动的方式热情高涨地进行修订。稿子集中到上海《辞海》编辑部，他们清醒地感觉到这批稿子其实不能用，必须调集专家进行修订。1961 年春，由中共上海市委、中共华东局出面，从全国各地高校及科研机构调集了大批专业工作者。杭州大学也接到了商调函。分管文科的林淡秋副校长责令中文系派出得力的专家。于是，蒋礼鸿、胡士莹、任铭善三先生被选中，我作为随行的青年助教同往。在集中修订的上海浦江饭店真可谓"群贤毕至"，我们语词组就有陈望道、傅东华、徐震堮、洪诚、许杰、徐中玉、李毓珍（余振）、包玉珂、葛毅卿、刘锐、张拫之、周颂棣、刘范猷等著名学者。其他组的名流如苏步青、刘大杰、周予同、周谷城、谭其骧、谈家桢、李俊民、叶以群、俞振飞、周信芳、贺绿汀、熊佛西、瞿白音等，明星般耀眼，令人目不暇接。当时才四十多岁的蒋先生，虽还是讲师，但在众明星中毫不逊色。他在语词组由于编写又快又好，被誉为"两把刀子"之一（另一位是任铭善先生）。他为六十年代初出版的《辞海》试行本、《辞海》排印本和 1965 年出版的《辞海》未定稿（后被定为《辞海》第二版）出了大力，立了大功。1974 年，在上海瑞金二路原上海古籍出版社，又进行集中修订，蒋先生与曾华强、张金泉和我一同前往。

　　鉴于我国正式出版的辞书实在太少，据说外事活动中给外宾只能赠送一本《新华字典》。浙江省出版界于六十年代末七十年代初自发组织人力编写《汉语实用字典》。他们看中了正在赋闲的杭大一批专家，冲破重重阻力，聘请了蒋礼鸿、陈学询、洪湛侯等先生集中在浙江教育学院编写。

　　稍后，1975 年，邓小平主持中央工作期间，经周总理批准，开始筹备并着手编写《汉语大词典》。由华东六省一市组织人力。罗竹风先生任主编，蒋礼鸿等八位先生任副主编。蒋先生参加了《汉语大词典》草创初期的几次重要会议，作了《关于收词原则和编写条例的一些问题》的发言，还在《汉语大词典编写工作简报》上发表《说"慧鼎"》等十馀篇论文。除了亲自编写，蒋先生还审读了浙江省编写的《"寸"部词目释文初稿》，撰写了《〈汉大〉寸部初稿刍议》，①钱剑夫先生认为阅读此文"对于在编写辞典时如何审词释义的问题，受益良多"。②

　　"文革"结束后，蒋先生破格直接晋升为教授，担负极为繁重的教学、科研、行政任务。他又作为《辞海》编委兼分科主编，动员古汉

---

① 陈增杰《蒋礼鸿先生和〈汉语大词典〉》，《辞书研究》1996 年第 5 期。
② 钱剑夫《关于寸部稿几条词目的释文问题——读蒋礼鸿先生〈寸部初稿刍议〉》，《蒋礼鸿集》第六卷第 344 页。

语教研室全体同仁参加《辞海》修订工作。他亲自撰写修订稿，又为大家审稿，工作量是惊人的。以至于签名来不及，就给全组每人发一枚他的私章。1978年我陪蒋先生赴沪参加定稿工作，住衡山饭店。1979年，新中国第一部综合性辞书《辞海》1979年版（《辞海》第三版）正式出版。

为了适应形势发展和读者需要，1979年版《辞海》问世后，紧接着又组织编写《辞海》增补本。《辞海·语词增补本》于1982年出版。此前，杭大修订组仍由蒋先生领导编写，他还于出版前赴沪定稿（由我陪同）。

1981年，由夏征农先生主持的《辞海》主编扩大会议上正式确定《辞海》"十年一修"。1989年版《辞海》（即《辞海》第四版）修订工作于1986年开始启动，这时，由于工作需要，编辑部增补郭在贻先生和我为《辞海》编委兼分科主编。蒋先生由于年事已高，疾病缠身，退出了修订工作。到1999年版（即《辞海》第五版）修订工作启动时，蒋先生已经逝世。

二、辞书编纂、修订的成就

蒋先生参与《辞海》、《汉语大词典》的编纂工作，并作出了重要贡献，很多条目都凝结了蒋先生的心血和智慧。

《辞海》语词分册增补本有"兰阶"一条，原稿为：

> 【兰阶】宫殿之美称，用以指他人的住宅。王勃《伤裴录事丧子》诗："兰阶霜候早，松露岁台深。"

蒋先生审稿时指出：王勃诗中的"兰阶"是指佳子弟，见《世说新语》，王勃以兰阶指题中的"子"字，霜候、松露、岁台切题中的"丧"字；若谓兰阶仅为宫殿的美称，则与题目没有关涉了。[1]

---

① 《目录学与工具书》第68—69页，又见《蒋礼鸿集》第四卷第496—497页。

蒋先生在《说"通"》一文中举过一个例子：

　　"桔"字《说文》有二义，一是旗，为杜预注《左传》所用；一是本于贾逵注《左传》的说法："建大木，置石其上，发以机，以追(搥)敌也。"《辞海》修订本只取前义，理由是贾逵说已被孔颖达所驳，不应采取以混淆视听。其实，不收贾说则于《晋书·卞壶传》的"身当矢桔，再对贼锋"就无法解释。我即肯定"桔"字贾说应当收入，又以为"桔"和"厥"古韵都在泰部，发音都属牙音，"桔"是"厥"的假借，《说文》："厥，发石也。"浙江《汉语大词典》编写单位试写"桔"条，对桔是厥的假借一说，迟疑不肯即定，直到我拿出章氏《文始》也有此说来才算，现在的《辞海》合订本里则把我的意见反映进去了。[1]

蒋先生曾说过："在修订过程中，我是捣乱分子，对某些行之已久的旧说要提出异议。例如'肷肷'这一条，原来是依朱起凤先生《辞通》解为笑声的，我以为应是勤苦劳碌的意思，闹到 1979 年 5 月的修订本才改如我说。"[2]

在别的场合，蒋先生又提供了此说的依据：

　　(《玉篇零卷》)兮部"肷"字下面说：

　　義秩反。《孟子》："使民肷肷然。"刘熙曰："肷肷，犹叠叠，动作不安也。"……《说文》为肷，字在十部。

　　我曾根据这一条来修订《辞海》"肷肷"一条，改正了朱起凤先生《辞通》释"肷肷"为笑声的错误。[3]

此外，他还编纂了其他重要的辞书。

①蒋礼鸿《说"通"》，《怀任斋文集》第 324 页，又见《蒋礼鸿集》第四卷第 330 页。

②《自传》，原载《中国当代社会科学家》第一集，书目文献出版社 1983 年，收入《蒋礼鸿集》第六卷第 613—618 页。

③《目录学与工具书》第 28 页，又见《蒋礼鸿集》第四卷第 467 页。两本"动作不安也"后均脱引号之后半。

　　蒋先生的代表作《敦煌变文字义通释》既是近代汉语词汇研究的力作,同时也是研读敦煌文献及其他作品的重要工具书,是在敦煌学、训诂学、俗语词等方面作出开拓、创新成就的奠基之作。此书1959 年由中华书局出版,1997 年上海古籍出版社出版增补定本(第6 版),历时近 40 年,字数由最初的 57000 字扩充至 436000 字。蒋先生曾经说过:"我写这部书,就阅读了几百种文献资料,其中包括大部头的书,如九百卷的《全唐诗》,五百卷的《太平广记》,二百九十四卷的《资治通鉴》,二百卷的五代刘昫主编的《旧唐书》,一百五十三卷的《欧阳文忠公全集》等。"①正是在充分掌握文献资料的前提下,又"精益求精、焚膏继晷从事订补",②蒋先生给世人留下了在学术界影响深远的不朽著作。郭在贻先生总结此书有四大特色:一、材料的广泛性。就时间断限而言,《通释》的材料上起先秦,下至现代(书中曾引今人柳青、浩然的小说以及现代方言);就内容而言,举凡诗、赋、词、曲、笔记、小说、语录、随笔、民谣、佛经、诏令、奏状、碑文、字书、韵书、音义、史书、文集等等,无不在采摭之列。二、方法的先进性。《通释》采纳了《汇释》的长处,又继承并发扬了清代朴学家的优良传统,有意识地从语言的角度来探索词义、词源。三、历史发展的观点。它并不满足于对变文中的疑难词语作出诠解,还力求找出这些词语的来龙去脉,从而把词语的断代研究纳入词汇史和语言学史的轨道。四、考释变文词义的同时,还能联系其他许多古代典籍,连带解决了这些书中不少的训诂和校勘的问题,因而《通释》不仅是一部研究敦煌变文的工具书,也是阅读和注释其他一些古书,特别是古代诗文有用的工具书。③

　　此书在释义方面尤具特色。苏琦认为此书释义的贡献可归结

---

①《关于〈敦煌变文字义通释〉》,原刊《杭州大学学报》1984 年第 2 期,收入《蒋礼鸿集》第六卷。

②颜洽茂《整理后记》,《蒋礼鸿集》第一卷第 632 页。

③郭在贻《读新版〈敦煌变文字义通释〉》,《杭州大学学报》1982 年第 5 期。

为：填补释义空白、增补已有词语义项、对已有词语的释义提供有价值参考、为其他辞书提供释义成果。①

　　吕叔湘先生说过："如果能够多出现一些像《诗词曲语词汇释》、《敦煌变文字义通释》、《元曲俗语方言例释》这样的著作，十种，二十种，一百种，《汉语大词典》的编纂工作也就会有更多的依据和参考，在不太长的时间内完成。"②《中国大百科全书·语言文字卷》认为此书"对研究唐五代民间文学和汉语词汇发展史都大有帮助"。日本学者波多野太郎称许为"研究中国通俗小说的指路明灯"（日本《书报》，1960 年）。徐复先生认为此书"凿破混沌，为旷代之作"。③ 洪诚先生认为此书"是读《敦煌变文集》的必要参考书"。"由于作者治学的态度比较严谨，所以研究的成果绝大部分是精确的，可以通变文，可以考汉语史。"④鲁国尧先生认为，"先生一生矻矻孜孜，生平著述数百万字，尤以《敦煌变文字义通释》为海内外所共称颂，这是中国语言学史上的里程碑式的著作"⑤。徐时仪先生认为"此书是中国当代敦煌语言学研究的重大成果，首次对敦煌变文中的口语词进行了系统的研究，开敦煌文献语词研究的先河"。⑥ 方一新先生认为"作者具有深厚的训诂学和文献学功底，又具有现代语言学的素养，从纵、横两方面考索变文词义；因声求义，考释精审，探源溯流，触类

①苏琦《〈敦煌变文字义通释〉的释义贡献》，《烟台职业学院学报》2007 年第 3
　期。

②吕叔湘《汉语研究工作者的当前任务》，《吕叔湘文集》第四卷《语文散论》第 39
　页，商务印书馆 1992 年。

③徐复《蒋礼鸿集·序》，又见《徐复语言文字学晚稿》第 573 页，江苏教育出版
　社 2007 年。

④洪诚《评蒋礼鸿〈敦煌变文字义通释〉》，原载《光明日报》1959 年 10 月 11 日
　《书评》版，收入《洪诚文集·雠诵庐论文集》，江苏古籍出版社 2000 年。

⑤鲁国尧《行为世法　经为人师》，《书魂——蒋礼鸿教授纪念文集》，杭州大学
　1995 年。

⑥徐时仪《白话俗语词研究的百年历程》，《文献》2000 年第 1 期。

旁通,真正把词语考释纳入了词汇史研究的范畴。"①黄征先生认为,"这部专著不仅成为敦煌文献研究者案头必备之书,而且推动了汉魏六朝以来俗语词研究的进程,对汉语词汇史研究有不可磨灭的贡献。"②《古汉语研究》编辑部认为:"此书对敦煌变文中的疑难词语进行了共时的归纳与历时的推求,征之于字形,考之于义训,而通之以声音,把训诂与校勘结合起来,因而结论得当,难以改易。《通释》是新时代的乾嘉之学的精华,它运用了新材料与新方法,是同类著作的典范。《通释》有力地推动了近代汉语的词汇研究,在训诂实践上作出了不朽的业绩,为敦煌学的语言学领域树起了一块丰碑。"③

　　他在晚年主编的《敦煌文献语言词典》,在《敦煌变文字义通释》的基础上又有所拓展。研究范围扩展至整个敦煌文献,包括文学、史学、宗教、经济、法律等,也兼及吐鲁番出土文书。与《通释》相较,《敦煌文献语言词典》新增了条目,新增了义项,在考释词义的同时,也对《变文集》及相关作品作了校勘。释义之外,也注意发明俗字,总结规律。④ 蒋先生自己曾经评价此书:"这部词典,总括了敦煌语言学的研究成果,并加以补充推阐,成为敦煌学的一个重要组成部分。它给汉语史研究提供了丰富的资料;就词书编纂说,它给现在的几部重要的词书如《辞海》、《辞源》、《汉语大词典》的漏略提供了丰富的补充资料;其价值是应予肯定的。"⑤这个评价是恰如其分的。这部词典相较《通释》,不仅在条目、义项上多有增补,对《通释》的释义也有所修正。如"纤"字条,《通释》释为"通'鐵',即尖字,尖锐",

---

①方一新《20世纪的唐代词汇研究》,《浙江教育学院学报》2003年第6期。
②黄征《读〈敦煌变文字义通释〉》,《敦煌语言文字学研究》第341页,甘肃教育出版社2002年。
③《沉痛悼念蒋礼鸿教授逝世》,《古汉语研究》1995年第2期封底。
④详参方一新《近年来国内敦煌语词校释研究专著四种述评》,《徐州师范大学学报》2000年第2期。
⑤蒋礼鸿主编《敦煌文献语言词典·序例》,杭州大学出版社1994年。

而本词典则认为,"'纎'当读作'铦',锋利的意思。"①堪称后出转精。

三、传统辞书研究方面的贡献

蒋先生的《目录学与工具书》,有专节介绍"字书、韵书、词书",对古代比较重要的语文类工具书有比较全面的介绍。他在《古汉语通论》中也有对"辞书"的专门介绍,主要涉及辞书的体制和任务、从《康熙字典》到《辞海》、古代两大辞书——《尔雅》和《说文》、特种辞书等。②

1.《说文》研究

蒋先生早年对《说文》情有独钟,在他的《语言文字学论丛》里,收入了《读〈说文〉记》、《读〈说文〉记续》、《读〈说文解字注〉》、《读〈说文句读〉》、《读〈说文通训定声〉》,都是一些札记体的论文,可见他对《说文》及重要注本都下过功夫。后来,他又写过《〈说文解字〉是怎样的书》,对《说文》有相当详尽的介绍。③ 他又写过《段玉裁〈说文解字注〉释例》,④并将《说文解字注》列为自己最喜爱的四种书之一。⑤

他认为,"搞语言的,《广韵》的反切、韵部等一定要逐一细读,不能只了解个大概;《说文》也要一字一字的读透"。⑥

2.《广雅》研究

蒋先生曾作《〈广雅疏证〉补义》,对王念孙《广雅疏证》及俞樾

---

① 蒋礼鸿主编《敦煌文献语言词典》第 341—342 页,杭州大学出版社 1994 年。

② 蒋礼鸿、任铭善《古汉语通论》第 31—50 页,又见《蒋礼鸿集》第五卷第 38—59 页。

③ 原刊《语文函授教学》1957 年第 3、4 期,收入《蒋礼鸿集》第六卷第 171—183 页。

④ 《蒋礼鸿集》第六卷第 275—287 页。

⑤ 《谈谈我的读书体会和治学途径》,原刊《当代百家话读书》,广东教育出版社、辽宁人民出版社 1997 年,收入《蒋礼鸿集》第六卷第 149—156 页。

⑥ 《读书隅见》,原载《治学偶得》,浙江人民出版社 1962 年,收入《蒋礼鸿集》第六卷第 138—148 页。

《广雅释诂疏证拾遗》多所补正。①

　　徐复先生曾在《广雅疏证弁言》中说:"与《疏证》同时成书者,有钱大昭《广雅疏义》,当时未见刊行。稍后则有俞樾、王树枬、刘岳云、朱师辙、陈邦福、张洪义、裴学海、殷孟伦、蒋礼鸿、赵振铎、祝鸿熹诸氏,咸有专书专文,弼成王义。"②其中蒋先生的专文即指《〈广雅疏证〉补义》。李福言认为,"蒋礼鸿《〈广雅疏证〉补义》(上、中、下)三篇文章,对《广雅疏证》补充材料,推演声义相通之理"。③

　　3.《玄应音义》研究

　　蒋先生有《玄应〈一切经音义〉校录》④,徐时仪先生认为此文"据丛书集成影印海山仙馆丛书本,指出该本讹误甚多,且不少皆暗合于丽藏本"。"王国维、邵瑞彭、周祖谟和蒋礼鸿的《一切经音义》校记在考察《玄应音义》各本的传承和今传本的校勘上具有重要参考价值。"⑤徐先生在他的《一切经音义三种校本合刊》中也屡屡引用蒋先生的校说。如《玄应音义》卷一《大方等大集经》卷二二"兵革"条:"《国语》:定三革。贾逵曰:甲胄者三也。"徐校引蒋曰:"胄者当作胄盾。"

　　4.《类篇》研究

　　蒋先生在晚年病重期间,还为两部古代辞书《类篇》、《康熙字典》作考订工作。前者已完成,书名为《类篇考索》。《〈类篇考索〉·编者说明》认为"蒋礼鸿先生以其所得上海图书馆所藏汲古阁影印

---

① 原刊《文献》1980 年第 4 期、1981 年第 1,2 期,收入《怀任斋文集》第 1—35 页,又见《蒋礼鸿集》第四卷第 3—38 页。

② 徐复《广雅疏证弁言》第 10—11 页,见《广雅疏证》,江苏古籍出版社 2000 年。

③ 李福言《近三十年〈广雅疏证〉研究述论》,《湖北文理学院学报》2013 年第 9 期。

④ 《蒋礼鸿语言文字学论丛》第 132—179 页,后收入《蒋礼鸿集》第三卷第 151—202 页。

⑤ 徐时仪《略论佛经音义的校勘》,《杭州师范大学学报》2011 年第 3 期。

宋钞本影印本及中华书局据姚刊三韵影印本,并参酌字书、韵书等,'订正讹误,比较同异,溯厥根源,补所未及',成此'考索'之书。这对于《类篇》的整理研究,大有助益;且作者'按语'中一些条目取材丰富,于训诂亦有意义。"①黄征先生认为,"《类篇考索》虽以字形考辨为要务,却始终不忘以声音系联、以义训贯穿,所以能突破字形相似与不似的障惑,使之各归其所,按部就班"。② 姚永铭认为此书"取得了很大成就,堪称当代《类篇》研究的杰作"。③

5.《康熙字典》研究

蒋先生对《康熙字典》的研究最终未能完成,只是留下了手稿。黄征先生以《读〈康熙字典〉》为题予以整理,收入《蒋礼鸿集》第六卷(第288—322页)。

此外,我们在他的相关著述中还能够看到零星的成果。他认为,《康熙字典》的错误不仅是把所引的书名或引书的文字写错,还有不少其他错误。如:

亠部[丙]《五音篇韵》:"奴教切。音闹。不静也。"

案:这个丙字的字形是错误的。这个字是"闹"的别体,字当作𠕇,或作𠕓,从市从人,会意。④

此后还连举木部"檐"字、殳部"殺"字、亅部"事"字、木部"橐"字、欠部"歎"字、"歔"字等数例。⑤

又如《悬断与征实》一文,举《康熙字典》"彌"字例,经过详细考

①《〈类篇考索〉编者说明》,见《类篇考索》,山东教育出版社1996年。
②黄征《〈类篇考索〉后记》,见《类篇考索》,山东教育出版社1996年。
③姚永铭《姚刊三韵本〈类篇〉不尽可依——读〈类篇考索〉札记》,《汉语史学报专辑——姜亮夫　蒋礼鸿　郭在贻先生纪念文集》,上海教育出版社2003年。
④《目录学与工具书》第57—58页,又见《蒋礼鸿集》第四卷第488—489页。《蒋礼鸿集》本"亠部"误作"二部"。
⑤《目录学与工具书》第58—59页,又见《蒋礼鸿集》第四卷第489—490页。

证,认为"彌"是"粥"的误字,而粥又是粥的俗写,非常精彩。①

《钱剑夫先生〈中国古代字典辞典概论〉序》认为"《字典》"之失,要在鉴裁不精,滥于甄采而已"。并举"撍"、"圎"、"圉"三例,认为"撍"是"撍"之误字,"圎"为"流俗以日中有三足乌乃造为此形","圉"为罪字楷书上半两旁直垂至下又误加一横,结论确凿不移。②

四、辞书编纂理论方面的建树

蒋先生结合辞书编纂、修订、审订的丰富实践,在辞书理论上有不少创见。他结合《辞海》修订得失,为《汉语大词典》发轫而作的《辞书三议》,内容包括:

(一)会通,即综合语词间内容与形式的本质特点,揭示语义内部联系。如蒋先生利用丰富的资料,"给'馨'字理出个'古今之变'的谱系来:馼→馨(形)→生"。③

(二)逸义,指漏略的义项,大型辞书应以搜求逸义为要事;如《辞海》(未定稿)"玉箸"条缺常见义——和尚死时挂下来的鼻涕,"举"字缺藏义和借贷义(包括借入或贷出)。

(三)辩证,指为避免辞书编写中训义、引据、注音之误,必须对古书中的纰缪加以辩证。如《辞海》(未定稿)"如许"条收列两义:①如此,这样。②这些;这么多。第二义书证引李义府《咏乌》诗:"上林如许树,不借一枝栖。"其中的"如许"本作"多许"。④

吕叔湘先生对此文极为赞赏,认为"此文所提三点,实大词典成败所系"。

---

①《怀任斋文集》第 331—332 页,又见《蒋礼鸿集》第四卷第 336—337 页。
②《怀任斋文集》第 341—343 页,又见《蒋礼鸿集》第四卷第 347—348 页。
③《原本玉篇残卷》:"馼,呼丁反。《说文》:'馼,馨也。'野王案:今谓如此为如馼是也。""如馼"即"如馨"。顾氏此说与蒋说暗合。
④《怀任斋文集》第 310 页,又见《蒋礼鸿集》第四卷第 315—316 页。

在辞书理论方面的重要论文还有以下各篇：

《论辞书的书证及体现词汇源流的问题》主要讨论辞书的书证如何体现词汇的源流的问题。蒋先生认为，不能简单地用罗列书证的办法来体现词汇的源流。要体现词汇的源流，辞书编纂可以用以下四种方法：①分列义项，本义在前，引申义次之，比喻、借代义又次之。②外来语说明其由来。③成语、典故，可能时举出其根源，有时举出其变体。④说明通借。①

《辞书不宜言"本字"说》认为，"本字"是对"假借字"(严格说是"通借字")而说的，不与通借字相对待，就无所谓"本字"；而辞书中的本字，是用"通'某'"的形式表现的，这个"某"就是本字，而在"某"作为字头时，就不再说它是哪个通借字的本字。全文引用《辞海》语词分册中的 14 条校样，详细分析，以证成己说。②

《说"通"》一文主要针对辞书编纂中注"通"存在的问题：本来是"通"的不注明"通"；本来不是"通"的注之以"通"，即掌握"通"与非"通"的宽严问题。作者主张不宽不严，宽严得中。对于通借的问题，蒋先生特别强调用异文来肯定通借关系特须谨慎，不可掉以轻心。根据旧注推究通借关系，也要谨慎从事。③

《悬断与征实》主要讨论辞书反映语言文字研究水平的问题，认为"编写新时代的辞书，有许多事要做，'广泛吸收古今研究成果'是不可少的，除了'充分利用现有的材料'，还须夺取更新的研究成果"。④

曾华强先生认为，"这些文章是先生在实践中的宝贵经验，高瞻远瞩，从理论上深入浅出地阐述了辞书编纂中要注意的问题。尤其是先生运用中国传统语言学的方法，纵横开阖，博稽载籍，论证精

---

①《怀任斋文集》第 335—340 页，又见《蒋礼鸿集》第四卷第 340—345 页。
②《怀任斋文集》第 313—318 页，又见《蒋礼鸿集》第四卷第 319—324 页。
③《怀任斋文集》第 319—325 页，又见《蒋礼鸿集》第四卷第 325—330 页。
④《怀任斋文集》第 326—334 页，又见《蒋礼鸿集》第四卷第 331—339 页。

辟,令人信服,对'古今兼收,源流并重'的《汉语大词典》的编纂有很大的启发和参考价值"。①

　　蒋先生在辞书领域的成就与贡献还体现在培养人才上。浙江省涌现大批辞书编纂、修订人才与蒋先生的培养是分不开的。在蒋先生带动下,杭大中文系古汉语教研室人人参与《现代汉语词典》试印本的讨论,参与新中国成立后历次《辞海》修订工作,蒋先生身教言教,指导修改,从手把手到放手。我个人深受教益,没齿难忘。浙江省各地参加《汉语大词典》编写的人员集中到杭州培训时,蒋先生为他们讲授训诂学、目录学、工具书等课程。当前,《汉语大词典》第二版和《辞源》修订本正在编写中,不少蒋先生培养的中青年辞书工作者正在竭尽全力从事这项造福社会的有意义的工程,可告慰蒋先生在天之灵。

参考文献:

《古汉语通论》,浙江教育出版社 1984 年版

《目录学与工具书》,浙江古籍出版社 1985 年版

《怀任斋文集》,上海古籍出版社 1986 年版

《蒋礼鸿语言文字学论丛》,浙江古籍出版社 1994 年版

《敦煌文献语言词典》,杭州大学出版社 1994 年版

《书魂——蒋礼鸿教授纪念文集》,杭州大学 1995 年版

《类篇考索》,山东教育出版社 1996 年版

《敦煌变文字义通释》(增补定本),上海古籍出版社 1997 年版

《蒋礼鸿集》,浙江教育出版社 2001 年版

　　("纪念蒋礼鸿先生诞辰 100 周年暨第九届中古汉语国际学术研讨会"会议论文[2016 年])

---

① 曾华强《丰碑不朽　风范长存》,《书魂——蒋礼鸿教授纪念文集》,杭州大学 1995 年。

《现代汉语词典》与训诂学

　　20 世纪末,我在《辞书研究》(1998 年第 6 期)发表过一篇论文：《现代汉语辞书呼唤训诂学》。那是以《现代汉语词典》(以下简称《现汉》)1996 年修订本即第 3 版为例,从正反两方面说明现代汉语语文辞书有必要借助、参照、继承、发展训诂学研究成果。

　　正面的例子点赞了《现汉》运用训诂的范例。如：

　　【生死攸关】关系到人的生存和死亡(攸：所)。(注音、举例略。下同。)

　　【含辛茹苦】经受艰辛困苦(茹：吃)。也说茹苦含辛。

　　【交迫】(不同的事物)同时逼迫……

　　以上训释显示古语素的含义,有助于举一反三解决一系列训诂问题。如对"攸"、"茹"、"交"的训释,对理解含各该语素的词语如"责有攸归"、"利害攸关"、"茹毛饮血"、"内外交困"、"饥寒交迫"、"百感交集"、"交口赞誉"等有切实帮助。"交"所保留的不同于交叉、交互义的古义(一齐、同时)透彻指明,很有必要。

　　反面的例子主要指对现代汉语词语包含的古汉语语素或语言成分以及古词语结构、用法乃至历史文化内容未加训释,影响对有关词语正确、准确地理解,甚至误导、误用。如：

　　【摧枯拉朽】枯指枯草,朽指烂了的木头。比喻腐朽势力很容易打垮。

　　【金城汤池】金属造的城,滚水的护城河。形容坚固不易攻破的城池。

前例只解释了枯、朽，忽略了极易误解的拉，读者很可能按照拉的现代常用义拉扯来理解。其实这里用的是古义摧折。古书中拉常与摧、折作为对文使用。如"拉胁折齿"（《汉书·邹阳传》）、"折胁拉髂"（《汉书·扬雄传》）、"拉脾摧藏（脏）"（《晋书·刘元海载记》）。《现汉》第 5 版、第 6 版改为"摧折枯草朽木，比喻迅速摧毁腐朽势力"。对拉的古义和整个成语都解释得很贴切。

后例只解释了汤、池，忽略了城的古义。读者很可能把城理解为城市、城镇。其实这里的城沿用了古义城墙。《现汉》第 5 版、第 6 版已予补正，改为"金属造的城墙，灌满滚水的护城河"，这就对了。

《现汉》第 6 版补正旧版的例子还有，如：

【揖让】作揖和谦让，是古代宾主相见的礼节（让：举手与心平）。旧版没有括弧内的解释。

【师心自用】固执己见，自以为是（师心：以自己的想法为师，指只相信自己）。旧版也没有括弧内的解释。

新版的补正说明对训诂的重视。但后例还可商榷。师心原谓循着心领神会而行事，不拘泥成法。语出《关尹子·五鉴》："善弓者师弓不师羿，善舟者师舟不师奡，善心者师心不师圣。"后"师心"同"自用"连用，乃有固执己见之意。新版括弧内的解释虽指明师的动词义，但"只相信自己"并非出处原义，而是后来的意义。

类似这样有待进一步完善、不尽如人意之处在新版《现汉》中确实存在。如：

【弱冠】古代男子二十岁行冠礼，表示已经成人，因为还没达到壮年，所以叫做弱冠，后来泛指二十岁左右的年纪。

这个词语作为某一年龄段的代称是有来历的。《礼记·曲礼上》："人生十年曰幼，学。二十曰弱，冠。三十曰壮，有室。……百年曰期，颐。"这里讲述了人生历年的名称和在每一阶段生活和行事的情况。二十岁叫弱，要行冠礼。……一百岁叫期，受侍养。弱与冠、期与颐原来是不连读的。后来连起来作为二十岁和一百岁的代称。犹同三十岁称而立(语出《论语·为政》"三十而立")一样,是文言中特有的语言现象。不能反过来作为原来称名的缘由,也不能按照后来的用法去解读原来的语句。《现汉》说的"因为还没有达到壮年,所以叫做弱冠",实为混淆古今,举后起用法以律古。二十岁原称弱,不称弱冠。百岁原称期,不称期颐。《现汉》第 3 版"期颐"条径释为"指人百岁的年纪",犯了与"弱冠"条同样的毛病。新版"期颐"条引了出处,然后解释说:"指百岁高龄的人需要颐养,后来用'期颐'指人一百岁。"这样把古今用法分得一清二楚,很有必要。

【铤而走险】(挺而走险)指因无路可走而采取冒险行动。

旧版《现汉》大多没有加括弧及异文,新版反而倒退了。因为这异文是不规范的。"铤而走险"语出《左传·文公十七年》:"铤而走险,急何能择?"晋杜预注:"铤,疾走貌。言急则欲荫莏(托庇,受庇护)于楚,如鹿赴险。"唐李华《吊古战场文》描写古战场:"蓬断草枯,凛若霜晨,鸟飞不下,兽铤亡群。"谓野兽疾速奔跑而失群。铤与挺身而出的挺毫不相干。附带指出,铤而犹同铤然,和忽而犹同忽然一样。这个"而"是一个相当于词缀的语助词。挺身而出的"而"则是连词。

【有口皆碑】形容人人称赞。

碑虽为古今常用的一个词,但其历史文化内容读者未必明了。从单字"碑"无从了解其何以有称赞之意。只有复词"口碑"解释道:"指群众口头上的称颂(称颂的文字有很多是刻在碑上的)。"考虑到读者未必会带着对碑的疑问去查"口碑",该词条应加"参见'口碑'"。

【尔虞我诈】彼此猜疑,互相欺骗。也说尔诈我虞。

该成语语出《左传·宣公十五年》:"我无尔诈,尔无我虞。"原意是我不要欺骗你,你也不要欺骗我。从中节取尔诈、我虞或尔虞、我诈两个动宾词组,才有互相欺骗之意。一般读者不明古汉语宾语前置现象,很可能会把尔虞、我诈当作两个主谓词组,这就不贴切了。

类似的含代词宾语前置的成语如"时不我待"、"人莫予毒"、"何去何从"……词典释文如何表述值得研究。《汉语成语小词典》"何去何从"的释文为："去：离开。从：跟从。离开哪儿，走向哪儿。多指在重大问题上选择什么方向。"《现汉》的释文为："指在重大问题上采取什么态度，决定做不做或怎么做。"显然，后者的表述不及前者。前者能让读者明确"何"是前置宾语。

【求全责备】苛责别人，要求完美无缺……

《汉语成语小词典》释文为："责：要求。备：齐备。对人对事要求十全十美，毫无缺点。"《现汉》没有像《汉语成语小词典》那样指明责、备的古义，在复词"责备"条也只释"批评指摘"，由于责备的现代义放在这个成语中似乎也可讲通，不释古义，极易误导。所以指明其古义是完全必要的。

【再接再厉】（再接再砺）一次又一次地继续努力。

括弧内的异文是正确的。旧版没有注出异文。该成语语出韩愈、孟郊《斗鸡联句》："一喷一醒然，再接再砺乃。"古语素接、厉指交战、磨砺。《现汉》未予指出。《汉语成语小词典》在释义前解释了接、厉的古义，并指明了出处，有助于读者透彻理解成语含义。

综上所述，《现汉》无论是单字、复词还是词组，都有可能涉及训诂问题，《现汉》的编纂、修订者在各条目有关字、词、语的释义中，有关沿用古词语结构、用法以及所蕴含的古代历史文化内容中需要接触并呼唤训诂学。训诂学研究成果有助于正确、准确、透彻、明确地释义，力求避免笼统、囫囵而更趋完善。实践证明，提高现代汉语语文辞书的质量，训诂学起着不可或缺、不可替代的重要作用。

（原载《汉语历史语言学的传承与发展——张永言先生从教六十五周年纪念文集》，复旦大学出版社 2016 年版）

古汉语
常用字词新解百题

祝鸿熹　著

祝鸿熹文集 （二）

浙江大学出版社·杭州
ZHEJIANG UNIVERSITY PRESS

序

从古汉语常用语词的辨识、解析入手,自然联系、渗透古汉语文字、音韵、训诂、语法、修辞、古代文化常识等内容,不求系统、全面,但求熔学术性、通俗性、趣味性、知识性于一炉,这就是本书的宗旨,也是本书的特色。

半个多世纪以来,我对古汉语学科的普及情有独钟。从 1957年古汉语研究生班毕业留高校任教以来,陆续为配合教学、研究撰写古汉语辅导文章,发表于《杭大函授》、《语文进修》、《语文战线》、《语文导报》(以上由杭州大学出版)、《语文知识》(上海)、《语文建设》(北京)、《中学语文报》(浙江)、《语文报》(山西)等报刊。

由于社会主义精神文明建设的需要,古代优秀文化传统愈来愈受到人们的重视。20 世纪 80 年代起,高校文科本专科生、研究生、攻读大专的电大生、函授生、夜大生、自考生、进修生……掀起了学习古汉语的热潮。一个古汉语学科大普及的可喜局面以前所未有的规模呈现在人们面前。受这股大潮的感召,为配合、补充教材,提高大家古汉语学习的兴趣和效率,我将撰写的古汉语学习辅导文章结集成了《识字辨词漫笔》一书(浙江教育出版社 1985 年出版)。

退休以后,我对普及工作的热情因杭州师范大学《语文新圃》的盛情约稿而重新点燃。我又在《识字辨词漫笔》的基础上修改、补充,并增添了数十篇,原拟以《识字辨词漫笔Ⅱ》为题,结集成书。现改题为《古语词新解 100 篇》,交上海教育出版社出版。其中 25、26、37 三篇由我的侄女祝柯杨在我的指导下执笔撰写,特此说明。

下面就书名作一番题解：

所谓"古语词"，主要指古汉语常用字、词、成语。重点对人们易忽略、易误解的语词进行说解。

所谓"新解"，新在对流行解释发疑或驳正，也新在从新的视角、新的方法、新的范围进行说解。至于通过古语词的辨识和解析，自然联系和渗透古汉语文字、音韵、训诂、语法、修辞、古代文化常识等内容，亦属新解。

所谓"100篇"，指本书结集的短文正好100篇，但不等于100则。因每篇涉及的古语词往往不止一则，有时多达十多则甚至数十则。如能举一反三，触类旁通，100篇可以涵盖数百上千则。

祝鸿熹

2008 年 12 月于浙大紫金文苑

目 录

001 拦路虎

初学古文,势必会遇到一些文字障碍,这就好像遇到了拦路虎。有的人见了被吓倒而退缩,不再读下去;有的人见了就千方百计努力擒住它、降伏它,扫清障碍向前,顺利地读下去了。

那些完全陌生的难解语词,现代汉语中已见不到或很少见到,这倒是不难对付的。翻检词典、查看注解、请教旁人,都是解决的办法。有些看来很熟悉似乎并不难解的语词,且现代汉语中也是常见的,往往正是"拦路虎"。这种难以觉察的、潜伏的"拦路虎",字面上同现代汉语中的常用语词相同,而在意义和用法上相差甚大。学古文,接触古汉语,特别要留心提防这种"拦路虎"。

例如《孟子·梁惠王上》的"弃甲曳兵而走"这句话,人们往往比较注意"曳"字,但不重视"兵"和"走",结果"曳"字搞明白了,"兵"和"走"却没有真懂,以为就是"士兵"的"兵"、"走路"的"走"。殊不知"兵"是今天所说的"兵器","走"是今天所说的"跑"。成语"兵不血刃"、"短兵相接"中的"兵"和"走马看花"、"落荒而走"的"走"都还保留了古汉语中的本来含义。"弃甲曳兵而走"是丢了盔甲、拖着兵器而逃跑的意思,不是拖着士兵走路。试问:打了败仗,后有追兵,难道还是只走不跑?古代小说中常说的"落荒而走",绝不能理解为在荒野踱方步,那样岂不立即做了俘虏?"走马看花"如果按今天的"走"的含义来解释,岂不也能看得一清二楚吗?怎么还用来比喻观察事物匆忙而不仔细呢?

《世说新语·政事门》记载东晋陶侃搜集竹头木屑的故事。其中有一句说："后正会(正月初一,皇帝朝会群臣,或大臣和僚属聚会),值积雪始晴,听事(官署中处理公务的厅堂)前除雪后犹湿。"粗粗一看,这句里没有不识的字,各个语词都是常见的、熟悉的。其实这里也有"拦路虎"。例如"积雪"和"除",并不就是堆积的雪和扫除的意思。这里的"积雪"指接连下雪,"除"指台阶。这个"除"同古话常说的"黎明即起,洒扫庭除"的"除"含义相同。不解决这两个障碍,误以为堆积的雪放晴,就不通了;误把语句读成"听事前/除雪后/犹湿"就歪曲了原意,应读成"听事前除/雪后犹湿"。

　　古人形容写诗作文的人才气高、文思敏捷常说"笔不停缀,文不加点"。不少人以为"文不加点"就是文章一气呵成不加标点。这实在是很大的误解。古人作文本来不加标点符号,无所谓加不加标点。不过,才气高、文思敏捷的人写出东西来句读倒是分明不乱的,绝不至于点不断、读不断的。原来这里的"点"乃是涂抹、涂改的意思。唐代史学家刘知幾的《史通》有《点烦》一篇,意思就是把多馀繁琐的语句涂抹掉。看,这小小的一个"点"竟是只潜伏的"拦路虎"!

　　杭州有一个名胜叫虎跑泉,相传有个和尚到此没有水喝,于是有二虎跑(páo)地作穴,泉水就涌出来了。虎跑泉由此得名。这个"跑"就是刨挖的意思。不少游客不假思索地以为虎跑的"跑"是奔跑的意思,其实老虎并没有奔跑,有只潜伏的"拦路虎"倒是跑出来了,它没有被擒住、被降伏,但是人们往往心安理得,以为很安全,没有关系。

　　可见,潜伏的"拦路虎"比一望而知的"拦路虎"更加值得注意,为害更大,常常妨碍了对文义的理解而人们还不能觉察。这种"拦路虎"最爱找粗心大意者的麻烦。粗心大意者不认真、不细心,满不在乎、自以为是,于是常常出岔子。这种学习态度上的问题,其实也是一种"拦路虎",而且是危害最大的"拦路虎"。

002　《清明上河图》是什么图

宋代思想家张载云："于不疑处有疑，方是进矣。"学习和研究必须善于发疑，而且能在一般人习以为常不产生疑问的地方提出疑问，这才能发展、进步。

英国科学家牛顿年轻时在苹果树下发疑：为什么苹果成熟了往地下掉而不往天上掉？后来他发现了地心引力和万有引力，建立了经典力学的基本体系。

古语词中有大量"不疑处"值得发疑。北宋名画《清明上河图》，除了"图"字可以明确无疑地解释为画图外，"清明"和"上河"都不好解释，大可发疑。尤其是"清明"，一般人习以为常地认为就是指清明节。著名宋史学家邓广铭先生曾指出："画里的人光着膀子，清明时天气不可能热到这种程度。"①该图描绘北宋京城东京（开封）汴河两岸物阜民丰、兴旺繁荣的景象。所以这里的"清明"指太平盛世，即政治清明。一说指北宋京城城郊的清明坊。其实，既指地名又双关指时世，均比指时节合理。至于"上河"，犹同"河上"，指河岸、河边。正如"上海"亦称"海上"，指海岸、海边一样。

①《咬文嚼字》合订本（1999）《序》，上海文化出版社 2000 年版。

003   疑"疑"

李白《静夜思》："床前明月光，疑是地上霜。举头望明月，低头思故乡。"人们对"床"有过争论：有说是卧床的，有说是井栏的，也有说是几案的。但还没有人公开表示对"疑"的怀疑，即对"疑"的怀疑之义毫不怀疑。

其实，这里的"疑"应该是似、好像的意思。这一意义最迟在中古就已经存在。如《列子·黄帝》："用志不分，乃疑于神。"张湛注："分犹散，意专则与神相似者也。"庾肩吾《奉和春夜应令》："月皎疑非夜，林疏似更秋。"庾信《舟中望月》："山明疑有雪，岸白不关沙。"古代名山九疑山，其中的"疑"就是相似的意思。《汉书·司马相如传》："过虞舜于九疑。"颜师古注："疑，似也。山有九峰，其形相似，故曰九疑。"唐宋以后这类用例更多。如王勃《郊园即事》："断山疑画障，悬溜泻鸣琴。"卢照邻《相如琴台》："云疑作赋客，月似听琴人。"杜甫《自京赴奉先县咏怀五百字》："疑是崆峒来，恐触天柱折。"陆游《游山西村》："山重水复疑无路，柳暗花明又一村。"周邦彦《花犯·梅花》："疑净洗铅华，无限清丽。"《好逑传》第十八回："天子展龙目一看，见水冰心貌疑花瘦，身似柳垂。"陈三立《黄公度京卿由海南入境庐寄书并附近诗感赋》："万里书疑随雁鹜，几年梦欲饱蛟鼍。"其中，《好逑传》例句与上引庾肩吾、卢照邻诗一样，"疑"、"似"对文，更能证明"疑"、"似"同义。

004　汉字构形造意多奇妙

　　《汉语大字典》对某些汉字的释义由于照搬《说文解字》的说解，显得拘泥于具体事物而欠宽泛，欠准确。《说文解字》的说解除了直接释义外，有不少是就汉字构形造意进行说解的。如"尘"，《说文解字》作土上加"麤"，不直接释为尘土、灰尘，而就构形指出其造意为"鹿行扬土也"。因为尘土、灰尘很难描摹，就借群鹿奔跑扬起尘土的构形来指出其造意。又如"臭"作为"嗅"的古字，"自"原是"鼻"的古字，像鼻子之形。但单有鼻子还不足以表示嗅的含义，造字时就取了嗅觉最灵敏的犬作为构件。《说文解字》说解时指出所以从犬的用意："禽走臭（嗅）而知其迹者，犬也。"

　　试看《汉语大字典》下列各字的首项释义（一般指本义）：

　　　　交　　脚胫相交。
　　　　齐　　禾麦吐穗上平整。
　　　　突　　犬从穴中突然而出。
　　　　血　　古代作祭品用的牲畜的血。

　　交叉、交错的"交"含义较抽象，借两条小腿相交的构形表示。《说文解字》所说的"交胫也"，指构形的造意而并非本义。整齐的"齐"借禾麦吐穗的构形表示，释义不必拘泥于具体的禾麦。突然的"突"借犬从洞穴中突然而出表示，释义也不必拘泥于犬。血液的"血"难以描摹，借祭祀时作祭品用的祭器里牲畜的血表示。释义也不必拘泥于祭器和牲畜，本义即指人或动物的血。可见照搬《说文解字》而没有搞清其说解造意不同于释义，就会导致失误。

段玉裁《说文解字注》在"哭"字下列举了三十个从犬的字,指出其含义都不必拘泥于犬。如"群"从"羊",因为羊合群;"独"从犬,因为犬不合群。"群"和"独"的释义不必说成羊群和独处的犬。同样,"状"、"默"、"猝"、"狂"、"猛"、"狁"等释义时都不必拘泥于犬。

《说文解字》有些字直接释其本义,但其构形造意常由注家探究指出,这对于了解汉字的形义联系很有帮助。如"聶(聂)",《说文解字》说解为"附耳私小语也",即说悄悄话。为什么用三只耳朵表示说悄悄话?段玉裁注:"以口就耳则为咠(与聶同义),咠者已二耳在旁,彼一耳居间,则为聶。"原来两人说悄悄话,掩盖了一只耳朵,所以还有三只耳朵。由此可见,汉字构形造意是多么奇妙!但是尽管神奇,却不能照搬。把构形造意的说解直接理解为本义,就要犯《汉语大字典》那样的错误。

005 "射"与"矮"

　　有人说："射"字本来应当是高矮的"矮"字,而"矮"字则本来应当是射箭的"射"字。你看,"射"字两个偏旁合起来表示身材只有一寸,这不是很矮吗?"矮"字的偏旁是"矢",矢正是射箭的箭。这样看来,这两个字好像完全弄颠倒了。

　　作为表意体系的汉字,字形表意的作用确是值得注意的。例如会意字往往会合几个偏旁表示意义,如"日"、"月"会合成光明的"明"字,"水"、"步"会合成涉水的"涉"字,"人(亻)"、"言"会合成诚信的"信"字。再如形声字的形旁往往表示意义类属,如从水(氵)的与水有关,从草(艹)、木的与植物有关,从心(忄)的与心理活动有关。

　　但是,汉字的形体不是一成不变的,从造字时起,字形就在不断演变,原来可以就形体推知意义的,后来渐渐看不出来了。要比较确切地即形求义,单凭今天常见的楷书、隶书以及行书是不够的,因为它们已经与古文字大不一样了。秦代统一使用的篆文(小篆)虽然保留了古文字的痕迹,但也已线条化。现存的最早可识的古文字是殷商时代的甲骨文和周代的金文。如"日"、"月"、"马"这几个字在甲骨文和金文中都是描摹实物轮廓或特征的象形字,而在楷书、隶书、行书中已经不象形了。

　　"射"与"矮"究竟是否弄颠倒了呢? 这个问题需要参照"射"的古文字形体构造并分析形声字"矮"的形旁作用才能解决。

　　原来"射"的古文字写作🏹,表示用手拉弓射箭,由于字形辗转演

变,弓箭形讹变为"身",手形讹变为"寸",其实造字时并没有用到
"身"、"寸"两个字。至于"矮",以"矢"为形旁,"委"为声旁(委、矮古
音相近)。从"矢"固然与箭有关,但取的并不是射的意义,因为箭平
正挺直,古代用以比量刻识长短,所以"矮"、"短"、"矩"都以"矢"为
形旁。

　　可见"射"与"矮"并没有弄颠倒。

006 "盗"与"贼"

今天,"盗"指强盗,"贼"指小偷,前者抢劫财物甚至杀人放火,后者则只是暗中盗窃东西。显然"盗"比"贼"凶狠厉害,为恶性质严重得多。有趣的是,在古汉语中,"盗"和"贼"的含义与今义恰好相反:偷东西的叫"盗",行凶抢劫乃至谋反作乱的叫"贼"。如古称爬墙凿壁偷东西的人为"穿窬之盗"(见《论语》),称撬开箱子、柜子,掏摸口袋的小偷为"胠箧探囊发匮之盗"(见《庄子》),而称劫掠财物、绑架人口的强盗为"贼"或"豪贼"(见柳宗元《童区寄传》)。历代统治者视奴隶起义军或农民起义军以及其他敌对势力为违法乱纪、犯上作乱者,都贬称之为"贼",这说明"贼"反比"盗"厉害。

"盗"和"贼"的古义可以从字形上得到解释:"盗"是个会意字,上半"次"即"㳄",是羡慕的羡的古字("欠"即张开嘴巴,加"氵"旁表示垂涎),下半"皿"是器皿的皿。羡慕人家的器皿而欲得之,这自然是情节较为轻微的偷窃。而"贼"也是个会意字,篆文写作"𧵩",表示动武(戈是武器)杀人欲夺取财货(贝是财货)。一说,"贼"是从戈则声的形声字,表义的"戈"仍表示动武的意思,其情节较"盗"严重得多了。至于"盗"和"贼"的今义是由于字义演变所造成的。如"臭"原来指一切气味,不专指臭味,所以有"其臭如兰"的话(见《周易·系辞》)。又如"走"古义是奔跑,今义是行走。"盗"和"贼"的字义经过演变,到今天则恰好对换了字义。

007　"垂手"与"唾手"

　　"垂"与"唾"字形相近而字音、字义却不相同。

　　误读"唾"字,似非个别现象。如将"唾弃"、"唾骂"、"唾面"、"唾手"、"唾掌"的"唾"误读为"垂",这与不明"唾"的字义有关。

　　"唾"是"唾沫"的"唾",用作动词表示吐唾沫。人们在口语里一般是不会把"唾沫"误读成"垂沫"的,但在书面语中由于"垂"与"唾"形近,致使不少人把这两字的读音混同起来。

　　人们常以吐唾沫表示鄙视、厌弃,所以鄙弃可说"唾弃",鄙弃责骂叫"唾骂",往他人脸上吐唾沫表示鄙弃、侮辱叫"唾面"。至于"唾手"或"唾掌"则是往手掌上吐唾沫的意思,用来比喻非常容易办到。例如"唾掌而决"、"唾手可取"、"唾手可得"、"唾掌可清"等。《中山狼传》形容威武的晋大夫赵简子迅猛射狼之前轻易地登上猎车时写道:"简子唾手登车。"《魏书·路思令传》中的"得其人也,六合唾掌可清",即指天下可以轻易地平定。

　　"垂"是"垂挂"、"下垂"的"垂"。如古时候孩童头发下垂叫"垂髫",口水垂挂下来比喻贪羡状态叫"垂涎",两手下垂则叫"垂手"。

　　两手下垂不任意乱动可表示恭敬,如"垂手而立"、"垂手于庭"。又,由手下垂引申表示不动手、不举手的意思,即亦有轻易、容易的意思。如"垂手而得",表示不必动手即可得到,意思与"唾手可得"相仿佛。但是,这两个语词细细分析起来,其含义还是不同的。

008 "涕"与"泪"

成语"感激涕零"、"痛哭流涕"、"涕泗横流"等,其中的"涕"字指的是眼泪,这是沿用古义,"涕"用来指鼻涕是后起的意思。按今义来理解古诗文中的"涕"就会出差错,甚至闹出笑话来。

早在《诗经》里就多处出现"涕"字,如"涕泗滂沱"、"涕零如雨"、"泣涕涟涟"等。"涕"是泪,"泗"是鼻涕。古文中还有以"洟"指鼻涕的。古注说:"自目出曰涕,自鼻出曰洟。"因为"洟"与"涕"音同或音近,后来就借"涕"表示"洟"的意思。为了区别,这样用的"涕"字还要放在"鼻"字后面(鼻涕)才能明确指"洟"。但是,通常眼泪和鼻涕会一起流出来,即所谓"一把眼泪一把鼻涕",所以人们往往会把"涕"字误解为鼻涕。其实"痛哭流涕"并不涉及流鼻涕,而是指痛哭流泪。至于"感激涕零",更不能误解作因感激而流鼻涕。

文字学上有所谓"形声兼会意字",指的是形声字的声旁同形旁一样,也表示意义。"泗"字正是这类字。"泗"的声旁"四"表示这个字的读音,同时"四"又兼表意义,它本是鼻孔的象形(篆文作🞉。数字"四"本作"三",后借"四"表示),"泗"正是表示从鼻孔流出的液体。这一分析对于理解、掌握古文中"泗"的含义是有帮助的。

009　"属"与"是"

胡乔木同志在《关于提高文化修养问题的一封信》(原载《文艺报》1981 年第 12 期)中列举了一些写作中常见的语病。文中有一条指出：

> "这纯属是凭空的编造。""纯属是"宜作"纯粹是"或"纯属"。

"纯属是"这一语病之所以常见、不易觉察并改正，关键在于人们不理解"属"字的含义。

古汉语常用字"属"有两种读音：

一读 zhǔ，基本含义是连接(如"相属于道")，引申有连缀、撰著的意思(如"属文"、"属稿"、"属辞比事")。又假借作"嘱"(如"属托"、"属余作文以记之")。现代汉语已不用这类意义的"属"字。

一读 shǔ，有类属、归属的意思，也引申为相当于判断词"是"、"系"的意思。这类音义的"属"字至今沿用。如"金属"、"亲属"、"种属"的"属"是类属的意思；"胜利属于人民"的"属"是归属的意思。作用相当于判断词"是"、"系"的"属"，多在沿用文言语词格式时出现，如"情况属实"、"纯属谣传"等。忽略了"属"的这一含义和用法，就会出现"纯属是"、"是属实"等语病。

汉代以来出现了判断词"是"，也常有"乃是"、"即是"的用语，"乃"、"即"不是判断词，而是表示语气的副词(相当于"就")，它是帮助判断的。"属"的性质同"乃"、"即"不同，所以不能叠床架屋地连用同一含义的"属"、"是"。

010 "步"与"跬"

《荀子·劝学》:"故不积跬步,无以至千里;不积小流,无以成江海。"

句中"跬"、"步"同时举出,人们比较容易注意两者的差别。高中语文课本编者正确地注释道:

> 跨出一脚为"跬",跨两脚为"步"。

我们今天所说的"步"正是古代所说的"跬"(也写作"蹞"、"頃"),也就是古代所说的半步。而古代所说的"步"则相当于今天所说的两步(左右脚各跨出一步)。"步"的古文字形体作🦶,正是由左右各一脚掌的象形字会合而成。

不与"跬"字对举连用的"步"比较难以辨识,如古代寓言"五十步笑百步"(见《孟子·梁惠王上》)。人们往往不会想到古今的"步"有什么差异,加以这个寓言里所用的数词并非严格的确数,没有必要翻译成"一百步笑二百步",因而更造成"步"字古今义相同的错觉。

柳宗元《永州八记》中常以若干步计算路程距离,如《钴鉧潭西小丘记》"寻山口西北道二百步",这是以古制长度单位"步"来计山路远近的,以今义的"步"来理解就会产生差错。

古制长度单位"步"是由跨出两脚的距离为准的。周制八尺为步,秦制六尺为步,清制五尺为步,历代度量衡制度不同。周秦时尺短,约为20—23厘米;清时尺长,约为32厘米,与今之市尺长度相近。但是,无论如何,正常情况下跨一脚不可能有四五市尺以上,可见"步"在古时是指跨两脚的距离而言的。

011　"帐目"还是"账目"

　　"帐目"和"账目"这两个语词在报纸上都常见到,有时甚至在同一篇文稿中同时出现。1962 年 6 月 15 日各报所载新华社关于全国会计工作会议的新闻稿中,《人民日报》、《杭州日报》统一用"账",《解放日报》、《浙江日报》"账"、"帐"夹杂使用。

　　这种"账"、"帐"使用分歧、不规范的现象固然是不好的,但这两个字都没有用错,两字都是合法的。

　　可以想象,在交换不很繁复、商业尚未发达的上古时期,尽管文字已经出现,但还不可能为"账目"之类的意思专门制订、创造文字,因为那时根本没有真正的账务。但是,当社会上账务出现了,一些相关语词已经使用了以后,这就要求有文字把它记录下来。在古代文献及各种古代书面材料中很难找到"账"字。长期以来,"账目"的"账"都是借用"帐"来记录的。例如:

　　　　绰始制文案程式、朱出墨入及计帐户籍之法。(《北史·苏绰传》)

　　　　凡是军人,可悉属州县,垦田籍帐,一与民同。(《隋书·高祖纪下》)

　　　　骑曹参军事,掌外府杂畜簿帐牧养之事。(《新唐书·百官志四上》)

　　"帐"本是"帐幕"、"床帐"的"帐",它本来同"账目"之类的意思并不相干。但是当时需要记录账目之类的语词,就借用了一个同音字。这就是文字使用中经常、普遍出现的假借现象。

假借大大冲破了方块汉字的形体束缚,文字由"即形求义"发展为"即音求义"。假借字在古汉语书面材料中真是多极了。我们如果不明白假借现象,那么,阅读任何一本古籍都是有困难的。

《史记·高祖本纪》:"复留止张饮三日。"其中"张"字本来的意思是"施弓弦也"(见《说文》),使用较广的引申义就是伸张、张大,可是在这里这两种意思都讲不通。原来这个"张"乃是"帐"的假借字;"张饮"就是"帐饮",古时在郊野设帷帐宴饮叫"帐饮"。"张"假借为"帐"的例子又如:

> 见其女乐而说之,设酒张饮,日以听乐,终岁不迁,牛马半死。(《韩非子·十过》)
>
> 乃以刀决张道。(《史记·袁盎晁错列传》)
>
> 都门张饮毕,从此谢亲宾。(王维《观别者》)
>
> 客自天台、雁荡者多归之,少云必留张饮,佩兰瀹茗,穷日夜与娱乐。(叶適《戴夫人墓志铭》)

"账目"的"账"借用"帐","帷帐"的"帐"借用"张",更有趣的是,有时"张大"、"伸张"的"张"借用"长"。例如:

> 王独不见夫腾猿乎? 其得楠梓豫章也,揽蔓其枝而王长其间,虽羿、蓬蒙不能眄睨。(《庄子·山木》)《经典释文》:"长,本作张。"

假借字的优点是经济、简化,它解决了文字创制中造不胜造的困难,不增加新字而借用已有的同音字充当。假借字的局限是不够精密,方块汉字固有的局限使得"即音求义"难以彻底贯彻,字的形体会令人迷惑上当。为克服假借字所带来的形音相同与义异的矛盾,就出现了增加义符的后起形声字。"张"、"帐"、"账"就这样产生了。"豆"之后又有"荳","济"之后又有"霁","辟"之后又有"闢、僻、避、譬",都是相类似的现象。

"豆"的本义是古食器,后来植物的"豆"借用了它。为了精密化，又制造了增加义符（草头）的新字"荳"。可是到了现代，古食器早已不用，"豆"、"荳"的精密区分已不必要，于是又重新使用假借字"豆"，废除了专表植物的"荳"。

"何"的本义是担负，后来被借作使用十分广泛的疑问代词，于是，表担负义的"何"借用了表植物义的"荷"，这个假借字一直沿用到今天。

假借现象古已有之，历代不断出现，直到今天，简化字的选用、异体字的整理还是利用了假借字。人们不用"账"而用"帐"，这正是假借。"账"字不但未废除，而且作为推荐字形来使用。但在同一篇文字中既用"账目"又用"帐目"，则不能不说是一种混乱现象。

012　"意"的常用古义

《吕氏春秋·去尤》有一则讽刺主观偏见的寓言：

> 人有亡鈇者，意其邻之子。视其行步窃鈇也，颜色窃鈇也，言语窃鈇也，动作态度无为而不窃鈇也。

这里的"意"，人们多不注意。语文教学中也不专门解释它。一般总以为"意"就是心意、意念的意思。这则寓言中的"意"应该是动词，含含糊糊地解释为意想，似乎也勉强讲得通。

其实，早在三国魏张揖的《广雅》（为补充《尔雅》而编）中就已经指出："意，疑也。""意"的疑心、怀疑之义在下列古籍语句中十分明显：

> 四拟者破，则上无意，下无怪也。四拟不破，则陨身灭国矣。（《韩非子·说疑》）
>
> 项王为人意忌信谗。（《史记·陈丞相世家》）
>
> 尝从楚相饮，已而楚相亡璧，门下意张仪。（《史记·张仪列传》）
>
> 其同舍有告归，误持同舍郎金去，已而金主觉，妄意不疑。（《史记·直不疑列传》）
>
> 弘为人意忌，外宽内深。诸尝与弘有郤者，虽详与善，阴报其祸。（《史记·公孙弘列传》）
>
> 其夏，上立胶东王为太子。梁王怨爰盎及议臣，乃与羊胜、公孙诡之属谋，阴使人刺杀爰盎及他议臣十馀人。贼未得也，

于是天子意梁。(《汉书·文三王传》)颜师古注:"意,疑也。"

可见,疑心、怀疑是"意"的常用古义。这一意义是从料想、猜测义引申而来的。《史记·项羽本纪》载鸿门宴上刘邦对项羽说:"臣与将军戮力攻秦,将军战河北,臣战河南。然不自意能先入关破秦,得见将军于此。""不自意"就是说自己料想不到。《荀子·赋篇》:"暴至杀伤而不億忌者与?"杨倞注:"億,谓以意度之。"这里的"億"是"意"的通假字,但"意"已由料想、猜测义引申为疑心、怀疑的意思。王先谦《荀子集解》指出:"言暴至杀伤,而曾无所疑忌也。"

013 "爱"的常用古义

"爱"的常用义亲爱、喜爱、爱护、疼爱是古今一致的,但"爱"的常用古义吝啬(吝惜)、隐蔽(隐藏)早在上古就广泛使用,前者直至近代还一直沿用,而这两种常用古义都易被忽略。

先说吝啬、吝惜义的"爱"。

《孟子·梁惠王上》载:梁惠王见有人为祭礼将宰杀牛,表示不忍心,下令放了牛,以羊替代。该篇好几处用了"爱"这个词,都是吝啬、吝惜的意思:

> 百姓皆以王为爱也,臣固知王之不忍也。
>
> 齐国虽褊小,吾何爱一牛?
>
> 王无异于百姓之以王为爱也。
>
> 吾非爱其财而易之以羊也,宜乎百姓之谓我爱也。

先秦其他文献这一用法的"爱"屡见。如:

> 甚爱必大费,多藏必厚亡。(《老子》)——谓过于吝啬必然遭致大的浪费。
>
> 子贡欲去告朔之饩羊。子曰:"赐也!尔爱其羊,吾爱其礼。"——谓你吝惜那只羊,我吝惜那种礼。
>
> 是以圣人爱精神贵处静。(《韩非子·解老》)——谓吝惜精神而以归于静为贵。
>
> 夫雁顺风以爱气力。(《淮南子·修务》)——谓吝惜力气。

汉以后的文献这一用法的"爱"仍不少。如:

不爱尺璧而爱寸阴者,时难遭而易失也。(诸葛亮《兵要》)——谓不吝惜尺大的璧玉而吝惜寸短的光阴。

不爱死,义也。(柳宗元《驳复仇议》)——谓不吝惜死。

羯胡未灭敢爱死? 尊酒在前终鲜欢。(陆游《述怀》)——谓岂敢吝惜死。

文臣不爱钱,武臣不惜死,天下平矣。(《宋史·岳飞传》)——一本作"不爱死",谓文臣不吝惜钱,武臣不吝惜性命。

再说隐蔽、隐藏义的"爱",这一用法的"爱"主要见于先秦文献。如:

爱而不见,搔首踟蹰。(《诗经·邶风·静女》)

故天不爱其道,地不爱其宝,人不爱其情。(《礼记·礼运》)

《静女》诗的"爱",汉代郑玄笺、唐代孔颖达疏都认为是喜爱的爱。清代马瑞辰《毛诗传笺通释》云:"爱而,犹薆然也。……诗设言有静女俟于城隅,又薆然不可得见。"这首描写爱情的古代民歌,十分生动地刻画了静女(佳人)活泼、顽皮的形象。《说文解字·人部》"僾"字下引《诗经》作"僾而不见",《方言》卷六晋代郭璞注引《诗经》作"薆而不见",都是"爱"这一古义的有力旁证。"薆"是隐蔽、隐藏的意思,而"僾"则是仿佛的意思,此义由隐引申而来。王引之《经义述闻》卷十五对《礼记·礼运》这句话解释说:

不爱谓不隐藏也。《广韵》"宝"字注引此作"地不藏其宝"……字或作"薆"。《尔雅》曰:"薆,隐也。"天不隐其道,地不隐其宝,即下文所云天降膏露,地出醴泉,山出器车,河出马图也。人不隐其情,即上文所云人情不失也。爱之为隐,古人常训。

成语"爱莫能助"今指虽同情而可惜无力帮助的意思。"爱"有怜惜义。但这与该成语出处的原意是不同的。

《诗经·大雅·烝民》:"德辑如毛,民鲜克举之。我仪图之，维仲山甫举之，爱莫助之。"毛传："爱，隐也。"马瑞辰《通释》云："隐者，仿佛见之不真。凡举物者皆有形，而德之举也无形。凡有形者可助，无形者不可助。故曰爱莫助之。"

这种原意与后来使用的意义不同并非个别现象。如佛家称自身不被世俗的感情所牵累为"一丝不挂"，但后来却泛指赤身裸体为"一丝不挂"。

014　为什么说"羊狠"

　　成语"羊狠狼贪",语出《史记·项羽本纪》:"〔宋义〕因下令军中曰:'猛如虎,很如羊,贪如狼,强不可使者,皆斩之。'"这是宋义暗指倔强不听军令的项羽而发的号令。"猛如虎"、"贪如狼"不难理解,猛和贪正是虎和狼的本性。"很如羊"(后来写作"狠如羊")则不好理解。因为羊的本性从来没有用凶狠、狠毒来形容的。原来这里的"很(狠)"并非凶狠、狠毒的意思,而是乖戾、违拗、不听从,即羣的意思。《说文解字》:"很,不听从也。"这正是牛羊的特性之一。俗话说的"顶牛",就是指这种特性。

　　下列古文语句有助于深入理解"很(狠)"的古义:

　　　　大(太)子痤美而很。(《左传·襄公二十六年》)服虔注:"很,戾不从教。"

　　　　今王将很天而伐齐。(《国语·吴语》)韦昭注:"很,违也。"

　　　　见过而不更,闻谏而愈甚,谓之很。(《庄子·渔父》)

　　　　很刚而不和,愎谏而好胜,不顾社稷而轻为自信者,可亡也。(《韩非子·亡征》)

　　　　孰为邦蟊,节根之螟。羊狠狼贪,以口覆城。(韩愈《郓州溪堂诗》)

　　　　羊很狼贪,竟玷人臣之节。(《聊斋志异·席方平》)

　　"很(狠)"的这一常用古义现代已不用。现代"狠"多指凶狠、狠毒。但在遇到古诗文中的"很(狠)"或成语"羊很(狠)狼贪"时切不可以今度古。

015　"赤子"与赤色无关

"赤子"一词古今通用,其常用义有二:①指初生婴儿,引申指纯洁,如"赤子之心";②古指百姓、人民,今指对故土怀有纯真感情的人,如"海外赤子"。

吾不忍赤子之不得乳于其母也。(韩愈《行难》)——这里的"赤子"指初生婴儿。

祖宗数百年之赤子尽为左衽。(胡铨《上高宗封事》)——这里的"赤子"指百姓。

《尚书·康诰》:"若保赤子,惟其民康乂。"孔颖达疏:"子生赤色,故言赤子。"《尚书》是古代儒家经典之一,以上经文及注疏见《十三经注疏》。颜师古对《汉书·贾谊传》的注疏也说:"赤子,言其新生未有眉发,其色赤。"唐代经学家孔颖达、训诂学家颜师古的解释影响很大。各大辞书如《辞源》、《辞海》等都加以采纳、引用。其实,这样的解释是不恰当的。"赤子"与肤色赤色与否并无关系。

原来古诗文中"赤"与"尺"通用,"尺牍"古亦作"赤牍"。又如:

饵若蛆螾,钩如细针,以出三赤之鱼于数仞之水中,岂可谓无术乎?(宋玉《钓赋》)

封者立石高一丈二赤。(应劭《风俗通·正失·封泰山禅梁父》,《意林》卷四引《风俗通》"赤"作"尺")

释氏者,身长丈六赤,……瑞象则八赤而已,盖减师之半。(蔡绦《铁围山丛谈》卷五)

以上都是"赤"字古通用作"尺"字的例证。

"赤子"谓初生婴儿仅长一尺。(注意:古代的尺要比现代的尺短得多。《三国演义》中描写关羽"身长九尺",如果把这个"尺"当作今市尺,"九尺"就是三米,那太不可思议了。)

经典的注疏常被视为权威解释,其实即使对权威也是可以发疑的。我们除了参考名家注疏以外,不妨留意古人的笔记特别是读书札记之类。如清人李慈铭《越缦堂读书记》、虞兆漋《天香楼偶得》、周广业《循陔纂闻》等,这些笔记都对孔颖达、颜师古等名家所作"赤子"的解释提出了质疑,并加以驳正。

016 "黄金"未必是真金

《战国策·秦策一》载:纵横家苏秦起初游说秦国失败,"黑貂之裘弊,黄金百斤尽,资用乏绝,去秦而归"。后来赵国接纳了他,"封为武安君,受相印,革车百乘、锦绣千纯、白璧百双、黄金万溢以随其后,约纵散横,以抑强秦"。又《战国策·齐策四》载:冯谖为孟尝君"市义",并游说梁惠王,竭力提高孟尝君的声望,"于是梁王虚上位,以故相为上将军,遣使者,黄金千斤、车百乘,往聘孟尝君",从而迫使齐国再次起用孟尝君:"齐王闻之,君臣恐惧,遣太傅赍黄金千斤、文车二驷、服剑一,封书谢孟尝君"。

先秦文献述及资金、聘礼,动辄是"黄金百斤"、"黄金千斤"、"黄金万溢(二十两为一溢)",其实这些"黄金"并不是今天所说的"黄金"。上古汉语中,"金"泛指金属,也特指铜。"黄金"指黄色的金属,多指铜。今天"五金"的"金"还保留了金属这一古义。而古今所称的"金文",这个"金"特指铜,"金文"是青铜器铭文。古今所称的"金石"指钟鼎(青铜器)和碑石。秦始皇收缴天下兵器,铸"金人十二,重各千石,置廷宫中"(见《史记·秦始皇本纪》),这"金人"实即铜人。古称金属所制的器物如兵器、乐器也用"金",如"金革"指兵器和铠甲,即"甲兵","鸣金收兵"的"金"指军中乐器钲。"金"也用来比喻与金属一样坚固的事物,如"金城汤池"(防守坚固的城池,"汤池"指沸热不可近的护城河)。古文献中"百金"、"千金"的"金"则指计算货币的单位。秦以一镒(溢)为一金,汉以一斤为一金。后引申为货币,如"奖金"、"助学金"。由于金、银、铜、铁、锡均为金属,"金"指今所说的黄金也见于古籍,如"金印紫绶"的"金"则是真的黄金。

017　话说"元旦"

"元旦"今指公历一月一日,它沿袭古汉语中的"元旦"而来。原来"元旦"指夏历正月初一。宋代吴自牧《梦粱录·正月》云:"正月朔日(即初一),谓之元旦。俗呼为新年。一年节序,此为之首。"

原来"元"的本义就是头、首,古文字如甲骨文、金文,"元"的字形均为突出人的头部的象形字。古文献中不乏"元"指人头的例证。如:

〔先轸〕免胄入狄师,死之。狄人归其元,面如生。(《左传·僖公三十三年》)

志士不忘在沟壑,勇士不忘丧其元。(《孟子·滕文公下》)

〔元凤〕四年春正月丁亥,帝加元服。(《汉书·昭帝纪》)颜师古注:"元,首也。冠者,首之所著,故曰元服。"

"元"由头、首的意义引申为居首位、第一、开始等意义,这就是"元旦"的"元"的含义。《公羊传·隐公元年》:"元年者何?君之始年也。"第一年称元年,第一月称元月,第一日称元旦。"元妃"、"元配"指初娶的嫡妻,"元兄"指长兄,"元凶"指首恶、主犯、罪魁祸首,"状元"指科举时代廷试第一名者,也称"状头"(举人赴京应礼部考试都须投状,状是向上陈述的一种文书)。以上各"元"字都用头、首的引申义。

"元"也引申为大。如"元龟"即大龟(古时用以占卜),"元良"即大善(后用为太子的代称),"元勋"即大功绩(亦指有大功绩的人)。"元首"的比喻义则为领袖。

再说"旦"。这是汉字"六书"中的指事字,由地平线上升起一轮红日表示天明、天亮、早晨。成语"通宵达旦"的"旦"即指早晨。古诗文的例句如:

> 先王昧爽丕显,坐以待旦。(《尚书·太甲上》)
>
> 叔孙归,曾天御季孙以劳之,旦及日中不出。(《左传·昭公元年》)
>
> 昼诵书传,夜观星宿,或不寐达旦。(《汉书·刘向传》)
>
> 旦辞爷娘去,暮宿黄河边。(古乐府《木兰诗》)
>
> 曲终漏尽严具(梳妆用具)陈,月没星稀天下旦。(《古诗源·鸡鸣歌》)
>
> 日将旦而四海明,天方春而万物作。(苏轼《登州谢上表》)

注意,末二例的"旦"用作动词,即天亮、天明的意思。其他各例的"旦"用作时间名词,即早晨的意思。上古造字,一字常兼作名、动词,如"雨"既指名词雨水,又指动词下雨。

指早晨的意义又引申指日、天,"元旦"的"旦"即此义。古文例句如:

> 投竿东海,旦旦而钓,期年不得鱼。(《庄子·外物》)
>
> 人有卖骏马者,比三旦立市,人莫之知。(《战国策·燕策》)
>
> 盖一岁之犯死者二焉,其馀则熙熙而乐,岂若吾乡邻之旦旦有是哉!(柳宗元《捕蛇者说》)

由天明引申指明天,这是很自然的。台州方言"天亮"即指明天。《史记》中有不少"旦日"指明天的例证。如:

> 旦日不可不蚤自来谢项王。(《项羽本纪》)
>
> 沛公旦日从百馀骑来见项王。(同上)
>
> 卒皆夜惊恐,旦日军中往往语,皆指目陈胜。(《陈涉世家》)
>
> 臣意复诊之,曰:"当旦日日夕死。"(《扁鹊仓公列传》)司马贞索隐:"案,旦日,明日也,言明日之夕死也。"

由天明、天亮引申指明亮、光亮。如：

　　日月光华，旦复旦兮。(《尚书大传》卷一《虞夏传·卿云歌》)郑玄注："言明明相代。"

　　离光(日光)旦旦，载焕载融。(《隋书·音乐志中》《北齐享庙乐辞》)

这两则歌辞正是复旦大学校名和著名学者潘光旦名字的出典。

018　"鬓毛衰"解

唐代诗人贺知章《回乡偶书》诗云：

> 少小离家老大回，乡音无改鬓毛衰。
> 儿童相见不相识，笑问客从何处来。

这首广为流传的名篇，读过古诗的人都知道，其内容也明白易解。但是，"鬓毛衰"三字要准确地掌握其音义却不大容易，误解误读者大有人在。

首先，"衰"音 cuī，不读 shuāi。在这里，"衰"是疏落的意思。读 shuāi 音的"衰"表示衰退、衰老、衰弱、衰亡等意思；读 cuī 音的"衰"表示减少、稀疏、疏落等意思，例如，"日食饮得无衰乎"（《触龙说赵太后》）就是说："每天饮食没有减少吧？"古汉语常用词"等衰（cuī）"即"等差（cī）"，"衰"为等级次第的意思，由依次递减的意思引申而来。

有人把"鬓毛衰"的"衰"解作发白、色白，这是没有根据的。这一误解与"鬓毛"的解释有关。

"鬓毛"原指面颊两旁近耳的头发，人的两鬓因年纪大而发白、苍白，却不会稀疏脱落。拘泥于"鬓毛"的原义，就会把"衰"误解作发白、苍白。其实"衰"字本身并没有这个意思。

古汉语词语常常可以灵活运用，有时部分可以指代全体，如以轮、辕指代车，以辔（驾驭牲口的缰绳）指代车马、车驾，以鳞指代鱼等，同样，"鬓毛"可以泛指头发。诗中不直接用"毛发"、"头发"，是由于绝句格律的限制，这里需要有"仄平"声的字，而"毛发"是"平仄"声，"鬓毛"正好是"仄平"声，就用上了。

所以，"鬓毛衰"就是指头发稀疏脱落，形容老态。

019   "痛恨"辨

诸葛亮《出师表》写道：

> 亲贤臣，远小人，此先汉之所以兴隆也；亲小人，远贤臣，此后汉之所以倾颓也。先帝在时，每与臣论此事，未尝不叹息痛恨于桓灵也。

中学语文课本选了这篇文章，但对这一段只注解"桓"、"灵"而不注解"痛恨"，一般的古文选本也不注"痛恨"，读者很自然地会用现代汉语中的"痛恨"来理解这个词，这就大错了。

《出师表》中所称"先帝"即刘备，刘备一向以汉室宗亲自居，他对于汉桓帝、汉灵帝信任、重用宦官，加剧政治腐败是不满的，但绝不至于对皇帝表示"痛恨"。

原来古义的"痛恨"不同于今义的"痛恨"。

在这里，"痛"是"痛心"，"恨"是"遗憾"。"恨"在古代主要是"遗憾"的意思，而不是怀恨、仇恨的意思。例如：

> 大王失职入汉中，秦民无不恨者。(《史记·淮阴侯列传》)
> 天长地久有时尽，此恨绵绵无绝期。(白居易《长恨歌》)
> 然公子遇臣厚，公子往而臣不送，以是知公子恨之复返也。(《史记·信陵君列传》)
> 江流石不转，遗恨失吞吴。(杜甫《八阵图》)

以上各例中的"恨"都是遗憾的意思。《淮阴侯列传》中记述韩信对刘邦讲的话，韩信认为"秦民无不欲得大王王秦者"，如今刘邦在项羽面前让步,苟安汉中,使秦民不满、失望,不是说秦民仇恨刘邦。

后来,"恨"由遗憾、不满的意思引申为怨恨,但程度较轻,基本意思还是不满。只是在现代汉语中"恨"才发展为怀恨、仇恨的意思,程度就深重得多了。如"切齿痛恨"、"刻骨仇恨"、"恨之入骨"、"新仇旧恨"等。

020　"在帝后唾"辨

旧时谴责恃宠而败坏国家的女性为"祸水"。"祸水"一词出典于旧题汉伶玄《赵飞燕外传》。

《汉语大词典》"祸水"条云：

> 旧题汉伶玄《赵飞燕外传》："〔汉成帝〕使樊嬺进合德（赵飞燕妹），……宣帝时披香博士淖方成白发教授宫中，号淖夫人，在帝後唾曰：'此祸水也，灭火必矣！'"据五行家说，汉以火德而兴，此谓合德得宠将使汉亡，如水之灭火。后因以"祸水"称惑人败事的女子。……

《辞海》（1999年版）、《辞源》（修订本）"祸水"条的释文与《汉语大词典》类似。

其实，据《广汉魏丛书》本影印的《汉魏六朝笔记小说》（见河北教育出版社《历代笔记小说集成》第一册）《赵飞燕外传》原文，"在帝后唾"不作"在帝後唾"。淖夫人发话是在赵飞燕"幸后宫，号赵皇后"以后，并非樊嬺进合德之时。汉成帝听了淖夫人的话以后，一面用樊嬺计为赵皇后"别开远条馆"，一面令樊嬺讽赵后："上久亡（无）子宫中，不思千万岁计邪？何不时进上求有子。"这以后，才由赵飞燕将其妹合德进献给成帝。

各大辞书未细审《赵飞燕外传》原文，误以为淖夫人在成帝后面唾骂合德，除了把"后"误作"後"以外，还由于不明"在"的古义。"在"古有察义，例证如：

在璿玑玉衡，以齐七政。(《尚书·舜典》)孔传："在，
察也。"

必在视寒暖之节。(《礼记·文王世子》)郑玄注："在，
察也。"

后例"在视"同义连文，犹同今之"视察"。

那位在汉宣帝时即任宫中女官披香博士的淖方成察看了赵皇
后的唾沫，发出了"此祸水也，灭火必矣"的警告。迷信的汉成帝因
此把赵飞燕支开，后来才接纳了合德。"祸水"并非指合德。《赵飞
燕外传》还专门提到赵飞燕的唾沫非比寻常："后(飞燕)误唾婕妤
(合德)袖，婕妤曰：'姊唾染人绀袖，正似石上华。假令尚方为之，未
必能若此之华。'以为石华广袖。"

"在帝后唾"被误解不自今日始。早在《资治通鉴·汉成帝鸿嘉
三年》即作"在帝後唾"，且把淖夫人发话放在飞燕姊妹招入宫后，飞
燕封后前。这与《赵飞燕外传》有较大的出入。

校勘学上有所谓"理校"，即据事理、情理进行校勘。从情理上说，
淖夫人再倚老卖老也不可能在皇帝身后吐唾沫，这既不符合她的身
份，也违犯宫中礼仪。而作为老资格的宫中女官察看赵皇后的唾沫则
是合乎情理的。这是其一。其二，各大辞书断言合德得宠将使汉亡，
如水之灭火。《汉语大词典》、《辞海》引《赵飞燕外传》"使樊嬺进合德"
后用了删节号(《辞源》虽未引原文，在转述中也作了删节)，所删一大
段文字恰恰是合德宁死不从、拒不入宫的内容。先是樊嬺"进言飞燕
有女弟合德美容体，性醇粹。……帝即令舍人吕延福以百宝凤毛步辇
迎合德，合德谢曰：'非贵人姊召不敢行。愿斩首以报宫中。'"后又由
樊嬺"为帝取后五采组文手藉为符以召合德，合德谢曰：'贵人姊虐妒，
不难灭恩受耻，不爱死，非姊教，愿以身易耻。'"可见，淖夫人发话时合
德并未入宫得宠。"祸水"决非针对合德而言。

看来症结在于不明"在"的古义，导致后人改"后"为"後"，曲为
之说，造成把"在帝后唾"中除"帝"字外的三个字全都理解错了。

021 "无伤"、"何伤"的"伤"

读过《论语》、《孟子》的人对下面两个句子不会陌生:

> 何伤乎? 亦各言其志也。(《论语·先进》)
> 无伤也,是乃仁术也。(《孟子·梁惠王上》)

上句所属文献以《子路曾皙冉有公西华侍坐》为篇名,下句所属文献则以《齐桓晋文之事》为篇名,常常出现在教材或文选中。可惜教材或文选的编者往往不能正确解释其中的"伤"字。

王力主编《古代汉语》注解说:

> 伤害什么呢? 意思是"有什么关系呢"。
> 无伤,没有损害,等于说"没有关系"。

"何伤"、"无伤"意译为"有什么关系"、"没有关系"十分通顺,但把"伤"直译为"伤害"、"损害"似乎欠贴切。它们也引申不出"关系"的意思来。

原来在古汉语中"伤"经常由具体的创伤、伤害义引申抽象化为妨害、妨碍的意思。如:

> 贤材虽未久,不害为辅佐。(《汉书·董仲舒传》)颜师古注:"害,犹妨也。"
> 臣恐因循,流近致远,积小为大,累微起高。勿谓何伤,其祸将长;勿谓何害,其祸将大。(《旧唐书·柳亨传》)

可见"害"与"妨害"、"妨碍"相通,也是"伤"引申为"妨"的桥梁。

后例"何伤"与"何害"同义,都是"何妨"的意思。"何伤"作"何妨"解在古文中常见,例如:

> 苟余心其端直兮,虽僻远之何伤。(《楚辞·九章·涉江》)——谓地处偏远又何妨。

> 为国远虑,虽死何伤?(《资治通鉴·宋文帝元嘉二十一年》)——谓即使死了又何妨。

与"何伤"同义的还有"庸何伤",古文中亦常见:

> 人夺女(汝)妻而不怒,一抶女(汝),庸何伤?(《左传·文公十八年》)杨伯峻注:"庸何,同义词连用。"——谓打你一下有何妨。

> 若天下乂安,家给人足,虽不封禅,庸何伤乎?(唐太宗《答群臣封禅表敕》)——谓即使不进行封禅(帝王登泰山祭祀天地的大典)有何妨?

2004年11月17日《报刊文摘》载《此学问之事,庸何伤》一文,引用了章士钊回忆毛泽东提及《逻辑指要》一事:

> 北京解放后,一日,主席毛公忽问曰:"闻子于逻辑有著作,得一阅乎?"予踧踖答曰:"此书印于重庆,与叛党有关,以此书呈一览,是侮公也,乌呼可?"公笑曰:"此学问之事,庸何伤!"

《报刊文摘》的编者译述为:"这是做学问的事,哪里有什么可伤害的呢?"其实,应译为"有什么妨碍"或"有什么关系"才对。

有关"庸何伤"的详细考辨见王云路发表于《钱江学术》第二辑(百花洲文艺出版社,2005年12月)的《从"庸何伤"说起》一文,本文是在王文的启发下写成的。《报刊文摘》的引文和译述也是从王文转引的,特此说明。

022　"不废"犹"不妨"

杜甫《戏为六绝句》之二云:

> 王杨卢骆当时体,轻薄为文哂未休。尔曹身与名俱灭,不废江河万古流。

许多注释对"江河万古流"的比喻义说得很明白——"比喻杰出优秀的诗文将万世流传",但对"不废"却不加解释。读者很容易把它理解为不废除、不放弃,虽然似乎可通,但其实是似通非通。

王云路《六朝诗歌语词研究》引《北周诗》卷三庾信《伤王司徒褒》:

> 静亭空系马,闲峰直起烟。不废披书案,无妨坐钓船。

她指出:"不废"与"无妨"对文同义。为了证明"不废"即"不妨",她还引了大量例证:

> 盐淳甚白,不废常用。又一石还得八斗汁,亦无多损。(《齐民要术》卷八《常满盐花盐》)——"不废常用"谓无妨经常使用。
>
> 凡是数桥,皆累古为之,亦高壮矣,制作甚佳,虽以时往损功,而不废行旅。(《水经注·穀水》)——"不废行旅"谓不妨碍行旅。
>
> 其人头痛心烦,不废行立,名为行黄。(《诸病源候论》卷十二《黄病诸候·行黄候》)——"不废行立"谓不妨碍行走站立。
>
> 颇嗜酒,每饮或竟日,而精神益朗赡,不废簿领。(《梁书·王瞻传》)——"不废簿领"谓不妨碍官府文书记事。

则天朝有鼎师者,瀛州博野人,有奇行。……使张潜决(鼎师)一百,不废行动,亦无疮疾,时人莫测。(唐张鷟《朝野佥载》卷三)——"不废行动"谓不妨碍行动。

她还特地指出:"唐诗中尤多'不废'一词。"除了杜诗例以外,她还引了:

谁言碧山曲,不废青松直。(孟郊《寓言》)
近闻开寿宴,不废用咸英。(李商隐《有感》)

杜诗名句为人们所熟知,而各种大小辞书均不列"不废"条加以解释,"废"字下也无"妨碍"这一义项。《汉语大词典》虽有"不废江河"条,但只笼统解释说:"后以'不废江河'赞扬作家或其著作流传不朽。"对"不废"也未诠释。考虑到王云路的学术专著一般读者较少接触,"不废"的具体含义淹没已久,故特引述如上。

023　"衣裳"古今有别

这里所说的"有别"不是指古今衣服制作式样有别,而是说"衣裳"这两个字连在一起,古为两个词,今为一个词。字面全同而结构、含义有别。

今天所说的"衣裳"是一个双音节词,就是指衣服;古代说的"衣裳"则是两个单音节词的连用,即指上衣和下衣("裳"指类似裙子的下身的衣服)。《诗经·邶风·绿衣》:"绿衣黄裳。"毛传:"上曰衣,下曰裳。"

《诗经·齐风·东方未明》:"东方未明,颠倒衣裳。"粗粗一看,语句浅显易懂,似乎说的是天没亮把衣服穿颠倒了。其实,"颠倒衣裳"并不是把衣服的领子朝下、下摆朝上的颠倒,而是把上衣当作下衣,下衣当作上衣,即把衣和裳搞颠倒了。

许多同今天的双音节词同形的古汉语语词,其含义最容易混淆。例如"消息"、"睡觉"、"交通"、"妻子"、"指示"等在今天都是人们常见的、熟悉的双音节词,但它们作为古汉语语词出现在古诗文中,含义同现代汉语中作为一个双音节词的含义却迥然不同,各举一例如下:

合散消息兮,安有常则?(贾谊《鹏鸟赋》)——消息,消亡生长。

云鬓半偏新睡觉。(白居易《长恨歌》)——睡觉,睡醒。

枝枝相覆盖,叶叶相交通。(汉乐府《孔雀东南飞》)——交通,交结连通。

子布、元表诸人各顾妻子,挟持私虑,深失所望。(《资治通鉴·汉献帝建安十三年(赤壁之战)》)——妻子,妻和儿女。

璧有瑕,请指示王。(《史记·廉颇蔺相如列传》)——指示,指点给看。

不但实词连用容易同现代双音节词混淆,虚词连用也有易混难辨的。如"虽然"、"然则"、"然而"在今天都是双音节词,而在古汉语特别是上古汉语中却都是两个词的连用。分别是"虽"、"而"、"则"同指示代词"然"的连用。又如"不必",今为双音节词,义为不需要,而古汉语中的"不必"则是两个虚字的连用,例如:

忠不必用兮,贤不必以。(《楚辞·九章·惜诵》)
是故弟子不必不如师,师不必贤于弟子。(韩愈《师说》)

两句中的"不必"都不能解释成"不需要"。韩愈说"师不必贤于弟子",绝不是说老师不需要比弟子高明。古诗文中的"不必"是否定副词"不"和语气副词"必"的连用,是不一定的意思。前例谓忠贤不一定任用,后例谓弟子不一定不如老师,老师也不一定比弟子贤。这样理解才不致歪曲作品原意。

024 "多谢"非感激之辞

《孔雀东南飞》这首古诗的末句是:"多谢后世人,戒之慎勿忘!"不少读者误以为"多谢"是感激之辞。这是因为,在现代汉语中,"谢"字通常总是解释作感激,"多谢"又是口语中流行的语词。

但在古代汉语中,"谢"字很少用作感激的意思,而大多解释为辞去或相告的意思。这都从"谢"的本义"道歉"引申而来。

在《孔雀东南飞》中有四处用了"谢"字,却无一处可解释为感激。

> 往昔初阳岁,谢家来贵门。
>
> 谢家事夫婿,中道还兄门。
>
> 阿母谢媒人,女子先有誓,老姥岂敢言!
>
> 多谢后世人,戒之慎勿忘!

前两句中,"谢"字都是辞去、辞别的意思,后两句中,"谢"字作相告解释。"多谢"不是"多多感谢",而是"多多告诉"的意思。

由辞去的意思引申为衰退、凋落的意思。例如:

> 愿岁并谢,与长友兮。(《楚辞·九章·橘颂》)
>
> 青春受谢,白日招只。(《楚辞·大招》)

由相告的意思又可引申为相问。如:

> 使君谢罗敷,宁可共载不?(《陌上桑》)

现代汉语中,"谢"字一般已不作"道歉"、"辞去"或"相告"解,但一些固定词组中也有沿用古汉语词义的,如"谢罪"、"谢绝"、"凋谢",分别表示道歉认错、辞去拒绝、凋落衰退的意思。

025 对"翦,尽也"的误解

表示消灭敌人的急切心情或对敌人的仇恨蔑视,有条成语叫"灭此朝食"。这个成语出自《左传·成公二年》:"齐侯曰:'余姑翦灭此而朝食。'"意思是我消灭了这伙敌人再吃早饭。

如今辞书和有关论著引用这句话,"翦"多作"剪",二者是异体字的关系。《玉篇·羽部》:"翦,俗作剪。"古籍中多用"翦",今"剪"字通行。除了用作姓氏外,"翦"一律写作"剪"。

在翻检辞书的过程中,笔者发现,对"翦灭此而朝食"句中的"翦(剪)"有两种完全不同的解释,一释为"全,尽",一释为"除灭",着实令人困惑不解。

前者以《辞海》为代表。《辞海》"剪"字条释义除"斩断,削弱"外,值得注意的是第二个义项:"全,尽。"书证正是《左传·成公二年》的例子,下面引晋代杜预的注:"翦,尽也。"《古汉语大词典》"剪"字条同《辞海》。这两部辞书,"剪"字下均未收"剪灭"词条。

后者以《汉语大词典》为代表。《汉语大词典》"剪"、"翦"分立两个字头,二字均无"全,尽"义项。"翦"字条下第二个义项是"消灭;削弱",词条"翦灭"释为"消灭",书证是《左传·成公二年》的"余姑翦灭此而朝食"("剪"第四个义顶是"除灭",词条"剪灭"释为"犹歼灭")。另外,《辞源》修订本"翦灭"释为"消灭",书证也是《左传·成公二年》的"余姑翦灭此而朝食"。《汉字标准字典》则在"剪"字义项"除掉"下举了"剪除"、"剪灭"等词为证。

《左传》里的同一个句子中的同一个词,何以出现两种不同的解释？"剪（翦）灭"的"剪（翦）"究竟用作副词，作"全,尽"（全部,都）解，还是用作动词，作"除灭"解？不可不辨。

杨伯峻先生的《春秋左传注》给了我们很大的启发。他对"余姑翦灭此而朝食"句的注解是："翦灭,同义词连用,……杜注：'翦,尽也。'误。"同义连用,又称同义连文,是古书中习见的语言现象,"翦灭"正是同义连用。"翦"有"除灭"义,这是大家公认的,无须讨论。问题出在杜预的注解上："翦,尽也。""尽"是个多义词,古籍中固然不乏当"全部"、"都"讲的用例,但又有"竭尽,完"的意思,如《史记·淮阴侯列传》："飞鸟尽,良弓藏。""尽"就是"灭",就是消灭完。那么,杜预注"翦灭此而朝食"里的"翦"为"尽"恐怕就应作后一种理解了。

杜注"翦"为"尽"还有一例：

> 今楚来讨曰："女何故称兵于蔡？焚我郊保,冯陵我城郭。敝邑之众,夫妇男女,不皇启处,以相救也。翦焉倾覆,无所控告。民死亡者,非其父兄,即其子弟,夫人愁痛,不知所庇。"（《左传·襄公八年》）杜注："翦,尽也。"

杨伯峻认为"翦焉"是状语,"倾覆,沉陷貌",此说甚确。结合上下文,杜注中的"尽"似亦应理解为"除灭","翦焉"形容除灭的样子。

所以,单凭杜注"翦,尽也"就把"翦灭"的"翦"解释为"全部",是站不住脚的。《汉语大词典》的释义比较准确贴切,而《辞海》和《古汉语大词典》的释义则值得商榷。至于杨伯峻的《春秋左传注》,说"翦灭"系"同义词连用",是也；而谓杜注误,则未必。

这一个词的解释至少对我们有两点启示：一是阅读理解古注时,要慎之又慎,切不可仓促从事；二是对古书中的同义复词千万不可掉以轻心,正如清代训诂学家王念孙《读书杂志·汉书第十六》所说的："凡连语之字,皆上下同义,不可分训。说者望文生义,往往穿凿而失其本指。"

026 "假寐"并非躺下睡觉

中学语文课本选了蒲松龄《聊斋志异》中的《狼》,其中有一段精彩的描写:

> 少时,一狼径去,其一犬坐于前。久之,目似瞑,意暇甚。……乃悟前狼假寐,盖以诱敌。

让人看了忍俊不禁。一般人解释"前狼假寐,盖以诱敌"时认为"假寐"就是假装睡着,是对狼狡黠"狼性"的生动描写。

翻检《辞海》,词条"假寐"下的解释是"和衣而睡"。结合《狼》那篇文章一琢磨,似乎不对:狼真的睡着了,那还怎么"诱敌"?

《汉语大词典》对"假寐"的解释与《辞海》有所不同:

> 谓和衣打盹。《诗经·小雅·小弁》:"假寐永叹,维忧用老。"郑玄笺:"不脱冠衣而寐曰假寐。"高亨注:"假寐,不脱衣帽打盹。"

一个说"睡",一个说"打盹",究竟谁对谁错?
让我们先从"睡"字说起。

> 《说文·目部》:"睡,坐寐也,从目垂。"段玉裁注:"知为坐寐者,以其字从垂也。左传曰:'坐而假寐。'战国策:'读书欲睡。'……目垂者,目睑(眼皮)垂而下,坐则尔。"

可见,睡就是坐着打瞌睡。《史记·商君列传》:"孝公既见商鞅,语事良久。孝公时时睡,弗听。"秦孝公对商鞅的主张不感兴趣,所以不时打盹儿。至于"睡着"、"睡觉"则是"睡"的后起意义。(中古以后,"睡"既有"睡着"义,与"寐"同义;又表示睡觉,与"寝"同义。)如杜甫《彭衙行》："众雏(小孩)烂漫睡。"从单表打盹到一切时候、一切形式的睡眠都可称"睡",这是词义的扩大。

"假寐"一词,《辞海》释为"和衣而睡",有古注为依据,本也无可厚非,但极容易使今天的读者认为就是不脱衣服睡觉的意思。倘改"睡"为"打盹",就可以避免误解。值得注意的是另几种颇有影响的辞书也存在类似的遗憾,如修订版《辞源》"假寐"条:

> 不脱衣而睡。《诗·小雅·小弁》:"假寐永叹。"……《左传·宣二年》:"(赵盾)盛服将朝,尚早,坐而假寐。"注:"不解衣冠而睡。"

《古汉语大词典》"假寐"条:

> 和衣而睡。《诗·小雅·小弁》:"假寐永叹。"郑玄笺:"不脱冠衣而寐曰假寐。"

这两部辞书,都沿用了旧辞书的训释,而没有考虑到现代读者的阅读习惯,因而不能说释义臻于至善。因为现代读者会很自然地以"睡"的今义来理解文言语句"和衣而睡"的"睡"。经过一番分析比较,我们认为,《汉语大词典》释为"和衣打盹"最为准确。至于对《狼》中的"假寐"解释为"假装睡着",那是随文生训,望文生义。

通过"假寐"一词释义的比较,我们得到两点启示:第一,就古文阅读者而言,要注意古今词义的变化,特别是一些常用字,看似简单明了,实则一不小心就会落入陷阱。正如语言学家王力所强调的,古汉语词汇关注的重点不在于古今词义的"迥别",而在于"微殊"。第二,就辞书编纂者而言,要注意辞书释义的时代性,不要照搬古注和旧辞书的训释,而应做到与时俱进,释义要浅显明确,防止产生歧义和误解。这里附带再举一例。《国语·晋语二》:"以其孥适西山。"韦昭注:"孥,妻子也。"旧辞书据此释"孥"为"妻子",并无不妥;但到了现代辞书,如新版《辞海》,没有照抄老《辞海》释"孥"为"妻子",而改为"妻和儿女的统称",这是完全必要的,因为"妻子"的常用古义与今天所称"妻子"的意义是不同的。

027　"倦"、"极"义近

高中语文课文《屈原列传》有一句话:

> 人穷则反本,故劳苦倦极,未尝不呼天也;疾痛惨怛,未尝不呼父母也。

课文注解用现代汉语翻译了"人穷则反本"这个分句,并对"反"和"惨怛"作了注释。看来,课本编者也许认为这句话里的文字障碍已经扫除,馀下的语词再也没有必要加注。读者往往也随之感到没有什么疑难之处了。

可是,且慢!这里有一个"倦极"的"极"字,它是比"穷"、"反"、"惨"、"怛"更不容易理解的生字难词,人们常常误以为是一个浅近的熟字而不加理会,轻易放过。不但语文课本不加注,许多选载《屈原列传》的古文选读本也都不加注。于是,"倦极"被当作"疲倦极了"、"十分疲倦"来解释。以讹传讹,久久不被觉察,因为这样解释也通得过。殊不知,这是似通非通,似是而非啊!

现代汉语中,"极"的常用义是极点、最高限度,可用作与此义相关的名词(如"登峰造极")、动词(如"极目四望"、"物极必反")、形容词(如"极度"、"极刑")和副词(如"极好"、"好极了")。除了副词用法以外,其他用法也是古汉语中"极"的常见用法。可是"倦极"解作"疲倦到极点"或"疲倦极了",表面上看似乎通了,实际上却不通。理由有二:一、从本句看,"劳苦倦极"与"疾痛惨怛"相对成文,"劳苦"、"疾痛"、"惨怛"都是同义词的连用,是并列结构,唯独"倦极"解作非并列结构,不大说得通。二、从不少古书古文材料看,"极"正是

与"倦"同义的,这类书证不胜枚举,略举两例:

> 韩子卢(犬名)逐东郭逡(兔名),环山者三,腾山者五。兔极于前,犬废于后,犬兔俱疲,各死其处。(《战国策·齐策三》)
>
> 匈(胸)喘肤汗,人极马倦。(王褒《圣主得贤臣颂》)

可见,"极"与"倦"同义,都是疲困的意思。

初学古文者要特别留心容易忽略过去的熟字。例如高中语文课文《劝学》,这"劝"字就很熟,读者如果麻痹大意,按照现代义"劝告"的"劝"来解,表面上看似乎是通了,其实并不通,因为不符合古文原义,古文中"劝"作"勉励"解。

让我们做个有心人,对似通非通的释义切莫轻信,要努力辨识其确切含义。

028　"已"、"诺"义反

《史记·游侠列传》:"今游侠,其行虽不轨于正义,然其言必信,其行必果,已诺必诚,不爱其躯,赴士之厄困。"人民文学出版社《史记选》注"已诺必诚"云:"既已答应了,一定实践它。诚,老老实实地做。"中华书局《两汉文学史参考资料》则注为:"已犹践。……既已答应别人,就一定忠诚老实地去践约。"前注惑于"已"的现代义,当作副词"已经"的"已"解;后注生造"已"的古义,当作动词"践履"解。两种注解都是不对的。

"已"有一个古义是止、绝,如"鸡鸣不已"(《诗经·郑风·风雨》)、"学不可以已"(《荀子·劝学》)。由此义引申,"已"有不许可、不应允的意思。这个意思的"已"与表示许可、应允的"诺"相对,古文中常常作为对文出现。例如:

> 口惠而实不至,怨菑及其身,是故君子与其有诺责也,宁有已怨。(《礼记·表记》)郑玄注:"已,谓不许也。言诺而不与,其怨大于不许。"

> 刑赏已诺信乎天下矣,臣下晓然皆知其可要也。(《荀子·王霸》)杨倞注:"诺,许也;已,不许也。"

> 扶之与提,谢之与让,故之与先,诺之与已,也之与矣,相去千里。(《淮南子·说林训》)

从以上数例可以明显看出,"已"与"诺"相对相反,对举使用。"已"即"不允诺"的意思,不可以用时间副词"已经"或别的意思来牵强附会。《史记》例"已诺必诚"就是说无论是"已"(不允诺)还是

"诺"(允诺)必定真心诚意,即允诺的必定努力做到,不能做到的就实事求是地不予允诺。"已"与"诺"对举,与上文"言"与"行"对举互相映衬比照,只是文字上略有错综,不像《礼记》、《荀子》、《淮南子》各例那样分明对举,所以不少人理解错了。

029 有趣的名字相应例

　　我国汉族人名特别是古代人名常配以字（或称表字），名和字的形音义多相应，尤其是在意义上名字相应例丰富多彩。名和字意义或相同、相近，或相对、相反，或相关。清代学者王引之在《经义述闻·春秋名字解故》中搜集了数百条春秋时古人名字相应的实例。他在叙中说："名字者，自昔相承之诂言也。"可见，名字相应现象是训诂学、词义学的一宗矿藏，值得深入发掘开采。

　　名和字意义相同、相近的如：宰予字子我，颜回字子渊（《说文》："渊，回水也。"回水指有漩涡的深渊），张衡字平子，诸葛亮字孔明，杜甫字子美（甫是男子的美称），韦庄字端己，孟郊字东野，欧阳修字永叔（修、永古均有长的意思），薛论道字谈德，王引之字伯申，等等。现代人梁启超字卓如，毛泽东字润之，也是名和字同义的。

　　名和字意义相对、相反的如：王绩字无功，韩愈字退之，晏殊字同叔（殊指不同），朱熹字元晦（熹、晦分别指光明和昏暗），赵孟頫字子昂（頫是俯的异体字），王念孙字怀祖，等等。现代人洪深字浅哉，亦属此类。

　　名和字意义相关的如：孔鲤字伯鱼，皮日休字逸少（《尚书·周官》："作德心逸日休，作伪心劳日拙。"逸指安适，休指美善），乐雷发字声远，刘过字改之，等等。现代著名语言学家蒋礼鸿字云从（《周易·乾》："同声相应，同气相求。水就湿，火就燥。云从龙，风从虎。"），生于1916年，属龙，礼鸿是龙的缓读，也是龙的反切上下字。

　　唐宋词名句"风乍起，吹皱一池春水"的作者五代南唐的冯延巳,上个世纪 50 年代以前一直被误作冯延己。当时商务印书馆出版的《中国人名大辞典》就作冯延己,影响深远。直到夏承焘《唐宋词人年谱》出版,才以确凿的证据辨明己是巳之误。夏据名字相应的条例指出:

> 冯氏字正中。焦竑《笔乘·释氏六·时》:"可中时,巳也;正中时,午也。"延巳时即午,午即正中时也。又冯氏一名延嗣,嗣与巳同声通用。

从此,人们不再称冯延己了。

《聊斋志异》会校、会注、会评本(三会本)中华书局上海编辑所 1962 年第一版、上海古籍出版社 1981 年新一版卷十二《褚遂良》引吕注:"字善登。"此字与名不相应,"遂良"属动宾结构,疑"善登"为"登善"之误。查《二十四史·新唐书》卷一百零五,正作"登善",三会本误。可见名字相应例在训诂学、词义学、校勘学研究中都有参考价值。

名字相应除意义相应外,还有字形、字音相应的。前者如:舒位字立人,刘侗字同人。后者如:唐兰字立厂(音 ān),也作立庵;王力字了一。急读为兰、力,缓读为立厂(庵)、了一。立厂(庵)是兰的反切上下字,了一是力的反切上下字。

030　丰富多彩的人名代称

古书中常称杜甫为杜工部,韩愈为韩昌黎,柳宗元为柳河东,苏轼为苏东坡,王安石为临川先生……古代人名代称是丰富多彩的。

原来古人只在自称或称晚辈时才称名。如《论语·先进》"子路、曾皙、冉有、公西华侍坐"章中子路自称"由",冉有自称"求",孔子称弟子冉有为"求",公西华为"赤",曾皙为"点"。编定《论语》的孔子弟子或再传弟子对子路等则称字以示尊敬和礼貌。

除了称字以外,古人常用的人名代称包括名号、封号、谥号、官职名、地名(又包括出生地、居住地、封地、任官职地)等,也是表示尊敬和礼貌的。

汉代霍去病曾任骠骑将军,人称霍骠骑。晋代王羲之曾任右军将军,人称王右军。唐代王维曾任尚书右丞,人称王右丞。陈子昂、杜甫都曾任拾遗(谏官名),人称陈拾遗、杜拾遗。杜甫又任过检校工部员外郎,故称杜工部。宋代苏轼曾任翰林学士,人称苏翰林。他晚年提举玉局观(宋代闲官名,为安置罢退大臣及闲员而设,坐食俸禄而不必到宫观管事),故又称苏玉局。以上都是以官职名作为人名代称。

王勃《滕王阁序》云:"睢园绿竹,气凌彭泽之樽;邺水朱华,光照临川之笔。"彭泽代称陶渊明,因陶曾任彭泽令;临川代称谢灵运,因谢曾任临川内史。《世说新语·自新》云:"平原不在,正见清河。"平原代称陆机,因陆机为平原内史;清河代称陆云,因陆云为清河内史。嵇康《与山巨源绝交书》:"足下昔称吾于颍川。"颍川代称山嵚,因山嶔为颍川太守。以上都是以任官职地代称人名。

古代达官贵人得到朝廷封爵的，常以封爵为人名代称。如宋代文彦博封潞国公，韩琦封魏国公，陆游封渭南伯，人称文潞公、韩魏公、陆渭南。陆游的别集称《渭南文集》。

达官贵人死后由朝廷赐谥，这是一种荣誉。谥号也成为人名的代称，而且也是尊称。如韩愈、王安石都谥为文，人称韩文公、王文公，后者有《王文公文集》。范仲淹、司马光都谥为文正，欧阳修、苏轼都谥为文忠，岳飞谥为武穆，于谦谥为忠肃等，这些谥号都成了人名代称。

唐代柳宗元出生于河东解县（今山西运城西），人称柳河东，有《柳河东集》。宋代王安石出生于抚州临川（今属江西），人称王临川，有《临川先生文集》。曾巩出生于南丰（今属江西），人称南丰先生。唐代昌黎韩氏是有声望的族姓，韩愈自谓郡望昌黎，这虽非其出生地，但人们都称他为韩昌黎，有《昌黎先生集》。

古人除名字以外还有号，开始多为自号，后也有后人给加的。不少人以居处或居室为号，如杜甫住在长安的杜陵，就自号杜陵野老。后来他又流寓在成都的浣花溪上，后人又称之为浣花翁、浣花老。晚唐韦庄也到过四川，后人称之为韦浣花，其诗集为《韦浣花集》。苏轼在黄州东坡住过，自号东坡居士，后人称之为苏东坡，诗文有《东坡七集》。范成大家居石湖，号石湖老人、石湖居士，有《石湖居士诗集》、《石湖词》。陆游到过剑南，人称陆剑南，有《剑南诗稿》。辛弃疾居室名稼轩，故号稼轩居士，有《稼轩长短句》。明代戏曲家汤显祖居室为玉茗堂，故号汤玉茗，有《玉茗堂集》。以上都是以居处或居室作为人名代称的。

031　兼词·合音词·析音词

兼词是古汉语中独具特色的词汇现象之一。它是用一个单音词(即一个汉字)兼作两个单音词(即两个汉字)使用。如：

吾舅死于虎,吾夫死于虎,今吾子又死焉。(《礼记·檀弓》)——焉,兼作"于此"用。

问君何能尔,心远地自偏。(陶渊明《饮酒》)——尔,兼作"如此"用。

乾坤能大,算蛟龙岂是池中之物。(文天祥《念奴娇》)——能,兼作"如此"用。

绝大多数兼词是所兼两个单音词或两个汉字的合音,所以又称"合音词"。如：

虽有粟,吾得而食诸?(《论语·颜渊》)——诸,兼作"之乎"用,又是"之乎"的合音。

投诸渤海之尾。(《列子·汤问》)——诸,兼作"之于"用,又是"之于"的合音。

盍各言尔志?(《论语·公冶长》)——盍,兼作"何不"用,又是"何不"的合音。

虽叵复见远流,其详可得略说也。(许慎《说文解字叙》)——叵,兼作"不可"用,又是"不可"的合音。

我有愁襟无可那。(陆龟蒙《雨夜》)——那,兼作"奈何"用,又是"奈何"的合音。

　　还有大量兼词所兼的两个字不是两个单音词,也不是两个可独立表意的语素,而是一个双音节单纯词即联绵词。如:

孔——窟窿　　笔——不律　　蜩——螳螂　　茨——蒺藜

飙——扶摇　　椎——终葵　　角——阁落　　浑——囫囵

陴——僻倪　　壶(瓠)——葫芦

　　相对于单音节的合音词而言,所兼的两个音节包括联绵词和两个单音词,可称"析音词"。如"窟窿"是"孔"的析音词,"不可"是"叵"的析音词。

　　了解合音词、析音词以及兼词的种种类型和含义,有助于解读古诗文。现代沿用的文言格式如"居心叵测"、"诉诸武力",其中的"叵"就是"不可"的合音词,"诸"就是"之于"的合音词。在"叵"的前后不能加"不"、"可",在"诸"的后面不能加"于"。

032　偏义对举词及其特殊用法

　　语文教学与研究中有所谓"偏义复词"的名称,指两个并列成分构成的复合词,其中一个成分的意义已经消失。如"兄弟"指"弟","兄"义消失;"窗户"指"窗","户"义消失。又如"好歹"、"利害"、"吉凶"、"缓急"、"祸福"、"兴亡"等使用时往往意义偏于消极的一端,积极的一端意义消失。我个人认为这类义偏一端的双音节词称作偏义对举词比较恰当、贴切。复词或复合词的范围过广,它包括除单音词、单纯词、派生词(由词根和词缀组成)以外全由词根合成的一切多音节词,而义偏一端的双音节词往往由相对仗的两个语素组合成。用相对仗的两个语素构成双音节词是汉语词汇双音化的重要途径之一。"对仗"包括三种类型:一、两个语素意义相反,如"大小"、"上下"、"多少"、"长短"、"好歹"等。二、两个语素意义相同或相近,如"村坊"、"吹嘘"、"周遭"、"仍复"等。三、两个语素意义相关,即有语言习惯上的对应关系,如"田地"、"茶饭"、"山水"、"风火"、"头面"、"门户"等。既然是相对仗的两个语素并举,那么称之为"对举词"比较准确,也顺理成章。偏义对举词包括一、三两种类型,而尤以两个反义语素构成的最为多见。下面试举《水浒传》中的几个例句:

　　　　此殿开不得,恐惹利害,有伤于人。(第一回)——利害,义偏害。

　　　　明日便取了我女家去,并锦儿,不拣怎的,三年五载养赡得他,又不叫他出入,高衙内便要见,也不能勾。(第七回)——出入,义偏出。

　　惹起是非来,如何解救!(第十六回)——是非,义偏非。

　　宋太公卧病在床,不能动止,早晚临危。(第二十二回)——动止,义偏动。

　　这三村结下生死誓愿,同心共意,但有吉凶,递相救应。(第四十七回)——吉凶,义偏凶。

　　若这个小衙内有些好歹,知府相公的性命也便休了。(第五十一回)——好歹,义偏歹。

　　只见那一个军官模样的人,去伴当怀里取出一帕子物事,递于官营与差拨。(第十回)——物事,义偏物。

　　阮家三兄弟见晁盖人物轩昂,语言洒脱。(第十五回)——人物,义偏人。

　　我手下这许多人马,都似你这般无礼,不乱了法度!(第七十一回)——人马,义偏人。

　　说开星月无光彩,道破江山水倒流。(第二十二回)——江山,义偏江。

　　所赐之物,乞请纳回。贫道决无用处。盘中果木,小道可留。(第八十五回)——果木,义偏果。

利害、出入、是非、吉凶、好歹等对举词在上面这些例句中偏义使用,所以是偏义对举词,它们都由两个意义相反的单音词构成,义偏一端,另一端作为反衬。

物事、人物、人马、江山、果木等对举词是由意义相关联的单音词构成的,两个单音词并无必然的对应关系,只是由于习惯和联想而紧密联系着。当它们作为偏义对举词使用时,义偏一端,另一端作为陪衬。属于这类偏义对举词的又如田地、国家、财物、衣饭等,大体都是相关联的名物对举。

好歹、利害、吉凶、缓急、祸福、兴亡、生死这一类偏义对举词使用的时候,意义常常偏于不利的一端,这在民间口语中是常见的。

有时候，人们说到不利的事，为了忌避直言，常常用较为隐晦、曲折、含糊的说法。偏义对举词恰好也能满足这种需要。再举《水浒传》中的几个例句：

> 我只是挑一担柴进去卖便了。身边藏了暗器。有些缓急，扁担也用得着。（第四十七回）——缓急，义偏急。
>
> 二人禀说前番招安，皆为去人不布朝廷德意，用心抚恤，不用嘉言，专说利害，以此不能成事。（第七十九回）——利害，义偏害。
>
> 生死人之分定，何故痛伤？（第六十回）——生死，义偏死。
>
> 兴亡如脆柳，身世类虚舟。（引首）——兴亡，义偏亡。

这些反衬在修辞上有缓冲、调和的作用。

大小、长短、多少、深浅、厚薄、高低、轻重等，这一类由表量度的形容词构成的对举词作为偏义对举词使用时，义偏何端，并无一定。例如《水浒传》中：

> 鲁达再入一步，踏住胸脯，提起那醋钵儿大小拳头，……（第三回）——大小，义偏大。
>
> 量你是个遭死的军人，相公可怜，抬举你做个提辖，比得草芥子大小官职，直得恁地逞能！（第十六回）——大小，义偏小。
>
> 高衙内听得，便道："自见了多少（一本作"许多"）好女娘，不知怎的只爱他。"（第七回）——多少，义偏多。

随着词义的引申，这类对举词后来往往发展为表量度意义的复合词，指长度、深度、重量、面积、体积等，并且在它前面往往有数词和量词，如"八尺长短"、"方丈深浅"等，这时它们就不再是偏义对举词了。

偏义对举词除了在意义上有反衬、陪衬的作用外，还有一个显著的作用，就是求得音节上的和谐。从意义上讲，本来举出一个单音词已经够了，但为了求得这种和谐，就必须使它变成双音节词，偏义对举词正好也能满足这种需要。例如单音节词"人"往往说成"人物","财"说成"财物","物"说成"物事",这种黏合很多,举不胜举。

也有的偏义对举词结合并不紧密,只为临时的运用而构成。如"云雷"、"衣饭"、"果木",等等。这类偏义对举词在一般场合并不常用。现举《水浒传》中的一例:

> 你两个是山东人氏,如何到此间讨得衣饭吃?(第八十六回)——衣饭,义偏饭。

这个例句比较特殊,我们说"衣饭"义偏"饭",是因为讨吃的是饭而不能是"衣"。但如果说这里是省略了"穿"字,也是言之成理的。犹如"大张旗鼓"究竟是省略了"敲"字还是多举了"鼓"字难以确定一样。揣测这些似乎没有必要,但是有一点是可以肯定的,就是其目的在求得音节上的和谐或构成双音节词。

明白了对举词的偏义使用就不会误解词义,纠缠在字面上迷惑不清。细细追寻,偏义对举词中也有的被有意地作了改动,这就是将非偏义的一端以同音字代替,并使两个单音词的意义不相排斥,最明显的例子就是"利害"写成"厉害"。不明究竟的人反倒以为"利害"的"利"是别字。然而这种改动终究是极有限的,绝对无法一一如此照办。只有充分掌握、正确了解偏义对举词的使用现象和规律,才能不受迷惑。

033　**异形词的困惑**

　　"弘扬"与"宏扬","盈馀"与"赢馀","按语"与"案语","翔实"与"详实","百叶窗"与"百页窗","浑水摸鱼"与"混水摸鱼","孤苦伶仃"与"孤苦零丁"……究竟哪一个正确呢？

　　曹禺名剧《原野》第二幕有"看在我分上"的句子,而第三幕又有"看在妈份上"的句子。"身份"和"身分",选择哪一个,目前也还难以定夺,因为我国公民使用的"身份证"已经约定俗成。同样,"交代"和"交待"经常出现在同一份通告中,其实两者并无区别。

　　这就是所谓"异形词",即普通话书面语中并存并用的同音同义而书写形式不同的词语。在信息时代的今天,语言文字的规范化、标准化是提高中文信息处理技术的先决条件。在一组异形词中,选择一个符合规范的作为"选用词",将其馀的异形词淘汰,将是发展的趋势。

　　2002年,教育部、国家语委发布了《第一批异形词整理表》,于同年3月31日起正式试行,作为推荐性试行规范,通过试行,逐步制定异形词的规范标准。该表只公布了338组同形词(原已搜集1500组同形词),有待继续整理,陆续公布。

　　异形词取舍的原则:①通用性原则;②理据性原则;③系统性原则。整理异形词必须全面考虑、统筹兼顾,既立足于现实,又尊重历史;既充分注意语言的系统性,又承认发展演变中的特殊情况。

　　通用性原则作为首要原则,是由语言的约定俗成的社会属性所决定的。根据科学的词频统计和社会调查,选取公众目前普遍使用的词形作为推荐词形,这就是通用性原则。

所谓"词频统计",由"异形词整理表"课题组采用《人民日报》1995—2000 年全部作品作为语料。部分异形词还用《人民日报》1987—1995 年语料以及 1996—1997 年百馀种社会科学和自然科学杂志的语料进行抽样复查。如"毕恭毕敬"和"必恭必敬",从源头来看,后者出现较早,但后者在使用过程中意义发生了变化,由必定恭敬演变为十分恭敬。目前前者词频高达 24,后者则为 0。根据通用性原则,应以"毕恭毕敬"为推荐词形。

通用性原则与其他原则是一致的。如选取"掺杂"、"掺假"、"掺和"的"掺"而不选"搀"。因为经过大量的词频统计,前者占绝对优势。

难以依据通用性原则确定取舍的,则从词语发展的理据性角度考虑。如选取"规诫"、"告诫"、"劝诫"的"诫"而不选"戒"。作为言语相劝,"诫"的语素义更为吻合,而"戒"今则多表警戒义。这便是理据性原则。

词汇内部有较强的系统性,在整理异形词时要考虑同语素系列词用字的一致性,这便是系统性原则。例如,虽然"侈靡"与"侈糜"、"靡费"与"糜费"使用频率差不多,但"奢靡"比"奢糜"使用频率高得多,故整个系列都确定以含"靡"的词形为推荐词形。

现将《第一批异形词整理表》摘录一部分(每组异形词,破折号前为推荐词形):

按语——案语　百废俱兴——百废具兴　斑白——班白、颁白　保镖——保镳　笔画——笔划　标志——标识　参与——参预　成分——成份　踌躇——踌蹰　出谋划策——出谋画策　瓷器——磁器　凋零——雕零　订婚——定婚　担心——耽心　耽搁——担搁　倒霉——倒楣　独角戏——独脚戏

发人深省——发人深醒　丰富多彩——丰富多采　服

侍——伏侍、服事　复信——覆信　覆辙——复辙　恭维——
恭惟　古董——骨董　关联——关连　归根结底——归根结
柢　鬼哭狼嚎——鬼哭狼嗥　含蓄——涵蓄　轰动——哄动
红彤彤——红通通　宏图——鸿图、弘图　洪福——鸿福
划拳——搳拳、豁拳

　计划——计画　纪念——记念　夹克——茄克　嘉
宾——佳宾　驾驭——驾御　简练——简炼　骄奢淫逸——
骄奢淫佚　嫁妆——嫁装　叫花子——叫化子　刻画——刻
划　角色——脚色　（天真）烂漫——烂熳、烂缦　联袂——连
袂　联翩——连翩　喽啰——喽罗、偻㑩　鲁莽——卤莽　录
像——录象、录相

　腼腆——靦觍　门槛——门坎　摩擦——磨擦　谋划——
谋画　那么——那末　内讧——内哄　牛仔裤——牛崽裤
扒手——掱手　盘踞——盘据、蟠踞、蟠据　磐石——盘石、蟠
石　彷徨——旁皇　疲沓——疲塌　漂泊——飘泊　牵
连——牵联

　热衷——热中　人才——人材　杀一儆百——杀一警百
山楂——山查　神采——神彩　书简——书柬　铤而走
险——挺而走险　（魑魅）魍魉——蝄蜽　稀少——希少　贤
惠——贤慧　相貌——像貌　信口开河——信口开合

　押韵——压韵　夜宵——夜消　预备——豫备　原原本
本——源源本本、元元本本　缘故——原故　再接再厉——再
接再砺　战栗——颤栗　账本——帐本　直截了当——直接
了当、直捷了当　装潢——装璜　仔细——子细　佐证——
左证

034　人名中的异体字

1986 年,国务院批转国家语言文字工作委员会《关于废止〈第二批汉字简化方案(草案)〉和纠正社会用字混乱现象的请示》,并对社会用字作如下规定:"翻印和整理出版古籍,可以使用繁体字;姓氏用字可以使用被淘汰的异体字。除上述情况及某些特殊需要者外,其他方面应当严格遵循文字的规范,使用规范汉字,不能随便使用被简化了的繁体字和被淘汰了的异体字,也不能使用不规范的简化字。"

著名画家钱松喦的"喦",著名电影演员项堃的"堃"、牛犇的"犇"、冯喆的"喆",著名学者董同龢的"龢",著名作家钱杏邨(阿英)的"邨",著名修辞学家张瓌一(张志公)的"瓌",按照上述规定,它们应当改为"岩、坤、奔、哲、和、村、瑰"。但这些异体字作为人名用字一般都受到尊重,还是可以使用。古往今来,人名用字采用异体字的为数不少,如(异体字后用括号注明相应的正体字):东汉名士陈寔(实)、魏明帝曹叡(睿)、晋代文学家束皙(晰)、《后汉书》的作者范晔(烨)、唐代节度使李愬(诉,司马光有《李愬雪夜入蔡州》一文)、唐代诗人卢仝(同)、宋代词人刘眘(慎)虚、元代书法家赵孟頫(俯)、清代文学家梁章钜(巨)、清末大臣翁同龢(和)。

迄今为止国家有关部门发布的只有《第一批异体字整理表》,自古以来音义相同而字形不同的还有很多。辞书多以"某同某"表示,如:汉代名臣汲黯(同"暗")、明代文学家石珤(同"宝")、清代文学家沈垚(同"尧")。

　　不少人名采用的异体字属形声字,由于时代变迁,声符已失去表音作用,如"邨、璥、頖"等极易读错。外国人名的音译字也有用异体字的,如俄国作家契诃夫和西班牙作家塞万提斯的名著《堂吉诃德》中的"诃"原为"呵"的异体字,1986年国家语委重新发表《简化字总表》时确认"诃"不再作为被淘汰的异体字。

　　除了人名,姓氏也有用异体字的,如:汉代名臣鼂(同"晁")错、现代历史学家翦(同"剪")伯赞。1988年国家语委和新闻出版署《关于发布〈现代汉语通用字表〉的联合通知》中规定:"翦"已不再作为淘汰的异体字。

　　附带说明,地名用字一般不用异体字。河南省濬县的"濬"是"浚"的异体字,今作"浚";商雒、雒邑、雒南、雒阳的"雒"古同"洛",今作"洛";四川省石砫县的"砫"古同"柱",今作"柱";黑龙江省爱珲县的"珲"古同"辉",今作"辉"。

035　简便与麻烦

　　简化字的简化方法有取同音代替的方法,如"鬱鬱葱葱"、"忧鬱"的"鬱"笔画太繁,取同音字"郁(本来主要用于姓氏)"代替。类似的又如:"豐"取"丰"代替,"嚮"取"向"代替,"幾"取"几"代替,"繫"取"系"代替,"後"取"后"代替,"臺"取"台"代替,"築"取"筑"代替,"蔔"取"卜"代替……简化方法中采用古字、利用草书楷化等方法也有兼取同音代替方法的。前者如"雲"简化作"云"("云"是"雲"的古字,又长期借作"人云亦云"、"子曰诗云"的"云"),"無"简化作"无";后者如"髮"简化作"发"("发"原本是"發"的草书楷化)。

　　使用电脑以来,简便的同音代替却遇到了麻烦。如"云"作繁简转换时,不但把天上的"云"繁化作"雲",连"人云亦云"、"子曰诗云"的"云"也一概转换为"雲"。类似的又如:"头发"、"发廊"的"发"转换为"發";"方向"的"向"转换为"嚮";"皇后"的"后"转换为"後";"干戈"、"干支"的"干"转换为"乾"、"幹"、"榦";"茶几"、"窗明几净"的"几"转换为"幾";"丰姿"、"丰采"的"丰"转换为"豐";"山谷"的"谷"转换为"穀"……看来这些都是同音代替惹的祸。以上强加的繁体字公然出现在大街上(如"發廊")、电视屏幕上(如"皇後")和校园里(如"中文係")。学术论著特别是使用繁体字的古籍整理等出版物因由电脑打字排版,也屡屡出现上述谬误。

　　有些地名用字如"台湾"的"台",繁体字作"臺",而"台州"、"天台"的"台"则不能繁化为"臺",它们的读音也不同。

　　有些人名用字如"立厂(文字学家唐兰的字)"的"厂(音 ān)"不

能混同于"工厂"的"厂",更不能繁化为"廠"。又如"南宫适(春秋时的人名)"、"洪适(南宋金石学家)"的"适(音 kuò)"不能混同于"适合"的"适",更不能繁化为"適"。

　　绝大多数繁简字是"一对一"的关系,即一个繁体字与一个简化字相对应,如"爱"与"愛"、"办"与"辦"、"递"与"遞"、"灶"与"竈"、"茧"与"繭"……而取同音代替产生的简化字则与繁体字常常形成"一对二"、"一对三"、"一对四"等关系。如"仆"是"奴僕"的"僕"的简化字,又是"前仆后继"的"仆"的原字(无繁体字)。"里"是"裏外"的"裏"的简化字,又是"乡里"、"里程"的"里"的原字(无繁体字)。"尽"是"盡量"的"盡"和"儘管"的"儘"的简化字。"台"是"臺湾""亭臺楼阁"的"臺"、"颱风"的"颱"和"写字檯"的"檯"的简化字,又是"台州"的"台"和姓氏"台"(音 yí)"的原字(无繁体字)。"系"是"关係"、"确係"的"係"和"繫缚"、"联繫"的"繫"的简化字,又是"系列"、"系统"、"派系"、"院系"的"系"的原字(无繁体字)。"干"是"乾旱"的"乾"、"幹活"的"幹"和"树榦"的"榦"的简化字,又是"干戈"、"干支"的"干"的原字(无繁体字)。麻烦就出在非"一对一"关系的繁简字搞乱了对应关系。没有繁体强加繁体,此繁体误作彼繁体,如此等等。

　　最不可取的是并无繁体字的硬要生造出繁体字来。如"包子"的"包",笔画较少,嗜繁者似觉不过瘾,于是"小籠飽子"这样令人啼笑皆非的语词出现在食品包装袋上。

　　乱用、滥用、误用繁体字是社会用字混乱、不规范的突出表现,必须努力纠正。

036　张冠李戴与指鹿为马

一、《欧阳修撰集》非欧阳修所撰

我在为某辞书审稿时遇到有一条目所列书证引用了欧阳修的《上皇帝万言书》。经查核,欧阳修虽然写过几篇奏章,但都不长。查遍欧阳修的文集《欧阳文忠公文集》,不见《上皇帝万言书》。对照引文原句,才发现该万言书是宋末欧阳澈所撰。欧阳澈的文集称《欧阳修撰集》,修撰是唐宋时的官名,当时史馆、学士院均设修撰官,掌修国史。欧阳澈曾任修撰官,后人为他编文集就尊称之为《欧阳修撰集》。某辞书编写人误以为《欧阳修撰集》就是欧阳修所撰的集子。张冠李戴,闹了笑话。

二、视冷僻字为常用熟字

无独有偶,与这种把较陌生的作者替换为知名的作者极为类似的情况是把某些冷僻字当作常用的熟字,我们姑且称之为指鹿为马。如《麈史》误作《塵史》,亳州被认作毫州,鬓鬆被改作鬓鬆,如此等等。

孔子教导学生说:"知之为知之,不知为不知,是知也。"(见《论语·为政》)既然是不识的冷僻字,查字典,请教人,变不知为知,这是最好的办法。因怕麻烦就自以为是地将冷僻字权且当作常用熟字,粗心大意,主观臆测,不怕出差错,必然会出差错。

麈,音主。似鹿兽名。其尾可制拂尘的挥子。魏晋人清谈时常执此拂尘,后因以"麈谈"指清谈,亦泛指闲居谈论。《麈史》是北宋王得臣所撰的笔记。该笔记记录朝廷掌故,前辈遗闻,并间附考证。全书共三卷,二百八十馀则,分四十四门。盖有闲居谈论史事之意,故称《麈史》。此书持论公允,引录精核。《四库全书》、《丛书集成》均收有此书。这是一部有影响的笔记作品,今有校点本。粗心主观地改《麈史》为《麈史》,这样指鹿为马,暴露了擅改者缺乏古文献素养。

亳,音勃。古都名。商汤时都城,在今河南商丘一带。亳州市,在今安徽西北,北邻河南,秦时为谯县,北周为亳州治。因不识亳字,自以为是地改作亳州,而古亳州在今四川。这正是差之一画,谬以千里。

毊,音工。此字《辞源》、《辞海》、《汉语大词典》均未收。《汉语大字典》据《广韵》、《集韵》收此字,释文为:"毊鬆,头发鬆乱,也指乱发。"粗心大意者将"毊"当作"鬆","毊"同"鬆"。"毊鬆"改作"鬆鬆",指鹿为马,义不可通。宋元话本小说《快嘴李翠莲记》曾用过此字,可见此字还没有冷僻到辞书不必收列的地步。《汉语大字典》收此字是对的。

037　"誉麾"还是"誉髦"

　　《汉语大词典》释"蔚起"为"蓬勃兴起",所引书证为清王士禛《居易录谈》卷中:"誉麾蔚起,诸生之诵法弥殷矣。"此处书证,盖据《丛书集成》初编本(2824 册)。但"誉麾"显然不辞。

　　查台湾新兴书局有限公司《笔记小说大观》第六编第七册《居易录谈》(卷中第八页左栏),该例的上句作"誉髦蔚起"。可以断言,"麾"当为"髦"的误字。理由有三:其一,台湾本是据道光本《学海类编》影印的,比排印本的《丛书集成》要可靠得多。其二,"誉髦"语出《诗经·大雅·思齐》:"古之人无斁,誉髦斯士。""誉髦斯士"谓选拔英杰之士。后因以"誉髦"指有名望的英杰之士。从构词角度看,"誉"是声誉的意思,"髦"本是毛中长毫,比喻英俊杰出之士,二者构成复合词,指享有声望的俊杰。《居易录谈》之例中"誉髦蔚起"正是言英杰辈出,蓬勃兴起,如此解释,方与下文相贯。再看"誉麾","誉"为称赞、声誉义,"麾"为指挥军队的旗帜、指挥义,二者不能构成词,在文中根本无法解释。其三,"麾"与"髦"形近,在誊写或排印过程中极易混淆。

　　由此可见,编纂辞书时查找书证必须慎之又慎,仅仅根据某一版本还不够,遇到文义不可通时,应当多找几个版本对照,以作出正确的抉择。

038 "半边字"与古诗文解读

"秀才识字认半边"这句话是讥讽识字粗枝大叶、主观臆测的。汉字绝大多数形声字,其声旁本来是用来注音的。由于时代、地域的变迁,原表音的半边字的读音起了变化。例如从"者"得声的形声字,如今除了"赭、锗"与"者"同音以外,大多与"者"不同音:"都、堵、赌、阇、嘟、睹"今读 du,"屠、瘏"今读 tu,"储、楮、踷、褚"今读 chu,"著、诸、猪、渚、煮、箸、翥、櫫"今读 zhu,"署、薯、暑、曙、糬、蠰、书(从聿者声)"今读 shu,"奢、阇(梵文音译词"阇梨",即高僧)"今读 she。其中音同者又含声调不同的。不分青红皂白,一概认半边字读作"者",难免会闹笑话。

"识字认半边"如此靠不住,那么,半边字是否就毫无价值了呢?其实,半边字包括表音的声旁、表义乃至兼表音义的偏旁是一大宝库。无论从文字、音韵、训诂哪个方面看,半边字都具有十分可贵的价值。因为半边字大多是汉字的源头,大量形声字是从它孳乳发展而来的。

下面单就古诗文解读谈谈识透半边字的重要性。

很多半边字往往是古本字,加注声旁(音符)或形旁(意符)成为后起形声字。如简化字"网"选自古本字,为了注音,在古本字的基础上加声旁"亡"是为后起形声字"罔"。因为"罔"还有其他义,后来又加了形旁"糸",造了后起形声字"網"。"网"是"罔"的半边字,"罔"又是"網"的半边字。

古诗文中直接用半边字表本义的词常见,例如(半边字后加注

后起形声字):

> 曰归曰归,岁亦莫(暮)止。(《诗经·小雅·采薇》)
> 升彼虚(墟)矣,以望楚矣。(《诗经·鄘风·定之方中》)
> 上天之载,无声无臭(嗅)。(《诗经·大雅·文王》)
> 若火之始然(燃),泉之始达。(《孟子·公孙丑上》)
> 虽有天下易生之物也,一日暴(曝)之,十日寒之,未有能生者也。(《孟子·告子上》)
> 夫星之队(坠),木之鸣,是天地之变,物之罕至者也。(《荀子·天论》)
> 量要(腰)而带之。(《荀子·礼论》)
> 边境之臣处,则疆垂(陲)不丧。(《荀子·臣道》)
> 探渊者知千仞之深,县(悬)绳之数也。(《商君书·禁使》)
> 雍水暴益(溢),荆人弗知,循表而夜涉。(《吕氏春秋·察今》)
> 先生不羞,乃有意欲为文收责(债)于薛乎?(《战国策·齐策》)
> 高祖为人,隆准而龙颜,美须(鬚)髯。(《汉书·高祖纪》)
> 当斩左止(趾)者笞五百。(《汉书·刑法志》)
> 百姓斩木艾新(薪)而各取富焉。(《马王堆汉墓帛书·称》)

古字多兼职,为了区别,产生了后起形声字。如"莫"原古字形表太阳落入草丛,是"暮"的古本字。后因"莫"常兼作否定词,就造了后起形声字"暮"。又如"益"原古字形上面本是水,表水从器皿中溢出,是"溢"的古本字。后因"益"常兼作形容词利益的益,就造了后起形声字"溢"。

古诗文中出现的半边字还有大量的古借字。如舍弃义的"舍"用本指房舍义的"舍"表示,为了区别,造了后起形声字"捨",这是专为舍弃义造的后出本字。今天的简化字又恢复用古本字"舍"。古诗文中直接用半边字表借义的也很常见,例如(半边字后加注后起形声字):

子谓子夏曰:"女(汝)为君子儒,无为小人儒。"(《论语·雍也》)

管仲、晏子,犹不足为与(欤)!(《孟子·公孙丑上》)

伯夷辟(避)纣,居北海之滨。(《孟子·离娄上》)

君子之道,辟(譬)如行远,必自迩;辟(譬)如登高,必自卑。(《礼记·中庸》)

故君子在车则闻鸾和之声,行则鸣佩玉,是以非辟(僻,邪僻)之心无自入也。(《礼记·玉藻》)

安能邑邑(悒悒)待数十百年以成帝王乎!(《史记·商君列传》)

古诗文中常把本义为法的"辟"借用为"避、譬、僻(偏僻)、闢(开辟)、僻(邪僻)、壁、霹"等。语气词"欤"是为古借字"与"加形旁"欠"造的后起形声字,也是后出本字。

可见,识透半边字对于解读古诗文是很有帮助的。

039　《石壕吏》的一个韵脚

　　暮投石壕村，
　　有吏夜捉人。
　　老翁逾墙走，
　　老妇出门看。

　　这是唐代诗人杜甫名篇"三吏三别"之一《石壕吏》诗中开头几句。"村"、"人"、"看"是韵脚，但是用后代人的读音来检验，"看"与"村"、"人"已不叶韵，于是，这"出门看"三字就出现了异文，有的版本作"出看门"，有的版本作"出门首"，还有的版本作"出门守"。而作者不可能同时写出上述四种语词，读者应当在不同版本面前选择一种最切合作者原意的。

　　"出看门"似乎可以同"村"、"人"叶韵，而"出门首"、"出门守"则可以和"走"叶韵。唯独"出门看"今天念起来不叶韵。但就内容看，偏偏是这个"出门看"最为恰当、通顺，最有资格被测定为作者原用语词。因为，如虎似狼的官府公差连夜来抓人，老翁已翻墙逃走，软弱无力的老妇只能"出门看"，即出门观望应付，不可能出来"守门"或"看门"。可见，作"出看门"或"出门守"是不合理的。另外，诗的第三句往往并不要求叶韵，即"走"并非韵脚，硬改成"守"、"首"来叶韵也是很勉强的。

　　更重要的是，我们应当了解语音是发展变化的，一个汉字，古今音变是不奇怪的。例如古代有入声字，今天普通话不再有入声字。当然古今语音也有继承性的一面，有的汉字读音变化较小，有些方言还较多地保留古音的痕迹,如南方江、浙、闽、粤等地区还保留入声。在唐代,"看"的字音正是同"村"、"人"相叶的,即它们的主要元音和韵尾即收韵部分是相同或相近的。后代的人因为字音变了而怀疑"看"作为韵脚而妄加改动,是不必要也是不正确的。今天浙东某些方言中"看"、"人"依然叶韵,也可证明"看"作为韵脚是符合古音实际的。

唐代有一个皇帝叫唐明皇(玄宗),他在读上古典籍《尚书·周书》时发现"无偏无颇,遵王之义"不叶韵,就下令改"颇"为"陂",使得"陂"、"义"相叶,这是很粗暴可笑的,也是很不科学的。因为上古"陂"字又与"荷"、"何"、"沱"等叶韵,难道又得把"陂"改为"颇"不成?原来上古"陂"、"颇"本来读音一致,"颇"、"义"本来收韵相同,时代变迁了,语音发展变化了,这是很普通的道理。

我们在读古诗遇到韵脚字不和协的时候,千万不要学唐明皇。

040　为什么"女"通"汝"

　　古诗文中不少"女"字并非指男女的女,而是被假借作第二人称代词"汝"用的。试看《诗经》中的例句:

　　虽速我讼,亦不女从。(《召南·行露》)——"不女从"是说不依从你。

　　自牧归荑,洵美且异。匪女之为美,美人之贻。(《邶风·静女》)——"匪女之为美"是说并非你(指黄草)本身算得上美。

　　硕鼠硕鼠,无食我黍。三岁贯女,莫我肯顾。誓将去女,适彼乐土。(《魏风·硕鼠》)——"三岁贯女"是说多年来侍奉你(指大老鼠)。"去女"是说离开你。

　　捷捷幡幡,谋欲谮言。岂不尔受,既其女迁。(《小雅·苍伯》)——"既其女迁"是说既而转移到你自己身上。

　　这些"女"都假借作第二人称代词"汝"。按理,假借字同正字之间,应当有依声的关系。如"蚤"假借作"早","繇"假借作"由","惠"假借作"慧"等。可是"女"和"汝"字音并不相同,为什么可以通呢?古诗文中类似这样假借字同正字之间难以看出依声关系的现象是不少的。如"於戏"借作"呜呼","信"借作"伸","罢"借作"疲","伯"借作"霸"等等。这怎么理解呢?

　　同正字没有依声关系的假借字是不存在的,但这种依声关系由于时代、地域的不同而难以觉察的情况是存在的。所以按今天普通话读音来检验看不出依声关系的通假现象,从作品产生的时代、地域来推测,这种依声关系实际上却是存在的。

　　透彻理解汉字古今演变的问题,涉及汉语音韵学知识。但是不必把语音变迁看得太神秘了。为了及早消除在阅读古诗文时遇到假借现象而看不出依声关系的疑窦,我们可以求助于现代活的口语——方言。对此我们来作一番粗略的探讨。

　　方言往往较之普通话保留了更多的古音,例如"信"与"伸"在江浙一带的吴方言如宁波、台州等方言中是同音的。

　　"女"和"汝"在古代也是同声同韵的。

　　先说同声。"女"的声母今为 n,"汝"的声母今为 r。古音(特别是上古音)r 声字常读作 n 声。近代著名学者章太炎发明"古音娘日二纽归泥说",以大量材料证明上古只有 n 声字,没有 r 声字;后来的r 声字,上古都归入 n 声。这一现象在江浙方言中也不难找到例证。如"热、日、人、让、软、绒、染、认、任、肉、褥、弱……",这些字在普通话中读作 r 声字,上古都归入 n 声,吴方言也归入 n 声。可见"女"、"汝"同声并非奥秘难测。

　　再看同韵。"女"的韵母今为 ü,"汝"的韵母今为 u。而古代 ü、u 两韵是不分家的。古诗词中 ü、u 两韵一直是允许通押的,连现代人写旧体诗词也允许两韵通押。请看毛泽东《蝶恋花·答李淑一》词末几句:

> 寂寞嫦娥舒广袖,
>
> 万里长空,且为忠魂舞。
>
> 忽报人间曾伏虎,
>
> 泪飞顿作倾盆雨。

　　"舞"、"虎"是 u 韵字,"雨"是 ü 韵字,这是按普通话语音分的,而在古代,u、ü 同属一个韵部,这在江浙方言中可以找到大量例证。下列各 u 韵字在江浙方言中大多归入 ü 韵:

> 书 注 柱 诸 猪 朱 珠 株 铸 猪 贮 著 铸 煮
>
> 暑 鼠 署 树 舒 黍 输 竖 恕 处 除 儒 如

　　可见"女"、"汝"声同韵同并非神秘难测,而是有线索可寻的。我们必须以历史的观点来分析字音,理解字音的古今变迁现象。

041　酒矸倘卖无

台湾流行歌曲《酒矸倘卖无》唱的是由回收酒瓶的吆喝起兴的一首歌。其中"矸"在闽南方言中指瓶；"倘"由假设之词"倘使"引申为设问之词。值得注意的是"无"字。

"无"的繁体作"無"，古属轻唇音（即唇齿音）。清代学者钱大昕发明上古只有重唇音（即双唇音），没有轻唇音（即唇齿音）。"無"原属轻唇音"微"母，上古读作重唇音"明"母，犹同"么"。上古"無"读作"么"一直沿袭至中古，并一直保留在南方方言中。如汉译佛经中的"南無阿弥陀佛"，"無"须读作"么"。唐代诗人白居易《问刘十九》诗："晚来天欲雪，能饮一杯无？"其中"无"同"酒矸倘卖无"的"无"一样，不但读作"么"，而且同样用作疑问语气词，置于句尾，犹同"否"、"吗"。

类似的"无"还见于下列诗词曲中：

江州司马平安否，惠远东林住得无？（唐·杨巨源《寄江州白司马》）

妆罢低声问夫婿，画眉深浅入时无？（唐·朱庆馀《近试上张籍水部》）

为问苕溪水，留得此翁无？（宋·毛开《水调歌头·送周元时》）

阻隔三千里，你可便近新来安乐无？（元·马致远《荐福碑》第一折）

陛下宽仁多不杀，可能生入玉门无？（明清之际·顾炎武《塞下曲》）

今春宿麦虽云好，未省收前堤决无？（清·郑珍《江边老叟》）

042　春天花开

现代人读古诗词能辨别古四声与平仄吗？古四声一般指平上去入四声。平仄的平包括清音和浊音的平声字（相当于现代汉语普通话的阴平和阳平）；平仄的仄包括上去入三声。入声字在普通话里已经消失，"入派三声"，古入声字今已分别归属平、上、去三声。归属上、去声仍然是仄声，不成问题，而归属平声的入声字则是辨别平仄的难点。好在保留入声的方言能够帮助我们比较容易地从普通话平声字里挑出入声字。如南方吴语、闽语、粤语等都不难辨识出"屋、德、锡、托、秃、切、刮、足"（清音字）和"伏、毒、薄、仆、合、乏、狎、铎"（浊音字）等字为入声字。

那么究竟什么是平上去入四声呢？《梁书・沈约传》载：梁武帝询问臣子周捨："何谓四声？"捨曰："天子圣哲是也。"这回答既恭维了皇上，又巧妙地指出了四个声调的例字。熟悉例字是掌握四声的重要方法。因为时代、地域不同，具体的字音音值也不同。

古人尝试为四声作了描述。《元和韵谱》说："平声哀而安，上声厉而举，去声清而远，入声直而促。"明释真空《玉钥匙歌诀》云："平声平道莫低昂，上声高呼猛烈强，去声分明哀远道，入声短促急收藏。"清代江永《音学辨微》云："平声长空，如击钟鼓；上去入短实，如击土木石。"但根据这些描述很难确知具体声调的音值。

好在某个字归属哪一调类是比较固定的，尽管不同时地具体的调值是不同的。如"春天花开"四个字，古今南北的具体读音各不相同，即声调调值各不相同。如山东人读起来像普通话的上声，宁波人读起来像普通话的去声，而这四个字其实都是同一腔调，即同一声调调类。基于此，人们读古诗词就有可能辨别四声和平仄。

汉语富有音乐美，讲究声调和谐配合，抑扬顿挫。如成语往往平仄相间。试举与春有关的成语为例：

春回大地　春风化雨　春风满面　春寒料峭　春秋鼎盛——以上平平仄仄

春意盎然　春色满园　春诵夏弦　春树暮云——以上平仄仄平

春暖花开　春去秋来　春露秋霜　春蚓秋蛇——以上平仄平平

春光明媚　春华秋实　春花秋月　春兰秋菊——以上平平平仄

春和景明　春风风人——以上平平仄平

再如春联，上下联语词对仗，字音也平仄相对。如：

炮竹一声除旧　桃符万象更新——仄仄仄平平仄　平平仄仄平平

春回大地山清水秀风光好　日暖神州人寿年丰喜事多——平平仄仄平平仄仄平平仄　仄仄平平平平平仄仄仄

至于讲究格律的古代诗词曲赋就更注重平仄了。四声例字：

精巧快速　灯盏柄曲　商品价格　山水变色　基本建设
今古胜迹　江口闭塞　思想正确——以上为清音平上去入
雷雨甚烈　难以定夺　柴米备实　颜柳妙墨　勤俭办学
田稻大熟　明道恨敌　桥断路绝——以上为浊音平上去入

注意，古浊音上声近代以来演变为去声。如"上"字原为浊音上声，近现代已变为去声，即所谓"阳上作去"。"稻、道、断"今已读为去声。

神采焕发　淮海战役　增产计划　来往进出　长远利益
灵敏快捷　加紧练习　身体第一——以上为清浊混合的平上去入（浊音字加着重号）

043　"的士"的由来

英语 taxi,汉译为"出租车"或"计程车",这是意译。音译则称"的士"。按普通话读,"的士"与 taxi 的音相差甚远,这是怎么回事呢?

原来最早称"的士"的是广东人。广东方言保留古音,入声有收尾辅音[p]、[t]、[k]。入声字"的"属锡韵,收[k]音,加上"士"的方言音 si,"的士"正好与英语 taxi 发音相近。

《广韵》所收三十四个入声韵中收尾辅音为[k]的有屋、沃、烛、觉、德、职、铎、药、陌、昔、麦、锡等十二个入声韵。

收尾辅音为[p]的有盍、狎、葉、帖、洽、业、乏、合、缉等九个入声韵。

收尾辅音为[t]的有曷、末、黠、薛、屑、鎋、月、质、术、没、迄、物、栉等十三个入声韵。

汉字在中古时(6 至 8 世纪)传入日本,日文中汉字的音读保留了当时的入声,还保留了入声的收尾辅音。如"中国"(ちゅうごく)的"国"属德韵,收尾辅音为[k],日语以く表示。"独特"(どくとく)的"独"属屋韵,"特"属德韵,收尾辅音亦均为[k],日语也以く表示。"毛泽东"(もうたくとう)的"泽"属陌韵,收尾辅音亦为[k],日语也以く表示。收尾辅音为[p]、[t]的,日语中亦保留,此从略。

近现代,汉语除闽、粤一带方言保留入声的收尾辅音外,一般都脱落了收尾辅音,因而开始时,人们对"的士"的接受是犹豫的,总觉得不够规范,译音不够准确。但随着"的哥"、"的姐"、"面的"特别是

"打的"的流行,"的士"已经融入现代全民语言之中。确实,像"打的"这样的用语,实在很难被别的更简明的语词替代。

我们联想到"巴士",这是英语 bus 的音译。现在,"巴士"尚未完全取代"公共汽车",但"大巴"、"中巴"、"小巴"、"水上巴士"等却已十分流行。

自古以来,语词的发展、演变之势不可阻挡。曾几何时,英语 cool 的音译"酷"也招致人们的非议,但它照样在青少年中流行,渐渐也在全社会流行。

古代也有外来名物的音译词,如"琵琶",据说是西亚一带古波斯语 barbat 的对音即音译词。它有许多别名,十分有趣。宋代俞琰《席上腐谈》云:"王昭君琵琶坏,使胡人重造,而其形小。昭君笑曰:'浑不似。'今讹为'胡拨四'。"后亦作"火不思"、"琥珀词"、"虎拨思",均为形似琵琶的古乐器名。

044 非凡的序言

出书写序，或自序，或请名人写序，序言说好话的居多。自序则常提及写书的缘起。上个世纪 30 年代，开明书店出版了一部联绵词辞典叫《辞通》。著名学者胡适、钱玄同、林语堂、夏丏尊等都写了序，说了许多赞赏的话。作者朱起凤却不同凡响，他在自序里提及写书缘起时丝毫不讳言自己的错误，丝毫不掩饰不光彩的往事：

> 然则《辞通》何为而辑也？前清光绪季年，归自秣陵。觍主讲席，月以策论课士。卷中有征用"首鼠两端"者，以为笔误，代为更正之。合院大哗，贻书谩骂。乃知事出范史（笔者按：指范晔《后汉书》），并已知前此之读书为太疏略也。嗣是用古人札记法，目有所见，辄随手写录。阅时既久，积帙遂多。初名《读书通》，今名《辞通》，徇开明书店之请也。

原来，作者由于不明白"首施两端"也可以写作"首鼠两端"，遭到学生的讥笑谩骂，因而发愤著书，把类似"首施"、"首鼠"虽写法不同而音义相同的联绵词记录下来，并贯通其音义，花三十多年的苦功，成此三百万字的巨著。该书引证之详博，搜讨之精审，令人目不暇接。例如形容河流、山脉、道路等曲折、延续的样子的"逶迤"一词有数十种不同写法：

> 威夷、逶夷、委蛇、蜲蛇、逶蛇、委佗、委它、逶移、逶陀、委迟、逶迤、委移、委陀、逶迁、委维、延维、遗蛇、倭迟、威迟、倭夷、威纡、郁夷……（冷僻字从略）

又如同为神话中人类始祖的"伏羲氏",也写作:

> 庖牺、虑戏(以上见于《史记》)、包牺、炮牺、伏戏、虑戏、虑牺、虑義(以上见于《汉书》)

作者在贯通音义相同而写法不同的联绵词时多加之所以贯通的按语。如对麻鞋、草鞋的古别称"不借"、"薄借"、"搏腊"、"不惜"等后加按语云:

> 不、薄古读同声,故通用。搏即薄字之讹。腊、借形相涉,借字作惜亦同。……释惠洪诗云:"游山双不借,汲水一军持。"军持,瓶也。

夏丏尊称赞该书为"读书、为人之秘钥"。刘大白则特别赞赏作者自序中"不自讳错误的伟大精神"。

045 "果蠃"的同源词

清代学者程瑶田生前未及发表死后才被整理出的重要论文《果蠃转语记》是一篇关于同源词的学术论文。文中指出："声随形命，字依声立。屡变其物而不易其名，屡易其文而弗离其声。物不相类也而名或不得不类，形不相似而天下之人皆得以是声形之，亦遂靡或弗似也。"他以声音通转的道理来说明事物形态、性状相类似并具有相同相近的特征，其名称往往相近，即所谓"异物同名"、"异名同声"。之所以"同名"、"同声"，是由于它们拥有某一共同相似之处。例如圆形的瓜果古称"果蠃"，亦作"果裸"、"果蓏"、"栝楼"、"苦蒌"、"瓟瓝"、"众葽"；圆形的小昆虫称"蝼蛄"；圆形的飞鸟称"果蠃"；圆形的细腰蜂称"果蠃"；圆形的蛙称"蝼蝈"；圆形的船称"舸舱"；圆形的山峰称"岣嵝"；圆形的驼背称"佝偻"；圆形的温器称"锅镰"；圆形的车篷称"軥辘"、"枸篓"；屈曲不伸展称"拘挛"……这些音同音近的词属同源词，其共同的源义素是圆。这些词的古发声均为[k-l-]。联想到圆形的死人头骨称"骷髅"，泛称人头为"骷颅头"，圆形的孔称"窟窿"，圆形的臀部称"尻肋"，形容圆形称"圆窟噜"、"箍仑圆"，形容圆形的动作如翻身起来称"一骨碌起来"等，无不含有[k-l-]的发声。不同的事物"屡易其文而弗离其声"，"以同声形之"，是由于圆形的特征"靡或弗似"，即没有不相似的。

046　声训与词义解释

古书注解、古辞书释义常见声训(又称音训)。声训是以音同、音近的词来解释命名缘由的训诂方式。例如《孟子·滕文公上》:

> 设为庠序学校以教之。庠者,养也;校者,教也;序者,射也。夏曰校,殷曰序,周曰庠,学则三代共之,皆所以明人伦也。

作为地方学校的名称"庠"、"校"、"序",孟子用声训说明其得名之缘由。"庠"由教养的意思得名;"校"由教导的意思得名;"序"解为射(音义同绎,陈列宣示以教之义),亦由教导得名。

早在战国时代,声训已经产生。汉代《说文解字》、《释名》等古辞书大量运用声训解释字、词。《说文解字》的声训如:

> 天,颠也。(《一部》)
>
> 日,实也。(《日部》)
>
> 月,阙(缺)也。(《月部》)
>
> 衣,依也。(《衣部》)
>
> 马,怒也,武也。(《马部》)
>
> 狗,孔子曰:"狗,叩也,叩气吠以守。"(《犬部》)

《释名》的声训如:

> 土,吐也,吐生万物也。(《释地》)
>
> 盲,茫也,茫茫无所见也。(《释疾病》)
>
> 木,冒也,华(花)叶自覆冒也。(《释天》)
>
> 火,毁也,物入皆毁坏也。(《释天》)

户，护也，所以谨护闭塞也。(《释宫室》)

负，背也，置项背也。(《释姿容》)

　　章太炎先生在《国故论衡·语言缘起说》中说："以印度胜论之说仪之，实、德、业三各不相离。人云马云，是其实也；仁云武云，是其德也。金云火云，是其实也；禁云毁云，是其业也。一实之名，必与其德若，与其业相丽。故物名必有由起。"文中将印度哲学里的胜论派所说的实、德、业作为区分事物命名的标准。实，指名物实体；德，指性状；业，指作用。以仁释人，以武释马，这种声训是以德训实；以禁释金，以毁释火，这种声训是以业训实。

　　声训对于探索语源和同源词族是有启发意义的。后人取其精华，吸收其合理的内核，认识到声近义通，是语言学上的一大进步。但以同音词解释事物得名之由难免会有主观随意性和牵强附会之嫌。如《释名·释山》云："山，产也，产生物也。"《说文·山部》云："山，宣也，宣气散生万物。"又如《释名·释亲属》云："姊，积也，犹曰始出积时多而明也。""妹，昧也，犹曰始入历时少尚昧也。"此外，声训所用的同音词乃是古音同音，有的今天念起来已不同音。如"马"和"怒"、"武"古虽同音或同韵，今已声韵均异。

　　现代辞书在字词释义时已不再使用声训，因而在参考古辞书和古书注解进行字词释义时要特别注意防止照抄照搬声训材料。明显的如"马，怒也，武也"，声训指出马的性状盛怒、威武，一般不会被当作词义解释。但不那么明显的如"鞣，奚也"(《说文·革部》)，声训说明的是熟皮鞣的特性柔软，"鞣"本身并无柔软之义，商务印书馆《古代汉语词典》却把"鞣"解释为"柔软"，就犯了照抄、照搬声训的错误。又如"趣，疾也"(《说文·走部》)，声训说明的是动词"趣"(疾速奔走)的状态，"趣"本身并无"疾"义，海南出版社《新编新华字典》却把"趣"解释为"急，赶快"，也是照搬声训造成的误释。再如"丛，聚也"(《说文·丵部》)、"尸，陈也"(《说文·尸部》)、"腹，厚也"(《说文·肉部》)，"聚"是"丛(密集生长的草木)"的性状，"陈"是"尸

（古祭祀时代表死者的活人)"的状态，"厚"是"腹"的特点，这些以德训实的声训均被《汉语大字典》作为词义解释直接引用，也是不妥当的。

047　以音别义的同形词

　　《史记·淮阴侯列传》载韩信面对说客一再表示不忘汉王刘邦知遇之恩。他对武涉说："汉王授我上将军印，予我数万众。解衣衣我，推食食我，言听计用。故我得以至于此。"又对蒯通说："汉王遇我甚厚，载我以其车，衣我以其衣，食我以其食，……吾岂可以乡（向）利倍（背）义乎？"

　　这里"衣我"、"食我"的"衣"、"食"不是名词而是动词，读音也起了变化。"衣"读作去声，"衣我"是给我衣服穿的意思；"食"读作去声，"食我"是给我食物吃的意思。"衣我"、"食我"都不是一般动宾关系，而是使动关系。如"饮水思源"的"饮水"是一般动宾关系，即喝水的意思，而"饮马长城窟"的"饮马"则是使动关系，是使马喝水的意思。"饮水"的"饮"读作上声，而"饮马"的"饮"则读作去声。

　　以音别义特别是用声调区别字义是汉语一大特色，古今汉语都有。如"钉钉子"中前一个"钉"是动词，读作去声；后一个"钉"是名词，读作平声。"扇扇子"中前一个"扇"是动词，读作平声；后一个"扇"是名词，读作去声。"好风光"的"好"是形容词，读作上声；"好逸恶劳"的"好"是动词，读作去声。"难易"的"难"是形容词，读作平声；"患难"的"难"是名词，读作去声。"观看"的"观"是动词，读作平声；"寺观"的"观"是名词，读作去声。

　　以音别义不限于用声调区别字义，有时音节也起变化。如"藏匿"的"藏"是动词，读作平声 cáng；"宝藏"的"藏"是名词，读作去声 zàng。"传达"的"传"是动词，读作平声 chuán；"传记"的"传"是名词,读作去声 zhuàn。"法度"的"度"是名词,读作去声 dù;"审时度势"的"度"是动词,读作平声 duó(古为入声)。"弹丸"的"弹"是名词,读作去声 dàn;"弹冠相庆"的"弹"是动词,读作平声 tán。也有声调不变而音节变的。如"阿哥"的"阿"是词缀(前缀),读作 ā;"阿谀"的"阿"是动词,读作 ē。姓氏和地名的"阿"也读作 ē,"阿胶"和"阿房宫"的"阿"都与地名有关,所以也读作 ē。读作 ā 或 ē 都是平声。

同样是动词,因为用法不同,读音也起变化。上面举的"食我"的"食"和"饮马"的"饮"就不同于一般动词。又如"降落"的"降"读音就不同于"降龙伏虎"的"降",前者是一般动词,读作去声 jiàng,后者是使动用法的动词,读作平声 xiáng。"投降"、"降服"的"降"意义不同于"降落"的"降",也读作平声 xiáng。

以音别义还有不止二音二义的。如"善恶"的"恶"是形容词,读作去声 è(古作入声);"好逸恶劳"的"恶"是动词,读作去声 wù;古文作疑问代词的"恶"同"乌",读作平声 wū,如《史记·李斯列传》:"今身且不能利,将恶能治天下哉?"此外,"恶心"的"恶"(同"噁")读作上声 ě。

1985年国家语言文字工作委员会、国家教育委员会、广播电视部公布的《普通话异读词审音表》把某些异读字作了调整。如"骑马"的"骑"是动词,读作平声 qí;"铁骑"的"骑"是名词,古读去声 jì,今一律统读为平声 qí。

048　丰富的想象与科学性

自古以来,文人学士在解释词语时运用丰富的想象,有时不免同语言文字之学所要求的科学性产生了矛盾。

例如"犹豫"这个词,历来有多种动听的解说:

> 犹是犬名,犬随人行,每豫在前,待人不得,又来迎候,故曰犹豫。
>
> 犹是兽名,每闻人声,即豫上树,久之复下,故曰犹豫。
>
> 犹、豫俱为多疑之兽。

以上诸说,见郦道元《水经注》、颜之推《颜氏家训》、孔颖达《礼记正义》、颜师古《汉书注》、李善《文选注》、司马贞《史记索隐》等书。

其实,"犹豫"是一个不可分拆的双声联绵词,是一个双音节的单纯词(即只有一个词素)。把语言中表示迟疑之义的"yóu yù"记录下来,用了"犹豫"的字样,有时也写作声音相同或相近的"犹与"、"容与"、"夷犹"等字样。在这里,"即形求义"的路是走不通了,不可以拘泥于文字形体,应当"即音求义"。即使上述诸说勉强可通,但遇到"犹与"、"容与"、"夷犹"等词就无法自圆其说。因此,那些生动、有趣的解说终究受到了严正的批评:望文生训,穿凿附会!

形容体貌壮伟的"魁梧",亦作"魁岸"、"魁伟"、"瑰岸",写法不完全相同,其义则相通。但是颜师古注释"魁梧"云:"梧者言其可惊梧。"(见《汉书·张良传》注)又注"魁岸"云:"魁,大也;岸者,有廉棱如崖岸之形。"(见《汉书·江充传》注)一望而知是惑于字形的穿凿附会之说。

　　古人把一种草鞋叫作"搏腊",亦作"博腊"、"薄借"、"不借"。这最后一种写法又引得文人学士千方百计进行生动圆通的解说。刘熙《释名》中说:"不借言贱易有,宜各自蓄之,不假借于人也。"此说至今还为人所相信而加以采用。其实,贱而容易得到的东西未必不可以借。对照其他几种写法可以肯定,"不借"一词不可分拆而望文生训,它本是一个叠韵联绵词。

　　一些来自异国、外族的译名,性质同联绵词相类似,如"葡萄",亦作"蒲桃"、"醅醄",两个音节不能分拆为两个词素。李时珍《本草纲目》以"醅饮之则醄然而醉"来训释"醅醄",明显属于穿凿之说。

　　以上所引种种穿凿的解说,虽然没有完全抛弃语词原来的含义,但在说明为什么有这样的含义时无中生有、画蛇添足,作了种种非科学的说明。这种不谨严的态度,有时会歪曲语词的本来含义,远离科学性。

　　自唐代以来,文人学士在训释"无虑"一词时,老是纠缠在"无——没有"、"虑——考虑"的字义解释的圈子之中。颜师古说是"无小计虑"(见《汉书·食货志》注),孔颖达说是"于无形之处用心思虑"(见《礼记·礼运》疏)和"无则虑之"(见《左传·宣公十一年》疏),卢辨则竟释为"不忘"(见《大戴礼记·曾子立事篇》注)。把"无虑"的本来含义(大都、大略)抛到九霄云外,弄得语句训释面目全非。

　　文人学士们运用丰富想象而违反了科学性的根本原因在于上了汉字字形的当,种种曲说都由惑于字形而来。

　　清代学者王念孙在《广雅疏证》一书中指出这类联绵词"本因声以见义,不求诸声而求诸字,固宜其说之多凿也"。

　　汉字纯用来记录语音而无从"即形求义"的情况是常见的,要了解词义往往必须摆脱文字形体的束缚而从声音的角度去理解,不允许分拆的联绵词,训释时尤其要注意"义存于声"的道理。

　　但是,基于丰富想象的穿凿之说,由于说法动听、流传广泛,人们往往信从，甚至积非成是。例如"狼狈"这个词，又写作"狼贝"、"狼跋"、"狼踱"、"刺拔"、"刺址"、"猎跋"，表示困窘之义。唐代学者段成式惑于"狼狈"的字形，在《酉阳杂俎》一书中说："或言狼狈是两物，狈前足绝短，每行常驾两狼，失狼则不能动。故世言事乖者称狼狈。"此说生动形象，影响很大。成语"狼狈为奸"正是在这种穿凿之说的影响下将错就错的例子。其实在古文中使用"狼狈"一词，是不能以前脚短的狈和前脚长的狼来附会的，狼狈配合勾结，怎么会得出困顿的意思呢？岂不是反而摆脱了为难窘迫的处境吗？

049　"打破沙锅问到底"

民间口语常用"打破沙锅问到底"形容寻根究底,诘问不止。

"问到底"同"打破沙锅"有什么联系?"打破沙锅问到底"是一句古老的俗语,流行广泛,沿用至今。

> 拙从何来?打破沙盆一问。(宋·黄庭坚《拙轩颂》)
>
> 你直待要打破沙锅,是你招灾揽祸。(明·高则诚《琵琶记·儿言谏父》)

要明白"问到底"同"打破沙锅"的联系,必须从"问"的同音字(这个同音字又必须同"打破沙锅"有关)上找答案。

> 器破而未离谓之璺。(汉·扬雄《方言》第六)清代钱绎笺疏:"今俗尚有'打破沙锅璺到底'之语,正读如'问'。"

"打破沙锅问到底"正是从"打破沙锅璺(纹)到底"化来的。因为沙锅质地脆,打破时裂缝往往一直延伸到底部,因此,人们就借此表示问到底的意思。

大家熟悉的歇后语"外甥打灯笼——照旧(舅)"、"和尚打伞——无法(发)无天"也是借同音字来构成的。这类歇后语很像谜语,前半是谜面,后半是谜底。有时谜面谜底一同说出,如"打破沙锅问到底";有时只说谜面略去谜底,《琵琶记》中的"打破沙锅"正属这类略去后半谜底部分的格式。

050 "梁"与"河"

　　成语"跳梁小丑"、"信口开河",人人会说、会写、会用。但对其中的"梁"与"河"的确切含义却多不理解,真可谓"知其然而不知其所以然"。

　　"跳梁小丑"的"梁"很容易使人联想到"梁上君子"的"梁",后者指屋梁。"梁上君子"语出《后汉书·陈寔传》:"有盗夜入其室,至于梁上。寔阴见,乃起自整拂,呼命子孙,正色训之曰:'夫人不可不自勉。不善之人,未必本恶,习以性成,遂至于此,梁上君子是也。'盗大惊,自投于地,稽颡归罪。"后来就用为窃贼的代称。"跳梁小丑"的"梁"则与屋梁无关。如《汉书·萧望之传》:"今羌虏一隅小夷,跳梁于山谷间。"柳宗元《与杨诲之书》:"今夫狙猴之处山,叫呼跳梁,其轻躁很戾异甚。"这里说异族和猕猴腾跃于山谷间或山上。原来"跳梁"即"跳踉","梁"是"踉"的假借字。"跳梁小丑"比喻上窜下跳捣乱的卑劣小人。

　　"信口开河"亦作"信口开合",意谓随口乱说一气。"河"是"合"的假借字。如果不明白"梁"、"河"为同音假借字,以为跳到屋梁上,开到江河里,那就闹笑话了。

　　成语中类似这样含假借字必须破假借方能透彻理解的又如:

　　　　一壶千金　语出《鹖冠子·学问》:"中河失船,一壶千金。贵贱无常,时物使然。"陆佃注:"壶,瓠也。佩之可以济涉,南人谓之腰舟。"意谓落水的人得到葫芦可免溺死,比喻物虽轻微,急需时却十分贵重。这里的"壶"是"瓠"的假借字,"瓠"即

"匏",葫芦之属。

高屋建瓴 语出《史记·高祖本纪》:"〔秦中〕地势便利,其以下兵于诸侯,譬犹高屋之上建瓴水也。"把水瓶里的水从高高的屋脊上向下倾倒,比喻居高临下,其势不可阻挡。这里的"建"是"瀽"的假借字,倾倒的意思。

可见,对成语中的假借字不可掉以轻心。

051 "一衣带水"

　　成语"一衣带水"同一般的四字成语的结构很不相同,绝大多数四字成语无论是诵读还是从意义上解读,均作二二切分,即两字一顿。现举以"一"字领起的四字成语为例:

　　一心一意　一朝一夕　一丝一毫　一鳞半爪　一知半解　一清二白　一干二净　一穷二白　一唱三叹——以上两两相对,前两字同后两字对仗,属并列关系。

　　一举两得　一字千金　一刻千金　一掷千金　一日千里　一箭双雕　一呼百应　一日三秋——以上两两相对,前两字同后两字对仗,属主谓关系。

　　一潭死水　一团和气　一表人才　一盘散沙　一纸空文——以上两字一顿,前两字同后两字为偏正(定语与中心语)关系。

　　一丝不苟　一网打尽　一塌糊涂——以上两字一顿,前两字同后两字为偏正(状语与谓语)关系。

　　一语破的　一叶知秋　一针见血　一事无成　一息尚存　一窍不通　一鸣惊人——以上两字一顿,前两字同后两字为主谓关系。

　　此外还有动宾关系的如"一决雌雄",动补关系的如"一扫而空"。

　　"一衣带水"虽然在诵读时可以两字一顿,但从意义上解读时却不能作二二切分,而应作三一切分。"一衣带"修饰"水",指像一条衣带那样窄的水流,形容很窄水面的间隔。比喻邻近,不足以成为交往的阻隔。该成语典出《南史·陈后主纪》:"隋文帝谓仆射高颎曰:'我为百姓父母,岂可限一衣带水不拯之乎?'"隋代开国皇帝杨坚声称为救百姓于水火之中,不以区区长江水域间隔为限。后泛指江河湖海等水域不足以限制人们的交通、交往。如现在常说中日两国是一衣带水的邻邦。

可见,四字成语虽然大多作二二切分,但不能一概而论。除了三一切分的以外,更多的还有一三切分的,详下。

052　"成人之美"

　　成语"成人之美"语出《论语·颜渊》:"君子成人之美,不成人之恶。"尽管诵读时可作二二切分,但从意义上解读时应作一三切分。意义上作二二切分就变作成年人之美,这不是该成语的含义;意义上作一三切分才符合该成语的含义,即成全、帮助他人做成好事或实现美好愿望的意思。

　　以一字领起的四字成语也有应作一三切分的,如"一分为二",意谓把"一""分为二",如作二二切分,"一分""为二"则不成义。

　　从意义上应作一三切分的四字成语主要有七种类型。

　　1.四字成语的第二字如果是否定词(包括否定副词"不"、"非"、"毋(无)",否定性动词"无",无定代词"莫"等)时,从意义上须作一三切分。这又有六种情况。

　　(1)名词领起带否定副词"不"。如:

　　　　手不释卷　情不自禁　朝不保夕　夜不闭户　道不拾遗身不由己

　　(2)名词领起带其他否定词。如:

　　　　人非草木　人莫予毒　史无前例　手无寸铁　目无全牛体无完肤

　　(3)形容词领起带否定副词"不"。如:

　　　　弱不禁风　深不可测　牢不可破　恬不知耻　锐不可当臭不可闻

(4)形容词领起带否定性动词"无"。如：

　　惨无人道　暗无天日

(5)动词领起带否定副词"不"。如：

　　爱不释手　赞不绝口　死不瞑目　乐不可支　乐不思蜀
供不应求　泣不成声　溃不成军　饥不择食

(6)动词领起带其他否定词。如：

　　爱莫能助　学非所用　居无求安

2.动词"如"、"若"、"犹"等出现在四字成语的第二字,从意义上须作一三切分。如：

　　易如反掌　势如破竹　了如指掌　固若金汤　口若悬河
过犹不及

3.动词或名词领起的四字成语,如果后三字为动宾词组,从意义上须作一三切分。这又有三种情况。

(1)动词"如"、"若"领起带动宾词组的。如：

　　如出一辙　如堕烟海　如获至宝　若无其事　若有所失
若有所思

(2)一般动词领起带动宾词组的。如：

　　好为人师　死有馀辜　死得其所

(3)名词领起带动宾词组的。如：

　　人尽其才　物尽其用　身临其境　狐假虎威　气吞山河
气贯长虹

4.动词"如"领起的四字成语,如果后三字为主谓词组,从意义上须作一三切分。如：

　　如牛负重　如鱼得水　如鸟兽散　如日方中　如雷贯耳

如火燎原　如影随形　如梦初醒　如芒刺背

5.动词领起的四字成语,如果后三字为名词性词组,则从意义上须作一三切分,常见约有两种情况。

(1)后三字为以"人"作定语的名词性词组。如:

成人之美　急人之难　乘人之危　寄人篱下　掩人耳目
感人肺腑　出人头地　步人后尘　扣人心弦

(2)后三字为以"其"作定语的名词性词组。如:

出其不意　乘其不备　投其所好

6.名词领起的四字成语,如果后三字为动补词组,则从意义上须作一三切分。如:

业精于勤　行成于思　喜形于色　名落孙山　鹤立鸡群
马放南山

7.四字成语后三字为"所"字结构时,则从意义上须作一三切分。如:

为所欲为　闻所未闻　畅所欲言　己所不欲　有所不言
无所不知

综上所述,辨识四字成语从意义上作一三切分的关键是看第二个字。如果第二字是否定词、动词"如"("若"、"犹")、辅助性代词"所"、带宾语或补语的动词、作定语的名词或代词等,从意义上须作一三切分。

唐代诗人顾况曾拿白居易的名字开玩笑,针对"居易"而说:"长安米贵,居大不易。"(见尤袤《全唐诗话》卷二)后以成语"居大不易"比喻在大都市里生活很不容易。"居大不易"从意义上必须作一三切分,否则就会曲解原意。

053　"人莫予毒"与"何去何从"

　　古汉语语法中有关语序的规律有否定句中代词宾语前置和疑问代词宾语前置，前者如"不我欺"（不欺骗我），后者如"我谁欺"（我欺骗谁），这在成语中也有体现。因为很多成语是古已有之的，它们继承了古汉语语法规律。"人莫予毒"和"何去何从"就是典型的例子。

　　成语"人莫予毒"语出《左传·宣公十二年》："及楚杀子玉，公喜而后可知也，曰：'莫余毒也已。'"春秋时代，晋楚两国打仗。晋文公听说楚国大将子玉已死，高兴地说："再也没有谁能危害我了。"后用此成语表示目空一切，认为没有谁能危害自己。代词宾语"余"或"予"前置于动词"毒"之前。

　　成语"何去何从"最早见于《楚辞·卜居》："屈原曰：'吾宁悃悃款款，朴以忠乎？将送往劳来，斯无穷乎？……宁与黄鹄比翼乎？将与鸡鹜争食乎？此孰吉孰凶，何去何从？'"

　　一般读者不了解"何"的语法位置，也不了解"去"的古义，有的辞书也往往误导，如《汉语成语分类大词典》解释该成语说："往哪里去？跟什么人走？形容心中惶惑，无所适从。"其实这里的"何"是"去"、"从"的宾语，而"去"的古义是离开，不是往哪里去的去。"何去"是离开哪儿，"何从"是跟从（走向）哪儿。疑问代词"何"前置于动词"去"、"从"。在"孰吉孰凶"中，疑问代词"孰"不前置，因为"吉"、"凶"不是动词。"孰吉孰凶"是两个主谓词组的连用，与"何去何从"的语法结构不同。可见，不懂成语中的语法关系就会曲解成语。

类似的成语还有"时不我待"、"尔虞我诈"等。代词"我"、"尔"都前置于动词"待"、"虞"、"诈"。"尔虞我诈"语出《左传·宣公十五年》:"我无尔诈,尔无我虞。"原义是我不要欺骗你,你也不要欺骗我。否定句中代词宾语前置,从中节取"尔虞"、"我诈"两个动宾词组(不是主谓词组),表示互相欺骗。直译是欺骗你欺骗我,不是我欺骗你欺骗。

当然,成语中所含古语素的语法作用不限于语序的变换,如宾语前置,常见的古汉语语法现象如词类活用中的使动、意动用法,名词用作状语,动词带双宾语等也在成语中很常见。各举一例如下:

降龙伏虎——降、伏,动词使动用法。使龙虎降伏的意思。

不远千里——远,形容词意动用法。不以千里为远的意思。

管窥蠡测——管、蠡,名词用作状语。用竹管窥探(天),用瓠瓢测量(海),比喻见识短浅。

欲加之罪,何患无辞——"加之罪"是动词带双宾语,"之"是代词宾语,"罪"是直接宾语。是加罪名给人,而不能释为强加的罪名。

总之,不了解成语中的语法关系,就无法正确、准确而透彻地理解成语。

054　"逃之夭夭"源于"桃之夭夭"

《诗经·周南·桃夭》:"桃之夭夭,灼灼其华。"形容桃树茂盛,桃花鲜艳。由于"桃"、"逃"同音,后人就借用"逃(桃)之夭夭"作为逃跑的诙谐、嘲讽说法。

无论是否羊年,旧历新年祝颂之辞有"三羊开泰",这是因为古俗羊象征吉祥,并利用"羊"与"阳"谐音从成语"三阳开泰"套用而来。按照《周易》,旧历十一月为复卦,一阳(阳爻)生于下;十二月为临卦,二阳生于下;正月为泰卦,三阳生于下。十一月冬至日,白昼最短,往后则白昼渐长,古人以为这是阴气渐消阳气始生,故称冬至一阳生,十二月二阳生,正月三阳生。"三阳开泰"即由此而来,意谓冬去春来,阴消阳长,万事吉祥亨通。

这类利用谐音改字在成语中是非常少见的。因为成语较一般词组稳定,不能随意改字。但是目前,利用谐音改动成语的现象在广告中大量涌现,大有铺天盖地、欲罢不能之势。例如:

咳(刻)不容缓——某止咳药的广告词

口蜜腹健(剑)——某滋补口服液的广告词

专心治痔(致志)——某痔疮药的广告词

饮(引)以为荣——某名酒的广告词

衣(依)衣(依)不舍——某服装厂的广告词

百闻不如一件(见)——同上

肠(长)治久安——某肠道药品的广告词

有口皆杯(碑)——某磁化杯的广告词

开门见衫（山）——某衬衫厂的广告词

无锁（所）不有——某锁厂的广告词

默默无蚊（闻）——某蚊香的广告词

百衣（依）百顺——某电熨斗的广告词

步步领鲜（先）——某电冰箱的广告词

骑（其）乐无穷——某摩托车的广告词

无网（往）不胜——某软件厂的广告词

无与轮（伦）比——某轮胎厂的广告词

随心所浴（欲）——某浴室的广告词

爱不湿（释）手——某洗衣机的广告词

　　以上改动成语能做到既贴切又生动，既自然又幽默，既有新意又不破坏规范，既新奇醒目又耐人寻味的并不多。利用谐音双关改动成语原意，并无肢解或曲解成语之嫌，也不致误导读者写别字，运用得比较成功的只有"默默无蚊（闻）"、"骑（其）乐无穷"等，其他则显得勉强甚至不通。有的还排斥、贬低同类产品，或说得过分，违反了广告法。

055　"高屋"怎样"建瓴"

　　成语"高屋建瓴"形容居高临下的形势,但是,其中"建"字的含义不容易辨识。

　　辨识"建"字,要先辨识"瓴"字。"瓴"有二义:一为房屋上仰盖的瓦,即瓦沟;二为盛水的容器。"瓴"按第一义解释,则"建"可解释为设置,"高屋建瓴"就是在高屋之上设置瓦沟,借此比喻居高临下之势似乎也可以说通。《汉语成语小词典》初版时正是这样解释的。但是核对这一成语的出处,发现这样的解释并不贴切。请看:

　　〔秦中〕地势便利,其以下兵于诸侯,譬犹居高屋之上建瓴水也。(《史记·高祖本纪》)

　　旧注说:"瓴,盛水瓶也。居高屋之上而翻瓴水,言其向下之势易也。"出处原文"建瓴水"不能解作设置瓦沟水,这里的"瓴"是作为盛水瓶解的。《淮南子·修务训》:"今夫救火者,汲水而趋之,或以瓮瓴,或以盆盂。""瓴"正是与"瓮"、"盆"、"盂"类似的盛水容器,而"建"则是翻倒、倾倒的意思。它原来是一个假借字,作为翻倒、倾倒义的专字本作"湕"。这个字后来不常用了,"建"这个借字从字面上很难辨识含义,所以给我们理解这个成语带来了障碍。《汉语成语小词典》(修订本)已冲破了这一障碍,作出了正确、贴切的解释。

056　"草菅人命"析

　　成语"草菅人命"(也写作"草菅民命")喻指反动统治者、恶势力任意残杀、迫害人民。人们常常把"菅"字读错或写错。菅,音 jiān,与草同义。草菅即杂草、野草。"菅"常被误读为 guǎn,误写为"管"。即使大体懂得这一成语含义的人也会读错、写错,这主要是未能深入理解这一成语的内部结构所造成的。

　　"草菅人命"语出《汉书·贾谊传》:"其视杀人,若艾草菅然。"原来指秦二世胡亥把杀人看得同割草一样。艾,音 yì,通"刈"。"草菅"是名词性成分,它放在另一个名词性成分"人命"前,实际上已活用为动词,而且用如意动。"草菅人命"就是"把人命看得同草菅一样"。

　　在古汉语中,名词用如意动是常见的特殊语法现象之一。用如意动的名词或名词性成分表示把其后的宾语看成或当作这个名词所表示的事物。如:

　　襟三江而带五湖。(王勃《滕王阁序》)
　　侣鱼虾而友麋鹿。(苏轼《前赤壁赋》)

　　名词"襟"、"带"、"侣"、"友"都用如意动,表示把三江当作衣襟,把五湖当作衣带,把鱼虾当作伴侣,把麋鹿当作朋友。毛泽东《沁园春·长沙》"粪土当年万户侯",其中"粪土"这个名词性成分也用如意动,表示把万户侯看成"粪土"一样,即藐视他们。

　　明白了成语"草菅人命"内部各词的结构关系和"草菅"的语法作用,才算真正懂得了这个成语,也不会把"菅"字读错、写错了。

057　"守株待兔"守的什么"株"

　　成语"守株待兔"语出《韩非子·五蠹》:"宋人有耕者,田中有株,兔走触株,折颈而死。因释其耒而守株,冀复得兔。兔不可复得,而身为宋国笑。""有株"、"触株"、"守株"的"株"应当作何解释呢?

　　不求甚解的人往往按照一株树的"株"来解释:"有株"解作有一株树,"触株"解作碰到树上,"守株"解作守候在一株树旁。这就曲解了原意。试想,一株树目标明显,兔子怎么会碰在树上折颈而死?

　　要了解"株"的确切含义,还得从"株"的古本字"朱"字谈起。"朱"和"本"、"末"三字原是分别指树木的三个部分的字,它们都是在象形字"木(米)"的基础上加一个指示符号"一"来指示树木的各个部位的:"末",树木的末梢,用"一"指示树木的上端;"本",树木的根本,用"一"指示树木的下端;"朱"原字形作"米",用"一"指示树木的中部,包括露出地面靠近根部的树桩(即树墩)及树茎(即树干)。"守株待兔"的"株"是"朱"的后起形声字,不是指整棵树木,而是指露在地面上的树桩子。它不易被觉察,所以兔子奔跑时误触而致死。

　　由于"株"也可以泛指整个树的茎干部分,所以后来发展为树的量词,意思同"棵"相类似,如"一株树"。

058 "深恶痛绝"的"痛绝"

成语"深恶痛绝"怎样解释？试看《现代汉语词典》(第5版1211页)：

【深恶痛绝】shēn wù tòng jué 厌恶、痛恨到极点。

这里注音准确，释义简明，似乎没有什么可挑剔的了。但是，如果把这个成语中的"痛"理解为痛恨的意思，"绝"理解为极点的意思，那就完全错了。

汉语成语绝大多数是音节整齐和谐、结构两两对称的四字格式。这四字格式常由意义相同相近或相对相关的两对词语组成，其中的两对词语往往不但音节平仄协调对称，而且词语结构(指主谓、动宾、联合、偏正等结构)亦两两对称。有不少这类成语本来用两个字就可以表达意思，但却往往采用同义、近义或意义相关联的词语重叠构成四字格式来表达。例如：

势均力敌（敌：匹敌，相当，与"均"同义。又"势"、"力"义近。）

家喻户晓（喻：晓喻，明白。"喻"、"晓"同义。又"家"、"户"义近。）

根深柢固（柢：与"根"同义。又"深"、"固"义近。）

心甘情愿（甘：甘愿，与"愿"同义。又"心"、"情"义近。）

心领神会（领、会：理解，明白。又"心"、"神"义近。）

以上均由两个主谓结构的词语组成。

登峰造极（造：到达；极：顶端，高处。"登"与"造"、"峰"与

"极"义近。)

文过饰非(文:掩饰,修饰。又"饰非"的"非"与"功过"的
"过"义近。)

含辛茹苦(茹:吃。"含"与"茹"、"辛"与"苦"义近。)

摧枯拉朽(拉:摧折。"摧"与"拉"、"枯"与"朽"义近。)

为非作歹(为、作:干,做。非、歹:不正当的、坏的〔事〕。)

打家劫舍(打、劫:抢,掠夺。又"家"、"舍"同义。)

以上均由两个动宾结构的词语组成。

分崩离析(崩:散塌;析:分开。)

荣华富贵(荣:兴旺;华:显耀。)

矫揉造作(矫揉:比喻故意做作,不自然。)

以上均由两个联合结构的词语组成。

深思熟虑(熟:周详,与"深"义近。)

穷凶极恶(穷:极端,与"极"同义。)

和颜悦色(颜:面容;色:脸色。)

穷途末路(穷途:绝路。)

以上均由两个偏正结构的词语组成。

"深恶痛绝"也是由两个结构相同的词语组成,"深恶"与"痛绝"
不但同为偏正结构,而且意义也相同。"深恶"即深切地厌恶、嫌弃
的意思;"痛绝"即彻底地、极端地决绝、厌弃的意思。"痛"正是"痛
恨"、"痛饮"、"痛感"、"痛骂"、"痛改"等的"痛",是所谓"甚极之辞",
也就是与"深"同义的程度副词。至于"绝"则是与"恶"同义的动词,
决绝、离弃的意思。"绝"又写作"疾"(见上海教育出版社《汉语成语
词典》547页),"疾恶如仇"的"疾"则更与"厌恶"的"恶"含义对当了。

059　同仇敌忾"之"敌"非仇敌

　　成语"同仇敌忾",人们往往只注意一个"忾"字,以为这是难以辨识的生字。殊不知,这里有一个更难辨识的"敌"字。

　　诚然,不论从字音还是字义看,"忾"确是一个生字。这个古汉语词,除了在成语"同仇敌忾"中仍沿用外,现代汉语中特别是现代口语中已不再使用。但是,人们通过查阅词典或请教他人,可以比较确切地辨识它(音 kài,愤恨、愤怒的意思),不致产生误解。而"敌"字由于字面上同现代汉语中"敌人"、"仇敌"的"敌"一模一样,稍一粗心,就会发生误解,即使查了词典,仍会经常搞错其含义。

　　《现代汉语词典》解释"敌忾"为"对敌人的愤怒",解释"同仇敌忾"为"指共同一致地抱着对敌人的无比仇恨和愤怒"。这些解释都很可能误导人们把"敌忾"的"敌"当作"敌人"、"仇敌"解,这实在是一种误解。

　　"同仇"语出《诗经·秦风·无衣》"修我戈矛,与子同仇","敌忾"语出《左传·文公四年》"诸侯敌王所忾而献其功"。"同仇"原为"共同对付仇敌"之义,"敌忾"原为"抵挡仇敌"之义。"忾"是"所忾"的压缩,原指所痛恨者——仇敌而言,"敌"则是"抵挡"之义。杜预为《左传》所作的注说:"敌,当也;忾,恨怒也。"成语"寡不敌众"的"敌"正是抵挡的意思,而成语"势均力敌"的"敌"则是对当(相匹敌、相当)的意思。这种"当"义的"敌"字,有时可与"均"成为同义词,而与"仇敌"之"敌"则不能混同。

060　"赴汤蹈火"的"汤"

　　成语"赴汤蹈火"的"汤"沿用古义,用常见的今义来解释是讲不通的。

　　今义"汤"指汁水,如:米汤、菜汤、鸡汤、参汤。

　　古义"汤"则指热水、沸水,如:

　　　　见善如不及,见不善如探汤。(《论语·季氏》)

　　　　冬日则饮汤,夏日则饮水。(《孟子·告子上》)

　　　　臣知欺大王之罪当诛,臣请就汤镬。(《史记·廉颇蔺相如列传》)

　　　　皆如金城汤池,不可攻也。(《汉书·蒯通传》)

　　　　扬汤止沸,不如去薪;溃痈虽痛,胜于养毒。(《三国演义》第三回)

　　《论语》例谓见了善的好像赶不上似的(力图赶上),见了不善的好像伸手摸取沸水(急于避离)。《孟子》例"汤"与"水"对文,"汤"指煮开的水,"水"指生冷的水。《史记》例的"就汤镬"指承受酷刑,即被投入沸水中煮死。《汉书》例"金城汤池"颜师古注:"金以喻坚,汤喻沸热不可近。"比喻防守严密的城墙和护城河。《三国演义》例"扬汤止沸"指舀起沸水又倒回去以制止沸腾,比喻办法不彻底。

　　今俗语称洗澡用的热水为"汤",称烧热水的罐为"汤罐",称盛热水供取暖的用具为"汤壶"或"汤婆子",这些"汤"都是沿用了古义。

　　同样,今天常用的成语"赴汤蹈火",其中"汤"亦沿用古义,指沸水、滚水。《汉书·晁错传》："赴汤火,视死如生。"晋傅玄《傅子》："虽赴汤蹈火,死无辞也。"(该书已佚,《三国志》注引有此句)这一成语从古代早期用例直至今天的用例,含义都是一致的,指在沸水和炽火面前敢于奔赴、踩踏,比喻奋不顾身,不怕死,不畏艰险。

061　"风雨交加"的"交"

　　成语"风雨交加"、"内外交困"、"饥寒交迫"等,其中的"交"字一般人很可能会按其现代常用义"交互"、"交替"来解释,其实这样解释是不确切的。

　　"交"的本义是交叉、交错,引申义有交互、交替、交往等。但古汉语中"交"有一个常用的引申义是"皆"、"俱",即"都"、"一齐"的意思。先看先秦古籍中的例证:

　　　　须眉交白。(《庄子·渔父》)

　　交,俱也。这里说"胡须眉毛都白了"。

　　语言是有继承性的,"交"的这一常用义在中古以后乃至现代一些沿用古义的成语中仍保留着。现举唐宋作家用例各一:

　　　　诸公要人争欲令出我门下,交口荐誉之。(韩愈《柳子厚墓志铭》)

　　　　风雨云雷,交发而并至。(陈亮《甲辰答朱元晦书》)

　　"交口"谓齐口、同声,"交发"即"都发"。"交发"与"并至"相对,"交"、"并"同义。这使我们又联想到现代汉语中成语"交头接耳"的"交",它的含义也绝不是"交叉",而是并齐(挨在一起)的意思。注意,这里的"交"是动词。

　　成语"风雨交加"、"内外交困"、"饥寒交迫"中的"交"用为范围副词,作"都"、"一齐"解,是确定无疑的。

062　"铤而走险"还是"挺而走险"

　　成语"铤而走险"不少人写作"挺而走险"。连有的词典也指出"铤"亦作"挺"或俗作"挺"。

　　其实,"铤而走险"的"铤"与"挺身"、"挺胸"的"挺"含义迥然不同。这个"铤"应解释为急速奔跑的样子。

　　"铤而走险"语出《左传·文公十七年》:"铤而走险,急何能择?"晋代杜预注:"铤,疾走貌。言急则欲荫莜(托庇,受庇护)于楚,如鹿赴险。"

　　唐代作家李华的著名散文《吊古战场文》描写古战场的荒芜时写道:"蓬断草枯,凛若霜晨,鸟飞不下,兽铤亡群。"这末一句正是叙述野兽疾速奔跑而失群。"铤"与"挺身"、"挺胸"的"挺"毫不相干。

　　"挺"有挺直、挺拔之义,"挺身而出"、"挺起胸膛"均含褒义,而"铤"则没有这样的褒义。"铤而走险"表示在紧急、急迫的情状下疾速赴险,即走投无路而冒险之义,并无称许、褒扬之意。"铤而走险"写作"挺而走险"是不可取的。

　　附带提一下,"铤而"的"而"一般词典或古文注解都不加解释,这很容易误导读者把"而"当作一般的连词,即连接状语和动词的连词,犹同"挺身而出"的"而",这就错了。其实"铤而"就是"铤然",犹如"忽而"就是"忽然"一样。"而"只是一个相当于词缀的语助词。明白"而"的作用,对于确切理解"铤而走险"的含义是有帮助的。

063　"载歌载舞"的"载"

描述节日或喜庆时欢乐歌舞的场面,人们常用"载歌载舞"这个成语。如果深究一下,这里的"载"怎样解释,恐怕不少人会张口结舌,一时无法回答呢。

常见的语词如"装载"、"乘载"、"运载"、"记载"、"一年半载"等,其中的"载"都不难解释,唯独"载歌载舞"的"载"性质特殊。这类性质特殊的"载"字在古诗文中经常出现,不搞清楚就会妨害语句的正确理解。

试看《诗经》中的例句:

载驰载驱,归唁卫侯。(《鄘风·载驰》)

不见复关,泣涕涟涟。既见复关,载笑载言。(《卫风·氓》)

睍睆黄鸟,载好其音。(《邶风·凯风》)

乃生男子,载寝之床,载衣之裳,载弄之璋。(《小雅·斯干》)

"载驰载驱"、"载笑载言"的语词结构格式与"载歌载舞"完全相同,翻译起来似乎可以是"又……又……"或"一边……一边……"的意思。然而用"又"或"一边"来解释"载"字,在《诗经》中很难一一讲通。那么,这个"载"究竟该怎样解释呢?

回答很简单:可以不加解释。这类"载"字是个既没有实在词汇意义,也没有明显语法意义的字眼,只不过用来舒缓语气、凑足音节,传统称之为"语助"或"语助词"。由于它经常放在动词或动词性词组前头,也有的语法论著称之为词头。"载歌载舞"就等于说"歌啊舞啊"或"唱着歌跳着舞"的意思。

同这类"载"相类似的字眼,在《诗经》里还有"言"、"薄言"等。如:

> 翘翘错薪,言刈其楚。(《周南·汉广》)
> 采采芣苢,薄言采之。(《周南·芣苢》)

"言"和"薄言"也是语助词,同具有实义的"言语"的"言"是不同的。《左传》和《孟子》里都有"既盟之后,言归于好"的话。"言归于好"即"归于好",和睦友好的意思,不是指言语活动的和好。详第66篇。

语助词在古汉语特别是上古汉语中使用很频繁,先秦古籍中的文字障碍很大一部分就来源于这类语助词,单是《诗经》中使用的就不下千个。当我们能够辨识它们时是容易对付的,只要把它们当作一个衬字就行了,不必考释它们的实义。问题在于难以辨识,人们往往不知道是个语助词而勉强地从字面上探求含义,这就反而弄巧成拙,出了岔子。请看:

> 维予小子,不聪敬止。(《诗经·周颂·敬之》)
> 人君唯无听谄谀饰过之言则败。(《管子·立政九败解》)

"不聪"如果指听觉不灵敏,那怎么能与"敬(警)"联系得上呢?不听谄媚阿谀、掩饰过错的谗言应当是好事,怎么反而会导致"败"呢?原来"不"和"无"在这两个句子里是语助词。马瑞辰《毛诗传笺通释》云:"不为语词。'不聪敬止'谓听而警戒也。正承上'敬之敬之'而言。""无"也写作"毋","毋"作语助词,如"宁"也作"毋宁":"不自由,毋宁死!"人们不会把"毋"当作否定词解。可见汉字形体常常迷惑人,我们必须随时注意辨识。

064　"突如其来"、"空空如也"的"如"

　　大体懂得"突如其来"、"空空如也"这两个成语的人,往往不理解也不深究其中"如"字的意义和用法,以为这无关紧要,满足于囫囵掌握、笼统理解。

　　其实,理解并深究一下这个"如"字,从而掌握一系列与之类似的古汉语特殊虚字,对于提高阅读古书的能力是大有帮助的。

　　"如"字之所以特殊,是由于它放在形容词后面既不属实词,也不属虚词。它不是解作"到"或"如同"义的动词,也不是一个独立的虚词。它根本不是一个词,而是形容词的附加成分。语法术语中于"虚词"而外,还保留"虚字"这个名称,正是由于有"如"这类特殊用字存在。

　　附加在词根上面的虚字通常称为"词缀",包括前缀和后缀,也叫作词头和词尾。"如"加在词根"突"或"空空"后面,属于形容词词尾,它本身不是独立的词。

　　古今汉语使用广泛的形容词词尾是"然",这是人们最熟悉的,我们今天常用的"忽然"、"肃然"、"茫然"、"欣然"、"飘飘然"等,都是古已有之的形容词。值得注意的是,古汉语中有几个与词尾"然"音近而意义用法完全相同的虚字:如、若、尔、而、焉、乎。这些虚字今天一般不再作为词尾,只见于沿用古汉语的语词中,所以人们容易忽略甚至误解。下面是使用这类虚字作词尾的例句:

　　　　桑之未落,其叶沃若。(《诗经·卫风·氓》)
　　　　我心忧伤,惄焉如捣。(《诗经·小雅·小弁》)

夫子莞尔而笑。(《论语·阳货》)

孔子于乡党,恂恂如也,似不能言者。(《论语·乡党》)

宋忠、贾谊忽而自失,芒乎无色,怅然嗫口不能言。(《史记·日者列传》)

上面加了词尾的形容词"沃若"、"愁焉"、"莞尔"、"恂恂如"、"忽而"、"芒乎"、"怅然","若"、"焉"、"尔"、"如"、"而"、"乎"都可以用"然"替换。同样,"突如其来"、"空空如也"的"如"也可以用"然"解释。"突如"即"突然","空空如"即"空空然"。"突如其来"语出《周易·离》,"空空如也"语出《论语·子罕》,都是先秦以来一直使用的语词。

古人常以"若"、"焉"、"尔"、"如"、"而"、"乎"、"然"作为形容词词尾交替使用,如上引《史记》例,"而"、"乎"、"然"交替使用于同一句子中。有时同一篇中交替使用这类词尾,如韩愈《答李翊书》中用这类词尾的语句有:

仁义之人,其言蔼如也。

俨乎其若思,芒乎其若迷。

戛戛乎其难哉!

昭昭然黑白分矣。

汩汩然来矣。

然后浩乎其沛然矣。

这类虚字作为形容词词尾经常出现,所以值得我们深究一番,而了解这些音近义通的虚字,可以以简驭繁,触类旁通。就是说,理解了以后可以解决一大片。把"若"、"如"、"尔"等视为人们熟悉的词尾"然"的变体,就不会有扞格难通之感了。

065　"城门失火"何以"殃及池鱼"

成语"城门失火,殃及池鱼"用来比喻无辜者被牵连而受祸害或损失。为什么以"池鱼"来比喻无辜者呢?

这一成语典故出自汉代应劭的《风俗通》:

> 旧说池仲鱼,人姓氏也,居宋城门,城门失火,延及其家,仲鱼烧死。又云守城门失火,人汲取池中水以沃灌之,池中空竭,鱼悉露死。喻恶之滋,并伤良谨也。(据《太平广记》卷466引)

"池鱼"的解释有二:一为人的姓名,即宋国的池仲鱼;一为池中的鱼。人们一般不取前说而取后说。但"池中的鱼"与"城门失火"有什么联系呢?原来"池"的古义除了同后代一样指"池塘"外,还有一个常用义,指的是"护城河"。城门失火,大家急忙就近从护城河里取水灭火,水用尽了,鱼也就干死了。可见"池"的古义不搞清楚,理解这个成语就会产生障碍。

早在《诗经》里就以"池"指"护城河"。如"东门之池"(《诗经·陈风》),毛传:"池,城池也。"古文中常以"城"、"池"连用或并举,例如:

> 楚国方城以为城,汉水以为池。(《左传·僖公四年》)
> 城郭沟池以为固。(《礼记·礼运》)
> 高城深池不足以为固。(《荀子·议兵》)
> 筑城池以守固。(《韩非子·存韩》)

现代汉语中"池"已不用"城池"这一古义,但"金城汤池"这一成语也还沿用,指金属打造的城墙和滚沸的护城河水,比喻防守严密、不可靠近、难以攻陷的城池。

066 "言归于好"不限于言语

　　成语"言归于好"中的"言"同成语"言不由衷"、"言传身教"、"言过其实"、"言多必失"、"言归正传"、"言简意赅"、"言听计从"、"言外之意"、"言行一致"、"言之有理"、"言之凿凿"、"言而无信"、"言之无物"、"言者无罪"中的"言"（这些"言"都指言语）很不相同。因为"言归于好"的"言"不是指言语，该成语所指的彼此重新和好也不限于言语行为，即不限于不吵嘴之类。原来这个"言"是古汉语中的语助词（古也称助词、语助，今多称词缀），既无实在的词汇意义，又无明显的语法意义。该成语语出《左传·僖公九年》："凡我同盟之人，既盟之后，言归于好。"结盟之后的和好绝不应停留在口头上，即不限于言辞，这是很明显的。

　　类似这样在成语中嵌入语助词的又如"羌无故实"的"羌"，"下车伊始"的"伊"，"语焉不详"的"焉"，"空空如也"、"突如其来"的"如"，"率尔而对"、"卓尔不群"的"尔"，"铤而走险"的"而"，"成也萧何，败也萧何"的"也"等。不少辞书往往对这类语助词不加解释，这实际上也是一种误导。因为读者对不加解释的词往往会按照常用义来理解。如把"如"当作如同，把"尔"当作第二人称代词，把"而"当作连词，把"也"当作副词，等等。其实，"空空如"、"突如"、"率尔"、"卓尔"、"铤而"中的"如"、"尔"、"而"相当于现代常用的词缀"然"。详第 64 篇。"铤而走险"语出《左传·文公十七年》："铤而走险，急何能择？""铤而"即"铤然"，是快跑的样子。详第 62 篇。

067　寿比南山

　　人们称颂他人多福、长寿经常说"福如东海,寿比南山"。其中,"寿比南山"语出《诗经·小雅·天保》:"如月之恒,如日之升,如南山之寿,不骞不崩。"(骞、崩指损毁。)南山原指秦岭终南山。此山高峻连绵,世世代代屹立,故用以比喻人的高寿、长寿。后多以"寿比南山"作为祝寿之辞。

　　"寿比南山"的"比"也值得注意。"比"的现代常用义比较、比赛在这里都讲不通。"比"的本义是并列,如"比肩"。引申为等同,如"比量齐观"、"比意同力"。再引申则为比拟、类同,如"寿比南山"便是。"比"与"福如东海"的"如"对文,也可证明"比"有类同、类似的意思。唐鲍溶《夏日华山别韩博士愈》:"迹比断根蓬,忧如长饮酒。"也是"比"、"如"对文。正因为"比"有类似的意思,所以"比"、"似"常连用,即"比似"同义连文。如元代沈禧《踏沙行》:"滔滔比似西江水,无情日夜向东流。"又如元代刘铉《乌夜啼》:"暮雨急,晓霞湿,绿玲珑,比似茜裙初染一般同。"至于"比如"、"比方"、"比喻"等则属双音节复合词,其中的语素"比"用同"譬"。

068　"责备"即"求全"

成语"求全责备"是什么意思?

人们往往误以现代常用词"责备"的含义(批评指责)来理解"求全责备"中的"责备",其实这样理解是似通非通、似是而非啊。

成语中的字往往保留古义。"求全责备"中的"责"正是继承了"责"的常用古义索取、责求的意思。"责"的偏旁"贝"表示与财物有关,"责"的求取义正是从索取财物义引申扩大而来的。"责"又是"债"的古字,例见《冯谖客孟尝君》一文。"责"用为索取义的例证如:

宋多责赂于郑。(《左传·桓公十三年》)——"责赂",指索取财物。

循名而责实。(《韩非子·定法》)——依照名义而要求与之相符的实质。

"责备"连用,在古文中则是要求完备的意思。如:

然尧有不慈之名,舜有卑父之谤,汤、武有放弑之事,五伯有暴乱之谋,是故君子不责备于一人。(《淮南子·氾论训》)——说的是连圣贤明君也有缺点错误,所以不能要求一个人完美无缺。"责备"即要求完备。

"责备"这一语词由求全的意思逐渐引申为苛求、苛责的意思,今天则专表批评指责的意思,但凝固成四字格式成语的"求全责备"则仍保留了"责备"的古义。例如:

于已成之局,那么委曲求全;于初兴之事,就那么求全责备?(鲁迅《华盖集·这个与那个》)——对于新生事物要求十全十美,鲁迅提出了质疑。

至于成语为什么说了"求全"又紧跟着再说等于"求全"义的"责备"呢?这类同义复叠的格式是为了加强表达的效果。

069　特殊的名动组合

孤立地看，"人立"、"蛇行"、"蚕食"、"狼吞虎咽"、"龙盘虎踞"、"星罗棋布"、"土崩瓦解"、"蝇营狗苟"等都是名词和动词的组合，而名词置于动词之前往往用作主语，与动词构成主谓词组。但在古文献中，结合具体语言环境，放在实际上下文里，这些名词往往已经改变了通常作主语的功能，而用作状语，与动词构成状动（状谓）词组，即名词修饰动词。这在古文献中屡见不鲜，不属临时的活用，而是屡见的常用，所以一般不宜归入词类活用。不过，相对于现代汉语来说，这种名词修饰动词的用法比较特殊，我们称之为"特殊的名动组合"。

现在，让我们看看这些名动组合在古文献具体语句中的用例：

豕人立而啼。（《左传·庄公十年》）——"人立"，谓猪像人一样站立。

嫂蛇行匍伏。（《战国策·齐策》）——"蛇行"，谓嫂像蛇一样爬行。

国人刺其君重敛蚕食于民。（《诗经·魏风·硕鼠》小序）——"蚕食"，像蚕一样逐渐侵食。

不上一刻工夫，狼吞虎咽，居然吃个精光。（《官场现形记》第二十四回）——"狼吞虎咽"，像虎狼一样吞咽。

龙蟠虎踞帝王州，帝子金陵访古丘。（李白《永王东巡歌》）——"龙蟠虎踞"，像龙虎一样盘踞。

城北十里外，有一北邙山，周围百里，古帝王之陵，忠臣烈士之墓,如星罗棋布。(《隋唐演义》第五十一回)——"星罗棋布",像星星、棋子一样罗列、密布。

秦之积衰,天下土崩瓦解。(《史记·秦始皇本纪》)——"土崩瓦解",像土一样崩溃,像瓦一样分解。

呜呼,士方平时,自视霄汉,抵掌大言,以节义自许;一落贼手,则蝇营狗苟,乞一旦之命,或出力而助虐者多矣。(沈淑《谐史·徐观妙》)——"蝇营狗苟",像苍蝇一样钻营,像狗一样苟且。

以上名动结构中修饰动词的名词作状语均表示比喻。

名动结构的名词作状语除了表比喻以外,还有以下三种表达作用:

第一,表示对待人的态度。例如:

今而后知君之犬马畜伋。(《孟子·万章下》)——"犬马",像对待犬马一样(畜养孔伋)。

彼秦者……虏使其民。(《战国策·赵策》)——"虏使",当作俘虏来驱使。

君为我呼入,吾将兄事之。(《史记·项羽本纪》)——"兄事之",以对待兄长一样的态度对待他(项伯)。

第二,表示工具、方式。例如:

叩石垦壤,箕畚运于渤海之尾。(《列子·汤问》)——"箕畚运",用竹箕、草畚搬运。"箕畚"是"运"的工具。

太祖累书呼,又敕郡县发遣。(《三国志·魏书·华佗传》)——"书呼",用书信召唤。"书"是动词"呼"的方式。

第三,表示处所、场合。例如:

群臣吏民能面刺寡人之过者,受上赏。(《战国策·齐策一》)——"面刺",当面揭露。

夫以秦王之威，而相如廷斥之。(《史记·廉颇蔺相如列传》)——"廷斥之"，在朝廷上斥责他。

大月氏复西走。(《汉书·张骞传》)——"西走"，向西逃跑。

名动组合中名词用作状语在古文献中是普遍存在的。现代汉语某些成语或固定词组中也有这种名动组合，沿用了名词作状语的用法，如"蚕食"、"瓦解"、"面谈"、"东奔西走"、"狼吞虎咽"、"龙腾虎跃"等。

070　怕人≠怕人　胜之＝败之

亲爱的读者，这里没有排版或校对的讹误，＝和≠两个符号并没有错换。在实际语句中，同是"怕人"二字，有时意义完全不同；"胜"、"败"这一对反义词与宾语连用时意义却往往相同。这是怎么回事呢？请看两个例句：

> 没有月光的晚上，这路上阴森森的，有些怕人。（朱自清《荷塘月色》）

> 悉发以击楚大军，尽败之。（《史记·陈涉世家》）

"怕人"一般表示害怕人的意思，宾语"人"是动词"怕"的对象。但在《荷塘月色》中，"怕人"不是一般的动宾关系，而是一种特殊的动宾关系：动词所表示的动作变化不是主语发出的，而是使宾语发出的。"怕人"是使人害怕的意思。"怕"这一心理活动是宾语"人"发出的。这种特殊动宾关系中的动词也不具备直接支配宾语的作用，语法上称之为使动用法。

"败之"的意思是战胜他们（楚大军），改"败之"为"胜之"，意思是一样的。原来，带上代词宾语的动词"败"和"胜"具有不同的语法结构："胜之"是一般动宾关系，"败之"则是特殊动宾关系。"败"属使动用法，是使宾语"之"溃败、败退。所以"败之"具有同"胜之"相同的含义。

文言文中使动用法经常出现，必须结合具体语言环境把它同一般动宾关系区别开来。如马中锡《中山狼传》"幸先生生我"一句中的"生我"，不是"生我养我"的"生我"，即不是一般的动宾关系，而是

使我生（救活我）的意思。"又何吝一躯啖我而全微命乎"一句中的
"啖我"也不是"吃我"，而是"让我吃"的意思。动词"生"、"啖"都是
使动用法。

活用为动词的名词、形容词也常有使动用法。例如：

> 先生之恩，生死而肉骨也。（马中锡《中山狼传》）
> 轻徭薄赋，以宽民力。（方勺《方腊起义》）

名词"肉"表示长肉，已活用为动词，而且是使动用法："肉骨"表
示使枯骨长肉。形容词"轻"、"薄"、"宽"也是使动用法，这里表示使
徭役减轻、使赋税微薄、使民力宽裕的意思。

有时，使动用法可以省略宾语。例如：

> 左右以君贱之也，食以草具。（《战国策·齐策》）
> 操军方连船舰，首尾相接，可烧而走也。（《资治通鉴·汉
> 献帝建安十三年》）

前例"食"后省略了宾语"之"，给他吃的意思；后例"走"后也省
略了宾语"之"，使操军败退、逃跑的意思。这里的"食"、"走"都是使
动用法。

还要注意，有时使动用法的词读音也与作一般用法时不同。如
前例"食以草具"的"食"，音 sì。又如，"饮马"的"饮"与"饮水"、"饮
酒"的"饮"不同，前者为使动用法，让马饮的意思，音 yìn；后者为一
般动词，音 yǐn。

071　老子主张奢侈享受吗

《老子》第八十章的名句"小国寡民,使有什伯之器而不用,使民重死而不远徙。虽有舟舆,无所乘之,虽有甲兵,无所陈之。使民复结绳而用之,甘其食,美其服,安其居,乐其俗,邻国相望,鸡犬之声相闻,民至老死不相往来",表现了对上古那种质朴、安定、自足、无求、少思、寡欲的所谓"至德"、"至治"之世的追慕向往。

但是各家在译注"甘其食,美其服,安其居,乐其俗"四个小分句时,却存在着明显的分歧。

任继愈在《老子今译》和《中华活页文选·老子三章》中把"甘、美、安、乐"等词当作使动用法。译文如下:

〔使人民〕吃得香甜,穿得漂亮,住得安适,过得习惯……

王力《古代汉语》和杨柳桥《老子译话》中则将"甘、美、安、乐"等词当作意动用法。杨氏译文如下:

〔他们觉得〕自己的食品很香甜,自己的衣服很华美,自己的住所很安适,自己的习俗很可爱……

古汉语中词类活用的使动用法和意动用法是有显著区别的。使动用法是表示使宾语实际上成为怎么样,意动用法则表示主观上认为宾语怎么样。试对照《孟子》的两个句子:

工师得大木,则王喜。……匠人斫而小之,则王怒。(《孟子·梁惠王下》)

孔子登东山而小鲁,登泰山而小天下。(《孟子·尽心上》)

"斫而小之"是实际上把大木斫小了,"小"是使动用法;"小鲁"、"小天下"是主观上以为鲁国变小、天下变小了,不是真的使鲁国和天下变得小了,"小"是意动用法。同一个"小",语法作用不同,意义就大有区别。然而这种区别往往无法从字面上孤立推断,务须细玩文意,联系上下文加以审辨。

《国语·越语》:"其达士,洁其居,美其服,饱其食,而摩厉之于义。"说的是勾践为了复国图强,招致贤达之士,厚待礼遇他们,实际上使得他们住所整洁,服饰华美,食物饱足,并在仁义方面使他们切磋砥砺加强修养。这里的"洁"、"美"、"饱"、"摩"、"厉"等词都活用为使动用法。

前述《老子》第八十章四个小分句句式与《国语》这一句相同,"美其服"一句字面又完全一样,但是其中的"甘"、"美"、"安"、"乐"等词是活用为使动用法还是意动用法,应当联系本章上下文,联系《老子》一书的哲学观点进行探讨。

按该章所反映的中国古代小自耕农的幻想,并不是要求奢侈享受,要求"吃得香甜"、"穿得漂亮"、"住得安适"、"过得习惯",而是要求回复原始的质朴、简陋而又水平低下的生活。《河上公章句》对《老子》这段话的注释是:

> 甘其蔬食,不鱼肉百姓也;美其恶衣,不贵五色;安其茅茨,不好文饰之屋;乐其质朴之俗,不转移也。

老子所主张的是安于"蔬食"、"恶衣"、"茅茨之屋"、"质朴之俗",并不是要使生活优裕、提高,是主观上感到满足,不奢求什么"香甜之食"、"五色之服"、"文饰之屋"和离弃质朴的习俗。河上公的章句正确反映了老子的哲学思想和政治主张。

可见"甘"、"美"、"安"、"乐"等词在《老子》这段话中不是使动用法,而应当作意动用法分析。由于语法分析的错误,会曲解老子的思想观点,直接影响哲学研究的科学性。

072　特殊的被动式

被动式是表示主语是动作行为的承受者,即主语是受动者。汉语特别是古汉语缺乏形态标志,被动式和主动式有时是同形的。如"伐者"、"攻者"既可以是施动者(主动者),即施行动作行为者,也可以是受动者(被动者)。例如:

《春秋》伐者为客,伐者为主。(《公羊传·庄公二十八年》)何休注:"伐人者为客,读伐长言之;见伐者为主,读伐短言之。齐人语也。"

今大国之攻小国也,攻者农夫不得耕,妇人不得织,以守为事;攻人者亦农夫不得耕,妇人不得织,以攻为事。(《墨子·耕柱》)

"伐人者"、"攻人者"指施动者(主动者),"见伐者"指受动者(被动者)。有了何休的注和文献语句的上下文,同形的"伐者"、"攻者"方能区别主动与被动。至于以读音"长言"、"短言"区别主动、被动,恐非原文原意,而是后人解读时所加。

除了有被动标志的"见"字句、"被"字句、"于"字句、"为"字句以及"见……于……"句、"为……所……"句以外,存在大量与主动式相同的被动式,即主语(受动者)加上及物动词的被动式。

有标志的被动式各举一例如下:

万乘之国,被围于赵。(《战国策·齐策》)

〔屈原〕信而见疑,忠而被谤。(《史记·屈原贾生列传》)

〔楚怀王〕内惑于郑袖(怀王的宠姬),外欺于张仪。(同上)

身死人手，为天下笑。（贾谊《过秦论》）

父母宗族，皆为戮没。（《史记·刺客列传》）——"为"后施动者不出现。

以四百里之地见信于天下。（《吕氏春秋·贵信》）

大月氏王已为胡所杀。（《汉书·张骞传》）

无标志的被动式，即与主动式相同的被动式如：

龙逢斩，比干剖。（《庄子·胠箧》）——龙逢被斩，比干被剖（指挖心）。

风至苕折，卵破子死。（《荀子·劝学》）——苇苕被折断，鸟卵被打破。

农事伤，则饥之本也；女红（工）害，则寒之原（源）也。（《汉书·景帝纪》）——农事、女红（工）被伤害。

足蒸暑土气，背灼炎天光。（白居易《观刈麦》）——足被暑土气蒸，背被炎天光炙。

春擒于内，兰死于外。（李公佐《谢小娥传》）——"春擒"属被动式，"兰死"属主动式。"于内"、"于外"是表处所的补语，不同于有被动标志的"于"字句，后者"于"引出施动者。

又荆州之民附操者，偪（逼）兵势耳。（《资治通鉴·赤壁之战》）——"偪兵势"，被兵势所逼。杜甫《咏怀》诗："胡雏逼神器。"指安史之乱攻陷长安，这个句子是主动式。

《荀子·劝学》一例，包含四个主谓短句，其中"风至"、"子死"属主动式，"苕折"、"卵破"属被动式。这种形式使复句结构在形式上显得整齐、和谐。

类似的句式现代汉语也有，如：

一切别的东西都试过了，都失败了。（毛泽东《论人民民主专政》）——"试过了"属被动式，"失败了"属主动式。同样使复句结构在形式上显得整齐、和谐。

鲁迅《阻郁达夫移家杭州》诗："平楚日和憎健翮，小山香满蔽高岑。"注解者往往不知"憎"、"蔽"表被动，以致曲解诗意。原来"健翮"即雄鹰，指革命者，他们习惯于惊涛骇浪、万里长空，而厌憎暖洋洋、软绵绵的安逸环境，所以"平楚日和"被"健翮"所厌憎。"小山香满"被"高岑"所遮蔽，以致幽香不得远闻。只有理解"憎"、"蔽"表被动，方与"阻移家"的题旨相符合。

073 十九≠19

韩愈《平淮西碑》:"愿归农者十九。"这句话看起来十分明白易懂,丝毫没有什么文字障碍。但是,如果把句中的十九当作 19 这个数目,那就大大违反了作者原意,"十九"正是潜藏的"拦路虎"。

大家都熟悉一句谚语:"不怕一万,只怕万一。"其中的"万一"同韩文中的"十九"语法结构完全相同。"万一"不是 10001,而是万分之一;"十九"不是 19,而是十分之九。

这样的分数表示法在古汉语中真是屡见不鲜,作为分母的"十",往往又写作"什"。例如:

> 地方百里者,山陵处什一,薮泽处什一,溪谷流水处什一,都邑蹊道处什一,恶田处什二,良田处什四。(《商君书·徕民》)
>
> 会冬,大寒雨雪,卒之堕指者十二三。(《史记·匈奴列传》)
>
> 会天寒,士卒堕指者什二三。(《史记·高祖本纪》)
>
> 魏成子以食禄千钟,什九在外,什一在内。(《史记·魏世家》)
>
> 冀臣愚直,有补万一。(《后汉书·刘瑜传》)

以上,只说明了古汉语分数表达中的一种特殊现象,但不是唯一的特殊现象。因为较易忽略,所以值得提出。

074 "二"和"两"

在现代汉语中,"二"和"两"是有分工的。譬如"二排战士"和"两排战士",前者指第二排的,后者指两个排的。简言之,除了序数以外,一般场合都用"两"不用"二"。(有时"二"、"两"两可,如在表示度量衡单位的量词之前。)所以,如果今天有人说"二个"、"二双"、"二只"、"二点钟"等,就会令人感到别扭。

古汉语中,"二"和"两"也有分工,但是两者使用范围同现代汉语是不同的。古汉语中"两"的使用范围比"二"小得多。试看:

士也罔极,二三其德。(《诗经·卫风·氓》)

夫子欲之,吾二臣者皆不欲也。(《论语·季氏》)

二桃杀三士,讵假剑如霜。(诸葛亮《梁甫吟》)

二子相顾惭骇。(韩愈《石鼎联句诗序》)

二客从余过黄泥之坂。(苏轼《后赤壁赋》)

请干将铸作名剑二枚。(《吴越春秋·阖闾内传》)

天下三分明月夜,二分无赖是扬州。(徐凝《忆扬州》)

上引各例中的"二"都不可以改用"两"(虽然它们不用于序数),这是与现代汉语不相同的。同时,还可看到,古汉语中很少使用个体量词。"二臣"、"二桃"、"二客"等都省略了量词。"两只老虎"古汉语只说"二虎"。这种表达方式在今天一些固定短语中还可看到。如"九牛二虎",不能把"二"改为"两",也不能插进个体量词"只",这是古汉语词语的沿用。

也许有人会举出《史记·廉颇蔺相如列传》中的句子"今两虎相

斗,其势不俱生"来质疑:"二虎"不是也可以说成"两虎"吗?"二"和"两"在古代究竟怎样区别呢?

诚然,"2"这个数目在古代也有用"两"来表示的,除了"两虎相斗"而外,我们还可以举出很多今天还沿用的古代成语和固定短语中用"两"的例子。如两军对峙、两败俱伤、两全其美、势不两立、两袖清风、两面三刀、两楹、两端、两极、两翼、两造、两汉、两广,等等,所有这些"两"又都不能改"二"。

原来在古汉语中,"两"是常常用来专门表示成双、对当的两件事物的。赵国的廉颇和蔺相如正是一文一武相对当的两位重臣,蔺相如指的"两"不是一般所指的数目"2",所以不说"二虎"而说"两虎"。一些只有两个的事物如耳、眼、翼、袖等,天然是成双的,所以一般也只用"两"表示。再举几个例子如下:

> 垂彼两髦,实维我仪。(《诗经·邶风·柏舟》)
>
> 两涘渚崖之间,不辨牛马。(《庄子·秋水》)
>
> 夫两贵之不能相事,两贱之不能相使,是天数也。(《荀子·王制》)
>
> 愿君坚塞两耳,无听其谈也。(《战国策·赵策》)

注意,"两"的这种特殊用法在上古表现得十分明显,但是发展到后来,特别是中古和现代,"两"的使用范围愈来愈广,序数而外,用在量词前面的基数大多用"两",只有零数还用"二"。而有的方言连零数的地盘也被"两"占据了,如浙江金华人把"十二个"说成"十两个"。

075　"三令五申"的"三"、"五"

　　成语"三令五申"的"三"、"五"沿用古汉语动量表示法,指三次、五次,比喻多次。"三令五申"谓多次命令、反复说明,即再三告诫的意思。

　　古汉语特别是上古汉语没有动量词,一般只用数词表示动量。数词表示动量有两种情况:

　　第一,数词置于动词前作状语。例如:

　　　　三折肱,知为良医。(《左传·定公十三年》)——三折肱,三次(比喻多次)折断胳膊。

　　　　令尹子文三仕为令尹,无喜色;三已之,无愠色。(《论语·公冶长》)——三仕,三次做官;三已,三次免官。

　　　　禹八年于外,三过其门而不入。(《孟子·滕文公上》)——三过,三次经过。

　　　　鲁人从君战,三战三北。(《韩非子·五蠹》)——三战三北,三次作战,三次败北。

　　　　楚有养由基者,善射,去柳叶者百步而射之,百发百中。(《战国策·西周策》)——百发百中,一百次发射,一百次射中。

　　　　是以肠一日而九回。(司马迁《报任安书》)——九回,九遍旋转(比喻倒腾无数遍)。

　　此外,成语"一鼓作气"、"一曝十寒"、"三顾茅庐"、"三推六问"(多次审讯)、"七擒七纵"、"千变万化"等,其中的数词都作状语表示动量。

第二,数词置于"者"字结构后作谓语,表示动量。例如:

于是平原君欲封鲁仲连,鲁仲连辞让者三,终不肯受。
(《战国策·赵策》)——辞让者三,辞让三次(多次)。

范增数目项王,举所佩玉玦以示之者三。(《史记·项羽本纪》)——示之者三,暗示他三次(多次)。

〔聂荣〕乃大呼天者三,卒于邑悲哀而死。(《史记·刺客列传》)——大呼天者三,大声喊天三次(多次)。

不匝旬而得异地者二。(柳宗元《钴鉧潭西小丘记》)——得异地者二,买到胜地两回。

以上各句的数词都作谓语,其前"者"字结构作主语。这种将数词置于句末作谓语的用法,有强调、突出动量的作用。这与前述数词作状语表动量,都是古汉语所特有的动量表示法。

076　"见斥"是"被斥"吗

　　韩愈《进学解》："然而圣主不加诛,宰臣不见斥,兹非其幸欤?"这句话中,"见斥"的"见"讲解起来常感困难、别扭,语文教师们尤有同感。

　　《马氏文通》在"变动字"一章讲到这个句子时,也感到无法解决:"其意盖谓'不为宰臣所斥'也,则'见斥'二字反用矣,未解。"

　　人民教育出版社的《古代散文选》中册解释这个句子为"不为宰臣所斥逐",同时又把"见"解释为"被",仍然令人迷惑难解。

　　总之,"见斥"解为"被斥"是否正确呢?

　　助动词"见"表示被动含义,在古文中是常见的。例如:

　　　　吾长见笑于大方之家。(《庄子·秋水》)

　　　　信而见疑,忠而被谤,能无怨乎?(《史记·屈原贾生列传》)

　　　　然而公不见信于人,私不见助于友。(韩愈《进学解》)

　　这些句子中的"见"都不妨翻译为"被",讲解起来十分顺当。但是古文中确有不少像韩文的"见斥"一样的例子,"见"是无法当作"被"解的。例如:

　　　　〔布〕往见司徒王允,自陈卓几见杀之状。(《后汉书·吕布传》)

　　　　生孩六月,慈父见背。(李密《陈情表》)

　　　　幸愿开张心颜,不以长揖见拒。(李白《与韩荆州书》)

　　　　凡举事,无为亲厚者所痛而为见仇者所快。(朱浮《为幽州牧与彭宠书》)

　　这些句子中的"见"如果当作"被"的意思,不但别扭,而且会把原意完全颠倒、歪曲。"卓几见杀"不是董卓几乎被杀,而是吕布说董卓几乎杀了自己。李密说"慈父见背"也不是他的父亲被背弃,而是说父亲背弃了李密(而去世)。"见拒"、"见仇"的含义也类同,绝不能当作"被拒"、"被仇"的意思。

　　这类"见"字不但不表被动意念,相反地,它出现在主动句式中,其后及物动词的主语(卓、慈父等)并非受动者,而是施动者。同时,这些"见"字还兼有指代作用,即指代没有出现的受动者。如"见背"即"背我","见拒"即"拒我","见仇"即"仇我"。王安石《答司马谏议书》"不蒙见察"、"冀君实或见恕"、"今君实所以见教者"三个语句中,"见"都是不表被动而兼有称代己身作用的助动词。"见察"即"察我","见恕"即"恕我","见教"即"教我"。

　　其实,这种出现于主动句式中具有指代作用的助动词"见"在我们现代口语中还有沿用,比较一下可以帮助正确理解"见"的这种用法。例如"请勿见怪"、"请勿见笑"、"有何见教"等,其中的"见"一概不宜解作"被",这是很明显的。

　　可见,韩愈《进学解》中的"见斥"不是"被斥",而是"斥我"的意思。

077　无·无论

陶渊明《桃花源记》描写桃花源中人与世隔绝,不知人世变迁时写道:

> 自云先世避秦时乱,率妻子邑人来此绝境,不复出焉,遂与外人间隔。问今是何世,乃不知有汉,无论魏晋。

其中的"无论"不同于现代汉语中的连词"无论"。

现代汉语中的连词"无论"义同"不论"、"不管",用于无条件句,表示条件不同而结果不变。例如:

> 无论天晴下雨,都要去上学。
>
> 无论任务多么艰巨,都要努力完成。

古代汉语中的"无论"不是一个词,而是两个词的组合。"无"是否定词,这里义同"毋",不要的意思。"论"是个动词,这里义同"说"。"不知有汉,无论魏晋"就是说:不知道有汉代,更不要说魏代、晋代了。

相当于现代汉语连词"无论"的古汉语词是"无"。"无"这个否定词用途很广,除上面已举的相当于"毋"的意思外,还可作动词(相当于"没有"),也可作语气词。但作为义同"无论"的连词时往往两个或两个以上的"无"并列对举,或"无"后紧接并列词语。例如:

> 无小无大,从公于迈。(《诗经·鲁颂·泮水》)
>
> 人君无愚知贤不肖,莫不欲求忠以自为,举贤以自佐。
>
> (《史记·屈原贾生列传》)

　　愚以为宫中之事,事无大小,悉以咨之,然后施行。(诸葛亮《出师表》)

　　是故无贵无贱,无长无少,道之所存,师之所存也。(韩愈《师说》)

《诗经》和韩文都以两个或两个以上的"无"并列对举,《史记》和《出师表》则于"无"字后紧接并列词语(愚、知,贤、不肖,大、小)。这些句子中的"无",可翻译为"无论"、"不论"、"不管"。

078 或·或者

古汉语特别是上古汉语中,"或"并不是表示选择关系的连词。现代汉语中的"或"、"或者"则常作连词使用。例如:

> 不解决桥或船的问题,过河就是一句空话。
>
> 或者把老虎打死,或者被老虎吃掉,二者必居其一。

古汉语中"或"的基本用法是用作无定代词,泛指或分指有的(人或事物)。例如:

> 或谓孔子曰:"子奚不为政?"(《论语·为政》)
>
> 或问乎曾西曰:"吾子与子路孰贤?"(《孟子·公孙丑上》)

以上"或"字泛指有人、有的人,不指称姓名(无法指称或有意不指称),所以是无定代词。有时两个或两个以上的"或"前后呼应使用,表示"有人……有人……"或"有的……有的……"。例如:

> 人固有一死,或重于泰山,或轻于鸿毛。(司马迁《报任安书》)
>
> 夫物之不齐,物之情也:或相倍蓰,或相什百,或相千万。子比而同之,是乱天下也。(《孟子·滕文公上》)

以上无定代词"或"可译为"有的……有的……"这样的并列形式,后来的选择连词"或"就由此发展而来。当无定代词"或"指称时间时,"或……或……"相当于"有时……有时……",这与后来的选择连词更相接近,这种句式含有交替存在的意思。例如:

> 为医或在齐,或在赵。在赵者名扁鹊。(《史记·扁鹊列传》)

又入水击蛟,蛟或浮或没。(《世说新语·自新》)

古汉语中也有"或者",字面上与现代汉语选择连词"或者"一样,但词性和用法不同。古汉语的"或者"是"或"和"者"两个词的组合,"或"是副词,表示不敢肯定,"者"是语气词,表示语气的提顿。"或者"的用法与单个的副词"或"一样,可译为"或许"、"可能"、"大概"。例如:

今天或者大警晋也! 而又杀林父以重楚胜,其无乃久不竞乎!(《左传·宣公十二年》)

昔者辞以病,今日吊,或者不可乎?(《孟子·公孙丑下》)

"天或者大警晋也"是说"上天也许特别警告晋国吧","或者不可乎"是说"大概不可以吧"。

079　虽·虽然

　　古汉语虚词"虽"是个连词,当它用来表示承认事实的让步时,用法与现代汉语"虽然"一样。例如:

　　失火而取水于海,海水虽多,火必不灭矣。远水不救近火也。(《韩非子·说林上》)

　　楚虽有富大之名,而实空虚,其卒虽多,然而轻走易北(轻易地逃跑、败北)。(《史记·张仪列传》)

　　园日涉而成趣,门虽设而常关。(陶渊明《归去来辞》)

　　以上各句,"虽"即"虽然",表示承认事实(海水多、楚有富大之名、卒多、门设,均为既成事实),先让步,后转入正意(火必不灭、其实空虚、轻走易北、常关)。

　　古汉语虚词"虽"作为连词时,有时含义并不同于现代汉语的"虽然",它所连接的语句并非既成事实,而只是一种假设。这时,它所在的句子是假设让步句,不是承认事实的让步句。例如:

　　虽我之死,有子存焉。(《列子·汤问》)

　　君不闻大鱼乎?网不能止,钩不能牵;荡而失水,则蝼蚁得意焉。今夫齐,亦君之水也。君常有齐阴,奚以薛为?失齐,虽隆薛之城到于天,犹之无益也。(《战国策·齐策》)

　　亦余心之所善兮,虽九死其犹未悔。(《楚辞·离骚》)

　　有时朝发白帝,暮到江陵,其间千二百里,虽乘奔御风不似疾(不像这样快)也。(《水经注·江水》)

以上各句中的"虽"不能用现代汉语"虽然"对译,因为它连接的部分不表示承认事实的让步(我之死、隆薛之城到于天、九死、乘奔御风,都不是既成事实),而是表示假设让步,先以假设让步,后转入正意(有子存焉、犹之无益也、其犹未悔、不似疾也)。这些句子里的"虽"可以翻译为"即使"、"就算"、"纵然"。

所以,古汉语中的"虽"有两义:一相当于今之"虽然",一相当于今之"即使"。两者都属连词,但含义不能混同。

附带说明一点,古汉语中的"虽然"是连词"虽"和指示代词"然"的组合,不是一个词而是两个词,相当于现代汉语的"虽则如此"。其中"虽"仍然有两种含义,视具体上下文而定。而且古文中的"虽然"单独作为一顿。如:

> 安陵君曰:"大王加惠,以大易小,甚善! 虽然,受地于先王,愿终守之,弗敢易。"(《战国策·魏策四》)

这里"虽然"等于现代汉语的"虽然如此"。现代汉语"虽然"是一个连词,紧接下文;古汉语中的"虽然"不是一个词而自成一个让步分句,其后必须用逗号与下文隔开。

080　但·但是

古乐府《木兰诗》在描述木兰从军途中的情景时写道:

> 旦辞爷娘去,暮宿黄河边。不闻爷娘唤女声,但闻黄河流水鸣溅溅。旦辞黄河去,暮至黑山头。不闻爷娘唤女声,但闻燕山胡骑鸣啾啾。

这里,"不闻……但闻……"的"但"不同于现代汉语转折连词"但是"。文言虚字"但"是"仅"、"只"、"只是"的意思。对照《木兰诗》前面一句"不闻机杼声,唯闻女叹息",可见"但"与"唯"相类似,在这里是表示限制的副词。

正因为"但"并不相当于现代汉语连词"但是",所以常可用于句首或复句中前一分句。例如:

> 我州但有断头将军,无有降将军也。(《三国志·蜀书·张飞传》)
>
> 但见悲鸟号古木,雄飞雌从绕林间。(李白《蜀道难》)
>
> 晓镜但愁云鬓改,夜吟应觉月光寒。(李商隐《无题》)

至今沿用的古汉语常用词"但愿",其中的"但"也是"唯"、"只"的意思。例如:

> 但愿长如此,躬耕非所叹。(陶渊明《庚戌九月中于西田获早稻》)
>
> 但愿人长久,千里共婵娟。(苏轼《水调歌头·中秋》)

　　"但"既用作表限制义的副词,又可作表限制义的转折连词。连词"但"常用于复句中后一分句,其含义仍不同于"但是",而是"只是"、"不过"的意思。例如:

　　　　人体欲得劳动,但不当使极尔。(《三国志·魏书·华佗传》)

　　　　君蜂目已露,但豺声未振耳。(《世说新语·识鉴》)

　　前句说人体要劳动,只是不能使它疲惫力竭罢了;后句说君已露出蜂虿般的目光,只不过没有发出豺狼般的嗥叫声而已。可以看出,这类连词"但"正是现代汉语连词"但是"的前身,它们都有表示转折的作用。但是两者含义不同,应细加辨别。

081 因·因为

　　文言虚词"因"与现代汉语连词"因为"大不相同,它虽也用于因果句,但其含义反而与"所以"相近。例如:

　　　　宋人有耕者,田中有株,兔走触株,折颈而死,因释其耒而守株,冀复得兔。(《韩非子·五蠹》)

　　　　宅边有五柳树,因以为号焉。(陶渊明《五柳先生传》)

　　　　永有某氏者,畏日,拘忌异甚。以为己生岁值子,鼠,子神也,因爱鼠。不畜猫犬,禁僮勿击鼠。(柳宗元《三戒》)

　　以上各例中的"因"不用于原因分句,都用于结果分句,含义相当于"因此"、"因而"、"于是"、"就"。这类含义的"因"字是怎样演变来的呢? 原来,古汉语中的"因"常用作动词,作"依凭"、"根据"解。例如:

　　　　为山必因丘陵,为下必因川泽。(《孟子·离娄上》)

　　　　余有所疑,愿因先生决之。(《楚辞·卜居》)

　　由动词"因"直接演变而来的介词"因"也以"依凭"、"根据"为基本义。成语"因势利导"、"因地制宜"、"因材施教"、"因陋就简"里的"因"都是介词。有些句中介词"因"含有"通过"、"趁"的意思,仍是由基本义"依凭"引申而来的。例如:

　　　　廉颇闻之,肉袒负荆,因宾客至蔺相如门谢罪。(《史记·廉颇蔺相如列传》)

　　　　因其无备,卒然击之。(《三国志·魏书·郭嘉传》)

"因宾客"即通过宾客的引导,"因其无备"即趁着敌方没有防备。

介词"因"可由依凭、根据义引申为"由于"的意思。例如:

> 因前使绝国功,封骞博望侯。(《史记·卫将军骠骑列传》)

"因前使绝国功"即"由于以前出使边远国的功绩",这里的介词"因"是"由于"的意思,十分接近连词"因为"。

"由于"义的介词"因",其后名词性宾语常可省略。当其前语句已经叙述了有关原因,则置于结果句首的介词"因"的后面往往不再复述。如本文所引开头三个例句的"因",都可以视为"因之"、"因此"的省略。

082 曾·曾经

我们今天所使用的"曾"、"曾经"都属于时间副词,表示事情发生在过去。

古代用来表示"曾经"的时间副词常见的是"尝"。如"未曾"说成"未尝","何曾"说成"何尝"等。"曾"在古文中也偶尔用作时间副词,例如:

> 孟尝君曾待客夜食。(《史记·孟尝君列传》)
>
> 余曾见一玉臂钗,两头施转关,可以屈伸。(《梦溪笔谈·器用》)

这种用法的"曾"与现代汉语相同。但是,作为副词的"曾"在古汉语中主要的、大量的用途是表示语气,相当于现代汉语的"竟"、"居然"。例如:

> 吾以子为异之问,曾由与求之问。(《论语·先进》)

这句的意思是:"我以为你问别的人,竟是问的由和求两个人啊!"

语气副词"曾"常与否定词连用,"曾不"相当于"竟不"、"简直不"、"连……也不"。《愚公移山》(见《列子·汤问》)中有这类"曾不"连用的例子三处:

> 以君之力,曾不能损魁父之丘,如太行、王屋何?
>
> 以残年余力,曾不能毁山之一毛,其如土石何?
>
> 汝心之固,固不可彻,曾不若孀妻弱子。

　　前两句说:连减损名叫魁父的小土山也不能、连损毁山上的一根草也不能。后例是愚公谴责智叟简直连寡妇幼孩也不如。

　　这些"曾"都绝不能理解成相当于"曾经"的时间副词。

　　作为语气副词的"曾"同否定词连用,常常表示加强否定的语气,这才是古汉语常用虚词"曾"的常见用法。再补几例如下:

> 谁谓河广,曾不容刀。(《诗经·卫风·河广》)
> 老臣病足,曾不能疾走。(《战国策·赵策》)
> 昔有学步于邯郸者,曾未得其仿佛,又复失其故步,遂匍匐而归耳。(《汉书·叙传》)

　　"曾不容刀"即"连小船也容不下","曾不能疾走"即"竟然连快跑也不能","曾未得其仿佛"即"竟然连一点点也没学得"。

083　谁·哪个

　　目前较为流行、较有影响的古代汉语教材都认为疑问代词"谁"的用法古今完全相同,如王力主编的《古代汉语》(修订本)"古汉语通论(十)"、郭锡良等编的《古代汉语》(修订本)"古代汉语常识(十)"等。

　　诚然,古汉语疑问代词"谁"用作指人的疑问代词时,含义与现代汉语"谁"完全相同。例如:

　　　　君若以德绥诸侯,谁敢不服?(《左传·僖公四年》)

　　　　追我者谁也?(《孟子·离娄下》)

　　　　安危不可知,子卿尚复谁为乎?(《汉书·苏武传》)

　　　　脱遇光武,当并驱于中原,未知鹿死谁手!(《晋书·石勒载记下》)

　　以上,"谁"分别用作主语、谓语、宾语(前置宾语)、定语,含义确与现代汉语的"谁"无别。

　　但是,古汉语疑问代词"谁"有时并不同于现代汉语中的"谁",即含义不是"什么人"、"哪个",而是作为一般的疑问代词,相当于"何"、"什么"。这类含义最易忽略、最易误解。例如:

　　　　鸟兽不可与同群,吾非斯人之徒与而谁与?(《论语·微子》)——鸟兽不可以同它们共处,我不同人群交往而同什么交往呢?"谁与"即"与什么",不能解作"什么人"。

　　　　凡人主必信,信而又信,谁人不亲?(《吕氏春秋·贵信》）——"谁人"即"何人"、"什么人"。

一动而五业附,陛下谁惮而久不为此?（贾谊《治安策》）——一动而五种好处都来了,陛下又害怕什么而长久不去做这事呢?"谁惮"即"惮谁"、"害怕什么"。

顾自以为身残处秽,动而见尤,欲益反损,是以抑郁而无谁语。（《汉书·司马迁传》）——"无谁语"即"没有什么话"。《文选》引《报任安书》作"谁与语",一作"与谁语",都以"谁"作指人的疑问代词,同《汉书》所引不同。

王孺见执金吾广意,问帝崩所病,立者谁子? 年几岁?（《汉书·武五子传》）——"谁子"即"什么样的人",不是指谁的儿子。

小土竟成谁计是,山林又悔一年非。（唐彦谦《赠孟德茂》）——"谁计"即"何计"。

满地黄花堆积,憔悴损,如今有谁堪摘?（李清照《声声慢》）——"有谁堪摘"即"有什么可采摘的呢"。

翻来覆去体都痛,乍暗忽明灯为谁?（杨万里《不寐》）——"为谁"即"为什么"。

凭谁问,廉颇老矣,尚能饭否?（辛弃疾《永遇乐·京口北固亭怀古》）——"凭谁"即"凭什么"。

末例"凭谁问"一语历来解释为"有谁来问"。高中语文课本注、解为"凭谁去问",都把"谁"当作指人的疑问代词。其实,解释作"凭什么问"才能体现作者的愤激之情。宋词中又有"凭谁说"一语,也是"凭什么说"的意思,不能曲解为"有谁说","凭"无法作"有"字解,"谁"并非指人的疑问代词,按今义来解"谁"是不确切的。

古代字书如《说文解字》、《广韵》等已指出:"谁,何也。"清代《经传释词》、《助词辨略》、《说文通训定声》等均加引用。《经传释词》引《说文》后指出这是"常语"。段玉裁《说文解字注》以为应读作"谁,谁何也"。"谁何"为同义连文,亦可单用"谁"或"何",此亦属古之常语,仍不能同今义的"谁"混同。

　　毛泽东《浪淘沙·北戴河》:"一片汪洋都不见,知向谁边?"这里的"谁"也不是指人的疑问代词,不能译作"哪个"或"哪个人",其含义就相当于"何"、"哪","谁边"即"何处"、"哪里"的意思。传统戏曲里常说的"谁人不知,哪个不晓",这个"谁人"虽已指问人,但其中的"谁"仍不同于现代汉语的"谁",仍为古汉语中的一般疑问代词,含义相当于"何"、"哪"。

084　为·因为·为了

介词"为",在它所构成的介词结构中,其基本的核心的语法作用是引进动作、行为的对象。从引进具体的对象到引进抽象的事理,有下述一些情况:

1.引进动作、行为服务的对象。"为"相当于给、替。如:

> 庖丁为文惠君解牛。(《庄子·养生主》)
>
> 从是以后,不敢复言为河伯娶妇。(《史记·滑稽列传》)
>
> 君为我呼入,吾得兄事之。(《史记·项羽本纪》)

2.引进动作、行为涉及的对象。"为"相当于对、向。如:

> 吾如淮阴,淮阴人为余言。(《史记·淮阴侯列传》)
>
> 此中人语云:"不足为外人道也。"(陶渊明《桃花源记》)

3.引进动作、行为的施动者。"为"相当于被。如:

> 身死人手,为天下笑。(贾谊《过秦论》)
>
> 何为为我禽。(《史记·淮阴侯列传》)

4.引进动作、行为的目的。"为"相当于为了。如:

> 文章合为时而著,歌诗合为事而作。(白居易《与元九书》)

5.引进动作、行为的原因。"为"相当于因为、由于。如:

> 天不为人之恶寒也辍冬,地不为人之恶辽远也辍广。(《荀子·天论》)
>
> 天行有常,不为尧存,不为桀亡。(《荀子·天论》)

085　他·我你他

　　古汉语代词"他"不同于现代汉语代词"我你他"的"他"。古汉语第三人称代词是"之"和"其",前者常用作宾语,后者常用作定语。居于主语位置的古汉语第三人称代词一般是不用的,多以复述名词或省略主语的方式来表示。

　　古汉语中的"他"是个旁指代词。相当于现代汉语中的"旁的"、"别的"。如《孟子·梁惠王下》所说的"王顾左右而言他"、《孟子·告子上》所说的"岂有他哉"。"他"常用于定语的位置,构成"他人"、"他乡"、"他国"、"他方"、"他故"、"他端"、"他辞"等语词。例如:

　　　　子不我思,岂无他人?(《诗经·郑风·褰裳》)

　　　　岂其有他故兮,莫好修之害也。(《楚辞·离骚》)

　　　　今有难,无他端,而欲赴秦军,譬若以肉投馁虎,何功之有哉?(《史记·魏公子列传》)

　　"他人"即别的人,"他故"即别的缘故,"他端"即别的办法。

　　"他"与时间名词"日"结合,指别的日子,既可以指过去,也可以指将来。例如:

　　　　吾他日未尝学问,好骑马试剑。今也父兄百官不我足也。(《孟子·滕文公上》)

　　　　此吾祖太常公宣德间执此以朝,他日汝当用之。(归有光《项脊轩志》)

　　前例"他日"指过去、以前,后例"他日"指将来、以后、日后。

现代汉语中仍有沿用古汉语旁指代词"他"的。如"其他"就是"旁的"、"另外的"的意思，"他"作为复合词中的一个语素。"他"作为独立的词使用，如流落他乡、留作他用、早已他去、他山之石等，这些"他"都不同于"我你他"的"他"，而是含有"别的"、"旁的"的意思的旁指代词。

086　所以・因此

现代汉语因果句中常用连词"所以",含义相当于"因此",多用于结果分句的前头,并经常同原因分句的连词"因为"相互配合使用。

文言文中的"所以"同现代汉语连词"所以"大不相同。首先,文言文中的"所以"不是一个词,而是两个词的组合连用。"所",一般被称为结构助词,也有的语法书称它为特别指示代词。它的主要功能是置于动词性语词前组成名词性结构。如"所食"、"所居"即指"吃的东西"、"居住的地方"。"以"则是表示凭借义的介词。

文言语词"所以"的含义要看介词"以"的含义而定。具体一些,"以"表示"拿"、"用",即凭借作为工具手段、方式方法的意思;抽象一些,"以"表示"因"、"由",即凭借作为原因的意思。请看实例:

吾知所以距子矣。(《墨子・公输》)

彼兵者,所以禁暴除害也,非争夺也。(《荀子・议兵》)

以上例句中的"以"含义都较具体,"所以距子"指"所用来抵拒你的办法","所以禁暴除害"指"所用来禁止暴虐、排除祸害的工具"。

吾所以为此者,以先国家之急而后私仇也。(《史记・廉颇蔺相如列传》)

亲贤臣,远小人,此先汉所以兴隆也;亲小人,远贤臣,此后汉所以倾颓也。(诸葛亮《出师表》)

以上两例的"以"含义较抽象,表示凭借的原因。"所以……"表

示"所由……的原因"。"所以为此"指"这样做的原因","所以兴
隆"、"所以倾颓"指导致兴隆、衰败的原因。

既然文言语词"所以……"是一个名词性结构,其前有时就可以
加定语,即加上"……之"形成"……之所以……"的格式。例如:

臣恐侍御之不察先王之所以畜幸臣之理,而又不白于臣之
所以事先王之心。(《战国策·燕策》)

前一个"之所以……"表示原因,后一个"之所以……"表示凭借
之物。

现代汉语沿用文言语词"所以"、"之所以"的时候,仍不能当作
"因此"解,大都表示"……的缘故(原因)"的意思。例如:

集中兵力之所以必要,是为了改变敌我的形势。(毛泽东
《中国革命战争的战略问题》)

现代汉语连词"所以"虽是从文言语词"所以"发展演变而来的,
但两者的结构、含义都不相同,应当细心辨析。

087　介词"以"和连词"以"

介词"以",在它所构成的介词结构中,其基本的核心用法是表示凭借的事物。以此为中心、为纲,可以把多种语法作用贯穿联系起来。联系的线索,即引申的途径往往是从具体到抽象。现将"以"字结构表示动作、行为所凭借的事物从具体到抽象分述如下:

1.表示凭借的工具、材料。"以"相当于拿、用。如:

> 以羽为巢,而编之以发。(《荀子·劝学》)
>
> 杀人以梃与刃。(《孟子·梁惠王上》)
>
> 蛇出于其下,以肱击之。(《左传·成公二年》)

2.表示凭借的身份、职位。"以"相当于凭着。如:

> 广以良家子从军击胡。(《史记·李将军列传》)
>
> 骞以郎应募使月氏。(《汉书·张骞传》)

3.表示凭借的力量。"以"可译为率领。如:

> 项梁乃以八千人渡江而西。(《史记·项羽本纪》)
>
> 宫之奇以其族行。(《左传·僖公五年》)

4.表示凭借的方式、手段。"以"相当于按、用。如:

> 能以足音辨人。(归有光《项脊轩志》)
>
> 儒以文乱法,侠以武犯禁。(《韩非子·五蠹》)

5.表示凭借的事理。"以"相当于按照、依照。如:

斧斤以时入山林,材木不可胜用也。(《孟子·梁惠王上》)

凡为橱者七十有二,部居类汇,各以其次。(汪琬《传是楼记》)

6. 表示凭借的原因。"以"相当于由于、因为。如:

赵王岂以一璧之故欺秦邪?(《史记·廉颇蔺相如列传》)

吾以捕蛇独存。(柳宗元《捕蛇者说》)

连词"以",它不同于可以构成介词结构的介词"以",其基本的核心的语法作用是承接、连接,略同于连词"而",不过"以"一般不用于逆接。

1. 连接两个形容词,表示两种性状的并列。如:

夫夷以近,则游者众;险以远,则至者少。(王安石《游褒禅山记》)

2. 连接两项动作、行为。

①时间上先后相承。如:

余折以御。(《左传·成公二年》)

酌贪泉而觉爽,处涸辙以犹欢。(王勃《滕王阁序》)——"而"、"以"对文同义。

②后一行为是前一行为的目的或结果。如:

志士仁人,无求生以害仁,有杀身以成仁。(《论语·卫灵公》)——"害仁"是"求生"的结果,"成仁"是"杀身"的目的。

3. 连接状语和动词,这一语法作用较前几种抽象,但也是一种承接、连接。如:

愿夫子辅我志,明以教我。(《孟子·梁惠王上》)

木欣欣以向荣,泉涓涓而始流。(陶渊明《归去来兮辞》)——"而"、"以"对文同义。

088　介词"于(於)"

介词"于(於)"所构成的介词结构,其核心的语法作用是表示处所或时间。常见的十来种用法都与这一核心的语法作用有关联。从下表可以清楚地看出其内部联系的线索。

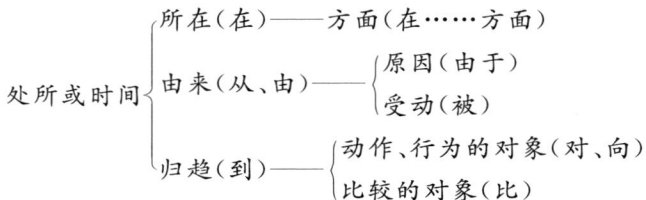

$$
处所或时间
\begin{cases}
所在(在)——方面(在……方面)\\[4pt]
由来(从、由)——
\begin{cases}
原因(由于)\\
受动(被)
\end{cases}\\[12pt]
归趋(到)——
\begin{cases}
动作、行为的对象(对、向)\\
比较的对象(比)
\end{cases}
\end{cases}
$$

所在、由来、归趋的处所或时间比较具体,根据介词结构所修饰的动词的不同语法作用可分别译为"在、从、到"。如:

公与之乘,战于长勺。(《左传·庄公十年》)——"于"相当于在。

子于是日哭,则不歌。(《论语·述而》)——"于"相当于在。

千里之行,始于足下。(《老子》)——"于"相当于从。

海运则将徙于南冥。(《庄子·逍遥游》)——"于"相当于到。

自吾氏三世居是乡,积于今六十年矣。(柳宗元《捕蛇者说》)——"于"相当于到。

从所在的时地引申抽象化可表所在的方面。如:

民怯于私斗而勇于公战。(《史记·范雎蔡泽列传》)

乐天,深于诗而多于情者也。(陈鸿《长恨歌传》)

从"由来"引申抽象化可表示所由的原因。如:

然后知生于忧患而死于安乐也。(《孟子·告子下》)

业精于勤而荒于嬉。(韩愈《进学解》)

从"由来"也可引申表受动,即引出动作、行为的施动者。如:

兵破于陈涉,地夺于刘氏。(《汉书·贾山传》)

从"归趋"的时地可引申指动作、行为的对象。如:

当仁不让于师。(《论语·卫灵公》)

四境之内,莫不有求于王。(《战国策·齐策》)

从"归趋"也可引申指"比较"的对象。如:

苛政猛于虎也。(《礼记·檀弓下》)

人固有一死,或重于泰山,或轻于鸿毛。(司马迁《报任安书》)

089 连词"而"、"则"

"而"、"则"是文言虚字中使用频率极高的词（字），其用法也十分复杂多样，但其语法作用可以通过辨析找到联系的线索，从而可以提纲挈领，以简驭繁。

首先应找出虚词（字）最基本的核心的用法，其他种种用法均由此引申发展而来。

"而"的最基本的核心用法是承接，包括顺接和逆接。其各种语法作用从顺接到逆接、从具体到抽象，贯穿联系如下表：

而：

承接

顺接
　并列　如："寿而康"（韩愈《送李愿归盘谷序》）
　　　　　"黑质而白章"（柳宗元《捕蛇者说》）
　连贯　如："学而时习之"（《论语·学而》）
　　　　　"图穷而匕首见"（《战国策·燕策三》）
　相因　如："玉在山而木润"（《荀子·劝学》）
　　　　　"令尹诛而楚奸不上闻"（《韩非子·五蠹》）

相对　如："夫寒者利裋褐而饥者甘糟糠"（贾谊《过秦论》）

逆接
　相反（转折）　如："来而不往"（《礼记·曲礼上》）
　　　　　　　　"出淤泥而不染"（周敦颐《爱莲说》）
　假设　如："人而无仪，不死何为"（《诗经·鄘风·相鼠》）

相对的语法作用是从顺接到逆接的枢纽。从相对发展到相反（转折），联系是显而易见的。至于假设或让步的语法作用，其实也是从相反（转折）引申发展而来的。试看：

　　相鼠有皮,人而无仪。人而无仪,不死何为?(《诗经·鄘风·相鼠》)

　　二、三两句的字面完全一样,前一个"而"表转折,后一个"而"有假设的意味,两种语法作用是相通的。前者可译为"人却没有礼仪",后者可译为"人却没有礼仪的话"或"人假如没有礼仪"。

　　"则"的最基本的核心用法也是表承接,也包括顺接和逆接。其各种语法作用从顺接到逆接、从具体到抽象,贯穿联系如下表:

　　则:

```
          ┌ 时间紧接    如:"到则披草而坐,倾壶而醉。醉则更相枕以
          │              卧"(柳宗元《始得西山宴游记》)
      ┌顺接┤ 事理相因    如:"诸儿见家人泣,则随之泣"(归有光《先妣考略》)
      │   │    ┌假设的结果  如:"王知如此,则无望民之多于邻国也。"
      │   └推论┤              (《孟子·梁惠王上》)
承     │        └条件的结果  如:"凡事豫则立,不豫则废"(《礼记·中庸》)
接 ────┼列举、对比   如:贾人夏则资皮,冬则资絺,旱则资舟,水则资车(《国
      │              语·越语》)
      │        ┌相反    如:"欲速,则不达"(《论语·子路》)"见小利,
      │        │         则大事不成"(《论语·子路》)
      └逆接(转折)┤推溯    如:"使子路往见之,至则行矣"(《论语·微
               │         子》)
               └让步    如:"巧则巧矣,未尽善也"(《傅子·附录》)
```

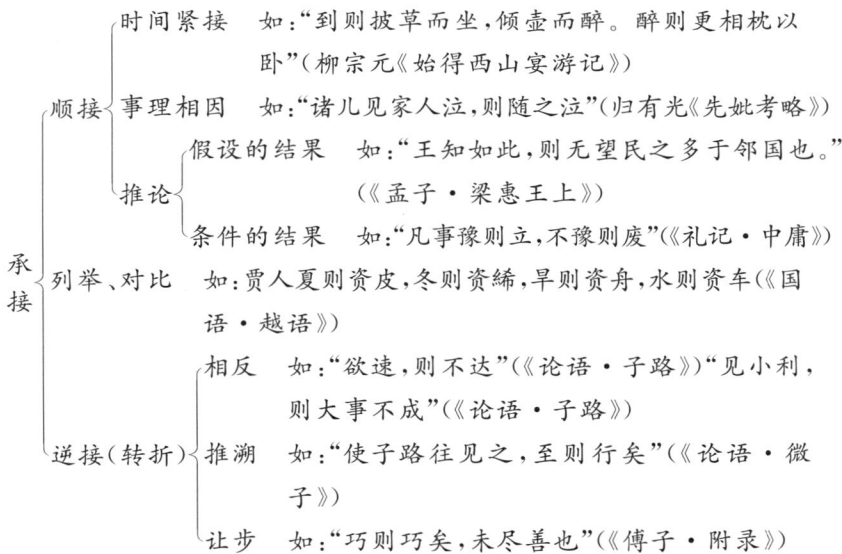

　　列举、对比的语法作用是从顺接到逆接的枢纽。从列举、对比引申发展到相反(转折),其联系是显而易见的。而推溯和让步均与转折的语法作用相联系。"则"的推溯用法出现于复句的后一分句,而后一分句发生的事先于前一分句,"则"可译为"原来已经",表示发现已发生之事。"则"的让步用法出现于复句的前一分句,包括承认事实的让步和假设让步。前者如:"其室则迩,其人甚远。"(《诗

经·郑风·东门之墠》)后者如:"时则不至,而控于地而已矣。"(《庄子·逍遥游》)

　　有一个故事叙述一位老师训斥学生写作用不好"而":"当而不而,不而而而,而今而后,已而已而。"除了后二句"而今"、"而后"、"已而"已组成词组外,"而"都用为连词。该用"而"的时候不用"而",不该用"而"的时候却用"而",都是要不得的。

090 "孰与"的演变

《战国策·齐策一》载邹忌讽齐王纳谏的故事。其中有表示比较的选择问句：

> 吾与徐公孰美？
>
> 我孰与徐公美？
>
> 我孰与城北徐公美？

以上三个句子出现在同一篇短文中，第一个问句结构与现代汉语完全相同，问的是："我与徐公谁（哪一个）美？"后两个问句把疑问代词"孰"和连词"与"连在一起，意思与第一句相同。这种"孰与"连用的格式恰恰是古汉语里常用的，"孰与"置于被比较的对象和比较的方面之前。类似的例句如：

> 巫马谓子墨子曰："鬼神孰与圣人明哲？"（《墨子·耕柱》）——问鬼神与圣人谁明哲。
>
> 秦昭王谓左右曰："今日韩魏孰与始强？"（《战国策·秦策四》）——问今日之韩魏与初始时的韩魏谁强。
>
> 沛公曰："君（指张良）安与项伯有故？……孰与君少长？"良曰："长于君。"（《史记·项羽本纪》）——问项伯与张良谁年长。
>
> 我孰与皇帝贤？（《史记·郦生陆贾列传》）——问我与皇帝谁贤明。

有时将比较的方面提到"孰与"之前，从而予以突出、强调。但"孰与"仍置于被比较的对象之前。如：

陛下自察:圣武孰与高帝?(《史记·曹相国世家》)——问陛下与高帝谁圣武。

君侯自料:能孰与蒙恬?功高孰与蒙恬?谋远不失孰与蒙恬?无怨于天下孰与蒙恬?长子旧而信之孰与蒙恬?(《史记·李斯列传》)——问君侯(指李斯)与蒙恬谁能,谁功高,谁谋远不失,谁无怨于天下,谁与长子关系故旧而相互信任。

大王自料:勇悍仁强孰与项王?(《史记·淮阴侯列传》)——问大王与项王谁勇悍仁强。

功彰万里之外,声名光辉传于后世,君孰与商君、吴起、大夫种?(《史记·范雎蔡泽列传》)——问君与商君、吴起、大夫种谁功彰万里之外,谁声名光辉传于后世。

起曰:"将三军,使士卒乐死,敌国不敢谋,子孰与起?"文曰:"不如子。"(《史记·吴起列传》)——问田文与吴起谁能率领三军,谁能使士卒甘愿拼死,谁能使敌国不敢打我们的主意。

有时省略比较的方面,即不出现用来比较的形容词或形容词词组,只出现互相比较的两项。例如:

邯郸之难,赵求救于齐,田侯召大臣而谋曰:"救赵孰与勿救?"(《战国策·齐策一》)

公之视廉将军孰与秦王?(《史记·廉颇蔺相如列传》)

子度孰与陈平、绛侯?(《汉书·爰盎传》)

不知古文士以入墓操洁而死者众矣,乃渭则自死,孰与人死之?(徐渭《自为墓志铭》)

"救赵"与"勿救"、"廉将军"与"秦王"、"子"与"陈平、绛侯"、"自死"与"人死之"都是用来互相比较的两项,但表示比较的方面"得失"、"利弊"、"强弱"、"高下"之类形容词或形容词词组并没有出现,得由读者自己体味、理解。

这种"孰与"连用不出现比较的方面的格式还有一种很特殊的用法,即相互比较的两项中,倾向于选择"孰与"后面一项,而舍弃前面一项。例如：

> 大天而思之，孰与物畜而制之？从天而颂之，孰与制天命而用之？望时而待之，孰与应时而使之？因物而多之，孰与骋能而化之？思物而物之，孰与理物而勿失之？愿于物之所以生，孰与有物之所以成？（《荀子·天论》）
>
> 惟坐待亡，孰与伐之？（诸葛亮《后出师表》）
>
> 若使齐寇乘之，则彼此危矣，孰与心念悔祸，迁虑改图，……以取齐氏？（《周书·杜杲传》）

这类格式中的"孰与"其含义已演变为表示"哪比得上"的意思，相当于"何如"，义同"不如"。因此这类格式的"孰与"也写作"孰若"。例如：

> 夫保全一身，孰若保全天下乎？（《后汉书·彭公列传》）
>
> 为两郎童，孰若为一郎童耶？（柳宗元《童区寄传》）

这种用法的"孰与"、"孰若"常与"与其"相呼应使用。这时，其倾向于选择"孰与"、"孰若"的后面一项更为明显、明确。例如：

> 与其有誉于前，孰若无毁于其后；与其有乐于身，孰若无忧于其心。（韩愈《送李愿归盘谷序》）
>
> 与其杀是童，孰若卖之？（柳宗元《童区寄传》）
>
> 与其害农，孰若取之于商贾？（《梦溪笔谈·官政二》）
>
> 与其惩既往之耽误，孰若慎将来之责成？（唐顺之《条陈蓟镇练兵事宜》）

吕叔湘先生在《中国文法要略》第十九章《异同·高下》中说："白话无'孰与'式的问话，只有用'不如'的直陈。"可见，古汉语中"孰与"、"孰若"表"何如"、"不如"是不同于现代汉语的特殊用法。

附带指出，古汉语中"孰与"还有属疑问代词"孰"与动词"与"或介词"与"的连用，意义与上述的"孰与"不同。前者"与"犹如赞许，后者"与"即跟、同。

091　句中的"也"

旧《辞源》"凋零"条下,有一个十分古怪的例句:

> 物者春也. 吐华夏也. 布叶秋也. 凋零冬也.

因为"某者,某也"或"某某,某也"是古文中常见的表示判断或解释、说明的句式,所以上面的例句读起来还顺口。可是读了几遍,却令人感到不知所云。头一句尤其不通,"春"和"物"并非同一关系,无法构成判断句。两者之间又无因果、说明关系,也无法构成说明句。硬译出来就是"物就是春",实在不像话。

为解决这一疑窦,应当找到该例句的出处。我们在魏徐幹《中论·考伪》中找到了它。现将有关上下文一起列出,并重新试加标点如下:

> 夫名之系于实也,犹物之系于时也。物者,春也吐华,夏也布叶,秋也凋零,冬也成实。斯无为而自成者也。若强为之,则伤其性矣。名亦如之。

对照一下,原来并非《中论》的句子古怪,而是旧《辞源》对引文的标点有误。其谬误的原因不难推究。机械、狭隘地理解语气助词"也"的用法,认为它只能置于句末,因而不问青红皂白,见了"也"就一概点断圈断,结果产生了上面那样古怪的句子。

作为语气助词的"也",应用范围极广。最常见的是用于句末表示直陈语气,有时也可表示疑问、感叹、祈使语气。但是,不能忽视另外一种也不少见而且也相当重要的用法,那就是"也"置于句中的用法。

句中的"也",可以附在词、词组或分句的后面,它的主要作用就是表示停顿。

附在词或词组后面的"也",常常表示主语或状语的停顿。例如:

> 赐也何敢望回?(《论语·公冶长》)——附主语后。
>
> 古也墓而不坟。(《礼记·檀弓》)——附状语后。
>
> 当余之从师也,负箧曳屣,行深山巨谷中。(宋濂《送东阳
> 马生序》)——附状语后。

《中论》中的例句,"也"正是用于句中表示时间状语的停顿。"物者"是主语,"春"、"夏"、"秋"、"冬"都是时间状语。从春天的时候开花、夏天的时候长叶、秋天的时候凋零,说到冬天的时候结果实,层次井然,句式整齐。旧《辞源》把"也"字从句中移到句末,于是文义完全混乱了。《佩文韵府》也在"凋零"条下引《中论》这段话,它虽不加标点,但竟在"冬也"下断句,不再引出"成实"二字,可见也误解了"也"的作用。

附在词或词组后面的句中的"也"字,也能表示列举事物时的停顿。例如:

> 凡为天下国家者有九经,曰修身也,尊贤也,亲亲也,敬大
> 臣也,体群臣也,子庶民也,来百工也,柔怀人也,怀诸侯也。
> (《礼记·中庸》)

附在分句后面的"也",似乎已经同句末的"也"类同,其实还是有区别的。试看:

> 若知其不义也,夫奚说书其不义以遗后世哉?(《墨子·非
> 攻上》)

这个"也"虽在分句之末,但仍表示句中的停顿,令人期待下文,不是结束语意。

了解句中的"也"字的作用并不困难,但这类用法却容易被忽略。不认真、细致一些,就会犯旧《辞源》那样的错误。

092　"十八相送"

　　表示相互、交互关系的副词"相"为人们所熟知，如"相亲相爱"、"相交"、"相会"、"相争"等。动词前用了这类"相"字，表示双方彼此交互活动。你爱我、我爱你才可以说"相爱"，鹬和蚌双方争持各不相让才可以说"鹬蚌相争"。

　　戏曲《梁山伯与祝英台》中的"十八相送"却有点特异，其中"相送"的结构关系和表述方式同上述"相爱"、"相争"等迥然不同。断断乎不是梁、祝二人相互送别，而是梁山伯为祝英台送行。

　　这类"相"字的用法在古汉语中十分普遍，值得注意。

　　《愚公移山》中叙述愚公召集全家人讨论移山平险大计，大家的反应是"杂然相许"。这里的"相许"不是说相互赞许，而是家人纷纷赞许愚公，同意他的主张。

　　再看下列例句：

　　　　汝知悔过伏罪，今一切相赦。（《后汉书·冯鲂传》）

　　　　爷娘闻女来，出郭相扶将。（《古乐府·木兰诗》）

　　　　儿童相见不相识，笑问客从何处来。（贺知章《回乡偶书》）

　　"相赦"指赦免犯反叛罪的延褒等人。"相扶将"不是爷娘相互搀扶，也不是爷娘和木兰相互搀扶，而只是爷娘搀扶远道归来的木兰。"相见"、"相识"也都是指儿童对作者的行为动作，根本不是彼此间的交互活动。另如著名的曹植《七步诗》：

　　　　煮豆持作羹，

漉豉以为汁。

其向釜下燃,

豆在釜中泣。

本自同根生,

相煎何太急!

"相煎"指豆萁煎豆,隐射曹丕逼迫残害曹植。如果把"相"理解为表交互活动的副词,就完全曲解了原意。

这种"相"不表示相互活动,只表示一方对另一方的活动。前者可称"互指",后者可称"偏指"。细加体会,偏指的"相"还具有称代动作行为的受事者的作用,如"相见不相识"就等于说"见我不识我","相赦"等于说"赦你们","相扶将"等于说"搀扶她(木兰)"。受事者可以是第一身、第二身,也可以是第三身。

具有称代作用的偏指一方活动的"相",有时指代比较灵活。这主要有两种类型:

一为"递相"用法。表示活动不是相互、交互的,而是由甲至乙,由乙至丙……递系进行。如"代代相传"表示前代传至下一代,又由下一代传至再下一代;"父子相传"表示父传子,子又传其子;等等。这里"相"的用法同明确偏指一方不完全相同,但有联系,而同相互的"相"则是迥然不同的。

一为"虚指"用法。活动偏指哪一方不确定。如《史记·陈涉世家》:"苟富贵,无相忘!"陈涉佣耕时对其他佣耕者说这话,当时提出施行"无相忘"这一活动和"无相忘"的对象并非是实指的,解释成"别相互忘记"是不对的,译为"我不忘记你们"或"你们别忘记我"也是不对的。原文的意思是"如果谁富贵了,可别忘了别人"。可见,这个"相"也不是互指的,属于偏指的灵活用法。

总之,古文中普遍使用的各种偏指用法的"相",切不可理解为表相互、交互关系的副词。

093　"请问"

人们常常听到也常常说"请问",稍加考虑就会发现,"请问"这个语言格式有点特别。它同"请看"、"请听"、"请坐"等格式表面形式完全一样,而实质上内在结构很不相同。"看"、"听"、"坐"都是说话人对方的动作,因而可以说成"请你看"、"请你听"、"请你坐"等,但是"请问"的"问"发自说话人自身,而并非是对方的动作,因而不可以说成"请你问"。当然,把"请问"改成"请答"或"请回答"似乎可以说得通些,但是,无论如何不能把"请问"排斥掉。"请问"的生命力很强,使用很广。

怎样理解这个问题呢?我们可以从古汉语中找到答案。"请问"正是古汉语中一种常见的语言格式的沿用。请看下面几个例句:

> 孟子对曰:"王好战,请以战喻。"(《孟子·梁惠王上》)
>
> 楚王曰:"善哉!我请无攻宋矣。"(《墨子·公输》)
>
> 相如视秦王无意偿赵城,乃前曰:"璧有瑕,请指示王。"(《史记·廉颇蔺相如列传》)
>
> 二子大惧,皆起立床下,拜曰:"不敢他有问也,愿闻一言而已。先生称'吾不解人间书',敢问解何书,请闻此而已。"(韩愈《石鼎联句诗序》)
>
> 诸葛亮谓刘备曰:"事急矣,请奉命求救于孙将军。"(《资治通鉴·赤壁之战》)

上引各例的"请"都直接放在动词或以动词为中心的短语前面,

这些词或短语所表示的动作、行为的主语都是说话人自身,"请"的后面根本不能插入宾语。这些特点说明,这些"请"不能当作"请求"讲,不能同今天说的"请看"之类格式中的"请"等同起来。

这些"请"的含义大致相当于"愿",同时还包含一层表示谦敬的感情色彩。如孟子愿以战争为喻;楚王愿不攻宋国;韩文则"请"与"愿"对文,更加明显地表示"请"相当于"愿"。因为除了相当于"愿"的作用外,还有表示谦敬的感情色彩,所以讲解起来单说相当于"愿"似乎还嫌不足,我们只能说是大致相当。至于有人主张把这类"请"当作"请你让我"或"请允许我"讲(见吕叔湘《中国文法要略》合订本第一版(修订本)第十七章、王力《古代汉语》(修订本)第一册常用词(一)),虽然比较明白方便,但不一定都能讲得通。如《墨子》例,攻宋与否由楚王自己决定,没有对旁人请求的意思,不过是表示自己的意愿,而语气比较谦和罢了。

"请"的这种用法在现代汉语中偶尔还有,七十年前文法革新运动中傅东华发表过一篇题为《请先讲明我的国文法新体系的总原则》的论文,这个题目中的"请"不是"请求"的意思,它大致相当于"愿",同时又表示谦敬。这种用法今天已经很少见了,但还保留在某些固定短语中,如"请问"便是。

094　旧体诗平仄格式速通

　　"五四"运动以后,我国传统的讲究格律的诗体包括五七言绝句和五七言律诗,一般通称为"旧体诗"。这是唐代形成的一种诗体,与"古诗"或"古体诗"相对而言,当时称"近体诗"或"今体诗"。这种诗体在字数、句数、声调(平仄)、押韵上都有严格的规定。绝句每首四句,律诗每首八句,十句以上的律诗则称长律或排律。古体诗一般不受近体诗格律的束缚。

　　我国现代著名作家如鲁迅、郭沫若、郁达夫、田汉等都创作过旧体诗。现代革命家如毛泽东、朱德、董必武、陈毅、叶剑英等也常以旧体诗的形式表现新的内容。总之,旧体诗的创作一直没有间断过,今后也将继续作为文艺百花园中的美葩之一。无论从创作还是鉴赏的角度看,旧体诗的格律作为常识是值得认真学习、研究和掌握的。

　　平仄格式是格律诗中最重要的因素。所谓"平仄格式",有三方面的内容:一、本句中平仄交替——平平后面是仄仄,仄仄后面是平平。末一字是平平后面用仄,仄仄后面用平。这就是平仄交替。二、对句中平仄对立——平对仄,仄对平;平平对仄仄,仄仄对平平。这就是平仄对立。三、与"对"相对的有"黏"。在一联中出句和对句平仄必须"对",但上联的对句和下联的出句平仄必须"黏"。"黏"是平黏平,仄黏仄。即上联对句的第二字和下联出句的第二字(因第一字多可机动,可平可仄)平仄必须一致。

　　根据平仄交替、平仄对立、对和黏的规则,旧体诗的句式(即平仄

格式)不外乎四种。为了速通,不妨记熟一首五绝(平仄用—｜表示):

> 鸣筝金粟柱　　————｜｜
>
> 素手玉房前　　｜｜｜——
>
> 欲得周郎顾　　｜｜——｜
>
> 时时误拂弦　　——｜｜—

七绝则平平前加仄仄,仄仄前加平平。律诗则相当于两首绝句的重叠(注意,首句押韵的,第五句不必押韵,按黏对规律延伸即可)。因此,掌握了上述四种句式就能掌握旧体诗的各种句式。

如果首句必须押韵,则采用二、四两种句式,即第一联为“｜｜｜——,——｜｜—”,或“——｜｜—,｜｜｜——”。本来｜｜｜——应当对———｜｜,但是逢双的句子必然押韵,所以｜｜与—交换。同样,——｜｜—应当对｜｜｜——,为了押平声韵,｜与——交换。

现举七律(首句押韵,平起)为例,与此格式完全相吻合的举毛泽东《七律·长征》为例:

> ——｜｜｜——　　红军不怕远征难
>
> ｜｜——｜｜—　　万水千山只等闲
>
> ｜｜——｜｜｜　　五岭逶迤腾细浪
>
> ——｜｜｜——　　乌蒙磅礴走泥丸
>
> ——｜｜——｜　　金沙水拍云崖暖
>
> ｜｜——｜｜—　　大渡桥横铁索寒
>
> ｜｜——｜｜｜　　更喜岷山千里雪
>
> ——｜｜｜——　　三军过后尽开颜

再举五律(首句不押韵,仄起)为例,与此格式几乎完全吻合的举杜甫《春望》为例:

> ｜｜——｜　　国破山河在
>
> ——｜｜—　　城春草木深

```
———||    感时花溅泪
|||——    恨别鸟惊心
|||—|    烽火连三月
——||—    家书抵万金
——|||    白头搔更短
|||——    浑欲不胜簪
```

　　所谓"几乎完全吻合"是指个别字与平仄谱所标的平仄不一样，如"感"、"烽"、"白"、"浑"四字，因为处在可平可仄的诗句首字，所以比较机动灵活。但是并非所有首字都是机动可变的，——||—的首字(七言||——||—的第三字)是不能机动变化的。因为这个字不用平声字，句中除了韵脚以外只剩一个平声字，这就犯了孤平。据说在唐人的律诗中，绝对没有犯孤平的句子。

095 成语中的典故

大量成语包含古代故事或有来历出处的语词,这就是所谓的"典故"。不少成语必须了解了典故方能理解有关古语素,从而正确理解、使用相关成语。如终南捷径、煮豆燃萁、图穷匕见、夜郎自大、叶公好龙、揠苗助长、青出于蓝、四面楚歌、曲突徙薪、黔驴技穷、运斤成风等等,不交代出典就难以解释成语含义及有关古语素的含义。

现就《现代汉语词典》(第 5 版)对于包含典故的成语避开出典、径解大意的现象(只引释义,注音和例句从略)略加评说。

【未雨绸缪】 趁着天没下雨,先修缮房屋门窗。比喻事先做好准备。

"绸缪"本身是缠缚的意思,并无"修缮房屋门窗"之义,这个意思是从出典中来的。《诗经·豳风·鸱鸮》:"天之未阴雨,彻彼桑土,绸缪牖户。"原谓雨前剥开桑树根的皮缠缚门窗。成语加以紧缩,单看字面不联系出典就难以理解了。

【纸醉金迷】 形容叫人沉迷的奢侈豪华的环境。也说金迷纸醉。

从字面看,"纸"与"醉"、与"奢侈豪华的环境"均无法联系上,因此,这类成语必须引述出典方能令读者知其所以然。各种成语辞典多引用或引述陶穀《清异录》所载唐人孟斧模仿宫中用金纸装饰室内器皿的故事,是有必要的。

【再接再厉】　一次又一次地继续努力。

该成语语出韩愈、孟郊《斗鸡联句》:"一喷一醒然,再接再砺乃。"原谓公鸡相斗,每次接战交锋前磨砺利嘴。古语素"接"指接战,"厉"是"砺"的本字。《现代汉语词典》上述笼统的解释使读者无从确切理解古语素的含义,无怪乎测试该成语时不少人将其误写为"再接再励",他们可能把末一字理解为勉励、努力之义。

【折冲樽俎】　在酒席宴会间制敌取胜,指进行外交谈判(樽俎:古时盛酒食的器具)。

释文对"樽俎"的含义作了明确的交代,但对古语素"折"、"冲"未予注解,只笼统概括为"制敌取胜"。《汉语成语小词典》也只笼统地解释"折冲"为"指抵御敌人",读者仍会感到迷惑。查出典,《国策·齐策五》:"千丈之城,拔之尊俎之间;百尺之冲,折之衽席之上。"原来古语素"冲"本作"衝",是一种古战车,用来冲击敌阵或敌城。古语素"折"是折还、使撤退之义。

【推心置腹】　比喻真心待人。

理解这个成语的难点在于"置腹"。表面看,"置腹"和"推心"都是动宾词组,似乎两者是联合(并列)关系,其实不然,这是个递系结构的词组:推心置于他人腹中。对照古书出处就一目了然了。《后汉书·光武帝纪》:"降者更相语曰:'萧王推赤心置人腹中,安得不投死乎?'"浓缩为四字格式,如不满足笼统讲解大意,进一步深究各语素含义时,切忌望文生训。

【小家碧玉】　指小户人家的年轻美貌的女子。

释文虽然没有错误,但容易误导读者以为该成语是用玉石比喻年轻美女。其实碧玉是人名,古乐府《碧玉歌》:"碧玉小家女,不敢攀贵德。"

总之,有出典的成语其中的一字一词都不能停留在对字词表面的理解上。

096 三十六计

旧小说中常有"三十六计,走为上策"的话,这"三十六计"究竟指哪些计策呢?

据考,明末清初之际有传抄本《三十六计》(题下注"秘本兵法")一书问世,确实的撰写年代和撰写者不明。新中国成立后,也有《三十六计》译注本出版。但是,"三十六计,走为上策"这句话,早在梁代萧子显撰的《南齐书》中即已出现(时间上早于《三十六计》一书)。《三十六计》一书中所列的"三十六计"是否正是历代史籍和旧小说中所指的"三十六计"呢? 至今并无确凿的证据可作肯定的回答。

很有必要探讨一下"三十六"这个数字,古汉语中使用这个数字会有什么特异之处呢?

我们首先联想到"三十六行",请看一段《清稗类钞》的记载:

> 三十六行者,种种职业也。……就其成数而言,俗为之一一指定分配者,罔也。至三百六十行之称,则见于明田汝成《西湖游览志馀》,谓杭州三百六十行各有市语也。

这段记载告诉我们:"三十六行"的"三十六"并非确实的数目,不过是约言其多而已。尽管有人煞费苦心替"三十六行"下注脚,一一指定分配,但并不可信。又,"三百六十行"的说法饶有趣味,发人深省。难道杭州当年的行业不多不少,正巧多了十倍吗? 很明显,"三百六十"同"三十六"的性质一样,不是确数,而是约言其多的虚数。牵强附会地注出种种行业,即使凑足其数,终究是"罔也"。

再看周密《齐东野语·优语》的记载:

　　宣和中,童贯用兵燕蓟,败而窜。一日内宴,教坊进伎为三四婢,首饰皆不同。其一当额为髻,曰蔡太师家人也;其二髻偏坠,曰郑太宰家人也;又一人满头为髻如小儿,曰童大王家人也。问其故,蔡氏者曰:"太师觐清光,此名朝天髻。"郑氏者曰:"吾太宰奉祠就第,此懒梳髻。"至童氏者曰:"大王方用兵,此三十六髻也。"

　　"三十六髻"是双关歇后语,指的就是"三十六计"(髻、计谐声),也就是说"走"(兵败逃跑)。难道那个打扮成童贯家人的婢女头上真的有整整三十六个发髻吗?显然不是,"满头为髻如小儿"就可说成"三十六髻","三十六髻"即"满头为髻","三十六"分明是约言其多的虚数。

　　明末以来,农民起义军将所编各部称为"三十六营",其实各部时有分合、增减,"三十六"也非确数。再如:

　　　　本来银汉是红墙,隔得卢家白玉堂。谁与王昌报消息,尽知三十六鸳鸯。(李商隐《代应》)
　　　　秦汉重关一百二,汉家离宫三十六。(骆宾王《帝京篇》)

　　以上都以"三十六"极言鸳鸯鸟和离宫之多,不是实际的确数。

　　类似这样的虚数在古汉语中经常见到。清代学者汪中《释三九》云:

　　　　生人之措辞,凡一二之所不能尽者,则约之三以见其多;三之所不能尽者,则约之九以见其极多。此言语之虚数也。……推之十、百、千、万,固亦如此。

　　其实,三、九、十、百、千、万而外,古汉语中还以五、七、十二、十八、三十六、七十二、三千等作为虚数使用。李白《秋浦歌》的"白发三千丈",孙悟空的"七十二变"和"一斤斗十万八千里"都是明显不过的运用虚数的例子。

　　古汉语中运用虚数的修辞方式在现代汉语中仍有保留和继承,

如"十分感谢"和"万分感谢"的"十"和"万"都是不必确计的虚数。"千方百计"并非恰好有一千条、一百条计策、方略。杭州小瀛洲的九曲桥,实际上不止九个弯,而九溪十八涧却又不到九和十八的数目。尽管今天行业数目比古时多得多,仍不妨说"三十六行"。"三十六计"也同样作为虚数至今沿用。1958 年国防部部长彭德怀《中华人民共和国国防部告台湾同胞书》一开头就说:

> 我们都是中国人。三十六计,和为上计。

回过头来查《三十六计》一书所列的"三十六计",根本没有"和"这一计。"和"这一计也无法归入六套(《三十六计》一书,每六计合为一套,共六套:1. 胜战计;2 敌战计;3. 攻战计;4. 混战计;5. 并战计;6. 败战计。前三套为处于优势之计;后三套为处于劣势之计)中的任何一计,也说不上究竟属于其中的优势之计还是劣势之计。可见"三十六计"指的就是为数甚多的种种计策,如果企图一一为之确实地指定、分配,即使说得头头是道,终究是"罔也"。

097 陛下·殿下·阁下

报纸或新闻广播里有时出现"国王陛下"、"亲王殿下"、"大使阁下"等称呼,这些用于外交场合表示尊敬的称呼是从我国古代有关的敬称中继承而来的。

这些敬称的具体含义是什么? 为什么这样称呼? 同这些称呼相类似的还有哪些敬称? 这些问题,一般人尤其是年轻人往往不大了解。既然在古书、古文特别是古代书信一类文辞中经常出现这些敬称,今天又有时沿用这类敬称,所以对上述问题有必要探究一番。

我国是文明古国,从上古以来,古人在称呼方面一直十分注重礼节;同时,由于封建社会等级森严,古人对于权重位高者的称呼尤为讲究。

古代对于地位显要、尊贵的天子、国君、亲王、诸侯、太子、皇太后、皇后等不但绝对不允许直呼其名,不允许直接以"尔、汝"相称,而且也不允许直接对话。地位低下者当面指称皇帝、皇后等也不允许,必须通过这些尊贵者的手下人、侍者转达。"陛下"指帝王宫殿台阶下面的近臣,"殿下"指亲王、诸侯、太子、皇后、皇太后等的宫殿下面的侍者。"皇帝陛下"、"皇后殿下"这种"因卑以达尊"的对话方式成了必不可少的表示尊敬的规矩、程式一直流传下来。一些本身地位也很显要、尊贵的皇亲国戚、王公大臣虽然允许直接同君王等对话,但也仍使用"陛下"、"殿下"等称呼以表不敢冒昧直陈之意。这样,"陛下"、"殿下"实际上成了对皇帝、皇后等的敬称了。

"阁下"的称呼广泛使用于同辈间或下对上的场合,对所尊敬的人都可使用,意为不敢直陈而通过对方庭阁之下的侍从传话以表尊敬。当然,这主要是一种礼貌的表示,不一定真的找一位侍从请他转达。实际上,往往在口头上或书面上已在向对方陈述,而谦敬地加上"阁下"的称谓以表不敢冒昧直陈之意。这样,"阁下"也成了对对方的一种敬称。

同"阁下"类似的敬称还有"执事"、"左右"、"侍者"、"侍史"等,这些称谓的含义也都指侍从于尊者左右供使令的具体办事人员,用其作为敬称也表示谦恭不敢冒昧直陈之意。

098 足　下

　　相传我国春秋时代晋国有个贤士叫介之推,他曾跟随晋文公(公子重耳)逃亡在外多年,历尽艰辛。后来晋文公返晋,掌握晋国政权,结束流亡生活。这时介之推悄然隐去,不求官,不言禄,隐居于绵山。晋文公追悔没有及时封赏介之推,千方百计要找到这位贤士。最后因求之不得采用了焚山的办法,以为遍山起火,贤士总归会出来。不料介之推归隐决心很大,宁肯抱着山上树木活活烧死,也不愿下山投奔国君。晋文公悲伤不已,取介之推所抱之木制成木屐经常穿在脚下,以资纪念,时时呼唤:"悲乎,足下!"这就是关于"足下"这一敬称来源的一段生动传说(见南朝宋刘敬叔《异苑》卷十)。

　　不管这段故事是否符合历史事实,人们后来就以"足下"指称自己所怀念、所敬仰的人。古时"足下"兼用于下对上或同辈之间的敬称。例如:

　　　　恐抵斧质之罪,以伤先王之明,而又害于足下之义。(乐毅《报燕惠王书》)

　　　　阎乐前即二世数曰:"足下骄恣,诛杀无道,天下共畔足下,足下其自为计。"(《史记·秦始皇本纪》)

　　　　卜者知其指意,曰:"足下事皆成,有功。然足下卜之鬼乎?"(《史记·陈涉世家》)

　　　　足下哀其愚蒙,赐书教督以所不及,殷勤甚厚。然窃恨足下不深惟其终始,而猥随俗之毁誉也。(杨恽《报孙会宗书》)

　　乐毅称燕惠王为"足下",阎乐称秦二世为"足下",卜者称陈涉为"足下",都是下对上的敬称。杨恽称孙会宗为"足下",是友人间的敬称。后来,"足下"这一敬称多用于同辈之间。旧时书信中专用于同辈之间,即使是现代人也沿用这一敬称指同辈友人,但多见于文言语体的书信中。

099　"畏我复却去"中"复却去"的是谁

前面 51、52 两篇短文(《"一衣带水"》、《"成人之美"》)谈到成语内部的意义切分。其实,古诗文中除了句读问题以外,也存在语句意义切分问题。

这里专门谈谈古诗中的意义切分问题。古诗句读分明,五言诗五字一句,七言诗七字一句,但其句内语词的意义切分却并不简单。

早在 20 世纪 60 年代,著名学者吴小如(《北京晚报》1961 年 2 月 13 日)、吕叔湘两先生就撰文指出,白居易《问刘十九》诗中"绿蚁新醅酒,红泥小火炉"的"小火炉"并非如一般人所理解的作"小/火炉"那样的切分,而应作"小火/炉"这样的切分。① 因为这首诗里的"炉"是专供暖酒用的,必须是文火即小火。且"小火/炉"与上句"新醅/酒"对仗工稳,切分作"小/火炉"不但破坏了对仗,而且也破坏了原诗的意境。流行极广的《唐诗鉴赏辞典》将此句译为"泥炉既小巧又朴素",显然仍沿袭"小/火炉"的错误切分。②

杜甫《羌村三首》之二:"娇儿不离膝,畏我复却去。""复却去"的是"娇儿"还是"我"呢? 这就牵涉到句内语词的意义切分问题。《诗词曲语辞汇释》解释此句为"言娇儿防我之还家而仍复去家也",认为"却,犹还也,仍也"③,取"复却/去"的切分。"却"、"复"同义连文,"复却去"的主语是"我","畏"的是"我复却去"。人民文学出版社的

---

①吕叔湘《语文常谈》,生活·读书·新知三联书店 1981 年版,第 48—49 页。
②《唐诗鉴赏辞典》,上海辞书出版社 1983 年版,第 901 页。
③《诗词曲语辞汇释》,中华书局 1953 年版,第 68 页。

《杜甫诗选》注解该句说:"描摹小孩对父亲又亲热又害怕的情景。'却去',退去,躲开。"①取"复/却去"的切分。"复却去"的主语同"畏我"一样,是"娇儿"。人民文学出版社的《唐诗选》(中国社会科学院文学研究所编)在指出"两说皆可通"之后说:"但从杜甫对子女的一贯慈爱,从杜甫去年回家居留的暂短(六月至七月),以及娇儿的一般心理(下面《北征》"问事竟挽须"可参看)等来揣摩,前说(笔者按:指"复却去"的主语是"我")或许更符原意,与下文'忆昔'句也似更连贯。"②可见,无句读标志的句内语词的意义切分大有讲究,切不可等闲视之。

---

① 《杜甫诗选》,人民文学出版社 1956 年版,第 55 页。
② 《唐诗选》上册,人民文学出版社 1978 年版,第 251 页。

100　"心折骨惊"与"骨折心惊"

　　是以别方不定,别理千名,有别必怨,有怨必盈。使人意夺
神骇,心折骨惊。……谁能摹暂离之状,写永诀之情者乎?

　　这是江淹《别赋》中的名句。王力主编《古代汉语》第十二单元
"古汉语的修辞·倒置"引此赋于"心折骨惊"下注:"应理解为骨折
心惊。"认为"由于对仗、平仄和押韵的要求,古代作家往往着意造了
一些词序颠倒的句子。……遇到这种句子时,我们应当按照正常的
词序去理解文意"。陈望道《修辞学发凡》也认为"心折骨惊"实为
"心惊骨折",把这类句子归入"积极修辞"中"可算是倒装的一体"。
王若虚《滹南遗老集》称之为"旋造",《文选》李善注则称"互文"。这
里的所谓"旋造"、"互文"含义与"倒文"、"倒装"相同。

　　看来历来注解上述语句者多认为:心不能折只能惊,骨则只能
折不能惊。用这样的眼光来鉴赏文学作品未免过于呆板了。文学
作品既然要用形象思维,讲究修辞手法,往往并不拘泥于机械的事
理或逻辑推论。在文学家笔下,心不但可以折,还可以碎呢。骨是
无知之物,也不妨说惊。为了描述超乎常态的悲痛、惊惶,"心折骨
惊"较之"骨折心惊"是更深一层、更加一倍的刻画,完全没有必要说
是"心惊骨折"的倒装,要承认作家、诗人在运用、搭配词语时是允许
同伤科医师的术语不完全一致的。

　　类似的例子还有:

　　或有孤臣危涕,孽子坠心,迁客海上,流戍陇阴。此人但闻
悲风汩起,血下沾衿。(江淹《恨赋》)李善注:"然心当云危,涕

当云坠。江氏爱奇,故互文以见义。"

　　余监抚馀闲,居多暇日。历观文圃,泛览辞林,未尝不心游目想,移晷忘倦。(萧统《文选序》)

　　临溪而渔,溪深而鱼肥;酿泉为酒,泉香而酒洌。(欧阳修《醉翁亭记》)

王力主编《古代汉语》认为"心游目想"应理解为"目游心想","泉香而酒洌"应理解为"泉洌而酒香"。该教材均视之为"倒置"。

陈望道《修辞学发凡》引王若虚《滹南遗老集》所谓"旋造"的实例作"泉甘而酒洌",也说"实为泉洌而酒甘",都当作"倒装"的语句。

前面说过,在作家、诗人的笔下,心不但可以折,还可以碎。同样,心不但可以游,而且还可以飞呢。目不但可以想,还可以说话呢。"坠心"谓连心也掉落下去了,形容被摒弃的孽子悲伤痛苦如同失去了心一般;"危"则喻指欲落未落的悬挂着的东西,"危涕"正是极言眼泪一直悬挂着不间断,如改为"坠涕",则眼泪反而是有间断止歇的了。至于"泉香而酒洌",不能拘泥地认为形容泉水只能说冷洌(清澈),不能说芳香;形容酒只能说甘、香,不能说冷洌。这里应当理解为参互以见义的互文,即泉、酒都甘美、芳香而冷洌。韩愈《醉赠张密书》诗中"酒味既冷洌"可证"冷洌"也可以形容酒。

总之,对上述语句用"倒置"、"倒装"来理解是不恰当的。

续编

101 "夕阳无限好，只是近黄昏"的"只是"

　　唐代诗人李商隐著名诗句"夕阳无限好，只是近黄昏"（《乐游原》），其中的"只是"一般人都当作现代汉语的"只是"来理解。这种理解把诗意曲解为惋惜、遗憾和无奈。其实，中古近代汉语的"只是"并非转折连词，而是正面表示"正是"、"就是"之意的连词。诗意乃是赞赏、喜悦和肯定。作者喜悦地赞赏：正是黄昏时节，夕阳是多么好啊！

　　周汝昌先生在《唐诗鉴赏辞典》中指出：李商隐本集中"只是"多见，皆非近代转折词意，他说："它本来写作'祗是'，意即'止是'、'仅是'。因而乃有'就是'、'正是'之意了。"他举李的《锦瑟》作为好例："此情可待（义即何待）成追忆，只是当时已惘然！"他说："其意正谓：就是（正是）在那当时之下，已然是怅惘难名了。有将这个'只是当时'解为'即使是在当时'的，此乃成为假设语词了，而'只是'是从无此义的，恐难相混。"

　　较早关注"只"字的是王锳先生，他在《诗词曲语辞例释》中指出："只，即，就，副词，但不表范围而表时间或语气。"此后，他又在《唐宋笔记语词汇释》"只（一）"条云："只，即，就，副词，表时间相承或确定语气，不表范围。"安徽大学阚绪良教授提供一例，是支持王说的极佳例证：唐代诗人贾岛《寻隐者不遇》："松下问童子，言师采药去。只在此山中，云深不知处。"

　　唐宋诗中若干对文、异文也可作为"只"同即、正的旁证，如：

　　（1）皎然《长门怨》："春风日日关长门，摇荡春心自梦魂。若遣花开只笑妾，不如桃李正无言。""只"与"正"对文。

（2）杜甫《忆幼子》："忆渠愁只睡，炙背俯晴轩。"仇兆鳌详注："只，荆作即，一作正。"

（3）项斯《晓发昭应》："是物寒无色，汤泉正自流。"注："正，一作祗。"

（4）陈师道《和饶节咏周昉画李白真》："是非荣辱不到处，正恐朝来有新句。"宋孙昭远编《声画集》卷一作"是非荣辱到不处，正恐朝来有新句"，注："只，一作正。"

现代为老年人创作的歌曲《夕阳红》，也是正面歌颂、赞赏老年是晚开的花、陈年的酒，丝毫投有惋惜、遗憾和无奈之意。这和李商隐的诗意是相通的。

老年人看到年轻一代像早晨八九点钟的太阳，他们在成长、成才、成功，甚至发展到如日中天，看到长江后浪推前浪，一代更比一代强。老年人会感到无比欣慰，这就是"无限好"。套用一句广告词："大家好才是真的好！"

感别各位前来参加为我祝寿的活动。你们口口声声说"师恩难忘"，其实我最难忘的是弟子之恩，是我沾了弟子们的光。你们各个方面都超过了我，无论工作、成就、地位、待遇还是名望都大大超过我。很惭愧，身为博士生导师，我自己却没有任何学位。我参加全国性学术会议，常常有专家夸我："您的学生了不起！"我的书稿、课题，常请学生帮忙。至于在生活上，弟子们给我无私、无微不至的关爱、帮助、照顾，也使我感勤、感激。我的获奖项目大多是集体项目。我个人微不足道，力量有限。个人在集体中尽了力，感到很充实，很值得。所以我要说：大家好才是真的好，才是无限好！

（原载《汉语史学报》第十三辑［2013 年］，又载《语言文字周报》2014 年 9 月 3 日）

102　"沧海一粟"的"粟"

　　成语"沧海一粟"的"粟",各种辞书都解释为粟米。粟米怎么跑到海里去了呢?要说"太仓一粟"倒也可通,古诗文就有"太仓一稊米"之说。如《庄子·秋水》:"计中国之在海内,不似稊米之在太仓乎?"唐白居易《和思归乐》诗:"太仓一稊米,大海一浮萍。"浮萍与海有关,类似写到与海水有关的形容渺小之物的古诗文如:唐刘长卿《谪至干越亭作》诗:"青山数行泪,沧海一穷鳞。"宋李石《与景浚卿书辩德行堂铭》:"乃复之全体,若乔岳沧海;其一又如岳之一石,海之一波。"宋张舜民《长城赋》:"我今所见,如东海之一波,泰山之一篑。"元谢宗可《咏物诗·浮生梦》:"身如沧海一轻沤,来去无端不自由。"明程开祜《筹辽硕画》卷四二:"以此二万六百馀而入于司农之帑,诚沧海一滴,岱岳一尘。"明冯琦《王老师》:"而在老师分量,犹是太虚片云,沧海一勺。"清顾炎武《天下郡国利病书》:"以吾民本有之利而尽属之部,在国计,不啻沧海之一涓。"

　　沧海里的一鳞、一波、一萍、一沤、一滴、一勺、一涓都与海水相关,唯独一粟与海水联系在一起显得费解。除非"粟"并非粟米,而是与海水相关的细小如粟米之物。

　　《山海经·南山经》:"英水出焉,西南流注于赤水,其中多白玉,多丹粟。"郭璞注:"细丹沙如粟也。"又《中山经》:"荆山之首曰景山,睢水出焉,其中多丹粟。"郭璞注:"细沙如粟。"

　　可见,这里的"粟",指的是细小如粟米的细沙,这才与海水相关。

(原载《语言文字周报》2014 年 11 月 26 日)

103 "温良恭俭让"的"俭"

《论语·学而》:"子禽问于子贡曰:'夫子至于是邦也,必闻其政,求之与? 抑与之与?'子贡曰:"夫子温、良、恭、俭、让以得之。夫子之求之也,其诸异乎人之求之与?'"

这里说的是孔子获得听取某国政事的方式用的是温和、谦恭的态度。后来以"温良恭俭让"泛指态度谦恭、举止文雅。如:

三国魏·曹操《悼荀攸下令》:"荀公达真贤人也。所谓温良恭俭让以得之。"

明·无名氏《孟母三移》第二折:"物有本末,事有终始,以温良恭俭让之德,五者乃圣德光辉,是以君子有絜矩之道也。"

亦简作"温良恭俭"或"温良俭让"。如:

唐·张说《赠吏部尚书萧公神道碑》:"学穷秘赜,文标宗匠。广博幽深,契神无迹;温良恭俭,与道为徒。是谓启迪后昆而煜耀前烈者也。"

宋·张孝祥《代季父贺汤丞相》:"恭维仆射相公广大高明,温良恭俭。"

明·无名氏《女姑姑》第四折:"张端甫,我见你一贫如洗,教你做门馆先生,你则合温良俭让。"

现代人也用这一成语,也指谦恭、文雅。如:

毛泽东《湖南农民运动考察报告》:"革命不是请客吃饭,不是做文章,不是绘画绣花,不能那样雅致,那样从容不迫、文质彬彬,那样温良恭俭让。"

"温良恭俭让"中,温、良、恭、让的意思好理解,都可视为近义词。唯独"俭"的意思较难把握。多数学者把"俭"解释为节俭、俭朴,如杨伯峻《论语译注》,易中天在"百家讲坛"中也解释为俭朴。这就和温和、善良、谦恭、谦让的意思不一致了。其实,这里的"俭"也是谦恭的意思。请看例证:

《大戴礼记·文王官人》:"其色俭而不谄。"王聘珍解诂:"俭,卑谦也。"

又:"多稽而俭貌。"王聘珍解诂:"俭貌,卑谦之貌。"

《后汉书·翟酺传》:"夫俭德之恭,政存约节。"李贤注引左氏传:"俭,德之恭也。"

《荀子·非十二子》:"俭然恀然。"杨倞注:"俭然,自谦卑之貌。"

可见,"俭"被解释为节俭、俭朴是惑于"俭"的古今常用义的误解。

(原载《语言文字周报》2014 年 12 月 10 日)

104　"人穷则反本"的"穷"

《史记·屈原列传》提及屈原作《离骚》的缘由:

> 夫天者,人之始也;父母者,人之本也。人穷则反本,故劳苦倦极,未尝不呼天也;疾痛惨怛,未尝不呼父母也。屈平正道直行,竭忠尽智以事其君,谗人间之,可谓穷矣。信而见疑,忠而被谤,能无怨乎? 屈平之作《离骚》,盖自怨生也。

人们在劳苦疲惫的时候呼喊皇天,在疾痛忧伤的时候呼喊爹娘。这就是"人穷则反本"。"反本"即回归、回复本源。而"人穷"的"穷"则并非指贫穷,而是指困窘、困厄,即处境极端恶劣、困难。上引"屈平正道直行,竭智尽忠以事其君,谗人间之,可谓穷矣。"正是对"穷"的确切注解。

在古文中,"穷"不同于"贫"。"穷"与"通"、"达"相对、相反,"贫"与"富"相对、相反。如:

> 《庄子·德充符》:"死生、存亡、穷达、贫富、贤与不肖、毁誉、饥渴、寒暑,是事之变,命之行也。"

> 又《让王》:"古之得道者,穷亦乐,通亦乐,所乐非穷通也。"

在古文中,"穷"与"贫"在生活困苦这个意义上是同义关系。但"穷"比"贫"处境更差、更糟。

> 《左传·昭公十四年》:"且抚其民,分贫振穷,长孤幼,养老疾。"孔颖达疏:"大体贫穷相类,细言穷困于贫。贫者家少财货,穷谓全无生业。分财货以与贫者,受(授)生业以与穷者。"

《孟子·梁惠王下》:"老而无妻曰鳏,老而无夫曰寡,老而无子曰独,幼而无父曰孤。此四者,天下之穷民而无告者。"——"穷民"不等于贫民,而是境遇极端困难的人。

下面"穷"的两种意义是"贫"所不具备的:

一是特指不得仕进即仕途上没有出路。如:

《孟子·尽心上》:"故士穷不失义,达不离道。……穷则独善其身,达则兼善天下。"

王勃《滕王阁序》:"穷且益坚,不坠青云之志。"

一是特指鳏寡孤独四种人。如:

《周礼·地官·大司徒》:"三曰振穷。"郑玄注:"穷者有四:曰矜,曰寡,曰孤,曰独。"

《吕氏春秋·季春纪》:"发仓窌,赐贫穷。"高诱注:"无财曰贫,鳏寡孤独曰穷。"

(原载《语言文字周报》2014 年 12 月 10 日)

105　"种树郭橐驼"的"种树"

唐代思想家、文学家柳宗元的著名散文《种树郭橐驼传》脍炙人口,但是人们对其中"种树"的理解多不确切。一般读者、教师、注释者甚至名家(如"百家讲坛"主讲人)都有意无意地把"种树"理解为今天所说的"种树"即种植树木。其实这是误解。

明代俞贞木(一作俞宗本)著有《种树书》,成书于明洪武十二年(1379)。该书上卷为全年逐月农事;中卷为豆、麦、桑、竹、木的种植法;下卷为花、果、菜的种植法。有趣的是,该书曾托名唐代郭橐驼撰。

从《种树书》各卷内容可推知,这里的"种树"并非指种树木,而是种植的意思。因为除了桑、竹、木以及部分花果以外,都不能称为树。作者所崇仰、敬慕的郭橐驼擅长的也不仅仅只是种树木。《种树郭橐驼传》中言及"凡长安豪富人为观游及卖果者,皆争迎取养"。可见郭橐驼擅长种树木以外,也擅长种花果,而花果不一定都是长在树木上。再看文中"视驼所种树,或移徙,无不活",说的是所种、所树(即所种植的),所移、所徙(即所移栽的)没有不成活的。紧接着又和"他植者"(即别的种植者)相对照。"种树"意即种植,是很明显的。至于文末的"吾问养树,得养人术",其中的"树"也不是名词,"养树"即养植,理由已见上述。

在先秦古汉语中,"树"和"木"是有区别的。《王力古汉语字典》云:"木,树。此二字本不同义,且词性也不同。木是名词,指树木;树是动词,指种植。"(见 456 页)请看例证:

《诗经·小雅·巧言》:"荏染柔木,君子树之。"

《周礼·地官·大司徒》:"以教稼穑树艺。"贾公彦疏:"教民春稼秋穑,以树其木,以艺黍稷也。"

《孟子·梁惠王上》:"五亩之宅,树之以桑。五十者可以衣帛矣。"

后代一直沿用"树"的动词义。如"树艺"、"树稼"即指种植,"树人"即指培养人。当然,由于词义演变,战国以后"树"有时也用作名词义,指树木。但在柳宗元这篇散文中,"树"明显不是名词义树木,而是动词义种植。

附带说明:古文常在人名前标明所从事或擅长的职业、工作、行当。如《左传》有医和、医缓,《庄子》有庖丁、轮扁、盗跖,《孟子》有弈秋等。种树郭橐驼就是指擅长种植的郭橐驼。

(原载《语言文字周报》2014 年 12 月 10 日)

106　才高八斗

　　某著名编剧在改编《西厢记》时赞誉张生"才高北斗",也许他认为天上的北斗星比喻才高很贴切,其实这是对典故"才高八斗"的篡改,犯了常识性的错误。

　　宋·无名氏《释常谈·八斗之才》云:"文章多,谓之'八斗之才'。谢灵运尝曰:'天下才有一石,曹子建独占八斗,我得一斗,天下共分一斗。'"

　　五代·李翰《蒙求》也有类似的记载。清代梁章钜《浪迹三谈》卷三"李瀚《蒙求》"条:"《蒙求》载子建八斗,按李义山诗亦有'宓妃愁坐芝田馆,用尽陈王八斗才'之句,注家皆引《南史》谢灵运曰:'天下才共一石,曹子建独得八斗,我得一斗,自古及今共得一斗。'今检《南史》,并无此语,亦不知《蒙求》所据何典也。"

　　宋《锦绣万花谷·前集》卷二十三《才德》:"谢灵运云:'天下才共一石,曹子建独得八斗,我得一斗,自古及今共享一斗。奇才博识,安足继之?(《魏志》)'"今《三国志·魏书》亦未见此语。

　　谢灵运是南朝·宋的文学家、诗人。后代乃以"八斗才"或"才高八斗"形容文才极高。如:

　　唐·李商隐《可叹》诗:"宓妃愁坐芝田馆,用尽陈王八斗才。"(陈王,指曹植,字子建)

　　唐·徐夤《献内翰杨侍郎》诗:"欲言温署三缄口,闲赋宫词八斗才。"

　　宋·邵雍《伊川击壤集》卷十《和司马君实崇德久待不至》:"天

启夫君八斗才,野人中路必须回。神仙一句难忘处,花外小车犹未来。"

宋·范成大《石湖居士诗集》卷九《次韵赵正之同年客中》:"可怜山县五斤手,不识王孙八斗才。"

明·李贽《焚书》卷六《雨中塔寺和袁小修韵》:"才倾八斗难留客,酒赋千钟不厌贫。"

明·陈汝元《金莲记·偕计》:"不佞姓苏,名轼,字子瞻,眉州眉山人也。学富五车,才高八斗。"

明·冯梦龙《醒世恒言·黄秀才徼灵玉马坠》:"扬州有一秀士……生得丰姿韶秀,一表人才。兼之学富五车,才倾八斗。同辈之中,推为才子。"

清·陈端生《再生缘》卷一:"学富五车真不假,才高八斗果非轻。"

清·程允升《幼学琼林》:"多才之士才储八斗,博学之儒学富五车。"

"学富五车"语出《庄子·天下》:"惠施多方,其书五车。"惠施,战国时哲学家,名家的代表人物。后以"学富五车"形容读书多,学问渊博。"学富五车"常与"才高八斗"连用。两者对仗工整,"学富"对"才高",主谓词组对主谓词组,富和高都是形容词。"五车"对"八斗",数量词对数量词。误作"北斗",与"五车"就不对仗了。清·李渔《闲情偶寄》卷一《词曲部·结构第一》:"否则才夸八斗,胸号五车,为文仅称点鬼之谈,著书惟供覆瓿之用,虽多亦奚以为?"也以"八斗"与"五车"相对。

（浙江省语言学会第 18 届年会论文［2016 年］）

107　古语词"孃"、"娘"有别

宋代著名字书《玉篇》(《大广益会玉篇》)、《广韵》都明确指出古语词"孃"、"娘"有别，前者云："孃，母也。""娘，少女之号。"后者云："孃，母称。""娘，少女之号。"

孃古指母亲，常与爷（耶）连用。如：《古乐府·木兰辞》："旦辞爷孃去，暮宿黄河边。"杜甫《兵车行》："耶孃妻子走相送，尘埃不见咸阳桥。"刘克庄《满江红·寿唐夫人》词："尘世少如孃福寿，上苍知得儿忠孝。"

娘古指少女，即年轻女子。如：《乐府诗集·子夜歌》："见娘喜容媚，愿得结金兰。"又《黄竹子歌》："一船使两桨，得娘还故乡。"王实甫《西厢记》第一本第三折："可喜娘的脸儿百媚生，兀的不引了人魂灵。"这一古义常见于年轻女子的称名中，如杜丽娘、杜十娘、红娘等。该古义至今沿用，如姑娘、新娘、娇娘、渔娘、船娘等。

俗语"天要下雨娘要嫁人"中的"娘"一般被解释作母亲，其实这是误解。娘只有在死了丈夫或离了婚才会嫁人，而封建社会是奖励寡妇不嫁的。年轻女子要嫁人和天要下雨一样，是必然要发生的，不可阻挡的。早在 2005 年 10 月香港《语文建设通讯》(总 82 期)周志锋《"天要下雨娘要嫁"的"娘"应作何解？》即已指出"娘"的误解、误用。（该文已收入去年浙江大学出版社出版的《训诂探索与应用》一书）这种误解、误用是由于"孃"、"娘"的混用造成的。

（浙江省语言学会第 18 届年会论文[2016 年]）

108 关于"烂柯山"

南朝宋·刘义庆《幽明录》云："山中方七日，世上已千年。"说的是仙界、凡间在时间上的差异，常用来形容世事变幻。与此相类似的美丽传说莫过于"烂柯山"的故事。

南朝梁·任昉《述异记》卷上："信安郡（浙江衢州古名）石室山，晋时王质伐木至，见童子数人，棋而歌。质因听之。童子以一物与质，如枣核，质含之，不觉饥。俄顷，童子谓曰：'何不去？'质起，视斧柯烂尽。既归，无复时人。"此后，石室山又名烂柯山。

这个故事流传广泛，以至于全国不少地方如河南洛阳、广东肇庆、山西沁县等都有烂柯的名胜古迹。郁达夫《烂柯寄梦》云："是以樵子入山，看神仙对弈，斧柯烂尽的事情，各处深山里都可以插得进去，也真怪不得中国各地，有烂柯的遗迹有十馀处之多了。但衢州的烂柯山，却是《道书》上所说的'青霞第八洞天'，亦名'景华洞天'的所在，是大家公认的这烂柯故事的发源本土。"

衢州的烂柯山作为东南名胜古迹吸引了历代许多文人墨客、达官贵人前来游历。如南朝宋的谢灵运，唐代的孟郊、刘禹锡，宋代的赵抃、陆游、朱熹，明代的徐渭，现代的郁达夫、邓拓、王西彦等等。

由于烂柯山不高不险，不符合《辞海》地理学科的收录标准，所以新中国成立后历次修订，从1965年"未定稿"本、1979年版、1989年版到1999年版均未收作为山名的"烂柯山"词条。2009年版修订中，衢州市领导找到正在参加修订工作的衢州籍祝家兄弟，让我们为故乡办一件实事。我作为《辞海》编委兼分科主编会同主要编写人胞弟鸿杰向《辞海》编辑部发函并草拟了"烂柯山"和"烂柯"两个词条。我们认为，烂柯山作为有影响的重要典故和美丽神话传说，语词学科完全应该收录。

新版《辞海》（即第六版《辞海》）新增了作为山名的"烂柯山"条目，并明确指出此山在浙江衢州。

现将新版《辞海》"烂柯"和"烂柯山"两个词条引录如下：

烂柯 ①任昉《述异记》卷上："信安郡（衢州古名）石室山，晋时王质伐木至，见童子数人，棋而歌。质因听之。童子以一物与质，如枣核，质含之，不觉饥。俄顷，童子谓曰：'何不去？'质起，视斧柯烂尽。既归，无复时人。"类似传说又见《志林》、《水经注》、《嘉庆一统志》等。因以喻世事变幻。陆游《东轩花时将过感怀》诗："还家常恐难全璧，阅世深疑已烂柯。"②围棋的别称。《宋诗记事·善棋道人绝句》："烂柯真诀妙通神，一局曾经几度春。自出洞来无敌手，得饶人处且饶人。"

烂柯山 ①山名。又名石室山、石桥山。在浙江省衢州市南10千米处。相传晋代衢州人王质入此山伐薪，见童子对弈，棋局未终而斧柯已烂，故名。参见"烂柯①"。②传奇剧本。明人作，作者不详。取材于民间传说汉朱买臣休妻故事。全剧已佚，仅存零出。昆剧《痴梦》和有些剧种的《夜梦冠带》、《马前泼水》都源出于此。

《辞海》第五版以前"烂柯山"词条只收"传奇剧本"一个义项。新版《辞海》增添了"山名"义项，且参见"烂柯"词条，意义丰富完整多了。两个词条都说明典故出处，并指出"烂柯"有"喻世事变幻"和"围棋别称"的含义，又有书证。这样修订是完全必要的。

（浙江省语言学会第18届年会论文[2016年]）

109　"休养生息"的"息"

历代在战乱结束以后恢复和发展经济,常说"休养生息",意思是保养民力,增殖人口。

请看例句:

唐·韩愈《平淮西碑》:"高祖、太宗,既除既治;高宗、中(中宗)、睿(睿宗),休养生息;至于玄宗,受报收功。"

明·张居正《答河道巡抚翁见海》:"疏沁道卫,分诸上源,诚为急务。但渠初成,应难再举。俟休养生息,二三年后,物力稍舒,当即计之。"

清·昭梿《啸亭续录·本朝富民之多》:"本朝轻薄徭税,休养生息百有馀年,故海内殷富,素封之家,比户相望。"

清·毕沅《续资治通鉴·宋纪高宗绍兴十年》:"许其修睦,因此罢兵,庶几休养生息,各正性命,仰合于天心。"

其中"息"的含义不同于休息、止息、消息等常用古义。它与"自强不息"的"息"(停息、懈怠之义)截然不同,是滋生、生长、繁殖的意思。

这一古义,是从"息"的本义鼻息、气息引申而来的。"一息尚存"的"息"就是用的本义。一口气息,表示有生命。"休养生息"的"生息"正是繁殖生命之义。这里"休"与"养"义近,指休息、调养。"生"与"息"义近,指人口滋生、繁殖。

《周礼·地官·司徒》:"以保息六养万民。"郑玄注:"保息,谓安之使蕃息也。""蕃息"正是繁殖众多之意。

"息"的这一古义屡见于古文献。如：

《易·革》："水火相息。"王弼注："息者，生变之谓也。"孔颖达疏："息，生也。"

《易·系辞上》："则乾坤或几乎息矣。"惠栋述："息，生也。"

《荀子·大略》："有国之君，不息牛羊；错质之臣，不息鸡豚。"杨倞注："息，繁育也。"（谓不繁育牛羊鸡豚，与民争利。）

《孟子·告子上》："是其日夜之所息，雨露之所润，非无萌蘗之生焉。"赵岐注："息，长也。"朱熹集注："息，生长也。"

《山海经·海内经》："洪水滔天，鲧窃帝之息壤以埋洪水。"郭璞注："息壤者，言土自长息无限，故可以塞洪水也。"

《战国策·齐策四》："是其为人，哀鳏寡，恤孤独，振困穷，补不足。是助王息其民也。"鲍彪注："息，生也。"

《汉书·高惠高后文景功臣表》："流民既归，户口亦息。"

《汉书·五行志下之下》："人君能修政，共御厥罚，则灾消而福至；不能，则灾息而祸生。"颜师古注："息，谓蕃滋也。"

唐·韩愈《柳州罗池庙碑》："猪牛鸡鸭，肥大蕃息。"

唐·柳宗元《天说》："虫之祸物也滋甚，其有能去之者，有功于物者也；繁而息之者，物之雠也。"（繁息，义同蕃息。）

后来"息"的子息、利息义是从蕃息义引申而来的。如：

《战国策·赵策四》："老臣贱息舒祺，最少。"

《史记·孟尝君列传》："贷钱者多不能与其息。"

（原载《语言文字周报》2018 年 6 月 13 日）

古代汉语三百题

祝鸿熹　著

祝鸿熹文集 （三）

浙江大学出版社 ·
杭州

前　言

　　我国拥有灿烂的古代文化，其辉煌成果主要以书面形式保存下来，形成今天我们所说的古籍。这些古籍包含哲学、社会科学和自然科学等各个方面的内容，它们以古代汉语为载体传承下来。要借鉴、吸收、利用这些古代文献资料，就应当突破语言文字障碍。学习并掌握古代汉语，就是打开文化遗产宝库的一把金钥匙，一个继承发扬古代文化遗产菁华的有力工具。

　　《古代汉语三百题》是专门为古代汉语学习者所编写的。本书以问答的形式介绍了古代汉语的诸多基本知识，为学习古代汉语提示要点、解释疑点、辨析难点，并提供学习方法。绝大多数答问力求简明扼要，篇幅在千字左右。少数答问因为内容的综合性而篇幅较长。实际上长篇的答问可视为若干短篇答问的汇集，如关于文言虚字学习方法的答问，举例列举若干文言虚字的用法，就不再另列有关内容的答问了，以免过于琐细。

　　本书实有答问不足三百条，"三百"为虚指，姑且命名为《古代汉语三百题》。本书撰写时参考了目前流行较广的古代汉语教材，如王力主编的《古代汉语》、郭锡良等编的《古代汉语》以及蒋礼鸿、任铭善合著的《古汉语通论》等。对某些在学术界存在分歧的问题则只做客观介绍，供读者参考。

作　者

引言

001 什么是古代汉语？古代汉语是否就指文言文？

现代汉语正式形成以前的汉语是古代汉语。现代汉语的正式形成以二十世纪初的"五四运动"为起点，所以，"五四运动"以前几千年的汉语（主要是书面的汉语）都属于古代汉语的范畴。

古代汉语所经历的漫长年代，大体可分为上古、中古和近古（近代）三个时期。秦汉以前是上古汉语，魏晋南北朝至唐宋为中古汉语，宋元以后至"五四运动"以前则为近代汉语。

文言文属于古代汉语，但古代汉语并不就指文言文。古代汉族人所使用的语言——古代汉语，包括传统所称的"文言文"和古白话两大分支。

文言文指先秦至西汉已经发展成熟的书面语言，这是以当时口语为基础而形成的共同语。文言文还包括汉以后直至近代模仿上古共同书面语的作品。显然，愈到后来，与当时口语的分歧就愈大。

古白话指六朝以后以北方话为基础而形成的具有共同性的口语记录，与现代汉语相衔接，大多用于民间文学和笔记语录等部分作品。

初学古代汉语，一般以文言文为重点。因为文言文流传较广，影响较大，材料也比较丰富。古代用文言文记载的典籍范围广、规范性强，又有比较详尽的注释、研究材料。相对地说，古白话由于历代统治者不够重视，收集、整理、研究都很不够。因此，不能作为学习古代汉语的重点。但这并不意味着古白话研究不重要，也不是说古白话很容易，不值得学。就科学研究角度看，古白话的研究是更具有迫切性的。但从教学的角度看，应以文言文为重点，打好文言文的基础，同时也为进一步理解、研究古白话打好基础。

另外，文言文和古白话也是互有联系，互相渗透的，不能截然割断。学习文言文的同时要适当联系、照顾到古白话。

002　现代人为什么要学古代汉语、不研究古籍的人要不要学习古代汉语?

现代人为了批判地继承古代文化遗产,以发展、繁荣社会主义新文化,必须学习古代汉语。我国灿烂的古代文化主要是用书面形式保存下来的古代文献资料,包括哲学、社会科学和自然科学各个方面内容的古籍,要利用、吸收、借鉴它们,首先必须突破语言文字障碍。学习古代汉语,就为批判地继承古代文化遗产提供了工具,为打开文化遗产的宝库掌握了钥匙。

现代人学古代汉语不是为了说古话、写古文,也不是单纯为了读古书。不研究古籍的人同样有必要学习古代汉语。

诚然,现代人使用的是现代汉语,要用规范的现代汉语进行交际和交流思想。但是,每一个具有中等以上文化水平的人,为提高文化素养,或多或少地都将接触古书,至少要经常地接触来自古书的语言材料。不研究古籍的人也免不了要接触报刊资料、书稿文件等等。那里面经常出现一些古代流传下来的成语、谚语、格言、警句、历史典故以及大量古人语言中富有生命力的成分。现代汉语是从古代汉语发展而来的,不是凭空产生的。现代汉语大量吸收了古代汉语中有生命力的成分,所以要深刻理解、纯熟运用现代汉语,都有必要学习古代汉语。就是在日常生活中,也会遇到古代汉语材料。如表扬少年儿童"拾金不昧",门卫说"证件请出示",其中的"金"、"昧"、"示"等都是吸收到现代汉语中来的古代汉语词,没有一定的古代汉语修养,就会理解得不够深刻。

此外,我们在接触古代汉语文献资料和鉴赏、阅读古代进步政治家、思想家、教育家、科学家、文学家、史学家等的名篇佳作时,可以吸收多方面的养料,吸取其民主性的精华,同时也借鉴写作方法,丰富我们的语言。

总之,现代人学习古代汉语是同建设高度发展的社会主义精神文明这一崇高目标紧密联系在一起的。

003　学习古代汉语从何着手？有什么行之有效的学习方法？

学习古代汉语应当从掌握常用词着手。学习任何一种语言，例如学一门外语，学一种方言，首先总要掌握一批单词。学习古代汉语也是这样。常用的单词掌握多了，对一种语言的了解就减少了障碍。

古代汉语的常用词有一部分基本词，如天、地、人、山、水、火、马、牛、雨、雪、大、小、上、下、笑、哭等，古今一致，不难掌握。有一部分古今迥别，一望而知是生字难词，遇到这些词或者翻检辞书，或者请教旁人，总会设法解决。最要留意的是古今词义既有联系又有区别的那一部分常用词，要防止曲解误解，指鹿为马。如"走"的古义是跑，"劝"的古义是鼓励，"江"、"河"的古义指长江、黄河，等等，都不能与今义混淆。

古代汉语的学习方法应以理论与实际相结合为指导思想，既要重视感性材料，又要重视理论知识。我们虽不能像前人那样穷年累月背诵熟读古书从而掌握古代汉语，但适当熟读精读几十篇文言诗文是很必要的。至于课外阅读、略读一些古诗文更要力求面广一些，量多一些，从而获得具体的感性的语言材料，在此基础上择要学习一些古代汉语通论常识，把感性认识提高到理性认识。从而举一反三，触类旁通，才能收到事半功倍的效果。

古代汉语学习主要靠逐步积累，不靠灵感和小聪明，不能存侥幸取巧心理。因此，我们提倡背诵，提倡咬文嚼字（即字、词、句落实），提倡扎扎实实下工夫。另一方面，当然要力求掌握科学的方法，防止死记硬背，生搬硬套。要从古今汉语的相互联系和相互区别中深入领会古代汉语特殊性和规律性的东西，时时对照活的语言材料中留存的古代汉语成分，并经常把感性材料与理论知识相互印证、综合考察运用，解决实际问题。

004　怎样对待古文阅读中的拦路虎?

古文阅读中遇到文字障碍就好像遇到了拦路虎。初学者不应被吓倒而退缩,必须千方百计擒住它,降服它,扫清障碍向前。

那些完全陌生的疑难语词,现代汉语中见不到或很少见到,这倒是不难对付的。翻检词典、查看注解、请教老师,都是解决的办法。有些看来很熟悉似乎并不难解的语词,往往正是拦路虎。这种难以觉察的、潜伏的拦路虎,字面上同现代汉语常用语词相同,而在意义和用法上相差甚大。接触古代汉语,阅读古文,特别要留心、提防这种拦路虎。

例如《孟子·梁惠王上》中的"弃甲曳兵而走"这句话,人们往往比较注意"曳"字,但不重视"兵"和"走",以为就是"士兵"的"兵","走路"的"走"。殊不知这里的"兵"指兵器,"走"是奔跑的意思。成语"兵不血刃"、"短兵相接"的"兵"沿用古义,指兵器。"走马看花""落荒而走"的"走"沿用古义,都是奔跑的意思。

杭州有个名胜虎跑泉,相传有个和尚到此没有水喝,于是有二虎跑地作穴,泉水就涌出来了。这里的"跑"是刨挖的意思。不少游客不假思索地以为老虎在奔跑,其实老虎并没有奔跑,潜伏的拦路虎倒是跑出来了。

可见,潜伏的拦路虎常常妨碍对文义的准确理解而人们还不能觉察。这种拦路虎最爱找粗心大意者的麻烦。粗心大意者不认真、不细心、自以为是、满不在乎,于是常常出岔子。这种学习态度上的问题也是一种拦路虎,而且是危害更大的拦路虎。

005　为什么说学习古代汉语要善于发疑?

宋代张载云:"于不疑处有疑,方是进矣。"清代郑燮(板桥)云:"书从疑处翻成悟,文到穷时自有神。"胡适也说过:"做学问要在不疑处疑之,待人要在有疑处不疑。"善于发疑是做学问求上进的必要途径。古代汉语学习也不例外。

　　古代汉语中有大量"不疑处"值得发疑。例如唐代李白《静夜思》诗:"床前明月光,疑是地上霜。举头望明月,低头思故乡。"其中,"疑"就是一个"不疑处"。人们一直把它解释为怀疑。其实,这里的"疑"应该是似、好像的意思。古代名山九嶷山本作九疑山。《汉书·司马相如传》:"过虞舜于九疑。"颜师古注:"疑,似也。山有九峰,其形相似,故曰九疑。"南朝梁庾肩吾《奉和春夜应令》诗:"月皎疑非夜,林疏似更秋。"唐代卢照邻《相如琴台》诗:"云疑作赋客,月似听琴人。"清代《好逑传》第十八回:"天子展龙目而看,见水冰心貌疑花瘦,身似柳垂。"以上"疑"、"似"对文同义。

字典 辞书

006　学习古代汉语要经常使用哪些字典、辞书？

经常使用字典、辞书，是学好古代汉语的一个重要手段，但字典、辞书种类繁多，下面举一些比较重要而切合实用的。

古汉语常用字字典(第 4 版)　在第 3 版的基础上增补修订，由商务印书馆出版。该字典按音序编排，收古代汉语常用字 6400 多个(不包括异体字)，双音词 2500 多个。义项先列本义或基本义，然后依次列引申义、假借义，并注明某些义项的特指、泛指、比喻义。有些字条下专列"注意"和"辨"，提示古今词义异同，辨析同义词或近义词的区别。各义项下均引典型例句帮助释义，难懂的例句还作了注解或串讲。字典后有《中国历代纪元表》、《古代汉语语法简介》和《怎样学习古代汉语》三种附录，可供学习参考。

康熙字典　清代康熙年间编纂而成，流行广，影响大。这本字典的主要特点是收字多(47000 多个)、资料丰富。学习古代汉语遇到生僻字、古字、异体字在一般字典中查不到的，往往可在这本字典里查到。它的注音释义都采用罗列排比历代旧注旧说的方式。其编排方法采用近代以来最为流行的 214 部部首排列法。使用这本字典应注意书前所附"辨似"(辨析形体近似而音义不同的字)和书后所附《字典考证》(王引之撰，纠正《康熙字典》引书、引文等讹误2500 多处)。

辞源(第三版)　由商务印书馆于 2015 年出版，分上下两册，并同步发行网络版、优盘版。该书强调"语词与百科并重"，注重语词溯源和语词在使用过程中的发展演变，书证标明作者、篇目和卷次，单字注音兼用汉语拼音、注音字母和反切(采自《广韵》或其他韵书)，释义着重解决阅读古籍时关于词语典故及有关古代文物典章制度等知识性疑难问题。由 214 部部首统摄 14210 个字头，众字头又统摄 92646 个词条，每个单字下的复词按字数多少为序，先少后多。用繁体字排印，正文前有部首目录和《难检字表》，正文后附有

《说文解字五百四十部首》、《汉语拼音方案》、《上古三十韵部》、《广韵四十一声类》、《广韵二百零六韵韵目》、《一百零六韵常用字表》、《历代建元表》、《中国历代度量衡制演变简表》)。

辞海　中华人民共和国成立后修订《辞海》,于 1961 年出版试行本,1963 年出版试排本,1965 年出版未定稿,1975 年以后正式出版《辞海》各分册(修订稿),1979 年出版合订本(三卷本、缩印本)。此后每十年修订一次,2009 年出版按音序编排的第六版。有彩图本、普及本和缩印本。《辞海》是以兼收单字、语词和百科性条目为特色,即兼具字典、词典性质和百科性的综合性辞书。所收复词包括一般词语、成语、典故、人物、著作、历史事件、古今地名、团体组织以及各学科名词术语等。《辞海·语词分册》最适宜于初学古代汉语者查考、使用,该分册大小适中,实用方便,除收单字、一般词语外,兼收古籍中常见的专科词语(如古器物、古生物、古地名、古建筑名称以及有关古代典章制度、风俗习惯等方面的词语)。《辞海》合订本及各分册都用规范的简化字、选用字排印,古籍文句、人名、地名、书篇名及复词词目中简化字、选用字可能引起误解的,仍保留或夹注繁体字或异体字,这为古代汉语学习者提供了方便。

汉语大字典　徐中舒主编,李格非、赵振铎副主编。四川辞书出版社、湖北辞书出版社 1986—1990 年出版。该字典共收单字 54678 个,按部首排列,将传统 214 部删并成 200 部。每个单字下收列反映汉字字形演变的有代表性的甲骨文、金文、小篆和隶书形体。注音除现代音外,还收列中古反切、上古韵部。注重历史地反映汉字形音义的发展。2010 年 4 月由四川辞书出版社、崇文书局出版第 2 版(9 卷本),对第 1 版有所修订。

汉语大词典　罗竹风主编。上海辞书出版社、汉语大词典出版社 1986—1994 年出版。该词典收古今汉语语词条目 37 万条,是迄今搜罗最为宏富的大型语文辞书,传世古籍中词语基本上都能在这部词典中找到。单字字头也按部首排列,部首与《汉语大字典》

相同。

王力古汉语字典　王力主编。中华书局 2000 年出版。该字典收字 12500 左右。以繁体字编排,将汉字本义、引申义系联起来,树立词义的时代性和历史观。设置"辨"、"按"、"备考"、"同源字"、"部首总论"五个栏目。字头按 214 部部首排列,并附拼音检字法。

词诠　这是专门解释文言虚词的词典,杨树达编,中华书局出版。收常见虚词 500 多个。该书特点是结合训诂学与现代语法学分析虚词意义用法,书中引用古书例证十分丰富,可帮助学习者领会虚词的意义用法。

文言虚字方面的书,还有吕叔湘的《文言虚字》,杨伯峻的《文言虚词》、《古汉语虚词》,裴学海的《古书虚字集释》,以及何乐士等的《古代汉语虚词通释》等,都可参考。

诗词曲语辞汇释　张相编著。这是专门解释中古以来即唐宋元明历代诗、词、曲中特殊语词的辞典。一般字典、词典中往往查不到这些特殊语词(大多为俗语词)及其确切含义,本是古代汉语研究中的一个薄弱环节。该书引例极为丰富,分析精细,从体会声韵、辨认字形、玩绎章法、揣摩情节、比照意义等几个方面分析语词,颇称精当。有较高的学术价值,既可供阅读诗词曲时查考语词之用,也为诗词曲研究提供了宝贵的资料。

类似的辞书还有徐嘉瑞的《金元戏曲方言考》、朱居易的《元剧俗语方言例释》、顾学颉与王学奇的《元曲释词》、龙潜庵的《宋元语言词典》和蒋礼鸿的《敦煌变文字义通释》等。

进一步深入学习古代汉语时还要接触古代辞书如《说文解字》、《尔雅》、《方言》、《广韵》等。查考古文字,有孙海波的《甲骨文编》、容庚的《金文编》、周法高的《金文诂林》、高明的《古文字类编》等。

007　解决古代汉语的疑难问题可以借助现代汉语字典、辞书吗？

可以。以现代汉语字典、辞书中水平较高的代表作《现代汉语词典》、《新华字典》为例。前者的"前言"和"凡例"明确指出所收词语包括"现代书面上还常用的文言词语"，还收了一些字词的"古代的用法"，并收了一些"现代不很常用的字"。这些古代汉语字、词、语大都已融入现代汉语，成为现代汉语有机组成部分。这种融入更明显地体现在来源于古代汉语的成语，以及包含在现代汉语词语中的古代汉语语素和古代汉语语言成分。该词典对不少古代汉语语素或语言成分给予精确的训释。如：

【寻常】平常（古代八尺为"寻"，倍寻为"常"，寻和常都是平常的长度）。（注音略，下同。）

【不速之客】指没有邀请而自己来的客人（速：邀请）。

【含辛茹苦】经受艰辛困苦（茹：吃）。

【揖让】〈书〉团作揖和谦让，是古代宾主相见的礼节（让：举手与心平）。

《新华字典》也适当收录了古代文献中的词汇以及历史上的外来语。还以〈古〉表示本字是古代用的字或者本义项所注的是古代的用法。如：

矜（guān）〈古〉①同"鳏"。②同"瘝"。

睢（suī）〈古〉目光紧紧注视。

亟（jí）〈古〉（病）危急。

可见，学习古代汉语，为解决疑难问题借助现代汉语字典、辞书是可以的。当然，也不能完全依靠或只依靠现代汉语字典、辞书。

008 《经籍籑诂》是怎样一部辞书？

清代著名学者阮元任浙江巡抚时,在杭州设立诂经书院。聪明的学生会写文章,后来辑成了好几卷《诂经精舍文集》。比较笨的学生花笨功夫编纂字典,他们抄辑经书、子书、史书,一条条老老实实地分类粘贴,编成一部《经籍籑诂》。这是全面系统搜集唐以前(个别的唐以后如宋《孟子音义》也收)古籍训诂资料(包括古书注解以及《尔雅》、《方言》、《说文解字》等辞书说解)的有重要学术价值的工具书,至今很有用;而《诂经精舍文集》早被人们忘却了。该书按平水韵 106 韵编次被释的字,同韵的字收在同一卷。现代重印的《经籍籑诂》附笔画索引,查检较方便。

009 继承和发展《经籍籑诂》的《故训汇纂》是怎样一部工具书？

《经籍籑诂》成书于 200 年前,由于资料不完备,体例不方便,讹误也不少,已经不能满足当今学术发展的需要。宗福邦等主编的《故训汇纂》(商务印书馆出版),全面系统地汇辑先秦至晚清 2000 多年古籍中故训资料。按切合实用的原则,依《康熙字典》214 部首分部归字,检一字而诸训皆存。《故训汇纂》在单字条目下,凡有《说文解字》资料,先列《说文解字》以明字的形体,次列音读。如遇多音字,则以音领义,分列音项。每一音项,均按现代音、中古音、上古韵部的次序三段标音,音项之下再分列所统属的注项。该书还附了单字汉语拼音索引和难检字笔画索引。

010 《说文解字》是怎样一部书？查考汉字本义是不是可以依靠它？

东汉许慎所著《说文解字》(简称《说文》)是我国第一部形系辞

书,即按汉字形体构造分类编排的字典。《说文》首创部首编排法,把汉字分为 540 个部首。以小篆为正体,收小篆 9353 字,兼收不同于小篆的"重文"(即异体字,包括战国时通行于六国的"古文"和通行于春秋战国间秦国的"籀文")计 1163 字。《说文》系统归纳、整理了汉字造字和用字的方法条例,即"六书说",全书力图以"六书"(象形、指事、会意、形声、转注、假借)说解文字。每字下的说解,大抵先说字义,后说形体构造及读音(读音用"读若"或"读与某同"注明,大部分字不注音,现在见到各种《说文》的本子每字下附反切,那是后人加的)。例如:

　　自　鼻也,象鼻形。

　　八　别也,象分别相背之形。

　　唬　虎声也,从口虎,读若暠。

　　珣　石之次玉者,从玉旬声,读若苟。

　　这四个字,依次为象形、指事、会意、形声。象形和指事字用"象形"或"象某某之形"来说解,会意字用"从某某"或"从某从某"来说解,形声字用"从某某声"来说解。释义一般均释字的本义,有时也收别义,包括引申义和假借义。注音中有时也兼明假借,如"攸,敷也,从攴也声,读与施同",说明"施"是"攸"的假借字,经传多以"施"(本义为旌旗招展貌)借作"攸"(本义敷,即施行)来使用。

　　分析汉字(主要是小篆)形体结构,考究汉字本义是《说文》的重要特色,这对后世有深远的影响。《说文》是古代汉语文字学的经典著作。

　　《说文》是查考汉字本义的重要参考书。《说文》所分析说解的小篆、古文、籀文都属于古汉字范畴,通过这些汉字形体可据以上推更早更古的汉字如金文、甲骨文等。较之隶书、楷书等,这些字体更接近于造字时的原形,因而不少字义的解释符合古义、本义。如"走,趋也"、"向,北出牖也"、"莫,日且冥也"等。但是,许慎当时还没有能够见到甲骨文、金文,所以推究字的本义不免时有失误。如

"行"本义为道路，甲骨文、金文的字形是象十字路的形体，《说文》据小篆形体误释其本义为"人之步趋也"。又如"为"，本义为"役象以助劳"，即"劳作"、"作为"之意，甲骨文、金文字形均为手牵象的形体，《说文》据小篆形体误释为"母猴"。再如"射"，《说文》据小篆、古文（六国文字）释为"弓弩发于身而中于远也"，其实"发于身"是惑于字形的牵强附会之说，甲骨文、金文原为张弓搭箭的形象，弓的象形后来讹变为身字。

综上所述，我们可以利用、凭借《说文》作为推求汉字本义、古义的桥梁，却不能盲目信从它、完全依靠它。

011　《说文》四大家指谁？各有哪些代表作？

清代研究《说文解字》有杰出成就的学者段玉裁、桂馥、朱骏声、王筠被称为《说文》四大家。

段玉裁的代表作是《说文解字注》。该书对大徐本《说文》作了审慎的校勘，改订了许多地方。段氏还对许慎《说文》的凡例作了阐发，并补充了许氏的缺失。段氏在注中说明字的本义外还补充了引申义和假借义，而且还作了同义词辨析。更可贵的是敢于批评许慎，凭着历史发展观点阐发了词义变迁。

桂馥的代表作是《说文解字义证》。该书主要为许慎所说的字的本义搜寻例证，举例证明某字有某义（限于本义），或引别的书的说解证实、补充许书，并引别的书所引许书相参证。桂氏搜集的例证材料极为丰富，而且材料有选择、有次序、有条理。

朱骏声的代表作是《说文通训定声》。"说文"部分主要说明字形与字义、字音的关系；"通训"部分专讲字义的引申（朱氏称为"转注"）和假借；"定声"部分则以上古韵文的用韵来证明古音。该书把《说文》540 部拆散了，舍形取声，共得 1137 个声符（朱氏称为"声母"），归纳为 18 部（名称采自《易经》）。朱氏最大的贡献在于全面解释词义，他把经史子集的故训都搜集了，并加以系统化，区分本义、别义、引申、假借和声训。

　　王筠的代表作是《说文释例》和《说文解字句读》。前者阐明《说文解字》一书的体例，颇多创见。后者是为初学者而作的普及读物，汲取桂馥、段玉裁、严可均三家成果，又加以己说。他在字形、字义方面有独到见解。

012　雅系辞书有哪些？

　　《尔雅》以及后代仿拟、补充《尔雅》而作的辞书很多。最早的有旧题汉代孔鲋所撰《小尔雅》，篇幅不足万言，所以说"小"。其体例模仿《尔雅》，补充《尔雅》未收词语，分广诂、广言、广训、广义、广名、广服、广器、广物、广鸟、广兽、度、量、衡等13章。

　　此后最重要的雅系辞书是三国魏张揖的《广雅》。该书于《尔雅》所收词语之外，广搜博求，自《周易》、《尚书》、《诗经》、三礼、三传经师之训，《论语》、《孟子》、《淮南子》、《法言》之注，《楚辞》、汉赋之解，谶纬之记，《仓颉》、《训纂》、《滂喜》、《方言》、《说文》之说，靡不兼载。它是训诂资料集大成之作。该书分19篇，篇名、次第与《尔雅》同。研究《广雅》最重要的著作是清代王念孙的《广雅疏证》。

　　《广雅》之后，宋代有专门解释动植物名称的《埤雅》(陆佃著)和《尔雅翼》(罗愿著)。明代有专门解释联绵词的《骈雅》(朱谋㙔著)和考证名物、解释词语、探求语源义的《通雅》(方以智著)。清代有注释古书中形异义同、通假借用的双音词的《别雅》(吴玉搢著)，排比相关词语对比中释义的《比雅》(洪亮吉著)，补诸雅所遗的《拾雅》(夏味堂著)和《支雅》(刘灿著)，专释叠音词的《叠雅》(史梦兰著)，专释《昭明文选》词语的《选雅》(程先甲著)等。

013　怎样评价和利用《康熙字典》？

　　《康熙字典》是近代、现代影响很大的一部字典。它本来就叫《字典》。"字典"这一名词从它开始，后来成为查字辞书的通称。由

于它是在清代康熙年间奉康熙皇帝的命令编纂的,所以后来就称它
为《康熙字典》。

《康熙字典》的特点:1. 确立并推广了 214 部部首检字法。214
部是明代《字汇》和《正字通》首创的,但由于《康熙字典》的继承、采
用而扩大了影响。2. 收字多。除常用字外,大量兼收了古体字、异
体字、冷僻字,一般字典查不到的字往往可在《康熙字典》里找到。
3. 罗列旧说,资料丰富。无论是注音、释义还是字形说解,都客观地
罗列古籍古注材料,但因一味信古存古而缺乏审核、校订,加以这部
字典以皇帝名义编纂,不容批评,所以不少错误未及时纠正。直到
成书以后半个多世纪,才由经学家王引之奉道光皇帝之命作《字典
考证》,纠正了这部字典在引书引文等方面的错误 2588 条。

我们今天应掌握这部字典的特点来利用它,如查检难字、冷僻
字,利用汉字形音义的古注材料等,同时要有批判分析的眼光,不可
盲目信从。

014　常用的汉字检字法有哪几种?

古今各类辞书常用的汉字检字法不外乎按照字的音、形、义而
编排、查检的几种类型。

(一)音序检字法

1. 汉语拼音字母音序检字法

这是现代最常用的一种科学的检字法。按照 26 个汉语拼音字
母的顺序编排查检汉字。先看第一个字母,第一个字母相同的汉
字,再看第二个字母,第三个字母……

《现代汉语词典》、《古汉语常用字字典》、《汉语实用字典》、《新
华字典》、《汉语成语小词典》都用这种检字法编排、查检。

2. 注音字母音序检字法

汉语拼音方案推行以前曾使用注音字母为汉字注音,注音字母
共 40 个,按其顺序编排查检汉字的注音字母检字法流行于 20 世纪

20 年代至 50 年代,1949 年后出版的《同音字典》、《汉语词典》(原《国语词典》)采用这种检字法。

3.韵目音序检字法

古代、近代常用按平水韵(元明清科举考试及近体诗押韵所依据的诗韵)的 106 个韵目顺序编排、查检汉字的检字法。106 个韵目包括上平声 15 韵、下平声 15 韵、上声 29 韵、去声 30 韵、入声 17 韵(平声字多,故分上下卷)。旧时辞书、类书,如《佩文韵府》、《辞通》等都查词语末一字所属韵目,再按韵目顺序查找。今天不熟悉韵目的读者可借助《中华大字典》、《辞源》等先确定所属韵目,再按韵目顺序去查。

〔附〕按顺序排列三种音序检字法的字母、韵目如下:

1.汉语拼音字母

a b c d e f g h i j k l m n o p q r s t u v w x y z

2.注音字母

ㄅ ㄆ ㄇ ㄈ ㄉ ㄊ ㄋ ㄌ ㄍ ㄎ ㄏ ㄐ ㄑ ㄒ ㄓ ㄔ ㄕ ㄖ ㄗ ㄘ ㄙ ㄧ ㄨ ㄩ ㄚ ㄛ ㄜ ㄞ ㄟ ㄠ ㄡ ㄢ ㄣ ㄤ ㄥ

3.平水韵目

上平声:一东 二冬 三江 四支 五微 六鱼 七虞 八齐 九佳 十灰 十一真 十二文 十三元 十四寒 十五删

下平声:一先 二萧 三肴 四豪 五歌 六麻 七阳 八庚 九青 十蒸 十一尤 十二侵 十三覃 十四盐 十五咸

上声:一董 二肿 三讲 四纸 五尾 六语 七麌 八荠 九蟹 十贿 十一轸 十二吻 十三阮 十四旱 十五潸 十六铣 十七篠 十八巧 十九皓 二十哿 二十一马 二十二养 二十三梗 二十四迥 二十五有 二十六寝 二十七感 二十八琰 二十九豏

去声:一送 二宋 三绛 四寘 五未 六御 七遇 八霁 九泰 十卦 十一队 十二震 十三问 十四愿 十五翰 十六谏 十七霰 十八啸 十九效 二十号 二十一箇 二十二祃 二十三漾 二十四敬 二十五径 二十六宥 二十七沁 二十八勘 二十九艳 三十陷

入声：一屋 二沃 三觉 四质 五物 六月 七曷 八黠 九屑 十药 十一陌 十二锡 十三职 十四缉 十五合 十六葉 十七洽

（二）按字形编排、查检的检字法

1. 部首检字法

这是旧时辞书常用的检字法，按汉字部首和笔画来编排、查检，先分析汉字结构中的偏旁（主要是表义类的形旁），把偏旁相同的字归在同一部首之下，再按笔画来排列，笔画少的在前，多的在后。

部首由《说文解字》首创，分 540 部，按小篆形体来分析。明清以来归并为 214 部，按楷书形体来分析。《字汇》、《康熙字典》、《中华大字典》、《辞源》及旧《辞海》都采用 214 部的部首编排、查检。1949 年后又有倾向于撇开字义纯从字形分析的改良部首。如《新华字典》（部首检字本）、《辞海》革新部首分别为 191 部和 250 部。

2. 四角号码检字法

按照汉字左上、右上、左下、右下四角角形所代数码编号，再按数字从小到大顺序排列的检字法。把汉字笔形分为 10 种，每种用一个数码代表：

亠	一	㇀㇀	、	十	扌	口	㇆乚	㇒八	小
0	1	2	3	4	5	6	7	8	9

为解决同号码汉字排列顺序，又于四角号码之外设附角，即把一个字右下角最贴近并露出锋芒的一笔作为附角，用小数码附在四角号码之后。如璇为 1818_1。

（三）按字义编排、查检的检字法

按照字或语词的内容、性质、类别编排、查检的检字法。如我国第一部义系辞书《尔雅》就是把词语按义类分为 19 类来排列的。清代汇辑词藻典故的类书《骈字类编》则按语词首字的性质归为 12 门类（如天地、时令、山水、草木等类）排列。修订后的《辞海》各分册，除语词分册外，各分册均按义类编排。

各种检字法都有长处和不足之处。如四角号码检字法最为迅速,但学会并精通较困难;不明字音难以按音序检字;不明部首难以按部首检字;按义类检字则难以达到分类精确,词条繁多时更难查找;等等。所以一部辞书或类书常附有不同的检字法以取长补短。

015   我国古代辞书的编制有哪几种类型? 各种类型的辞书有哪些是最早和最有影响的?

我国古代辞书的编制,即辞书所收单字或词语的编排,不外乎下列三种类型:

1.义系辞书   按所收单字或语词的义类编排的辞书。我国产生最早的词典《尔雅》就是属于义系辞书这一类的。它按照所收字、词的义类分为 19 篇,即:释诂、释言、释训、释亲、释宫、释器、释乐、释天、释地、释丘、释山、释水、释草、释木、释虫、释鱼、释鸟、释兽、释畜。

《尔雅》是战国至汉初之际经书训诂的汇集,陆续增益成书,作者已不可考。

义系辞书影响较大的除《尔雅》外,还有汉代扬雄的《方言》和三国魏张揖的《广雅》等。

2.形系辞书   按照汉字形体构造分类编排的辞书。这类辞书最早最有代表性的是东汉许慎的《说文解字》,这是我国第一部系统分析字形并考究字源的辞书,它首创按部首编排单字的体例。

南朝梁代顾野王的《玉篇》、明代梅膺祚的《字汇》和张自烈的《正字通》以及清代的《康熙字典》都是较有影响的形系辞书。明、清这几部辞书改革了《说文解字》的 540 部,创立了按 214 部部首编排辞书的体例。

3.音系辞书   按照汉字读音(主要按字的收韵)编排的辞书。早在隋代,我国就已有了完整的音系辞书《切韵》(陆法言等编),唐代加以增补,成为《唐韵》(孙愐等编),这两部韵书已亡佚。我国现存最早最完整最有影响的音系辞书是宋代的《广韵》(全名《大宋重修广韵》,陈彭年等编)。该书按 206 韵编排,把同韵字放在一起,保存了珍贵的音韵资料,又兼顾文字训诂,是宋代通行的辞书,也是后代研究中古、上古音韵的重要依据。

《广韵》以后,重要的韵书还有宋代的《集韵》、《古今韵会》、《礼部韵略》,元代的《古今韵会举要》(简称《韵会》)、《中原音韵》、《增修互注礼部韵略》(简称《增韵》),明代的《洪武正韵》(简称《正韵》),以及清代的《音韵阐微》等。

以上各种辞书的说解,常为古书注解及后代新出的大中型辞书所引用。

016　字书、字典、辞典、辞书有没有区别？它们是同一对象的不同名称还是各有所指的不同对象？

字书、字典、辞典、辞书这些名称长期以来在使用时所指不够明确,有时不免混同。其实,它们是各有所指的,其间是有区别的。

古称识字课本为字书。

周秦两汉之际,出现了不少字书,即专为学童识字而编的课本如《史籀篇》、《仓颉篇》(李斯编)、《爰历篇》(赵高编)、《博学篇》(胡毋敬编)、《训纂篇》(扬雄编)、《急就篇》(史游编)、《滂喜篇》等。汉时将《仓颉篇》、《爰历篇》、《博学篇》合为《仓颉篇》,或称"三仓",后连同《训纂篇》、《滂喜篇》也合称"三仓"。这些字书后均已亡佚,仅存辑本。

字书为便于诵读,大多押韵,四字一句,两句一韵。《急就篇》(又名《急就章》)则七字句为主,两句一韵。今本为三十四章,大抵按姓名、衣服、饮食、器用等分类编成韵语,因首句为"急就奇觚与众异",故取前两字为书名。

古人又称解释字的形、音、义的工具书为字书,相当于近代和现代所称的字典,即以字为单位(不同于以词语为单位的辞典)编排、说解。如《说文解字》(东汉许慎)、《玉篇》(南朝梁顾野王)、《类篇》(宋王洙、司马光)、《六书故》(元戴侗)、《六书通》(清闵齐伋、毕宏述)等,不但古代称之为字书,今人也习惯沿用古称,造成字书与字典的指称混同。

自清代《康熙字典》出书之后,字典的名称通行,逐步取代了字书的名称。字典原为《康熙字典》的专名。后来因该书系清代康熙皇帝下令编纂的,所以称为《康熙字典》。字典后来成为通名,专指以字为单位,解释字的形、音、义的工具书。除上面已举古代字典外,近代和现代还有《中华大字典》、《新华字典》、《古汉语常用字字典》等。

辞典(亦作"词典")则不是以字为单位,而是以词语为单位,按照一定的次序(如按词语的义类、按词语首字的读音、按首字字形部首、笔画或四角号码等为序)编排,并加以解释,供人查阅的工具书。

辞典可分普通辞典、专科辞典、特种辞典及综合性辞典等类。

普通辞典汇集通用的一般词语,它常常先列单字,在每一单字下再列举以此单字为首字的词语,所以普通辞典包含了字典的内容。如《现代汉语词典》、《四角号码词典》、《辞海·语词分册》等。

专科辞典汇集某一专门学科或几个相关学科的词语加以解释,编排方式多以义类为据,也按词语首字的字音、字形编排索引。如《哲学辞典》、《法学辞典》、《语言学辞典》、《中国古代史辞典》等。《辞海》除《语词分册》外,各个分册都属于各种学科的专科辞典。

特种辞典是按特定需要而编纂的分类辞典,如成语辞典、同义词辞典、方言辞典、虚词辞典、联绵词辞典等;不同语言间对照、对译的双语词典也属于特种辞典,如英汉词典、汉和辞典等。

综合性辞典是把普通辞典、专科辞典和特种辞典的内容(不包括双语辞典)综合在一起的辞典,也叫百科性辞典。如《辞源》(第三版)和《辞海》均属大型综合性辞典。

辞书的范围要广得多,它是字典、辞典、百科全书等工具书的统称(专指识字课本而言的字书则不包括在内)。

旧时曾把解释单字为主的字典和解释普通语词、专科语词、特种语词等等的辞典一概统称为字典,那是不精确、不恰当的。

文字

017　什么是古文字？什么是古文字学？

　　古文字应包括世界上一切古代的文字和中华民族各族的古代文字，但在学习古代汉语时，习惯称古代的汉字为古文字。

　　汉字的古文字，包括秦代统一汉字所推行的小篆以及小篆以前的秦系文字、六国文字、两周金文和殷商至周代的甲骨文等。

　　秦汉之际产生并发展起来的隶书从根本上改变了古文字的面貌、结构，造成汉字形体演变上的质变。许慎在《说文解字·叙》中说：

　　　　是时秦烧灭经书，涤除旧典，大发隶卒，兴役戍，官狱职务繁，初有隶书，以趣约易，而古文由此绝矣。

　　"古文由此绝矣"就是说汉字发展到隶书，古文字阶段宣告结束，从此进入了今文字即现代汉字的阶段。

　　研究汉字的古文字的演变发展及其内部规律，从而释读古文字，借以揭示古代历史、文化奥秘的学科，就称为古文字学。

　　许慎的《说文解字》系统整理分析并说解了近万个小篆，成为古文字学的奠基著作。传统的文字学，一直以《说文解字》及其所阐明的"六书"条例为中心。可惜，《说文解字》所依据的文字远非最古老的汉字。当前，古文字学研究的重点应为至今尚待继续整理、详尽考释的甲骨文、金文和战国文字（包括秦系文字和六国文字）。这些年来，考古工作者发掘了一批秦至汉初的文字材料，这些文字在一定程度上还保留了先秦文字的特点，所以，有人主张古文字学研究的范围可以把下限放宽到汉武帝时代。

018　甲骨文是最古老的文字吗？

　　甲骨文是至今所能见到的最早可识的汉字，但还不是最古老的文字。

现已发现的人类最古老的文字是苏美尔人于公元前 3000 多年所创造的楔形文字(又叫钉头文字或箭头字),还有埃及圣书字(旧称埃及象形文字),大约存在于公元前 2000 多年。这两种文字都比甲骨文古老。甲骨文产生、存在于公元前 1000 多年。商代盘庚迁都于殷(今河南省安阳县小屯村一带)至纣王灭亡的 200 多年间在殷墟所保存的甲骨文于 20 世纪末被发掘,是目前所能见到的最古老的汉字。

已出土的殷商甲骨文显示出汉字已经过高度发展,已是比较进步、成熟的文字。它虽包含接近绘画文字的象形字,但也有不少象事(指事、会意)和形声的文字,并有大量假借字。可以肯定,汉字的产生,它的原始阶段要比甲骨文早得多。只是早于甲骨文的汉字今天还没有发现而已。

所以,甲骨文还不是最古老的汉字,也不能算是世界上最古老的文字。

019   什么是"六书"? 它是汉字造字所依据的原则吗?

"六书"并不是预先定出据以造字的原则,而是古人根据汉字的实际情况加以客观分析得出的条例。"六书"的"书"不是书本或书写的意思,而是指文字。"六书"就是指六种文字类型:象形、指事、会意、形声、转注、假借。

"六书"的前"四书"即象形、指事、会意、形声,是根据汉字的构造分析归纳出的四种类型。后"二书"即转注、假借,是根据汉字的使用情况分析归纳出的两种类型。

1. 象形   描摹客观实物的形体,主要抓住其特征、轮廓以象征性的符号构成文字。如:⊙(日)、☽(月)、牛(牛)、羊(羊)。

2. 指事   借助指示符号标志抽象概念或在象形的基础上加指示符号所构成的文字。如:一二三(一二三)、⊥丅(上下)、本末(本末)等。

3.会意　会合两个或两个以上的文字(大多为象形字)合成新义的合体字。如:人木组成休(表示人靠在树木上休息),人言组成信(表示人言以诚信为贵,一说指传言的人,即古代的信使),臼水皿组成盥(表示双手在器皿中捧水洗),等等。

4.形声　取一个字表示义类作为意符,再取一个字表示字音作为声符,即由意符、声符两部分组成的合体字。如:梅、樟、桐、梨等。

以上汉字构造的四种类型中,象形、指事属于独体,会意、形声属于合体(由两个或两个以上的独体字组成)。

5.转注　可能是指文字使用中形音相近的同义字。如:考、老,火、燬,永、羕。许慎在《说文解字·叙》中为转注下了定义:"转注者,建类一首,同意相受,考老是也。"历来对"类"、"首"所指众说纷纭,莫衷一是。初学者可不必深究。(参看本书第 27 条)

6.假借　文字使用过程中借同音字来用叫假借。除了"本无其字,依声托事"(《说文解字·叙》)以外,也有"本有其字"而借同音字用的。前者如文言虚字"其"借"箕"的古本字"其"来用,后者如誓言的"誓"借箭矢的"矢"来表示。

020　象形字和图画有什么区别?

象形字与图画是有本质区别的。

象形字是文字发展初期的产物。愈是早期的象形字,愈同图画接近,甚至在形体上区别细微。这是文字起源于图画的明显佐证。但文字毕竟不同于图画,作为文字的一种构造方式,象形字也同图画有本质的区别。因为图画属于艺术形象的一种形式,而文字则是假定的书写符号,文字在语言的基础上产生,它必须同有声语言中的词紧密结合,用以记录每一个词。图画朝着绘画艺术的方向发展,而文字朝着表音的方向发展。

随着文字的发展,象形字愈来愈不同于图画。目前所能见到的最早可识的汉字——甲骨文,其中的象形字已明显不同于图画。象形字的"象",主要体现为象征而不是像图画那样地描摹图像。象形字主要抓住客观实物的特征、轮廓。如牛、羊的古文字形体 ᵝ、ᵞ，主要勾勒其头部轮廓突出其富有特征的两角的形状而不是描摹牛羊全身；犬、豕的古文字形体 ᵶ、ᵹ，也只勾勒轮廓并突出其躯体肥瘦和尾巴长短不同的特征来造字。

021　指事字的特征是什么？它同象形字、会意字怎样区别？

"六书"当中，除了"转注"，要算指事字的特征最难掌握了。哪些字归属指事字，众说纷纭。在《说文解字》一书中，虽然给"指事"下了定义："视而可识，察而见意。"又举了典型的例字："上、下是也。"但是在近万个汉字中，只有"上"、"下"两个字注明是"指事"①，许多明明符合指事定义的字，在字形分析时却同分析象形字一样说成是"象形"或"象某某之形"。例如：

△，三合也，从入一，象三合之形。

ᵡ，缀联也，象形。

ᵦ，别也，象分别相背之形。

△是集的古本字，用三条线作为记号表示聚集，它并不是描绘具体的物象；ᵡ、ᵦ也都表示动作概念，都不是"画成其物，随体诘诎"的象形字。可见，《说文解字》所说的"象形"、"象某某之形"包含了表示具体物象之形的象形字和表示抽象概念(事)之形的指事字。

怎样把指事字同象形字区别开来呢？

纯粹用记号构成的指事字是较易辨识的。如：一二三丨△⊥⊤等，一望而知是指事字。

---

① 《说文解字》在"上"字下注明"指事也"，有的本子"下"字下也注明"指事"，其实都可能不是《说文解字》原来就有的。

　　最值得注意的是依靠具体图像即凭借象形字构成的指事字。通过对这类字的辨识,才能深入有效地掌握指事字的特征。

　　本、末、刃、天、旦、牟、大、立、亦、飞、齐等字,从古文字字形看,有的是纯粹的图像,有的既有图像又有记号,怎样辨认它们呢?

　　首先,必须明确:指事字指的是事,而不是具体的物。如果画的是一个人形,指的也是人这一名物本身,那就属于象形字;但如所指的是借人形表示的性状,如大小的大,张开四肢表示大这一抽象概念,那就属于指事字。如果画的是飞鸟,指的也是飞鸟这一名物本身,那就属于象形字;但如所指的是借鸟形表示的动作,如 𠃓(飞),也应归属指事字。又如 𪚲(甲骨文"齐"字)借禾麦形表示齐平这一性状,而不表示禾麦本身,也是指事字。

　　其次,要注意有的具体物象无法如实描画,例如人的腋窝,篆文作 夾(今作亦),在正面人形两旁加指示符号;又如刀刃的刃,在象形字"刀"的口上加点。这种具体有形的物象,实在难以"画成其物",实际上已经"无形可象",只好借助指示符号。既然起关键作用的是指示符号,这便应归属指事字。类似的指事字,如"本""末"是在"木"上加短画记号标明树木的根本和末梢;"天"是在正面人形(大)上加短画或圆点符号表示人的颠顶;"旦""立"下面的短画表示地平线或基准线,太阳升上地平线表示清晨(旦),正面人形站在基准线上就是 太(立);"牟"的篆文 𤘈 是表示牛发出声音,声音"无形可象",也是指示符号;等等。这些都是在象形字的基础上加指示符号构成的指事字。

　　归结起来,指事字的重要特征有二:一是指,起关键作用的是指示符号、指示记号;二是事,所指的是事而不是具体的物象本身。

　　会意字虽然也表示事,但总是会合两个或两个以上的可以独立成字的字组成,这是指事字所不具备的特征。指事字有的可以分析出象形字来,但剩下的符号或记号不能独立成字。如"旦"只有"日"可以独立成字,下面的短画只是地面的标记,不是一二三的"一"字。

"牟"的上面表发声出气的符号也不能独立成字。总之,指事字是独体字,分不出两个独立的字来;会意字是合体字,可以分出两个或两个以上独立的字。两者是有本质区别的。

022　会意字和形声字有什么共同点和不同点?

会意字和形声字都属于合体字,即都由两个或两个以上的偏旁组成。各个偏旁本来都可以独立成字。绝大多数偏旁原为象形字,少数偏旁原为指事字。由于指事字大多是以象形字为基础形成的,所以也可以说:形声字和会意字都建立在象形字的基础上,即由一个个象形字会合组成的。如形声字"维"、"缫"、"纺"都由两个象形字组成。而形声字"组"、"纫"、"绀"虽然各有一个偏旁是指事字(旦、刃、甘),但都以象形字(日、刀、口)为基础。会意字"武"、"林"、"从"、"明"、"涉"由"止"("趾"的古本字)、"戈"、"木"、"人"、"日"、"月"、"水"等象形字组成("步"是一前一后两个"止"组成)。会意字"竝"(并)由两个指事字(立)组成,而"立"是以象正面人形的"大"字为基础的。总之,不论是形声字还是会意字,都由两个或两个以上的独体字组成。

有时,形声字和会意字所包含的偏旁也可以是合体字,即偏旁字还可再分析出两个或两个以上的独体字。如形声字"溢"的偏旁"益"还可再分析为"皿"、"水"两个独体字。会意字"信"的偏旁"言"还可再分析为"口"、"辛"两个独体字("辛"象舌伸出形,一说象乐器的吹孔)。

会意字和形声字的不同点在于是否有表音的偏旁(即声旁,即音符或声符)。有声旁的就是形声字。如"江"、"河"、"恭"、"盂"、"落"分别以"工"、"可"、"共"、"于"、"洛"为声旁,属于形声字。而会意字所会合的几个偏旁都只表意,不表音。也有的形声字声旁兼表意义,那就属于会意兼形声即亦声字了。(详见本书第23条)

023　形声字有哪些特殊类型？什么是省声字、亦声字、省形的形声字和多形多声的形声字？

一般的形声字由一个表义类的意符（形旁）和一个表音的声符（声旁）构成。

意符或声符不完整、意符或声符不止一个以及声符兼作意符就成为特殊类型的形声字。

省声字：形声字的声符由于笔画繁多或由于书写不方便而减省笔画的叫省声字。如"秋"字的声符原来是"龝"，笔画太繁，省去上面的"龜"字，剩下一个"火"字作为偏旁。又如"莹"本来取"荧"字作为声符，与形符"玉"配合书写不方便，就省去下面的"火"字。

亦声字：形声字中有一部分作为声符的同时兼表义类，成为形声兼会意字，《说文解字》分析字形时用"从某从某某亦声"表述，所以称为亦声字。如"栅"，从木从册册亦声；"坪"，从土从平平亦声。"册"既作"栅"字的声符，又兼表编木之意；"平"既作"坪"字的声符，又兼表平正之意。

省形的形声字：形声字的意符（形旁）因笔画繁多或书写不方便而减省笔画的叫省形的形声字。如"星"，本作"曐"，从晶生声，形旁"晶"笔画多，与声旁配合书写不便，就减省为"日"。又如"考"，从老省丂声，意符"老"省去"匕"以安置声符"丂"。

多形多声的形声字：《说文解字》中提出有两个或两个以上的意符或声符构成的形声字。如"寶"被分析为三形一声，"从宀、玉、贝，缶声"。"竊"被分析为二形二声，"从穴从米，离廿皆声（小篆作竊）"。其实这种分析是不符合形声字结构规律的，从表面看，后来累增的形符或声符确实形成了多形或多声，其实，后加了意符或声符，原字就应当看作一个整体。作为新字的声符或形符，如"寶"是古文字"貫"（会意字）加了声符"缶"形成从貫缶声的形声字；"竊"是从穴禼声的形声字，小篆有"廿"是传写讹误。总之都应当是一形一声，尽管这两部分的内部还可能分析出义符和声符,即形符或声符本身可能是会意字或形声字,但不能把它们统统并列起来,所以多形多声的分析,特别是多声的分析是不科学的。

024　形声字的意符有什么作用? 今天还能利用它吗?

形声字的意符与声符相对,前者表义,后者表音。

意符表义主要是表示义类,绝大多数形声字的意符并不是直接表示具体、确切的意义,而只表示较为广泛的意义范畴,如以木为意符表示与树木有关,以水为意符表示与水流有关,以手为意符表示与手有关。而具体指哪一种树木、哪一条水流,与手有关的哪一种动作、性状、名物等等,都不能从意符得知。

尽管如此,但由于意符给形声字划定了意义范围,其对于探求验证字的本义、古义还是很有帮助的。如《诗经·豳风·七月》"九月叔苴"的"叔"用的是本义,拾取的意思,这可以从"叔"的意符"又"可以推知、验证。因为"又"是"手"的象形,以"又"为意符的往往表示与手的动作有关,如"取"、"受"。要从形声字的各个义项中确定哪一个是本义,也可借助于意符。如"过"字,有走过、超过、胜过、过错等义项,从意符"辶"可以推断,走过才是本义,其他各义是直接或间接从本义引申出的。

意符大多为象形字,现行汉字的形声字意符已不再如古文字那样象实物之形,但作为表意符号看还是可以利用的。如意符为"目"的形声字,虽然"目"已不像古文字那样象眼睛之形,但只要知道它代表眼睛,同样可据以推求字义。又如"臣"古文字也是竖目之形,以"臣"为意符的字,如临(临)、监(监)、鉴(鉴)、览(览)等都同眼睛的动作有关。

另外,掌握了形声字的意符,对于确定部首查检古辞书特别是形系辞书,以至近代现代的一些按照传统部首编排的辞书都有一定的帮助。因为绝大部分意符同时就是部首。

025　形声字的声符有什么作用？今天还能利用它吗？

形声字的声符用来譬况标志字音,确切地说是用来譬况标志字的发声和收韵的音类的。声符与形声字往往是同音或音近的。这个音近指的是声母同类和收韵同类,所以说声符表示音类。如功、江、肛、空、红等都以"工"为声符,工与功同音,与江、肛、空、红同为喉牙音(今称舌根音),上古同属东部。总之,声符和形声字同一音类。

由于时代变迁,语音演变,形声字的声符除了有一部分同形声字保持同音外,许多已不能譬况标志字音,有的连音类也不相同,以至不能"识字读半边",声符表音的功能丧失了。如以"告"为声符的"鹄(hú)"字、以"离"为声符的"魑"(chī)"字。

尽管如此,形声字的声符今天仍然可以利用,只要不是拘泥于"识字读半边",声符或多或少有一定的参考价值和启发作用。以"令"为声符的形声字,如伶、冷、泠、岭、拎、怜、囹、瓴、玲、苓、羚、蛉、聆、翎、鸰、铃、龄、零、领等都发 L 声;而以"今"为声符的形声字,如含、吟、岑、念、芩、贪等则不以 L 为声母。这种局部的相对的规律有助于识字、正字教学。又如"舀"、"臽"两个声符人们常易混淆,其实以"舀"为声符的形声字,收韵脚都是 ao,如滔、稻、韬、蹈;而以"臽(古"陷"字)"为声符的形声字收韵多为 an,如陷、馅、焰、阎、萏等。后者有个别字(如"掐")不收 an 韵,但也不收 ao 韵。

形声字的声符还是研究古音韵的重要凭借,清代以来的音韵学家充分利用形声字的声符来推求上古声韵系统,取得了丰硕的成果。今天我们要了解古音通假,也可借助于声符。因为拥有同一声符的形声字在造字时肯定是音同或音近的,常可相互通用,如"诎"通"屈"、"適"通"嫡"、"畔"通"叛"、"振"通"震"等。至于单独成字的声符和以此声符构成的形声字之间相互通用更为常见,如"反"通"返"、"卒"通"猝"、"直"通"值"、"火"通"伙"等。

026　部首、偏旁、意符有没有区别？有什么区别？

部首、偏旁、意符三者都是分析汉字形体结构所使用的名称术语，但它们是有区别的。

部首是按照汉字形体所分的部类，是为适应形系辞书的编排和查检需要而产生的。东汉许慎的《说文解字》首创部首编排法。将汉字结构有相同部件的字排列在一起，其相同部分即部首，因为把这相同部件单独抽出作为所统属的字的为首字，故称部首。如桃、樟、桐、李、梨、柏、栽等都有"木"这个相同的部件，这些字排在一起，为首的就列"木"这个部首字。《说文解字》据小篆形体把汉字分为540 个部首。明代梅膺祚的《字汇》和张自烈的《正字通》以及清代《康熙字典》均以楷书形体为准，分 214 个部首，已对《说文解字》部首加以简化。

偏旁是分析汉字合体字时所用的名称，指合体字各个部件，旧称合体字左边的部件为"偏"，右边的部件为"旁"。习惯所称"偏旁"已不限于左右的部件，可扩大指左右上下内外各个部件。形声字的偏旁分形旁（意符）和声旁（音符）两部分，也不限于左右。会意字没有表音的声旁，因而不分形旁和声旁。如形声字"江"、"河"包括"水"（形旁）和"工"、"可"（声旁）等偏旁，会意字"休"、"森"包含"人"、"木"等偏旁。

意符是分析汉字形声字时所用的名称。意符就是表示义类的形旁。它是形声字结构中表示义类的部件。如"梧"、"桐"左边的"木"，"鹅"、"鸭"右边的"鸟"，"筒"、"管"上边的"竹"，"盂"、"盆"下边的"皿"，等等，都是形声字的意符，多为表示意义类属的符号，也可单独成字。

偏旁的范围比意符大，意符是偏旁中的一部分，即指形声字的形旁。偏旁还包括形声字的声旁和会意字的各个部件。同样，偏旁的范围也比部首大，每个字只有一个偏旁可作部首。

大多数意符被作为部首。如上面分析意符时所列举的"木"、"鸟"、"竹"、"皿"都兼作部首。但部首与意符不是等同的关系。首先,部首对所统属的各字而言,不但有形声字,还包括象形、指事、会意字。如"木"部的"木"是象形字,"本"、"末"是指事字,"休"是会意字。而意符则是对声符而言的,只有形声字才有所谓意符。第二,意符作为形声字结构中表示义类的偏旁,分析起来比较确定,而部首的确立有一定的灵活性,如《说文解字》把"钩(鉤)"、"笱"、"拘"等字归属"句"部,不分别归属"金"、"竹"、"手"部,不用这些意符作部首,而用兼 表义类的声符"句"为部首。又如"旌"、"旗"、"旄"等,《说文解字》归入"㫃"部。"㫃"是个表示义类(与旗帜有关)的意符。而《康熙字典》等把这些字归属"方"部,"方"实际上并非意符。

027　什么叫转注?

最早为"六书"中的转注下定义并举例字的是许慎。他在《说文解字·叙》中说:

> 转注者,建类一首,同意相受,考老是也。

由于许说语焉不详,且《说文解字》全书中分析字形时从未举出转注字,所以此后众说纷纭,莫衷一是。至今没有一个公认的结论。这里只能举几种较有影响的说法。

形义说　以清代学者江声为代表,认为"建类一首"即指《说文解字》部首。而《说文解字》在每一部首下所说的"凡某之属皆从某",就是"同意相受"。简言之,《说文解字》中同一部首的字都属于转注。

互训说　以清代学者戴震为代表,认为可以"转相为注,互相为训"的就是转注。实际上就是把同义的字视为转注。此说发展到近人刘师培,认为只有《说文解字》里同部互训的字才算转注,避免了戴说过于宽泛的弊病。

音转说　以近人章炳麟为代表，认为类谓声类，首谓语基（指原始意义）。语言里同一个词，由于声音转变，写下来成了形体不同而声音上有一定联系的几个字，这些字就叫转注。

引申说　清代学者朱骏声提出，他认为：

> 转注者，体不改造，引意相受，令长是也。

此说不但改变了许慎所下的定义，而且连例字也更换了。完全抛开了许慎的说法而另行立说。他认为汉字从本义引申出新义，不另造专字，那就是转注。如发令的令引申为县令的令，头发长的长引申为长官的长，形体不加改造，即不另造新字，这就是转注，实际上是把引申称为转注。

028　什么叫古今字？古今字是怎样形成的？

古今字指古代汉语中文字异形的一种现象，即记录某一个词在古代和后代采用不同的书写形式。狭义的古今字只指初文和后起字，如"自"和"鼻"、"网"和"罔"、"包"和"胞"等；广义的古今字把较早的写法和较后的写法都包括在内，即把古今理解为相对的概念。如"罔"和"網"、"厷"和"肱"，"罔"、"厷"都不是初文，但对"網"、"肱"来说是较早的写法，所以也被视为古字，"網"、"肱"则为今字。清代学者段玉裁说：

> 凡读经传者不可不知古今字。古今无定时，周为古则汉为今，汉为古则宋为今，随时异用者为古今字。

古今字的古字既有本字（专为本义而造的字），也有借字（本无其字的假借）。前者如"自"，是"鼻"的本字；后者如"舍"，是把本义为房舍的字借作舍弃义用的借字。"自"和"鼻"是古今字，"舍"和"捨"（今简化作"舍"）也是古今字。古今字产生的原因主要是一字多义，一字多用，如"自"又有自己、自从等义，"舍"兼有房舍、舍弃等义。今字的产生是文字发展中的进步现象，它使文字记录语言更趋精密,分工明确。一个古字往往可以有几个今字分别表示古字兼有的几个意义。如"辟"字本义为法,上古兼借用为避、譬、僻、嬖、闢等义,后来专门造了这些后起区别字,都是"辟"的今字。在躲避这一意义上,"辟"和"避"是古今字;在譬况这一意义上,"辟"和"譬"是古今字;在邪僻这一意义上,"辟"和"僻"是古今字。

今字的字形结构绝大多数是形声字,其中有的在古字的基础上加声旁或形旁,如:

晶——曐,省作星　　　自——鼻
求——裘　　　　　　弟——悌
竟——境　　　　　　莫——暮

有的改换古字的形旁,如:

说——悦　　　　　　赴——讣
错——措

有的把原为象形、指事的古字改为形声字,如:

天——颠　　　　　　吕——膂
〈——涓　　　　　　臼——掬
址——趾

古字中有借字,今字中也有用假借字充当的,如云气的"气",后来写作"氣",就是把本义为赠人米饭的"氣"借来充当的。后来再为赠人米饭的意思造一个"餼"字,"气"和"氣"是古今字,"氣"和"餼"也是古今字,借作云气义用的"氣"是借字。又如"负荷"的"荷",古字作"何",因借作疑问代词,就借"荷花"的"荷"作为今义。

总之,古今字指记录语言中某一词的不同时代不同书写形式。初文和后起字是古今字,后起字和更后起的字也是古今字。

029　什么叫本字?什么叫初文?

文字训诂学上称表示本义的字为本字,与借字相对。如《诗经·鄘风·柏舟》:"之死矢靡它。""矢"是"誓"的借字,"誓"是本字。又《诗经·大雅·崧高》:"崧高维岳,骏极于天。""骏"是"峻"的借字,"峻"是本字。

本字的早期写法,又叫初文,与初文相对的后起字(多为形声字)如仍然表示本义,也属本字,可称为后出本字。如初文"网"后来加声符"亡"成为"罔",再加形符"糸"成为"網"。"网"、"罔"、"網"都是表示捕捉鱼类或鸟兽的工具这一意义的本字,其中早期的写法"网"又称初文,"罔"、"網"这两个后起形声字属后出本字。

有的学者把本字的"本"理解为"本始"的"本",认为本字是指本来有的字,即指一个字的本始写法。这一说法容易把借字混入,如捨弃的"捨",本来写作"舍",而"舍"是房舍义的本字,借作舍弃义,是个借字,确切地说,作为舍弃义的"舍"字是"本无其字"的假借,后来专为舍弃义造了后起字"捨"(今简化为"舍"),这才是本字,不过是后出的而已。

030　什么叫本义?推求汉字本义的主要依据是什么?

本义指词的本义,习惯上也指字的本义,因为上古汉语一个字往往就是一个词。

本义是词或字的本来的意义,也就是一个字造字时的原意。和本义相对的是别义(本义以外的意义),包括引申义和假借义。

例如"向",本义是朝北的窗子。它的别义有趋向、动向、朝向(以上为引申义)和假使、地名、姓(以上为假借义)等。又如"解"本义是分割牛或动物的肢体。解结、调解、分解、解析等为引申义,用作蟹、獬、嶰、澥、邂等则是假借义。

推求本义的主要依据有两个:一是字形,一是古代文献资料(书证)。

字形应以古文字字形为依据,由于汉字历史悠久,字形在不断变化,反映造字时原意的应该是早期的古汉字,而不能以隶书、楷书等现代汉字为依据。小篆虽比较接近早期古汉字,但已有变化,有时与甲骨文、金文有较大的距离。例如"向",甲骨文形体比小篆更能说明问题,分明描画的是房子的窗口。又如"行",小篆已看不出造字时的原意,《说文解字》误以为是人的两条腿,从甲骨文、金文可以看出,"行"是象十字路的形体,道路正是它的本义。

单从字形推究,即单据古汉字形体构造还不够,为避免主观臆测,必须同时依据古代文献资料的证明(即古书例证)。如《诗经·豳风·七月》有"塞向墐户"、"遵彼微行"等句正是用的"向"、"行"的本义。《庄子·养生主》有"庖丁解牛"的记述,"解"正是指解剖牛,用的是本义。这样,根据古汉字字形构造和古书例证,可以比较准确地推求本义。

031　什么叫引申义?引申有哪些类型?

由本义发展、演变而形成的意义叫引申义。引申义同本义有关联。根据这种关联,引申的类型可大体分为直接引申和间接引申两类。从本义直接派生出的意义为直接引申义。它同本义关系最近,联系最紧,产生也较早。由直接引申义再引申或辗转引申出的意义为间接引申义。它同本义关系较远,联系较疏,产生也较迟。例如"解"由本义解剖牛和动物直接引申为分解事物、分解事理(如"解结"、"解衣"、"解纷"、"解析"、"解释"的"解"),再由分解事理引申为分解分析的结果理解、晓悟的意思。杜甫《月夜》诗:"遥怜小儿女,未解忆长安。"其中的"解"是理解、懂得的意思,它同本义距离较远,联系较不紧密,就是间接引申义。再如"朝"由本义早晨引申为早晨上朝、朝见,再由这个直接引申义进一步引申出朝廷、朝代等间接引申义。

所以引申义包括直接从本义引申出的,也包括再由引申义引申出新的引申义。

引申义同本义或同较早的引申义之间往往在意义范围上可分为三种类型:

一是扩大,即由原来的含义引申扩大范围。如"乘"的本义是登上树木,引申扩大为一切登升,如乘车、乘马、乘屋、乘船(船高出于水面)等。

二是缩小,即由原来的含义引申缩小范围。如"宫"的本义是住所,泛指一般的房屋(古时指穴居的处所)。秦汉以后缩小专指帝王的住处,宫殿的宫。

三是转移,不能归入扩大、缩小两种类型的就属于字义范围的转移。如"上"的本义是方位的上,引申为时间的先、远,如上古、上世,这便是转移。

此外,根据引申的发展线索又再分为单线引申、多线引申。前者又称连环式,后者又称辐射式,有时几种情况交错在一起,形式多种多样。

032 什么叫假借义?假借有哪些类型?

一个词(字)舍弃它的本义不用,借作音同音近的另一个词(字)的意义来用,这便是假借义。如"蚤"不用作跳蚤义,借作"早"义来用,"早"便是"蚤"的假借义。又如"惟"不作为思考义来讲,借作"唯有"的"唯","唯"就是"惟"的假借义。再如"於戏"舍弃名词"於(古文乌)"和"戏(兵器)"的含义,借作"呜呼"(古音"於戏"与"呜呼"同音),"呜呼"便是"於戏"的借义。

假借有两大类:

一为本无其字的假借,指语言中有些词有音无字,借同音字来代替。大量虚词、代词和其他造字困难的词,一开始就借用同音字,如方位词"北"难以造字,借用本义为相背、违背的"北",连词"而"也无法造字,借用本义为胡须的"而(髵)"等。

一为本有其字的假借。语言中的某些词已有专字,使用时却借用同音字来代替,如"誓"借"矢"来表示,"扑"借"剥"来表示,"慧"借"惠"来表示。这些同音通用的字叫通假字,已有的专字(表示本义的字)叫本字。

本无其字的可能有后起的专字(即后出本字),如语气词"欤"本无其字,本来借给与的"与"字表示,后来专为语气词造了专字"欤"。这专字同原来的借字之间也可视为通假,类似的例子如"说"借作喜悦义,它与后出本字"悦"是相通的,一般可以用"说通悦"表述。虽然早期"欤"、"悦"等字尚未出现,但语言中这些词是存在的。而且,后出本字产生以后,古借字仍继续使用,所以可以视为通假关系。

此外,从《说文解字》起,有人把引申也视为假借的一种,即意义有联系的假借,区别于纯粹"依声"的假借。但这样一来,假借的范围过于宽泛,不少人表示不能赞同。

033　假借与通假有什么区别?

狭义的假借指"六书"中"本无其字,依声托事"的用字现象。如连词"而"本无其字,语言中有这个词,但文字中没有这个字,就借一个同音字代替,"而"本来是指胡须,后来写作"髵",因与连词"而"同音而借为连词使用。又如"其"原为畚箕,后来写作"箕",借为代词、副词、语气词的"其"。

广义的假借既包括"本无其字"的假借,也包括"本有其字"的假借,后者如借"矢"为"誓"、借"蚤"为"早"、借"倍"为"背"、借"反"为"返"等。习惯称本有其字的假借为通假,因为这种假借都可以举出本字,借字和本字由于音同音近而通用。

通假的范围也有广狭之分,狭义的通假只指有古本字的通假现象,广义的通假还可包括有后出本字的用字现象,甚至包括有后出专用字的用字现象,前者如"说"借为"悦"(悦字是后起字,又是专为喜悦义造的本字),后者如"女"借为"汝"(汝不是第二人称代词的本字,但后来作为第二人称的专用字)。(参看本书第 43 条)

034　古今字与通假字怎样区别？

同一个字在不同时代的不同书写形式形成古今字，这是从历时的角度看的。一个字的初期写法和后起写法是狭义的古今字，即指初文和后起字而言，如"自"和"鼻"，"止"和"趾"，"网"和"罔"、"網"等。广义的古今字是相对而言的，不一定初文才是古字。如"罔"与"網"也是一对古今字，虽然"罔"并非初文。

一个字在同一历史平面上产生同音相借临时代替的现象，这便是通假字，这是从共时的角度看的。通假字一般指本有其字而依声托事的，如誓言的"誓"，借同音字"矢"来代替，"矢"就是"誓"的通假字；攴击的"攴"借同音的"剥"来代替，"剥"就是"攴"的通假字。

古今字与通假字也有交叉的现象。即某些本无其字的古借字，如"易"古借为赏赐之"赐"，"隹"古借为发语词"唯"，"说"古借为"悦"，"舍"古借为舍弃的"捨"等。当后出的本字"赐"、"唯"、"悦"、"捨"产生以后，如果继续使用借字"易"、"隹"、"说"、"舍"表示赐、唯、悦、捨义，它们处在同一历史平面上，则"易"、"隹"、"说"、"舍"就成为通假字了。当然，从历时的角度看，它们仍然是古字。

古借字可以在一定的场合转化为通假字，但通假字不一定是古今字，不能说"矢"是"誓"的古字，"剥"是"攴"(扑)的古字等。因为"誓"、"攴"是本有其字的，临时借同音的"矢"、"剥"代替，它们都同处于一个历史平面。借字与被借字没有时代先后之分，所以不是古今字。

035　什么叫区别字？

区别字又称分别文，是后起的用以区别不同义类的形声字。

上古字少，一个字常常兼有数义。这个字可以是古本字，也可以是本无其字的假借字。随着语言的发展，一字数义带来了不少麻烦，于是后来用不同的意符区别而产生了后起形声字，这便是区别字。

例如上古没有语气词"唯"、动词"惟"(思惟)和"维"(维系)的书写形式,都借本义为鸟的"隹"表示,后起字在"隹"这个字上分别加"口"、"心"、"糸"等意符造出"唯"、"惟"、"维"这些字,就是区别字。本义为"法"的"辟"兼有多种用法,后来分别造了后起形声字"避"、"譬"、"僻"、"嬖"、"闢"这些区别字,用"辶"、"言"、"人"、"女"、"门"等意符分别表示不同的义类。这些都是在假借字的基础上产生的区别字。

还有一类区别字是在古本字的基础上为引申义分别加上不同的意符而形成的。如"坐"字本义为坐下,引申为坐位,后来专门造了区别字"座"。又如"济"本义为渡水,引申为停止的意思,风止、雨止都用"济"表示,后来专为雨止造了区别字"霁",以区别于风止的"济"。

为引申义而造的区别字同古本字之间意义上有联系,即基本意义相同,由于使用场合、范围不同而采用不同的偏旁加以区别。在假借字基础上造的区别字,各个区别字之间以及同原借字之间只有音同音近的关系,没有意义上的联系。

036　什么叫累增字?

文字学上指增加了偏旁(声旁或形旁)而不改变字义的后起形声字,有时加了偏旁后又加偏旁,实际上仍为同一字。如"爰"字后来加了"手"旁成为"援";"寻"字后来加了"彳"旁成为"得"字;"网"字后来加了声旁"亡"成为"罔"字,后又加形旁"糸"成为"網"字;"厶"字后来加了形旁"又"成为"厷"字,后又加形旁"肉"成为"肱"字。

累增字是古今字中形义有联系的一种,即今字是在古字的基础上加偏旁形成的。有的字虽是在古字的基础上加偏旁但意义已变,就不能视为累增字。如"臾"加"贝"旁成为"贵"字,"臾"、"贵"是不同的两个字,既非古今字,又没产生"累增字"。但在"贵"的基础上再加"艸"旁成为"黇"字,却又是与"臾"同义的累增字了。类似这样曲折形成的累增字还有"攀"字,它的初文是癶,后加"棥"旁成为樊笼的"樊",意义与"癶"不同,"樊"不是累增字,而借"樊"的形体再加手旁的"攀"字却又与"癶"同义,可以视为累增字。又如"腋"字,它的初文是亦(夼),后加夕旁成为夜晚的夜(夜),意义与亦不同,不是累增字,而借"夜"的形体再加肉旁的"腋"字却又与"亦"同义,可以视为累增字。

037　什么叫同源字?

同源字即同源词。指汉语词汇中音义相同或相近,由同一语源孳生的词。常以某一概念为中心,以语音相同或相近表示相近、相关的若干不同概念。

如胸(曲状的干肉)、痀(曲脊)、拘(手曲)、钩(鉤,曲钩)、笱(曲竹捕鱼器)、軥(轭下曲者)等都从句(勾)这一表示曲的语源孳生,同从句得声,属于一组同源字。

同源字在初始时本是同一个词,完全同音,后来由于时代、地域不同而分化为两个以上的读音,仍与原来的读音相近(有时读音不分化),字形也分化,意义上有大同又有小异(细微差别)。如黑色在初始时都叫"卢"(黸),后为黑弓、黑土、黑狗、黑橘子分别造了玈、垆、獹、栌等字,这便是一组同源字,这组同源字读音相同。又如"卷"的本义为膝曲,引申泛指卷曲,后为屈木盂、卷曲的手、卷曲的发以及动词卷曲起来分别造桊、拳、鬈、捲等字,这便是一组同源字,这组同源字读音有细微差别。

同源字不一定在字形上有共同的偏旁,如关(门闩)、管(钥匙)、键、楗(关牡),这组同源字大部分没有共同的偏旁。所以同源字虽然可以包括区别字,但并不等于区别字。同源字必然是同义词,但同义词语音上相差很远的就不能认为是同源字。确定同源字除了读音相同(或相通)、意义相同相近或相关以外,还必须有古代训诂资料或字形为证。

038　古代汉语中的合音字是怎么回事？常见的合音字有哪些？

合音字又叫兼词，指古代汉语中一个字兼包两个字，书写形式是一个字，而读音相当于两个字的连读或急读，意义也相当于这两个字的结合。如"茨"即"蒺藜"二字的合音字，"诸"即"之于"或"之乎"两字的合音字等。

常见的合音字有：

诸　之于的合音字。如：

> 杀之，寘诸橐。（《左传·宣公二年》）——寘诸橐，即置之于橐。

> 言举斯心加诸彼而已。（《孟子·梁惠王上》）——加诸彼，即加之于彼。

诸　之乎的合音字。如：

> 文王之囿方七十里，有诸？（《孟子·梁惠王下》）——有诸，即有之乎。

盍　何不的合音字。如：

> 盍各言尔志？（《论语·公冶长》）——谓何不各言尔之志。

旃　之焉的合音字。如：

> 虞叔有玉，虞公求旃，弗献。（《左传·桓公十年》）——求旃，即求之焉。

那　奈何的合音字。如：

> 牛则有皮，犀兕尚多，弃甲则那？（《左传·宣公二年》）——弃甲则那，即弃甲则奈何？

叵　不可的合音字。如：

　　大耳儿最叵信！(《后汉书·吕布传》)——最叵信,即最不可信。

广义的合音词把可以缓读离析为两个字的都归入。如笔即不律、飙即扶摇、虎即於菟、狮即狻猊(音 suān ní)、椎即终葵等,大多为名物之词。

还有一个"焉"字,有时相当于"于是"(或"于此")、"此"、"是",是指示代词,代人、事物或处所。如：

　　制,岩邑也,虢叔死焉。(《左传·隐公元年》)——死焉,死于此。

　　吾舅死于虎,吾夫又死焉,今吾子又死焉。(《礼记·檀弓》)——死焉,死于虎。

由于"焉"不是"于是"的合音,但却兼包"于是"(或"于此")两个词,可以算作广义的"兼词"。

039　什么叫避讳字？常见的避讳字有哪几种类型？

古书用字上为了回避直书帝王、君上、尊长的名字而改用别的字,这就叫避讳字。常见的避讳字有下面几种类型：

改用音同、音近字　如南朝宋范晔《后汉书》列传中改郭泰、郑泰为郭太、郑太,是为了避家讳(其父名泰)。又如唐代房玄龄修《晋书》,在《天文志》中改虎贲星为武贲,是为了避唐高祖李渊的祖父李虎的名讳。

改用义同、义近字　如隋代为避隋炀帝杨广的名讳而改称魏张揖的《广雅》为《博雅》,隋代曹宪为此书注音,称《博雅音》。(后代虽仍称《广雅》,但《博雅音》之名一直沿用未改。)又如唐代为避唐太宗李世民的名讳改世为代,改民为人,为避唐高宗李治的名讳改治为理等。

缺笔　不改用别的字而将触犯名讳的字少写笔画,如把丘(孔子名)写成缺右边一竖,把玄(清康熙皇帝名玄烨)写成缺一点等。

缺字　东汉许慎《说文解字》中原不收东汉恭宗安帝(名祜)以上五代皇帝世祖光武帝(名秀)、显宗明帝(名庄)、肃宗章帝(名炟)、孝宗和帝(名肇)的名讳用字,安帝前的殇帝(名隆字盛)因未立庙号,可不讳。在应出现祜、秀、庄、炟、肇五字的地方,注明"上讳",后人补出正篆。又如王安石《字说》不收益字,因避其父名讳而缺益字。

此外,也有连音同音近字也要忌避的,如秦始皇叫嬴政,《史记》沿秦讳政的同音字正,改称"正月"为"端月"(见《史记·秦楚之际月表》)。

040　什么是异体字?异体字是怎么形成的?

异体字指两个或两个以上形体不同而音义完全相同,在任何情况下都可以互相替代的字。如:凭与憑,雞与鷄,罪与皋,睹与覩,照与炤,弃与棄。

异体字的形成可从汉字形体结构的差异分析。有会意与形声之不同,如:泪与涙,岩与巖,岳与嶽,渺与淼,草与艸。有改换意符的,如:咏与詠,杯与盃,暖与煖,绔与袴。有改换声符的,如:线与綫,裤与袴,梅与楳,猿与猨。有变换构件位置的,如:慙与慼,和与咊,峰与峯,秋与秌,群与羣。

文化部和中国文字改革委员会 1955 年发布了《第一批异体字整理表》,共有 810 组。而《汉语大字典》附录《异体字表》共收 11900 组。后者多出一万多组。原来广义的异体字包括繁简字、古今字、通假字以及意义不完全相同的异体字。有些音义完全相同的异体字由于时代不同而意义起变化。如:喻与諭,先秦两汉原来是异体字,后来不是了。置与寘,古代不是异体字,现代归入异体字。

041   姓氏、人名中的异体字怎么处理?

异体字中被选用的字是规范字,而不被选用的字即被淘汰的字一般不能使用。但姓氏、人名中的异体字应受到尊重,不予淘汰。如:著名画家钱松喦(岩),著名电影演员项堃(坤)、牛犇(奔)、冯喆(哲),著名学者董同龢(和),著名作家钱杏邨(村)。连姓氏用了异体字也不淘汰。如:汉代名臣鼌(晁)错,现代历史学家翦(剪)伯赞。古往今来人名用异体字的为数不少。如:东汉名士陈寔(实),魏明帝曹叡(睿),晋代文学家束皙(晰),《后汉书》的作者范晔(烨),唐代节度使李愬(诉),唐代诗人卢仝(同),宋代词人刘眘(慎)虚,元代书法家赵孟頫(俯),清代文学家梁章鉅(巨),清末大臣翁同龢(和)等。

顺便说明,现代地名用字一般不用异体字。河南浚县不仿古用异体字"濬",洛阳、商洛、洛邑不仿古用异体字"雒",四川石柱县不仿古用异体字"砫",黑龙江爱辉县也不仿古用异体字"瑷"。

042   什么是异形词? 异形词取舍的原则是什么?

书面语中并存、并用的音义相同而书写形式不同的词语叫"异形词"。如:身份与身分,盈馀与赢馀,交代与交待,弘扬与宏扬,按语与案语,百叶窗与百页窗,浑水摸鱼与混水摸鱼,孤苦伶仃与孤苦零丁。其中书写形式不同的字不同于异体字。异体字是同一个字的不同书写形式,而异形词中书写形式不同的字并非同一个字,份与分、盈与赢、代与待等只有在相应的一组同形词中音义才相同,而作为单字意义,并不完全相同,更不能在任何情况下互相替代。

2002 年,教育部、国家语言文字工作委员会发布《第一批异形词整理表》,公布了 338 组同形词的推荐性试行规范。其取舍原则有三:①通用性原则。根据科学的词频统计和社会调查选取公众目前普遍使用的词形作为推荐词形。如:选取掺杂、掺假、掺和的"掺"而舍弃"搀",选取毕恭毕敬而舍弃必恭必敬。②理据性原则。从词语发展的理据角度考虑。如：选取劝诫、告诫、规诫的"诫"而舍弃"戒"。作为言语相劝，诫的语素义更吻合，而戒则多表警戒义。③系统性原则。考虑同语素系列词的一致性。如：奢靡比奢糜使用频率高，整个系列选用含"靡"的词形，如靡费、侈靡。

043　古书注释和辞书注释常常出现"某同某"、"某通某"，它们之间有何区别？

一般说，目前古书注释或辞书注释在指出异体字时用"某同某"，如《韩非子·五蠹》的注释"蜯同蚌"、"饟同饷"。异体字是同一个字的不同写法，音义全同而字形有别。异体字在任何情况下可以互相替代。"某同某"的前后两字可以对换，也可以说"蚌同蜯"、"饷同饟"。注释在指出通假字时则用"某通某"。如《五蠹》的注释"采通採"、"橐通托"、"上通尚"，这是三组同音通假的字。前面一个是借字，后面一个是本字。古诗文中不写本字而写了一个同音字，很像现在所说的写别字，但在当时约定俗成，被公认为可以通用。如发誓的"誓"写成弓矢的"矢"，普遍通用，注释时就说"矢通誓"。借字和本字这两项不可以互换，不可以倒过来说"採通采"、"托通橐"、"尚通上"、"誓通矢"等。

初学者懂得上述简单的界限就可以了。但在实际运用时，常会遇到十分复杂的情况。下面提出两个要点：

一是异体字绝大多数古今相承，但有时也因时代不同而变化。今天作为异体字处理的，古代未必也是异体字；古代的异体字，后来可能分化为不同的字。例如"间"、"閒"、"闲"三个字，在古代，"间"与"閒"是异体字，它们同"闲"是音义不同的字，而今天把"閒"和"闲"看作异体字，它们同"间"则是音义不同的字。

二是通假字并非都像"矢通誓"那样明白易晓。借字与本字的关系尤其复杂多样，加以各家的说法常有分歧，致使通假的界限较难划清。例如《论语》首章："学而时习之，不亦说乎？"这个"说"就是喜悦的意思,后来写作"悦"。可不可以说"说通悦"呢?有的认为可以(如《辞海》),有的认为不可以(如王力主编《古代汉语》)。这分歧是由于两书对"本字"的理解不同。前者认为本字是"表示本义的字",后者认为本字是"本来有的字"。"悦"的产生在后,"说"是本来有的字,所以《古代汉语》不赞成说"说通悦"。而《辞海》则认为"悦"是专为喜悦义而造的本字(因为产生在后,有的书称之为后出本字),"说"是借字,所以可以用"说通悦"表述。

还有更复杂的情况,第二人称代词"女"一般注释指出"女通汝"。其实"女"和"汝",谁也不是本字,都是借字,"女"是男女的女,"汝"是河流名。由于第二人称代词造字时并没有造专门的本字,一开始就借同音的"女"或"汝"代替(上古"女"、"汝"都发舌尖音,也同韵)。由于"女"作为男女的女使用频率高,"汝"作为河流名使用频率低,后来就用"汝"作为第二人称代词的专用字,从这个角度上说,"女通汝"是可以成立的。

按照传统的、流行的说法,通假的范围不妨放宽些,即不限于借字与古本字相通,还可包括借字与后出本字、借字与专用字相通。这从实用的角度看也是有利的,何况严格的理论界限订立者自己也难免要冲破呢!

音韵

044　什么叫音韵学？古代汉语学科所称的音韵学包含哪些内容？

　　音韵学也叫声韵学,是研究汉语语音系统的历史演变规律的一门学科。它侧重于汉语字音中声、韵、调系统的辨析、归纳、整理,因而,不同于以活的语言实际发音方法的分析为侧重点的语音学。传统所称音韵学,即古代汉语学科所称的音韵学,包含下列几方面内容:

　　古音学:传统音韵学的一个主要部门。研究上古时期——秦汉以前的声、韵、调系统。该时期为无韵书时期,研究的依据主要是以《诗经》、《楚辞》为主的韵文材料和形声字的谐声偏旁。

　　今音学:研究中古时期——主要是隋唐宋之际的声、韵、调系统。该时期已产生分韵编排、用反切注音的韵书。研究中古音以增订隋代《切韵》而保存完整的《广韵》为主要依据,同时参照隋唐宋韵文实际用韵情况。

　　近代音:研究金元以后北音系统,以元代韵书《中原音韵》为主要依据。北京为金元以来历代王朝都城所在地,以北京语音为标准音的北方话系统逐步形成,并与现代汉语相衔接。

　　等韵学:在今音学韵书反切的基础上分析汉语发音原理和方法的学科。以等呼分析韵母结构,以“七音”分析声母发音部位,以清浊分析声母的发音方法,以字母表示汉语声母系统。编制韵图(拼音表)来解释反切,对《切韵》系统的韵书进行分析或调整。如《韵镜》是分析《切韵》音系的等韵书,《切韵指掌图》则是以当时语音对《切韵》系统加以调整的等韵书。

045　学习音韵学有什么用处？掌握音韵学常识对于古代汉语学习有什么帮助？

　　音韵学常识是古代汉语学科的有机组成部分,不学习音韵学,不具备音韵学基础,要把古代汉语真正学懂、学好并掌握得全面、理解得透彻,都是不可能的。

古代汉语学科各个部门诸如文字、词汇、语法、修辞等都同音韵学有很密切的关系。

学习古代汉语,首先要遇到文字关,对于不识不熟的汉字必须查检字典辞书和古书注释来解决。而不少工具书就是按古代汉语声韵编排的。有的按古韵编排,如朱骏声的《说文通训定声》按古韵十八部编排,阮元的《经籍籑诂》、刘淇的《助字辨略》以及《佩文韵府》等都按平水韵 106 韵编排,有的按古声母编排,如王引之的《经传释词》按中古三十六字母编排。要充分利用这些工具书,就必须懂得有关古声韵常识。至于古书注解和各种工具书中的注音材料特别是反切材料都是识字所必须凭借的,必须掌握各种注音方法特别是反切原理、规律。

古书中使用的汉字,不少用的是假借字,而不明古音就无法了解古音通假。如"罢"通"疲","而"通"能","亡"通"无","直"通"特","诎信"通"屈伸",等等,用今音去套就无从理解、识别。

古代汉语词汇中双音节词大多是联绵词(謰语),联绵词的两个音节之间常有双声、叠韵关系,同一联绵词的不同书写形式之间也往往有语音上的联系。不明古音就妨碍我们识别联绵词。

联绵词、假借字往往不能拘于字形,即无法通过字形探求字义,训诂学上有"义存乎声"、"声近义通"的原则,要求通过字音探求字义,正确理解和运用这一原则必须具备音韵学基础。拘守字形望文生义,或滥用"声近义通"原则,造成牵强附会,常由缺乏音韵常识所致。

古人常以"读破"(改变字的原来读音)来区别词性、词义。如"好"原读上声,美好义,是形容词;读破为去声,爱好义,作动词用。"不明音韵,不知一字数义所由生。"(章炳麟语)

讲古代汉语语法,必然涉及各类文言虚字。意义相同相近的文言虚字,往往可以从语音角度把它们贯穿联系起来。如否定词多为唇音字,第一人称代词"吾"、"我"、"卬"同属疑母,第二人称代词上古均属舌头音泥母。还有一些合音字,一字兼作两字用,如"诸"是"之于"或"之乎"的合音字,这既关涉到语法,又同字音分析分不开,即与音韵有关。

修辞上双声叠韵重言语词的运用,文学鉴赏中韵叶、平仄、韵律的掌握等,也都要求具备古代汉语音韵学知识,否则无法辨识,更无从鉴赏,妨碍深入理解作品。

音韵学知识的掌握除了对古代汉语学习有上述各个方面的作用外,还对方言调查、方言研究,普通话推广以及对历史学、考古学、文献学、民俗学等方面的研究有一定的帮助,这里就不详述了。

046 古代汉语语音没有留下活的口语记录,音韵学研究古代汉语声韵系统有哪些依据?

古代尚无录音设备,音韵学研究古代汉语声韵系统没有活的口语记录作为依据,只能依据书面材料。可供音韵研究作为依据的材料有下列三大类:

一是经过整理的材料。主要是字书、韵书、辞书。其中的注音材料特别是反切注音是直接的依据。有关部首、韵部、韵类、说解、形声字的谐声偏旁、异文、异读等材料也直接或间接提供了古声韵系统的线索。

二是韵文。主要是诗、词、曲、赋、骈文及散文中的韵语的韵叶材料,提供了不同时代不同韵类的材料,可补充韵书材料。

三是一切古书中有关语音记录的书面材料。从古书中的假借、训诂、方言、谜语、异文、异读、韵叶等材料,可归纳整理每一时代的声韵现象。

从各类材料中探求研究古声韵系统,主要依据下列五个方面的实际内容:

　　1.韵叶　从押韵字的系联、排比探求古韵部，了解各时代语音特点和用韵方法，研究古代语音演变线索。

　　2.形声　指形声字的声符，也叫谐声偏旁。声旁反映造字时该形声字的读音，后代读音如果声旁与形声字不同则反映语音变迁。不同时代所造的形声字反映不同时代的语音。上古韵部的推求也借助于形声字的声符。"同谐声者必同部"，正说明形声字声符的作用。

　　3.训诂　主要是声训，反映了音同或音近的关系。这类训诂材料在古音研究上的作用反而比义训的作用大。

　　4.假借　假借的关键是音。无论是本无其字的假借还是本有其字的通假都离不开字音。古书的假借现象反映了古音，不明古音就无从了解假借，明假借则必须弄清古音。假借字、通假字提供了大量古音研究的材料。

　　5.謰语（联绵词）　謰语大多由有双声叠韵关系的两个音节组成。同一謰语的不同书写形式之间也往往有双声叠韵关系。前者如"参差"（双声）、"逍遥"（叠韵）；后者如"狼狈"，孤立看既无双声关系又无叠韵关系，但它与该謰语的早期书写形式"剌𪭢"则有双声关系，而"剌𪭢"又是叠韵謰语。

　　其他各种材料实际上都可归入以上五个方面。如异文材料大多属于假借现象。如"岷山"亦作"汶山"，"汶"通"岷"；"非特"亦作"非直"，义同"非但"，"特"、"直"、"但"相通假。有的异文属于謰语的不同书写形式。如"匍匐"亦作"扶服"，"首施"亦作"首鼠"。再如辞书说解材料，包括训诂中声训、互训等与语音相关的材料，有时也涉及形声、假借和謰语的实际内容。

　　此外，方言材料特别是保留古音较多的方言是研究古代汉语声韵系统的重要依据，同古代汉语关系密切的日本、朝鲜、越南等外语中的汉语借词以及汉语中的外语音译词、外语借词等也是研究古代汉语声韵系统的依据。

047　中古时期,对于上古韵文中看来不叶韵的韵脚字怎样认识?认识得对不对?

由于语音是变化着的,上古韵文中本来叶韵的句子,中古时念起来有的韵脚字已不叶韵。由于中古已有韵书流行,人们往往拘囿于韵书并抱守汉人注经的成果,不能用历史的观点对待叶韵与否的问题,产生了下面几种违反历史主义和语音实际的认识:

改字法　把当时看来不叶韵的韵脚字改为叶韵的字。如唐玄宗读《尚书·洪范》"无偏无颇,遵王之义",按唐代读音感到"颇"、"义"不叶韵,就敕令改"颇"为"陂"。显然,这是十分简单粗暴的。其实上古"颇"、"义"本来是叶韵的,古今音变才产生不叶,不能按后代的读音改动叶韵字。

改读法　把当时看来不叶韵的韵脚字改变读音以便成韵。如《诗经·邶风·燕燕》"远送于南"句与"下上其音"、"实劳我心"两句叶韵,韵脚字"南"中古音已不能与"音"、"心"相叶。北周沈重《毛诗音》说:"南,叶句,宜乃林反。"(意思是为了叶韵而临时改读)这种临时改变读音的方法又叫"叶句说",宋代大为通行。朱熹在《诗集传》里大量采用"叶音"的方法来改读押韵字以迁就韵叶,其实是以后代的音来曲解古音,当然是不科学的。

韵缓说　唐代陆德明在《经典释文》中以"古人韵缓"的说法来批驳"叶句说",认为《燕燕》中"南"与"心"、"音"虽不在同一韵部,由于古人用韵宽缓,所以这些字也允许叶韵。这种说法仍然是据当时韵书的韵部来看待古音,仍不符合古音的实际情况,因为上古"南"与"心"、"音"本来属同一韵部,不存在用韵宽窄的问题。

明代学者陈第在《毛诗古音考》中明确指出:

时有古今,地有南北,字有更革,音有转移,……以今之音读古之作,不免乖刺不入,于是悉委之叶。

他对古韵研究走上科学的道路有开创之功,他对韵叶问题的认识是符合历史主义,符合古音实际的,因而是科学的。

048　《诗经》和上古音的韵部是怎样得出的？分哪些韵部？

《诗经》中除了《周颂》有七篇无韵诗,若干篇部分无韵以外,近三百篇诗都是押韵的。将《诗经》里互相押韵的字加以分析归纳,可从而大致了解上古时期的古韵系统。明清以来学者们明白了古今音变的道理,他们不相信违反历史观点的"叶音说",开始用比较科学的方法探求《诗经》和上古音的韵部。

韵部就是指押韵字的归类,互相押韵的字同属一个韵部。前人归纳《诗经》的韵部主要用系联的方法。例如《关雎》中"得、服、侧"互相押韵,《伐檀》中"侧"与"辐、直、亿、特、食"互相押韵,《硕鼠》中"直"又与"麦、德、国"互相押韵。这样,就可以把"得、服、侧、辐、直、亿、特、食、麦、德、国"系联在一起,归属一个韵部,找一个代表字(一般用中古韵书所通用的韵目字)作为韵部的标目,称职部。

除了系联押韵字以外,古音学家又根据形声字的声符(即谐声偏旁)来归纳韵部。一般说来,同一谐声偏旁的必属同一韵部。例如"侧"属职部,那么"则、测、恻、厕"等也属职部。当然,有些后起形声字的谐声偏旁不能作为根据,因为时代不同,声符的读音也会起变化。

有些字《诗经》里没有用作押韵字,那就要参照同时代或时代相近的韵文或散文中的韵语,结合先秦典籍中的假借、训诂、谜语、异文等材料,从而得出《诗经》和先秦上古音的韵部。

《诗经》和上古音韵部的归纳划分,从顾炎武所分的十部,段玉裁的十七部,江有诰的二十一部,夏炘的二十二部到黄侃的二十八部,愈分愈细愈精密。现将王力所分三十个韵部按阴声、阳声、入声相配分十一类列表如下。中间列入声(以塞辅音收尾)韵部,左栏列阴声(以元音收尾)韵部,右栏列阳声(以鼻音收尾)韵部,同一横行主要元音相同,所注国际音标是拟音音值。

1 之 ə	2 职 ək	3 蒸 əŋ
4 幽 u	5 觉 uk	6 冬 uŋ
7 宵 ô	8 药 ôk	
9 侯 o	10 屋 ok	11 东 oŋ
12 鱼 a	13 铎 ak	14 阳 aŋ
15 支 e	16 锡 ek	17 耕 eŋ
18 脂 ei	19 质 et	20 真 en
21 微 əi	22 物 ət	23 文 ən
24 歌 ai	25 月 at	26 元 an
	27 缉 əp	28 侵 əm
	29 葉 ap	30 谈 am

注:《诗经》冬侵合并为一部,共二十九部。战国以后,冬部从侵部分出,为三十部。

049 古四声与今四声有何区别?

古代汉语的四声是平声、上声、去声、入声。现代汉语的四声是阴平、阳平、上声、去声。现代汉语普通话没有入声。现代汉语有些方言如吴语、粤语、闽语、赣语、湘语、客家语还保留入声。古代汉语的入声字在现代汉语普通话中已经分散到阴平、阳平、上声、去声四声中。

050 古代汉语入声的收尾辅音是怎么回事?

古代汉语入声在中古时是以收[p]、[t]、[k]韵尾以区别于平、上、去三声的。

《广韵》所收三十四个入声韵中,收尾辅音为[p]的有"盍、狎、葉、帖、洽、业、乏、合、缉"九个入声韵。收尾辅音为[t]的有"曷、末、黠、薛、屑、鎋、月、质、术、没、迄、物、栉"十三个入声韵。收尾辅音为[k]的有"屋、沃、烛、觉、德、职、铎、药、陌、昔、麦、锡"十二个入声韵。

汉字在中古时(6—8世纪)传入日本,日文中汉字的音读保留了当时的入声,还保留了入声的收尾辅音。如中国(ちゅうごく)的国属德韵,收尾辅音为[k],日语也以く表示。毛泽东(もうたくとう)的泽属陌韵,收尾辅音为[k],日语也以く表示。

051 除了[p]、[t]、[k],古代汉语还有哪些韵的收尾辅音在现代汉语普通话中消失?

古代汉语平声的"侵、覃、谈、盐、添、严、咸、衔、凡"九个韵,上声的"寝、感、敢、琰、忝、俨、豏、槛、范"九个韵,去声的"沁、勘、阚、艳、㮇、酽、陷、鉴、梵"九个韵,这些韵中古都有收尾辅音[m],而现代汉语普通话中[m]已与[n]合流。

据徐超《对联艺术》一书说:广州某报把英国足球明星贝克汉姆(Beckham)的名字翻译成"碧咸",说明当地方言读"碧"实含[k]尾,读"咸"实含[m]尾。这是粤语保留中古[k]、[m]韵尾的例证。

052 什么叫平仄?

古代诗词曲赋及骈文讲究平仄配合,使声调谐协相调节。平指声调为平声,仄指声调为上、去、入。近体诗(律诗、绝句)尤其讲究平仄调节,使声调谐协,抑扬顿挫,富有音乐美。如唐代李端《听筝》诗:

鸣筝金粟柱(平平平仄仄)

素手玉房前(仄仄仄平平)

欲得周郎顾(仄仄平平仄)

时时误拂弦(平平仄仄平)

除韵文外,古代汉语中相对偶的语句如对联、成语等也讲究平

仄配合协调,如前人集王羲之《兰亭序》字的对联:

> 寄兴在山亭水曲(仄仄仄平平仄仄)
>
> 怀人于日暮春初(平平平仄仄平平)

成语字面相对往往平仄相对,如:

> 山明水秀(平平仄仄)
>
> 柳暗花明(仄仄平平)
>
> 家喻户晓(平仄仄仄)
>
> 继往开来(仄仄平平)
>
> 安土重迁(平仄仄平)
>
> 纲举目张(平仄仄平)

053　现代人已无法确知古代字音的实际音值,怎样辨认古代字音的声调平仄呢?

现代人虽然已无法确知古代字音的实际音值,但辨认古代字音的声调平仄则是完全可能的。

字音的历史演变是有规律的。尽管每字的实际读法(音值)古今有变化,但哪些字归属什么声调,哪些字属平声,哪些字属仄声(古代所谓"仄声"包括上、去、入三类声调),古今大体上是一致的。例如"春、天、花、开"古代归属平声,现代也归属平声,这几个字同属一个调类,古今是一致的。由于时代地域不同,这几个字的具体字音(音值)、具体声调读音(调值)是有变化的,但它们在同一地域同一时代念起来同属一个调类则是分明不乱的。调类指声调的分类,而调值指具体字音声调的实际读音,即声音高低、升降、曲直、长短的形式,同一调类在不同时代不同地域中调值未必相同。现代人辨认古代作品特别是古代韵文中字的声调平仄,指的是辨认其调类,而不是确知并恢复其调值,后者是不可能的,至多可以拟测其近似的调值。现代人辨认古四声(平上去入)和古平仄当然也不是轻而易举的。例如上、去两个声调古今就并非完全一致,近代已将浊音上声归入去声,如"近、似、倍、坐"等古上声字,近代和现代都已归入去声,好在辨平仄时上、去都属仄声,不会产生困难。还有古入声到了近代北方音系统就已分派平、上、去三声,现代普通话也不再保留入声,辨认它可以参照南方方言。凡方言字音属入声的一般正是古入声,如"六、国、铁、笔、赤、色"等是入声字。

可见,明确了"调类"和"调值"的区分,从辨别"调类"入手,古四声和古平仄的辨认就能比较顺利地解决,古代字音的声调平仄并非是不可知的。

054   古人怎样为汉字注音?

为汉字注音最科学、最简便的方法是用拼音字母注音。但是古代没有拼音字母,古人曾试过多种方法为汉字注音。早从汉代开始,就创造并运用譬况字音、读若、直音和反切等注音方法。这些注音方法在接触古书时常会遇到。而且,在现代出版的辞书中,除了主要采用汉语拼音字母注音外,仍然广泛沿用反切、直音等方法,如《辞源》(第三版)和《汉语大字典》、《汉语大词典》仍保留反切注音;各种大小字典、词典都适当采纳直音注音法。所以了解古人为汉字注音的方法是有必要的。现将各种注音方法简介如下:

(一)譬况字音

1.以缓言、急言譬况。如《淮南子·地形训》:"其地宜黍,多旄犀。"高诱注:"旄读近绸缪之缪,急气言乃得之。"《吕氏春秋·慎行》:"崔杼之子相与私鬨。"高诱注:"鬨读近鸿,缓气言之。"读音的急促与舒缓,可能指有介音与否而言。

2.以长言、短言譬况。如《公羊传·庄公二十八年》:"《春秋》伐者为客,伐者为主。"何休注:"伐人者为客,读伐长言之;见伐者为主,读伐短言之。"长言、短言可能指读长音、读短音而言。

3.以内言、外言譬况。如《公羊传·宣公八年》:"曷为或言而,或言乃?"何休注:"言乃者内而深,言而者外而浅。"内言、外言指韵母的洪细(口腔共鸣空隙大小)而言,"乃"为洪音字,"而"为细音字。

4.以舌位、韵势譬况。如《释名·释天》:"天,豫、司、兖、冀以舌腹言之。……青、徐以舌头言之。"又"风,兖、豫、司、冀横口合唇言之。……青、徐言风踧口开唇推气言之。"这是就声母的发音部位和韵母的唇形开合和鼻音现象加以描写。

以上譬况字音的方法,特别是前三种较难掌握,后代注音很少沿用。

(二)读若(读如、读为、读曰、读与某同)

1.兼明字义。如《礼记·儒行》:"竟信其志。"郑玄注:"信读若屈伸之伸。"《说文解字》:"辛,读若愆。""信"与"伸"、"辛"与"愆"不但音同音近,而且字义相通。古书注解用"读为""读曰"注音必然兼明字义。

2.纯注音。如《礼记·中庸》:"示诸掌。"郑玄注:"示读如'寘诸河干'之'寘'。"《说文解字》:"莃,读若西。""寘"注"示"音,"西"注"莃"音,不兼表义。读若注音在古字书及古书注解中使用广泛,但内容较杂,也欠严密。

(三)直音

用声、韵、调相同的汉字注音。如《尔雅》郭璞注:"诞音但。"直音法虽较直截明了,但同音字有限,广泛运用此法有困难。

(四)反切

反切的前身是急读与缓读(或称急声与慢声),原为顺乎自然的结合:二音急读为一音,一音缓读为二音,属于无意识地离析汉字字音。如《尔雅·释草》:"茨,蒺藜。"又《释器》:"不律谓之笔。"《说文解字》:"叵,不可也。"汉末由于古书注音的需要,翻译印度佛经的需要,也由于梵文读音分析方法的引进,反切法正式产生,有意识地运用于注音。魏晋以后,反切法大为流行。反切是用两个汉字为一个汉字注音,称某某反或某某切。反切上字代表声母(兼表清浊),反切下字代表韵母(兼表声调)。如《广韵》:"冬,都宗切。"古书直排,"都"在上,叫反切上字,"宗"在下,叫反切下字。反切上字取声母即d,反切下字取韵母、声调即 ōng,切出 dōng 音。这一产生于两千年前的传统的注音方法已能相当科学地分析汉字字音。但汉字作为注音工具不免笨拙,而字音古今演变更使以汉字注汉字的注音方法增加了障碍。

055　韵部与韵摄有什么区别?

韵书中将同韵的字归在一起,形成一个个韵部,每个韵部用一个或两个代表字作为韵目。如《广韵》分 206 个韵部,前几个韵部为一东二冬三钟四江;平水韵分 106 个韵部,前几个韵部是一东二冬三江四支;《中原音韵》分 19 个韵部,前几个韵部是一东钟、二江阳、三支思、四齐微。

旧韵书分韵部大多十分繁密,特别是综合古今南北音系的《切韵》一系韵书。其中不少韵部读音相同或相近,从实用角度看,分得太细使用很不便。尤其是作为写诗用韵的标准显得过于苛细,因为押韵要求韵的主要部分即韵腹韵尾相同(无韵尾的只要求韵腹相同)即可。等韵学家把韵腹韵尾相同或相近的韵不问韵头、不计声调,统括归并为大类,称作韵摄。

元代刘鉴《经史正音切韵指南》所凭借的蓝本《四声等子》正式使用"韵摄"的名称。该书把《广韵》206 韵归并为 16 摄,它们的标目是:

通　江　止　遇

蟹　臻　山　效

果　假　宕　梗

流　深　曾　咸

如将《广韵》里平声东冬钟、上声董肿、去声送宋用、入声屋沃烛共十一韵归并统括为一摄,称为通摄。

韵摄的作用是以简驭繁,从而说明韵部之间的关系,也可贯串实际语音中的变化,认识方言之间的对应关系。

056 什么叫"三十六字母"?

古代汉语有所谓"三十六字母",指的是反映中古(唐宋之际)汉语声母系统的三十六个代表字:帮滂并明,非敷奉微,端透定泥,知彻澄娘,精清从心邪,照穿床审禅,见溪群疑,影喻晓匣,来日。

相传唐末和尚守温创制了"三十个字母",代表三十个声母,后来,宋人在此基础上增订而成"三十六字母"。要注意,这里的"字母"不同于现代语音学术语中的"字母"。古代汉语所称的字母仅指声母,不包括韵母。

音韵学上按照"三十六字母"发音部位分喉牙舌齿唇五类(五音),或加半齿半舌两类(七音)。其中唇音又分轻重唇,舌音又分舌头舌上,齿音又分齿头正齿。下面是"三十六字母"分类表:

		全清	次清	全浊	次浊	清	浊
唇音	重唇(双唇音)		帮滂并明				
	轻唇(唇齿音)		非敷奉微				
舌音	舌头(舌尖中)		端透定泥				
	舌上(舌面前)		知彻澄娘				
齿音	齿头(舌尖前)		精清从			心邪	
	正齿(舌叶音)		照穿床			审禅	
牙音	(舌面后音)		见溪群疑				
喉音	(舌根音、半元音)		影		喻晓匣		
半舌音	(舌尖边音)		来				
半齿音	(鼻齿音)		日				

按照发音时声带是否颤动分为清、浊两类,声带颤动的为浊音,

声带不颤动的为清音。清音的塞音和塞擦音由于有送气不送气的区别，又分为次清（送气）、全清（不送气）。古代的浊塞音、塞擦音是不送气的，所以叫全浊。次浊音指鼻音、边音和半元音。擦音由于没有送气与否的区别，所以只分清浊两类。

057　什么叫类隔、音和？

古人解释字母（即声母）的说法有所谓"类隔"、"音和"。字母学家把汉字的发声分为喉、牙、舌、齿、唇五类。有些类中又分小类：舌音又分舌头和舌上（端、透、定、泥四母为舌头音，知、彻、澄、娘四母为舌上音），齿音又分齿头和正齿（精、清、从、心、邪五母为齿头音，照、穿、床、审、禅五母为正齿音），唇音又分重唇和轻唇（帮、滂、並、明四母为重唇音，非、敷、奉、微四母为轻唇音）。用代表中古音声母系统的三十六字母来解释前代韵书的反切常有不合，即反切上字同被切字发声虽属同一个大类但不属同一小类。如：贮，丁吕切；眉，武悲切。反切上字"丁"是舌头音，被切字"贮"是舌上音；反切上字"武"是轻唇音，被切字"眉"是重唇音。"丁"、"贮"同为舌音而有舌头、舌上之别；"武"、"眉"同为唇音而有轻唇、重唇之别。这样的反切，反切上字与被切字虽属同一大类但不是同一小类，有了间隔，所以被称为类隔；只有把反切上字改为与被切字同一小类，才能和，即反切上字与被切字同属一个小类，叫做音和。《广韵》上承《切韵》，其中一些反切，其反切上字与被切字在当时看来声母不属同一小类，就于卷末附"新添类隔今更音和切"。如把"贮"改为知吕切，"眉"改为目悲切。

其实，类隔的说法是不科学的，前人在韵书中所制定的反切，其反切上字与被切字本来是同属一小类的，只是后人因古今音变而以为只属同一大类而不属同一小类。"丁"和"贮"、"武"和"眉"在上古本来是同一小类的，前者上古均读舌头音，后者上古均读重唇音，本来就是音和的，无所谓类隔。唐宋以后人们不明古音，缺乏古今音变的观念,才提出类隔说。清代学者钱大昕明确指出"类隔之说不可信","古人制反切,皆取音和。……后儒不识古音,谓之类隔,非古人意也","岂有故设类隔之例以惑人者乎?"(见《十驾斋养新录》、《潜研堂文集·音韵答问》)

058　近代学者在上古声母研究上有哪些重要发明？上古有哪些声母？

清代以来,学者们在上古声母研究上有下列几项重要发明:

1. 古无轻唇音　钱大昕首先提出凡轻唇之音上古皆读重唇,他在三十六字母的基础上对声母加以归并,认为非敷奉微四个声母上古应归入帮滂并明四个声母。他大量引用异文、古读、声训、假借和形声字等材料证明他的论点。例如:

《诗经》:"凡民有丧,匍匐救之。"《檀弓》引《诗经》作扶服,《孔子家语》引作扶伏。(异文)

古读弗如不。《广韵》不与弗,同分勿切。《说文解字》:"吴谓之不律,燕谓之弗,秦谓之笔,笔弗声相近也。"(古读)

《释名》:"邦,封也。有功于是故封之也。"(声训)

方又读如谤。《论语》:"子贡方人。"郑康成本作谤人。(假借)

古读無如模,《说文解字》:"無,或说规模字。"汉人规模字或作橅。(形声字)

钱说材料丰富,证据确凿,用来解释《广韵》中的所谓"类隔"如"眉,武悲切"、"卑,府移切"以及郑玄所说的"古声不、柎同"等,都可得到正确的结论。

2. 古无舌上音　钱大昕提出古无舌头舌上之分,舌上音知彻澄三母上古应归入端透定三母。例如:

古音直如特。《诗经》:"实维我特。"《释文》:"《韩诗》作直,云相当值也。"《孟子》:"直不百步耳。"直,但也。但直声相近。《吕览·尚忠篇》:"特王子庆忌之赐而不杀耳。"注:"特犹直也。"

钱氏用《诗经》异文、《孟子》、《吕览》假借、训诂材料(特、直、但同音通假,义均为但、不过之意),证明古无舌头舌上之分。《广韵》"贮,丁吕切"、"𤎩,丁全切",前人以为类隔,改"丁"为"知"、"中",方始音和。钱氏认为"舌音类隔之说不可信",上古丁、中、知同声,本无舌头舌上之分。据此,古音通假"追"通"堆",古书中"天竺"亦作"天督"、"天毒",形声字"𣆫"、"鼟"皆从至声等,都可得到正确的解释。

3.娘、日二纽归泥　章炳麟认为三十六字母中娘、日二纽上古归入泥纽。这是在钱大昕"舌音类隔之说不可信"的学说基础上得出的,考证方法也运用形声字、声训、异文等材料。例如:

𦶜从日声,《说文解字》引传"不义不𦶜",《考工记·弓人》杜子春引传"不义不昵",是日昵音同也。

《白虎通德论》、《释名》皆云:"男,任也。"又曰:"南之为言任也。"……是古音任同男、南。

然之或体有𦸐,从艸难声。《剧秦美新》"𦸐除仲尼之篇籍",《五行志》"巢𦸐堕地",皆从难声,明然古音如难,在泥纽也。

4.喻母古读　曾运乾著有《喻母古读考》,指出三十六字母中喻母在上古分为两类,一类归匣纽,一类归定纽。前者如古读"缓"如"换",古读"员"如"魂";后者如古读"夷"如"弟",古读"易"如"狄",古读"佚"如"迭"等。又如"皋陶"的"陶"与"繇"相通,说明一部分喻母字在上古与定母是不分的。

根据清代以来学者们考证的结果,将上古声母按三十六字母加以归并,可得六类二十六纽。(　)内是已归并的字母,〔　〕内是国际音标拟音。

1.唇音

帮(非)〔p〕　滂(敷)〔p'〕　並(奉)〔b'〕　明(微)〔m〕

2.舌尖音

端(知)[t]　透(彻)[t']　定(澄、喻)[d']　泥(娘、日)[n]　来[l]

3. 舌尖前音(齿音)

精[ts]　清[ts']　从[dz']　心[s]　邪[z]

4. 舌面音(腭音)

照[tɕ]　穿[tɕ']　床[dʑ']　审[ɕ]　禅[ʑ]

5. 舌根音(牙音)

见[k]　溪[k']　群[g']　疑[ŋ]

6. 喉音

晓[h]　匣(喻)[ɣ]　影[ø]

059　什么叫等呼？"等"与"呼"有什么区别？

古代汉语音韵学术语等呼是对韵母结构进行分析所用的特定概念,也是等韵学家制成各种韵图(拼音表)的重要依据。

"等"和"呼"是两个不同的概念。

"呼"比较容易理解,现代汉语普通话里有"四呼"——开口呼、齐齿呼、合口呼、撮口呼,正是继承了明清盛行的"四呼说"而形成的。

所谓齐齿呼指韵头或全韵为[i]的音。如天、衣。

所谓合口呼指韵头或全韵为[u]的音。如温、都。

所谓撮口呼指韵头或全韵为[y](ü)的音。如园、居。

所谓开口呼指韵头或全韵没有[i]、[u]、[y](ü)的音。如:干、戈。

可见,"呼"的不同类别主要是根据韵母前头唇形变化来分的。几个音如果声母、韵腹、韵尾都相同,而韵头不同,就形成不同的"呼",如"恩、因、温、酝"就是开、齐、合、撮四个不同的"呼"。

根据韵母前头唇形变化分开口、齐齿、合口、撮口四呼名称,虽然是清代潘耒《类音》开始确定的,但在明代已有在宋元开合各四等的基础上合并为开合各二等即改等为呼的倾向。

"等"正是指宋元等韵学家在等韵图中分析韵母所用的术语,即指开合各四等而言。

　　宋元等韵图中分韵母为开口、合口两大类，凡是介母或全韵为[u]的叫合口，反之，就属开口；又据介母[i]的有无，主要元音的洪细（舌位较低、较后的元音听起来共鸣大些的属洪音，舌位较高、较前的元音听起来共鸣小些的属细音，细即小的意思），把开、合两大类各分为一、二、三、四等。清代学者江永归纳四等的区别说："一等洪大，二等次大，三四皆细，而四尤细。"例如"效摄"四个韵，豪韵属一等，肴韵属二等，宵韵属三等，萧韵属四等。这属于开口四个等。官、关、勬、涓则属于合口的一、二、三、四等。这种音理上细密的区分到了明清以后就难以在口语中辨清，逐步发展合并为开、合各二等即后来的开、齐、合、撮四呼。

060　什么叫平水韵？它与佩文韵、诗韵的关系怎样？

　　隋代陆法言所著《切韵》和唐代据此书增订的《唐韵》是宋代《广韵》的前身。这一系统的韵书被奉为唐以后的官书，有相当的权威性。但该系韵书并不代表某一历史时期的实际语音系统，而是综合古今南北的一个庞杂的语音系统。《广韵》分206个韵部，《切韵》、《唐韵》已失传，仅存残本，韵部也有近200个。唐以后律诗的押韵无法遵照《切韵》、《唐韵》的韵部，因为唐以后的实际语音不可能细分为200个左右的韵部，于是在《切韵》、《唐韵》的基础上加以归并，这就是今天见到的《广韵》韵目下所注"独用"、"同用"的来由。不同别的韵部合并的叫"独用"，可同别的韵部合并使用的叫"同用"。如"支"、"脂"、"之"三个韵部，唐以后实际语音已不能分辨，就注明三个韵部可以同用，即写诗时允许这三个韵部可以合并使用，三个韵部所统率的字可以通押。到了金代，王文郁和刘渊索性把注明同用的韵部合并起来。王合并得106部，刘合并得107部。因为对未注明同用的也有归并，所以所得韵部数不同。王所编的《平水新刊礼部韵略》和刘所编的《壬子新刊礼部韵略》都是在宋代官韵书《礼部韵略》(为礼部科试用的《广韵》的略本)的基础上将注明同用的《广韵》韵部悉数合并而成。因这类书最初刊行于山西平水(今临汾),故称平水韵。一说王曾任平水(官职名,掌管渔税),故名。

平水韵 106 个韵部韵目如下,(　)内是已被归并的原《广韵》韵部。

1.上平声十五韵

一东　　　二冬(锺)　　　三江　　　四支(脂之)

五微　　　六鱼　　　七虞(模)　　　八齐

九佳(皆)　　　十灰(咍)　　　十一真(谆臻)　　　十二文(欣)

十三元(魂痕)　　　十四寒(桓)　　　十五删(山)

2.下平声十五韵

一先(仙)　　　二萧(宵)　　　三肴　　　四豪

五歌(戈)　　　六麻　　　七阳(唐)　　　八庚(耕清)

九青　　　十蒸(登)　　　十一尤(侯幽)　　　十二侵

十三覃(谈)　　　十四盐(添严)　　　十五咸(衔凡)

〔注〕因平声字数多,分上下两卷,故称上平声、下平声。

3.上声廿九韵

一董　　　二肿　　　三讲　　　四纸(旨止)

五尾　　　六语　　　七麌(姥)　　　八荠

九蟹(骇)　　　十贿(海)　　　十一轸(准)　　　十二吻(隐)

十三阮(混很)　　　十四旱(缓)　　　十五潸(产)　　　十六铣(狝)

十七篠(小)　　　十八巧　　　十九皓　　　二十哿(果)

廿一马　　　廿二养(荡)　　　廿三梗(耿静)　　　廿四迥(拯等)

廿五有(厚黝)　　　廿六寝　　　廿七感(敢)　　　廿八琰(忝俨)

廿九豏(槛范)

4.去声三十韵

一送　　　二宋(用)　　　三绛　　　四寘(至志)

五未　　　六御　　　七遇(暮)　　　八霁(祭)

九泰　　　十卦(怪夬)　　　十一队(代废)　　　十二震(稕)

十三问(焮)　　十四愿(恩恨)　　十五翰(换)　　十六谏(裥)

十七霰(线)　　十八啸(笑)　　十九效　　　　二十号

廿一箇(过)　　廿二祃　　　　廿三漾(宕)　　廿四敬(净劲)

廿五径(证嶝)　　廿六宥(候幼)　　廿七沁　　　　廿八勘(阚)

廿九艳(桥酽)　　三十陷(鉴梵)

5. 入声十七韵

一屋　　　　　二沃(烛)　　　三觉　　　　四质(术栉)

五物(迄)　　　六月(没)　　　七曷(末)　　　八黠(鎋)

九屑(薛)　　　十药(铎)　　　十一陌(麦昔)　十二锡

十三职(德)　　十四缉　　　　十五合(盍)　　十六叶(帖业)

十七洽(狎乏)

平水韵 106 韵流行广、影响大,不但成为金代供科举考试用的官韵书,也成为元明清以来写作近体诗押韵的依据,沿用至今。用它对照唐宋的近体诗用韵情况,也相吻合。因而这 106 韵就被称为诗韵。现代人所称旧体诗要求与唐以来近体诗的格律一致,用韵也都要求符合诗韵。

清代康熙年间分韵编排的类书《佩文韵府》也沿用 106 韵,"佩文"是清帝书斋名。所沿袭平水韵而分的 106 韵也称佩文韵。

可见,诗韵、佩文韵实际上就是 106 韵的平水韵。

061　诗韵韵目代日是怎么回事?

旧时(指 1949 年以前约半个世纪)用诗韵韵目分别代表一月中一至三十一日,叫诗韵韵目代日。旧时发电报用一个个汉字代表日期,代日的字就取之于诗韵韵目,也叫电报代日韵目。由于诗韵韵目千百年来一直通行,为一般有文化的人所熟知,借用来代称日期比较方便,但今天的年轻人感到比较生疏,有必要作些说明。

我国古代的韵书按韵归字,每一韵部的许多字举一字为标目,叫作韵目。如收 ong 韵的字以"东"为韵目,各种韵书有为数不同的韵目。唐代以来的近体诗,讲究格律,用韵一般依照官定的韵书,宋元之际根据古韵书整理精简并考定了 106 个韵目的平水韵(亦即清代所定的佩文韵),是后世一直沿用、公认的诗韵,直至今天,人们写旧体诗,用韵亦与诗韵相符。

诗韵韵部有一个排列的顺序。用韵目来指称某一韵部时,常以序次数目置于韵目之前,如平声一东、二冬、三江、四支等等。韵目代日就是根据各韵目的序次定其为某日的代日的。

为了说明方便,我们先把韵目代日列表于下:

	上平	下平	上	去	入		上平	下平	上	去	入
一日	东	先	董	送	屋	八日	齐	庚	荠	霁	黠
二日	冬	萧	肿	宋	沃	九日	佳	青	蟹	泰	屑
三日	江	肴	讲	绛	觉	十日	灰	蒸	贿	卦	药
四日	支	豪	纸	寘	质	十一日	真	尤	轸	队	陌
五日	微	歌	尾	未	物	十二日	文	侵	吻	震	锡
六日	鱼	麻	语	御	月	十三日	元	覃	阮	问	职
七日	虞	阳	麌	遇	曷	十四日	寒	盐	旱	愿	缉

	上平	下平	上	去	入		上	去
十五日	删	咸	潸	翰	合	二十四日	迥	敬
十六日		铣	谏	叶		二十五日	有	径
十七日		篠	霰	洽		二十六日	寝	宥
十八日		巧	啸			二十七日	感	沁
十九日		皓	效			二十八日	琰	勘
二十日		哿	号			二十九日	豏	艳
二十一日		马	箇			三十日		陷
二十二日		养	祃			三十一日	引	世
二十三日		梗	漾					

诗韵按平、上、去、入四声分别排列 106 个韵目,因平声各韵所包含的字多,故分上下卷,上卷从一东至十五删,下卷从一先至十五咸。上声从一董至二十九豏,去声从一送至三十陷,入声从一屋至十七洽。各韵目前的序次即同数的代日,1949 年以前的日历本上每月一日常注代日韵目"东先董送屋",二日注"冬萧肿宋沃"……某一日所发的电报就以韵目指称,如八日发的电报称"齐电",九日发的电报称"佳电",十九日发的电报称"皓电"……现代史、党史有关文献资料中常有这类用语,如 1927 年 5 月 21 日的"湖南事变"又称"马日事变",因为马日即二十一日的代称。了解韵目代日的常识,就不致迷惑不解。

因为平声只有一至十五为序数的韵目,所以十六日以后的代日就不能用平声韵目,只能用上声或去声的韵目了。例如前面提到的二十一日就以上声二十一马代日(或以去声二十一箇代日);三十日则只有去声三十陷代日,但因军队忌讳,改用"卅"字代替。剩下的三十一日,不再有相应的序数为三十一的韵目来作为代日,怎么办呢?在"山穷水尽"之时,人们创造了与阿拉伯字"31"同形的"引"字和与数字"卅一"同形的"世"字权且充当。实际上诗韵中没有"引""世"两个韵目,他们分属上声十一轸和去声八霁。好在电报用诗韵韵目代日是借用的符号性质的汉字,个别实际上不属诗韵韵目的汉字约定俗成,权且借用,也就无关大局了。

中华人民共和国成立后废除了韵目代日的方法,电报中数字(包括表示日期数的数字)直接用阿拉伯数字加括号表示,可以明显区别于其他代表汉字的数码。但作为一种文化常识,旧时诗韵韵目代日的概况,还是有必要了解的。

训诂

062　什么叫训诂？什么叫训诂学？

训诂又称训故、诂训、故训，主要指古代汉语词义解释。分开来说，用通俗的话解释词义的叫"训"，用当代的话解释古代词语或用普遍通行的话解释方言的叫"诂"。后人读古书，遇到一些古代语词、方俗语词以及其他特殊语词理解起来困难较大，训诂就是适应这种客观需要而产生的。传统的训诂著作有两大类型：一类是专门解释某一部具体著作的语词乃至语句的，以前多为解释儒家经典而著，如《十三经注疏》等古书注解；一类是综合性的，按字形或字义分类编排对语词进行解释的著作，如《尔雅》、《说文解字》、《释名》、《方言》等辞书。

我国注解古书和编纂辞书的工作早在汉代就开始了。"训诂"（即"故训"、"诂训"）的名称最早见于汉代毛亨的《毛诗故训传》。而"故训"之名则源于我国最早解释词义的辞书《尔雅》。《尔雅》包含《释诂》、《释言》、《释训》等 19 篇，举"故训"以概括众篇，毛亨正是依《尔雅》的解释为《诗经》作注的。唐代学者孔颖达在《毛诗正义》中说：

> 《尔雅》所释十有九篇，犹云诂训者。诂者，古也，古今异言，通之使人知也。训者，道也，道物之貌，以告人也。……然则诂训者，通古今之异辞，辨物之形貌，则解释之义尽归于此。

可见，训诂是指解释古书词义。

训诂学是我国传统的研究古代汉语词义的学科。它是在前人训诂著作的基础上加以分析研究，寻求有关训诂的方式、类例及根源的学问。训诂学不仅要解决古代汉语词义解释问题，还应进一步得出有关训诂的条例并求得不同语词的根源。黄侃指出：

> 训诂者，用语言解释语言之谓。若以此地之语释彼地之语，或以今时之语释昔时之语，虽属训诂之所有事，而非构成之

原理。真正之训诂学，即以语言解释语言，初无时地之限域，且论其法式，明其义例，以求语言文字之系统与根源是也。（见《文字声韵训诂笔记》181页，上海古籍出版社）

063　什么叫形训？随着汉字形体演变，形训的作用是否已经丧失？

形训是通过汉字形体构造的分析来解释字义的方法。形训是义训的重要辅助手段，它对理解文字古义特别是本义有较大的帮助。

汉字主要是按象形、指事、会意、形声等方法造字的，其中，象形是基础，不论独体字还是合体字，其部件（偏旁及字的组成部分）大多是象形字。很明显，随着汉字形体的演变即由甲骨文、金文、篆文等古文字形体演变为隶书、楷书等今文字形体，象形字的象形程度愈来愈减弱，甚至完全不象形了。那么，形训所据以探求字义的形体分析是否就落空了呢？形训的作用是否已丧失了呢？不，没有落空，没有丧失。因为古文字形体分析的成果仍然可以吸收，不再象形的各个部件可以作为表意符号的形体来分析。例如"人、木、目"等根据古文字形体分析，分别是侧立的人形、树木形和眼睛的象形。到了隶书楷书，尽管这些象形字已不再象形，我们分析时仍然可以视为有关的表意符号。如"休"可以从字形分析人靠在树木上得出休息义，从目的字如"相、省、眷、泪、眼、睛、瞳、瞭、眺、瞥、督、眩"等都同眼睛或眼睛的动作有关。占汉字绝大部分的形声字，其形旁（意符）不管是否如古文字那样象形，仍可作为表意的形旁分析其义类。可见，形训的作用并没有丧失。

我国最早通过文字形体构造的分析来探求文字本义的辞书《说文解字》，对小篆以及部分六国文字进行了详尽的形体分析，系统运用了形训方法。《说文解字》分析字形的方法是：

1. 以"象形"、"象某某之形"分析象形字和指事字；

2. 以"从某某"或"从某从某"分析会意字；

3. 以"从某某声"分析形声字。形声字中的省声字则以"从某某省声"分析，省形旁的字则以"从某省某声"分析，还有形声兼会意的字则以"从某从某某亦声"分析。

《说文解字》正是通过上述几种方法即形训的方法探求文字本义的。例如：

自　鼻也，象鼻形。（象形）

叕　缀联也，象形。（指事）

析　破木也，一曰折也，从木从斤。（会意）

聑　聂语也，从口耳。（会意）

祭　祭祀也，从示以手持肉。（会意）

荢　艸也，从艸孚声。（形声）

莹　玉也，从玉荧省声。（省声）

考　老也，从老省丂声。（省形）

栅　编树木也，从木从册册亦声。（亦声）

当然，由于汉字形体的演变，给形训带来了困难，造成形训不准确。即使是小篆的形体也已离造字时较远，许慎据小篆形体分析字义也有不少失误，如"射"在造字时原为手持弓射箭矢的象形，篆、隶、楷已将弓形讹变为身旁。《说文解字》就在身字上做文章，说什么射是"发于身而中于远"，显得牵强附会。另一方面，汉字形体演变产生后起的形声字或会意字，仍可用形训的方法探求字义。如小土为"尘"（"塵"的简化字），从土鬼声的"块"（古字为合体象形"凷"，今简化为"块"），说明后起字也适用通过形体分析来解释字义，关键在于所据以分析的形体表义作用，是符合客观实际，而不是主观臆测的。

064　什么叫义训？古人常用的义训方法有哪些？

义训与形训、声训相对而言。义训指词义训释，包括以通行语训释古代或方俗词语的意义。古人在古书、古书注解、字书、辞书中采用的义训方法很多,常用的有下面几种(除注明出处者外,均引自《说文解字》):

(一)用同义词训释。例如:

> 如、适、之、嫁、徂、逝,往也。(《尔雅·释诂》)
>
> 噍,齧也。
>
> 焚,烧也。(《广雅·释言》)

《尔雅·释诂》以当时通行语中的词语为古代或方俗词语中的同义词作解释,很像一部同义词词典。

用同义词训释还包括下列几种方式:

1.以另一名称来训释,实际上即以同义词语为训释。例如:

> 菥,兔葵也。

2.互训　同义词相互训释。例如:

> 老,考也。
>
> 考,老也。
>
> 茅,菅也。
>
> 菅,茅也。

3.递训　同义词递相训释,即以"甲,乙也"、"乙,丙也"、"丙,丁也"的方式训释。甲乙丙丁是一组同义(不是等义)词。例如:

> 庸也者,用也;用也者,通也;通也者,得也。(《庄子·齐物论》)
>
> 遘、逢,遇也。(《尔雅·释诂》)
>
> 遘、逢、遇,遻也。(同上)
>
> 遘、逢、遇、遻,见也。(同上)

(二)用共名(大类名)训释别名(小类名)。例如:

> 蒲,草也。(《诗经·王风·扬之水》毛传)
>
> 莺,鸟也。

另有在共名的基础上加区别、限制成分来训释。例如：

鸩，毒鸟也。

乌，孝鸟也。

农，耕人也。

（三）用界说（下定义）的方式训释。例如：

口，人所以言、食也。

舌，在口，所以言、别味也。

（四）用事物的特性、作用来训释。这类训释大多同时是声训（以音同音近字为训）。例如：

庠者，养也；校者，教也；序者，射也。（《孟子·滕文公上》）

马，怒也，武也。

妇，服也，服家事也。（《释名·释亲属》）

古音"庠"与"养"，"校"与"教"，"怒、武"与"马"迭韵；"序"与"射"，"妇"与"服"双声。这些声训用来指明学校、妇人的作用和马的特性。

（五）譬况训释。不使用同义词或界说等方式训释时，有时用譬况进行训释。例如：

黄，地之色也。

黑，晦也，如晦冥时色也。（《释名·释采帛》）

（六）描述训释。多用来训释名物，描述其状貌。例如：

狼，似犬，锐头，白颊，高前，广后。

各种义训方法有时结合起来运用。例如：

鼎，三足两耳，和五味之宝器也。

这里既用描述训释的方法，又用名物的特性、作用进行训释。

065　什么叫声训?

声训也叫音训。取音同或音近的字来解释字义就是声训。如《释名·释衣服》:"衣,依也,人所依以芘(庇)寒暑也。"用"衣"的同音字"依"来训释。《说文解字·马部》:"马,怒也,武也。"用"马"的音近(迭韵)字"怒、武"来训释。又《岂部》:"恺,康也。"用"恺"的音近(双声)字"康"来训释。声训揭示了字的音义联系即语音同语义的关联,也为探求语源提供了材料。但语音同语义的关联是相对的,不是绝对的。语音同语义并无必然的联系,不了解这一点,声训就会流于穿凿附会。如《释名·释地》:"土,吐也,能吐生万物也。"又《释山》:"山,产也,产生物也。"这样的训释在训诂上价值并不大,主要是提供了古代音同音近字的大量材料,在音韵方面的价值更大些。

066　什么叫"右文说"? 怎样评价它的功过得失?

"右文说"是宋代王子韶(字圣美,山西太原人)研究文字时提出的一种学说,主张从形声字的声符推求字义。由于形声字的声符大多在右边,王氏认为:"凡字,其类在左,其义在右。如木类,其左皆从木。所谓右文者,如:戋,小也;水之小者曰浅,金之小者曰钱,歹之小者曰残,贝之小者曰贱,皆以戋为义也。"这种从声符(大多是形声字的右边偏旁)推求字义的学说就叫"右文说"。

"右文说"最早明白地揭示出形声字声旁相同意义也相通的现象,这对于汉字音义关系的探索很有启发,许多意义相近的同源字正是拥有同一声符的。如《说文解字》句部收有"笱、拘、钩(鉤)"等字,都是以"句"为声符的,都有弯曲的意思。其实"枸、軥、痀、朐"等字也都有弯曲的意思。它们拥有同一声符,意义也相通,符合"声近义通"的原理。"右文说"为训诂学上"义存于声"、"声近义通"的说法提供了佐证,为探求字、词、语的含义打开了思路,开辟了途径。

"右文说"的局限是把汉字的音义联系绝对化了。"凡字,其类在左,其义在右"的说法,弊病主要在"凡"字,因为并不是所有的声符都表意义的,以"句"为声符的字如拘、敏、昫等就并无曲义。另外,"右文说"的"右"字也有弊病,因为形声字的声符不一定都在右,真理强调得过分、绝对就成了谬误。认为形声字的声符都表义,实际上等于说所有的形声字同时都是会意字,这是不符合事实的。王安石《字说》(已佚)据说对"右文说"竭力信从、运用,以至颇多牵强附会之处。苏轼嘲讽他,举了"坡字是土之皮,滑字是水之骨"的笑话。

067　训诂学上的浑言和析言有什么区别?

训诂学术语浑言指浑统称说的话,析言指分析称说的话。如"文"和"字",浑统称说的话里泛指各种构造的文字,分析称说的话里则特指独体为"文",合体为"字"。又如"恭"和"敬",浑统称说时(常连用)意义相通,分析称说时(常对举使用)意义就有区别:"恭"着重在外貌,"敬"着重在内心。

根据浑言、析言的上述特点,训诂学家提出了"浑言无别,析言有别"的原则。又根据析言总是在有意识地对举、分析时加以区别,而浑言则不加对照分析,所以又有"对文则异,散文则通"的说法,这里所说的"对文"即指析言,"散文"即指浑言。

这些"浑言无别,析言有别"的词,实际上就是一些同义词。同义词并非词义在任何情况下都相同的等义词,在有意识加以对照分析(即析言、对文)时是有相对的差异的。

下面列举一些"析言有别"的例词,它们总是在对举时体现这种区别,而在浑言时就没有区别了。

> 朋　友　"同门(同师)曰朋,同志曰友。"
> 盟　誓　"大事曰盟,小事曰誓。"
> 疾　病　"疾甚曰病。"

柴　薪　"大者可析谓之薪,小者合束谓之柴。"

(以上郑玄)

负　担　"背曰负,荷曰担。"

骄　傲　"倨简曰骄,侮慢曰傲。"

离　别　"近曰离,远曰别。"

(以上王逸)

吹　嘘　"出气急曰吹,缓曰嘘。"(李登)

门　户　"大曰门,小曰户。"(颜师古)

恭　敬　"恭见于外,敬主乎中。"(朱熹)

简　牍　"简,竹为之;牍,木为之。"

丝　缕　"凡蚕者为丝,麻者为缕。"

提　携　"携则相并,提则有高下。"

(以上段玉裁)

068　什么叫偏义复词?

把两个意义相对、相反、相关的字连用时,只取其中一个字的含义,叫偏义复词,又叫偏义对举字,古人称之为"连类而及"(本来用一个字就够了,语言中连带把义类相关的字一起说出)。例如:

今有一人,入人园圃,窃其桃李。(《墨子·非攻》上)——种果树的叫园,种菜的叫圃,这里义偏园,圃字无义。

陟罚臧否,不宜异同。(诸葛亮《前出师表》)——异同义反,义偏异,同字无义。

由两个意义相类的字构成的偏义复词,又如"窗户(义偏窗)、人物(义偏人)、国家(义偏国)、妻子(义偏妻)、兄弟(义偏弟)"等。由两个意义相对相反的字构成的偏义复词,如"缓急、得失、好歹、吉凶、利害、是非、祸福、长短"等,往往义偏于消极的一端,另一端积极含义的字用来缓冲,属修辞上的委婉说法,其实并不取积极一端的字义。

不论是由意义相关或意义相对相反的字构成的偏义复词都要在具体语句中鉴别，不能孤立地确定某两个字是偏义复词，如"妻子"既可以是指妻室和儿女，也可以专指妻，后者才是偏义复词。这一定要在具体语言环境中才能鉴别。

069 什么叫联绵词？它与合成词有什么区别？联绵词是怎样形成的？

联绵词又叫联绵字、连绵字、謰语，指由两个音节联缀成义，只有一个词素，不能分割的词，即双音节的单纯词。如"仿佛、玲珑、徘徊、逍遥、辗转"等，大多数联绵词两个音节有双声或叠韵关系。同一个联绵词常有不同的书写形式，其间也往往有双声叠韵关系，如"犹豫"又写作"犹与、容与、犹予、犹预"等。同一联绵词有时两个音节可以倒换，如"恍惚"又作"惚恍"，"慷慨"又作"慨慷"等。也有转变为不同形式有双声叠韵关系的词又倒换的，如"犹与"又作"夷犹、夷由"等。

合成词也有两个音节，但包含两个词素，包括两个词根组成的复合词，如"语言、热爱、扩大、关心、年轻"等和由一个词根一个词缀合成的派生词，如"花儿、木头、车子、老虎、阿公"等。它不像联绵词那样连缀不可分，也不要求具备双声叠韵关系，两个音节可以拆开分析出两个词素（包括具有词汇意义的词根和具有语法意义的词缀等），两个词素大多不能倒换或倒换后有差别。只有少数倒换后与原合成词同义，如"介绍"和"绍介"，"健康"和"康健"等，但往往也有使用时代和场合的细微差别。

联绵词的形成，主要有下列几种情况：

（一）本来就是双音节单纯词，用文字形式记录下来，最初多用假借字，如"仓庚、离黄、裴回"。后来根据所表名物或性状的类别加上了有关的义符，如"鸧鹒、鹂黄、徘徊"等，不论用借字还是专字（后出本字或后出专用字）都不能用单独一个音节表义，两个音节才完整地代表一个词素。

（二）外族语言中词的音译，古代汉语中的音译词多根据汉语习惯译为双音节词，如"蒲桃（葡萄）、琉璃、菩萨、刹那"等（现代汉语中的音译词还有不少多音节的，如"布尔什维克、哀的美敦"等）。它们不能割裂分拆成一字一义，而是几个音节合成一义。

（三）单音节词推衍为双音节单纯词：

1.单音节词缓读成两个音节。如：孔——窟窿，睥——俾倪（僻倪），蜩——蜈蟧（知了），椎——终葵，笔——不律，这些双音节词都仍然只有一个词素，不能拆开解释。

2.单音节词加上发声词，如：越——于越，吴——句吴。因为所加的"于、句"都不是词素，所以这样的双音节词仍为单纯词。

（四）由于时代、地域的差异，同一联绵词有不同的记录书写形式。

时代差异形成的不同形式。如：绸缪——缠绵，商量——商略。

地域差异形成的不同形式。如：仓庚（鸧鹒）——商庚，鼅鼄（蜘蛛）——蟏蛸。

070　古代汉语中两个字连在一起，字面上同现代汉语双音节词相同，其意义是否也相同？

古代汉语特别是上古汉语中，单音节词占优势，一个字往往就是一个词，两个字连在一起，也往往是两个词而不是一个双音节词。因此，即使同现代汉语双音节词字面完全相同，其意义往往有区别。试看下面几个句子：

东方未明，颠倒衣裳。（《诗经·齐风·东方未明》）——衣裳，上衣和下衣。

合散消息兮，安有常则？（贾谊《鹏鸟赋》）——消息，消亡生长。

枝枝相覆盖，叶叶相交通。（汉乐府《孔雀东南飞》）——交通,交结连通。

云鬓半偏新睡觉。(白居易《长恨歌》诗)——睡觉,睡醒。

子布、元表诸人各顾妻子,挟持私虑,深失所望。(《资治通鉴·赤壁之战》)——妻子,妻子和儿女。

以上"衣裳、消息、交通、睡觉、妻子"等在现代汉语中是常用的双音节复合词,但在古代汉语中却都是两个词的连用,意义也有很大的差异。

古代汉语中虚字连用也同现代汉语双音节虚词有别,如"虽然、然则、然而",在今天都是双音节连词,而在上古汉语以及模仿上古汉语的正统文言中都是连词和指示代词"然"的连用,其意义也不能混同。

当然,古代汉语中也有少量双音节词,除其中大部分是联绵词(謰语)外,也有双音节复合词,如"天下、君子、小人、先生、将军"等,这些双音节单纯词(联绵词)和双音节复合词古今的含义基本上是一致的。

071 古代汉语数词运用中的虚数是怎么回事?

古代汉语数词运用中的虚数指不表示实在数目的数词,这种数词不可拘泥于字面,只是一种泛说或夸张的说法。如千变万化、百战百胜、十全十美中的"千、万、百、十"等都没有确实的数量意义。清代学者汪中《释三九》一文说:

生人之措辞,凡一、二之所不能尽者,则约之三以见其多;三之所不能尽者,则约以九以见其极多。此语言之虚数也。实数可稽也,虚数不可执也。……推之十、百、千、万,固亦如此。

以"三、九"表示多数,如:

三折肱,知为良医。(《左传·庄公十三年》)

九折臂而成医兮。(《楚辞·惜诵》)

　　　　亦余心之所善兮,虽九死其犹未悔。(《楚辞·离骚》)

　　　　其存君兴国而欲反复之,一篇之中,三致志焉。(《史记·屈原贾生列传》)

这些句子里的"三、九"都表示多次、屡次的意思。

以"十、百、千、万"表示多数,如:

　　　　十目所视,十手所指,其严乎!(《礼记·大学》)

　　　　将军百战死,壮士十年归。(古乐府《木兰诗》)

　　　　读书破万卷,下笔如有神。(杜甫《奉赠韦左丞丈二十二韵》诗)

　　　　惊涛拍岸,卷起千堆雪。(苏轼《念奴娇》词)

　　此外,"五、七、十二、三十六、七十二"也可作为虚数表示多数,如:

　　　　五就汤,五就桀者,伊尹也。(《孟子·告子下》)

　　　　楩柟豫章之生也,七年而后知。(《淮南子·修务训》)

　　　　十二楼中尽晓妆,望仙楼上望君王。(薛逢《宫词》诗)

　　　　谁与王昌报消息,尽输三十六鸳鸯。(李商隐《代应》诗)

　　　　鸳鸯七十二,罗列自成行。(古乐府《相逢行》)

　　另如李白诗中的"白发三千丈"(《秋浦歌》)、"天台四万八千丈"(《梦游天姥吟留别》)都运用虚数表示夸张,不可拘泥为确凿的数量。

072　什么叫声近义通?造成声近义通现象的原因是什么?

　　训诂学上有"义存于声"和"声近义通"的说法。由于汉字字形的作用比较明显突出,人们习惯于即形求义,就是通过字形探求字义。但是,文字既然是用来记录有声语言的符号,即形求义在不少场合会行不通,特别是古代汉语书面语中的假借字、联绵词等,必须摆脱汉字形体的迷惑,要了解词义必须从语音上去求。这就是说义存于声,不必拘泥于汉字形体望文生训。例如"无虑"这个联绵词,前人牵强附会地解释成"无小计虑"、"于无形之处用心思虑"、"无则虑之"、"不忘"等等,其实这个词不能分拆开来即形求义,这是个总括之词,都凡、大略之意。清代学者王念孙说:

> 无虑、勿虑、摹略、孟浪皆一声之转。大抵双声迭韵之字,其义即存乎声,求诸其声则得,求诸其文则惑矣。(见王引之《经义述闻·通说·无虑》)

同联绵词一样,假借字特别是通假字也不能即形求义,而应即音求义。如"早"的通假字"蚤","誓"的通假字"矢",其义存于声;求之于字形,一概说成"跳蚤"、"箭矢"就讲不通。

声近义通与义存于声是同一说法的两面。同一意义的字词常有不同的书写形式,必须摆脱字形的迷惑,掌握义存于声的原理,就明白声近的字词意义相通的道理。例如上面所说"无虑、勿虑、摹略、孟浪"是一声之转,都是总括之词,声音相近,意义相通。意义相同或相近的字或词用不同的书面形式记录下来,常常是声音相同或相近的。这便是声近义通的现象。

声近义通现象产生的原因,即形成的途径,不外下面三条:

1. 假借 本字与借字表示同一意义而书写形式不同,两者声近义同。如果同一字而有不止一个借字时,也形成声近义同的一组字。例如"佝"是疾速义的本字(《说文解字·人部》:"佝,疾也"),古书上常用"徇、均、叡"等借字,"徇、均、叡"与"佝"声近而义同。

2. 引申 由一个词的词义引申滋衍分化或转化为书写形式不同的几个词,其声音相同或相近,意义也同原意有联系。例如"冯(凭)、弸、賮、墳、愤"五个字都属唇音字,都由充满义滋衍,"弸"是弓之满,"賮"是果实之满,"墳"是土之满,"愤、凭"是气之满。这五个字声近义通。又如"賮"和"積",由多和积的意思引申,草多曰賮,禾多曰積,分化成两字而声近义通。

3.转移　这也是引申中的一类,只是引申得较远,有时连词性也发生变化。这里把它独立为一小类来谈。例如"斯"的本义是析薪,劈开木材的意思,后来转移指析薪的人、执贱役的人,书写形式改变为"厮"。尽管写法不同,词性有差别,但意义还是相通的,这也是声近义通现象产生的原因。又如"炮",本义是烤肉(动词)。后来为进行烹炮的处所造了个"庖"字。"炮"和"庖",实际上是一个意义的转移,也是声近义通的。

语法

073　古代汉语中名词活用为动词怎样鉴别?

古代汉语中词类活用现象一般根据上下文义来鉴别,而作为古代汉语中最常见的词类活用现象——名词用如动词,则主要根据语法条件来鉴别。所谓语法条件,包括词在句中的地位,同哪些词类的词相搭配、相结合,构成怎样的句法关系,具备哪些语法特点等。

名词活用为动词主要有下列几条鉴别方法,即具备下列几个语法条件中的某一条,就是名词用如动词的标志。

1.两个名词连用,如果既非并列结构,又非偏正结构,则其中一个名词已活用为动词。这可以有两种可能,一是组成动宾结构,则前一个名词用如及物动词;一是组成主谓结构,则后一个名词用作谓语动词。例如:

> 故文王行仁义而王天下,偃王行仁义而丧其国。(《韩非子·五蠹》)
>
> 北山愚公者,年且九十,面山而居。(《列子·汤问》)
>
> 齐景公问政于孔子。孔子对曰:"君君,臣臣,父父,子子。"(《论语·颜渊》)
>
> 乃丹书帛曰:"陈胜王。"(《史记·陈涉世家》)

"王天下"、"面山"都是动宾结构,前一个名词"王"(这里读wàng)、"面"已活用为及物动词。"王"是君临、统治的意思,"面"是面对的意思。"君君"、"臣臣"、"父父"、"子子"和"陈胜王"都是主谓结构,后一名词都已活用为谓语动词,分别是像君、像臣、像父、像子和称王的意思。总之,名词如果带上了名词性宾语或名词用作谓语(不是判断句的谓语),则这样的名词已活用为动词了。

2.名词带上了代词宾语"之"、"我"等。例如:

> 既臣大夏而君之。(《汉书·张骞传》)
>
> 驴不胜怒,蹄之。(柳宗元《三戒》)

> 是欲臣妾我也,是欲刘豫我也。(胡铨《戊午上高宗封事》)

名词"君"、"蹄"带上了代词宾语"之",分别是统治和踢的意思。名词"臣妾"、"刘豫"带上了代词宾语"我",活用为使动用法的动词,是使我成为臣妾和刘豫式人物的意思。

3.名词放在"所"字后组成所字结构,这样的名词已用如动词。例如:

> 非博士官所职,天下敢有藏《诗》、《书》、百家语者,悉诣守尉杂烧之。(《史记·秦始皇本纪》)
>
> 少丧父母,适人而所天又殒。(潘岳《寡妇赋》)

所字结构经常由结构助词"所"和动词结合组成,这里名词放在"所"字后,已活用为动词,"所职"的"职"是掌管的意思,"所天"的"天"是仰望、依靠的意思。

4.名词受能愿动词"能"、"可"、"足"、"欲"等修饰,则名词已用如动词。例如:

> 子谓公冶长,"可妻也。……"以其子妻之。(《论语·公冶长》)
>
> 假舟楫者,非能水也,而绝江河。(《荀子·劝学》)
>
> 寡人欲相甘茂,可乎?(《史记·樗里子甘茂列传》)

"可妻"的"妻"、"欲相"的"相"、"能水"的"水"都是名词用如动词,分别是"嫁"、"任……为相"和"游泳"的意思。

5.名词受副词修饰,则已用如动词。例如:

> 秦师遂东。(《左传·僖公三十二年》)
>
> 从弟子女十人所,皆衣缯单衣。(《史记·滑稽列传》)
>
> 吾已胡服矣。(《汉书·李陵传》)
>
> 不足生于不农。(晁错《论贵粟疏》)

方位词"东"及"衣"、"胡服"、"农"等名词或名词性词组前面有副词"皆"、"已"、"不"修饰,已活用为动词。

6.名词后带介词结构作为补语,则名词已用如动词。例如:

> 晋师军于庐柳。(《左传·僖公二十四年》)
>
> 〔黄帝〕邑于涿鹿之阿。(《史记·五帝本纪》)
>
> 公与语,不自知膝之前于席也。(《史记·商君列传》)

名词"军"、"邑"和方位名词"前"都带上了介词"于"组成的介词结构,因而都已用如动词。"军"是驻扎的意思,"邑"是定都的意思,方位名词"前"则是挪向前的意思。

7.名词用连词"而"连结时,则名词已用如动词。因为连词"而"经常连结动词或动词性词组,不能连结名词。例如:

> 君人者,隆礼尊贤而王。(《荀子·天论》)
>
> 不耕而食,不蚕而衣。(《盐铁论·相刺》)

前例用"而"连结一个动宾词组和"王","王"就是用如动词的名词,做君王的意思。后例"而"连结"蚕"和"衣"两个名词,"蚕"还受副词"不"修饰,这些都是名词用如动词的标志。

074　古代汉语中形容词用如动词怎样鉴别?

古代汉语中形容词用如动词主要根据下面几种语法条件来鉴别:

1.形容词带上了名词性宾语包括代词宾语"之"、"我"等,这个形容词就用如动词。例如:

> 吾与汝毕力平险。(《列子·汤问》)
>
> 高之下之,小之巨之,不外是矣。(《荀子·儒效》)
>
> 是故明君贵五谷而贱金玉。(晁错《论贵粟疏》)
>
> 春风又绿江南岸。(王安石《泊船瓜州》诗)

形容词"平"、"高"、"下"、"小"、"巨"、"贵"、"贱"、"绿"都带上了名词性宾语,这些用如动词的形容词大多是活用为使动用法或意动用法。

2.形容词受能愿动词"能"、"可"、"足"、"欲"等修饰,则这个形容词已用如动词。例如:

> 自上观之,至于子胥、比干,皆不足贵也。(《庄子·盗跖》)
>
> 厌其源,开其渎,江河可竭。(《荀子·修身》)

形容词"贵"、"竭"受能愿动词"足"、"可"修饰,已活用为动词。

3.形容词放在"所"字后组成所字结构,这个形容词已用如动词。例如:

> 世之所高,莫若黄帝。(《庄子·盗跖》)
>
> 故俗之所贵,主之所贱也;吏之所卑,法之所尊也。(晁错《论贵粟疏》)

形容词"高"、"贵"、"贱"、"卑"、"尊"组成所字结构,而所字结构经常是动词或动词性词组放在所字后组成的,所以这些形容词已用如动词。

075　古代汉语中名词用作状语有什么作用?

古代汉语名词用作状语,根据不同情况有不同的作用。

1.表示比喻　这是最富于修辞色彩的一种作用,用作状语的名词,其含义都带有比喻性和修饰性,可译为"像……一样"。

各种教材都举《左传·庄公八年》"豕人立而啼"为典型例证。这里的名词"豕"是主语,"人"不是主语,而是修饰动词"立"的状语,意思是像人一样站立。

类似的例子又如:

> 嫂蛇行而匍伏。(《战国策·秦策》)——蛇行,像蛇一样爬行。
>
> 子产治郑二十六年而死,丁壮号哭,老人儿啼。(《史记·

循吏列传》)——儿啼,像小孩似地啼哭。

　　符坚将问晋鼎,既已狼噬梁岐,又虎视淮阴矣。(《世说新语·识鉴》)——狼噬,像狼一样地吞噬;虎视,像虎一样地盯着。

　　蝇营狗苟,驱去复还。(韩愈《送穷文》)——蝇营,像苍蝇一样钻营;狗苟,像狗一样苟且求活。

成语"土崩瓦解"、"狼吞虎咽"、"烟消云散"等,其中名词"土、瓦、狼、虎、烟、云"都用作状语,表示比喻。

2.表示对待人的态度　把动词的宾语当作用作状语的名词所代表的人或事物来对待。可译为"把(宾语)当作……"或"像对待……一样地"。例如:

　　今而后知君之犬马畜伋。(《孟子·万章下》)——犬马畜伋,像对待犬马一样地畜养孔伋。

　　彼秦者,弃礼义而上首功之国也,权使其士,虏使其民。(《战国策·赵策三》)——虏使其民,把秦国的百姓当作俘虏(奴隶)来驱使。

　　田单乃起,引还,东乡坐,师事之。(《史记·田单列传》)——师事之,用对待老师一样的态度侍奉他。

3.表示工具或方式　用作状语的名词表示动作行为的工具或方式。例如:

　　叩石垦壤,箕畚运于渤海之尾。(《列子·汤问》)——箕畚运,用竹箕草畚搬运。

　　朱亥袖四十斤铁椎,椎杀晋鄙。(《史记·魏公子列传》)——椎杀,用椎打死。

　　太祖累书呼,又敕郡县发遣。(《三国志·魏书·华佗传》)——书呼,用书信召唤。

4.表示处所或场合　用作状语的名词表示动作行为的处所、场合。例如:

群臣吏民能面刺寡人之过者,受上赏。(《战国策·齐策一》)——面刺,当面(在面前)揭露。

山居而谷汲。(《韩非子·五蠹》)——山居,在山上居住;谷汲,到沟里打水。

淮阴屠中少年有侮信者……众辱之曰:"信能死,刺我;不能死,出我胯下!"(《史记·淮阴侯列传》)——众辱之,当着众人的面侮辱他。

大月氏复西走。(《汉书·张骞传》)——西走,向西逃跑。

用作状语的名词对译时可在名词前加介词"在"、"从"、"到"、"向"等。

076　古代汉语中时间名词用作状语有什么特殊用法?

时间名词用作状语,表示时间修饰,这是古今汉语共有的常见功能。如:早出晚归、朝令夕改、春种秋收等,时间名词"早、晚、朝、夕、春、秋"等用作状语,表示时间修饰,都是常见而易懂的,不算什么特殊用法。

古代汉语时间名词用作状语的特殊用法主要是"时"、"日"、"月"、"岁"等词的特殊用法。它们有时不再作为单纯的时间修饰,意义大不同于现代汉语的"时"、"日"、"月"、"年"。

一、"时"用在动词前作状语,有"及时"、"按时"的意思。如:

秋水时至,百川灌河。(《庄子·秋水》)——时至,按时节来到。

谨食之,时而献焉。(柳宗元《捕蛇者说》)——时而献焉,及时地送上去。

二、"日"、"时"放在句首主语前,用作时间状语,表示追溯过去。有"往日"、"当时"之意。如:

日宋之盟,屈建问范会之德于赵武。(《左传·昭公二十年》）——日指往日，"日宋之盟"作时间状语。

　　时公兵不满万。（《三国志·魏书·武帝纪》）——时，
当时。

　　三、"日"、"月"放在动词或形容词前，表示情况逐渐发展，当"一
天天地"、"一月月地"解释。如：

　　天下吏士趋势利者，皆去魏其归武安，武安日益横。（《史
记·魏其武安侯列传》）——日益横，一天天地更加蛮横。

　　相去日已远，衣带日已缓。（古诗《行行重行行》）——日已
远，一天天地远去；日已缓，一天天地变宽。

　　于是与亮情好日密。（《三国志·蜀书·诸葛亮传》）——
日密，一天天地亲密。

　　有如此之势，而为秦人积威之所劫，日削月割，以趋于亡。
（苏洵《六国论》）——日削月割，一天天、一月月地割让。

　　四、"日"、"月"、"岁"置于具有行动性的动词之前，有表示行动
经常、频数之意，相当于"日日（每天）"、"月月（每月）"、"岁岁（每
年）"的意思。

　　良庖岁更刀，割也；族庖月更刀，折也。（《庄子·养生主》）
　　其始，太医以王命聚之，岁赋其二。（柳宗元《捕蛇者说》）
　　春木将华，日新月异。（孙枝蔚《春木》诗）

　　成语"日积月累"、"日就月将"、"日清月结"中"日"、"月"都表示
"每天"、"每月"或"天天"、"月月"的意思。

　　以上这些特殊用法，都不是现代汉语"时"、"日"、"月"、"年"等
时间名词所能有的用法。

077　什么叫使动用法？使动用法的词与宾语的关系同一般动宾关系有什么区别？

　　使动用法又称致动用法，指及物动词（包括活用为及物动词的

名词、形容词、不及物动词在内)对宾语含有致使性,即及物动词所表示的动作行为是使宾语施行的,而不是主语发出的。例如:

> 武丁朝诸侯有天下。(《孟子·公孙丑上》)——及物动词"朝"使动用法,表示使诸侯来朝拜武丁,不是武丁朝拜诸侯。
>
> 齐桓公合诸侯而国异姓。(《史记·晋世家》)——名词"国"使动用法,表示使异姓立国,不是主语齐桓公立国。
>
> 诸侯恐惧而谋弱秦。(贾谊《过秦论》)——形容词"弱"使动用法,表示使秦国变弱,而不是主语诸侯变弱。
>
> 项伯杀人,臣活之。(《史记·项羽本纪》)——不及物动词"活"使动用法,表示使之(指项伯)活,而不是说主语臣(张良)活了。

一般的动宾关系没有致使性含义,只有支配性含义。如"饮水思源"的"饮"直接支配宾语"水",而"饮马长城窟"的"饮"不能支配宾语"马",而是对宾语含有致使性的,即使马饮(水)的意思,"饮水"是一般动宾关系,"饮马"是使动用法的词和宾语的结合,两者的内部结构和意义迥然不同。一般动宾关系中动词所表示的动作行为是主语发出的,而使动用法的词所表示的动作行为是使宾语施行的。

078　什么叫意动用法?

意动用法是指谓语动词(包括活用为谓语动词的名词和形容词)对宾语具有意谓性含义,即具有"认为(以为)宾语怎么样"的意思。汉语中一般的意谓句用"以……为……"的句式表示,如:

> 魏绛……以赵武为贤而为之佐。(《左传·襄公九年》)
>
> 相如既归,赵王以〔相如〕为贤大夫,使不辱于诸侯。(《史记·廉颇蔺相如列传》)

"以……为……"句式中"以"后面是宾语(或省略宾语),"为"后面则为形容词(如"贤")或名词(如名词性词组"贤大夫")。意动用法则将形容词、名词直接前置于宾语。下面分形容词意动用法和名词意动用法两类来说明：

1.形容词意动用法：形容词活用为谓语动词，表示认为宾语具有这个形容词的性质状态，这就是形容词的意动用法。例如：

> 吾妻之美我者，私我也；妾之美我者，畏我也；客之美我者，欲有求于我也。（《战国策·齐策》）
> 是故明君贵五谷而贱金玉。（晁错《论贵粟疏》）

形容词"美"、"贵"、"贱"同宾语的关系都是意谓性的，即认为宾语具有这个形容词的性状。

2.名词的意动用法：名词活用的意谓性动词，表示把宾语看作这个名词所代表的人或事物。例如：

> 其谓之秦何？夷狄之也。（《公羊传·僖公三十三年》）——夷狄之，把它（指侵晋之秦）看作夷狄。
> 于是乘其车，揭其剑，过其友曰："孟尝君客我。"（《战国策·齐策》）——客我，把我看作门客，指孟尝君先前瞧不起冯谖，如今才真正把他当门客看待。

一般动词在古代汉语中没有意动用法。"有"、"无"之类带有抽象名词性质的动词可以有意动用法。如：

> 凡人之有鬼也，必以其感忽之间疑玄之时正之。此人之所以无有而有无之时也。（《荀子·解蔽》）——无有，以有为无；有无，以无为有。"无有"的"无"和"有无"的"有"在这里都是意动用法。

079　使动用法与意动用法怎样区别？能不能说使动表示客观结果，意动表示主观看法？它们与主客观的关系究竟怎样？

辨别使动用法和意动用法这两种特殊的古代汉语语法现象，人们习惯用客观结果和主观看法来区分。

诚然,使动用法表示实际上使宾语怎么样,往往是一种客观结果,而意动用法表示认为宾语怎么样,往往是一种主观看法。例如:

> 工师得大木,则王喜。……匠人斫而小之,则王怒。(《孟子·梁惠王下》)

> 孔子登东山而小鲁,登泰山而小天下。(《孟子·尽心上》)

同一个形容词"小",在前面一个例句中是使动用法的,"小之"就是"使之(大木)小",使得宾语大木料变小了,客观的实际结果是变小、削小了,所以"小"是使动用法。在后面一个例句中是意动用法的,"小鲁"、"小天下"就是"以鲁为小"、"以天下为小",主观上感到鲁国、天下小,看起来鲁国、天下很小,所以"小"是意动用法。又如:

> 其达士,洁其居,美其服,饱其食,而摩厉之于义。(《国语·越语上》)

这里说的是越王勾践为了复国图强,招致贤达之士,厚待礼遇他们:使他们的住所整洁,使他们的服饰美丽,使他们的食物充足,并且还在仁义方面使他们砥砺切磋加强修养。形容词"洁"、"美",动词"饱"、"摩"、"厉"都是使动用法的,表示客观上的结果确实使得达士们的衣、食、住各个方面有好的待遇。

《老子》中有一个句子形式同上引例句相似:"甘其食,美其服,安其居,乐其俗。"不但句式相类似,"美其服"这一分句字面也同上引例句全同。但是这里的形容词"甘"、"美"、"安"、"乐"却不是使动用法的,而是意动用法的。因为老子的哲学主张是要求安于质朴原始、简陋低下的生活,满足于这种衣食住等条件,而不是要求使得人们吃得甘美、穿得漂亮,住得安适等等,这里是说主观上对已有的质朴简陋的食、衣、住、俗等视之为"甘"、"美"、"安"、"乐"的。

能不能就此得出结论:使动用法表示客观上使得宾语怎么样,

意动用法表示主观上认为宾语怎么样？

不能。作为辨别区分使动意动两种特殊现象的核心的实质性标志应当是表示"使令"还是"认为"，并不在于主客观。轻率地把符合客观实际的归属使动用法，不符合客观实际的主观看法视为意动用法是不恰当的。

理由很简单：有时使动用法不一定符合客观实际，而意动用法又可能正好与客观实际相符。例如：

> 纵江东父兄怜而王我，我何面目见之！（《史记·项羽本纪》）
> 大将军邓骘奇其才，累召不应。（《汉书·张衡传》）

前例"王我"的"王"是名词使动用法，使我（项羽）为王的意思，但实际上这并不符合客观实际，客观结果并没有使我为王。

后例"奇其才"的"奇"是形容词意动用法，虽表主观看法，但却符合客观实际，因为张衡的才能确实是奇特的。既然同客观实际相符，为什么不是使动用法呢？因为这里不是说大将军邓骘使得张衡的才能变成奇特的，而是认为张衡的才能奇特，所以辨别区分使动意动的关键在于"使令"还是"认为"，而不在于主客观，不在于符合客观实际与否。

类似的例子如：

> 单于愈益欲降之。（《汉书·苏武传》）
> 时充国年七十馀，上老之。（《汉书·赵充国传》）

前例及物动词"降"是使动用法，意思是单于愈加想要使之（苏武）投降，但实际上苏武并没有投降，即客观结果没能使之投降。

后例形容词"老"是意动用法，汉宣帝认为赵充国老了，而赵充国当时已七十多岁，确实是老了。这里"老"的意动用法同客观实际是相符的。"老"之所以不属使动用法而属意动用法，因为这里是说汉宣帝认为赵充国年老而不是使得赵充国变老。

可见，检验区别使动用法和意动用法不能简单地根据与客观实际一致与否来确定,重要的关键在于审察这个特殊用法的词表示主语使令宾语怎么样还是认为宾语怎么样,前者属使动用法,后者属意动用法。

080　有的语法书提出古代汉语中有"为动用法",是怎么回事?

古代汉语词类活用中有"使动用法""意动用法",人们比较熟悉。"为动用法"一般人较为陌生,学术界也有不同看法,所以多数教材没有提及这种现象。

所谓"为动用法",简单地说是指动词和活用为动词的形容词带上了宾语,表示"为宾语动"的意思。随着"为"的含义不同,"为动用法"可分为三类:

1.表示替宾语施行某一行动。例如:

郤夏御齐侯。(《左传·成公二年》)——御齐侯,替齐侯驾车。

2.表示为了某一目的或原因而施行某一行动。例如:

今亡亦死,举大计亦死,等死,死国可乎?(《史记·陈涉世家》)——死国,为国而死。

贪夫殉财。(柳宗元《辩鹖冠子》)——殉财,为财殉身。

3.表示对(向)宾语施行某一行动。例如:

君三泣臣矣,敢问谁之罪也?(《左传·襄公二十二年》)——泣臣,对臣(我)泣。

武安侯新欲用事为相,卑下宾客,进名士家居者贵之,欲以倾魏其诸将相。(《史记·魏其武安侯列传》)——卑下宾客,对宾客卑下。"卑下"是形容词"为动用法"。

这类表示对宾语有所行动的用法,有的语法论著还将它独立出来,称之为"对动用法"。

　　学术界持不同意见者,主要认为这些被称为"为动用法"或"对动用法"的动词或活用为动词的词其后的名词性成分不是宾语,而是补语,补语可以表示动作行为的对象目的等,没有必要视为特殊的动宾关系而多立名目。同时,比较起使动用法和意动用法来,这类用法并不普遍,所以一般论著没提及"为动用法"。

081　古代汉语的动量表示法有什么特点?

　　古代汉语表示动量即动作行为的数量最常见的方法是拿数词作状语直接修饰、限制动词,而不像现代汉语那样使用表示动量的量词。例如:

> 令尹子文三仕为令尹,无喜色;三已之,无愠色。(《论语·公冶长》)
>
> 禹八年于外,三过其门而不入。(《孟子·滕文公上》
>
> 昔马融三入东观,汉代称荣;张华再典史官,晋朝称美。(刘知几《史通·序》)

　　"三仕"谓三次做官,"三已之"谓三次免官,"三过"谓三次经过,"三入"谓三次进入,"再典"谓两次执掌,都不用动量词"次"。

　　古代汉语中为强调突出动量,则将表示动量的数词移到句尾,并于其前用"者"字,这样"者"字结构成了全句的主语,表动量的数词成了全句的谓语。这也是古代汉语所特有的动量表示法。例如:

> 于是平原君欲封鲁仲连,鲁仲连辞让者三,终不肯受。(《战国策·赵策》)
>
> 〔聂荣〕乃大呼天者三,卒於邑悲哀而死政之旁。(《史记·刺客列传》)

　　中古以后,常用"遍(徧)""回""过""度"等动量词,放在数词后面。这种表示动量的数量词词组,有逐渐由作状语趋向于移到动词后作补语的趋势。发展到现代汉语,就以数量词作补语为表动量的主要形式了。

082 古代汉语的名量表示法有什么特点?

古代汉语中表示人或物的数量有下列几点不同于现代汉语的地方:

1. 以数词和名词直接结合为常,主要是把数词置于名词之前。例如:

> 帝感其诚,命夸娥氏二子负二山,一厝朔东,一厝雍南。(《列子·汤问》)
>
> 复投一弟子河中,凡投三弟子。(褚少孙《史记·滑稽列传补》)
> 二客从予过黄泥之坂。(苏轼《后赤壁赋》)

2. 以数词置名词之后,是着重这个数字即计数意味更浓的格式。例如:

> 吏二,缚一人诣王。(《晏子春秋·内篇杂下》)
> 时充国年七十馀,上老之。(《汉书·赵充国传》)

3. 数字是"一"时,表示名量的量词可与名词直接结合,其前省去"一"。例如:

> 晋人与姜戎要之殽而击之,匹马只轮无反者。(《公羊传·僖公三十三年》)
> 尺布斗粟之谣,常为陛下耻之。(《世说新语·方正》)

4. 表示名量的名词或量词可单独使用,表示"每一"的意思。例如:

> 郑伯使卒出貑,行出犬鸡,以诅射颍考叔者。(《左传·隐公十一年》)——卒,每卒,即每一百人;行,每行,即每二十五人。
> 劝民务农桑,令口种一树榆,百本薤,五十本葱,一畦韭;家

二母彘,五鸡。(《汉书·龚遂传》)——口,每口;家,每家。

虽人有百手,手有百指,不能指其一端;人有百口,口有百舌,不能名其一处也。(林嗣环《秋声诗自序》)——人,每人;手,每只手;口,每张口。

083　古代汉语的倍数表示法有什么特点?

古代汉语的倍数表示法有两点不同于现代汉语:

1. 古代倍数有两个专用名称:一倍称"倍",五倍称"蓰"。"倍、蓰"连用表示不定的倍数。例如:

商贾大者积贮倍息。(《汉书·食货志上》)——倍息,使利息加一倍。

学者之于书,多且易致如此,其文词、学术当倍蓰于昔人。(苏轼《李氏山房藏书记》)——倍蓰,犹言几倍。

2. 三倍以上各自说出倍数的数字,其后以不加"倍"为常。例如:

人一能之,己百之;人十能之,己千之。果能此道也,虽愚必明,虽柔必强。(《礼记·中庸》)——十、百、千即谓十倍、百倍、千倍。

利不百,不变法;功不十,不易器。(《史记·商君列传》)——百、十即谓百倍、十倍。

十倍、百倍也写作"什、佰"。如:

夫物之不齐,物之情也。或相倍蓰,或相什佰,或相千万。子比而同之,是乱天下也。(《孟子·滕文公上》)

084　古代汉语的分数表示法同现代汉语有什么不同?

古代汉语的分数表示法除了同现代汉语一样用"几分之几"或单举分子的数字加"分"(后者分母必须是十)以外,还有下列几种特殊表示法：

（一）繁式。项目齐全。用"分母＋分＋名词（或量词）＋之＋分子"的格式。例如：

　　天如弹丸，围圜三百六十五度四分度之一。（《礼记·月令》孔颖达疏）

　　寿王猥曰："安得五家历，又妄言太初历亏四分日之三。"（《汉书·律历志》）

　　方今大王之兵众不能十分吴楚之一。（《史记·淮南衡山王传》）

把量词或相当于量词的名词放在分母之后，这是不同于现代汉语的地方。现代汉语通常把名词或量词放在分子之后作中心语，说成"四分之一度""四分之三日"，或者把名词放在分母之前作定语，说成"吴楚的十分之一"。要注意，古代汉语分数表示法的"分母＋分＋名词（或量词）"的格式是一个动词性词组，"四分度"意为"把一度分为四等份"，"四分日"意为"把一日分为四等份"。

（二）略式。分母和分子这两项以外，在古代汉语分数表示法中都可略去其馀的一项或几项。

1.略去分母后的"分"字，把分母直接置于名词或量词之前，这时分母的数字也用如动词。例如：

　　先王之制，大都不过参国之一。（《左传·隐公元年》）——"参国"即"三分国都"，把国都分成三等份的意思。

2.略去"之"字，成为"分母＋分＋名词（或量词）＋分子"的格式。例如：

　　木，晨始见，去日半次。顺，日行十一分度二，百二十一日。（《汉书·律历志》）

3.略去两项，即在分母和分子之间只用"分"字或"之"字。

例如：

舜有大功二十而为天子,今行父虽未获一吉人,去一凶矣,于舜之功,二十之一也,庶几免于戾乎?(《左传·文公十八年》)

子一分,丑三分二,寅九分八,卯二十七分十六。(《史记·律书》)

4. 略去三项,即分母直接与分子结合,分母必须是"十、百、万"等整数。例如:

藉第令毋斩,而戍死者固十六七。(《史记·陈涉世家》)——十六七,即十分之六七。

上以光赞洪化,下以输展万一。(《三国志·吴书·周鲂传》)——万一,万分之一。

惟知心之难得,斯百一而为收。(韩愈《别知赋》)——百一,百分之一。

分母是十时,可以把十写作什,例如:

地方百里者,山陵处什一,薮泽处什一,溪谷流水处什一,都邑蹊道处什一,恶田处什二,良田处什四。(《商君书·徕民》)——什一,十分之一;什二,十分之二;什四,十分之四。

5. 分母是十,可以只举分子,这样就略去四项了。例如:

摽有梅,其实七分。求我庶士,迨其吉兮。摽有梅,其实三分。求我庶士,迨其今兮。(《诗经·召南·摽有梅》)——七,指十分之七,即七成;三,十分之三,即三成。

哀公问于有若曰:"年饥,用不足,如之何?"有若对曰:"盍彻乎?"曰:"二,吾犹不足,如之何其彻也?"(《论语·颜渊》)——彻,十分抽一的税率;二,指十分之二,即十分抽二的税率。

至于略去分母十,只用"分子＋分"的格式,这是古今汉语共同

运用的分数表示法,如"三分人事七分天"(赵翼《论诗绝句》)。还有
"几分之几"的格式,也是古已有之而为现代汉语继承作为最常用的
分数表示法,这里就不详述了。

085　古代汉语判断句有什么特点?

古代汉语特别是上古汉语中,判断句绝大多数以不出现判断词
为常,这是区别于现代汉语判断句的最大特点。

古代汉语判断句的格式,主要有"……者,……也"和"……,
……也"两种典型格式。例如:

> 制,岩邑也。(《左传·隐公元年》)
>
> 陈胜者,阳城人也。(《史记·陈涉世家》)

有时也采用"……者……"或"者"、"也"都略去的格式。例如:

> 陈轸者,游说之士。(《史记·张仪列传》)
>
> 荀卿,赵人。(《史记·孟子荀卿列传》)

以上四种格式都以名词或名词性词组直接作谓语,其前不出现
判断词"是"。

古代汉语判断句中如果出现"是",往往并非判断词,而是指示
代词。例如:

> 日月星辰瑞历,是禹桀之所同也。(《荀子·天论》)——
> 是,指示代词,复指"日月星辰瑞历",作判断句的主语。
>
> 取之而燕民悦,则取之。古之人有行之者,武王是也。
> (《孟子·梁惠王下》)——是,指示代词,复指"古之人有行之
> 者",作判断句的谓语,主语是"武王"。

古代汉语判断句中出现"乃"、"即"、"非"、"伊"、"维"等在判断
句的主、谓语之间,也不是判断词。例如:

> 厥木维乔。(《尚书·禹贡》)

我马维骐。(《诗经·小雅·皇皇者华》)

尔维旧人。(《尚书·大诰》)

维,句中语气词,或称语助词。

彼有遗秉,此有滞穗,伊寡妇之利。(《诗经·小雅·大田》)——伊,句中语气词,或称语助词。

吾乃梁人也。(《战国策·赵策》)

是乃狼也。(《左传·襄公八年》)——乃,语气副词,帮助判断,本身不是判断词。

此庸夫之怒也,非士之怒也。(《战国策·魏策》)——非,否定副词,用来否定判断句的谓语,本身不是判断词。

梁父即楚将项燕。(《史记·项羽本纪》)——即,语气副词,帮助判断,本身不是判断词。

古代汉语判断句中也出现类似判断词的“为”,虽然可以用现代判断词对译,其实“为”并非上古真正的判断词,而是个含义广泛的动词。例如:

知之为知之,不知为不知,是知也。(《论语·为政》)

“此为何若人?”王曰:“必为有窃疾矣。”(《墨子·公输》)

这类“为”的判断性并不强,含有“算作”或“作为”的意思。

汉以后较多地出现了以“是”为判断词的判断句,大多出现在接近于口语的记叙或对话之中。例如:

巫妪、弟子是女子也,不能白事。(《史记·滑稽列传》)

余是所嫁妇人之父也。(王充《论衡·死伪》)

问今是何世。(陶潜《桃花源记》)

此必是豫让也。(《史记·刺客列传》)

若枯即是荣,荣即是枯,应荣时凋零,枯时结实也。(范缜《神灭论》)

但在上古书面语以及后代模仿上古书面语的所谓正统文言中，判断句仍以不用判断词"是"为常。

086　古代汉语被动表示法有哪几种类型？

所谓被动,指主语是谓语动词所表示的动作行为的被动者、受事者,而不是主动者、施事者。古代汉语中表示被动有下列几种类型:

1.意念上的被动　句中没有专表被动的语词,这种被动句同主动句形式上没有区别,只能从意念上来辨识,所以这种类型的被动句还不是典型的被动句式。例如:

《春秋》伐者为客,伐者为主。(《公羊传·庄公二十八年》)何休注:"伐人者为客,读伐长言之;见伐者为主,读伐短言之。齐人语也。"——"伐者"既表主动,又表被动。

又荆州之民附操者,逼兵势耳。(《资治通鉴·赤壁之战》)——主语"荆州之民"是动词谓语"逼"的受事者。逼兵势是逼于兵势,被兵势所逼的意思。

足蒸暑土气,背灸炎无光。(白居易《观刈麦》诗)——蒸、灸是被蒸、被灸的意思。

2.简化的被动式　主语(受动者)直接带上及物动词。例如:

龙逢斩,比干剖。(《庄子·胠箧》)——斩、剖是被斩、被剖的意思。

风至苕折,卵破子死。(《荀子·劝学》)——折、破是被折、被打破的意思。至、死是不及物动词,所以风至、子死不是被动式。

以上两种被动表示法都没有特定的语词作为标志,以下几种被动表示法则有特定的语词作为被动的标志。

3.及物动词前加"见"或"被"。例如:

国一日被攻,虽欲事秦,不可得也。(《战国策·齐策》)

盆成括见杀。(《孟子·尽心下》)

〔屈原〕信而见疑,忠而被谤。(《史记·屈原贾生列传》)

前面何休为《公羊传》作注以"见伐者"来解释后一个"伐者",也属这种被动表示法。这种表示法中出现"见"或"被"与现代汉语中的"被"并不完全相同,主要的区别在于古代汉语中"见""被"不能像现代汉语中"被"那样后面可以带出施动者。要带出施动者,则用下面几式。

4.用介词"于"引出施动者,跟在及物动词之后作补语。例如:

吾长见笑于大方之家。(《庄子·秋水》)

万乘之国,被围于赵。(《战国策·齐策》)

〔楚王〕内惑于郑袖,外欺于张仪。(《史记·屈原贾生列传》)

兵破于陈涉,地夺于刘氏。(《汉书·贾山传》)

前两例,可视为三、四两种被动表示法的结合。

5.用介词"为"引出施动者,例如:

止,将为三军获。(《左传·襄公十八年》)

身死人手,为天下笑。(贾谊《过秦论》)

贵为天子,富有四海,而身为禽者。(同上)

末例"为"后施动者省略,但其作用与引出施动者的"为"相同。

6.用"为……所……"句式,施动者置于"为"与"所"之间。例如:

卫太子为江充所败。(《汉书·霍光传》)

太祖为流矢所中。(《三国志·魏书·武帝纪》)

父与夫俱为盗所杀。(李公佐《谢小娥传》)

这是古代汉语中较为完善也最常见的一种被动表示法,一直沿用至今。

087   古代汉语反问句式怎样构成？有哪些表示反问的习惯句式？

反问又叫反诘，反问句式是用疑问的形式表示确定（包括肯定和否定），实际上是无疑而问，一般并不要求回答。古代汉语的反问句式不外乎下面四种构造方式：

1.前面作正面的述说，句末用疑问语气词，表示否定这个述说。例如：

> 禹八年于外，三过其门而不入，虽欲耕得乎？（《孟子·滕文公上》）
>
> 如使予欲富，辞十万而受万，是为欲富乎？（《孟子·公孙丑下》）
>
> 事不目见耳闻，而臆断其有无，可乎？（苏轼《石钟山记》）

正面的述说"得"、"是为欲富"、"可"因句末加"乎"构成反问句，表示否定前面的述说，即"不得"、"是为不欲富"、"不可"的意思。

2.用否定副词领起，表示肯定下面的述说。例如：

> 女以知者为必用邪，王子比干不见剖心乎？女以忠者必用邪，关龙逢不见刑乎？女以谏者为必用邪，伍子胥不磔姑苏东门外乎？（《荀子·宥坐》）
>
> 畴昔之夜，飞鸣而过我者，非子也邪？（苏轼《后赤壁赋》）

否定副词"不"、"非"下面所述说的，正是全句所肯定的。

3.用疑问代词领起，表示否定下面的述说。例如：

> 君若以德绥诸侯，谁敢不服？（《左传·僖公四年》）
>
> 又安能以皓皓之白而蒙世之温蠖乎？（《史记·屈原贾生列传》）
>
> 少壮真当努力，年一过往，何可攀援？（曹丕《与吴质书》）

用了疑问代词"谁"、"安"、"何"来否定原来所述说的，即表示"不敢不服"、"不能以皓皓之白而蒙世之温蠖"、"不可攀援"的意思了。

4.用反诘性语气副词领起，表示否定下面的述说。例如：

> 举尔所知，尔所不知，人其舍诸？（《论语·子路》）
>
> 王之不明，岂是福哉？（《史记·屈原贾生列传》）
>
> 老仆虽弃，将军虽贵，宁可以势夺乎？（《史记·魏其武安侯列传》）

用反诘性语气副词"其"、"岂"、"宁"来否定下面的述说，"人其舍诸"即谓人不舍弃之，"岂是福乎"即谓非福，"宁可以势夺乎"即谓不可以势夺。

古代汉语中表示反问的习惯句式主要有下面三种：

1."不亦……乎"这种习惯句式的构成属于上面所举第二种类型，即以否定副词领起，表示对下面所述说的内容的肯定，但是这里所表示的肯定语意较轻，是古代一种比较委婉的反问句式。例如：

> 学而时习之，不亦说乎？有朋自远方来，不亦乐乎？人不知而不愠，不亦君子乎？（《论语·学而》）
>
> 身不善而怨人，不亦反乎？（《荀子·法行》）

不直说"喜悦"、"快乐"等等而用反问的句式"不亦说乎"、"不亦乐乎"等等，口气较为委婉。

2."何以……为"或"何……为"这种句式是介词结构"以……"同动宾结构"为何"的结合，疑问代词"何"前置，介词"以"有时可省略。又，疑问代词"何"也可代以别的疑问代词"奚"、"恶"、"安"等，介词"以"也可代以"用"。例如：

> 君子质而已矣，何以文为？（《论语·颜渊》）
>
> 恶用是鶃鶃者为哉？（《孟子·滕文公下》）
>
> 奚以之九万里而南为？（《庄子·逍遥游》）

> 天之亡我,我何渡为?(《史记·项羽本纪》)

"何以文为"即以文为何,用文采做什么的意思,"奚以之九万里而南为"是升到九万里的高空而往南飞干什么的意思,"我何渡为"是我渡江干什么的意思。要注意,句末的动词"为"发展到后来虚化为语气词,则"何以……为"或"何……为"的反问句式就属于上述第三类以疑问代词领起的反问格式了。

3."何……之有"从结构分析,是"有何……"的倒装,"之"作为前置宾语的标志。也可分析为用"之"复指前置宾语。例如:

> 姜氏何厌之有?(《左传·隐公元年》)——何厌之有即有何厌,有什么满足呢。

> 宋何罪之有?(《墨子·公输》)——何罪之有即有何罪。

这种反问句式有强调宾语的作用,并不要求回答。

088   古代汉语中谓语前置的句式有什么作用?

古今汉语的语序基本上是一致的,特别是主语、谓语的语序,一般总是主语在前,谓语在后。这是常式,但也看变式。古代汉语中把谓语提前,主语移后,形成主谓倒装的形式,其主要作用是突出谓语。常用于感叹句、疑问句中。

1.突出感叹中心,加强感叹意味。例如:

> 贤哉,回也!(《论语·雍也》)

> 野哉,由也!(《论语·子路》)

> 快哉,此风!(宋玉《风赋》)

> 甚矣,汝之不惠!(《列子·汤问》)

> 宜乎,百姓之谓我爱也。(《孟子·梁惠王上》)

> 亦太甚矣,先生之言也。(《战国策·赵策》)

2.疑问句谓语前置,突出有疑问的人或事物。例如:

谁欤,哭者?(《礼记·檀弓》)

何哉,尔所谓达者?(《论语·颜渊》)

子邪,言伐莒者?(《吕氏春秋·重言》)

089　古代汉语中宾语前置的特殊句式有哪几种类型? 宾语前置必须具备哪些条件?

古代汉语中宾语前置的特殊句式有三种类型:

1. 疑问句中,疑问代词作宾语必须置于动词或介词的前面。例如:

王送知罃曰:"子其怨我乎?"对曰:"两国治戎,臣不才,不胜其任,以为俘馘。……臣实不才,又谁敢怨?(《左传·成公三年》)——谁敢怨,敢怨恨谁。

王者孰谓?谓文王也。(《公羊传·隐公元年》)——孰谓,称谁。

内省不疚,夫何忧何惧?(《论语·颜渊》)——何忧何惧,忧虑什么,惧怕什么。

吾谁欺,欺天乎?(《论语·子罕》)——谁欺,欺骗谁。

吹参差兮谁思?(《楚辞·九歌·湘君》)——谁思,思念谁。

以上各句疑问代词"谁"、"孰"、"何"等都置于谓语动词之前,如果谓语动词前有助动词,则疑问代词宾语不但置于谓语动词前,还必须置于助动词之前,如"谁敢怨",疑问代词"谁"是宾语,置助动词"敢"和谓语动词"怨"之前。

又,如果宾语是名词,则不前置,如"谓文王"、"欺天"。

疑问代词用作介词的宾语时也必须把宾语置于介词之前。例如:

子归,何以报我?(《左传·成公三年》)——何以,拿什么。

曷为久居此围城之中而不去也?(《战国策·赵策》)——曷为,为什么。

百姓足,君孰与不足? 百姓不足,君孰与足?(《论语·颜渊》)——孰与,跟谁。

许子奚为不自织?(《孟子·滕文公上》)——奚为,为什么。

以上各句,疑问代词"何"、"曷"、"孰"、"奚"作宾语,分别置于介词"以"、"为"、"与"之前。

2.否定句中,如果使用"不"、"毋(无)"、"未"、"莫"这几个否定词,代词宾语必须置于动词的前面。例如:

今郑人贪赖其田,而不我与。我若求之,其与我乎?(《左传·昭公十二年》)——不我与,不给予我。

我无尔诈,尔无我虞。(《左传·宣公十五年》)——无尔诈,不要欺骗你;无我虞,不要欺骗我。

大道之行也,与三代之英,丘未之逮也。(《礼记·礼运》)——未之逮,没赶上那时代。

自经于沟渎,而莫之知也。(《论语·宪问》)——莫之知,没有谁知道他。

否定句中代词宾语前置的规则不如疑问句中代词宾语前置的规则严格。比较起来,用"未"、"莫"的否定句,代词宾语前置的规则要严格些,很少例外。

3.叙述句中为强调宾语而将宾语前置,前置的标志是用"是"、"之"或"实"紧接宾语或再在宾语前用"惟(唯)"字。例如:

鬼神非人实亲,惟德是依。(《左传·僖公五年》)

吾以子为异之问,曾由与求之问。(《论语·先进》)

父母唯其疾之忧。(《论语·为政》)

不务张其义,齐其信,唯利之求。(《荀子·王霸》)

以上前置的宾语都不是疑问句或否定句中的代词,"人"、"德"、

"异"、"由与求"、"疾"、"利"都属名词性宾语,前置后用"是"、"之"、"实"为标志,有人认为这是用指示代词来复指前置宾语,也有人把这些词看作助词。至于宾语前所加的"惟(唯)",一般都认为是表示限制义的副词,使宾语更为突出,语气更为加强。成语"唯利是图"、"唯命是听"、"唯马首是瞻"、"唯你是问"至今沿用,都是为强调宾语而用"唯……是……"格式前置宾语的典型例子。

要注意一点,如果前置的宾语是代词,则作为标志的只能用"之"而不用"是""实"。例如:

诗曰:"孝子不匮,永锡尔类",其是之谓乎?(《左传·隐公元年》)

"我之怀矣,自诒伊戚。"其我之谓矣!(《左传·宣公二年》)

语曰:"唇亡则齿寒。"其斯之谓与?(《穀梁传·僖公二年》)

太甲曰:"天作孽,犹可违;自作孽,不可活。"此之谓也。(《孟子·公孙丑上》)

以上,宾语"是"、"我"、"斯"、"此"都是代词,前置后其后不用"是"而用"之"。

另外,还有直接把代词宾语"是"置于动词之前不再用"之"或"唯……之……"的标志的。例如:

昭王南征而不复,寡人是问。(《左传·僖公四年》)——是问,问这件事。

唯叶莫莫,是刈是濩。(《诗经·周南·葛覃》)——是刈是濩,割它煮它。

090　既然疑问代词作宾语前置是一条严格的规律,那么,常见的"如何"、"若何"、"奈何"之类表示询问的结构中为什么"何"不前置?

疑问代词作宾语置于动词或介词之前确是上古汉语语法中一

条比较严格的规律。例如"何"作宾语,就以前置为常:

子归,何以报我?(《左传·成公三年》)——何以,用什么。"何"置介词"以"之前。

今有固车良马于此,又有驾马四隅之轮于此,使子择焉,子将何乘?(《墨子·鲁问》)——何乘,乘什么。"何"置动词"乘"之前。

吾闻北方之畏昭奚恤也,果诚何如?(《战国策·楚策》)——何如,如何,怎么样。"何"置动词"如"之前。

但是,先秦古籍中确实存在着"如何"、"若何"等表示询问(怎么样)的结构,"何"并不前置。例如:

与不谷同好,如何?(《左传·僖公四年》)

使归就戮于秦,以逞寡君之志,若何?(《左传·僖公三十三年》)

先生助之奈何?(《战国策·赵策》)

一般语法书认为"如何"、"若何"、"奈何"是凝固结构,不必拆开分析,只要了解其意思为"怎么样"就行了。

中央广播电视大学出版社出版的《古代汉语讲授纲要》所作的解释比较合理。摘录如下:

"如"字后面本来还有别的宾语,后面再带疑问代词"何"。例如:

以君之力,曾不能损魁父之丘,如太行王屋何?(《列子·愚公移山》)

使民敬、忠以劝,如之何?(《论语·为政》)

例句中的"何"是疑问代词作描写性的谓语。"如太行王屋"和"如之"是介宾结构作状语。可以认为"如何"正是"如之何"这种结构的紧缩而凝固的形式。"何"原本不是宾语,只是因为紧缩以后,去掉了"之"字,"何"就变成宾语的形式了,因此它不受疑问代词宾语前置这条规律的约束。这就是说"如何"同"何如"的来源不一致,在发展过程中汇合在一起了。

（见《古代汉语讲授纲要》上册 151 页）

091　古代汉语双宾语句有什么特点？

古代汉语双宾语句的主要特点是应用广泛，不像现代汉语那样只限于表示给予义或教示义的动词才有双宾语，一般的及物动词同样可带双宾语。

所谓给予义的动词，在古代汉语中有"赐"、"予"、"遗"、"馈"、"与"、"偿"等。所谓教示义的动词，在古代汉语中有"语"、"告"、"教"、"诲"、"问"等。这些动词的共同特点就是有使令性，表示言行施予，它们都可以带上双宾语——指物的直接宾语（近宾语）和指人的间接宾语（远宾语）。例如：

公赐之食。（《左传·隐公元年》）——食（食物），直接宾语；之，间接宾语。

公语之故，且告之悔。（同上）——故（缘故）、悔（懊悔的事），直接宾语；之，间接宾语。

归孔子豚。（《论语·阳货》）——豚，直接宾语；孔子，间接宾语。

秦王无意偿赵城。（《史记·廉颇蔺相如列传》）——城，直接宾语；赵，间接宾语。

豹往到邺，会长老，问之民所疾苦。（《史记·滑稽列传》）——民所疾苦，人民痛苦的事，直接宾语；之，指长老，间接宾语。

给予义或教示义的动词以外的一般及物动词带双宾语，是古代汉语特有的双宾语结构，初学者感到比较陌生，因而容易产生误解。例如：

天生民而立之君。（《左传·襄公十四年》）——君，直接宾语；之，立君的对象，间接宾语。

欲见贤人而不以其道,犹欲其入而闭之门也。(《孟子·万章下》)——门,直接宾语;之,闭门的对象,间接宾语。

紾兄之臂而夺之食,则得食;不紾,则不得食,则将紾之乎?(《孟子·告子下》)——食,食物,直接宾语;之,夺食的对象,间接宾语。

尤其值得注意的是,古代汉语中含义十分广泛的动词"为"可以带双宾语,随着"为"在句中语言环境的不同而有不同的含义(作、做、搞、安排、处理、设置等)。这在现代汉语中是没有的现象,因而常被误解。例如:

不如早为之所。(《左传·隐公元年》)

且君尝为晋君赐矣。(《左传·僖公三十年》)

而为之箪食与肉,寘诸橐以与之。(《左传·宣公二年》)

重为之礼而归之。(《左传·成公三年》)

吾不忍为之民也。(《战国策·赵策》)

君子疾夫舍曰欲之而必为之辞。(《论语·季氏》)

以上各句"为"字后带双宾语,"所"、"赐"、"箪食与肉"、"礼"、"民"、"辞"都是名词性成分,作直接宾语。而"为"字后的"之"和"晋君"作间接宾语。因为现代汉语没有这类双宾语句式,语译时用一个介宾词组("给他"、"给这件事")和一个动宾词组(安排处所、施行赏赐、搞一筐饭和肉、施礼、做百姓、设置说辞)结合起来翻译。因而人们常误以为"为"是介词,也有人把间接宾语"之"曲解为"其",把"为之民"说成等于"为其民",都是不了解这类特殊的双宾语结构而引起误解。要知道,"为之"如果是介宾词组,其后就不能是名词性成分,必须是动词。而"之"作为第三人称代词是不能改变其宾语性质成为定语位置的"其"的。

092   古代汉语人称代词的单复数怎样表示？有何特点？

古代汉语人称代词单复数是同形的,即单复数没有不同的表示法,这是区别于现代汉语单复数的显著特点。例如：

> 彼竭我盈,故克之。(《左传·庄公十年》)——彼,第三人称复数,指齐军;我,第一人称复数,指鲁国军队。
>
> 吾与汝毕力平险。(《列子·汤问》)——汝,第二人称复数,指愚公的家属。
>
> 如或知尔,则何以哉？(《论语·先进》)——尔,第二人称复数,指孔子的四个弟子。
>
> 百工居肆以成其事。(《论语·子张》)——其,第三人称复数,指百工的。

习惯用法"余、予"一般只用于第一人称单数,其他第一人称代词如"我、吾"等,第二人称代词"尔、汝、而、若"等,第三人称代词"彼、其、之"等都同样可用于单数或复数。

后来有了"侪、属、曹、辈、等"放在人称代词后面表示多数,但这些词同现代汉语中词尾"们"不同,性质含义都不一样。"吾侪"相当于我们这些人,"尔曹"相当于你们这些人。"侪"只用于第一人称,"属、曹"可用于第一、第二人称,"辈、等"通用于三种人称。

093   古代汉语第三人称代词有什么特点？

古代汉语,特别是上古汉语中,第三人称代词还没有发展完备,这是不同于现代汉语第三人称代词的主要特点。

人们熟悉的古代汉语第三人称代词"彼、其、之"实际上并不是真正的第三人称代词,这几个词是从指示代词借来或演变来的,使用它们仍然带有远指的作用,兼有指点、区别的意味。至少它们不是纯粹的第三人称代词,这几个词合起来还抵不上一个现代汉语中纯粹的第三人称代词"他"。现代汉语第三人称"他"可以自由地用于主语、宾语、定语的位置上,而古代汉语句子的主语位置上很少用第三人称代词,遇到需要指称第三人称的时候,常用名词复说或省略的办法。例如:

> 京叛太叔段,段入于鄢。(《左传·隐公元年》)
>
> 昔者有馈生鱼于郑子产,子产使校人畜之池。(《孟子·万章上》)

这里用复说名词"段"和"子产"的办法造句,没有使用相当于现代汉语第三人称代词"他"的代词来充当主语。又如:

> 郤子至,请伐齐,晋侯弗许。请以其私属,又弗许。(《左传·宣公十七年》)

这里在"请以其私属"前省略主语(郤子),在"又弗许"前省略主语(晋侯),本来至少有一处可以用第三人称代词,都省略了。

可以用于主语位置上的"彼"虽然翻译时可以作为第三人称代词来解释,但这个"彼"实在不是纯粹的第三人称代词,而是从远指指示代词借来的,仍然保留远指的作用,带有指点、区别的作用,例如:

> 彼,丈夫也;我,丈夫也,吾何畏彼哉?(《孟子·滕文公上》)
>
> 彼可取而代也。(《史记·项羽本纪》)

从例句可以看出,"彼"的指示代词性质并没有消失,"彼、我"相对,同"彼、此"相对一样,有明显的指点、区别作用,正因为"彼"由远指指示代词借来,所以有疏远、轻视的意味,这都是不同于真正的第三人称代词的地方。"彼"借作第三人称代词用是有它的特色的。

至于"其"和"之"都不能用于主语位置上。"其"用于定语的位置上,相当于现代汉语"他的"或"他们的",表示领属关系。有人把主谓结构中插入"之"的变形"其"当作主语,这是一种误解,例如:

> 吾见师之出而不见其入也。(《左传·僖公三十二年》)
>
> 操蛇之神闻之,惧其不已也,告之于帝。(《列子·汤问》)

例句中的"其"虽然翻译成现代汉语可以用"他"或"他们"对译,但"其"本身并非主语,"其入"即"师之入","其不已"即"愚公之不已","其"的修饰、领属作用仍然存在,它既不是主谓结构中的主语,更不可能是完整句子的主语。

"之"则用于宾语位置上,例如:

> 有弗学,学之弗能,弗措也。(《礼记·中庸》)
>
> 有众逐虎,虎负嵎,莫之敢撄。(《孟子·尽心下》)

这两个"之",都可译为"它",在否定句中,代词宾语"之"置于动词谓语前。

古代汉语中作第三人称代词的"其"和"之"也是从指示代词演变而来的,所以有时兼有指示作用(相当于"那、那些")和人称作用。只好从具体语句中加以区别。一般讲古代汉语语法的书都把可以翻译为现代汉语第三人称代词的"其"和"之"看作古代汉语第三人称代词,否则,仍然归属指示代词。例如:

> 入之甚寒,问其深,则其好游者不能穷也。(王安石《游褒禅山记》)

前一个"其"可以翻译为"它的"(即"后洞的"),后一个"其"不可以这样翻译,所以一般把前者视为第三人称代词,后者仍属指示代词。

094　古代汉语人称代词有活用现象,是怎么回事?

古代汉语人称代词的活用是指人称的转移。主要是第三人称(他称)代词可活用转移为第一人称(自称)和第二人称(对称),第一人称(自称)也可活用为第三人称(他称)。例如:

臣乃市井鼓刀屠者,而公子亲数存之。(《史记·魏公子列传》)——之,他称转移为自称。

蒋氏大戚,汪然出涕曰:"君将哀而生之乎?"(柳宗元《捕蛇者说》)——之,他称转移为自称。

然而圣主不加诛,宰臣不见斥,兹非其幸欤?(韩愈《进学解》)——其,他称转移为自称。

终身不仕,以快吾志焉。(《史记·老庄申韩列传》)——吾,自称转移为他称。

诸公要人争欲令出我门下,交口荐誉之。(韩愈《柳子厚墓志铭》)——我,自称转移为他称。

095　什么叫谦称?它有什么特点和作用?古代汉语中常见的谦称语词有哪些?

古人为了表示谦敬,在使用第一人称时改用名词或名词性语词,这些语词用来称呼自己显得谦卑、谦逊,从而表示对对方的敬意。这就是谦称。

谦称是一种表示礼貌的方式,在等级制度森严的封建社会里,谦称的讲究更突出。谦称是用来代替第一人称代词的,但谦称语词本身不是代词,不受代词的语法规律的制约。但在意义表达上则不但可以代表代词,还丰富了人称的表达作用。

古代汉语中常见的谦称大部分是名词,如"臣"、"仆"、"妾"、"奴"。"妾"是妇女专用的谦称,把自己称呼得地位卑下,并不一定只有侧室才用来自称。"臣"在古代也并非只对帝王君主而用的自称。"奴"在古代也不限于妇女自称。各举一例如下:

今大将军乃徙令臣出东道,且臣结发而与匈奴战,今乃一得当单于,臣愿居前,先死单于。(《史记·李将军列传》)——"臣"是李广在与大将军卫青对话时的谦称。

仆少负不羁之才,长无乡曲之誉。(司马迁《报任安书》）——"仆"是司马迁写信给任安时的谦称。

　　妾不堪驱使，徒留无所施。（古乐府诗《孔雀东南飞》）——
"妾"是焦仲卿妻刘兰芝对丈夫诉说时的谦称。

　　安得有英雄，迎奴归故宫？（唐昭宗《菩萨蛮》词）——"奴"
是唐昭宗的谦称。

形容词"愚"、"蒙"，动词"走"也可以活用为名词用作谦称。
"愚"、"蒙"表示自己愚昧、蒙昧，"走"表示自己是供奔走之役的（犹
今语"跑腿的"）。例如：

　　愚以为宫中之事，事无大小，悉以咨之，然后施行，必能裨
补阙漏，有所广益。（诸葛亮《前出师表》）

　　蒙窃惑焉，愿闻所以辩之之说也。（张衡《西京赋》）

　　走虽不敏，庶斯达矣。（张衡《东京赋》）

还有一些谦称是由词组演变而来的，由于这些词组长期粘合使
用，也可视为复音词。如：寡人、不谷（帝王谦称），小人、小可、不佞、
不才、不肖、老妇（老年妇女谦称），小生（青少年男子谦称），奴家（女
子谦称），奴婢、奴才（清代臣下、太监在皇帝面前的谦称），等等。超
过两个音节的谦称较少，司马迁在《报任安书》的开头一句"太史公
牛马走司马迁再拜言"，其中"牛马走"意为像牛马一样供驱使即以
奔走为役者，就是谦称的语词。（"太史公"是司马迁的职务，一般误
认为指其父司马谈，那就显得"牛马走"这一谦称不是对对方而说
的了。）

需要特别注意的是，古代汉语中自称用名不用字也是一种谦称
的方式。例如：

　　丘也闻有国有家者，不患寡而患不均，不患贫而患不安。
（《论语·季氏》）——丘，孔子谦称。

　　孟尝君顾谓冯谖："先生所为文市义者，乃今日见之！"（《战
国策·齐策》）——文，孟尝君谦称。

鸿与琅琊王质夫家于是邑。(陈鸿《长恨歌传》)——鸿,陈
鸿谦称。

以上都以自称其名表示谦恭。

096　什么叫尊称?尊称有什么特点和作用?古代汉语中常见的尊称语词有哪些?

古人为了表示尊敬,在使用第二人称代词、第三人称代词时改用表示尊敬的名词或名词性语词,这便是尊称。

尊称和谦称一样,既是礼貌语言的组成部分,也反映了古代宗法封建社会森严的等级制度。用来代替人称的尊称词语在语法上不同于代词,在意义上则代表了第二或第三人称,又注入了恭敬的感情色彩。

古代汉语常见的尊称语词有君、子、卿、公、丈人、先生、大人、王、大王、陛下、殿下、阁下、足下、左右、执事、侍史、侍者等。例如:

于是舍人相与谏曰:"臣所以去亲戚而事君者,徒慕君之高义也。今君与廉颇同列,廉君宣恶言,而君畏匿之,恐惧殊甚。……臣等不肖,请辞去。"蔺相如固止之,曰:"公之视廉将军孰与秦王?"(《史记·廉颇蔺相如列传》)——君,舍人尊称蔺相如;公,蔺相如尊称舍人。

〔王大〕曰:"吾本谓卿多,故求耳。"对曰:"丈人不悉恭,恭作人无长物。"(《世说新语·德行》)——卿,王大尊称王恭,兼有爱称意味;丈人,王恭尊称王大。

"子"作为尊称,可以单独使用。如:

子非三闾大夫与?何故至于斯?(《楚辞·渔父》)——子,渔父尊称屈原。

"子"也附在姓氏之后表尊称,如孔子、孟子、荀子、庄子。

专用于帝王、国君的敬称有王、大王、万岁、陛下等。

"陛下"、"殿下"、"阁下"是一种"因卑以达尊"的尊称语词。古代对于地位显要尊贵的天子、国君、诸侯、亲王、太子、皇太后、皇后等不但不允许直接对话,地位低下者当面指称帝王或皇后等也不允许,必须通过这些尊者的手下人、侍者传达。"陛下"原指帝王宫殿阶下的近臣,"殿下"原指诸侯、亲王、太子或皇太后、皇后宫殿下面的侍者。"皇帝陛下"、"皇后殿下"这种"因卑以达尊"的对话方式成了表敬的规矩、程式。即使地位较高的大臣与尊贵的帝王、皇后有直接对话的荣幸,也仍使用"陛下"、"殿下"等尊称以表不敢冒昧直陈之意。这样,"陛下"、"殿下"实际上已成为纯表尊称的语词了。

"阁下"、"左右"、"侍史"、"执事"、"侍者"也是"因卑以达尊"的尊称语词,广泛用于同辈或下对上,意为不敢直陈而通过尊贵者庭阁之下的侍从或侍从于尊者左右以供使令的具体办事人员来传话,从而表示尊敬。

"足下"在战国时多用于下对上,常称君主为"足下",原意与"陛下"、"殿下"相类似,因侍者在高居于上位的尊者足下,后多用"足下"作为同辈或友人之间的尊称。

与自称其名表示谦敬相联系的,古人称对方的字以表尊敬是古代汉语中特有的尊称方式。例如《论语》一书是孔子门人及再传弟子辑录孔子及其弟子言行的著作,编集者提到孔子的一些弟子时一律称字以表尊敬,而引用他们自己的言语时则忠实于原用自称其名的谦称。当然记载孔子与弟子对话则不用尊称,对学生是可以直呼其名的。弟子当着老师称呼其他弟子也用名,但弟子之间自称用名,对称用字以表谦敬,则是严格不乱的。

除了称字表尊敬以外,还有称号以及称官爵乃至称地望(出生地、任职地或住地)的,但这已不限于代替第二人称,即不限于对称时使用,在代替第三人称时也常用这些尊称,特别是后人提及前人时多称字号、官爵、地望。如苏东坡(苏轼)、陆放翁(陆游)、杜工部

(杜甫)、柳河东、柳柳州(柳宗元)等。

帝王、诸侯、卿大夫、大臣等死后往往有颂扬性的谥号。如周平王、郑武公、忠武侯(诸葛亮)、武穆王(岳飞)等。有名望的学者死后,亲友或门人所加的私谥如陶潜被谥为靖节徵士,这些谥号实际上也成为尊称。

皇帝死后另有庙号、年号。如太祖、高祖、世祖、太宗、高宗、世宗之类属庙号,因有功德的皇帝才被称为"祖"、"宗",所以这也成为尊称。明清两代皇帝年号基本上不变,不像汉代一个皇帝有好多个年号,因此有可能用年号称皇帝。如明世宗称嘉靖皇帝,清世宗称雍正皇帝,清高宗称乾隆皇帝等,这些称号也有尊称意味,但习惯作为代号。指称时尊称意味不很强。

097　什么是谦敬副词？古代汉语谦敬副词有哪些？

古人在交际活动中常在动词前用一些词语表示对对方的尊敬或表示自谦,这就是古代汉语特殊副词——谦敬副词。谦敬副词多由动词或形容词虚化而来。

古代汉语表敬副词有"请、敬、谨、幸、惠、辱、猥、垂、蒙"等。如：

楚王曰："善哉！吾请无攻宋矣。"(《墨子·公输》)

君惠徼福于敝邑之社稷,辱收寡君,寡君之愿也。(《左传·僖公四年》)

张良入谢,曰："沛公不胜杯杓,不能辞。谨使臣良奉白璧一双,再拜献大王足下。"(《史记·项羽本纪》)

臣从其计,大王亦幸赦臣。(《史记·廉颇蔺相如列传》)

先帝不以臣卑鄙,猥自枉屈,三顾臣于草庐之中。(诸葛亮《前出师表》)

伏蒙赐书诲谕,微悉重厚,欣跃恍惚,疑若梦寐。(柳宗元《寄许京兆孟容书》)

愿丈人垂听。(马中锡《中山狼传》)

古代汉语表谦副词有"敢、窃、忝、伏"等。如：

敢问何谓浩然之气？（《孟子·公孙丑上》）

臣闻吏议逐客，窃以为过矣。（李斯《谏逐客书》）

臣忝当大任，义在安国。（《三国志·魏书·三少帝纪》）

伏望执事以同盟之义，命将北征，共靖中原，同匡汉室。
（诸葛亮《与孙权书》）

098　什么是指代性副词？古代汉语指代性副词有哪些？

用在及物动词前作状语，动词后的宾语不再出现，因为这个宾语已经被指代性副词"相"或"见"指代了。

"相"原是助动词。原表互指，如"相亲相爱"，即互相亲，互相爱。后来"相"转变为偏指，"相"即指代受事者一方。如：

从许子之道，相率而为伪者也，恶能治国家？（《孟子·滕文公上》）

时时为安慰，久久莫相忘。（古乐府《孔雀东南飞》）

稍出近之，憖憖然，莫相知。（柳宗元《三戒》）

以上"相率"即率领大家，"相忘"即忘记我，"相知"即知道它（驴）。指代受事者一方，而不包括施事者。

"见"原也是助动词，原表被动。如："信而见疑""吾长见笑于大方之家"。后来"见"转变为副词，用在及物动词之前，表示对他人所发出行为的接受，有指代宾语的作用。如：

生孩六月，慈父见背。（李密《陈情表》）

家叔以余贫苦，遂见用于小邑。（陶潜《归去来兮辞序》）

故今具道所以，冀君实或见恕也。（王安石《答司马谏议书》）

以上"见背"即离弃我，"见用"即起用我，"见恕"即宽恕我。

现代人们常说的"请勿见怪"、"有何见教"、"请莫见笑"中的

"见"都沿用"见"作为指代性副词的用法。

099 现代汉语连词"无论"在古代汉语中用什么词,怎样表达?

相当于现代汉语连词"无论"的古代汉语词是"无"。

"无"在古代汉语中用途很广。有用作动词的,相当于"没有";有用作副词的,相当于"不"、"毋";有用作语气词的,相当于"否"。

作为义同现代连词"无论"的"无",往往两个或两个以上的"无"并列对举,或"无"后紧接并列词语。如:

无大无小,从公于迈。(《诗经·鲁颂·泮水》)

人君无愚智贤不肖,莫不欲求忠以自为,举贤以自佐。(《史记·屈原贾生列传》)

愚以为宫中之事,事无大小,悉以咨之,然后施行。(诸葛亮《前出师表》)

是故无贵无贱,无长无少,道之所存,师之所存也。(韩愈《师说》)

《诗经》和韩文都以两个或两个以上的"无"并列对举,《史记》和《前出师表》则于"无"字后紧接并列词语。这些"无"都可翻译为"无论"、"不论"、"不管"。

100 疑问代词"谁"的用法古今完全相同吗?

目前较为流行,较有影响的古代汉语教材都认为疑问代词"谁"的用法古今完全相同。如王力主编《古代汉语》(见"古代汉语通论(十)")、郭锡良等编《古代汉语》(见"古代汉语常识(十)")。

诚然,古代汉语疑问代词"谁"用作指人的疑问代词时,含义与现代汉语疑问代词"谁"完全相同。但是古代汉语疑问代词"谁"有时不能像现代汉语疑问代词"谁"一样翻译成"什么人"、"哪个",而

是作为不限于指人的疑问代词,意义相当于"何"、"什么"。如:

> 鸟兽不可与同群,吾非斯人之徒与而谁与?(《论语·微子》)——谁与,与什么。

> 凡人主必信,信而又信,谁人不亲?(《吕氏春秋·贵信》)——谁人,什么人。

> 一动而五业附,陛下谁惮而久不为此?(贾谊《治安策》)——谁惮,害怕什么。

> 小土竟成谁计是,山林又悔一年非。(唐彦谦《赠孟德茂》诗)——谁计,何计。

> 满地黄花堆积,憔悴损,如今有谁堪摘?(李清照《声声慢》词)——有谁堪摘,有什么可摘。

> 凭谁问,廉颇老矣,尚能饭否?(辛弃疾《永遇乐·京口北固亭怀古》词)——凭谁,凭什么。

古代字典、辞书《说文解字》、《广韵》等都指出"谁,何也。"清代《经传释词》、《助词辨略》、《说文通训定声》等均加以引用。

毛泽东《浪淘沙·北戴河》词:"一片汪洋都不见,知向谁边?"这里的"谁"沿用古义,"谁边"即哪边,何边。

以上"谁"均不同于现代汉语指人的疑问代词"谁"。

101　古代汉语指示代词有哪些类?各类指示代词的古今比较有何异同之点?

古代汉语中主要的指示代词同现代汉语一样,可分近指指示代词和远指指示代词两大类。古今的差异主要是用字上。古代汉语近指指示代词有"此"、"是"、"斯"、"兹"等,相当于现代汉语近指指示代词"这";古代汉语远指指示代词有"彼"、"夫"、"其"、"厥"等,相当于现代汉语远指指示代词"那"。

古代汉语指示代词还有两个特殊点:

1."尔"、"若"、"乃"、"之"等用作指示代词时有时指代不确定——可近可远,亦近亦远,可以称之为中指指示代词。例如:

　　之子于归,宜其室家。(《诗经·周南·桃夭》)

　　以若所为,求若所欲,犹缘木而求鱼也。(《孟子·梁惠王上》)

　　子无乃称。(《庄子·德充符》)

　　尔后小娥便为男子服,佣保于江湖间。(李公佐《谢小娥传》)

以上"之"、"若"、"乃"、"尔"既可译为"这"也可译为"那",指代不确定。

2.相当于现代汉语指示代词"这样"、"那样"(用于定、状、谓语)的,古代汉语常用指示代词前加动词"如"、"若"表示。前者("这样"、"那样")是词,后者("若此"、"如是"等)属词组。例如:

　　以德若彼,用力如此,盖一统若斯之难也!(《史记·秦楚之际月表》)

古代汉语用于状语、谓语的近指指示代词相当于"这样"的,还有一个专用词"然"。例如:

　　无然泄泄。(《诗经·大雅·板》)

　　物固莫不有长,莫不有短,人亦然。(《吕氏春秋·用众》)

古代汉语中还有几类指示代词是现代汉语所没有的:

1.旁指指示代词　有"他"、"异",相当于"别的"、"旁的"、"其他"。

2.无定指示代词　又称不定代词,无定代词,无指代词。有"或"(肯定性无定代词)、"莫"(否定性无定代词),相当于"有的"、"没有谁"或"没有什么"。

3.辅助性指示代词　又称特别指示代词。有"者"、"所",附着在别的词或词组的前面或后面,有称代作用。

以上三类古代汉语所特有的指示代词的具体特点和用法,详见本书第 102、103、106、107 各条。

102　什么叫旁指代词？古代汉语旁指代词在用法上有什么特点？

　　古代汉语中用来指代旁的（别的、另外的）人或事物的指示代词叫旁指代词。古代汉语旁指代词主要是"他"，有时也用"异"这个词。旁指代词可以充当主语、宾语，起替代作用；也可以充当定语，起区别作用。如熟语"他非所求"、"岂有他哉"、"王顾左右而言他"等用于主、宾位置的"他"，都表示别的事物。最常见的用法是"他"作为定语，修饰名词，构成名词性词语。如他人、他山、他方、他心、他志、他邑、他乡、他邦、他国、他事、他所、他室、他故、他端、他意、他境、他疆、他辞等。要注意，所有这些"他"都不同于现代汉语第三人称代词的"他"。例如：

　　　　他人有心，予忖度之。（《诗经·小雅·巧言》）——他人，别的人。

　　　　岂其有他故兮，莫好脩之害也。（《楚辞·离骚》）——他故，别的缘故。

　　　　今有难，无他端，而欲赴秦军，譬若以肉投馁虎。（《史记·魏公子列传》）——他端，别的办法。

　　旁指代词"异"的使用范围较小，上述用"他"的地方，不能都用"异"来替换。特别是作为定语修饰名词的"异"往往是特异、奇异的意思，因而不是旁指代词。如"奇花异草"、"异国情调"、"异想天开"、"异端邪说"等语词中的"异"都不是旁指代词，应归属形容词。只有当"异"表示旁的、其他的意思时，才属旁指代词。例如：

　　　　吾以子为异之问，曾由与求之问。（《论语·先进》）——异，别的（人），前置宾语。

　　　　此无异故，其谋臣皆不尽其忠也。（《韩非子·初见秦》)——异故,他故,别的缘故。

时间名词"年"、"月"、"日"、"时"前用旁指代词"他"或"异"修饰,在所指的范围上有广泛灵活的特点,即既可指以往的时间,也可指将来的时间。例如:

> 异时诸侯吏卒徭役屯戍过秦中。(《汉书·项籍传》)——异时,指往时。
>
> 异时豺狼无厌之求,安知不加我以无礼如刘豫也哉?(胡铨《戊午上高宗封事》)——异时,指将来。
>
> 他日我如此,必尝异味。(《左传·宣公四年》)——他日,往日。
>
> 此吾祖太常公宣德间执此以朝,他日汝当用之。(归有光《项脊轩志》)——他日,将来。

不论是往日还是将来,与现在相对而言,都属于旁的时日。所以时间名词前所用的"他"或"异"都属于旁指代词。

103　古代汉语中的无定代词有什么特点?

古代汉语中的无定代词是古代汉语所特有的指示代词,又称"不定代词"、"无指代词"。有肯定性的无定代词"或"和否定性的无定代词"莫"。现代汉语中没有与之相当的代词,只能对译为词组。"或"可译为"有的人""有的事物"或"有的","莫"可译为"没有谁"、"没有地方"或"没有什么"。

无定代词有下列几个特点:

1.指代不确定,不论指人还是指事物、时间、处所,都不是确指具体某一对象的。例如:

> ①或谓孔子曰:"子奚不为政?"(《论语·为政》)——或,有人。
>
> ②夫物之不齐,物之情也。或相倍蓰,或相什百,或相千万。子比而同之,是乱天下也。(《孟子·滕文公上》)——或,有的(物)。

③为医或在齐,或在赵。在赵者名扁鹊。(《史记·扁鹊仓公列传》)——或,有时。

④荆宣王问群臣曰:"吾闻北方之畏昭奚恤也,果诚何如?"群臣莫对。(《战国策·楚策》)——莫,没有谁,指人。

⑤神莫大于化道,福莫长于无祸。(《荀子·劝学》)——莫,没有什么,指事。

⑥东西南北,莫可奔走。(《盐铁论·非鞅》)——莫,没有地方,指处所。

2.无定代词一般只用作主语,不用作宾语或定语,"或"用于指时间时,可作状语。如上例③。

3.无定代词前面一般有先行词表示范围。如上例②的"物",例④的"群臣",例⑤的"神"、"福"都是先行词,"或"指代先行词范围内有的人或有的事物。无定代词前面有时不出现先行词(包括承前或蒙后省略的先行词),那就表示指代的范围更广泛,也就是没有范围的限制。如上例①的"或",泛指有人,不作范围的限制。下面举两个不出现先行词的"莫"字用例:

谏而不入,则莫之继也。(《左传·宣公二年》)
自经于沟渎而莫之知也。(《论语·宪问》)

这两例的"莫",泛指没有谁,表示更广泛的否定,没有范围的限制。

4."或"、"莫"也有无定代词以外的用法。必须严格区别,防止混淆。

"或"又用作语气副词,相当于现代汉语中的"或许"、"也许"、"大概"。例如:

虽古好事之士,或未能至焉。(柳宗元《钴鉧潭西小丘记》)
越人语天姥,云霞明灭或可睹。(李白《梦游天姥吟留别》诗)

古代汉语中语气副词"或"与语气词"者"组合,字面上与现代汉语连词"或者"一样,但词性和用法不同,前者与单独的语气副词"或"意义一样。例如:

今天或者大警晋也,而又杀林父以重楚胜,其无乃久不竞乎?(《左传·宣公十二年》)

昔者辞以病,今日吊,或者不可乎?(《孟子·公孙丑下》)

"天或者大警晋也"是说"上天也许特别警告晋国吧","或者不可乎"是说"大概不可以吧"。

"莫"又用作相当于"不"的否定副词。例如:

闻免父之命,不可以莫之奔也。(《左传·昭公二十年》)

人知其一,莫知其他。(《诗经·小雅·小旻》)

汉以后,"莫"又用于祈使句,表示禁止,相当于"勿"。例如:

秦王车裂商君以徇,曰:"莫如商鞅反者!"(《史记·商君列传》)

作书与内舍,便嫁莫留住。(陈琳《饮马长城窟行》诗)

104 "孰与"有什么特殊的含义和用法?

古书上常见疑问代词"孰"同连词"与"连用,其作用在于比较人或事物的高下得失,并从中进行选择。

《战国策·齐策》记述"邹忌讽齐王纳谏"的故事,其中表示比较选择的问句如下:

我孰与城北徐公美?

吾孰与徐公美?

吾与徐公孰美?

第三句的格式同现代汉语一样,第一、二句都是"孰与"连用的,这是古代汉语中常用的格式,就是把表示选择的疑问代词"孰"置于连词"与"和比较对象之前。类似的例子又如:

我孰与皇帝贤?(《史记·郦生陆贾列传》)

陛下自察圣武孰与高帝?(《史记·曹相国世家》)

末例将表示比较的方面(圣武)提前,从而予以突出,但"孰与"连用仍放在被比较的对象之前。

更为特殊的格式是省略表示比较的方面,即不出现用来比较的形容词或形容词词组。只出现用来互相比较的两项。例如:

> 田侯召大臣而谋曰:"救赵孰与勿救?"(《战国策·齐策》)
> 公之视廉将军孰与秦王?(《史记·廉颇蔺相如列传》)

"救赵"与"勿救"、"廉将军"与"秦王"都是用来互相比较的两项,但表示比较的方面"得失"、"利弊"、"强弱"、"高下"之类形容词并没有出现,要由读者自己体会、理解。

这类"孰与"连用不出现比较的方面的格式还有一种很特殊的用法,即互相比较的两项中,倾向于选择"孰与"的后面一项,而舍弃前面一项。例如:

> 大天而思之,孰与物畜而制之? 从天而颂之,孰与制天命而用之? 望时而待之,孰与应时而使之? 因物而多之,孰与骋能而化之? 思物而物之,孰与理物而勿失之也? 愿于物之所以生,孰与有物之所以成?(《荀子·天论》)
> 惟坐而待亡,孰与伐之?(诸葛亮《后出师表》)

这类格式中的"孰与"含义已发展为表示"哪比得上"。这是同前面几种格式中的"孰与"不同的地方。

"孰与"在古书中也写作"孰如"、"孰若"、"何如"、"何若",其用法也包括上述各种,但当与"与其"呼应使用时,"孰若"、"何如"之类连用语词就更明确地表示"哪比得上",即倾向于选择后项。例如:

> 与其有誉于前,孰若无毁于其后。(韩愈《送李愿归盘谷序》)
> 与其杀是童,孰若卖之?(柳宗元《童区寄传》)

当然,表示"哪比得上"即倾向于选择后项不一定非有"与其"配合不可,"孰与"、"孰如"等单独使用表示比较选择是否倾向于后项要具体分析确定。

105 古代汉语里主谓结构中插入"之"的用法有什么特点？

古代汉语中主谓结构中插入文言虚字"之"("之"的词性各家说法不一,有的说是介词,有的说是连词,也有的说是助词),其作用是使原主谓结构化为偏正词组,带有名词性,经常用来充当句子成分。例如：

> 子之哭也,壹似重有忧者。(《礼记·檀弓下》)——主谓结构"子哭"中插入"之",充当主语。
>
> 岁寒,然后知松柏之后凋也。(《论语·子罕》——主谓结构"松柏后凋"中插入"之",充当宾语。
>
> 秦之围邯郸,赵使平原君合从求救于赵。(《史记·平原君虞卿列传》)——主谓结构"秦围邯郸"中插入"之",充当时间状语。

除了用作句子成分外,主谓结构中插入"之"化为偏正词组,可以充当分句,主要是充当假设分句,表示语意未完,让读者等待下文。例如：

> 皮之不存,毛将安傅?(《左传·僖公十四年》)
>
> 苟子之不欲,虽赏之不窃。(《论语·颜渊》)
>
> 父母之爱子,则为之计深远。(《战国策·赵策》)

以上是主谓结构中插入"之"的基本用法,因而不少人认为"之"有取消主谓结构成为句子的功能,即所谓"取消句子独立性"。其实主谓结构中插入"之"也有仍为独立的句子的,主要是一些感叹句。例如：

> 天乎! 予之无罪也!(《礼记·檀弓》)
>
> 子曰："予之不仁也!"(《论语·阳货》)

扁鹊出,桓侯曰:"医之好治不病以为功!"(《韩非子·喻老》)

由此观之,誉之足以杀人矣。(《韩非子·内储说上》)

也有用为疑问句的:

定公问于颜渊曰:"东野子之善驭乎?"(《荀子·哀公》)

独立句由主谓结构中插入"之"构成,加强并突出原谓语部分,即突出感叹中心或疑问中心,有加强语气的作用。

106　"者"字的提顿用法有什么特点? 它同称代用法有什么区别?

"者"字的提顿用法就是指提示停顿的用法,这种用法的"者"属于语气助词。而"者"字的称代用法表示指称人或事物,这种用法的"者"属于辅助性代词,可以对译为"……的人"或"……的事物",而提顿用法的"者"不能这样对译。

"者"的提顿用法最常见的是用于判断句中表示传记性或解释性的句子中。"者"置于名词或名词性词组之后。"者"表提示,提示所要陈述或解释的人或事物。例如:

屈原者,名平,楚之同姓也。(《史记·屈原贾生列传》)

离骚者,犹离忧也。(同上)

孟尝君为相数十年,无纤介之祸者,冯谖之计也。(《战国策·齐策》)

第一例是传记性句子,二、三例是解释性句子,都属于判断句的灵活用法。"者"置名词或名词性词组之后,提示作用明显。

时间名词"今"、"古"、"昔"、"曩"、"往"等后面加"者",有加强语气,加重时间名词分量的作用。例如:

古者丈夫不耕,草木之实足食也。(《韩非子·五蠹》)

今者项庄拔剑舞,其意常在沛公也。(《史记·项羽本纪》)

此外,提顿用法的"者"也可表示假设或推究原因,经常置于分句句末。例如:

> 若入前为寿,寿毕,请以剑舞,因击沛公于坐,杀之。不者,若属皆且为所虏。(《史记·项羽本纪》)
>
> 合从者为楚,非为赵也。(《史记·平原君列传》)
>
> 然侍卫之臣不懈于内,忠志之士忘身于外者,盖追先帝之殊遇,欲报之于陛下也。(诸葛亮《前出师表》)

以上"不者"意为假如不杀的话,表假设"合从者"、"侍卫之臣……于外者"表推究原因,"者"都附在分句之后,属语气助词,有提示"之所以……"(意思是"导致……的原因")的作用。

107　"者"字结构和"所"字结构都是名词性结构,两者有什么区别?

文言虚字"者"和"所"都不能单独使用,必须放在其他词或词组的后面或前面,构成"者"字结构和"所"字结构,使整个结构成为名词性结构,充当句子成分。因为"者"和"所"都具有称代作用,又不能独立作句子成分,所以一般称之为辅助性代词或助词。

具有称代作用的"者"放在其他词或词组的后面,组成"者"字结构,它的主要用法是放在动词、形容词(或动词性词组、形容词性词组)的后面,构成名词性结构,充当句子成分。例如:

> 庸者笑而应曰:"若为庸耕,何富贵也?"(《史记·陈涉世家》)
> 大者王,小者侯。(《汉书·高帝纪》)
> 王莽征天下能为兵法者六十三家。(《后汉书·光武纪》)
> 节行瑰奇,有足称者。(白行简《李娃传》)

以上,"庸者"是"者"置动词后;"大者"、"小者"是"者"置形容词之后;"天下能为兵法者"是"者"置动词性词组之后;"足称者"是"者"置形容词性词组之后。"者"字结构分别用为主语(前二例)和宾语(后二例)。

数词具有形容词性质,"者"也可附在数词之后构成"者"字结构,作用同上。例如:

> 必不得已而去,于斯三者何先?(《论语·子路》)
>
> 二者不可得兼,舍鱼而取熊掌者也。(《孟子·告子上》)

另外,"者"置名词(包括时间名词)之后或置分句之后称代作用很弱,主要表示提顿语气,一般认为"者"属语气词,同上述用法不同。例如:

> 陈胜者,阳城人也。(《史记·陈涉世家》)
>
> 今者将军令臣等反背水阵。(《史记·淮阴侯列传》)
>
> 攻而必取者,攻其所不守也。(《孙子兵法·虚实篇》)

判断说明句中"者"提示复指主语,常见于传记性注释性句子中。名词后加"者"加重时间名词的分量。分句后的"者"主要表假设或推究原因,这些"者"均属语气词。(详见本书第 106 条)

有称代作用的"所"字常置于动词(包括活用为动词的名词、形容词)或动词性词组之前,组成名词性的"所"字结构,充当句子成分。例如:

> 衣食所安,弗敢专也。(《左传·庄公十年》)
>
> 仲子所居之室,伯夷之所筑与?抑亦盗跖之所筑与?(《孟子·滕文公下》)
>
> 少丧父母,适人而所天又殒。(潘岳《寡妇赋》)

以上,"所"分别置形容词"安",动词"居"、"筑",名词"天"之前,而"安"、"天"实际上都已活用为动词,分别是安身和仰赖、依靠之意。

"所"又用于介词"以"、"为"、"从"、"与"之前,指代介词所介绍的对象。"所"同介词及介词后的动词性成分组成的词组仍是名词性的"所"字结构。可充当各种句子成分。例如：

其竭力致死，无有二心，以尽臣礼，所以报也。(《左传·成公三年》)——所以报，所用来报答的方式。名词性谓语。

其妻问所与饮食者，则尽富贵也。(《孟子·离娄下》)——所与饮食者，与之饮食的人。动词"问"的宾语。

楚人有涉江者，其剑自舟中坠于水，遽契其舟，曰："是吾剑之所从坠。"(《吕氏春秋·察今》)——所从坠，从坠的地方。作判断句中名词性谓语。

梁乃召故所知豪吏，谕以所为起大事。(《史记·项羽本纪》)——所为起大事，起大事的原因。介词"以"的宾语。

"者"字结构和"所"字结构如果都由及物动词组成，要注意两者的重要区别——"者"字结构一般指代动作的施行者(即主动者)，"所"字结构一般指代动作的对象。例如：

始臣之解牛之时，所见无非牛者。(《庄子·养生主》)——所见，见到的东西。

见者惊犹鬼神。(《庄子·达生》)——见者，看见的人(不是被看见的人)。

陶潜《桃花源记》："问今是何世，乃不知有汉，无论魏晋，此人一一为具言所闻，皆叹惋。"《古文观止》误读为"所闻皆叹惋"，把"所闻"理解为听闻的人，其实这里的"所闻"即所听闻的对象，不是施行听闻这个动作的主动者，后者必须说成"闻者"。在特定的场合，"×者"也可以指对象，如"缚者曷为者也？"(《晏子春秋·内篇杂下》)中的"缚者"指被缚者，但"所×"不可以指代主动者是确定无疑的。

108 古代汉语陈述句句末语气词"也"和"矣"有什么区别？

古代汉语陈述句句末语气词"也"属于静性的语气词，其作用在于说明或确认静止性的事物，表示本然之事；句末语气词"矣"则属于动性的语气词，其作用在于陈述发展变化的事物，表示已然或将然之事。对照下列句末用"也"、"矣"的句子，可以明显看出两者的不同作用和特点：

> 今君有一窟，未得高枕而卧也。(《战国策·齐策》)
> 三窟已就，君姑高枕为乐矣。(同上)
> 由也升堂矣，未入于室也。(《论语·先进》)
> 吾闻其语矣，未见其人也。(《论语·季氏》)

以上句末用语气词"也"从静态来说明、判断，确认是否能高枕而卧、是否入室、是否见其人，表示本然之事。句末用语气词"矣"则陈述变动的事物——"姑高枕为乐"后用"矣"表将然之事，"升堂"、"闻其语"后用"矣"表已然之事，即经过一番变动而成之事。把事物发展的现阶段作为新情况陈述出来，这种句末语气词"矣"一般可对译为"了"，而句末语气词"也"一般无相应的固定的现代语气词可对译。

109　什么叫发语词？古代汉语中常见的发语词有哪些？

发语词又叫发端词，由于它经常放在句首表示提示和引出下文的语气，现代一些学者又称它为句首语气词或提顿语气词。发语词只表语气，没有确定的词汇意义，现代汉语中已不用，所以一般无法直接对译。常见的古代汉语发语词有"夫"、"唯（维、惟）"、"盖"、"其"等。例如：

> 夫兵，犹火也，弗戢，将自焚也。(《左传·隐公四年》)
> 夫以秦王之威，而相如廷叱之，辱其群臣。相如虽驽，独畏廉将军哉？(《史记·廉颇蔺相如列传》)

发语词"夫"大多表示要发议论的语气。

> 维鹊有巢，维鸠居之。(《诗经·召南·鹊巢》)
> 惟十有三年春，大会于孟津。(《尚书·泰誓上》)

阙秦以利晋,唯君图之。(《左传·僖公三十年》)

发语词"唯(维、惟)"既表提顿语气,又表期望语气。第一例表提示、引出主语,第二例引出年月,第三例则表期望语气。后代仿古的文章如祭文常以"维(惟)"引出年月日。表示期望语气多用"唯"。

发语词"夫"和"唯"常可连用,其作用仍为表示提示和引出下文。《老子》:"夫佳兵者不祥之器。"其中"夫佳"当作"夫佳",即"夫唯"。

盖文字者,经埶(艺)之本,王政之始,前人所以垂后,后人所以识古。(许慎《说文解字·叙》)

发语词"盖"表示宽缓、委婉语气。

谚所谓"辅车相依,唇亡齿寒"者,其虞、虢之谓也。(《左传·僖公五年》)

呜呼!其信然邪?其梦邪?其传之非其真邪?(韩愈《祭十二郎文》)

发语词"其"表示拟议、推测语气。"其"也用于祈使句和反问(反诘)句,表示祈使或反诘语气,例如:

欲加之罪,其无辞乎?(《左传·僖公十年》)

丞相朕之所重,其为朕率列侯之国。(《史记·孝文本纪》

有的语法书把这两种用法的"其"归属语气副词,不算发语词。

110　介词"以"和连词"以"怎样辨别?

古代汉语中"以"兼作介词和连词,要辨别句中的"以"是介词还是连词主要从下面几点去考察、认识。

1.介词"以"一般带名词性宾语组成介宾词组(即介词结构),连词"以"一般用来连接并列的动词性成分或形容词性成分。例如:

许子以釜甑爨，以铁耕乎？（《孟子·滕文公上》）——介词
"以"与名词性成分"釜甑"、"铁"组成介宾词组。

余折以御。（《左传·成公二年》）——连词"以"连接动词
"折"、"御"。

夫夷以近，则游者众；险以远，则至者少。（王安石《游褒禅
山记》）——连词"以"连接形容词"夷"、"近"、"险"、"远"。

2.连词"以"连接动词性成分时，常常表示后一动作行为是前一
动作行为的目的或结果。介词"以"虽亦用于因果句，但"以"所组成
的介宾词组表示动作行为的原因。例如：

志士仁人，无求生以害仁，有杀身以成仁。（《论语·卫灵
公》）——连词"以"引出动作行为的结果（害仁）、目的（成仁）。

君子不以言举人，不以人废言。（同上）——介词"以"引出
"举人"的原因"言"和"废言"的原因"人"。

3.介词"以"组成的介宾词组（包括宾语前置的介宾词组）作谓
语的状语，而连词"以"可以置于状语和谓语之间。前者"以"是状语
的一部分，后者"以"不是状语。例如：

方城以为城，汉水以为池。（《左传·僖公四年》）——介宾
词组"以方城"、"以汉水"宾语前置作谓语"为城"、"为池"的
状语。

赵王岂以一璧之故欺秦邪？（《史记·廉颇蔺相如列
传》）——介宾词组"以一璧之故"作谓语"欺秦"的状语。

木欣欣以向荣，泉涓涓而始流。（陶潜《归去来兮辞》）——
连词"以"置状语与谓语之间，用法同"而"。

4.介词"以"的宾语有时可以省略，连词"以"所连接的两项（动
词性或形容词性成分）不可以省略。例如：

小人有母，皆尝小人之食矣，未尝君之羹，请以遗之。（《左

传·隐公元年》)——介词"以"的宾语"君之羹"已在上文出现
过而省略。

　　狐偃惠以有谋,赵衰文以忠贞,贾佗多识以恭敬。(《国
语·晋语》)——连词"以"连接的前后两项均不可省略。

111　怎样掌握文言虚字的用法,有什么切实有效的学习方法?

　　文言虚字在古诗文中出现频率很高,几乎每段文字甚至每个句子往往少不了它,文言虚字大多又是一字多义的。在纷繁复杂的文言虚字多样用法面前,初学者常感眼花缭乱,茫无头绪。要掌握文言虚字的用法,着重注意特殊点和抓住联系的线索是比较重要的切实有效的学习方法。

　　所谓"特殊点",包括与现代汉语比较起来显得特殊的用法和与古代汉语中一般用法比较起来显得特殊的用法。

　　(一)着眼于古今汉语的比较

　　着眼于古今汉语的比较,必须着重注意的既不是相同点也不是截然不同之点。无论是实词还是虚词,古今字面相同用法相同的,反映了语言的继承性和稳固性,自然不难对付。至于古今字面和用法截然不同的词,虽然陌生一些,但因为容易引起注意,不会纠缠混淆。那些字面相同看起来熟悉而用法不同的词才是最须注意的。文言虚字中同现代汉语虚词字面相同的并不多,但决不能掉以轻心。例如:

　　否定副词"不"、"勿"、"未"、"非"、"否"等,古今汉语使用字面形式相同的词,而且意义也大体一致,学习起来困难不大。需要着重注意的是为现代汉语中所罕见的特殊用法。如古代汉语中使用"不"、"未"等否定副词时,代词宾语必须前置,说成"不我欺"、"未之知"等。

连词"虽"同现代汉语"虽然"或其简缩形式"虽"作为让步句连词用来表示承认事实的让步,用法完全一致。但须注意不同于现代连词"虽然"的用法,即用于表示假设的让步句中,古代汉语连词"虽"则不同于今之"虽然",而相当于今之"即使"、"纵然"。如:

> 虽我之死,有子存焉。(《列子·汤问》)
>
> 失齐,虽隆薛之城到于天,犹之无益也。(《战国策·齐策》)

这两句中的"虽"都不能译作"虽然"(因为死和城高至天都不是既成事实),而应译为"即使"、"纵然"。

不少古代汉语虚词至今沿用,不但沿用其字面形式,而且沿用其用法,但仍有特殊之点,就是还有古代某些用法今天没有继承下来,所以不能不加区别地对待。再举数例:

连词"而"生命力很强,至今无法用一个现代虚词来替换它。它被广泛地沿用下来,用于各种表示顺接或逆接的语句中。但古代汉语中置于主谓结构之间表示假设意味的"而"今天并没有照搬过来,就是一个特殊点。例如:

> 人而无信,不知其可也。(《论语·为政》)
>
> 人而不知,与木何异?(范缜《神灭论》)

范围副词"仅",今天也沿用下来,表示范围有限,相当于"只",言其少。这是古今一致的。但中古汉语"仅"又表示"几乎"、"将近"的意思,恰恰是言其多。例如:

> 初守睢阳时,士卒仅万人,城中居人户亦且数万。(韩愈《张中丞传后叙》)
>
> 江国逾千里,山城仅百层。(杜甫《泊岳阳城下》诗)

这是现代沿用的副词"仅"所没有的特殊用法。

时间副词"曾",古今都用来表示事情发生在过去,相当于"曾经"。但古代汉语中"曾"大量用作语气副词,则是今天感到陌生的一种特殊用法。例如：

> 吾以子为异之问，曾由与求之问。（《论语·先进》）
>
> 以君之力，曾不能损魁父之丘，如太行、王屋何？（《列子·汤问》）

这两个句子里的"曾"都表示出人意外或表示加强语气，相当于"竟"或"连……也……"。"曾"与否定词连用，表示加强否定的语气"曾不能"即"连……也不能"的意思。这种表示语气的副词"曾"是现代汉语所未予沿用的特殊用法。

古今汉语中都使用助动词"请"（古代汉语语法习惯把助动词也归入虚词），其后的动词是要求对方做的，如"请坐"、"请用茶"等。但古代汉语中"请"的常见用法是用作表敬副词，其后的动词是自身发出的动作行为。如：

> 城不入，臣请完璧归赵。（《史记·廉颇蔺相如列传》）
>
> 事急矣，请奉命求救于孙将军。（《资治通鉴·赤壁之战》）

这种表敬副词，今天只在固定格式"请问"中保留下来，"问"这个动作是说话人自身发出的，前面加个"请"表示谦敬，不是"请求"的意思，但今天一般已不再沿用这种用法，这是必须着重掌握的特殊用法。

古今使用同一字面形式的虚词有时分属不同的词类，表示不同的意义，这也是最易混淆的特殊之点。

现代常用的转折连词"但"，古代多用为范围副词，表示限制，相当于"只"。例如：

> 不闻爷娘唤女声，但闻黄河流水鸣溅溅。（古乐府《木兰诗》）
>
> 死去元知万事空，但悲不见九州同。（陆游《示儿》诗）

现代常见的因果复句中同"因为"相配合使用的连词"所以"常置于结果分句，义同"因此"。但在古代汉语中"所以"是助词"所"和

介词"以"的结合,不是一个词,也不是连词。例如:

> 口,人所以言食也。

> 舌,在口,所以言也,别味也。

这是《说文解字》为"口"、"舌"所下的定义,"所以"是"所凭借"、"所用来"的意思。随着介词"以"的含义引申,也可以用于因果句中,但表示的意思仍不同于今天的"所以",不用于结果分句,仍是"所凭借"的意思,可以指所凭借的原因。例如:

> 吾所以为此者,以先国家之急而后私仇也。(《史记·廉颇蔺相如列传》)——"所以为此"即"这样做的原因"。

> 亲贤臣,远小人,此先汉所以兴隆也;亲小人,远贤臣,此后汉所以倾颓也。(诸葛亮《前出师表》)——"所以兴隆"即"兴隆的原因","所以倾颓"即"倾颓的原因"。

此外,有些词古代虽作为虚词用,今天却已作为实词;相反,有些词古代是实词,今天已作为虚词,各举一例如下:

古代汉语程度副词"少",相当于稍微的意思,表示程度比较轻。例如:

> 太后之色少解。(《战国策·赵策》)

> 少焉,月出于东山之上,徘徊于斗牛之间。(苏轼《赤壁赋》)

这两个句子里的"少"现代汉语都改用"稍"或"稍微"。"少解"即稍微地和缓了一些;"少焉"即"一会儿"。(注意:古代汉语中的"稍"则为时间副词,表示逐渐、渐渐)。今天,"少"只用为形容词"多少"的"少"或"老少"的"少"。

现代汉语时间副词"再",表示动作重复出现,同"又"、"复"含义相类。但在古代汉语中,"再"却是一个数量词,一般专表动量"两次"或"第二次"的意思。如:

> 一鼓作气,再而衰,三而竭。(《左传·庄公十年》)

> 田忌一不胜而再胜。(《史记·孙子吴起列传》)

我们今天说"几年再会"指过了几年又一次相会,而古代汉语中则以"几年再会"指几年内会两次,含义很不相同。以上是同现代汉语比较显得特殊的用法。下面简述同古代汉语一般用法比较而显得特殊的用法。

(二)注意古代汉语中的特殊用法

副词"相"一般表示交互关系,相当于"相互",如"相亲相爱"、"相会"、"相争"等。"相"的特殊用法则表示由此及彼的关系,可称为"偏指"关系的副词,带有指代接受动作一方的作用。例如:

> 〔愚公〕聚室而谋曰:"吾与汝毕力平险,指通豫南,达于汉阴,可乎?"杂然相许。(《列子·汤问》)
>
> 儿童相见不相识,笑问客从何处来。(贺知章《回乡偶书》诗)

"相许"是家人赞许愚公,"相见不相识"是就家乡儿童对作者而说的。以上几个"相"都不能译作"互相"。

另外,"代代相传"、"父子相传"的"相"也不表"互相"之意,而是偏指用法的发展,表示递相关系。还有"虚指"的"相",指代对象不确定,如"苟富贵,毋相忘"(《史记·陈涉世家》)。这类"相"也不能译为"互相",而是"偏指"的灵活用法,当时所指施行"毋相忘"这一活动和"毋相忘"的对象都还不确定。

助动词"见"一般用于被动句中,放在及物动词之前,表示主语是受动者,如"吾长见笑于大方之家"(《庄子·秋水》)、"信而见疑,忠而被谤"(《史记·屈原贾生列传》)。与此截然不同的一种特殊用法是"见"置于及物动词前,主语仍是施动者而不是受动者,这种不表被动的"见"带有指称及物动词的受动者(多为己身称)的作用。例如:

> 家叔以余贫苦,遂见用于小邑。(陶潜《归去来兮辞序》)
>
> 然而圣主不加诛,宰臣不见斥,兹非其幸欤!(韩愈《进学解》)

以上"见"都不能解释为"被","见用"即"任用我（陶潜）","见斥"即"斥责我（韩愈）"。

语气词"也"经常用于句末，表示确认的语气。多用于判断说明句中，有时也用于祈使句、感叹句或疑问句句末。相对地说，用于句中的"也"就是比较特殊的用法。例如：

> 吾生也有涯，而知也无涯。（《庄子·养生主》）
>
> 物者，春也吐华，夏也布叶，秋也凋零，冬也成实。斯无为而自成者也。若强为之，则伤其性矣。（徐幹《中论·考伪》）

这些用于句中的"也"都不能视为句子结束的标志，不可用句号圈断。这种"也"的用法是表示提顿，既是句读上的停顿，又表示提起下文。用于分句末的"也"也是提顿用法。例如：

> 若知其不义也，夫奚说书其不义以遗后世哉？（《墨子·非攻上》）
>
> 惩山北之塞，出入之迂也。聚室而谋曰……（《列子·汤问》）

这些分句末的"也"也不同于全句句末的"也"，仍属提顿用法，既表停顿，又表与下文的互相连接，有提示语意未完即提起下文的作用。

文言虚字"焉"的常见用法是作为兼词，相当于介词"于"和指示代词"是"（或"此"）的结合。例如：

> 制，岩邑也，虢叔死焉。（《左传·隐公元年》）
>
> 昔者吾舅死于虎，吾夫又死焉，今吾子又死焉。（《礼记·檀弓下》）

其中几个"死焉"都是"死于此（是）"的意思，"此（是）"分别指代"制"和"虎"。

与此相对，至少有下面几种比较特殊的用法值得注意：

1. 由于"焉"经常用于句末，逐渐虚化，成为句末语气词。例如：

　　君子病无能焉，不病人之不己知也。（《论语·卫灵公》）

　　夫子言之，于我心有戚戚焉。（《孟子·梁惠王上》）

前一例中"焉"与"也"对文，同为句末语气词。后一例因句中已有介词结构"于我心"，"焉"不再作为兼词而已虚化为语气词。

2．"焉"用于动词之前，作状语，相当于介词"于"和疑问代词"何"的结合，意为在哪儿、从哪儿或为何（怎么）。例如：

　　割鸡焉用牛刀？（《论语·阳货》）

　　焉得并州快剪刀，剪取吴淞半江水？（杜甫《戏题王宰画山水图歌》诗）

3．"焉"作词尾（即后缀），用法同"然"，置形容词之后表状貌。如"忽然"亦作"忽焉"，"涣然"亦作"涣焉"。又如：

　　五步一楼，十步一阁。……盘盘焉，囷囷焉，蜂房水涡，矗不知其几千万落。（杜牧《阿房官赋》）

前述至今沿用的古代汉语虚字的用法往往也是古代汉语中的一般用法，而今已不再沿用的特殊用法也正是古代汉语中的特殊用法，这里不再重复讲述。

所谓"抓住联系的线索"，包括抓住同类各个文言虚字的联系和同一虚字不同用法的相互关联。提纲挈领、以简驭繁，是辨析文言虚字又一重要方法。

（一）抓住同类虚字的联系

同类虚字尽管字面形式多样，往往可以从音系上把它们贯穿联系起来。如否定副词"不"、"弗"、"勿"、"未"、"毋（无）"、"非"、"否"等都属唇音字，追溯其古音，实均为双唇音。有的今已演变为唇齿音、喉音字。又如词尾"然"、"尔"、"而"、"若"、"如"等，都属日母（r）字，后四个虚字实为"然"的变体。

（二）抓住同一虚字不同用法的联系

同一虚字的不同用法，应找出一个最基本的核心用法，其他种种用法是从这一核心用法直接或间接引申发展而来的。

如介词"以"所构成的介词结构,其最基本的核心用法是表示凭借的事物。以此核心用法为纲、为中心,可以把多种用法贯穿联系起来。引申的线索往往是从具体到抽象。例如:

> 杀人以梃与刃,有以异乎?(《孟子・梁惠王上》)——前一个"以"表示凭借的工具,后一个"以"表示凭借的方法。
>
> 先以书遗操,诈云欲降。(《资治通鉴・赤壁之战》)——表示给予的事物。

以上是较具体的凭借事物,"以"可译为拿、用。稍抽象一些,表示依凭的事物或事理。例如:

> 以吾心之思足下,知足下悬悬于吾也。(韩愈《与孟东野书》)
>
> 馀船以次俱进。(《资治通鉴・赤壁之战》)

这几句中的"以"可译为"按照"、"依照",表示所凭借的事物或事理。再抽象一些,就是表示凭借的原因了。如:

> 赵王岂以一璧之故欺秦邪?(《史记・廉颇蔺相如列传》)
>
> 而吾以捕蛇独存。(柳宗元《捕蛇者说》)

"以"所组成的介词结构表示多种用法,其含义同"以"的核心意义都有联系。

又如介词"于"所构成的介词结构,其核心用法是表示处所。常见的十来种主要用法都同这一核心用法有关联,从下表可以清楚地看出引申线索。

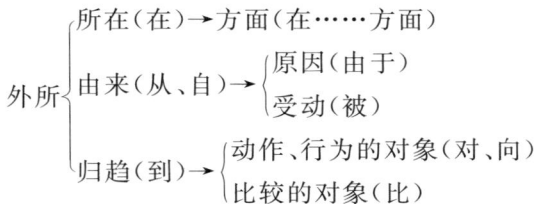

外所 {
所在(在)→方面(在……方面)
由来(从、自)→ { 原因(由于) / 受动(被) }
归趋(到)→ { 动作、行为的对象(对、向) / 比较的对象(比) }
}

所在、由来、归趋的处所是具体的,根据介词结构所修饰的动词的不同含义可分别译为现代汉语的"在"、"从"、"到"等。例如:

公与之乘,战于长勺。(《左传·庄公十年》)——于,相当于在。

千里之行,始于足下。(《老子》)——于,相当于从。

海运则将徙于南冥。(《庄子·逍遥游》)——于,相当于到。

从所在的处所引申抽象化可指所在的方面。如:

怯于私斗而勇于公战。(《史记·范雎蔡泽列传》)——意为在私斗方面懦怯而在公战方面勇敢。

乐天深于诗,多于情者也。(陈鸿《长恨歌传》)——意为在诗歌方面造诣深在感情方面很丰富。

从由来的处所引申抽象化可表示所由的原因。如:

然后知生于忧患而死于安乐也。(《孟子·告子下》)——谓由于忧患而得生,由于安乐而身亡。

业精于勤而荒于嬉,行成于思而毁于随。(韩愈《进学解》)——谓由于勤奋而学业精,由于嬉戏而荒废,由于思考而行成,由于盲从而毁败。

从由来义也可引申表受动,即引出动作所由的施动者。如:

兵破于陈涉,地夺于刘氏。(《汉书·贾山传》)——军队被陈涉击破,土地被刘邦夺取。

从归趋义可引申为动作行为所及的对象。如:

当仁不让于师。(《论语·卫灵公》)——"不让于师"谓对老师不谦让。

四境之内,莫不有求于王。(《战国策·齐策》)——"有求于王"即对王有请求。

从归趋义也可引申为比较的对象。如：

苛政猛于虎也。（《礼记・檀弓下》）——"猛于虎"即比虎
凶猛。

人固有一死，或重于泰山，或轻于鸿毛。（司马迁《报任安
书》）——"重于泰山"即比泰山重，"轻于鸿毛"即比鸿毛轻。

连词"而"的基本用法是承接，包括顺接和逆接两大类，其各种
用法可贯穿联系起来，如下所示：

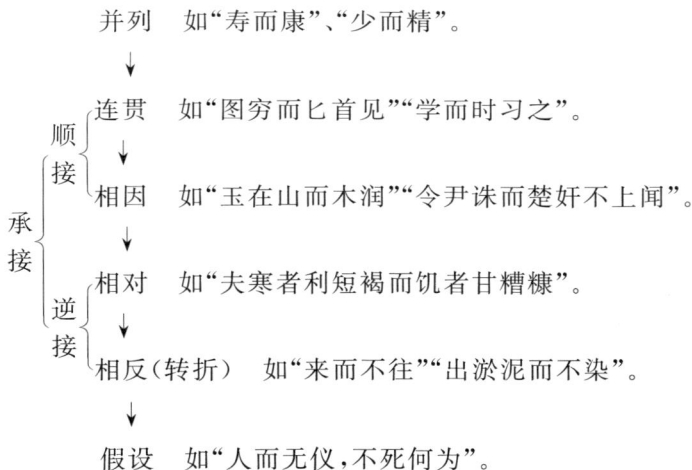

并列　如"寿而康"、"少而精"。

↓

顺接　｛连贯　如"图穷而匕首见""学而时习之"。

↓

相因　如"玉在山而木润""令尹诛而楚奸不上闻"。

↓

逆接　｛相对　如"夫寒者利短褐而饥者甘糟糠"。

↓

相反（转折）　如"来而不往""出淤泥而不染"。

↓

假设　如"人而无仪，不死何为"。

相对的用法是顺接到逆接的枢纽。从相对发展到相反（转折）
的用法，联系是显而易见的。至于假设的用法，其实也是从相反（转
折）的用法发展演变而来的。试看：

相鼠有皮，人而无仪。人而无仪，不死何为？（《诗经・鄘
风・相鼠》）

第二句"而"表转折，而第三句"而"有假设意味，其实这两句字
面完全一样，可见转折和假设的用法是相通的，一句译为"人却没有

礼仪",另一句则可译为"人如没有礼仪"或"人却没有礼仪的话"。

112　什么叫句读？古书句读与现行标点符号性质是否相同？

　　句读也称句逗,因为古书一般是不断句的,前人读书要自行断句。凡文辞语意已完叫句,相当于今天的句子和分句,凡文辞语意未完而需要停顿处叫读或逗。句和读(逗)合起来就称句读。句读的书面标记主要是圈和点两种,句终用点(、)或圈(。),用在句末字的旁边;读(逗)用点(、),用在需要停顿的字的下面,即介乎两字之间。古代句读标记还有一个∟号,一般用来作为分章的标志。

　　检验阅读古书的能力,首先要看句读能力,古书句读表示各个句子的起讫和句中的停顿,如果不明句读,必然是对古书语句的理解有误。但句读基本上起断句作用,与现代通行的新式标点符号性质很不相同,后者不但用来断句,还用来表示语调、语气以及语词的性质和作用。除了句号、逗号、顿号以外,还有问号、叹号、分号、破折号、冒号、引号、省略号、着重号、专名号和书名号等。因此,今天整理古籍,为古书加标点符号,不能只满足于断句,只用句读标记是远远不够的。

修

辞

113　古诗文中为什么要使用代称？代称有哪些类型？

古诗文中有时不用人或事物固有的名称，而临时借用与该人该事有关联的词语作为名称，叫作代称，也叫代语或借代。

使用代称主要是为了避免重复，避免太熟或太俗，力求形象生动，创造更新、更深的意境。有时，也为了适应声律上的要求。

古诗文中的代称主要有下面几种类型：

1. 以特征、标志为代称。例如：

搢绅、荐绅，官宦的代称。插笏垂绅带为古代官宦的标志。

布衣、短褐，平民的代称。

带甲、甲仗，兵士的代称。古代兵士披铠甲，持兵仗。

白发、黄发，老人的代称。

垂髫，小孩的代称。

2. 以状态、属性为代称。例如：

在"乘坚策肥"中，"坚"是坚车的代称，"肥"是肥马的代称；在"披坚执锐"中，"坚"是铠甲的代称，"锐"是武器的代称。又如：

轻暖，高贵衣服的代称。

红，花的代称。

绿、翠，叶的代称。

婵娟，美好貌，月亮的代称。

3. 以部分代全体，即以事物的主要部分作为该事物的代称。例如：

风雅，《诗经》的代称。

风骚，《诗经》、《楚辞》的代称。

长铗，剑的代称。

毂，车轮中心有圆孔的圆木，内贯轴，外承辐，常用作车轮或车的代称。

　　鳞,鱼的代称。

　　翼、羽,鸟的代称。

4.以原料代成品,即以事物的原料、质料为代称。例如:

　　许子以釜甑爨,以铁耕乎?(《孟子·滕文公上》)—— 铁,铁制农具的代称。

　　其次剔毛发,婴金铁受辱。(司马迁《报任安书》)——金铁,刑具的代称。

另如:

　　竹帛,书籍的代称。

　　丹青,画的代称。

　　木,棺材的代称。如"行将就木"。

5.以具体代抽象。抽象概念常以相关的具体事物为代称。例如:

　　丝竹、管弦,音乐的代称。

　　徽索、缧绁、刀锯,刑罚的代称。

　　轩冕、车服,官位、官职的代称。

注意:"丝竹"有时也指代弦乐器,那就属于以原料代成品的代称了。

6.以专名代通名。例如:

　　华佗、扁鹊、俞跗,良医的代称。

　　伯乐,知人善任者的代称。

　　西施、绿珠,美女的代称。

　　尧、舜、禹,圣人的代称。

　　仲尼、墨翟、稷、契、皋陶,贤人的代称。

7.以官名代人,这种代称也属尊称。例如:

屈原曾任三闾大夫,就以"三闾大夫"或"三闾"为代称。

霍去病曾任骠骑将军,就以"骠骑"为代称。

杜甫曾任工部员外郎,世称"杜工部"。

王羲之曾任右军将军,世称"王右军"或"右军"。

8.以地名代人,这也属尊称。作为代称的地名,包括出生地、任职地、居住地和地望(该姓中望族居住之地)。例如:

平原不在,正见清河。(《世说新语·自新》)——平原,陆机的代称,他曾任平原内史;清河,陆云的代称,他曾任清河内史。

又如"彭泽"代陶潜(他曾任彭泽令),"临川"代谢灵运(他曾任临川内史),"柳州"代柳宗元(他曾任柳州刺史),都是以任官职之地为代称。

以出生地为代称的如柳河东(柳宗元)、王临川(王安石)。

以居住地为代称的如杜少陵(杜甫早年曾在少陵一带居住)。

以地望为代称的如韩昌黎(韩愈,昌黎韩氏是望族)。

9.截取式代称。把古书中一句话或一个词组截取开来,只取其中的一部分用来作为另一部分的代称,详见下条答问(第114)。

114　什么叫截取式代称?

截取式代称是古代汉语修辞方式中"代称"的一种。将古书中一个语句的一部分截取出来,用以作为相关词语的代称,这相关词语往往就在同一语句之中。

例如《尚书·君陈》:"惟孝友于兄弟。"古人截取"友于"作为"兄弟"的代称。

又如《庄子·庚桑楚》:"吞舟之鱼,砀而失水,则蚁能苦之。"古人截取"吞舟"作为"大鱼"的代称。

又如《礼记·曲礼上》:"人生十年曰幼,学。二十曰弱,冠。……百年曰期,颐。"古人截取"弱冠"作为二十岁的代称,截取"期颐"作为一百岁的代称。

又如《论语·为政》:"三十而立。"古人截取"而立"作为三十岁的代称。

再如杜甫《曲江二首》诗:"酒债寻常行处有,人生七十古来稀。"后人就截取"古稀(亦称古希)"作为七十岁的代称。

运用截取式代称的古书例句,如:

> 终贾扬声,亦在弱冠。(《后汉书·胡广传》)
>
> 陛下隆于友于,不忍遏绝。(《后汉书·史弼传》)
>
> 主上屈法申恩,吞舟是漏。(《南史·陈庆之传》)——吞舟,大鱼的代称,这里比喻大罪犯。
>
> 顷有人年七十馀,置一侍婢,年三十。东坡戏之曰:"侍者方当而立岁,先生已是古稀年。"(严有翼《兰苑雌黄》)
>
> 馀生已过足,不必到期颐。(陆游《初夏幽居》诗)
>
> 如何古希人,不识三伏苦。(李贽《观音阁》诗)
>
> 今送汝归,予以千金之产,期颐之寿,于愿足乎?(《聊斋志异·席方平》)

这类截取式代称,王力主编《古代汉语》称之为割裂式的代称。

115　修辞方式隐喻和代称都不出现本体,怎样辨别它们?

隐喻是譬喻的一种,它同明喻相对。明喻出现譬喻词语如、若、犹、譬如、譬若、譬犹、譬之等,隐喻既不用譬喻词语,又不出现被喻的本体,而只出现喻体。例如:

> 如今人方为刀俎,我为鱼肉,何辞为?(《史记·项羽本纪》)——刀俎,隐喻项羽一方,鱼肉,隐喻刘邦一方。即隐喻像刀俎和鱼肉的宰割者和被宰割者双方。

今子乃以鸱枭而笑凤皇,执螳蜋而嘲龟龙,不亦病乎?(扬雄《解嘲》)——鸱枭、螳蜋隐喻卑鄙的人,凤皇、龟龙隐喻高尚的人。

曹公,豺虎也。(《资治通鉴·赤壁之战》)——豺虎,隐喻像豺虎一样凶猛险恶之人。

代称指临时借用有关联的事物取代事物固有的名称,它也不出现被代的本体。它同隐喻的主要区别是:隐喻与被喻者是相似的关系,代称与被代者是相关的关系。例如:

为肥甘不足于口与?轻暖不足于体与?(《孟子·梁惠王上》)——肥甘,美味食物的代称;轻暖,高贵衣服的代称。

无丝竹之乱耳,无案牍之劳形。(《刘禹锡《陋室铭》)——丝竹,音乐的代称。

隐喻与被喻者即喻体与本体虽是不同的事物,但有相似的关系,因而可以加喻词;而代称与被代者即代体与本体是相关的事物,不可以加喻词。

116　古代汉语修辞方式中的并提是怎么回事?

并提又称合叙,指古诗文中本可分为两个语句来叙述的合并为一个语句提出加以叙述。如:

封故御史大夫周苛孙平为绳侯,故御史大夫周昌子左车为安阳侯。(《史记·孝景本纪》)

这两句话在《汉书·景帝纪》中就改为并提法,合为一个句子了:

封故御史大夫周苛周昌孙子为列侯。

又如:

夫种、蠡无一罪,身死亡。(《史记·韩信卢绾列传》)

这句话是把"种(文种)无一罪,身死"和"蠡(范蠡)无一罪,身亡(逃亡)"两个语句合并而成,也属并提。

有并提(合叙),必然有分承。有前面语句中并提的语词同后面语句中并提的语词分别承受(大多为两两承受),如前面几个例句中并提的"周苛周昌"和"孙子"理解时要分承:"孙"承"周苛","子"承"周昌";"种、蠡"和"死亡"理解时也要分承:"死"承"种","亡"承"蠡"。再举二例:

> 饮食则温淳甘脆,腥醲肥厚。(枚乘《七发》)——腥指肉,醲指酒。"肥"承"腥","厚"承"醲"。

> 自非亭午夜分,不见曦月。(《水经注·巫山·巫峡》——"曦",太阳,承"亭午";"月"承"夜分"。

运用并提法主要目的是为了简省文句,但在表达时容易产生歧义,"以辞害义"则是不可取的。

117　宾主式排比有什么作用?

宾主式排比不同于并列式排比,组成排比的几个句子分宾主,有主次,往往以宾形主,或以宾譬喻主,或以宾映衬主。例如:

> 故不登高山,不知天之高也;不临深溪,不知地之厚也;不闻先王之遗言,不知学问之大也。(《荀子·劝学》)

前两个分句是譬喻意,后一个分句才是正意所在。这里用类比的手法引起读者联想,增强文章的说服力。又如:

> 枯藤老树昏鸦,小桥流水人家,古道西风瘦马。夕阳西下,断肠人在天涯。(马致远《天净沙》)

这是用前两句映衬后一句的宾主式排比句。宾句描写有枯藤老树可依的昏鸦和小桥流水旁安居的居民,衬托主句在瘦马上西风里古道中跋涉的旅人,形成鲜明的对照。

有的宾主式排比句子很长,要细加辨别,才能深入理解文义。例如:

> 夫大木为杗,细木为桷,欂栌侏儒,椳闑扂楔,各得其宜,施以成室者,匠氏之工也。玉札丹砂,赤箭青芝,牛溲马勃,败鼓之皮,俱收并蓄,待用无遗者,医师之良也。登明选公,杂进巧拙,纤馀为妍,卓荦为杰,校短量长,惟器是适者,宰相之方也。(韩愈《进学解》)

这里三个长的排句,前两个句子讲匠氏的不论大木细木都选用,和医师的不论矿物、植物,不论名贵药材还是价贱药物都采用,这是两个宾句,用来譬喻下面一个主句:宰相不论人才的巧拙长短都量才使用,通过类比增强文章的气势和说服力。

118　什么叫互文?

互文也叫互文见义。既是古代汉语词义、句法问题,也同古代汉语修辞密切相关。它主要是指古诗文中上下文文义互相呼应、互相补充。例如:

> 东市买骏马,西市买鞍鞯。南市买辔头,北市买长鞭。(古乐府《木兰诗》)——东南西北不确指某具体方位,上下文文义互相呼应、补充,指到处、各处买各种东西。
>
> 秦时明月汉时关,万里长征人未还。(王昌龄《出塞》诗)——秦与汉、明月与关都是互文,并非说明月属秦、关属汉,而是怀念秦汉时的明月和秦汉时的关塞。
>
> 不以物喜,不以己悲。(范仲淹《岳阳楼记》)——物指外界事物,己指个人遭遇处境,这里上下两句互文见义,谓不因外界事物的影响而悲喜,不因个人处境好坏而喜悲。
>
> 酿泉为酒,泉香而酒洌。(欧阳修《醉翁亭记》)——泉香与酒洌互文,意谓泉与酒均香而清洌,不是说香的只是泉而清的只是酒。

古人所说的互文除了上面所说的以外,还指可互相训释、互相通用的语词,交替使用以求变化。例如:

郑卫之女不充后宫,而骏马駃騠不实外厩。(李斯《谏逐客书》)——充、实义相通,可相互训释。

时维九月,序属三秋。(王勃《滕王阁序》)——九月即三秋,互文以避重复。

这种可以互相训释通用的语词,古人也习惯称为互文,但这同上下文文义互相呼应、补充的互文是不同的。

119　什么叫变文?

变文也叫变文同义或对文同义,是指在相对应的文句里变换,使用不同的字词以表达相同或相近的意义,达到避免重复、增加文采、加重语气的修辞效果。如:

人涉卬否,卬须我友。(《诗经·邶风·匏有苦叶》)——"卬"与"我"为变文。

郑卫之女不充后宫,而骏马駃騠不实外厩。(李斯《谏逐客书》)——"充"与"实"为变文。

鲁人皆以儒教,而朱家用侠闻。(《史记·游侠列传》)——"以"与"用"为变文。

岂人主之子孙则必不善哉,位尊而无功,奉厚而无劳,而挟重器多也。(《战国策·赵策四》)——"功"与"劳"为变文。

树兰盈九畹,栽竹逾万个。(韩愈《合江亭》诗)——"盈"与"逾"为变文。

或有忠能被害,或有孝而见残。(崔骃《大理箴》)——"能"与"而"、"被"与"见"、"害"与"残"为变文。

变文一般多为同义词或近义词,但也有意义相近的词组。如:

故古者尧举舜于服泽之阳,授之政,天下平;禹举益于阴方之中,授之政,九州成。(《墨子·尚贤上》)——"天下平"与"九州成"为变文。

将军身被坚执锐,伐无道,诛暴秦。(《史记·陈涉世家》)——"伐"与"诛"为变文,"无道"与"暴秦"是同义词组的变文。

120　什么叫引用?

引用是古代汉语中最常见的修辞方式之一。为了"据事以类义,援古以证今"(《文心雕龙·事类》),古诗文中经常引用古人的事迹、古代经籍或载籍的文字以及古代格言、俗语、谚语、歌谣等来证明自己的论述,加强诗文的表达效果。

引用的类别有下列几种:

一是引事。引事指援引古人事迹或历史传说故事,也称"稽古",包括明引和暗引两类。明引一般点明有关的人物、事迹。例如:

昔荆轲慕燕丹之义,白虹贯日,太子畏之;卫先生为秦画长平之事,太白食昴,昭王疑之。(邹阳《狱中上梁王书》)

且西伯,伯也,拘于羑里;李斯,相也,具于五刑;淮阴,王也,受械于陈;彭越、张敖,南面称孤,系狱抵罪;绛侯诛诸吕,权倾五伯,囚于请室;魏其,大将也,衣赭衣,关三木;季布为朱家钳奴;灌夫受辱于居室。此人皆身至王侯将相,声闻邻国,及罪至罔加,不能引决自裁,在尘埃之中。古今一体,安在其不辱也?(司马迁《报任安书》)

暗引则假设读者通晓古籍,一般不点明是谁的事迹。例如:

是以江汉之君,悲其坠屦;少原之妇,哭其亡簪。(陆机《演连珠》)

前一分句,暗引楚昭王复取其踦屦故事。贾谊《新书·谕诚》载:"昔楚昭王与吴人战,楚军败,昭王走,屦决,背而行,失之。行三十步,复旋取屦。……昭王曰:'楚国虽贫,岂爱一蹄屦哉! 思与偕反也。'自是之后,楚国之俗无相弃者。"

后一分句,暗引少原之野妇人为亡簪哀哭,怀念故旧的故事。《韩诗外传》卷九载:"妇人曰:'非伤亡簪也,吾所以悲者,盖不忘故也。'"

再举二例:

如彼龟玉,韫椟毁诸。(刘琨《答卢谌》诗)——暗引孔子责备季氏攻伐颛臾而推卸责任的故事。《论语·季氏》:"孔子曰:……'虎兕出于柙,龟玉毁于椟中,是谁之过与?'"

悟已往之不谏,知来者之可追。(陶潜《归去来兮辞》)——暗引楚国狂人接舆走过孔子车前唱的歌谣。《论语·微子》:"楚狂接舆歌而过孔子曰:'……往者不可谏,来者犹可追。'"

古诗文常常运用"引经据典"的修辞方式。"据典"就是这里所说的引事、稽古。至于"引经"则是下面所举的引文中的一部分。

二是引文。古诗文中引用古代文献典籍的文字叫"引文"。

引用古代圣贤的言辞叫"引经"。汉代以前,引经主要就是引《易》(《周易》)、《书》(《尚书》)、《诗》(《诗经》)三种。汉代以后,引经扩大到《左传》、《论语》、《孟子》、《老子》、《庄子》、《韩非子》、《管子》等。越到后代,可引的典籍越多。所以统称为"引文"。

引文,特别是引经,一般总是正面的言论,不像引事、稽古那样,既可以是正面的褒扬,也可以是反面的揭露。

引文,特别是引经,常常可以借题发挥,不一定切合所引经典或典籍的原意。例如:

故君子之于言无厌。鄙夫反是,好其实,不恤其文,是以终身不免埤污庸俗。故《易》曰:"括囊无咎无誉。"腐儒之谓也。(《荀子·非相》)

这里借《周易》的爻辞批判陈腐的儒士。

引文有说明出处的明引,也有不说明出处的暗引。

例如郦道元《水经注·河水·龙门》引了《山海经》、《淮南子》、《穆天子传》,都是明引。

暗引不指明作者作品,还可以把原作略加改动,或节取原作一部分,或只取一句话中最主要的几个字。例如:

> 左相日兴费万钱,饮如长鲸吸百川,衔杯乐圣称避贤。(杜甫《饮中八仙歌》)

左相指李适之。杜诗把李的两句诗加以节取点化而成。李诗云:"避贤初罢相,乐圣且衔杯。为问门前客,今朝几个来?"(《旧唐书·李适之传》)

又如:

> 王郎健笔夸翘楚,到如今,落霞孤鹜,竞传佳句。(辛弃疾《贺新郎·赋滕王阁》词)

"落霞孤鹜"是撮取王勃《滕王阁序》中"落霞与孤鹜齐飞"而来。

三是引言。引用古代典籍以外的格言、俗语、谚语、歌谣等,以加强修饰效果和诗文的表现力。例如:

> 迟任有言曰:"人惟求旧,器非求旧,惟新。"(《尚书·盘庚上》)
> 野语有之曰"闻道百,以为莫己若"者,我之谓也。(《庄子·秋水》)
> 楚人谚曰:"得黄金百,不如得季布一诺。"(《史记·季布列传》)
> 故渔者歌曰:"巴东三峡巫峡长,猿鸣三声泪沾裳。"(郦道元《水经注·江水》)

121　什么叫夸饰?

为使语言增加生动性,使用极度形容语,对人或事物的大小、高低、长短、强弱等进行修饰,这便是夸饰。它不是言过其实的夸大或缩小,而是不会引起误解的极度形容语。例如:

> 白发三千丈,缘愁似个长。(李白《秋浦歌》诗)
>
> 太仓一稊米,大海一浮萍。(白居易《和思归乐》诗)

前例极言其(白发)长,后例极言其小。

有些人名、地名及特殊物名,也可以用作极度形容语。如:

> 他的质当从来饶本,有的是隋珠和玉、赤仄黄银。(徐复祚《一文钱》第二折)——隋珠和玉,隋氏珠、和氏璧,代表最珍贵的珍宝。
>
> 虽梁王兔苑,想之不如也。(《洛阳伽蓝记·开善寺》)——梁王兔苑,代表最奢华的园林。
>
> 《儿女英雄传》第三十六回:"到了那个探花,说甚么潘安般貌,子建般才。"——潘安,代表最美男子;子建,代表最有才华的人。

122　修辞性的省略是怎么回事?

语法上的省略包括各种句子成分(如主语、谓语、宾语、定语等)的省略,而修辞性的省略则省略整个分句乃至更大的语言单位,这大体是因为说话匆促,未及将语句组织好或因受各种客观限制而没有把某些话说出来,而文章为了保存语言的真实,照样直录不加补足,这就更能传达说话时的神情。如:

> 上既闻廉颇、李牧为人,良说(悦),而搏髀曰:"呜呼!吾独不得廉颇、李牧为吾将。吾岂忧匈奴哉!"(《史记·张释之冯唐列传》)——"吾将"后省略"吾若得廉颇、李牧为将"。
>
> 将军威振匈奴,天命不遂,后求道径还归。如浞野侯为虏所得,后亡还,天子客遇之,况于将军乎!(《汉书·李陵传》)——"天命不遂"后省略劝李陵投降匈奴等语,当时不便直说。

123　什么叫倒置？古诗文中倒置有什么作用？

倒置指古代作家着意造出的不合语法常规的词序颠倒的句子。古诗文特别是诗词曲赋及骈文中常出现倒置。例如：

> 谚所谓室于怒市于色者，楚之谓矣。（《左传·昭公十九年》）——"室于怒"为"怒于室"之倒，"市于色"为"色于市"之倒。

> 久拚野鹤如双鬓，遮莫邻鸡下五更。（杜甫《月下赋绝句》诗）——"野鹤如双鬓"为"双鬓如野鹤"之倒。

从杜诗可以看出，倒置的作用是适应对仗和平仄的需要，"野鹤如双鬓"与下联"邻鸡下五更"对仗，平仄也协调，"野鹤"（仄仄）与下联"邻鸡"（平平）相对。

有些诗句中的倒置是为了押韵。如《诗经·齐风·东方未明》第一章："东方未明，颠倒衣裳。"第二章："东方未晞，颠倒裳衣。""衣裳"倒置为"裳衣"，正是为了使"晞"、"衣"叶韵。

上引《左传》例倒置显得拗口欠自然，同一谚语在《战国策·韩策》中并不倒置，可见倒置并不是一种规律性的现象，常常不得已而为之。

倒置的句子应按合乎常规的词序来理解。如果按古诗文中原来的词序理解并不影响文义和情理，那就未必是倒置。例如萧统《文选序》中"心游目想"、江淹《别赋》中的"心折骨惊"传统认为是"目游心想"、"骨折心惊"之倒，其实是不恰当的。原句的词序正是文学作品生动形象的描绘刻画，不应拘泥于逻辑事理的眼光呆板地理解。在文学家笔下，心不但可以游，还可以飞呢；不但可以说心折，还可以说心碎呢；目不但可以想，还可以说话呢；无知之物骨也不妨说惊，不必像伤科医师那样只能说骨折，为了描述超乎常态的悲痛、惊惶，"心折骨惊"较之"骨折心惊"更为深刻、生动，不必硬说是倒置。

124　什么叫典故？古代汉语修辞方式中用典有什么特点和作用？

　　古代作品中所引用的古代历史故事和有来历出处的词语叫作典故。

　　古代汉语修辞方式中的用典主要指引用古代历史故事传说、古人事迹来证实自己的论点，这又叫稽古。广义的用典则不限于稽古，还包括使用有来历出处的词语，这实际上已经包括引用经典或一般古书、古诗文词语了，所以人们常常合称引经据典。

　　属于稽古的用典有明的稽古和暗的稽古，前者让读者明白作者是在援引古人事迹或历史故事传说；后者假定读者通晓古籍，不表明是在援引古代何人何事。例如：

　　　　古者富贵而名摩灭，不可胜记，唯倜傥非常之人称焉。盖文王拘而演《周易》；仲尼厄而作《春秋》；屈原放逐，乃赋《离骚》；左丘失明，厥有《国语》；孙子膑脚，《兵法》修列；不韦迁蜀，世传《吕览》；韩非囚秦，《说难》《孤愤》；《诗》三百篇，大抵圣贤发愤之所为作也。此人皆意有所郁结，不得通其道，故述往事，思来者。（司马迁《报任安书》）

　　这是明的稽古，司马迁一气连用了七八个历史故事或传说，我们通过句中所提到的人物就可以知道作者在引用古人事迹传说来论证自己的观点。又如：

　　　　夫上世之士，或解缚而相，或释褐而傅，或倚夷门而笑，或横江潭而渔，或七十说而不遇，或立谈而封侯，或枉千乘于陋巷，或拥篲而先驱。是以士颇得信其舌而奋其笔，窒隙蹈瑕而无所诎也。（扬雄《解嘲》）

　　这是暗的稽古，如果读者没有熟读先秦两汉的典籍，就不知道文中分别援引管仲、傅说、侯嬴、渔父、孔子、虞卿的经历和齐桓公礼请小臣稷、燕昭王迎请邹衍的故事。古代作品尤其是文学作品的用典，以这类暗的稽古为最多，也最需引起注意，认真查考。

广义的用典也指用的词语有出处、来历。读者应当透过字面了解词语出处原意，才能更深入领会文义。例如：

酌贪泉而觉爽，处涸辙以犹欢。北海虽赊，扶摇可接；东隅已逝，桑榆非晚。（王勃《滕王阁序》）

"酌贪泉"语出《晋书·吴隐之传》，"处涸辙"语出《庄子·外物》，"扶摇"语出《庄子·逍遥游》，"东隅"、"桑榆"语出《后汉书·冯异传》。《滕王阁序》中这几句写的是虽困窘不遇时而犹自勉自慰，同词语出处原意有紧密联系。如《后汉书·冯异传》云："始虽垂翅回溪，终能奋翼黾池，可谓失之东隅，收之桑榆。"原意正是积极挽回失误，奋发自励之意。

用典能使文句言简意赅，含义深长，但往往比较隐晦曲折，读者要费心揣摩，方能深入领会。

125　避讳辞与避讳字有什么区别？

避讳字是古书用字上为了回避直书尊上、尊长的名字而改用别的字；避讳辞是修辞方式的一种，古人说话或写书时遇有犯忌触讳的事物不便直说而用别的语词来表述。如"死"是人们忌讳的事，"死"的避讳辞古代特别丰富。皇帝死有"驾崩"、"山陵崩"、"大行"、"弃群臣"、"宫车晏驾"、"千秋万岁后"等避讳辞。诸侯大臣死用"薨"这个避讳辞，父母死用"弃养"、"见背"等避讳辞，一般有体面的人死用"卒"、"去世"、"逝世"等避讳辞。《红楼梦》里用"老了人口"作为死了人的避讳辞。

避讳辞比避讳字范围大得多。社会上犯忌触讳的事物愈多，避讳辞就愈多。一切为了回避犯忌触讳而采用的委婉曲折的语辞都可归属避讳辞范围之内。例如：

古者大臣……有坐污秽男女无别者,不谓污秽,曰"帷薄不修"。(《新书·阶级》)——帷薄不修,即帐帘不整修,无法遮隔内外,是家庭淫乱的避讳辞。

古者大臣有坐不廉而废者,不谓不廉,曰"簠簋不饬"。(《汉书·贾谊传》)——簠簋不饬,即盛黍稷的器皿不整肃,是贪污的避讳辞。

主上富于春秋,霍子孟、上官少叔用事。(《汉书·李陵传》)——富于春秋,往后的年岁很多,是年幼的避讳辞。古时直说主上年幼也是犯忌的。

古时不但朝廷里、大臣中用避讳辞,民间也有使用避讳辞的。如行船者忌讳与"住"同音的"箸"(筷子的本名),改称为"快儿",后写作"筷"。军中忌讳与"落头"同音的词,改称"绿豆糕"为"得胜糕"。元曲中称男女私会的地方为"碧桃花下",因为"私会"也是当事人所忌讳的。

126　什么叫双声、叠韵?双声、叠韵的语词在古诗文中有什么作用?

两个音节声母相同的叫双声。如:玲珑、慷慨、犹豫、参差等。两个音节能相互押韵即收韵相同叫叠韵。如:望洋、逍遥、披靡、徘徊等。不少人笼统地说两个音节韵母相同叫叠韵,这是不确切的。因为韵母包括三个部分:韵头(介母)、韵腹(主要元音)和韵尾(收尾的元音或辅音)。是否叠韵、是否押韵就看韵腹和韵尾,韵头可以不计。如"荒唐"两个音节尽管韵头不同,"荒"有韵头 u,"唐"没有韵头,但韵腹和韵尾同为 ang(主要元音 a 收尾辅音 ng),所以是叠韵关系。

由于古今语音的变迁,古代汉语中的双声叠韵语词有些在今天已不能明显地辨认出,必须具备一定的古声韵常识才能识别。例如下面一些古书中常见的双声叠韵语词,今天已不再是双声叠韵关系了。

双声：微妙　缤纷　密勿　锦衾　邂逅　匍匐　契阔

叠韵：苤苢　仓庚　涕泗　镃基　遨游　无虑　络绎

古代汉语中联绵词绝大多数由具有双声叠韵关系的两个音节组成。但要注意两点：1.有一部分联绵词既非双声又非叠韵。2.有双声叠韵关系的不一定就是联绵词，一些合成词乃至一些词组也可以由具有双声叠韵关系的两个词组成。前者如"国家、玄黄、说怿"（以上双声合成词），"经营、刚强、贪婪"（以上叠韵合成词）。后者如"妻妾"（双声词组）、"羊肠"（叠韵词组）。

在古诗文中特别是诗、词、曲、赋等韵文中大量运用双声叠韵语词，不论是出于自然还是有意识地运用，都有增强作品音律美的作用。六朝以后文人常有意识地在相对仗的部分运用双声叠韵语词。

同时，双声、叠韵和既是双声又是叠韵的重言的运用，还有绘影摹声、渲染气氛的作用，尤其是双声、叠韵、重言串连起来反复运用，更能增添修辞效果。李清照《声声慢》词和元曲中多有这样的典型用例。

127　什么叫重言？它在古诗文中有什么作用？

重言又叫叠字或叠音词，由两个相同的字组成的词语。如夭夭、灼灼、青青、郁郁等。

重言可分单纯词和合成词两类。前者所用的字只取其音，不取其义，即重言所叠用的两个字与其原来的字义无关。如《诗经·大雅·板》"天之方蹶，无然泄泄"，其中重言"泄泄"，《孟子》引作"泄泄"，《说文解字》在口部和言部分别引作"呭呭"和"詍詍"。这个词的含义指杂乱不合礼义，同"泄水"、"泄漏"的原意无关，两个字合起来才表示完整的意义，不能拆开解释。"夭夭"也是单纯的复音词。后者即合成的复音词所叠用的字则与原意有关。如古诗"青青河畔草，郁郁园中柳"中的"青青"、"郁郁"都是合成词。"青"指颜色，"郁"指草木茂盛的样子。

不论哪一类的重言，其在古诗文中的作用，同双声叠韵词的作用一样,用来加强作品的音乐性,使用的范围则大多为形容声色状貌,所以有绘声绘色渲染气氛的作用。重言和双声叠韵词反复交替出现,还能收到回环反复的修辞效果。在韵文中则更能有助于反复咏唱,加强音律美。

诗律

128　近体诗的押韵有什么讲究？

唐代产生的近体诗，押韵的位置是固定的。无论律诗还是绝句，都是逢双句押韵。至于首句则可押可不押。

近体诗的韵部可以用平水韵来说明。因为唐人在《切韵》、《唐韵》一类官书基础上，规定原 206 韵中相近的韵部可以同用，归并的结果与后来出现的平水韵韵部相合，正好是 106 个韵部。（详见音韵部分"什么叫平水韵"一节）

近体诗一般只押平声韵，仄韵的近体诗非常罕见。

无论律诗、长律还是绝句，近体诗用韵必须一韵到底，而且不许邻韵通押。只有本来入韵要求比较自由的首句，如果押韵允许，则可借用邻韵。如：

横看成岭侧成峰，远近高低各不同。不识庐山真面目，只缘身在此山中。（苏轼《题西林壁》诗）——同、中押东韵。首句借用冬韵"峰"为韵脚。

129　近体诗的平仄格式有哪些内容？

平仄格式是近体诗绝句、律诗最重要的因素。所谓平仄格式包括三方面的内容：

1. 本句中平仄交替：平平后面是仄仄，仄仄后面是平平；末一字是平平后面用仄，仄仄后面用平。

2. 对句中平仄对立：平对仄，仄对平；平平对仄仄，仄仄对平平。

3. 对和黏的规则：在一联中出句和对句平仄必须对，上联对句和下联出句平仄必须黏。"对"是平对仄，仄对平；"黏"是平黏平，仄黏仄。即上联对句的第二字和下联出句的第二字平仄必须一致（因第一字多可机动，可平可仄）。

130　五言绝句和五言律诗的平仄格式是怎样的？

根据平仄交替、平仄对立以及黏对规则，五言绝句、五言律诗的平仄格式即句式不外乎四种：

①平平平仄仄　②仄仄仄平平
③仄仄平平仄　④平平仄仄平

唐代诗人李端的绝句《听筝》句式正好与这四种完全相同：

> 鸣筝金粟柱，素手玉房前。
>
> 欲得周郎顾，时时误拂弦。

我们不妨熟记这首五绝，掌握了这四种句式，近体诗的各种句式，不论是五言、七言，不论是律诗绝句，都可推知。

如果首句不押韵，则用①③两种句式；如果首句要押韵，则用②④两种句式。

由这四种句式的错综变化，五言绝句可有四种平仄格式（平仄分别以—｜代表）：

（一）———｜｜，｜｜｜——。｜｜——｜，——｜｜—。
（二）——｜｜—，｜｜｜——。｜｜——｜，——｜｜—。
（三）｜｜——｜，——｜｜—。———｜｜，｜｜｜——。
（四）｜｜｜——，——｜｜—。———｜｜，｜｜｜——。

五言律诗的平仄格式是两首五言绝句的重叠。不过五律的第五句不能押韵，必须用仄收句。这样，五律的四种平仄格式是：

（一）———｜｜，｜｜｜——。｜｜——｜，——｜｜—。
　　　——｜｜—，｜｜｜——。｜｜——｜，——｜｜—。
（二）——｜｜—，｜｜｜——。｜｜——｜，——｜｜—。
　　　——｜｜—，｜｜｜——。｜｜——｜，——｜｜—。
（三）｜｜——｜，——｜｜—。———｜｜，｜｜｜——。
　　　｜｜——｜，——｜｜—。———｜｜，｜｜｜——。

（四）| | | — — , — — | | — 。 — — — | | , | | | — — 。
　　　 | | — — | , — — | | — 。 — — — | | , | | | — — 。

131　七言绝句和七言律诗的平仄格式是怎样的？

七言绝句和七言律诗的平仄格式可以由五言绝句和五言律诗的平仄格式推知。七言绝句和七言律句不过是在五言绝句和五言律句前加两个字："平平"前加"仄仄"，"仄仄"前加"平平"，换言之，原平起变为仄起，仄起变为平起就可以了。

七绝七律的四种句式是：

①仄仄平平平仄仄

②平平仄仄仄平平

③平平仄仄平平仄

④仄仄平平仄仄平

由这四种句式错综变化，七言绝句可有四种平仄格式：

（一）| | — — — | | ,
　　　 — — | | | — — 。
　　　 — — | | — — | ,
　　　 | | — — | | — 。
（二）| | — — | | — ,
　　　 — — | | | — — 。
　　　 — — | | — — | ,
　　　 | | — — | | — 。
（三）— — | | — — | ,
　　　 | | — — | | — 。
　　　 | | — — — | | ,
　　　 — — | | | — — 。
（四）— — | | | — — ,
　　　 | | — — | | — 。

　　｜｜－－－｜｜，

　　－－｜｜｜－－。

　　七言律诗的平仄格式是两首七言绝句的重叠。不过七律的第五句不能押韵,必须用仄收句。这样,七律的四种平仄格式是:

　　（1）｜｜－－－｜｜，

　　　　－－｜｜｜－－。

　　　　－－｜｜－－｜，

　　　　｜｜－－｜｜－。

　　　　｜｜－－－｜｜，

　　　　－－｜｜｜－－。

　　　　－－｜｜－－｜，

　　　　｜｜－－｜｜－。

　　（2）｜｜－－｜｜－，

　　　　－－｜｜｜－－。

　　　　－－｜｜－－｜，

　　　　｜｜－－｜｜－。

　　　　｜｜－－－｜｜，

　　　　－－｜｜｜－－。

　　　　－－｜｜－－｜，

　　　　｜｜－－｜｜－。

　　（3）－－｜｜｜－－｜，

　　　　｜｜－－｜｜－。

　　　　｜｜－－－｜｜，

　　　　－－｜｜｜－－。

　　　　－－｜｜－－｜，

　　　　｜｜－－｜｜－。

　　　　｜｜－－－｜｜，

　　　　－－｜｜｜－－。

（4）－－｜｜｜－－，
　　　｜｜－－｜｜－。
　　　｜｜－－－｜｜，
　　　－－｜｜｜－－。
　　　－－｜｜－－｜，
　　　｜｜－－｜｜－。
　　　｜｜－－－｜｜，
　　　－－｜｜｜－－。

132　什么叫孤平？

近体诗的绝句，律诗讲究格律，有所谓平仄格式。不论是五言还是七言，不论是绝句还是律诗，五言诗句的首字七言诗句的第三字往往比较灵活自由，常常可平可仄。但是并非所有五言诗句的首字和七言诗句的第三字都是机动可变的。五言的平平仄仄平句式中的首字和七言的仄仄平平仄仄平句式中的第三字必须是平声，不能机动变化，不是可平可仄。因为这个字不用平声，除了韵脚以外只剩一个平声字，这就犯了孤平。据说在唐代诗人的律诗中没有犯孤平的例子。上述平平仄仄平和仄仄平平仄仄平两种句式都是平收的，如果是仄收的句式，即使只有一个平声字，也不算犯孤平。如李白《送友人》的"此地一为别"和陆游《夜泊水村》的"一身报国有万死"都只有一个平声字，不算孤平，只算拗句。

133　什么叫拗救？

近体诗中一个句子该用平声的地方用了仄声，在本句或对句的适当位置，把该用仄声的字改用平声，这便是拗救。常见的拗救格式有四种：

1.避孤平的拗救：五律平平仄仄平句式中如果首字用了仄声，七律仄仄平平仄仄平句式中如果第三字用了仄声，都是犯孤平。这就要求五律的第三字、七律的第五字改仄为平,形成仄平平仄平和仄仄仄平平仄平的特殊句式,这便是"救"。如:故园芜欲平(李商隐《蝉》),山雨欲来风满楼(许浑《咸阳城东楼》)。这是对平收句的拗救,下面两种拗救是针对仄收句而采取的。

2. 五律仄收句的平平平仄仄的第三字、七律仄收句的仄仄平平仄仄的第五字如果用了仄声字,则五律的第四字、七律的第六字就得改仄为平,形成平平仄平仄和仄仄平平仄平仄这样特殊的律句。如:凉风起天末(杜甫《天末怀李白》),记取江湖泊船处(陆游《夜泊水村》)。

3. 五律仄收句的仄仄平平仄的第三字、七律平平仄平平仄的第五字如果用了仄声字,就在五律对句平平仄仄平的第三字、七律对句仄仄平平仄仄平的第五字改仄为平,形成"仄仄仄平仄,平平平仄平"和"平平仄仄仄平仄,仄仄平平平仄平"这样特殊的律句。如:吾爱孟夫子,风流天下闻(李白《赠孟浩然》);雨中草色绿堪染,水上桃花红欲然(王维《辋川别业》)。

4. 五律仄收句的仄仄平平仄的第四字、七律仄收句的平平仄平平仄的第六字如果用了仄声字,就把五律对句平平仄仄平的第三字、七律对句仄仄平平仄仄平的第五字改仄为平,形成"仄仄平仄仄,平平平仄平"和"平平仄仄平仄仄,仄仄平平平仄平"这样的特殊律句。如:野火烧不尽,春风吹又生(白居易《赋得古原草送别》);青苔寺里无马迹,绿水桥边多酒楼(杜牧《润州》)。

134 关于近体诗的平仄规则,传统有"一三五不论,二四六分明"两句口诀,这该如何理解?

这是就七律说的,如果就五律说,那就该是"一三不论,二四分明"。

口诀的意思是:逢单的第一、第三、第五个字平仄可以不拘,而逢双的第二、第四、第六个字平仄要求比较严格,比较固定。因为逢双的字是吟诵诗歌的节奏点,逢单的字一般不是吟诵时的声律上的重点,后者对平仄的要求可以适当放宽。例如五律的首字、七律的第三字往往比较灵活自由,常常允许机动可变,即可平可仄。如杜甫《春望》第三句"感时花溅泪"、第五句"烽火连三月"、第七句"白头搔更短"这三句的第一个字按照平仄格式通常该用平声的用了仄声"感""白",通常该用仄声的用了平声"烽"。又如韩愈《左迁蓝关示侄孙湘》的末联"知汝远来应有意,好收吾骨瘴江边"没有按原来的平仄格式"仄仄平平平仄仄,平平仄仄仄平平",两句的第一、第三个字都机动地用了平声字"知""吾",仄字"远""好"。

然而,根据实际情况,上述口诀应有所补充:即"一三五不论",有时不能不论;"二四六分明",有时可不分明。

就拿平收句来说,五律"仄仄仄平平"的第三字、七律"平平仄仄仄平平"的第五字如果不论,改仄为平,则出现了三平调,属诗家之大忌。又如五律"平平仄仄平"的第一字、七律"仄仄平平仄仄平"的第三字如果不论,改平为仄,全句除了句末平声外,只剩下一个平声字,这就犯了孤平。

再拿仄收句来说,五律仄仄平平仄的第四字、七律平平仄仄平平仄的第六字如果不分明,用了仄声字,那么,可以在五律对句平平仄仄平的第三字、七律对句仄仄平平仄仄平的第五字改仄为平,形成有拗救的新律句:"仄仄平仄仄,平平平仄平","平平仄仄平仄仄,仄仄平平平仄平"。

135 什么叫流水对?

近体诗对仗的特殊类型之一,相对仗的上下两句是一意贯注,一气呵成的。在语法上、语意上实际是一个句子,使人读起来不感到是对句。细加辨别,则上下句又对仗得很工整。这种对偶叫流水对,经常用于一首诗的尾联。例如:

不堪玄鬓影,来对白头吟。(骆宾王《在狱咏蝉》诗)
即从巴峡穿巫峡,便下襄阳向洛阳。(杜甫《闻官军收河南

河北》诗）

野火烧不尽，春风吹又生。（白居易《赋得古原草送别》诗）

谁谓石渠刘校尉，来依绛帐马荆州。（黄庭坚《次韵马荆州》诗）

岂知鹤发残年叟，犹读蝇头细字书？（陆游《书感》诗）

这类意思直贯到底的对句，正是诗家所称道的"以单行之神，运排偶之体"（见黄遵宪《人境庐诗草自序》）。

136　什么叫借对？它有哪几种类型？

借对是近体诗中特有的对仗现象之一。相对仗的上下两个诗句中相应位置上借用双关语词作对，叫借对。

借对分借义和借音两种类型。

借义是利用汉字一字多义的现象所构成的借对。一个字有多种含义，在诗中所用的某义本来与下句对不起来，作者有意借用这个字的另外的意义使之巧妙地与下文相对。例如：

酒债寻常行处有，人生七十古来稀。（杜甫《曲江》诗）
白地谁留住，青山自不归。（白居易《寄山僧》诗）

"寻常"在诗中用为平常的意思，本来与下句"七十"不相对仗，但"寻常"的别义为数量词：古八尺为"寻"，二寻为"常"。借这个意义就可以与下文数目字"七十"相对。"白地"在诗中是平白无缘无故地之意，与下文"青山"本不相对仗，但其字面又有白色土地之意，正好可借来与"青山"相对，这就叫作借义的借对。

借音的借对是指借同音字以对仗的方式。本来这个字在诗中并不形成对仗，正巧它的同音字可以形成对仗，这就是借音的借对，也就是利用谐音双关语词作对。例如：

骥子春犹隔，莺歌暖正繁。（杜甫《忆幼子》诗）——歌谐音哥，与子相对。

事直皇天在,迟归白发生。(刘长卿《新安奉送穆谕德》诗)——皇谐音黄,与由相对。

山入白楼沙苑幕,潮生沧海野塘春。(元稹《寄乐天》诗)——沧海的沧谐音为苍,与白楼的白相对。

借对中的借音多为颜色对。

有的借对比较隐晦,不易觉察,必须细加辨析,方能深入体味作者的匠心。例如:

每苦交游寻五柳,最嫌尸祝扰庚桑。(王安石《次韵酬徐仲元》诗)

诗中作者以五柳先生(陶渊明)和庚桑楚自比,表示不愿人们寻找他、注意他、打扰他。宋人叶梦得《石林诗话》载:"尝有人面称公,喜'五柳、庚桑'之句,以为的对。公笑曰:'君但知柳对桑为的,然庚亦是数。'盖以十干数之。"原来,这一联对句中不但"柳""桑"是借对之词,"庚"也是借对之词,因为古以甲乙丙丁戊己庚辛壬癸为十天干,用以代序数,因而可与"五柳"的"五"相对仗。可见王安石对仗用意之精细工切。

137　隔句对与蹉对有什么区别?

隔句对又叫扇对,指诗中第一句与第三句相对仗,第二句与第四句相对仗。例如:

昔我往矣,杨柳依依。今我来思,雨雪霏霏。(《诗经·小雅·采薇》)

昔年共照松溪影,松折溪荒僧已无。今日重思锦城事,雪销花谢梦何殊?(郑谷《将之泸郡旅次遂州》诗)

邂逅陪车马,寻芳谢朓洲。凄凉望乡国,得句仲宣楼。(苏轼《用前韵再和许朝奉》诗)

　　蹉对与隔句对不同，它不是指句与句相互交错对仗，而是指相对仗的一联即上下句里原来应该对当的地位交错起来，即相对偶的词语放在不对当的位置上。例如：

　　　　裙拖六幅湘江水，鬓耸巫山一段云。（李群玉《同郑相并歌姬小饮戏赠》诗）

　　　　春残叶密花枝少，睡起茶多酒盏疏。（王安石《晚春》诗）

　　前例以"六幅"对"一段"，"湘江"对"巫山"，而有意把它们在上下句中原来相对当的位置加以变动，交错起来。当然这也与诗句格律要求有关，把"鬓耸一段巫山云"改成"鬓耸巫山一段云"（仄仄平平仄仄平）平仄才协调。后一例上句"密"对下句"疏"，上句"少"对下句"多"，也是交错位置的蹉对。

词律

138 词有哪些别称？

词本来是配乐的歌词，所以起初称为曲子词，又称曲、曲词、曲子。

由于词是一种律化的长短句的、固定字数的诗，所以又称长短句、诗馀。

从配乐方面说，词渊源于乐府诗，所以又称乐章、乐府。

139 词的长短句与古风的长短句有什么区别？

古风的长短句不受规则的限制，比较自由。词的长短句则是由词调规定的，词调规定了词的字数、句数、句的长短以及平仄、韵脚等。另外，文人词受律诗影响较多，所以词多律句。

140 什么叫词调？唐宋时代词调的来源有哪些？根据音乐节拍的不同，词调可分哪些类？

词是配了音乐供演唱用的歌词，词的音乐部分便是词调。换言之，词调即指写词时所依据的乐谱。

词调在唐宋时代有好几个来源：1.民间音乐；2.西域音乐（我国西部各民族的音乐）；3.乐工、歌妓或词人创制的音乐；4.国家音乐机关创制的音乐。

词调可根据音乐节拍的不同分成令、引、近、慢四类。根据词人的习惯，令词通常较短，慢词通常较长。

141 什么叫词牌？

词牌是填词用的曲调名称，也就是词的格式的名称。因为词的格式非常多，不像律诗那样只有四种格式，而是有一千多个格式。给格式起名，就是词牌。有时同一个格式有几种名称，有时不同的几个格式同用一个词牌。

一般来说,根据词的内容起名,后来主要是依调填词,曲调名和词的内容不一定有联系。由于后来大部分词不再配乐歌唱,所以词牌只是作为文字、音韵结构的定式。因此宋人常在词牌下写出词题或小序。总之,词牌并不意味着等同于词题。

142   词牌中的同调异名是怎么回事?

同一个词牌具有两个以上的别名,叫同调异名。如词牌《念奴娇》,就有《大江东去》、《杏花天》、《醉江月》、《赤壁词》、《百字令》等二十多个别名。又如《蝶恋花》又名《鹊踏枝》,《采桑子》又名《丑奴儿》等。别名大都取自这一词牌的某一名作。

143   词牌中的同调不同体是怎么回事?

同一词牌有若干种不同的体式,叫同调不同体。如《满江红》一般要求押入声韵,但也有押平声韵的别体。别体也可以是字数、句法等方面的不同。如《少年游》一般是五十字,别体则有四十九字一种、五十字三种、五十一字五种、五十二字一种共十种别体。相对于别体而言,正体往往是时代较早或作者较多的一体,别体多说明古人填词有相当的灵活性。

144   什么叫词谱? 现存有影响的词谱有哪些代表作?

词谱是词调所包含的内容的具体描述。

早期的词和乐曲关系密切,词人"倚声填词",词谱包含了乐谱的内容,属"工尺谱",这类词谱已经失传。后代词与乐分离,乐曲逐渐失传,后人依照前人典范作品的平仄和句式填词,词谱就成了单一的"平仄谱"。

现存有影响的词谱著作有明代张綖的《诗馀图谱》,清代的《词律》、《钦定词谱》。

145 词韵与诗韵有什么区别？词的用韵有什么特点？

填词所用之韵叫词韵，唐宋词人"倚声填词"，用韵并无严格限制，也没有特别制定的词韵。清代戈载编的《词林正韵》，其中所反映的词韵韵部其实是诗韵的大致合并，所以词韵比诗韵宽。《词林正韵》为近代填词者所遵循。

词的用韵主要有下列特点：

一是平声韵与仄声韵界限分明。词调规定用平声韵的就不能用仄声韵，反之，词调规定用仄声韵的就不能用平声韵。

二是仄声韵中入声韵独立性强，一般均为独用。如岳飞《满江红》、苏轼《念奴娇·赤壁怀古》、姜夔《暗香》等。仄声韵中同韵部的上声韵和去声韵常常可以通押。如周邦彦《齐天乐》、李清照《永遇乐》、陆游《谢池春》等。

三是有些词调规定的平仄互押和平仄换韵不像上古通押那样随意。

146 词的一字句与一字豆有什么区别？

词的一字句指一句只用一个字。如《十六字令》（又称《苍梧谣》、《归字谣》）。宋代蔡伸《苍梧谣》第一句是"天"，宋代袁去华、张孝祥都有以"归"字为首的词。这都是平声的一字句。也有仄声的一字句，如宋代苏轼、辛弃疾都有《哨遍》词，其下阕起头都是仄声字"噫"、"嘻"。

词的一字豆（同"逗"，通"句读"的"读"）是词的句法特点之一。它可以出现在三字句、四字句、七字句之前，构成"上一下三"的四字句、"上一下四"的五字句和"上一下七"的八字句。

三字句前加一字豆的，如"登宝钗楼"、"访铜雀台"、"使李将军"、"遇高皇帝"（刘克庄《沁园春》）。

四字句前加一字豆的，如"正云梳风掠"（辛弃疾《好事近》）、"正艳杏烧林"（柳永《木兰花慢》）、"在灯前敧枕"（吴文英《高阳台》）、

"看兔葵燕麦"(刘辰翁《沁园春》),这类一字豆最为常见。

七字句前一字豆的,如"怕黄花也笑人岑寂"(刘克庄《贺新郎·九日》)。

一字豆大多用动词或虚词,并且大多是去声字。

147　词的对仗与律诗的对仗有什么不同?

词因受律诗的影响很深,所以也讲究对仗。词人们往往尽可能不失时机地运用对仗,以求句式整齐、声调铿锵。但是词的对仗与律诗的对仗还是有明显的不同。

词除了有律句式的对仗外,多有自由式的对仗。它不仅可以平仄相同,而且还不避重字。不像律诗那样要求平对仄、仄对平。词可以平对平、仄对仄。如苏轼《水调歌头》:"人有悲欢离合,月有阴晴圆缺。"有重字"有","悲欢离合"与"阴晴圆缺"对仗,是"平平平仄"对"平平平仄"。

可见,词的对仗比律诗的对仗要宽泛得多。

此外,词的对仗不像律诗的对仗那样有固定的位置。由于词是长短句,必须是相连两句字数相同才有对仗的可能。有对仗的可能,不一定非用对仗,这就不同于律诗了。

词有一字豆,它领起的句子,可以撇开一字豆不论,那么就出现了字数相同的句子,就可以用对仗了。如"正蝉吟败叶,蛩响衰草"(柳永《戚氏·晚秋天》)、"在灯前欹枕,雨外熏炉"(吴文英《高阳台》)、"望一川暝霭,雁声哀怨;半规凉月,人影参差"(周邦彦《风流子》)。

曲

律

148　曲有哪些别称?

作为一种韵文形式的曲,又称元曲、北曲、词、词馀、乐府等。

因为曲和词一样,都是配合音乐的长短句,而且是由词发展而来的,所以又称词和词馀。

元人周德清著《中原音韵》,这是一部专为元曲而作的韵书。元曲作家作曲、演员唱曲正音咬字以它为依据。该书附论部分有"正语作词起例"及"作词十法"等,其中所说的"词"正是元曲,是曲的别称。至于"乐府"的别称,是由于配合音乐而得名的。

149　北曲所包含的杂剧和散曲有什么区别?

北曲中的杂剧即元杂剧,每本以四折为主,有时另加楔子。每折杂剧用同宫调同韵的北曲套数和宾白组成,所以它是既带动作(科)又带道白(白)的歌剧,其中唱词由剧中主角一人唱。

北曲中的散曲,与诗、词一样,可用于抒情、写景、叙事,没有像歌剧、戏曲那样的科(动作)白(道白),便于清唱。

散曲包括散套(即套数)和小令两种形式。有时散曲也专指小令。

小令,元人也称"叶儿"。体制短小,多以一支曲子为独立单位,以别于套数大曲。

散曲中用多种曲调互相连贯,有首有尾,成为一套的,叫"套数"或"套曲"。常由两个以上的同一宫调的曲子按照一定的规则联缀而成。

150　什么叫曲调和曲牌?

曲调是曲的谱式,它规定了曲的句数、字数、平仄、押韵的格式。

曲调音节,古时都写在牌子上,所以曲调又称曲牌或牌调。实际上,曲牌即曲的调子的名称。曲牌名色多达几千个。每一曲牌都有一定的曲调、唱法、字数、句法、平仄,可据以填写词。

曲牌大多来自民间,有一部分由词发展而来。所以曲牌名有时与词牌名相同,如秦楼月(忆秦娥)、念奴娇等。但绝大多数是不同的。有的曲牌有调无词,只供演奏。

151　什么是宫调?

宫调是表示曲调声音高低的音乐名词。每个曲牌都有一定的宫调。

我国古代音乐,乐律有十二律吕,即十二个音阶。乐音有七声:宫、商、角、变徵、徵、羽、变宫。其中,以任何一声为主,均可构成一种调式。凡以宫为主的调式称为宫,以其他各声为主的调式则称为调,统称宫调。以七声配十二律,理论上可得十二宫、七十二调,合称八十四宫调。但实际上并不常用,最常用的也只是五宫四调——正宫、中吕宫、南吕宫、仙吕宫、黄钟宫、大石调、双调、商调、越调,合称九宫。每一个曲牌都隶属于一个宫调,每个宫调都有若干个曲牌。两者之间互相规定,是交叉的关系。

152　什么是曲韵?

曲韵指元曲在唱曲、念白时使用的字音标准。元曲在读音、咬字、押韵、四声调值等方面都有一定的规律。

曲韵与诗韵、词韵有很大不同,曲韵是根据当时北方实际语音用韵的。元人周德清所著《中原音韵》一书正是按照当时实际语音系统写成的。元曲的韵部就是《中原音韵》归并《平水韵》得出的十九个韵脚:

一东钟	二江阳	三支思	四齐微
五鱼模	六皆来	七真文	八寒山
九桓欢	十先天	十一萧豪	十二歌戈

十三家麻　　十四车遮　　十五庚青　　十六尤侯
十七侵寻　　十八监咸　　十九廉纤

曲韵最显著的特点是没有入声。由于曲韵是平上去三声以通押为常，所以不另立上去两声的韵目。

曲韵还有两个特点：一是不论套数还是小令，曲韵都是一韵到底，中间不换韵。二是不忌重韵，即一首曲子里可以出现相同的韵脚字。

153　曲韵的四声与现代普通话的四声有什么异同？

古代汉语字音自南北朝齐梁之际开始就分平声、上声、去声、入声四种声调。

曲韵的四声同现代普通话一样，不再沿袭传统的、古诗词习用的平、上、去、入四声，都以平声分阴阳，采用阴平声、阳平声、上声、去声这四声。

曲韵与现代普通话都把中古一部分上声字（主要是浊音的上声字）归并到去声，俗称"阳上作去"。例如动、是、户、在、道、并（並）、后等归入去声，这是两者相一致的地方。

曲韵的四声与现代普通话的四声也有不同的地方。古代的入声字如何归并到平、上、去三声，具体有哪些字归并到哪一声，曲韵与现代普通话却并不一致。例如曲韵并入阴平声的字一个也没有，这和现代普通话明显不同。另外，曲韵中入声字归入上声的字特别多，这一点也与现代普通话不同。所以，不能凭借现代普通话的四声来推知曲韵的四声，曲韵的四声还得查检《中原音韵》一书。

154　什么叫衬字？

顾名思义，衬字是用来陪衬的字。元曲里在曲律规定的字数之外添加的用来补足语气或用来增加声情色彩的陪衬的字叫衬字。

运用衬字是曲律的一大特点。

衬字一般加在句首、句中,在歌唱时,不占重要拍子,不能加在句末,不能做韵脚。

衬字字数不论,也不拘平仄。一般情况下,套数衬字多,而小令则衬字少;剧曲衬字多,而散曲则衬字少。衬字不能多于曲调规定的字数即正字。

由于用了衬字,元曲就更口语化了。

155　句中韵与短柱韵有什么区别?

韵文中除句末押韵字外,句中也用上押韵的字,这就叫句中韵。例如:

> 君子于役,不知其期,曷至哉?鸡栖于埘,日之夕矣,羊牛下来。君子于役,如之何勿思。(《诗经·王风·君子于役》)——句末押韵字"期、哉、埘、来、思"以外,句中"牛"也是押韵字,是与句末押韵字同部的句中韵。

> 日居月诸,胡迭而微?心之忧矣,如匪浣衣。静言思之,不能奋飞。(《诗经·邶风·柏舟》)——句末押韵字"微、衣、飞"以外,句中"居、诸"互相押韵,是与句末押韵字不同部的句中韵。

句中韵能使韵文音调铿锵,增加节奏美感。中古以后特别是词曲中,句中韵使用很多,而且常是有意安排。到了元曲,正式形成了两字一顿一协连续使用甚至通篇使用的短柱韵。读起来更显得繁音促节,铿锵玲珑。例如:

> 忽听一声猛惊。(王实甫《西厢记》第一本第三折)——听、声、惊叶韵。

> 自古相女配夫。(王实甫《西厢记》第五本第四折)

> 銮舆三顾茅庐,汉祚难扶,日暮桑榆。深渡南泸,长驱西

蜀,力拒东吴。美乎周瑜妙术,悲夫关羽云殂。天数盈虚,造物乘除。问汝何如? 早赋归欤。(虞集《折桂令》曲)——通篇每两字一顿一协,这是短柱韵的典型例子。

短柱韵属于句中韵的一种,但它是在元曲中才正式形成的,以有意安排两字一顿一协连篇或通篇使用为特点,宋词中虽已有类似短柱的句中韵,但还没有形成正式韵例,更早的自然或偶然的句中韵,更不能算作短柱韵。

古代文化常识

156　什么是"四书五经"？

传统指儒家经典的入门书。"四书"指《论语》、《孟子》、《大学》、《中庸》。"五经"指《周易》、《尚书》、《诗经》、《礼记》、《春秋》。

宋代朱熹著《四书章句集注》，将《论语》、《孟子》及《礼记》中的《大学》、《中庸》分章断句，加以注释。"四书"之名出于此。

汉立"五经"于学官，"五经"之称始于汉武帝建元五年（前 136）。

157　什么是"九经"和"十三经"？

"九经"和"十三经"都是儒家经典"五经"的扩充。

把"五经"中的《礼》扩充为《周礼》、《仪礼》、《礼记》，把《春秋》扩充为《春秋左氏传》、《春秋公羊传》、《春秋穀梁传》，这就形成了"九经"。"九经"是唐代所加。唐开成年间刻石国子学，又加《孝经》、《论语》、《尔雅》，为"十二经"。宋代又复增《孟子》，这就形成了"十三经"。汉代以及魏晋的人为《十三经》作了注，唐宋人又为之作疏，形成了《十三经注疏》。

158　传统所称"经史子集"是怎么回事？

"经史子集"是我国传统图书分类的四大部类。经部指儒家的经典以及注解儒家经典的小学（语言文字之学）方面的书籍。史部包括各种历史书和某些地理书。子部包括诸子百家的著作。集部包括诗、文、词、赋等总集、别集。

159　什么叫"四部"？

"四部"是中国古代图书分类的名称。

西晋荀勖将群书分为甲、乙、丙、丁四部：以六艺、小学为甲部；诸子、兵书、术数为乙部；历史记载和杂著为丙部；诗赋、图赞、《汲冢书》为丁部。东晋李充加以调整:以五经为甲部;历史记载为乙部;诸子为丙部;诗赋为丁部。隋唐以后沿用此种分类,称"经、史、子、集"。经、史、子、集总称为"四部",也称"四库"。

160　《四库全书》是怎样的图书?

《四库全书》是丛书名称,清乾隆三十八年(1773)开馆纂修,经十年完成,共收乾隆以前历代图书 3460 馀种,79300 馀卷(文渊阁本)。分经、史、子、集四部,故名"四库",有保存、整理先秦至清初乾隆以前文献的作用。全书缮写七部,分藏于文渊、文源、文津、文宗、文汇、文溯、文澜七阁。文汇、文宗、文源诸阁均毁于战火,文澜阁所藏亦多散失,经补抄得全。现有影印文渊阁本和文津阁本《四库全书》。

161　"二十四史"和"二十五史"是怎样的图书?

"二十四史"和"二十五史"都是纪传体史书的汇总。"二十四史"是在明代"二十一史"基础上,于清乾隆年间增加《明史》、《旧唐书》、《旧五代史》,合成"二十四史",总计 3243 卷,记载了上古直至明代几千年的历史,一直被视为"正史"。

"二十五史"有两种:一种是民国期间由开明书店编印的"二十四史"加上《新元史》;一种是二十世纪八十年代由上海古籍出版社和上海书店编印的"二十四史"加上具备正史性质的《清史稿》。后者亦称《二十五史新编》。

162　《诸子集成》是怎样的图书?

《诸子集成》是收集先秦至汉魏六朝儒、法、道、墨、名、兵、杂家的丛书。

该丛书于 1935 年由世界书局印行,分上下两编。上编收集儒、道、墨、名、法、兵及杂家 7 类 18 种,注解本多为前代人所注,也有近代人如清儒的注本;下编收集汉魏六朝著名子书 10 种。中华书局于二十世纪五十年代至八十年代据原纸型重印,有所订正。上海书店也于二十世纪八十年代影印此书。中华书局还于二十世纪八十年代起陆续出版《新编诸子集成》,收集先秦至唐五代的子书,每一种都选择最好的注释本,或兼收数种各具优长的注本,吸收最新研究成果,扩大书籍种类等,质量超过原《诸子集成》。

163　总集与别集有什么区别,各有哪些特点?

传统图书分类中,集部有总集与别集两大类,它们各有特点,互有区别。

总集指多人诗文的综合集,分为全集和选集两类。前者广为收集,务求完备,旨在保存文献;后者选取精华,择要收录。

南北朝时梁萧统编的《文选》(又称《昭明文选》)是现存最早的文学总集,共收录了先秦至六朝七八百年间 130 馀位作家作品 700 馀首,各种文体主要代表作大致齐备。

总集大多以时代编集,如《全上古三代秦汉三国六朝文》、《全唐诗》、《全宋文》等。也有按体裁编集的,如《历代赋汇》、《骈文类纂》等。少数按地域编集的,如《河汾诸老诗集》等。

别集指作家个人著作的汇集,与总集相对。通常别集以诗文作品为主,也包括论说、奏议、书信、语录等著作,内容较为广泛。著名的别集,如《陶渊明集》、《白氏长庆集》(白居易著)、《东坡七集》(苏轼著)、《经韵楼集》(段玉裁著)。

164　古书注解有传、笺、注、疏、正义、章句、集解等,各有什么特点? 还有哪些类似的名称术语? 它们之间有何区别?

古书注解主要分注、疏两大类。替古书正文注解文字、词语、名物等叫注;不但替古书正文作注解,而且还给前人的注再作整理和注解的叫疏。

传和笺都属于注。汉时各有特定的含义:传着重阐明经义,笺有补充、订正传的意思。如《毛诗郑笺》是郑玄对毛亨阐明《诗经》经义的传中简略隐晦的地方加以阐发并对毛传进行订正、补充。

疏又叫正义,大多是在汉晋人注解的基础上进一步作注解。如唐代孔颖达曾为《周易》、《尚书》、《诗经》、《礼记》、《春秋》五部经书作正义,称《五经正义》。

章句和集解是比较详尽的注。章句除了解释文字词语外,还串讲文章大意,分章析句,进行串讲。如汉王逸《楚辞章句》。集解又叫集注或集传,主要汇集前人及同代人的注解,或加以综合整理,或加入己见。如南朝宋裴骃的《史记集解》,宋代朱熹的《四书集注》、《诗集传》等。

类似的名称术语还有:

解、解诂　包括字词语句和思想观点的解释。如东汉何休的《春秋公羊传解诂》。

诂训传　诂指以当时通行语解释古代语言文字;训指词义解释。毛氏为《诗经》作注除阐述经义的传以外,兼有诂训内容,故其书称《毛诗故训传》。

音义　注释古书字音字义。如唐代陆德明《经典释文》中有《周易音义》、《庄子音义》等,明代陈第有《屈宋古音义》。

索隐　索隐为求索隐晦难明者之意,注解侧重人名、地名的考证及史实的考核,兼明典故出处。如唐代司马贞的《史记索隐》。

义证　对于注解、释义广引书证的叫义证。如清代桂馥的《说文解字义证》。

义疏　其名源于佛家解经,后泛指会通古书义理,加以阐释发挥或广搜书证补充旧注以究明原委,既据前人传注,又作逐章逐句解释,较为详尽。如南朝梁皇侃的《论语义疏》、清代郝懿行的《尔雅义疏》。

疏义　疏通注文的意义。如清代钱大昭的《广雅疏义》。

疏证　综合性的注疏。会通古书义理,加以补充、校订、考证、阐释。如清代戴震的《方言疏证》、王念孙的《广雅疏证》。

注疏　南宋以后,把儒家经典的经(正文)、传(传注)、疏(正义、义疏)三者合刻在一起,称为注疏。如《十三经注疏》。

165　古诗文中有哪些带神话色彩的名称喻指自然现象的主持者?

上古时代,因科技不发达,人们把自然现象看得十分神秘,认为各种自然现象都有它的主持者,人们把这些自然现象的主持者人格化并赋予一定的名称。如《广雅·释天》:"风师谓之飞廉,雨师谓之萍(屏)翳,云师谓之丰隆。日御谓之羲和,月御谓之望舒。"这些名称为古代作家所沿用。如《离骚》:"吾令丰隆乘云兮,求宓妃之所在。"又:"吾令羲和弭节兮,望崦嵫而勿迫。"扬雄《校猎赋》:"望舒弥辔,翼乎徐至于上兰。"

166　什么是"七曜"?

古人以日、月与金、木、水、火、土五大行星为"七曜"。《春秋穀梁传序》唐代杨士勋疏云:"谓之七曜者,日月五星皆照天下,故谓之七曜。"

167　金星有哪些别称?

金星,太阳系八大行星之一,位于水星和地球之间,因光色银白,亮度强,古人称之为明星,又名太白。"明星"这一名称见于《诗经·郑风·女曰鸡鸣》和《诗经·陈风·东门之杨》。金星黎明见于东方叫启明,黄昏见于西方叫长庚。《诗经·小雅·大东》:"东有启明,西有长庚。"

168　先秦古籍中谈到天象时所说的"水"、"火"是不是水星和火星?

先秦古籍中谈到天象时所说的"水"、"火"并不是行星中的水星和火星,而是指恒星中的定星(营室)和恒星中的大火(即心宿,特指心宿二)。如《左传·庄公二十九年》:"水昏正而栽。"《诗经·豳风·七月》:"七月流火,九月授衣。"说的就是黄昏见到营室星,七月大火星下行。

169　什么是"二十八宿"和"四象"?

"二十八宿"亦称"二十八舍"或"二十八星"。宿,音 xiù,指星宿。我国古代天文学家为了观测天象及日、月、五星在天空中的运行,在黄道带(古人想象的太阳周年运行轨道)和赤道带(地球赤道在天球上的投影)的两侧绕天一周,选取了二十八个星座作为观测的标志,称为"二十八宿"。又平均分为四组,每组七宿,与东、西、南、北四个方位和苍龙、白虎、朱雀、玄武(龟蛇)四种动物形象相配,称为"四象"。

二十八宿以北斗星斗柄所指的角宿为起点,由西向东排列,其名称和四象的关系如下:

东方苍龙七宿:角亢氐房心尾箕

北方玄武七宿:斗牛女虚危室壁

西方白虎七宿:奎娄胃昴毕觜参

南方朱雀七宿:井鬼柳星张翼轸

二十八宿形成年代很早,战国初期(公元前五世纪)就已有关于二十八宿和四象的记载。古人对二十八宿十分熟悉,有关二十八宿和四象的传说常被历代作家引用、描述。

170　二十八宿中的参、心二宿的传说反映在古诗文中有什么含义？

二十八宿中的参、心二宿的传说作为典故，语出《左传·昭公元年》："昔高辛氏有二子，伯曰阏伯，季曰实沈，居于旷林，不相能也，日寻干戈，以相征讨。后帝不臧，迁阏伯于商丘，主辰（主祀大火星），商人是因，故辰为商星（即心宿）；迁实沈于大夏，主参（主祀参星），唐人是因，以服事夏商，……故参为晋星（即参宿）。"

由于参宿居于西方，心宿居于东方，彼此出没两不相见，古诗文因此把亲友久别不相逢比喻为参辰或参商。如晋代陆机《为顾彦先赠妇》诗："形影参商乖，音息旷不达。"宋代秦观《别贾耘老》诗："羁我与君素参辰，孰为一见同天伦。"明代无心子《金雀记·惜别》："天涯咫尺参辰，眼前难别意中人。"清代黄遵宪《别赖云芝同年》诗："人生相见殊参商，吁嗟努力毋怠皇。"

又由于《左传》上述典故把代表心宿的阏伯和代表参宿的实沈两兄弟彼此对立不和睦，因此古诗文以参商或参辰比喻兄弟不和睦，彼此对立。如唐代陈子昂《为义兴公求拜扫表》："兄弟无故，并为参商。"

171　什么叫北斗？古人为什么重视北斗星？

二十八宿中以东、南、西、北四方命名的有东井、南箕、西壁、北斗。斗宿为北方玄武七宿之首。

北斗就是北斗星，它是由天枢、天璇、天玑、天权、玉衡、开阳、摇光七星组成。七星联系起来，古人把它们想象为舀酒的斗。斗身是前四星，古称魁；后三星组成斗柄，古称杓。

北方夜晚天空成斗形的七颗明亮的北斗星高而亮，常用来比喻帝王和受人尊敬的人。如明代梅鼎祚《玉合记·宸游》："祈海内常依北斗。"《新唐书·韩愈传赞》："自愈没，其学盛行，学者仰之如泰山北斗。"

古人之所以重视北斗星,还因为凭借它可以辨别方向,确定季节。把北斗中的天璇、天枢二星连起来加以延长,延至五倍左右,即可找到作为北方方位标志的北极星。北极星也常用来比喻帝王和朝廷。古人根据初昏时北斗星的斗柄所指的方向来确定季节:斗柄指向东,是春天;指向南,是夏天;指向西,是秋天;指向北,是冬天。

172　什么是"六十甲子"?

古人以天干和地支按顺序搭配,从"甲子"起,到"癸亥"止,满六十为一周,称为"六十甲子"。

天干指甲乙丙丁戊己庚辛壬癸共十干,地支指子丑寅卯辰巳午未申酉戌亥共十二支。

六十甲子名目如下:

甲子	乙丑	丙寅	丁卯	戊辰	己巳	庚午	辛未	壬申	癸酉
甲戌	乙亥	丙子	丁丑	戊寅	己卯	庚辰	辛巳	壬午	癸未
甲申	乙酉	丙戌	丁亥	戊子	己丑	庚寅	辛卯	壬辰	癸巳
甲午	乙未	丙申	丁酉	戊戌	己亥	庚子	辛丑	壬寅	癸卯
甲辰	乙巳	丙午	丁未	戊申	己酉	庚戌	辛亥	壬子	癸丑
甲寅	乙卯	丙辰	丁巳	戊午	己未	庚申	辛酉	壬戌	癸亥

"六十甲子"一般用于年、月、日、时的纪序,今农历仍沿用甲子纪年,如 2016 年是农历丙申年,2017 年是农历丁酉年。干支纪年汉代就已开始,一直到现在从未中断,所以我们可以逆推到汉代甚至更早。

173　上古时代,每个月有哪些特定的名称?

据《尔雅·释天》,上古每个月的代称如下:

正月为陬,二月为如,三月为寎,四月为余,五月为皋,六月为且,七月为相,八月为壮,九月为玄,十月为阳,十一月为辜,十二月为涂。

174 古代对每个月的月初、月中、月末有哪些特定的名称？

夏历每月初一,月球运行到地球与太阳之间,与太阳同出没,地球上看不到月光,这种月相称为"朔"。因此每月第一天叫"朔"。

夏历月大十六日、月小十五日,月球正面完全被阳光照射,地球上看月轮像一个明亮的圆盘。因此每月月中被称为"望",刚过了望日以后叫"既望"。

夏历月末,月相昏暗,称为"晦"。

此外,夏历每月初三又称"朏(fěi)"。朏是新月开始生明的意思。每月初三晚上的月光称"朏魄"。

175 古人怎样记时？

古人根据天色把一天分成若干时段:

天刚亮,太阳出来时叫旦、早、朝、晨;

太阳下山即日落时叫夕、暮、昏、晚;

太阳西斜时叫昃;

太阳正中时叫日中;

将近日中的时段叫隅中。

古人一天吃两餐:朝食、夕食。朝食在日出之后、隅中之前,这一时段叫食时或蚤食;夕食在日昃之后、日落之前,这一时段叫晡(餔)时。

太阳下山以后是黄昏,黄昏以后叫人定,人定以后就是夜半了。

天将亮未亮这一时段叫鸡鸣、昧旦或昧爽。

天亮这一时段又叫平旦或平明。

古人运用十二地支表示十二个时辰,每个时辰等于现代的两小时。

与现代的时间对照,每个时辰所指时间如下:

子时　半夜十一时至凌晨一时,十一时为子初,十二时为子正。

丑时　凌晨一时至凌晨三时,一时为丑初,二时为丑正。

寅时　凌晨三时至凌晨五时,三时为寅初,四时为寅正。

卯时　凌晨五时至上午七时,五时为卯初,六时为卯正。

辰时　上午七时至上午九时,七时为辰初,八时为辰正。

巳时　上午九时至上午十一时,九时为巳初,十时为巳正。

午时　上午十一时至下午一时,十一时为午初,十二时为午正
(正午)。

未时　下午一时至下午三时,一时为未初,二时为未正。

申时　下午三时至下午五时,三时为申初,四时为申正。

酉时　下午五时至下午七时,五时为酉初,六时为酉正。

戌时　晚上七时至晚上九时,七时为戌初,八时为戌正。

亥时　晚上九时至晚上十一时,九时为亥初,十时为亥正。

176　什么是"二十四节气"?

古人通过长期的生产实践,认识到一年当中季节的更换、交替与气候变化的规律,依据太阳在黄道上的位置,将全年划分为二十四个段落。包括十二个"中"气和十二个"节"气,统称"二十四节气"。早在先秦时代,已运用圭表测日影的方法定出春分、夏至、秋分、冬至四大节气。以后,通过农业生产实践,逐步充实完善,至秦汉间,二十四节气完全确立,成为农事活动的主要依据。

上述二十四个段落的开始一日为节气名,二十四个节气名即"二十四节气",分月按顺序列出如下:

正月	立春	雨水	二月	惊蛰	春分
三月	清明	谷雨	四月	立夏	小满
五月	芒种	夏至	六月	小暑	大暑
七月	立秋	处暑	八月	白露	秋分
九月	寒露	霜降	十月	立冬	小雪
十一月	大雪	冬至	十二月	小寒	大寒

每月的后一节气又称"中气"，则前一即为"节气"，两者相间。由于一个"节气"加一个"中气"大于一个朔望月即大于三十天，所以出现没有"中气"的某月，就置闰月。

177 什么是"十二生肖"？

"十二生肖"亦称"十二属"、"十二相属"。我国古代术数家以十二种动物配十二地支：子为鼠、丑为牛、寅为虎、卯为兔、辰为龙、巳为蛇、午为马、未为羊、申为猴、酉为鸡、戌为狗、亥为猪。后以人生于某年即肖某动物。"十二生肖"之说起于东汉。

178 什么是律吕？

古代用竹管制成的校正乐律的器具叫律吕。以管的长短（管径相同）来确定音的不同高度。从低音到高音，成奇数的六个管叫"律"，成偶数的六个管叫"吕"，总称"六律"、"六吕"。"六律"的名目是：黄钟、太簇、姑洗、蕤宾、夷则、无射。"六吕"的名目是：大吕、夹钟、仲吕、林钟、南吕、应钟。"六律"和"六吕"也合称"十二律"，实为古乐的十二调。

179 什么是"五音"和"七音"？

我国古代五声音阶中的宫、商、角、徵、羽五个音级，称为"五音"或"五声"，大致相当于现代音乐简谱中的1、2、3、5、6。后来加上变宫、变徵，成为"七音"。"七音"相当于现代音乐简谱中的1、2、3、4（变徵）、5、6、7（变宫）。

180 古书上常提到的"八音"指什么？

"八音"是我国古代对乐器的统称，通常由金、石、土、革、丝、竹、匏、木八种不同的材质制成。

《周礼·春官·大师》："皆播之以八音：金、石、土、革、丝、木、匏、竹。"郑玄注："金，钟镈也；石，磬也；土，埙也；革，鼓鼗也；丝，琴瑟也；木，柷敔也；匏，笙也；竹，管箫也。"

181　古人怎样把十二律与十二月相配？

早在《吕氏春秋》就开始把十二律与历法配合，即将乐律与历法相附会。据说是根据《礼记·月令》的说法，十二月正好与十二律相适应，具体如何适应、征验，其实是不科学的，但因为成了典故，历代作家又常喜欢以十二律的名称代称十二个月份。所以这种配合还是值得了解、掌握的。

现将与十二月相配的十二律列出如下：

正月（孟春）：太簇；

二月（仲春）：夹钟；

三月（季春）：姑洗；

四月（孟夏）：仲吕；

五月（仲夏）：蕤宾；

六月（季夏）：林钟；

七月（孟秋）：夷则；

八月（仲秋）：南吕；

九月（季秋）：无射；

十月（孟冬）：应钟；

十一月（仲冬）：黄钟；

十二月（季冬）：大吕。

182　什么是"九州"？

传说中的中国上古时代的行政区划起于春秋、战国时代，所指具体州名说法不一。两汉以前认为是禹治水后所划分。《尚书·禹贡》作冀、兖、青、徐、扬、荆、豫、梁、雍。《周礼·夏官·职方》有幽、并州而无徐、梁州。《尔雅·释地》有幽、营州而无青、梁州。后引申泛指全中国。如王昌龄《放歌行》："清乐动千门,皇风被九州。"龚自珍《己亥杂诗》："九州生气恃风雷,万马齐喑究可哀。"

183　古书上常有的同名异地是怎么回事？

阅读古书,要注意同名异地的情况。例如山东,战国时期,秦将崤山函谷关以东地区称为山东。汉以后山东又指齐鲁一带,如《汉书·儒林传》："即以教于齐鲁之间,齐学者由此颇能言《尚书》,山东大师亡不涉《尚书》以教。"又称太行山以东地区,如《史记·晋世家》："冬十二月,晋兵下山东。"又如南京,唐时指今四川成都,宋时指今河南商丘,辽时指今北京,金时指今河南开封,明清以后才指今南京。如李白《上皇西巡南京歌》这里的"南京"即指成都。再如江南一般指长江以南地区,但各时代含义有所不同:汉以前一般指今湖北省长江以南部分和湖南、江西一带,后多指今江苏、安徽之南和浙江一带。南北朝时,南朝与北朝隔江对峙,故称南朝及其统治下的地区为江南。如谢朓《鼓吹曲》："江南佳丽地,金陵帝王州。"

184　古书上常有的异名同地是怎么回事？

阅读古书,也要注意异名同地的情况。例如北京,南北朝时叫蓟,辽时称燕京,金时叫中都,又叫大兴,元时叫大都。

古代文人喜欢称地名的古称或别称,这也是异名同地现象。如李白《送孟浩然之广陵》："故人西辞黄鹤楼,烟花三月下扬州。"扬州是当时的地名,而广陵是扬州的古称(汉代称广陵)。又如张继《枫桥夜泊》："姑苏城外寒山寺,夜半钟声到客船。"姑苏是苏州的别称。又如苏轼《送子由使契丹》："沙漠回看清禁月,湖山应梦武林春。"武林是杭州古时的别称。

185　什么是"三公"？

我国古代辅助国君掌管中央军政大权的高官称"三公"。

周代三公指太师、太傅、太保。

西汉三公指丞相、太尉、御史大夫，亦称大司徒、大司马、大司空。

东汉三公指太尉、司徒、司空。

唐宋沿袭东汉，但三公已非实职，无实权。

明清沿袭周制，但只用于大臣加衔。

"三公"亦称"三司"。司徒或大司徒相当于丞相，司马或大司马掌管军事，司空或大司空掌管内务及工程等。

186　什么是"九卿"？

古代中央政府的九个高级行政官职。

周代的九卿指少师、少傅、少保、冢宰、司徒、宗伯、司马、司寇、司空。

秦代的九卿指奉常、郎中令、卫尉、太仆、廷尉、典客、宗正、治粟内史、少府。

汉代的九卿指太常、光禄勋、卫尉、太仆、廷尉、大鸿胪、宗正、司农、少府。

北齐改廷尉为大理，少府为太府。

明代改宗正为宗人府，废卫尉、司农、太府，以六部尚书、都察院都御史、通政使司、大理寺卿为九卿。

清代以都察院、大理寺、太常寺、光禄寺、鸿胪寺、太仆寺、通政使司、宗人府、銮仪卫为九卿。

周代的少师、少傅、少保合称"三少"或"三孤"，是三公的副职。冢宰是九卿之首，百官之长，相当于后世的宰相。宗伯主管祭祀典礼，司徒主管教化，司马掌管军事，司寇主管刑狱，司空掌建筑制造工程。

　　秦代的廷尉、典客和治粟内史管理政务：廷尉掌刑狱，典客掌朝廷礼仪及接待宾客事宜，治粟内史管理赋税。其他六卿管理皇帝宫廷内部的事务。

　　汉代的大鸿胪相当于秦代的典客，司农相当于治粟内史，太常掌宗庙礼仪，光禄勋掌宫殿门户，卫尉掌宫门警卫，太仆掌车马畜牧事宜，宗正掌王室亲族的事务，少府掌管赋税。

　　明代六部尚书沿袭隋唐，包括吏、户、礼、兵、刑、工六部。都察院都御史掌管监察官吏，通政使司掌管臣民章奏、题本上达各司或内阁，事重者请旨裁决。大理寺也是掌管刑狱的。

　　清代宗人府管理皇室宗族事务，銮仪卫则掌管乘舆供奉及仪仗事宜。

187　古代中央官制中"三省制"和"六部制"是怎样的？

　　"三省"指中书省、门下省、尚书省。自南北朝至唐，"三省"是中央最高政务机构，也是隋唐时期中央官制的基础。三省分职的制度是：中书省取旨，门下省审核，尚书省执行。三省长官同为宰相，共议国政。

　　"六部"指吏、户、礼、兵、刑、工各部，合称"六部"，是隋唐以后中央行政机构。六部由魏晋之际尚书省分曹治事演变而来。户部原称民部，唐时避唐太宗李世民讳而改称。礼部原称祠部，也是唐时改称的。

　　六部制一直沿袭到清代，但六部的地位、权力各朝不尽相同。六部掌管的事务大致如下：

　　吏部掌官吏的任免、升迁、考绩等。

　　户部掌土地、户口、财政等。

　　礼部掌典礼、科举、学校等。

　　兵部掌军事。

刑部掌刑狱事务。

工部掌工程、营造、屯田、水利等。

六部的首长称尚书，如吏部尚书、兵部尚书等，副首长称侍郎。

188   古代的博士、助教指什么官职？

古代的博士、助教都是学官名。

早在战国时代和秦代，诸子、诗赋、术数、方伎皆立博士。汉文帝置一经博士。汉武帝置五经博士，职责是教授、课试，也兼奉使、议政的任务。晋置国子博士。唐有太常博士、太学博士、太医博士、律学博士、书学博士、算学博士等，都是教授官。明清沿袭，微有不同。

助教是晋代开始设置的学官。晋所设的国子学和太学以博士为教官，助教作为博士的副职，协助教授生徒。此后国学中都设经学助教，称国子助教、太学助教、四门助教、广文助教等。北魏增设医学助教，隋代增设算学助教，唐增设律学助教，都是协助博士传授专门知识的学官。

189   古代县的行政长官有哪些称谓？

春秋时县邑的行政长官称宰、尹、公、大夫，其职务相同。《周礼·地官》称县正。

秦汉时万户以上的县，长官称县令；万户以下的县，长官称县长。秦汉又设县丞，辅佐县令或县长，相当于助理。又设县尉，掌管治安。"县宰"、"县尹"之称历代都有。宋代多以中央官员出掌县政，称"知某县事"，简称"知县"。明清沿用"知县"之称谓。近代又有"县太爷"、"县父母"的俗称。

190   古代州、郡、府的行政长官各有哪些称谓？

古代州、郡、府都是大于县的行政区划名称，大体上它们是平行或同级的。历代州、郡、府相互改称,部分州又改为府,如唐时将京师、陪都和皇帝驻跸所在地的州改为府。

州、郡、府的行政长官称为太守或刺史,还有郡守、郡侯、郡帅等称谓和州宰、州牧、府尹、府牧等称谓。至于知州和知府,则同知县一样,是由朝廷派官员前往州、府管理,称"知某州军(指地方军队)州(指民政)事",省称"知州",称"权知某府事",省称"知府"。

191　古代的封爵有哪些讲究?

封爵指分封土地、授予爵位。旧说周代就把爵位分为公侯伯子男五等,汉代的封爵只有王侯二等。古代帝王分封土地有百里(分给公、侯)、七十里(分给伯)、五十里(分给子、男)之别。帝王的诸皇子封王,相当于封建诸侯,所以通称诸侯王。汉代定下规矩"非刘氏不王",异姓一般不封王。历代封爵制度不尽相同,但基本上同姓封王、异姓封公侯伯子男,这方面比较一致。

异姓封王属于特殊情况,功勋卓著的也封王的,如隋文帝杨坚在北周当大臣时封为隋公、隋王;唐高祖李渊在隋朝为官时封唐公、唐王;唐代郭子仪军功卓著,特封汾阳王。

192　什么是科举制度?

隋唐以来直至明清,政府分科目考试选拔文武官吏后备人员的制度叫科举制度。设科取士而定期举行的中央或地方级的考试叫科举考试。

此前,魏晋南北朝官吏选拔制度为九品中正制,各州郡设立中正官,将各地士人按才能分别评为上上、上中、上下、中上、中中、中下、下上、下中、下下九等(九品),供朝廷按等选用,谓之"九品官人法"。隋文帝时,鉴于此法弊端丛生,《晋书·刘毅传》云:"上品无寒门,下品无势族。"豪门贵族垄断了选拔官员,九品实际上成了门第高低的标志。于是下令废除"九品中正制",设秀才、明经二科取士,是为科举制度的雏形。唐代继承隋代,增设明法、明书、明算诸科,而以进士、明经二科为主。分科选拔官吏的名目叫科目。唐代文科的科目很多,每年举行考试。明清两代文科只设进士一科,考八股文。武科考骑射、举重等武艺,每三年举行一次。唐以后,每年举行的考试,称"常举";由皇帝特诏,临时举行的考试,称"制举"。明清科举制度已达到鼎盛,考试分乡试、会试、殿试三级。

乡试　每三年一次在各省省城举行,乡试取中者称为"举人",第一名称为"解元"。参加考试的庠生即秀才,事先要通过本省学政巡回举行的科考,成绩优良的方能选送参加乡试。

会试　每三年会集各省举人于京城考试叫会试。于乡试第二年春天在礼部举行。故会试又称"春闱"或"礼闱"。取中后称"贡士",第一名称"会元"。

以上各种考试主要考八股文和试帖诗。八股文从四书五经中文句命题。

殿试　皇帝亲临殿廷策试叫殿试,是科举考试的最高一级。所谓"策试"就是写在简策上提出有关经义或政事等问题作为试题,亦称"廷试"。明清殿试分三甲:一甲三名赐进士及第,通称状元、榜眼、探花;二甲赐进士出身,第一名通称传胪;三甲赐同进士出身。

193　清人为了取得参加正式科举考试的资格,要作哪些准备?

为取得参加正式科举考试的资格,清人首先要参加童试。参加童试的人称为儒童或童生。录取入学后称为生员,又称庠生,俗称秀才,是为功名起点。

清代有府学、州学和县学,统称儒学。儒学和孔庙并称为学宫。生员在学宫接受教官管教,每年由学政考试。成绩最好的生员称廪生,其次是增生(名额增广后的生员)和附生(府学县学之外的附学生员)。

194　怎样评价科举制度？

毋庸讳言,科举制度是为王朝统治阶级服务并为统治者利用的,作为收买士人笼络知识分子的一种手段。五代王定保《唐摭言》卷一载唐太宗"尝私幸端门,见新进士缀行而出,喜曰:'天下英雄入吾彀中矣。'"彀中,指弓箭有效射程之内,比喻牢笼、圈套。

但是,相对于隋唐以前全被贵族豪门操纵的"九品官人法",科举制度有一定的进步意义。科举不排斥寒门、布衣,相对比较公正、公平。糊名、誊录等措施减少了舞弊的可能。科举制度选拔的人才中不乏清廉有品德有才华之人,地方上或百姓中以科举中取得功名为荣耀,有利于树立发愤勤读的风气。虽然科举考试成功者被讽刺挖苦,如"范进中举"(见《儒林外史》),但更多的受社会追捧,如旧戏曲中衣锦还乡的状元。

195　古代姓和氏有什么区别？

我国上古有姓有氏。姓、氏本有区别:姓起源于母系,即母系社会;氏起源于父系。姓是表示家族系统的称号;氏是姓的分支,上古贵族表明宗族的称号。

由于子孙繁衍,一族分为若干分支散居各地,每支有一种特殊的称号作为标志,这便是氏。所以说,姓是旧有的族号,氏是后起的族号。

《通志·氏族略序》云:"三代之前,姓氏分而为二,男子称氏,妇人称姓。氏所以别贵贱,贵者有氏,贱者有名无氏,……姓所以别婚姻,故有同姓、异姓、庶姓之别。氏同姓不同者,婚姻可通;姓同氏不同者,婚姻不可通。三代之后,姓氏合而为一,皆所以别婚姻,而以地望(郡望)明贵贱。"

战国以后,人们往往以氏为姓,姓氏逐渐合而为一。汉以后通称为姓,并且无论贵贱都可以有姓。秦汉以后,姓氏不别,或言姓,或言氏,或兼言姓氏。顾炎武《日知录·氏族》云:"姓氏之称,自太史公始混而为一。《本纪》于秦始皇则曰'姓赵氏',于汉高祖则曰'姓刘氏'。"

氏还是古代对已婚妇女的称谓。常于其父姓之后系氏,如姜氏。后多在夫姓和父姓之后系氏,如赵钱氏、张王氏。

后代的姓许多都是从上古的氏沿袭下来的。上古的氏情况很复杂,不少是从地名取氏的,包括诸侯受封的国名,如齐、蔡、宋、郑;卿大夫及其后裔受封的邑名,如屈、解、羊舌;或以所居的地名为氏的,如东门、南宫、北郭、百里。还有以官名为氏的,如卜、祝、司马、乐正。此外,也有以所从事的技艺为氏的,如巫、陶、甄(制作砖瓦器)。

196　古人的名和字有什么关联？了解这种关联对于古代汉语知识的掌握有什么帮助？

古人自幼命名。成年之后,一般在二十岁时,由长者加"字"。《礼记·曲礼》:"男子二十冠,而字。"冠是加冠之礼,表示成人。成人自称或称子弟后辈用名,称人用"字"。"字",常常有意识地与名相互配搭、关联。后来虽不再行冠礼,但仍多据名命字。名、字相应主要表现在字义方面,也关涉到字音和字形。研读古籍、批判继承古代文化遗产,不能不经常接触古人名字,古人名、字之制及其间相应关系是必须掌握的基本常识。掌握这方面的常识也有助于探讨古代汉语文字、音韵、词汇训诂各部门的现象条例。许慎在《说文解字》中就一再引用了古人名、字相应的实例,以之发明古义(参见"翌"、"畈"、"磝"等字说解)。班固《白虎通义》第三卷"姓名"章说:"或旁(傍、依傍)其名为之字者,闻名即知其字,闻字即知其名。若名赐字子贡,名鲤字伯鱼。"王引之的《经义述闻·春秋名字解诂》搜集了数百条古人名、字相应的实例,在诂训方面作了详细的引证和解析。王氏在叙中指出:"名字者,自昔相承之诂言也。"可见,名、字相应的现象是语言学特别是词义学的一宗矿藏,值得深入发掘开采。

名、字相应的现象，提供了极其丰富的同义词资料。例如颜回字子渊，宰予字子我，郑公子蝥字子蟜等等。回和渊（《说文解字》："渊，回水也。"），予和我，蝥和蟜（《说文解字》："蝥（蝥），毒虫也。""蟜，毒虫也。"），都是同义词。

由于名、字同训，数人同名而异字，则各不相同的字往往正好是一组同义词。例如卫卜商字子夏，楚秦商字子丕，汉许商字伯长，汉张商字伯玮。与同一个名（商，古通章，盛大的意思。）相应的字夏、丕、长、玮，都有大的意思。

同样，数人同字而异名，则各不相同的名也往往正好是一组同义词。例如郑公孙碫、郑印段、宋褚孙段、楚公孙龙均字子石。段通碫，龙通礱，都是石名。

还有一人数名或数字，会产生意义相近的一连串名字，亦属同义词。例如鲁南宫适（括）字子容，一名韬或绦。囊括的括、包容的容、隐藏的韬（《玉篇》："韬，藏也，宽也。"《说文》："韬，剑衣也。"《广雅·释器》："韬，弓藏也。"）都属同义词，绦是韬的异文。又如郑公孙侨字子产，一字子美。侨、产、美均有"大"义（《说文解字》："侨，高也。"《尔雅·释乐》："大磬谓之馨。""大管谓之篪。""大篪谓之产。"又《说文解字》："美从大。"），也都是同义词。

但须注意，数人同名而异字，数人同字而异名以及一人数名或数字所产生的一系列名字，并非都可用同义词去解释的，因为名、字相应除同训而外还有其他多种相应的关系，详下。

名、字相应又包括名、字义反训的现象。例如漆雕哆字子敛，曾点字晳，阎没字明，庆虡字绳等。哆和敛，点和晳（《说文解字》："点，小黑也。""晳，人色白也。"），虡和绳（《说文解字》："虡，头衺，骫虡态也。"《广雅》："绳，直也。"），都是义相反对的词。

此外，有很多既非同义又非反义的名、字相应现象。这种相应是名和字在意义上有一定的关联。例如楚公子启字子间，齐步叔乘字子车,朱张字子弓等。启、乘、张等表示动作的词分别与闩、车、弓等表示名物的词相关。又如齐公孙捷字子车,郑然丹字子革等,表性状的捷、丹分别与表名物的车、革相关(古时革多以丹染之)。再如孔丘字仲尼,尼是鲁国的丘名;屈平字原,《尔雅·释地》"广平曰原",原是邍的假借字。此外如以干支名称取名、字的亦属广义的相应。例如郑石癸字甲父,秦白丙字乙,楚公子壬夫字子辛,卫夏戊字丁等。古时以天干记日,甲、丙、戊、庚、壬等单日均属刚日,乙、丁、己、辛、癸等双日则属柔日,取名、字时取刚柔相济之意。亦有干支字互配的如楚公子午字庚,鲁颜辛字子柳(古文酉作丣,柳为酉的假借字)等。

名字还有种类关系相应的,这正是训诂学上以大类名(共名)来解释小类名(别名)之例。例如卫史鳅字鱼,楚公子鲂字子鱼,卫祝鮀字子鱼,齐梁鳣字叔鱼,鲁孔鲤字伯鱼等。

又有同类相关联的,如楚成熊字虎,晋郤豹字叔虎,羊舌虎字羆。这也是广义的相应。

名、字间有一定关联的广义相应是不胜枚举的,只要在意义上略有联系即属相应。

不论是义相类同、义相反对还是义相关联的名和字,要探索其意义,往往必须突破字形而即音求义。因为古人名、字相应多用假借义,与所用的文字的本义往往无关。清代王引之在《春秋名字解诂》说:"夫诂训之要在声音不在文字,声之相同相近者,义每不甚相远,故名字相沿,不必皆其本字。"例如宋公子说字好文,说通悦,与好义近。又如鲁季公弥字组,齐犁弥字且,弥通耰,且通鉏,耰、鉏都是古代用以除草的农具。

古人名字所用的假借义,是指当时古音假借之义。不明古音,就无从了解假借(特别是与今音相差甚大的古音假借),也无法知道名字之间的意义相应。反之,了解古音假借在名、字相应中的运用,也有助于探索、证明古音现象。例如楚鬬般字子扬,般与播古字通,古音元部与戈部相出入。又如齐公孙竈字子雅，雅与寤古字通，雅、寤古同声。（《玉篇》引《仓颉篇》：“楚人呼竈曰寤。”）又如《说文解字》犅字条云：“牛厀下骨也。《春秋传》曰：‘宋司马犅字牛。’”《史记·仲尼弟子列传》有宋司马耕字子牛者，耕与牛义不相应，因为上古耕田以人耦不用牛力，所以这个耕不是耕田的耕，而是犅的假借。

古有数人同名而其字义不相应者，这是因为作为名的同一文字在不同场合取各不相同的假借义之故。例如赵公孙龙字子秉，楚公孙龙字子石。名同为龙，字则各为义不相关的秉和石。原来前一人名的龙是穠字之借（《广雅·释诂》：“穠，穧也。”《说文解字》：“穧，获刈也。”），后一人名的龙则为礱字之借。

名、字相应还有纯属字音而无关于字义的。这就是急读缓读的现象。例如楚鬬成然字子旗，成然与旗义不相应，原来成然是旃的缓读，旃是纯赤色的曲柄旗。宋元公太子栾一名头曼，范子计然一名研，晋寺人勃鞮字伯楚，一名披。急读为栾、研、披，缓读为头曼、计然、勃鞮。急读恰为缓读的合音，缓读犹如急读的反切上下字。今人王力字了一，亦属此类相应，是为纯属字音关系的相应。

古人名、字辗转流传，由于年代久远，书写条件的限制，不免时有字形之讹或异文出现。参照名、字相应的道理，可以有助于判别异文的得失，纠正字形的讹谬。例如《史记·仲尼弟子列传》有颜高字子骄，《史记·孔子世家》、《汉书·古今人表》均作颜刻。高与克形似（克篆文为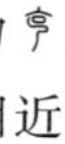），《论语·宪问》：“克伐怨欲。”马注：“克，好胜人也。”克、骄义相近。高为克之讹，克与刻同声，可通作刻。又如鲁公晳衰字季次，《史记·仲尼弟子列传》作公晳哀，《淮南子·氾论篇》高注作公晳襄，《孔子家语》又作公晳克。衰即等衰的衰（音 cuī），等衰即等差，等第级次之意，义与次相应。哀、襄均为与衰形似而讹的错字，克则为与哀形似而讹的错字。

后来的名和字，如杜甫字子美，甫是男子的美称，甫、美都有大的意思。欧阳修字永叔，修、永都有长的意思。韩愈字退之，愈有进的意思,与退义反。秦观字少游,游、观往往连言。李商隐字义山,商是山名。皮日休字逸少,《尚书·周官》:"作德心逸日休。"王安石字介甫,《周易·豫》:"介于石。"都是名和字相应的。不过也有些由于名、字屡改,或别号专行,或其他原因而无从推究关系的,就不必详举了。

197　古人称名称字有什么讲究?

古人自称用名,这是谦称的一种;尊称则用字,对长辈、平辈表示尊重也用字。弟子在老师面前不但自称用名,当着老师的面称其他弟子也只能称名。

《论语·先进》中"子路曾晳冉有公西华侍坐"一节,记录《论语》的人为了尊重,对孔子的弟子一律称字。而孔子称弟子都直呼其名:求(冉有名)、赤(公西华名)、点(曾晳名)。弟子自称也一律称名,如:由(子路名)、求(冉有名)。曾晳在孔子面前问:"夫子何哂由也?""唯赤则非邦也与?"都称其他弟子之名。

198　除了称字以外,古人常用哪些人名代称表示尊敬和礼貌?

除了称字以外,古人常用的人名代称有:

1.以官职作为人名代称

汉代霍去病曾任骠骑将军,人称霍骠骑。晋代王羲之曾任右军将军,人称王右军。唐代王维曾任尚书右丞,人称王右丞。陈子昂、杜甫曾任拾遗(谏官名),人称陈拾遗、杜拾遗。杜甫又任过检校工部员外郎,故称杜工部。宋代苏轼曾任翰林学士,人称苏学士,他晚年提举玉局观(宋代闲官名),故又称苏玉局。

2.以任官职之地作为人名代称

王勃《滕王阁序》:"睢园绿竹,气凌彭泽之樽;邺水朱华,光照临川之笔。"彭泽是陶渊明的代称,临川是谢灵运的代称,他们分别任彭泽令和临川内史。

《世说新语·自新》："平原不在，正见清河。"平原是陆机的代称，清河是陆云的代称，他们分别任平原内史和清河内史。

3. 以封爵为人名代称

宋代文彦博被封潞国公，韩琦被封魏国公，陆游被封渭南伯，人称文潞公、韩魏公、陆渭南。陆游的别集称《渭南文集》。

4. 以谥号为人名代称

唐代韩愈、宋代王安石都谥为文，人称韩文公、王文公。范仲淹、司马光都谥为文正，欧阳修、苏轼都谥为文忠，岳飞谥为武穆，于谦谥为忠肃，这些谥号都成了人名代称。

5. 以出生地为人名代称

唐代柳宗元出生于河东解县（今山西运城西），人称柳河东，有《柳河东集》。宋代王安石出生于抚州临川（今属江西），人称王临川，有《临川先生文集》。曾巩出生于南丰（今属江西），人称南丰先生。

6. 以居处或居室为人名代称

苏轼在黄州东坡居住过，自号东坡居士，后人称之为苏东坡，有《东坡七集》。范成大家居石湖，号石湖老人、石湖居士，有《石湖居士诗集》、《石湖词》。陆游曾居住过剑南，有《剑南诗稿》。辛弃疾居室名稼轩，号稼轩居士，有《稼轩长短句》。明代戏曲家汤显祖居室为玉茗堂，号汤茗堂，有《玉茗堂集》。

使用以上人名代称，都有表示尊敬和礼貌的用意。

199 什么叫排行？古代排行有什么讲究？

兄弟姊妹长幼排列的次序叫排行。古代贵族男女在姓名或名字中表示排行有下面一些讲究：

贵族男子字的前面加伯、仲、叔、季表示排行。伯指老大，仲指老二，叔指老三，季表最幼小。如伯禽、仲尼、叔向、季路等。

　　贵族男子有时以排行为字。如管夷吾字仲,范雎字叔,这种以排行为字的,也用于敬称。

　　贵族女子字前加姓,姓前加孟(伯)、仲、叔、季表排行。如孟妊车母(母表性别)、中姞义母、季姬牙。最常见的是姓前加排行,如孟姜、叔姬、季芈等。

　　兄弟姊妹起名时用同一个字或同一个偏旁的字表示行辈,如德宗、德文为兄弟,义符、义真也是兄弟。单名则取同偏旁的字表示行辈,如刘琦、刘琮,应璩、应场,卫瓘、卫玠等。

　　古诗文常见以排行相称,或以排行与官职连称。如白居易被称白二十二,李绅被称李二十侍郎,李白诗中提及的刘十六、裴十八、王十二、夏十二等。这些排行不是按同父所生的兄弟排行的,而是按同曾祖兄弟长幼次序来排算的。

200　什么是谥、谥号?

　　古代帝王、贵族、大臣、士大夫或其他有地位、名望的人死后,据其生前业迹评定的带有褒贬意义的称号叫作谥或谥号。帝王的谥号由礼官议上;臣子的谥号由朝廷赐予;一般文人学士或隐士的谥号,则由其亲友、门生或故吏所加,称为"私谥",不同于朝廷颁赐的。

　　谥号用字有特定解释。什么人给予什么字作谥号有严格规定,按当时的善恶标准来评议。有美德善行的,用褒奖的字;丑恶暴戾的,用贬斥的字;忧难早夭的,用怜悯的字。现据《逸周书·谥法解》分别举褒奖、贬斥、怜悯三类用字解释如下:

　　1.褒奖的,例如:

慈惠爱民曰文	克定祸乱曰武	尊贤贵义曰恭
圣善周闻曰宣	辟地有德曰襄	聪明睿哲曰献
丰年好乐曰康	布德执义曰穆	圣闻周达曰昭
有纲治纪曰平	由义而济曰景	刚德克就曰肃
辟土服远曰桓	强毅信正曰威	胜敌志强曰庄

爱民好与曰惠

2.贬斥的,例如:

好内远礼曰炀　壅遏不通曰幽　致戮无辜曰厉
隐拂不成曰隐　不悔前过曰戾

3.怜悯的,例如:

在国逢难曰愍　年中早夭曰悼　短折不成曰殇
蚤孤短折曰哀　慈仁短折曰怀

自汉惠帝起,谥号中一律加"孝"字。

私谥,如春秋时鲁大夫展禽,食邑柳下,谥惠,故称柳下惠;战国时齐隐士黔娄谥康;晋代陶潜谥靖节徵士;隋代王通谥文中子;宋代张载谥明诚夫子。

201　什么是庙号?

皇帝死后,在太庙立室奉祀,特立名号,追尊以某祖、某宗,这些名号称为庙号。

从汉代起,每个朝代第一任皇帝一般称为太祖、高祖、高宗或世祖,以后的嗣君称太宗、世宗等。如唐代从唐高祖起,以下为太宗、高宗、中宗、睿宗、玄宗、肃宗、代宗、德宗、顺宗、宪宗、穆宗、敬宗、文宗、武宗、宣宗、懿宗、僖宗、昭宗。

庙号放在谥号前面,如唐太宗的全称是太宗文武大圣大广孝皇帝,宋太祖的全称是太祖启运立极英武睿文神德圣功至明大孝皇帝。由于唐以后谥号加长,不便称呼,所以后来直接称庙号,如唐肃宗、宋神宗、明太祖等。

202　什么是年号?

我国历代帝王用来纪年的名称叫年号。如贞观是唐太宗(李世民)的年号,乾隆是清高宗(爱新觉罗·弘历)的年号。

年号从汉武帝开始,汉武帝即位立年号为建元。新君即位要改元,即改变年号。同一个皇帝在位时也可以改元,如汉献帝先后用了永汉、中平、初平、兴平、建安、延康等六个年号。到明清,同一个皇帝不改元,因此常用年号来称皇帝,如崇祯皇帝、康熙皇帝、光绪皇帝等。

203　古人说"服牛乘马"是什么意思?

"服牛乘马"说的是役使牛马驾车。服是役使的意思,乘音chéng,驾驭的意思。《周易·系辞下》云:"服牛乘马,引重致远,以利天下。"《管子·乘马》云:"天下乘马服牛,而任之轻重有制。"马车和牛车是有区别的,贵族出行和作战用的是马车,古称小车;一般用来载运货物的是牛车,古称大车。

《新唐书·王求礼传》云:"自轩辕以来,服牛乘马,今辇以人负,则人代畜。"辇即辇车,人拉的车。

204　什么是骈、骖、驷?

古人乘车因马的匹数不同而有不同的名称:古代驾二马的车或两马驾一车叫作骈;驾三马的车或同驾一车的三匹马叫骖;驾四马的车或一车所驾四马叫作驷。由于古代特别是上古战国以前,车马是相连的,乘车即乘马,乘马即乘车,没有无马的车,也没有无车的马。当然这是就一般情况而言,上古还有牛车。

骖除了上述含义外,还特指驾车时位于两边的马,中间的马叫服。一说服的左边叫骖,右边叫骈。笼统地说,骖、骈属同义词。古代乘车尚左,尊者在左,御者在中,另有一人在右陪乘,叫作车右,又叫骖乘。

"驷马高车"古指显贵者所乘的驾四马的大车,常用来表示地位显赫。亦作"驷马高盖"、"驷马轩车"。

　　古代兵车一般常乘三人,所乘第四人则称"驷乘",是车右(骖乘)的副手。

　　另有"驷黄",指驾一车的四匹黄骍马。"驷騵"指驾一车的四匹赤毛的腹马。"驷驖"(亦作驷铁)指驾一车的四匹赤黑色马。"驷骊"指驾一车的四匹深黑色马。

　　以上名目繁多的马,反映了我国古代马文化的丰富内涵。

205　什么是轫?发轫是什么意思?

　　用来阻止车轮转动的一块木头叫轫。它与车子的组成部件无关。

　　车启动行进时要先移开轫,所以启程称为发轫。《楚辞·离骚》:"朝发轫于苍梧兮,夕余至乎县圃。"王逸注:"轫,搉轮木也。"洪兴祖补注:"轫,止车之木,将行则发之。"

　　由启程义引申,发轫又比喻事物的开端。如金代元好问《奉直赵君墓碣铭》:"万物并流,至君而止。司南圣涂,发轫伊始。"

206　辕与辀、轭与衡、輗与軏各有什么异同?

　　辕与辀都是车辕,即驾车用的车杠,所以它们属同义词。析言之,夹在牲口两旁的两根直木叫辕,压在车轴上,伸出车舆的前端,适用于古代大车、柏车、羊车。驾在当中的单根曲木叫辀,适用于古代兵车、甲车、乘车等较小的车。

　　轭与衡都是车辕前端驾在牲口脖子上的横木,所以它们属同义词。析言之,用于大车的叫轭,用于小车的叫衡。

　　輗与軏都是古代车辕与横木相连接处的关键即活销,所以它们属同义词。析言之,大车用的叫輗,小车用的叫軏。

207　什么是"五谷"?

　　"五谷"指五种谷物。古代有多种说法:

《周礼·天官·疾医》郑玄注："五谷,麻、黍、稷、麦、豆也。"

《大戴礼记·曾子天圆》卢辩注同上,惟豆作菽,菽是豆的总称。

《孟子·滕文公上》赵岐注："五谷,谓稻、黍、稷、麦、菽也。"

《楚辞·大招》王逸注："五谷,稻、稷、麦、豆、麻也。"

208 什么是"六畜"?

六种牲畜,指马、牛、羊、鸡、狗、猪。

《左传·昭公二十五年》杜预注："马、牛、羊、鸡、犬、豕。"

《周礼·天官·庖人》郑玄注："六畜,六牲也。始养之曰畜,将用之曰牲。"

后泛指各种牲畜,如:六畜兴旺。

209 什么是"三牲"?

古代指用于祭祀的牛、羊、猪,俗称"大三牲"。后代以鸡、鱼、猪为三牲,俗称"小三牲"。古时祭祀,三牲齐全用牛、羊、猪的叫"太牢",只用羊、豕不用牛的叫"少牢"。

210 什么是"五味"?

一般指甜、酸、苦、辣、咸五种味道。

《周礼·天官·疾医》郑玄注："五味,醯、酒、饴蜜、姜、盐之属。"

《礼记·礼运》郑玄注："五味,酸、苦、辛、咸、甘也。"

后也泛指各种味道或美味。

211 古代的衣指什么?

古代的衣不等同于现代所指的衣服、衣裳。

古代的衣所指范围很广。广义的衣指一切蔽覆人体的织品。如小孩和少数民族的帽子叫头衣;古代套在两腿的套裤叫胫衣;袜子叫足衣。推而广之,蒙覆在器物、自然物表面的东西也叫衣。如:橐是兵甲之衣;生在墙上的苔藓叫墙衣;罩在炮上的套子叫炮衣;包裹书籍的套子叫书衣;裹剑的缯帛叫剑衣;生长在地面、树皮及岩石上的菌藻类植物叫地衣(地毯也叫地衣)。至于糖衣、胞衣、花生衣等则是古今一致的。

专指人身上所穿的,古代的衣指上衣。当衣和裳对举时,衣只指上衣,裳指下衣(即下裙)。如《诗经·邶风·绿衣》:"绿衣黄裳。"毛传:"上曰衣,下曰裳。"又《诗经·齐风·东方未明》:"颠倒衣裳。"说的是把上衣和下衣弄颠倒了,不是把衣服的领子朝下、下摆朝上的颠倒。

212　古代贵族和平民百姓的帽子有什么区别?

古代贵族的帽子有冠、冕、弁。

上古冠不同于后世的帽子,它是贵族男子用来束发的。秦汉以后,冠逐渐形成把头顶盖住的覆杯状。

冠常特指官吏所戴的礼帽。冠又是冕和弁的总名。

冕是古代帝王、诸侯、卿大夫等行朝仪、祭礼时所戴的礼帽。冕之上是长方形的板,称延(綖)。下面戴在头上。延的前沿挂着一串小圆玉,称旒。帝王的旒有十二串,诸侯九,上大夫七,下大夫五。(见《周礼·夏官·弁师》)后代只有帝王才可以戴冕,"冕旒"就成为帝王的代称。

弁也是古代贵族的一种帽子,通常穿礼服时用之。赤黑色的布做的叫爵弁,属文冠;白鹿皮做的叫皮弁,属武冠。

后代弁也泛指帽子。

平民百姓没有戴冠、冕、弁的能力和权利。他们只能用头巾,头巾裹在头上当作帽子,劳动时又可用来擦汗。

用来包发的头巾称帻。平民百姓用黑或青色的帻,所以秦时平民百姓被称为黔(黑色)首,汉时平民百姓被称为苍(青色)头。

由于帻有压发定冠的功能,后代贵族也用帻。《隋书·礼仪志六》云:"帻,尊卑贵贱皆服之。文者长耳,谓之介帻;武者短耳,谓之平上帻。"

213　为什么冠冕、冠盖、缙绅是仕宦的代称?

古时只有贵族、官宦才能戴冠戴冕,所以"冠冕"可以作为贵族或仕宦的代称。如《北史·寇洛等传论》:"冠冕之盛,当时莫与比焉。"

古时贵族、官宦有冠服有车乘,车有车盖,所以"冠盖"成为贵族和仕宦的代称。如汉代班固《两都赋》:"冠盖如云,七相五公。"唐代杜甫《梦李白二首·其二》:"冠盖满京华,斯人独憔悴。"

缙本作搢,插的意思。绅是古人腰间的束带,一种是丝织的大带,一种是皮制的革带。古时官宦上朝时,插所执的手板(笏)于腰间大带与革带之间,称"搢绅"(缙绅),亦作"荐绅",这是古时官宦的装束,因而成为仕宦的代称。《汉书·郊祀志上》:"其语不经见,缙绅者弗道。"颜师古注引李奇曰:"缙,插也。插笏于绅,绅,大带也。"颜师古注:"李云'缙,插',是也。字本作'搢'。插笏于大带与革带之间耳,非插于大带也。"

214　为什么布衣、褐夫是平民百姓的代称? 释褐是什么　　 意思?

上古还没有棉花和棉织的布,只有麻织或葛织的布,与布相对的是丝织品帛。平民百姓穿不起丝织品的衣服,只能穿粗劣的麻织品或葛织品的布。最粗劣的衣服是粗毛编织的褐。所以布衣、褐夫就成为平民百姓的代称。如《史记·李斯列传》:"夫斯乃上蔡布衣,闾巷之黔首。"《孟子·公孙丑上》:"视刺万乘之君,若刺褐夫。"

释褐是指脱去粗劣的平民服装,比喻就任官职。如汉代扬雄《解嘲》:"夫上世之士,或解缚而相,或释褐而傅。"后亦借指进士及第授官。如宋代王禹偁《成武县作》诗:"释褐来成武,初官且自强。"

215　被发左衽是什么意思?

头发披散不束,衣襟向左掩。这是中原以外少数民族的装束。中原的习俗是结发于首,加冠笄为饰,衣襟向右掩(右衽)。装束的改变,意味着中原已被夷狄外族占领统治。《论语·宪问》:"微管仲,吾其被发左衽矣。"意谓如果没有管仲辅佐齐桓公,我们都将沦为夷狄了。

216　古人的坐和坐具有什么特异之处?

古人席地而坐,筵和席是铺在地上的坐具。筵比席长,是铺在地上垫席的。

古人坐时,两膝跪在筵、席或床上,臀部坐在脚后跟上,后来把臀部平放在椅子、凳子或其他物体上以支持身体,也称为坐。

席可长可短,长的可坐数人,短的只坐一人。

筵和席是用竹篾、蒲苇、席草等编成的铺垫用具。

床也是古代的坐具,床也兼作为卧具。作为坐具的床是一种几榻,有一种可以折叠的轻便坐具叫胡床。古乐府《孔雀东南飞》:"阿母得闻之,槌床便大怒。"槌的是坐榻,不是卧铺。

用筵做坐具,所以座位也叫筵,如讲筵(讲席,讲座)。后来筵又专指酒席,如寿筵、喜筵。

古人坐时用来凭依或搁置物件的小桌叫几,古时老人居则凭几,行则携杖。几仗是尊老之物。几,古时也用作坐具。如晋代陆翙《邺中记》:"石虎御坐几,悉漆雕画,皆为五色花也。"

217　成语"举案齐眉"是什么意思?

成语"举案齐眉"语出《后汉书·梁鸿传》:"〔梁鸿〕为人赁舂,每归,妻为具食,不敢于鸿前仰视,举案齐眉。"王先谦集解引沈钦韩曰:"举案高至眉,敬之至。"后来用为夫妻互敬互爱的典故。

梁鸿妻所举的案是进送食物的有脚的托盘。这种食案,有圆形三足的,有长方形四足的,足很矮,形体不大。

218　上古灯具有什么特异之处?

上古虽已有"烛"字,但却没有蜡烛。作为照明用的烛和庭燎,是在易燃的一束枝条(如干芦苇、艾蒿或沤麻剩下的麻茎)等材料中灌入耐燃而光焰明亮的油类。点着后竖起来,犹同后代的火把、火炬。拿在手上的叫"烛",立在地上的大烛叫"庭燎"。另一说见《周礼·秋官·司烜氏》:"凡邦之大事,共坟烛庭燎。"郑玄注:"坟,大也。树于门外曰大烛,于门内曰庭燎,皆所以照众为明。"

战国时代已经有照明的灯了,灯字本作镫,不同于后世的灯,形状像盛食物的瓦器的高脚盆,古称"登"。有灯碗、灯盏,用来盛膏油。还有灯台、灯架(灯檠),是油灯的底座、底盘。灯盏中用来点火的灯草或纱、棉等捻成的细长物叫灯心(芯),也称为灯炷。古时点灯用动物的脂膏,后代才改用植物油。

219　什么是耒耜?

古代关于耕地翻土的农具"耒耜"有两种不同的说法。

一种说法是耒耜是两种独立的耕田翻土农具的名称。《周易·系辞下》云:"神农氏作,斫木为耜,揉木为耒。"《说文·耒部》:"耒,手耕曲木也。"又《木部》"梠,耒也。"梠,后来写作耜,耜是掘土的农具,叫锹。耜是犁的前身,初以木制,后来嵌入金属(青铜或铁)制成圆头的平板。耒则是上端钩曲、下端分叉的手耕曲木,起初用自然的曲木,后来揉木为耒,即人工使木条弯曲。

另一种说法是耒耜是一种耕田翻土农具的两个不同部分的名称。耒是耒耜的柄,耜是耒耜下端的起土部件。这种部件,始以木制,后则以金属制作。实际上耜是耕田翻土农具的铲子。

后来,耒耜成为农具的泛称、总称。如《孟子·滕文公上》:"陈良之徒陈相,与其弟辛,负耒耜而自宋之滕。"

220　古代的货币有哪些?

古代原始的货币,有龟和贝,主要用龟甲、海贝。由于海贝不够,仿制品有珧贝、骨贝、石贝、铜贝等。

《史记·平准书》云:"农工商交易之路通,而龟贝金钱刀布之币兴焉。"

钱和镈本来是农具,用来耘草挖土,大概也曾作为交易的媒介。后来铸造货币仿照钱镈的形状,这种货币就称为钱、布(镈与布古音相同)。

钱本作泉,取其流通之意。

刀作为钱币名,形为刀,以青铜铸成,战国时流行于齐、燕、赵之国,分齐莒刀、尖首刀、明刀、钝首刀等类,其上铸有文字,秦时废。刀币亦称刀钱、泉刀、刀布。《管子·国蓄》云:"以珠玉为上币,以黄金为中币,以刀布为下币。"这里的黄金指的是铜。

221　上古的烹饪器有哪些?

上古的烹饪器有鼎、鬲、甗、甑、釜等。

鼎　既是烹饪器又是盛熟牲之器,多用青铜或陶土制成。圆鼎两耳三足,方鼎两耳四足,耳在鼎口的左右。大鼎又叫鼐,小鼎又叫鼒。鼎盛行于商周,汉代乃流行。

鬲　口圆似鼎,三足中空而曲,主要用来炊煮,其下举火。也有无足的鬲,犹如后代的砂锅,鬲也是陶制或青铜制的。

甗　上古用来蒸饭的炊器,以青铜或陶为之,分为两层;上部是透底的甑,下部是鬲,上下部之间隔一层有孔的箅。也有上下部可以分开的。

　　甑　上古蒸食炊器,其底部有许多透蒸气的孔格,置于鬲或镬上蒸煮。甑除了用青铜器或陶器制作的,还有木制的。甑底的竹算也叫甑算。

　　釜　是锅,圆底。用途如鬲,置于灶口,上置甑以蒸煮。釜相当于甗的下层,甑放在釜上,相当于甗的上层,釜、甑互相配合。釜甑合起来也泛指炊事用具。如《孟子·滕文公上》:"许子以釜甑爨,以铁耕乎?"釜至汉代更为盛行,有铁制的,也有铜制和陶制的。

222　古代食器"豆"是怎样的?

　　"豆"是个象形字,从古文字"豆"可看出,豆是个高脚盘。大多有盖,多为陶制,也有用青铜、木、竹制成的。《诗经·大雅·生民》:"卬盛于豆,于豆于登。"毛传:"木曰豆,瓦曰登。豆,荐菹醢也,登盛大羹也。"豆由最早盛黍稷演变为盛肉酱、肉羹的了。菹醢就是肉酱。竹制的豆叫作笾,主要用来盛果脯。放在作为祭器用的豆中的干肉叫干豆。

223　古代贵族和平民的饮食用具有什么区别?

　　古代贵族使用各种盛酒器或饮酒器:

　　尊　早期为陶制,后多以青铜浇铸。鼓腹侈口,高圈足,常见有圆形、方形,盛行于商代及西周。《说文解字·酋部》:"尊,酒器也。"段玉裁注:"凡酒必实于尊,以待酌者。"朱骏声通训:"尊为大名,彝为上,卣为中,罍为下,皆以待祭祀宾客之礼器也。"尊亦作樽(罇)。

　　觥　盛酒或饮酒器,古代以兽角制,后也用木或青铜制。腹椭圆形或方形,底为圈足或四足。盖作成带角的兽头形或长鼻上卷的象头形。也有整体作兽形的。盛行于商代和周初。《诗经·周南·卷耳》:"我姑酌彼兕觥,维以不永伤。"毛传:"兕觥,角爵也。"

　　觚　古饮酒器,青铜制。长身侈口,口部与底部呈喇叭状,细腰,圈足,盛行于商代和周初。

　　爵　古盛酒器或饮酒器,雀形,比尊彝小,约容一升。雀、爵古音近,故称爵。

　　罍　古盛酒器,外形或圆或方,小口,广肩,深腹,圈足,有盖有鼻,与壶相似。有陶制、青铜制的。

　　壶　容器名,古用以盛酒或粮食。深腹,敛口,多为圆形,也有方形的和椭圆形的。新石器时代已有陶壶,商周时代有铜壶,有盖,汉时方形的叫钫,圆形的叫钟。

　　觞　本为盛酒的杯,亦泛指酒器。觞勺或觞酌指饮酒器。东晋王羲之《兰亭集序》所说的"曲水流觞",其中觞就是酒杯。

　　觯　上古常用的饮酒器,圆腹,侈口,圈足,或有盖,形似尊而小,青铜制,盛行于商代和周初。由于轻小,所以古人常说"扬觯",即奉起酒器之意。

　　以上盛酒器或饮酒器,大多是贵族享用的。平民则用陶制的鬲、盆、盂、罐等器。

古文的文体

224　曹丕《典论·论文》怎样为文体分类？

曹丕的《典论·论文》可说是最早为古代文体进行分类的论著。他把文体分成奏议、书论、铭诔、诗赋四大类，并为每类各以一个字概括了其特点和要求。他说："奏议宜雅，书论宜理，铭诔尚实，诗赋欲丽。"雅指善于运用经典，理指条理明白畅通，实指切实而不浮夸，丽指辞藻华丽。

225　陆机《文赋》怎样为文体分类？

陆机《文赋》把古代文体分为诗、赋、碑、诔、铭、箴、颂、论、奏、说十类，并指出各类文体的特点和要求。他说："诗缘情而绮靡，赋体物而浏亮。碑披文以相质，诔缠绵而凄怆。铭博约而温润，箴顿挫而清壮。颂优游以彬蔚，论精微而朗畅。奏平彻以闲雅，说炜晔而谲诳。"他突出了诗抒发情感、美好动人的特点，指出了赋描摹事物、清彻明亮的特点。碑文则以文采美化事实。诔作为人死后称述其事迹之文，有缠绵凄凉之感觉。铭文作为刻于器物或石上以称扬功德或表警诫规劝之文，要求事博而文约。箴作为讥刺得失表示警诫之文，要求抑扬顿挫、清壮有力。颂作为歌功颂德之文，要求从容而华盛。论辩文要求精微而明朗畅通。奏议文作为向君主陈述政事之文要求平正透彻、雍容典雅。最后说（音 shuì）作为辩士之辞，要求明丽晓畅、奇诡有吸引力。

226　刘勰《文心雕龙》怎样为文体分类？

刘勰《文心雕龙》将文体分为有韵之文和无韵之笔两大类。

有韵之文包括骚、诗、乐府、赋、颂赞、祝盟、铭箴、诔碑、哀吊、杂文、谐隐十一类。无韵之笔包括史传、诸子、论说、诏策、檄移、封禅、章表、奏启、议对、书记十类。

《文心雕龙》前二十五篇是论述文体的集大成之作,各种文体的特点描述得十分详尽。

227　姚鼐《古文辞类纂》怎样为文体分类?

清代桐城派代表人物姚鼐所编的《古文辞类纂》将所选录的战国以来直至清代的古文分为十三类。他的分类比较简明,其中尤以应用文的分类十分细致,下面将这十三类简介如下:

1.论辨类　即论说文。包括发表主张、阐明道理的论和辨别是非、驳斥谬误的辨。

2.序跋类　包括放在书前的序(叙)和放在书后的跋。

3.奏议类　臣子上呈皇帝的书信,包括章、奏、表、议、书、疏、封事等。

4.书说类　"书"指一般的书信,"说(音 shuì)"是游士游说人君的言辞。

5.赠序类　唐时,赠言作为一种文体,叫作序。

6.诏令类　皇帝给臣下的书信。

7.传状类　传记和行状。记述个人生平事迹,一般是记述死者的事迹。

8.碑志类　碑铭和墓志铭。碑铭包括封禅纪功的刻文,寺观、桥梁等建筑物的刻文,以及墓碑。墓志铭记载死者生前事迹。

9.杂记类　除了传状、碑志以外的一切记叙文,有刻石或不刻石的,有叙中夹论的。

10.箴铭类　用于规诫之文,大多用来规诫劝勉自己的。

11.颂赞类　用于歌颂和赞扬之文。

12.辞赋类　可抒情、咏物,近似长诗。

13.哀祭类　哀吊死者之文,包括言辞、祭文、诔等。

228　骈体文是怎样一种文体？

骈体文又叫骈文，起源于汉、魏，形成于南北朝，是一种用骈体写成的特殊文体。骈文全篇以双句（俪句、偶句）为主，讲究声律、对仗和词藻、用典。唐代以后，有以四字、六字相间定句的，称"四六文"，为骈体文的一种。南北朝是骈文全盛时代。唐以后，虽然骈体文的正宗地位被古文取代，但一直有人写骈体文。

229　骈体文的语言有哪些特点？

首先，骈体文在语句上运用平行句法，即以平行的两句话两两配对，偶尔也有两句以上平行的句子。平行的句子要求句法结构互相对称：主谓对主谓、偏正对偏正、动宾对动宾、复句对复句。

主谓对主谓的，如"潦水尽而寒潭清，烟光凝而暮山紫"（王勃《滕王阁序》）。

偏正对偏正的，如"冬穴夏巢之时，茹毛饮血之世"（萧统《文选序》）。

动宾对动宾的，如"畏南山之雨，忽践秦庭；让东海之滨，遂餐周粟"（庾信《哀江南赋》）。

复句对复句的，如"森壁争霞，孤峰限日；幽岫含云，深溪蓄翠"（吴均《与顾章书》）。

以上是平行的句子之间的对称。其实各句内部词与词也是对称的。如"潦水"对"寒潭"，"烟光"对"暮山"，"冬穴"对"夏巢"，"茹毛"对"饮血"，"南山"对"东海"，"秦庭"对"周粟"，"森壁"对"孤峰"，"幽岫"对"深溪"，等等。

词与词的对称，不但是结构上的对称，而且还讲究词性上的对称。如"水"与"潭"、"光"与"山"、"穴"与"巢"、"毛"与"血"、"山"与"海"、"庭"与"粟"、"壁"与"峰"、"岫"与"溪"都是名词对名词，"尽"与"清"、"凝"与"紫"是形容词对形容词，"茹"与"饮"、"践"与"餐"、"争"与"限"、"含"与"蓄"是动词对动词。

　　除了句法结构、词性相对称之外,骈体文还要求同类概念即事类相对称。如"襟三江而带五湖,控蛮荆而引瓯越"(王勃《滕王阁序》),其中衣襟与衣带、数字三与五、地名蛮荆与瓯越,都是事类相对称的。

　　总之,骈体文越发展到后来,越讲究对仗工整,在语言形式上力求整齐。

　　其次,骈体文一般用四字句六字句的格式,南北朝齐梁以后完全定型。唐以后直至宋明,骈文就被称为"四六",清代才称之为"骈体文"。"四六"的基本结构有下列五种:

　　(1)四四　如"历观文囿,泛览辞林"(萧统《文选序》)。

　　(2)六六　如"子建函京之作,仲宣霸岸之篇""子荆零雨之章,正长朔风之句"(沈约《宋书·谢灵运传论》)。

　　(3)四四四四　如"十旬休假,胜友如云;千里逢迎,高朋满座"(王勃《滕王阁序》)。

　　(4)四六四六　如"荆璧睨柱,受连城而见欺;载书横阶,捧珠盘而不定"(庾信《哀江南赋序》)。

　　(5)六四六四　如"遂乃分裂山河,宰割天下;岂有百万义师,一朝卷甲"(庾信《哀江南赋序》)。

　　再次,骈体文在语音方面要求平仄相对。所谓"平仄相对",就是平声对仄声(包括上声、去声和入声),仄声对平声。四字句应该是⊕平⊗仄对⊗仄⊕平(加圈可平可仄),如"历观文囿,泛览辞林"是"仄平平仄,仄仄平平"。六字句,如"子荆零雨之章,正长朔风之句"是"仄平平仄平平,仄平仄平平仄","子建函京之作,仲宣霸岸之篇"是"仄仄平平平仄,仄平仄仄平平"。

　　最后,骈体文在用词方面大量引用典故和追求词藻华丽,成为其语言表达上的重要特点。

　　骈体文用典是为了使文章委婉、含蓄、典雅、精练。

　　骈体文用得最多的词语是颜色词、奇花异草词以及灵奇禽兽类词语等。

230　赋与《诗经》、《楚辞》有何异同？

赋作为一种文体，它与《诗经》、《楚辞》的异同要从内容、形式两方面来分析。

赋是韵文和散文的综合体。

从形式上看，赋与《诗经》、《楚辞》都是押韵的，这是共同之处。

形式上不同之处是：《诗经》以四言为主，《楚辞》一般是六言，加兮字则成为七言。赋不拘字数，多数以四言、六言为主。赋，特别是汉赋，其中夹杂散文的句式，而《诗经》、《楚辞》是没有散句的。赋与散文一样，常用连结的词语，如连词故、虽、且、遂、况、则、苟等，连结词语是以、是故、然而、然则、若夫、至若、且夫、于是等。而《诗经》、《楚辞》则极少使用连结的词语。

从内容上看，《文心雕龙·诠赋》明确指出赋的特点是"铺采摛文，体物写志"，即铺陈事物，渲染烘托、细腻夸张地描写事物，抒发志意。不像《诗经》那样表现纯正的思想，也不像《楚辞》那样有诡异谲怪的内容。简言之，赋的写景内容和说理成分比较多，而抒情成分少；赋中诗的成分偏少，散文的成分偏多。

当然，赋是从《诗经》、《楚辞》发展而来的，不能不受其深刻影响。

231　赋有哪些不同的类型？ 每种类型有哪些代表作？

赋体演变的结果，根据其内容、形式上的特点，可分为下列四种类型：

1.古赋　又称汉赋、辞赋。其特点是篇幅较长，常采用问答的形式，韵文中夹杂散文。代表作有扬雄《解嘲》，司马相如《子虚赋》、《上林赋》。

2.俳赋　又称六朝赋、骈赋。其特点是篇幅较小，讲究骈偶、用典，犹如押韵的骈体文，这与汉赋明显不同。而且往往全篇用四字对和六字对，尽量避免同字相对，也与汉赋有别。后期的俳赋则有诗歌化的趋势，多夹用五七言诗句。代表作有江淹《别赋》、庾信《春赋》。

3. 律赋　又称八韵律赋，是有一定格律的赋体。在音律、押韵上有严格规定，要求音韵谐和、对偶工整。为唐宋以来科举考试采用。考试时由考官命题，并出八个韵字，规定八类韵脚，故称八韵律赋。代表作有李昂《旗赋》、范仲淹《金在镕赋》。

4. 文赋　中唐以后受古文运动影响而产生的赋体。其特点为以写散文的方法写赋，即以散代骈，句式参差不齐，押韵也较自由。通篇贯串散文气势，力求清新流畅。唐宋以后的文赋与汉赋合在一起，也称为古赋。文赋的代表作有杜牧《阿房宫赋》、苏轼《前赤壁赋》、欧阳修《秋声赋》。

图书在版编目(CIP)数据

祝鸿熹文集 / 祝鸿熹著. — 杭州：浙江大学出版社，2023.9

ISBN 978-7-308-24048-2

Ⅰ．①祝… Ⅱ．①祝… Ⅲ．①古汉语－文集 Ⅳ．①H109.2－53

中国国家版本馆 CIP 数据核字(2023)第 133336 号

祝鸿熹文集

祝鸿熹　著

责任编辑	潘丕秀
责任校对	蔡　帆
封面设计	项梦怡
出版发行	浙江大学出版社
	（杭州市天目山路 148 号　邮政编码 310007）
	（网址：http://www.zjupress.com）
排　　版	杭州朝曦图文设计有限公司
印　　刷	杭州宏雅印刷有限公司
开　　本	880mm×1230mm　1/32
印　　张	25.75
字　　数	693 千
版 印 次	2023 年 9 月第 1 版　2023 年 9 月第 1 次印刷
书　　号	ISBN 978-7-308-24048-2
定　　价	228.00 元（全三册）